新编管理经济学
市场运行、宏观政策与国际联系

吕力 主编

企业管理出版社
ENTERPRISE MANAGEMENT PUBLISHING HOUSE

图书在版编目（CIP）数据

新编管理经济学：市场运行、宏观政策与国际联系 / 吕力主编 . —北京：企业管理出版社，2021.6
ISBN 978-7-5164-2353-0

Ⅰ.①新… Ⅱ.①吕… Ⅲ.①管理经济学 Ⅳ.① C93-05

中国版本图书馆 CIP 数据核字（2021）第 053035 号

书　　名：	新编管理经济学：市场运行、宏观政策与国际联系
作　　者：	吕　力
责任编辑：	郑　亮　宋可力
书　　号：	ISBN 978-7-5164-2353-0
出版发行：	企业管理出版社
地　　址：	北京市海淀区紫竹院南路 17 号　　邮编：100048
网　　址：	http://www.emph.cn
电　　话：	编辑部（010）68701638　发行部（010）68701816
电子信箱：	emph001@163.com
印　　刷：	北京七彩京通数码快印有限公司
经　　销：	新华书店
规　　格：	185 毫米 × 260 毫米　16 开本　22.25 印张　570 千字
版　　次：	2021 年 6 月第 1 版　　2021 年 6 月第 1 次印刷
定　　价：	88.00 元

版权所有　翻印必究　·　印装有误　负责调换

前言
PREFACE

自本人 2008 年从北京大学博士后出站，担任高校教师，承担硕士研究生《中级宏微观经济学》教学，至今已超过十年。在十几年的经济学教授历程中，使用过数种国内外经济学教材，也曾使用过自编的片段讲义。在这个过程中，多次打算编写一本适合授课对象特点和体现自己教法的讲义，又因为各种原因中断。

我讲授的《中级宏微观经济学》课程，属于全院硕士研究生的必选课，但学员基本上不是纯粹的经济学方向，大多是组织行为、战略管理、财务会计、管理科学等"纯企业管理"方向，还有的是"公共管理"方向。再加之，学员的水平不一，有的学员本科就是经济学相关专业，而另一些学员基本就只是初级经济学水平，有的甚至是机械、电子专业转到管理的（本人本科专业就是自动控制，因此深知跨学科的艰难），这使得这门课程的教学难度极高——当然，最简单的方法是把本科的"中级宏微观"重讲一遍——但是，对于教学一向自我要求较高的我来说，这是难以忍受的。因此，在教学中，我参考了从初级到高级的很多教材，使得本课程能包括从"初级"到"中级"和"进阶"的各环节，而且融合紧密。

笔者也曾经承担过十年 MBA 课程的教学，相比于学术型硕士研究生，MBA 课程学员的基础可以用"千差万别"来形容。面对这种情况，国内 MBA 教学通常有两种办法来应对：一是只完成 MBA 教学指导委员会（简称教指委）的"规定动作"，即只讲授相当于中级微观经济学的一部分内容（教指委对于宏观内容没有规定，由各学校自行把握）；二是针对宏观部分的不足，补充一些当前经济政策的专题选修，本着学员"能听懂多少算多少的原则"，从效果来看，基本只能达到使学院当局自我安慰的效果。

基于以上现实，在教学和自我反思中，笔者还是感到自己十几年来摸索的内容体系和教法有一定的价值，于是下决心将积累起来的讲义整理出来。概言之，本书将具有以下两个特点。

第一，"微观"与"宏观"并重，"理论"与"政策"并行。对经济学方向的学生而言，经济理论"微观""宏观""国际经济"分设，经济政策则体现在"财政学""产业经济""货币银行""国际贸易""国际金融""环境经济"等诸多课程中。而对管理学院学生和 MBA 学员来说，经济学方向的基础课程极为有限，甚至在很多高校仅开设一门，但硕士研究生中的公共管理方向、大部分企业管理方向都对经济政策相关知识有较高的要求。因此，如何在如此少的学时数中完成这么多内容，是一个极为困难的挑战。基于此，本书尽量做到"微观"与"宏观"并重，"理论"与"政策"并行。例如，本书第九章"微观理论与典型公共问题分析"，其实就是经济学专业"公共经济学"的一部分，但在经济学理论教材中不会有如此深度。又如，本书最后一章"经济政策：理论与实践"，也达到经济学专业的分析水准，收入了大量不包含在传统"宏观经济理论课程"中的内容。

第二，从理论而言，本书虽然零起步，但完全达到、部分超过经济学专业的中级水平。当然，众所周知，从中级水平的经济学课程到高级之间存在一个较大的飞跃，这个飞跃主要体现在数学工具的使用和模型的深化。显然，在这样一本篇幅受限的教科书中是无法充分完成这一任务的。但熟悉经济学教学的老师都知道，在从中级到高级的过渡中，最重要的不是数学工具的掌握，而是经济学直觉——或者说，是对现有中级简化模型不足的认识以及未来可能在哪些方面对现有模型进行改进的思路的把握——本书正是在这个层次上进行了大量的努力，力图使学员们能完成从中级到高级的准备。如此，对于部分后续希望继续深入研究的学员而言，会是一个不错的起点——这本书可以看成高级经济学的一个预备课程，而这正是本课程作为管理学院通选基础课的意义所在。

从讲义的试用情况来看，效果相当好。学员们反映，能快速入门并较好把握其经济学意义，视野宽阔。作为管理学类硕士研究生的基础通选课，除在数学推导方面稍逊之外，在概念、体系、框架方面达到或接近经济学博士入学水平；在对经济政策的理解方面，足够本专业绝大部分研究方向之用。

从对MBA的教学情况来看，也有不错的效果。将"宏观经济学""国际经济学"内容加入"管理经济学"这一门课程中，普遍得到了学员的热情欢迎。笔者将本书命名为《新编管理经济学：市场运行、宏观政策与国际联系》（*Economics for Managers: Market, Policy and International Ralations*），这其实反映了一名管理者不仅需要理解市场结构与定价等内容，也需要了解政府各项经济政策以及国际经济的很多内容——对于发展与转型的中国管理者而言，尤其需要。当然，考虑到难度，MBA教师可以在讲授时对本书的内容根据情况自由选取，不必全部涉及。

本书也曾使用于EDP（高层管理者培训）课堂。与MBA学员一样，大多数高层管理者对宏观经济有极大的兴趣，不少商学院的EDP课程也开设了"当前经济政策"之类的课程，但遗憾的是，由于缺少相应的基础，绝大多数高层管理者对于上述课程是"云里雾里"。正因为如此，通过本教材的学习将给予这些高层管理者相当程度的信心。

总之，本书适用于管理类硕士研究生与各类实践者，也可用于自学。如果自学，本书确实存在一定的难度，但因为本书从"初级"起步，还是容易入门的。同时，从笔者的角度看，企业高层管理者也确实需要这样一本"进阶"的教程——一直在"通俗读物"圈子里打转，"边际价值"也会一直下降，而选择这样一本"难一点"的书，也许"边际收益"会很大。

当然，笔者深知西方经济学浩如烟海的原创性经典著作和论文，因而本书绝不敢声称为"著"或"编著"，反而是在试图将讲义变为出版物的过程中，一再追问自己：面对存量和增量都十分巨大的经济学出版物市场和广大读者而言，有没有"边际效益"？反思的结果是，虽然面对经济学教材或读物的大海，作为"知识的搬运工"，本书也许还是有意义的。因为，在时间和精力约束条件下，本书节约了一群"细分消费者"找寻珍珠的搜寻和试探成本，也许能给他们提供较优的选择。

最后，需要强调指出的仍然是，如果说称得上一些"创新"，那就是本书进行了一些教法上的、符合学习规律的"有机的排列组合"，以供学时数有限的非经济学类硕士研究生（尤其是企业管理、公共管理专业）、MBA、EMBA、MPA学员以及不希望止步于"通俗读物"的企业高级管理人员参考。任何有关本书的批评和建议，请发至 allan.li.lu@163.com，谢谢。

吕 力

2020年6月

目录
CONTENTS

第一篇 微观经济主体、市场特征及其运行

第一章 需求、供给与效率 /3
第一节 市场、需求与供给 /3
第二节 需求与供给的均衡 /9
第三节 消费者剩余和生产者剩余 /12
第四节 弹性 /14
第五节 政府管制与效率 /20
第六节 税收与效率 /24

第二章 效用与消费者决策 /31
第一节 基数效用论 /31
第二节 无差异曲线 /35
第三节 均衡与消费者决策 /37
第四节 替代效应和收入效应 /42

第三章 生产、成本与生产决策 /45
第一节 生产函数、短期与长期 /45
第二节 成本函数、短期与长期 /50
第三节 生产决策、利润最大化和竞争性供给 /56

第四章 不完全竞争市场 /63
第一节 垄断 /63
第二节 垄断竞争 /72
第三节 寡头垄断 /74

第五章 博弈论与策略行为 /82
第一节 囚徒困境博弈 /82
第二节 更一般的博弈中的策略行为 /83
第三节 重复博弈和序贯博弈 /85
第四节 博弈应用举例：承诺与进入壁垒 /88

第六章　生产要素的需求、供给与价格　/95

第一节　生产要素的需求　/95
第二节　生产要素的供给与竞争性要素市场的均衡　/99

第七章　福利经济学：效率与公平　/102

第一节　交换和生产的帕累托改进　/102
第二节　福利经济学第一基本定理　/105
第三节　公平与福利经济学第二基本定理　/106

第八章　公共物品、外部性与不完全信息　/109

第一节　公共物品　/109
第二节　外部性　/113
第三节　不完全信息的市场　/127

第九章　微观理论与典型公共问题分析　/133

第一节　教育经济　/133
第二节　医疗保健　/135

第二篇　宏观经济

第十章　宏观经济循环：生产、收入与分配　/149

第一节　国民收入恒等式　/149
第二节　国民收入核算　/150
第三节　总产出的决定与分配　/156
第四节　宏观经济统计基本指标　/158

第十一章　宏观经济运行的短期与长期　/161

第一节　产品与服务的总需求　/161
第二节　宏观经济运行的短期均衡　/163
第三节　宏观经济运行的长期均衡：可贷资金市场模型　/167
第四节　货币、价格与通货膨胀　/172
第五节　小型开放经济中的宏观经济均衡　/177
第六节　宏观经济运行的长期均衡：充分就业与货币中性　/187
第七节　宏观经济均衡：从短期到长期　/193

第十二章　经济增长　/198

第一节　索洛增长模型与资本积累　/198
第二节　人口增长与技术进步　/203

第三节 增长理论、经验与政策 /209
第四节 内生增长理论 /214

第十三章 IS-LM 模型的应用及实证 /218

第一节 IS 曲线 /218
第二节 货币市场与 LM 曲线 /220
第三节 IS-LM 模型及其应用 /222
第四节 IS-LM 模型、价格与总需求 /226
第五节 经济史数据对 IS-LM 模型的实证与修正 /227

第十四章 宏观经济模型的微观基础与证据 /232

第一节 对消费、储蓄及其影响因素的深入探讨 /232
第二节 对投资及其影响因素的深入探讨 /236
第三节 货币需求函数的经验性证据 /240

第十五章 总需求－总供给模型及其应用 /242

第一节 价格水平波动与经济周期的几个关键概念 /242
第二节 总需求曲线 /245
第三节 总供给曲线 /249
第四节 菲利普斯曲线和总供给 /253
第五节 总需求－总供给模型 /259
第六节 产出、通货膨胀与货币政策 /267
第七节 就业与通货膨胀 /273

第十六章 当代宏观经济学思想 /276

第一节 理性预期和政策制定 /276
第二节 真实经济周期模型与新凯恩斯主义模型 /279

第三篇 国际联系、政策实务

第十七章 国际贸易 /287

第一节 现代贸易理论、比较优势与国际贸易 /287
第二节 供给、需求和国际贸易 /293
第三节 贸易保护 /297

第十八章 国际金融 /300

第一节 国际收支分析 /300
第二节 汇率决定 /308

第三节　汇率制度　/314
第四节　汇率与宏观经济运行　/319

第十九章　经济政策：理论与实践　/327

第一节　财政政策　/327
第二节　货币政策　/335

参考文献　/346

第一篇

微观经济主体、市场特征及其运行

第一章

需求、供给与效率

第一节　市场、需求与供给

一、市场与竞争

（一）什么是市场

市场（market）是某种物品或劳务的买者与卖者组成的一个群体。有时市场组织健全，如众多的农产品市场：在这些市场上，买者与卖者在特定的时间与地点聚集在一起。更通常的情况是，市场并没有什么组织：例如某镇上的冰激凌市场，冰激凌的买者并没有在任何一个时间聚集在一起；冰激凌的卖者分散在不同的地方，并提供略有差别的产品；各个卖者标出冰激凌的价格，而各个买者决定在每个店买多少冰激凌；冰激凌买者都从各个冰激凌卖者中进行选择，来满足其需求，而冰激凌卖者都努力吸引各个冰激凌买者，以便经营成功。尽管这个市场没有人去组织，但由冰激凌买者和冰激凌卖者组成的群体形成了一个市场。

（二）什么是竞争

冰激凌市场也和经济中的大多数市场一样，是高度竞争的。每个买者都知道有一些卖者可供选择，并且每个卖者也都认识到，他的产品与其他卖者提供的产品是相似的。因此，冰激凌的价格和销售量并不是由任何一个买者或卖者决定的。确切地说，冰激凌的价格和销售量是由所有买者和卖者通过在市场上的相互交易而共同决定的。

经济学家用竞争市场（competitive market）这个术语来描述有许多买者与卖者，以至于每一个人对市场价格的影响都微乎其微的市场。每一个冰激凌卖者对价格的控制都是有限的，因为其他卖者也提供类似的产品。卖者没有理由以低于现行价格的价格出售产品，而如果他以较高价格出售的话，买者就将到其他地方购买。同样，没有一个冰激凌买者能影响冰激凌的价格，因为每个买者的购买量都很少。

一个完全竞争的市场具备两个特征：①可供销售的物品是完全相同的；②买者和卖者人数众多，以至于没有任何一个买者或卖者可以影响市场价格。由于完全竞争市场上的买者与卖者必须接受市场决定的价格，所以，他们被称为价格接受者。在市场价格上，买者可以购买他们想购买的所有东西，而卖者可以出售他们想出售的所有东西。

在某些市场上，完全竞争的假设完全适用。例如，在小麦市场上，有千百万出售小麦的农民和千百万使用小麦及小麦产品的消费者。由于没有一个买者或卖者能影响小麦价格，所以每个人都把价格视为既定的。

但是，并不是所有的市场都是完全竞争市场。一些市场只有一个卖者，而且这个卖者决定价格，这样的卖者被称为垄断者。例如，本地有线电视公司可能就是一个垄断者，本地居民也许只能从一家有线电视公司购买有线电视服务。还有一些市场介于完全竞争和垄断这两种极端形式之间。

尽管市场类型是多种多样的，但完全竞争假设是一种很有用的简化，本章的内容基于这种假设。完全竞争市场是最容易分析的，因为每个市场参与者都会接受市场条件决定的价格。而且，由于大多数市场上都存在某种程度的竞争，所以，我们在研究完全竞争条件下的供给与需求时所得到的许多结论也适用于更复杂的市场。

二、需求

（一）需求函数与需求曲线

一种物品的需求量（quantity demanded）是买者愿意并且能够购买的该种物品的数量。任何一种物品的需求量都是由很多因素决定的，其中主要的决定因素有：该商品的价格、消费者收入水平、相关商品的价格、消费者的偏好和消费者对该商品的预期等。但是，如果我们对影响一种商品需求量的所有因素同时进行分析，这就会使问题变得相当复杂。在处理这种复杂的多变量的问题时，通常可以将问题简化，即一次把注意力集中在一个影响因素上，而同时假定其他影响因素保持不变[①]。在这里，由于一种商品的价格是决定需求量的最基本的因素，所以，我们假定其他因素保持不变，仅仅分析该种商品的价格对该商品需求量的影响，即把一种商品的需求量仅仅看成是这种商品的价格的函数，于是，需求函数就可以表示为[②]

$$Q=f(P)$$

式中，P 为商品的价格；Q 为商品的需求量。

对绝大多数商品而言，当商品的价格下降时，我们会增加购买量——也就是说，价格与需求量之间存在反比关系。价格与需求量之间的这种关系对于经济中大部分物品来说都是正确的，而且，实际上这种关系非常普遍，因此经济学家称之为需求定理（law of demand）：在其他条件不变时，一种物品的价格上升，对该物品的需求量减少；一种物品的价格下降，对该物品的需求量增加。

根据习惯，纵轴代表某商品的价格，而横轴代表对该商品的需求量。把价格与需求量联系在一起的向右下方倾斜的曲线被称为需求曲线（demand curve）[③]。

（二）市场需求与个人需求

图 1-1（a）中的需求曲线表示某个人对某种产品的需求[④]。为了分析市场如何运行，

---

① 这是经济学常用的"比较静态分析"，被广泛使用在微观经济学、宏观经济学等几乎所有经济学分支中。其分析手段读者宜仔细体会。

② 在定义需求函数，即需求与价格之间的关系后，我们通常将其他因素对需求的影响表现为需求函数的移动。这种分析方法以及类似的手段在经济学中经常使用。

③ 需求定理和需求曲线的这种特点，我们将在《效用与消费者决策》一章中予以严格证明。

④ 简化的情形下也可以画为如图 1-1（b）所示的直线。但严格来说，直线的需求函数在 P=0 时与横轴必有一个交点，意味着如果价格等于零，会有一个确定的市场需求量，这与现实似乎有出入。

我们需要确定市场需求，市场需求是所有个人对某种特定物品或劳务的需求的总和，如图 1-2 所示。

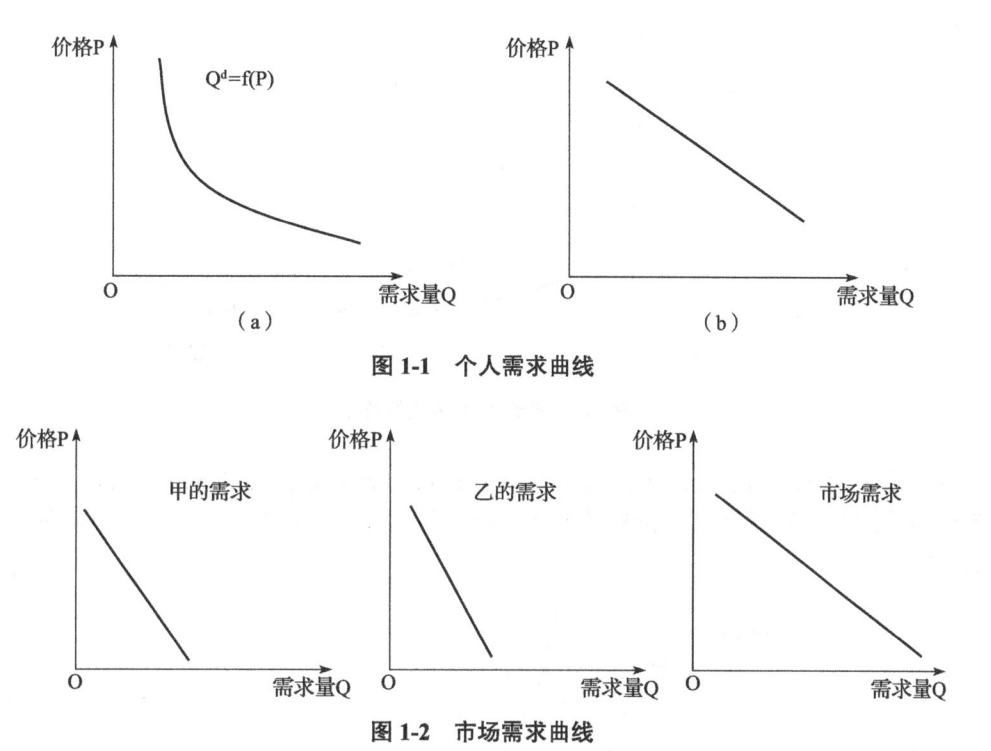

图 1-1　个人需求曲线

图 1-2　市场需求曲线

为了得出任何一种价格水平下的总需求量，我们要把在个人需求曲线的横轴上标出的个人需求量相加，也就是横向加总。由于我们想要分析市场如何运行，所以，我们最经常使用的将是市场需求曲线。市场需求曲线表示在所有影响消费者想购买的数量的其他因素保持不变时，一种物品的总需求量如何随该物品价格的变动而变动。

三、需求曲线的移动

尽管咖啡在 2006 年的价格比 2002 年的价格要高很多，但是全世界的咖啡消费总额在 2006 年要更高一些。我们怎样将这个事实与需求定律联系起来呢？需求定律说的是，在其他条件相同的情况下，较高的价格会导致较小的需求数量。

这个问题的答案在于"在其他条件相同的情况下"这个关键的表述。在本例中，其他条件是不相同的：2002 年到 2006 年世界发生了变化，在任一给定价格下咖啡的需求数量提高了。一方面，世界的人口增加了，因此潜在的喝咖啡的人增加了。此外，咖啡饮料（如拿铁、卡布奇诺）的受欢迎程度增加了，这导致了任一给定价格下咖啡需求数量的增加。

由于人口增加，拿铁的受欢迎程度增加，所以在每一个价格下，2006 年的需求量都要大于 2002 年的需求量。例如，在价格为每磅 1 美元时，消费者想要购买的咖啡豆数量从 100 亿磅增加到了 120 亿磅；在每磅 1.2 美元的价格下，需求量从 89 亿磅增加到了 107 亿磅；等等。

从这个例子中我们可以看出，2002 年到 2006 年的变化催生出了一个新的需求函数，任一给定价格下的需求量都要高于初始需求函数中的需求量。图 1-3 里的两条曲线传达了这样的信息。你会发现，2006年的需求情况与一条新的需求曲线 D_2 相对应，D_2 位于 2002 年的需求曲线 D_1 的右边。这种需求曲线的移动（shift of the demand curve）表明了在任一给定价格上的需求量的变化。

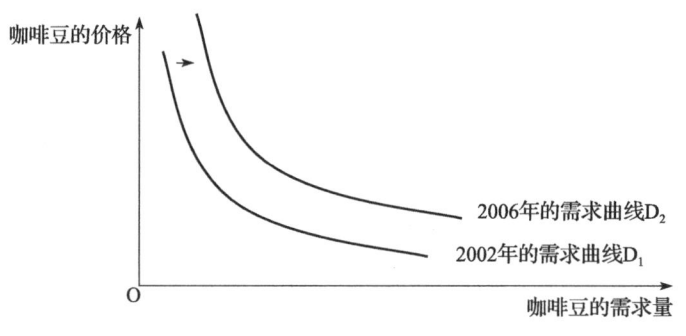

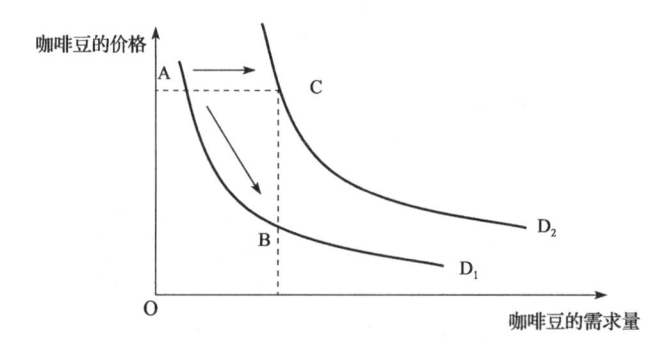

图 1-3 市场需求曲线的移动

需求曲线的移动和沿着需求曲线的移动（movement along the demand curve）的区别是一个重要的问题，后者是只由价格的变化所导致的商品需求数量的变化。图 1-4 展示了二者的区别。

图 1-4 需求曲线的移动和沿着需求曲线的移动

从 A 点移动到 B 点是沿着需求曲线的移动：需求量的增加是由于价格下降，所以是沿着 D_1 向下移动。这里，咖啡豆的价格从每磅 1.5 美元下降到每磅 1 美元导致需求量从 81 亿磅上升到 100 亿磅。但是即使价格不发生变化，需求数量也可能上升——这表现为需求曲线向右移动。图 1-4 中需求曲线从 D_1 移动到 D_2 表示的就是这种变化。例如，价格仍然维持在每磅 1.5 美元不变，需求量从 D_1 上 A 点的 81 亿磅上升至 D_2 上 C 点的 97 亿磅。

当经济学家们说"对 X 的需求增加"或者"对 Y 的需求减少"时，他们的意思是 X 或 Y 的需求曲线的移动，而不是由于价格变化导致的需求量的上升或下降。

四、需求曲线移动的原因

需求曲线的移动有两种可能：向左移动和向右移动。如果经济学家们说"需求增加"，他们的意思是需求曲线向右移动：即在任一给定价格水平上，消费者对商品的需求量都比原来大，表现就是需求曲线从最初的 D_1 向右移动到 D_2。如果经济学家们说"需求减少"，他们是指需求曲线向左移动：即在任一给定价格水平上，消费者对商品的需求量都比原来小，表现就是需求曲线从最初的 D_1 向左移动。

有以下几个主要因素会使某种产品和劳务的需求曲线发生移动。

1. 偏好的变化

例如，市场对咖啡饮料如拿铁和卡布奇诺受欢迎程度的提高，而对茶饮料的偏好下降。经济学家通常不去研究偏好为什么会变化（但是，"偏好的变化"是企业家或企业管理研究者的重要研究对象）。经济学家通常只需要知道：当偏好的变化朝着有利于某种商品需求的方向变化时，意味着在任一给定价格水平上有更多的人愿意购买这种商品，所以其需求曲线向右移动；当偏好的变化朝着不利于某种商品需求的方向变化时，意味着在任一给定价格水平上愿意购买这种商品的人减少，所以其需求曲线向左移动。

2. 收入的变化

当人们的收入增加时，通常他们在任一价格水平上会更有可能购买一种商品。例如，如果一个家庭的收入上升，这家人夏天到迪士尼乐园游玩的可能性就增大了，因此也更有可能购买飞机票。所以，消费者收入的增加会导致大多数商品的需求曲线向右移动。

为什么我们说"大多数"而非"全部"商品呢？是因为大多数商品是正常商品（normal goods）：当消费者收入增加时对这些商品的需求会上升。但是对于另一些商品，当收入上升时需求却会下降。当收入上升时需求减少的商品就是所谓的劣等品（inferior goods）。当一种商品是劣等品时，收入的上升导致需求曲线向左移动。例如当收入上升时，人们可能更少乘坐公共汽车，而转向乘坐出租车；乘坐公共汽车的需求曲线就会左移。

3. 预期的变化

当消费者决定什么时候进行购买时，某个产品当前的需求会受到其将来价格预期的影响。例如，精明的购物者通常要等到打折时才出手。也就是说，预期某种商品未来价格下降会导致现在对这种商品的需求减少；反过来，预期某种商品价格将上涨会导致现在对这种商品的需求增加。

关于将来收入变化的预期也能导致需求的变化：如果你预期自己的收入在未来将上升，你一般会在现在借贷消费，从而增加对某些商品的需求；反之，如果预期收入在未来下降，你现在可能会多存些钱从而减少对某些商品的需求。

4. 消费者数量的变化

正如我们已经提到的，2002—2006 年咖啡需求上升的一个原因是世界人口的增长。由于人口增加，咖啡的总需求也会增加，即使每个咖啡消费者对咖啡的需求依然保持不变。

5. 相关产品或劳务的价格变化

经济学家们会把茶称作咖啡的替代品。如果一种产品（咖啡）的价格上升导致消费者对另一种产品（茶）的需求增加，那么这样的一对产品就是替代品（substitutes）。替代品通常在某些方面具有相似的功用，如音乐会和话剧、松饼和油炸圈饼、火车和飞机。只要替代商品的价格上升，有些消费者就会转向购买原来的产品而减少对替代品的购买，从而使原来的商品需求曲线向右移动。

但是有些时候，一种产品价格的下降会促使消费者更加愿意购买另一种商品。这样的一组商品就是所谓的互补品（complements）。互补品通常是需要被一起消费的商品，如电脑和软件、汽车和汽油。由于消费者喜欢将一种产品和它的互补品一起消费，那么一种产品的价格变化会影响其互补品的需求。特别地，当一种产品的价格上升时，互补品的需求将减少，使互补品的需求曲线向左移动。

五、供给曲线：价格与供给量之间的关系

一种物品或劳务的供给量（quantity supplied）是卖者愿意并且能够出售的该种物品的数量。决定供给量的因素有许多，但在我们的分析中，仍然从价格开始：在其他条件不变时，一种物品价格上升，该物品供给量增加；一种物品价格下降，该物品供给量减少。价格与供给量之间的这种关系被称为供给定理（law of supply）。

把价格与供给量联系在一起的曲线称为供给曲线（supply curve），如图1-5所示。供给曲线向右上方倾斜，是因为在其他条件相同的情况下，价格越高意味着供给量越多[①]。

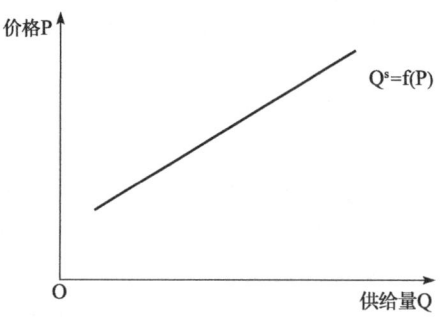

图1-5 个体供给曲线

（一）市场供给与个体供给

正如市场需求是所有买者需求的总和一样，市场供给也是所有卖者供给的总和。

和需求曲线一样，我们水平地加总个体供给曲线来得出市场供给曲线。这就是说，为了得出任何一种价格水平下的总供给量，我们把个体供给曲线横轴上标出的个体供给量相加，如图1-6所示。市场供给曲线表示，在影响某种物品的生产者想出售数量的其他因素都保持不变的条件下，该物品的总供给量如何随其价格的变动而变动。

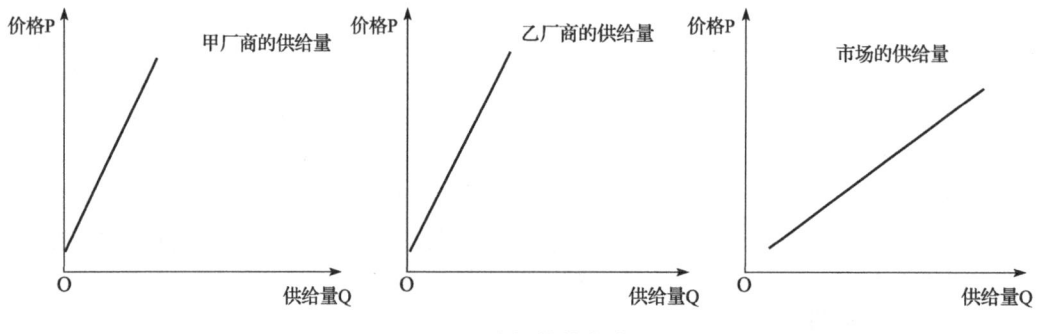

图1-6 市场供给曲线

（二）理解供给曲线的移动

和分析需求时一样，关键的问题是区分供给曲线的移动和沿着供给曲线的移动（movements along the supply curve），后者是价格变化所导致的供给量的变化，而前者是"供给"的变化。

供给曲线移动有两种可能。第一种，当经济学家们说"供给增加"时，他们是指供给曲线向右移动：在任一给定价格上，人们愿意比以前提供更多的数量，如图1-7中供给曲线从最初的 S_1 向右移动到 S_2。第二种，当经济学家

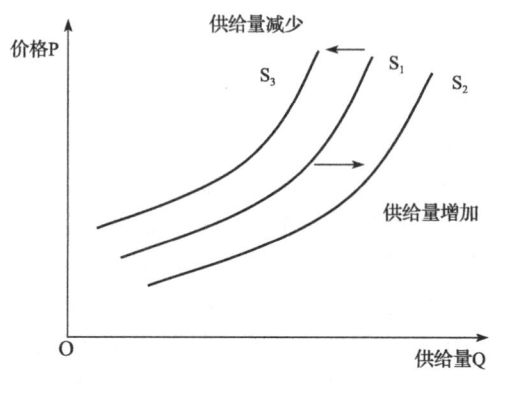

图1-7 供给曲线的移动

[①] 供给定理及供给曲线的这种特点，我们将在《生产、成本与生产决策》一章中严格证明。

们说"供给减少"时，他们是指供给曲线向左移动：在任一给定价格上，人们愿意供给的商品比以前减少，如图 1-7 中供给曲线从 S_1 向左移动到 S_3。

供给曲线移动的两个最重要的因素如下[①]。

1. 投入品价格的变化

为了进行生产，必须要有投入品，例如为了制造香草冰激凌，必须购入香草豆、奶油、糖等。投入品（input）就是用来生产另一种产品的任何产品。投入品是有价格的，投入品价格的上升会导致生产最终产品的成本提高。所以，卖方在任一给定价格上意愿供给的数量会减少，导致供给曲线向左移动。类似地，一种投入品价格的下降会使最终产品的生产成本下降，所以卖方在任一给定的价格上愿意供给的数量会增加，导致供给曲线向右移动。

2. 技术的变化

当更好的技术出现时，生产的成本减少——生产同样多的产品却花费更少的成本，供给量会上升，供给曲线向右移动。例如，培育成功一种抗病能力更强的玉米，会使农场主在任一给定价格水平上愿意供应更多的玉米。

第二节 需求与供给的均衡

一、均衡价格和均衡数量

由于供给曲线表示的是在任一价格水平上的供给量，而需求曲线表示的是在任一价格水平上的需求量，所以两条曲线的交点就是均衡价格：使供给量等于需求量的价格。

使供给量等于需求量的价格就是均衡价格（equilibrium price），在这个价格水平上购买或出售的商品数量就是均衡数量（equilibrium quantity）。均衡价格也叫市场出清价格（market-clearing price）。

图 1-8 把图 1-1 中的需求曲线和图 1-5 中的供给曲线结合了起来。这两条曲线在 E 点相交，这就是市场的均衡点；换言之，1.0 美元就是均衡价格，100 亿磅就是均衡数量。现在我们证明 E 点满足我们对均衡的定义。在每磅 1.0 美元这个价格水平上，咖啡豆生产者每年愿意卖出 100 亿磅咖啡豆，同时咖啡豆消费者每年愿意购买 100 亿磅咖啡豆。所以，在每磅 1.0 美元这个价格水平上，咖啡豆的供给量等于其需求量。注意，在任何一个其他价格上市场都不会出清：如果价格高于 1.0 美元，供给量将超过需求量；如果价格低于 1.0 美元，需求量会超过供给量。

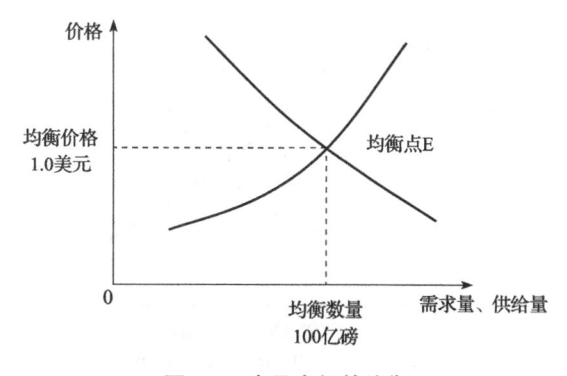

图 1-8 商品市场的均衡

（一）为什么一个竞争性市场上所有的买和卖都会大体上在同一个价格上发生

例如，在旅行途中，你可能刚在一家店里买了一个纪念品，转身在隔壁的店里就看到

[①] 我们将在本书后续《生产、成本与生产决策》一章中进一步详细探讨供给曲线的决定。

同样的东西价格却更低。因为游客不知道哪家商店的开价最低,也没有时间来货比三家,所以旅游景点的商店能够对同样的商品收取不同的价格。

但是在买方和卖方都有充分搜寻时间的市场上,买和卖趋向于在一个大体一致的价格上互相靠近,所以我们才能有把握地说"市场价格"。原因很简单:假设一个卖主给一个潜在买主的开价明显地比买方所知道的其他人支付的价格高的话,买方只要到别的卖主那里去购买,自己的境况就会得到改善。当了解这一点之后,一个卖主也不会以低于他所知的多数买主愿意支付的价格出售自己的商品。所以,在任何一个正常运行的竞争性市场上①,所有的买主和卖主都支付和收取几乎相同的价格。这个价格就是我们所说的市场价格。

(二) 为什么市场价格高于均衡价格时价格就会下降

假设供给曲线和需求曲线如图1-9所示,但是市场价格高于均衡水平1.0美元,例如1.5美元,这导致过剩出现;在1.5美元这个价格上生产者愿意出售112亿磅,但是消费者只愿意购买81亿磅,所以多出了31亿磅。这种过剩将推动价格下降,直到达到均衡价格1美元为止。

因此,在竞争充分的情况下,只要价格高于均衡水平就会发生过剩,而只要存在过剩价格就会下降。

(三) 为什么市场价格低于均衡价格时价格就会上升

现在假设价格低于均衡水平,例如为0.75美元,如图1-10所示。在这种情况下,需求的数量(115亿磅)超过了供给的数量(91亿磅),这意味着有消费者会买不到咖啡豆:存在24亿磅的短缺(shortage)。在这种情况下,卖方意识到应该索要更高的价格。不论哪一种方式,结果都是推高了原来的价格。

因此,在竞争充分的情况下,只要价格低于均衡水平就会发生短缺,而只要存在短缺价格就会升高。

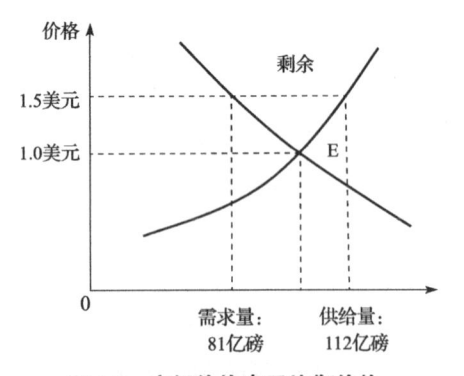

图1-9 市场价格高于均衡价格

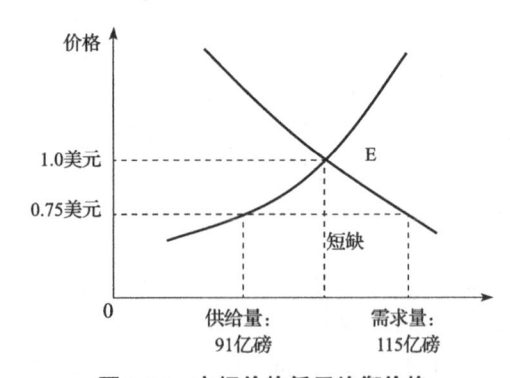

图1-10 市场价格低于均衡价格

(四) 用均衡来描绘市场

我们现在已经看到市场倾向于形成一个单一的价格,即均衡价格。如果市场价格高于均衡水平,随之而来的过剩就会使得买者和卖者采取措施降低价格。如果市场价格低于均衡水平,随之而来的短缺就会使得买者和卖者采取措施提高价格。所以,市场价格总是朝

---

① 我们将在本书第八章中讨论"信息不对称"导致的市场失灵问题。

着均衡价格移动,在这个价格上既没有过剩也没有短缺。

二、供给和需求的变化

(一) 由于需求移动引起的市场均衡变动

假设某一年夏季,天气特别炎热。这种情况将如何影响冰激凌市场呢?为了回答这个问题,我们遵循以上三个步骤进行。

第一,天气炎热通过改变人们对冰激凌的嗜好而影响需求曲线。这就是说,天气改变了人们在任何一种既定价格水平下想购买的冰激凌数量。供给曲线不变,因为天气并不直接影响销售冰激凌的企业。

第二,由于天气炎热使人们想吃更多的冰激凌,所以,需求曲线向右移动。图1-11表示随着需求曲线从 D_1 移动到 D_2,需求增加了。这种移动表明,在每种价格水平下,冰激凌的需求量都增加了。

第三,正如图1-11所示,需求增加使均衡价格由2.0美元上升到2.5美元①,均衡数量由7个增加到10个。换句话说,天气炎热提高了冰激凌的价格,增加了冰激凌的销售量。

(二) 由于供给移动引起的市场均衡变动

假设在另一个夏季,台风摧毁了部分甘蔗田,并使糖的价格上升。这一事件将如何影响冰激凌市场呢?为了回答这个问题,我们还是遵循三个步骤进行。

第一,作为投入品之一,糖的价格上升影响了冰激凌供给曲线。它通过增加生产成本,减少了企业在任何一种既定价格水平下生产并销售的冰激凌数量。需求曲线没变,因为投入品成本的增加并没有直接改变家庭希望购买的冰激凌数量。

第二,供给曲线向左移动,因为在任何一种价格水平下,企业愿意并能够出售的总量减少了。图1-12表明,随着供给曲线从 S_1 移动到 S_2,供给减少了。

第三,正如图1-12所示,供给曲线移动使均衡价格从2.0美元上升到2.5美元,使均衡数量从7个减少为4个。由于糖价上升,冰激凌的价格上升了,而销售量减少了。

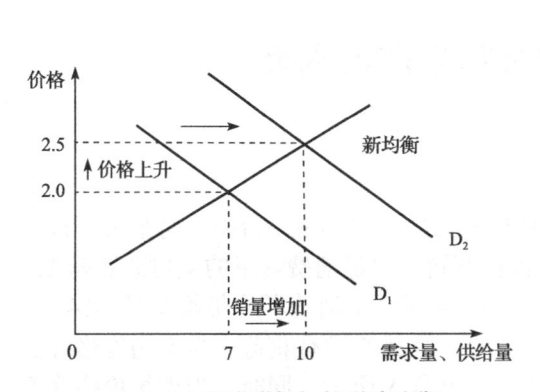

图 1-11 需求增加如何影响均衡

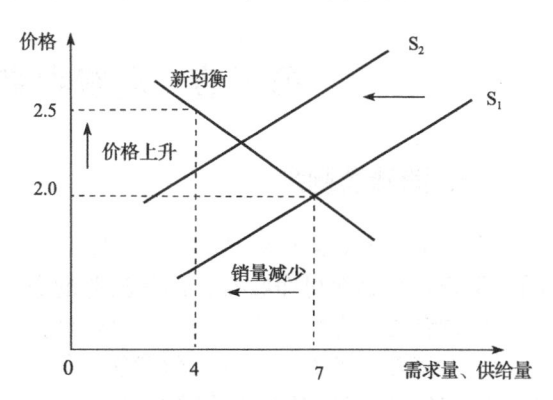

图 1-12 供给减少如何影响均衡

(三) 供给和需求都变动

现在假设天气炎热和台风发生在同一个夏季。为了分析两个事件的共同影响,我们仍

---

① 价格上升的幅度与供给曲线的斜率(或弹性)有关,读者可参看本章"弹性"一节。如果长期供给曲线水平(参看"生产、成本与生产决策"一章),则需求的增加不会提升价格水平。

遵循三个步骤进行。

第一，我们确定，两条曲线都应该移动。天气炎热影响需求曲线，因为它改变了家庭在任何一种既定价格水平下想要购买的冰激凌的数量。同时，当台风使糖价上升时，它改变了冰激凌的供给曲线，因为它改变了企业在任何一种既定价格水平下想要出售的冰激凌的数量。

第二，这两条曲线移动的方向与我们以前的分析中的移动方向相同：需求曲线向右移动，而供给曲线向左移动，如图 1-13 所示。

第三，正如图 1-13 所示，根据需求量和供给量变动幅度的相对大小，可能会出现两种结果。在这两种情况下，均衡价格都上升了。在图 1-13（a）中，需求量大幅度增加，而供给量减少很少，均衡数量增加了。与此相比，在图 1-13（b）中，供给量大幅度减少，而需求量增加很少，均衡数量减少了。因此，这些事件肯定会提高冰激凌的价格，但它们对冰激凌销售量的影响是不确定的（也就是说，朝哪个方向变动都是可能的）。

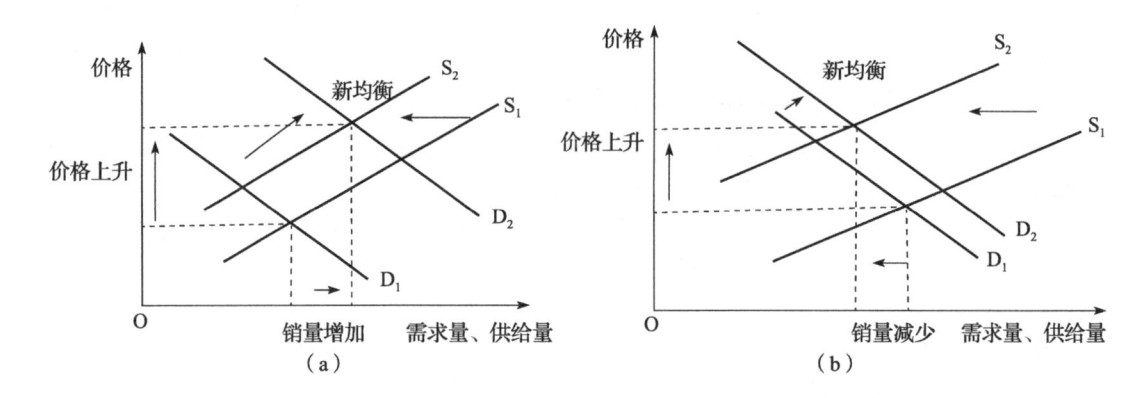

图 1-13 供给和需求同时移动

第三节 消费者剩余和生产者剩余

一、消费者剩余

我们将买者对某种商品的支付意愿定义为他愿意为之支付的最高价格。每个买了该商品的消费者都会获得净收益，但是获益的数量各有不同。假定消费者甲的支付意愿是 100 元，消费者乙的支付意愿为 80 元。当市场价格为 80 元时，甲消费者的获益如图 1-14（a）所示。对消费者乙而言，其支付意愿正好等于 80 元，因此乙没有获益。当市场价格降低为 70 元时，甲消费者的获益增加了，增加的部分为矩形 A 所示，同时，当市场价格降低为 70 元时，消费者乙也有获益，如图 1-14（b）矩形 B 所示。消费者甲和乙的总体获益为图 1-14 中 A+B+C 部分。

如此，我们可以推导出市场上所有购买者的消费者剩余之和，即所谓的"总消费者剩余"（total consumer surplus）。总消费者剩余就是：市场价格以上、需求曲线以下部分的面积，如图 1-15 所示。显然，消费者剩余与需求曲线的位置和斜率有关。

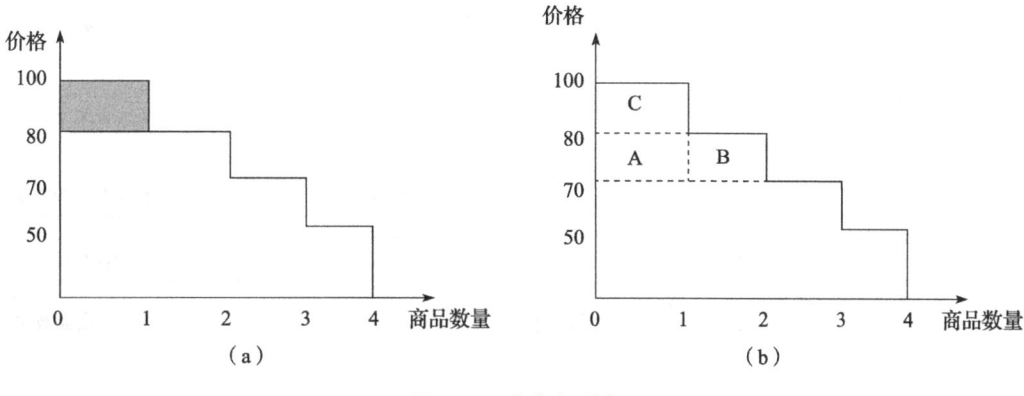

图 1-14　消费者剩余

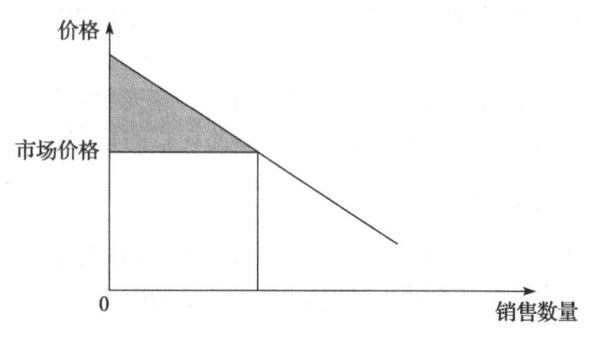

图 1-15　市场消费者剩余

二、生产者剩余

假定市场上存在许多生产者，他们的成本各不相同，如图 1-16 所示。

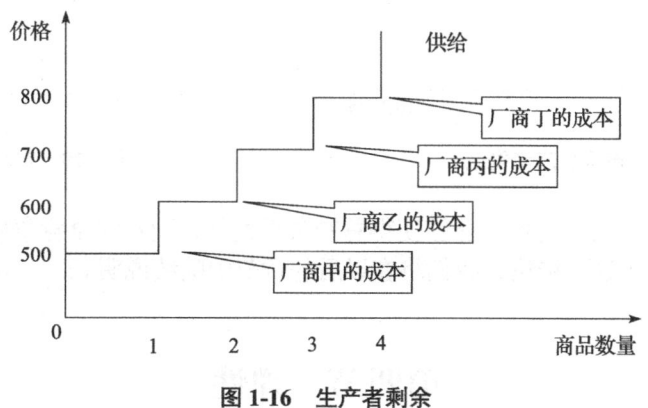

图 1-16　生产者剩余

与推导消费者剩余曲线类似，我们假定生产者甲和乙的平均生产成本为 500 元和 600 元。当市场价格为 600 元时，生产者甲有生产者剩余如图 1-17（a）所示；当市场价格上升到 700 元时，生产者甲的剩余增加了，而此时生产者乙开始有剩余，如图 1-17（b）所示。

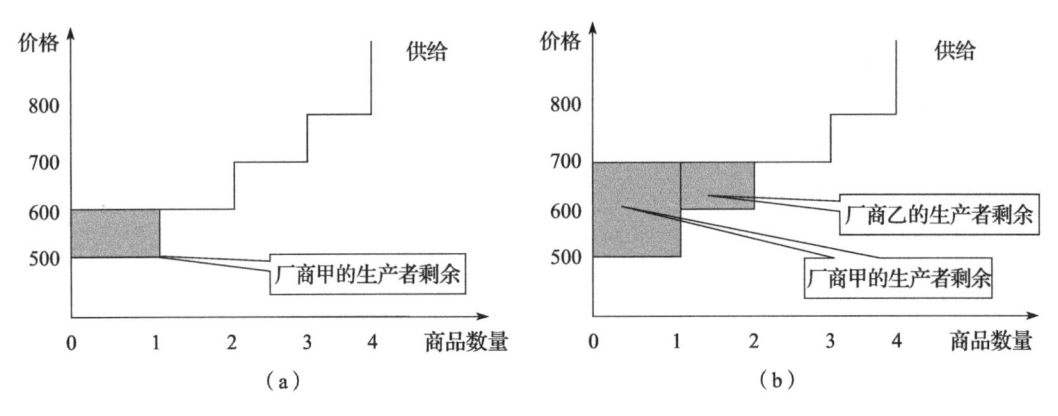

图 1-17 生产者剩余相加

因此，市场上总的生产者剩余就是，市场价格之下供给曲线之上的面积，如图 1-18 所示。

显然，生产者剩余和供给曲线的位置和斜率有关。在完全竞争市场上，对于成本不变的行业而言，由于长期供给曲线是一条水平线，因此，它的长期生产者剩余等于零。

三、市场均衡时总剩余

将消费者剩余和生产者剩余相加，我们就得到市场的总剩余。如图 1-19 所示，需求曲线与供给曲线的交点为市场均衡点，因此，总的剩余如图 1-19 中的阴影面积所示。

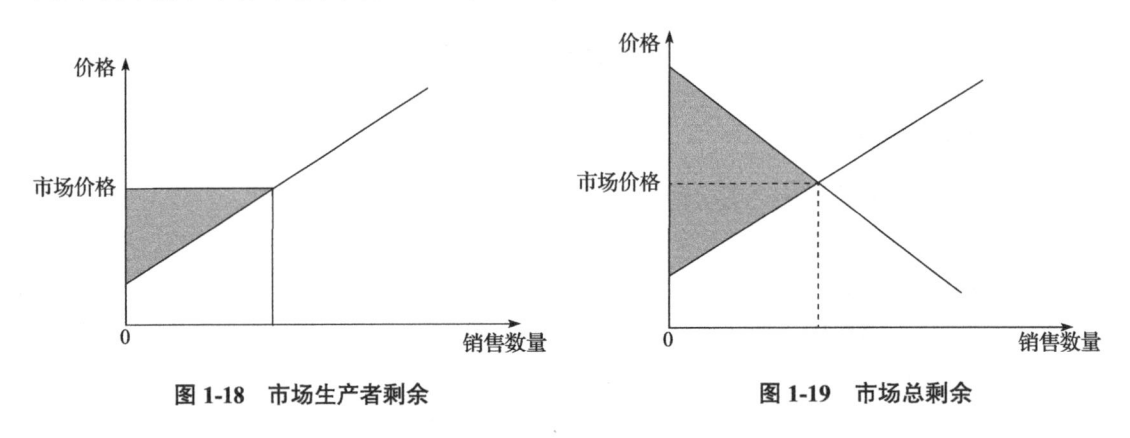

图 1-18 市场生产者剩余　　　　图 1-19 市场总剩余

完全竞争条件下的市场均衡能够使得总剩余最大化，而对完全竞争施加的任何影响将会减少总剩余。关于这一结论，我们将在以后的章节中陆续说明。

第四节　弹性

一、弹性与需求的价格弹性

（一）弹性的一般含义

弹性概念在经济学中得到广泛的应用。弹性是指，当一个经济变量发生 1% 的变动

时，由它引起的另一个经济变量变动的百分比。在经济学中，弹性的一般公式为

$$弹性系数 = \frac{因变量的变动比例}{自变量的变动比例}$$

设两个经济变量之间的函数关系为 Y=f(X)，则弹性的一般公式为

$$e = \frac{\frac{\Delta Y}{Y}}{\frac{\Delta X}{X}} = \frac{\Delta Y}{\Delta X} \cdot \frac{X}{Y} \tag{1-1}$$

式中，e 为弹性系数；ΔX、ΔY 分别为变量 X、Y 的变动量。该式表示：当自变量 X 变化百分之一时，因变量 Y 变化百分之几。

若经济变量的变化量趋于无穷小，即当式（1-1）中的 ΔX→0，且 ΔY→0 时，则弹性公式为

$$e = \lim_{\Delta X \to 0} \frac{\frac{\Delta Y}{Y}}{\frac{\Delta X}{X}} = \frac{\frac{dY}{Y}}{\frac{dX}{X}} = \frac{dY}{dX} \cdot \frac{X}{Y} \tag{1-2}$$

通常将式（1-1）称为弧弹性公式，将式（1-2）称为点弹性公式。

（二）需求的价格弹性的含义

需求方面的弹性主要包括需求的价格弹性、需求的交叉价格弹性和需求的收入弹性。其中，需求的价格弹性又被简称为需求弹性，下面详细考察需求的价格弹性，其公式为

$$需求的价格弹性系数 = \frac{需求量变动率}{价格变动率}$$

需求的价格弹性可以分为弧弹性和点弹性。

需求的价格弧弹性表示某商品需求曲线上两点之间的需求量的变动对于价格变动的反应程度。简单地说，它表示需求曲线上两点之间的弹性。假定需求函数为 Q=f(P)，ΔQ 和 ΔP 分别表示需求量的变动量和价格的变动量，以 e_d 表示需求的价格弹性系数，则需求的价格弧弹性的公式为

$$e_d = -\frac{\frac{\Delta Q}{Q}}{\frac{\Delta P}{P}} = -\frac{\Delta Q}{\Delta P} \cdot \frac{P}{Q} \tag{1-3}$$

这里需要指出的是，在通常情况下，由于商品的需求量和价格是反方向变动的，为负值，所以，为了便于比较，就在式（1-3）中加了一个负号，以使需求的价格弹性系数 e_d 取正值。

当需求曲线上两点之间的变化量趋于无穷小时，需求的价格弹性要用点弹性来表示。也就是说，它表示需求曲线上某一点上的需求量变动对于价格变动的反应程度。在式（1-3）的基础上，需求的价格点弹性的公式为

$$e_d = \lim_{\Delta P \to 0} -\frac{\Delta Q}{\Delta P} \cdot \frac{P}{Q} = -\frac{dQ}{dP} \cdot \frac{P}{Q} \tag{1-4}$$

比较式（1-3）和式（1-4）可见，需求的价格弧弹性和点弹性的本质是相同的。它们

的区别仅在于：前者表示价格变动量较大时的需求曲线上两点之间的弹性，而后者表示价格变动量无穷小时的需求曲线上某一点的弹性。

二、弹性的解读

一种极端的情况是，人们完全不在乎商品的价格，如食盐。不管价格是多少，消费者都要消费一定数量的食盐：当价格低时不可能消费更多；当价格高时，也不可能减少消费。因此，对价格的任何变化，食盐需求量的变化都是0，价格弹性为0，这种情况被称为完全无弹性的需求（perfectly inelastic demand），如图1-20（e）所示。

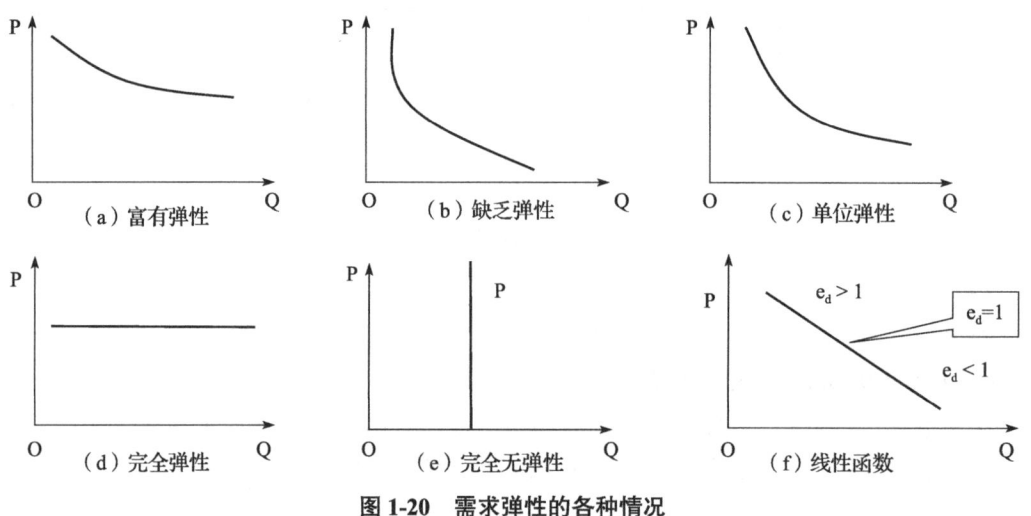

图1-20 需求弹性的各种情况

另一种极端的情况是，很小的价格增加导致需求量急剧降到0，或者很小的价格减少但导致需求量急剧的增加。图1-20（d）是对粉色网球的需求：假设打网球的人不在乎网球的颜色，其他颜色如淡绿和鲜黄色的网球都能以5美元一打的价格买到。在这种情况下，消费者就会在粉色网球的价格少于5美元的时候全部购买粉色网球，在其价格多于5美元时不购买粉色网球。所以，需求曲线是一条在价格为5美元时的水平线，在这条线左右移动时变化的只有需求数量，价格不变。换言之，一个数除以0时得到无穷，水平的弹性表明了无穷的需求价格弹性。当需求的价格弹性是无穷时被称为完全弹性的需求。

需求价格弹性在大部分情况下介于这两种情况之间，学者用需求价格弹性是否大于1为标准来划分中间情况。当需求价格弹性大于1时被称为有弹性的需求（elastic demand），小于1时被称为无弹性的需求（inelastic demand）。极端的情况是正好等于1，被称为单位弹性的需求（unit-elastic demand）。

图1-20（f）显示的是需求函数是线性函数的情况。读者需要特别注意的是，线性函数的各点其点弹性是不相同的，证明如下：

假设线性需求函数的形式为 $Q=b-aP$，那么：

$$e_d = -\frac{dQ}{dP} \cdot \frac{P}{Q} = a\frac{P}{Q}$$

从上式我们可以看出，在需求曲线上靠近纵轴的那些点弹性较大，而靠近横轴的那些点弹性较小，在靠近中点的位置弹性等于1。

三、需求的价格弹性和厂商的销售收入

在实际的经济生活中会发生这样一些现象：有的厂商提高自己的商品价格，能使自己的销售收入得到提高，而有的厂商提高自己的商品价格，反而使自己的销售收入降低了。这意味着，以降价促销来增加销售收入的做法，对有的商品适用，对有的商品却不适用。如何解释这些现象呢？这便涉及商品的需求的价格弹性的大小和厂商的销售收入两者之间的相互关系。

我们知道，厂商的销售收入等于商品的价格乘以商品的销售量，在此假定厂商的商品销售量等于市场上对其商品的需求量。这样，厂商的销售收入就又可以表示为商品的价格乘以商品的需求量，即厂商销售收入 $=P \cdot Q$，其中，P 表示商品的价格，Q 表示商品的销售量即需求量。

商品的需求的价格弹性表示商品需求量的变化率对于商品价格的变化率的反应程度。这意味着，当一种商品的价格 P 发生变化时，这种商品需求量 Q 的变化情况，进而提供这种商品的厂商的销售收入 $P \cdot Q$ 的变化情况，将必然取决于该商品的需求的价格弹性大小。所以，在商品的需求价格弹性和提供该商品的厂商的销售收入之间存在着密切的关系。这种关系可归纳为以下三种情况。

第一种情况：对于 $e_d > 1$ 的富有弹性的商品，降低价格会增加厂商的销售收入；相反，提高价格会减少厂商的销售收入，即厂商的销售收入与商品的价格呈反方向变动。这是因为，当 $e_d > 1$ 时，厂商降价所引起的需求量的增加率大于价格的下降率。这意味着价格下降所造成的销售收入的减少量必定小于需求量增加所带来的销售收入的增加量。所以，降价最终带来的销售收入 $P \cdot Q$ 值是增加的。相反，在厂商提价时，最终带来的销售收入 $P \cdot Q$ 值是减少的。

第二种情况：对于 $e_d < 1$ 的缺乏弹性的商品，降低价格会使厂商的销售收入减少；相反，提高价格会使厂商的销售收入增加，即销售收入与商品的价格呈同方向变动。其原因在于：$e_d < 1$ 时，厂商降价所引起的需求量的增加率小于价格的下降率。这意味着需求量增加所带来的销售收入的增加量并不能全部抵消价格下降所造成的销售收入的减少量。所以，降价最终使销售收入 $P \cdot Q$ 值减少。相反，在厂商提价时，最终带来的销售收入 $P \cdot Q$ 值是增加的。

第三种情况：对于 $e_d = 1$ 的单位弹性的商品，降低价格或提高价格对厂商的销售收入都没有影响。这是因为，当 $e_d = 1$ 时，厂商变动价格所引起的需求量的变动率和价格的变动率是相等的。这样一来，由价格变动所造成的销售收入的增加量或减少量刚好等于由需求量变动所带来的销售收入的减少量或增加量，所以，无论厂商是降价还是提价，销售收入 $P \cdot Q$ 值是固定不变的。

以上分析可经数学证明，证明过程如下。

假定需求函数为 $Q = f(P)$，于是，可以得到：

$$\frac{d(P \cdot Q)}{dP} = Q + P \cdot \frac{dQ}{dP} = Q\left(1 + \frac{P}{Q} \cdot \frac{dQ}{dP}\right) = Q(1 - e_d)$$

由上式可得以下关系式：

$$\text{当 } e_d < 1 \text{ 时，} \frac{d(P \cdot Q)}{dP} > 0$$

四、决定需求的价格弹性的因素

决定需求的价格弹性的因素有以下几个。

1. 是否存在相近的替代品

如果存在另一种类似商品而且人们愿意用该类商品来代替已有商品,价格弹性就会较高;如果不存在相近替代品,价格弹性就会较低。

2. 商品是必需品还是奢侈品

如果所购买的商品是生活必备的,如急救药品,价格弹性就会较低;如果是离开了照旧可以生活的商品,也就是奢侈品,价格弹性就会较高。

3. 在该商品上的支出占收入的比重

如果在某商品上的支出占消费者收入的比重很小,价格弹性就会较低。此时,商品价格的显著变化对消费者在该商品上的支出影响甚微。反之,如果在该商品上的支出占收入的比重很大,消费者很可能对价格变化非常敏感。此时,价格弹性就会较高。

4. 时间

一般来说,随着时间的流逝需求的价格弹性将增加,以适应价格变化,即长期的弹性大于短期的弹性。

五、供给的价格弹性

供给的价格弹性表示在一定时期内一种商品的供给量的变动对于该商品的价格变动的反应程度。或者说,表示在一定时期内当一种商品的价格变化百分之一时所引起的该商品的供给量变化的百分比。它是商品的供给量变动率与价格变动率之比。

与需求的价格弹性一样,供给的价格弹性也分为弧弹性和点弹性。供给的价格弧弹性表示某商品供给曲线上两点之间的弹性。供给的价格点弹性表示某商品供给曲线上某一点的弹性。假定供给函数为 Q=f(P),以 e_s 表示供给的价格弹性系数,则供给的价格弧弹性的公式为

$$e_s = \frac{\frac{\Delta Q}{Q}}{\frac{\Delta P}{P}} = \frac{\Delta Q}{\Delta P} \cdot \frac{P}{Q} \tag{1-5}$$

供给的价格点弹性的公式为

$$e_s = \lim_{\Delta P \to 0} \frac{\Delta Q}{\Delta P} \cdot \frac{P}{Q} = \frac{dQ}{dP} \cdot \frac{P}{Q} \tag{1-6}$$

在通常情况下,商品的供给量和商品的价格是同方向变动的,供给量的变化量和价格的变化量的符号是相同的。所以,在上面两个公式中,积均大于零,作为计算结果的 e_s 为正值。

供给的价格弹性根据 e_s 值的大小分为五个类型。$e_s > 1$ 表示富有弹性;$e_s < 1$ 表示缺乏弹性;$e_s = 1$ 表示单一弹性或单位弹性;$e_s = \infty$ 表示完全弹性;$e_s = 0$ 表示完全无弹性。

六、决定供给的价格弹性的因素

1. 投入品的获得

当投入品容易获得并且能以较低的成本转化为产品时,供给的价格弹性较大。当投入品不易获得而且转化成本较高时,供给的价格弹性较小。

2. 时间

生产者对价格调整适应的时间越长，供给的价格弹性越大，即长期的弹性大于短期的弹性。

很多产业如比萨的供给的价格弹性非常大——这些产业不需要任何特殊资源就可以很容易地扩张规模。另外的大部分产业的供给弹性小于完全弹性，因为这些产业受到自然资源限制，如金和铜等矿产，农作物如特殊类型的咖啡只在特定的岛上产量丰富，可再生资源如海鱼只能在不破坏生态平衡的限度下捕捞。

如果时间足够长，即使在资源受限制的情况下，生产者也能够根据价格变化调整产量。以流感疫苗为例，我们来关注供给对价格的反应。如果价格上涨到 90 美元/剂并且持续几年，疫苗产量必然会大幅增加，生产商会扩大规模，雇用更多的实验室技术人员……但是大幅增加生物技术制造实验室的产能需要几年时间，不是几个星期、几个月或者仅仅一年的时间就能做到的。由于以上原因，学者需要区分短期弹性（通常是几周或几个月）和长期弹性（通常是几年）。对大部分产业来说，长期的弹性大于短期的弹性。

七、需求的收入弹性

需求的收入弹性是建立在消费者的收入量和商品的需求量之间关系上的一个弹性概念，它也是一个在西方经济学中被广泛运用的弹性概念。需求的收入弹性表示在一定时期内消费者对某种商品的需求量的变动对于消费者收入量变动的反应程度。或者说，表示在一定时期内当消费者的收入变化百分之一时所引起的商品需求量变化的百分比。它是商品的需求量的变动率和消费者的收入量的变动率的比值。

假定某商品的需求量 Q 是消费者收入水平 M 的函数，即 Q=f(M)，则该商品的需求的收入弹性公式为

$$e_M = \frac{\frac{\Delta Q}{Q}}{\frac{\Delta M}{M}} = \frac{\Delta Q}{\Delta M} \cdot \frac{M}{Q} \tag{1-7}$$

或

$$e_M = \lim_{\Delta P \to 0} \frac{\Delta Q}{\Delta M} \cdot \frac{M}{Q} = \frac{dQ}{dM} \cdot \frac{M}{Q} \tag{1-8}$$

式（1-7）和式（1-8）分别为需求的收入弧弹性和点弹性公式。

根据商品的需求的收入弹性系数值，可以给商品分类。首先，商品可以分为两类，分别是正常品和劣等品。其中，正常品是指需求量与收入成同方向变化的商品；劣等品是指需求量与收入成反方向变化的商品。然后，还可以将正常品再进一步区分为必需品和奢侈品两类。以上的这种商品分类方法，可以用需求的收入弹性来表示。具体地说，$e_M>0$ 的商品为正常品，因为，$e_M>0$ 意味着该商品的需求量与收入水平成同方向变化。$e_M<0$ 的商品为劣等品，因为，$e_M<0$ 意味着该商品需求量与收入水平成反方向变化。在正常品中，$e_M<1$ 的商品为必需品，$e_M \geqslant 1$ 的商品为奢侈品。当消费者的收入水平上升时，尽管消费者对必需品和奢侈品的需求量都会有所增加，但对必需品的需求量的增加是有限的，或者说，是缺乏弹性的；而对奢侈品的需求量的增加是较多的，或者说，是富有弹性的。

在需求的收入弹性的基础上，如果具体地研究消费者用于购买食物的支出量对于消费者收入量变动的反应程度，就可以得到食物支出的收入弹性。西方经济学中的恩格尔定

律指出：在一个家庭或在一个国家中，食物支出在收入中所占的比例随着收入的增加而减少。用弹性概念来表述恩格尔定律可以是：对于一个家庭或一个国家来说，富裕程度越高，则食物支出的收入弹性就越小；反之，则越大。许多国家经济发展过程的资料表明恩格尔定律是成立的。

第五节　政府管制与效率

一、价格上限

（一）价格上限模型

为了弄清政府在一个竞争性市场上施加价格上限管制时会出现什么问题，我们来看一下图 1-21，该图是某城市的公寓市场的一个简化的模型。为了简单起见，我们假设所有的公寓都是相同的，因此在一个没有受到管制的市场上都应该以相同的价格出租。可以看出，在一个没有管制的市场上，均衡点为 E，在该点上，有 200 万套公寓将以每月 1000 美元的租金租出去。

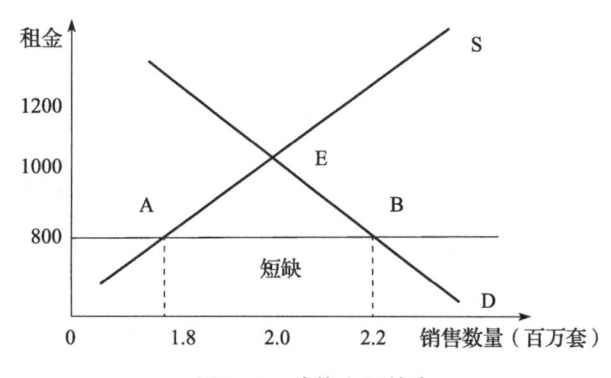

图 1-21　价格上限效应

现在假设政府规定了租金上限，将租金限定在低于均衡价格的水平上，假定政府规定租金不得超过 800 美元。在租金为 800 美元的情况下，房东出租公寓的动机不强烈，也就是说他们不愿意提供那么多的公寓。他们会选择供给曲线上的 A 点，从而仅仅提供 180 万套出租公寓，比没有政府干预的情况下少 20 万套。与此同时，因为租金只要 800 美元，所以更多的人愿意租住公寓，如需求曲线上的 B 点所示，价格为 800 美元时，公寓的需求数量上升到了 220 万套，比均衡数量多出了 20 万套，比此时的实际供给多出了 40 万套。所以，公寓出租市场上出现了持续的短缺现象，在这个价格上，有 40 万人想租但租不到公寓。

当然，价格上限并不总是导致短缺。如果价格上限的水平高于均衡价格的话，它将没有任何影响。

（二）价格上限怎样导致非效率

租金管制，包括所有的价格上限，至少在四个明显的方面导致了非效率：它降低了公寓的出租数量，使其低于有效率的水平；它通常也导致了公寓在潜在租赁之间的错误配置；由于人们要花时间寻找公寓，它浪费了时间和精力；它导致了房主的公寓的质量和条件非效率的低。除了非效率，价格上限还会诱发一些非法行为，例如人们会试图规避价格上限管制。

1. 低数量的非效率

因为租金管制减少了供给的公寓数量，同时也减少了被租住的公寓数量。

2. 消费者之间的非效率配置

租金管制不只导致了可得到的公寓数量太少，它也导致了可以得到的公寓的错误配置：那些最需要公寓住的人可能找不到公寓，而有些公寓可能被那些不太急需公寓的人占据。在图 1-21 所示的例子中，有 220 万人愿意以每月 800 美元的价格租房，但是只有 180 万套公寓出租。当然在这 220 万人当中有部分人特别想租到公寓，愿意支付更高的价格，而其他一些人则可能因为有别的解决居住问题的选择从而租房的意愿不那么强烈，他们只愿意支付较低的价格。公寓的有效配置将会反映出这种差别：真正想租到公寓的人将如愿以偿，而租房意愿不强烈的人则租不到公寓。但公寓的非效率配置则情况相反：有些不那么急于租房的人租到了房子，一些非常想租到房子的人却不能如愿。在租金管制下，人们通常得凭借运气或者个人关系才能租到房子，所以对于消费者而言，租金管制通常会导致消费者之间的非效率配置（inefficient allocation to consumers）。

3. 资源浪费

价格上限导致非效率的另一个原因是它会造成资源浪费：人们花费金钱、精力和时间来应对由价格管制引起的短缺。1979 年美国实施价格管制引起的汽油短缺，使成千上万的美国人每周都要花费数个小时在加油站排队。排队的时间机会成本——因此损失的工资和闲暇，无论从消费者还是经济整体的角度来讲，都是资源的浪费。由于租金管制，一些人不得不在好几个月里把所有的业余时间都用来寻找合适的公寓，而这些时间他本可以用来工作或者在家休息，这是有机会成本的，不是牺牲了闲暇就是因此放弃了工作收入。而如果市场自由运转，他们能够很快在均衡租金水平 1000 美元上租到公寓，这样他们就能把因此节约下来的时间用来赚取收入或者享受闲暇，没有使其他任何人福利受损而消费者的福利增进了。这再次说明租金管制下存在"错失的机会"。

4. 低质量的非效率

价格上限产生非效率的另一个原因是它导致商品质量的降低，从而导致低质量的非效率。低质量的非效率（inefficiently low quality）的意思是卖者以低价格提供低质量的商品，尽管买者更愿意以更高的价格购买质量更好的商品。

还是以租金管制为例。房东没有激励维持公寓的居住条件，因为他们无法通过提高租金来弥补维修费用，而且他们能够轻而易举地把公寓租出去。在很多情况下，租户都愿意为改进居住条件（例如对不能带动空调或者电脑的陈旧的电路进行改造）而额外付钱，但是这笔钱会被视作提高租金而被政府禁止。事实上，在租金管制制度下，出租公寓的条件往往很差，很少粉刷墙面，电线或者水管经常出问题，有时甚至还会有危险。

5. 黑市

黑市是我们就价格上限所要谈的最后一个方面：价格上限为非法活动特别是黑市（black markets）交易提供了激励。其中一种黑市交易活动是租户的非法转租。此外，房东很可能在政府规定的价格上限的基础上私自加价，而只要这位租户是愿意为这套公寓支付高于管制租金价格的人，他就很可能会同意。

（三）价格上限存在的理由

我们已经看到价格上限的五个结果：商品的持续短缺，持续短缺导致的消费者的配置非效率，资源浪费，商品的低质量，出现非法的黑市交易。既然有这样令人不快的结果，为什么政府有时候仍然要实施价格上限呢，就像在纽约为什么租金管制始终存在呢？经济学家对此的回答是，虽然价格上限有一些负面的影响，但是它的确使一些人受益。

二、价格下限

(一) 价格下限模型

有时政府会干预市场以推动价格上升而不是使其下降。在美国，立法制定小麦、牛奶等农产品的价格下限是很普遍的、确保农场主收入的措施。历史上，对于货车运输、航空等服务行业也实施过价格下限。美国和其他许多国家都制定了劳动者每小时的最低工资，即劳动的价格下限。

就像价格上限一样，政府制定价格下限是为了帮助一部分人，但是会产生人们不希望看到的负面影响。图1-22显示了黄油的供给曲线和需求曲线。如果自由运转的话，市场会运动到均衡点E，均衡价格为每磅1.0美元，均衡数量为1000万磅。

但是假设政府为了帮助奶牛场主，规定黄油的价格下限为每磅1.2美元。这一政策的效果见图1-22，1.2美元这条横线代表最低价格。在这个价格水平上，生产者愿意供应1200万磅黄油（供给曲线上的B点），但是消费者只愿意购买900万磅（需求曲线上的A点）。因此产生了300万磅的持续过剩。

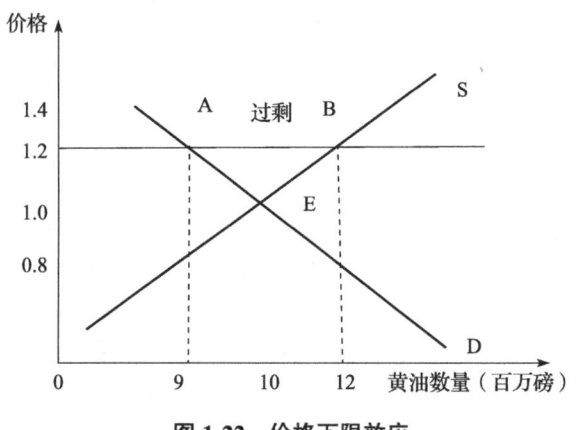

图1-22 价格下限效应

当然，价格下限并不总是会导致过剩。就像价格上限的情况一样，这个下限可能是没有实际约束作用的，或者说是不起作用的。如果黄油的均衡价格是每磅1.0美元，而价格下限是每磅0.8美元的话，这样的价格下限就没有任何影响。

(二) 价格下限将如何导致非效率

价格下限导致的持续的过剩造成了"错失的机会"非效率，这和价格上限带来的非效率相似，包括卖方之间的非效率配置、资源浪费和高质量的非效率，以及诱发在法定价格之下出售商品的违法倾向。

1. 低数量的非效率

由于价格下限提高了消费者购买商品的价格，它就降低了这种商品的需求数量。由于卖者不能卖出多于消费者愿意购买的数量，价格下限会减少商品的买卖数量，使其低于市场均衡数量。注意，这会产生与价格上限相同的影响。你可能会认为价格下限与价格上限会有相反的影响，但是两者都有减少商品买卖数量的影响。

2. 卖方之间销售的非效率配置

和价格上限一样，价格下限能够导致非效率配置，不过在价格下限的情况下发生的是卖方之间销售的非效率配置（inefficient allocation of sales among sellers），而不是消费者之间的。在最低工资法下就会有人情愿少要点工资，但是找不到雇主。但是，另一方面，如果付给雇员的工资低于最低工资的话就是违法的。

3. 资源浪费

还是和价格上限一样，价格下限还会因为资源浪费而造成非效率。这方面最生动的例子包括为农产品制定价格下限而由政府来收购过剩产品。过剩的产品有时候会被销毁，这纯粹就是浪费；另一些时候政府会婉转地说仓库里的过剩产品"保存得不好"，必须处理掉。

价格下限也会浪费时间和精力。考虑最低工资的情况：希望工作的人花费很多时间寻找工作，或者排队等待工作机会，他们和价格上限情况下那些倒霉的人一样浪费了时间和精力。

4. 高质量的非效率

还是和价格上限一样，价格下限会导致商品高质量的非效率。过高质量的非效率有一个很好的例子。跨大西洋的飞机票价曾经被国际协定人为地定得很高。由于航空公司之间不能通过降低票价来争夺顾客，它们转而通过提供昂贵的服务来吸引顾客，如过分丰富的、大部分都吃不完的飞机用餐。为了限制这种做法，政府管制部门还曾经制定过最高服务标准，例如每次提供的机上用餐不能超过一个三明治。有一家航空公司引入了所谓的"斯堪的纳维亚式三明治"，这件事迫使航空公司聚在一起专门开会来界定什么是"三明治"。所有的这些都是浪费，尤其是考虑到消费者真正需要的并不是这么多的食物，而是更低的票价。

自20世纪70年代美国放松了对航空业的管制之后，美国的乘客感受到了机票价格的大幅下降和随之而来的飞机上各种服务质量的下降，例如座位变窄了，食物的质量下降了，等等。每个乘客都抱怨服务变差了，但是由于票价下降，乘坐飞机的人数增长了好几倍。

5. 违法活动

最后，和价格上限一样，价格下限会刺激违法活动。例如，在最低工资远远高于均衡工资水平的国家，急于找到工作的人们有时候会为雇主"打黑工"，这些雇主要么向政府部门隐瞒这些雇员的存在，要么向政府派来的检查人员行贿。

（三）价格下限存在的理由

就像价格上限的实施通常是为了维护一些有影响力的买方的利益一样，价格下限的实施通常也是因为它们使得一些有影响力的卖方获益。

三、数量管制

20世纪30年代，纽约市建立了为出租车发放执照的制度：只有那些获得了"出租车执照"的出租车才能载客。建立这个制度的目的是保障服务质量，所以有执照的车主被要求保证达到包括安全和清洁在内的某种标准。当时总共发放了11787张执照，出租车主为每张执照支付10美元。

1995年的时候，作为世界金融和资本中心的纽约，每天都有数十万人需要乘坐出租车，但是有执照的出租车仍然只有11787辆（一开始增发了400张执照，在增发了几轮之后现在的总执照数量为13089张）。

对出租车数量进行限制的结果是这些执照变得非常昂贵：如果你想在纽约开出租车的话，你将不得不从别人那里租借执照或者花数十万美元购买一个执照。

出租车执照制度就是一种数量管制（quantity control）或者说"配额"（quota）。在这种制度下，政府规定某种商品的买卖数量而不是交易价格。这个买卖数量就是所谓的"配额限制"（quota limit）。通常政府通过发放许可证（licenses）或者执照等方式来限制某个市场上的交易数量，只有拥有许可证或者执照的人才能合法地提供某种商品。

（一）对数量管制的分析

图 1-23 表示的是每个数量上对应的需求价格和供给价格：在每种价格水平上的供给数量或需求数量。市政通过出售执照的方式实施了 800 万次的配额限制，用图上垂直的直线表示。消费者支付的价格上升到了 6.0 美元，如 A 点所示。在本例中，我们假定出租车行业的供给曲线是完全弹性的，出租车司机可以在 4.0 美元单价上提供任何数量的服务，如 B 点所示。

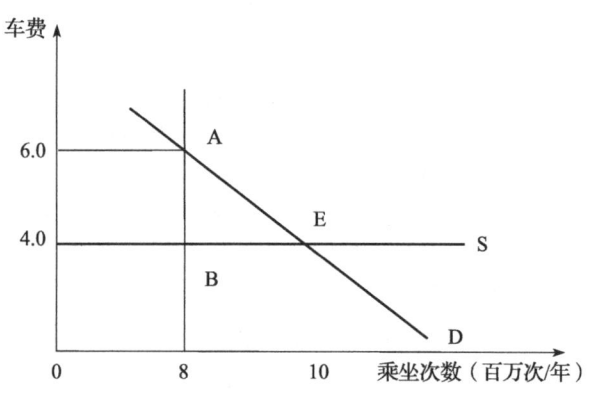

图 1-23 数量管制的效果

但是为什么出租车乘客愿意支付 6.0 美元呢？答案是，因为 800 万的配额限制了市场供给量，乘客想要"打到车"，必须支付更多的钱。由此，出租车市场的均衡点是 A——出租车司机额外赚取了 2.0 美元的利润。

深入分析之后可以发现，2.0 美元的额外利润来自 800 万配额产生的规定，因为配额的限制，使得出租车市场不能自由进入——持有配额执照的司机自然可以赚取更多的利润。这一部分利润经济学中一般称为"租金"，而企图获取这一部分额外利润的行为称为"寻租"。寻租的存在显然导致了市场的无效率。读者可以自行分析，寻租使得寻租者获得了超额利润，但降低了消费者剩余，市场总剩余是减少的。

（二）数量管制的成本

就像价格管制一样，数量管制会产生一些负面影响，第一种是由于存在"错失的机会"而产生的非效率，数量管制阻止了对买卖双方都有利的交易的发生。再来看看图 1-23，你会看到从 800 万乘次开始，可以增加 200 万乘次。如果没有配额限制的话，这些交易本来是会发生的。但是由于配额的限制，这样的交易不会发生。

而且因为数量管制之下人们愿意交易但是不被允许，所以人们有激励规避数量管制甚至违反法律规定，纽约的出租车行业再次为我们提供了很好的例子。出租车管制只适用于那些在街头载客的出租车，而那些事先约好提供服务的汽车不需要执照。因此后面这种车提供了许多本来会由前一种车提供的服务。另外，还有很多没有领到执照的车干脆无视法律的规定私自载客。由于这些车是违法的，它们是完全不受管制的，纽约的相当一部分交通事故都与此有关。

总而言之，数量管制通常会带来以下负面影响：由于未能发生的有利于买卖双方的交易而导致的无谓损失；助长了非法活动。

第六节 税收与效率

一、向卖者征税如何影响市场结果

（一）分析

我们首先考虑向一种物品的卖者征税。假设当地政府通过了一项法律，要求冰激凌的卖者每卖一个冰激凌蛋卷向政府支付 0.5 美元的税收。这项法律将如何影响冰激凌的买者和卖者呢？为了回答这个问题，我们可以分为三个步骤：①确定该法律影响供给曲线还是需求曲线；②确定曲线移动的方向；③考察这种移动如何影响均衡。

第一步，在这种情况下，税收对冰激凌的卖者产生了直接影响。由于并不向买者征税，在任何一种既定价格下，冰激凌的需求量是相同的，所以，需求曲线不变。与此相比，对卖者征税使冰激凌经营者在每一价格水平下的获利能力减少了，因此将使供给曲线移动，如图 1-24 所示。

第二步，由于对卖者征税提高了生产和销售冰激凌的成本，因此，税收减少了每一种价格下的供给量，供给曲线向左移动（也可以说是向上移动）。我们可以准确地知道该曲线移动的幅度。在任何一种冰激凌的市场价格下，卖者的有效价格——他们在纳税之后得到的量——要降低 0.5 美元。例如，如果一个冰激凌蛋卷的市场价格正好是 2.0 美元，卖者得到的有效价格将是 1.5 美元。无论市场价格是多少，卖者就如同在比市场价格低 0.5 美元的价格水平上来确定冰激凌的供给量。换个说法，为了诱使卖者供给任何一种既定的数量，现在市场价格必须高 0.5 美元，以便弥补税收的影响。因此，如图 1-24 所示，供给曲线从 S_1 向上移动到 S_2，移动幅度正好是税收量（0.5 美元）。

第三步，在确定了供给曲线的移动之后，我们现在可以比较原来的均衡与新均衡。图 1-24 表明，冰激凌蛋卷的均衡价格从 3.0 美元上升到 3.3 美元，而均衡数量从 100 个减少为 90 个。由于在新均衡下，卖者的销售量减少了，买者的购买量也减少了，因此税收缩小了冰激凌市场的规模。

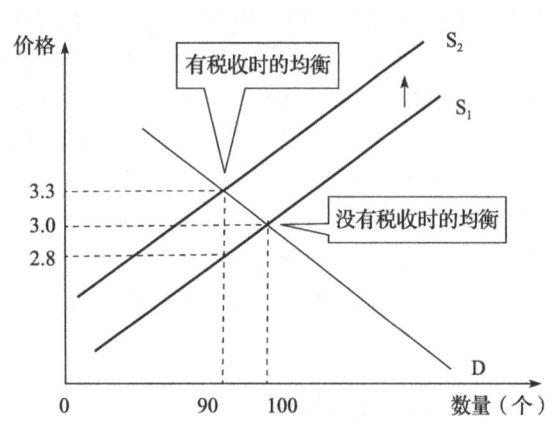

图 1-24　向卖者征税的影响

（二）谁支付税收

现在我们回到税收归宿问题：谁支付了税收？虽然卖者向政府支付了全部税收，但买者与卖者分摊了税收负担。由于当引进了税收时，冰激凌蛋卷的市场价格从 3.0 美元上涨为 3.3 美元，买者购买一个冰激凌蛋卷的支出比没有税收时增加了 0.3 美元。因此，税收使买者的状况变坏了。卖者从买者那里得到了一个更高的价格（3.3 美元），但交税后的有效价格从征税前的 3.0 美元下降为有税收时的 2.8 美元（3.3 美元 −0.5 美元 =2.8 美元）。因此，税收使卖者的状况也变坏了。

总之，这种分析得出了以下两个结论。

第一，税收抑制了市场活动。当对一种物品征税时，该物品在新均衡时的销售量减少了。

第二，买者与卖者分摊了税收负担。在新均衡时，买者为该物品支付的更多了，而卖者得到的更少了。

二、向买者征税如何影响市场结果

（一）分析

现在我们考虑向一种物品的买者征税。假设当地政府通过了一项法律，要求冰激凌的买者为他们购买的每个冰激凌蛋卷向政府支付 0.5 美元的税收。这项法律会产生什么影响呢？我们仍然用三个步骤来分析。

第一步，这项税收最初是影响冰激凌的需求。供给曲线并不受影响，因为在任何一种既定的冰激凌价格时，卖者向市场提供冰激凌的激励是相同的。与此相比，买者只要购买冰激凌就不得不向政府支付税收（以及支付给卖者的价格）。因此，税收使冰激凌的需求曲线移动。

第二步，我们再来确定曲线移动的方向。由于对买者征税使冰激凌的吸引力变小了，在每一种价格时买者需要的冰激凌量也减少了。结果，如图 1-25 所示，需求曲线向左移动（也可以说是向下移动）。

我们仍然可以准确地知道曲线移动的幅度。由于向买者征收 0.5 美元的税，所以，对买者的有效价格现在比市场价格高 0.5 美元（无论市场价格是多少）。例如，如果每个冰激凌蛋卷的市场价格正好是 2.0 美元，对买者的有效价格就应该是 2.5 美元。由于买者关注的是包括税收在内的总成本，所以，他们如同是在比实际市场价格高出 0.5 美元的水平上确定对冰激凌的需求量。换句话说，为了诱使买者需要任何一种既定的数量，市场价格现在必须降低 0.5 美元，以弥补税收的影响。因此，如图 1-25 所示，税收使需求曲线从 D_1 向下移动到 D_2，其移动幅度正好是税收量（0.5 美元）。

第三步，在确定了需求曲线如何移动之后，我们现在可以通过比较原来的均衡与新均衡，说明税收的影响。你可以在图 1-25 中看到，冰激凌的均衡价格从 3.0 美元下降到 2.8 美元，而均衡数量从 100 个减少为 90 个。税收又一次缩小了冰激凌市场的规模。而且，买者与卖者又一次分摊了税收负担。卖者出售产品的价格更低了，买者向卖者支付的市场价格也比以前更低了，但有效价格（含买者不得不支付的税收）从 3.0 美元上升到了 3.3 美元。

（二）谁了支付税收

如果比较图 1-24 和图 1-25，你将注意到一个令人惊讶的结论：对买者征税和对卖者征税是相同的。在这两种情况下，税收都在买者支付的价格和卖者得到的价格之间打入了一个楔子。无论税收是向买者征收还是向卖者征收，这一买者价格与卖者价格之间的楔子都是相同的。在这两种情况下，这个楔子都使供给曲线和需求曲线的相对位置移动。在新均衡时，买者和卖者分摊了税收负担。无论向谁征税，一旦市场达到新均衡，都是买者与卖者分摊税收负担。对买者征税和对卖者征税的唯一区别是由谁来把钱交给政府。

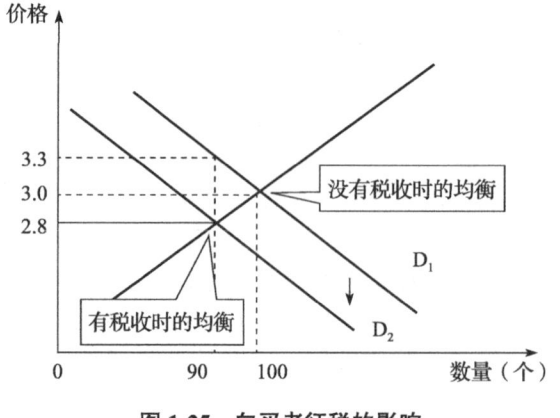

图 1-25　向买者征税的影响

三、弹性与税收归宿

当对一种物品征税时，该物品的买者与卖者分摊税收负担。但税收负担如何确切地划分呢？只有在极少数情况下是平均分摊的。为了说明税收负担如何划分，考虑图 1-26 中两个市场的税收影响，该图表示了最初的需求曲线、最初的供给曲线和打入买者支付的量与卖者得到的量之间的楔子（在两幅图中都没有画出新的供给曲线或需求曲线。哪一条曲线移动取决于税收向买者征收还是向卖者征收。正如我们已经说明的，这与税收归宿无关）。这两幅图的差别在于供给和需求的相对弹性。

图1-26（a）表示供给非常富有弹性而需求较为缺乏弹性的市场上的税收。这就是说，卖者对某种物品价格的变动非常敏感（因此，供给曲线较为平坦），而买者不是非常敏感（因此，需求曲线较为陡峭）。当对有这种弹性的市场征税时，卖者得到的价格并没有下降多少，因此，卖者只承担了一小部分负担。与此相比，买者支付的价格大幅度上升，表示买者承担了大部分税收负担。

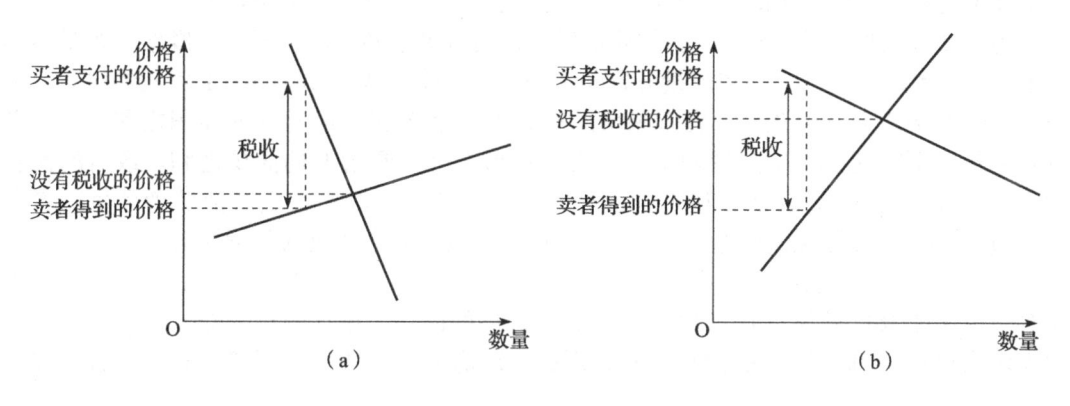

图1-26 弹性与税收归宿

图1-26（b）表示供给较为缺乏弹性而需求非常富有弹性的市场上的税收。在这种情况下，卖者对价格的变动不十分敏感（因此，供给曲线较为陡峭），而买者非常敏感（因此，需求曲线较为平坦）。该图表示，当对这种市场征税时，买者支付的价格并没有上升多少，而卖者得到的价格大幅度下降。因此，卖者承担了大部分税收负担。

图1-26的两幅图说明了一个关于税收负担划分的一般结论：税收负担更多地落在缺乏弹性的市场一方身上。为什么这是正确的呢？在本质上，弹性衡量当条件变得不利时，买者或卖者离开市场的意愿。需求弹性小意味着买者对消费某种物品没有适当的替代品。供给弹性小意味着卖者对生产某种物品没有适当的替代品。当对这种物品征税时，适当替代品较少的市场一方不太愿意离开市场，从而必须承担更多的税收负担。

四、税收的收益与成本

在政府考虑是否要征税或者如何设计某个税种时，它必须权衡税收的收益与成本。税收的收益就是政府收到的税款，不过这些收益是有成本的。从效率的角度看，西方经济学通常不会认为税收会带来好处，但是政府需要钱为人们提供所需，如国防以及健康医疗的支出。

（一）消费税的收入

政府能从消费税里获得多少收入？税收收入等于图1-27中矩形阴影的面积。消费税的税收收入等于某个矩形的面积，矩形的高为供给曲线和需求曲线之间的税收楔形的大小，其宽为征税后的交易量。

(二）税率与税收收入

很明显，税收收入是和税率相关的，但并不是单纯的倍数关系。一般来说，某种商品的消费税翻倍并不会使其税收收入也翻倍，因为增加税收会减少商品或服务的交易量。而且，税收收入与税率的关系甚至可能不是正向的：在某些情况下，提高税率甚至会降低政府的税收收入。

（三）税收的成本

根据以上所述，当对商品征收消费税时，顾客要支付的价格大于卖者收到的价格。根据税收楔形，我们知道有些不征税时会发生的交易由于征税而没有发生。所以，消费税阻碍了互惠交易的进行，使得税收的成本大于税收收入，从而导致了无效率。

为了度量税收的无谓损失，我们要借助于消费者剩余和生产者剩余的概念。如图 1-28 所示，在征税前，均衡价格和数量分别是 P_E 和 Q_E。对每单位商品征收 T 美元的税后，消费者支付的价格上升到 P_c，消费者剩余的损失为矩形 A 和三角形 B 的面积之和；生产者得到的价格下降到 P_p，生产者剩余的损失为矩形 C 和三角形 F 的面积之和。政府的税收收入为 $Q_r \times T$，也就是矩形 A 和 C 的面积之和。三角形 B 和 F 代表着消费者和生产者剩余的损失，政府也没能得到这部分收入，它们是税收给社会造成的无谓损失。

当然，尽管税收会损害生产者和消费者的利益，但政府可以从中获益。政府的税收收入等于税率 T 乘以销售量 Q_r。税收收入等于矩形的面积，矩形的长为 Q_r，宽为 T，在图中表示为矩形 A 和矩形 C 的面积之和。因此，政府通过消费税从消费者和生产者的损失中获益。

但是，征税导致的生产者和消费者的损失没有完全被政府的税收收入抵消——特别是三角形 B 和三角形 F。税收导致的无谓损失就等于这两个三角形的面积之和。这就是税收造成的社会总剩余的损失——由于征税而减少的那部分交易的总剩余。

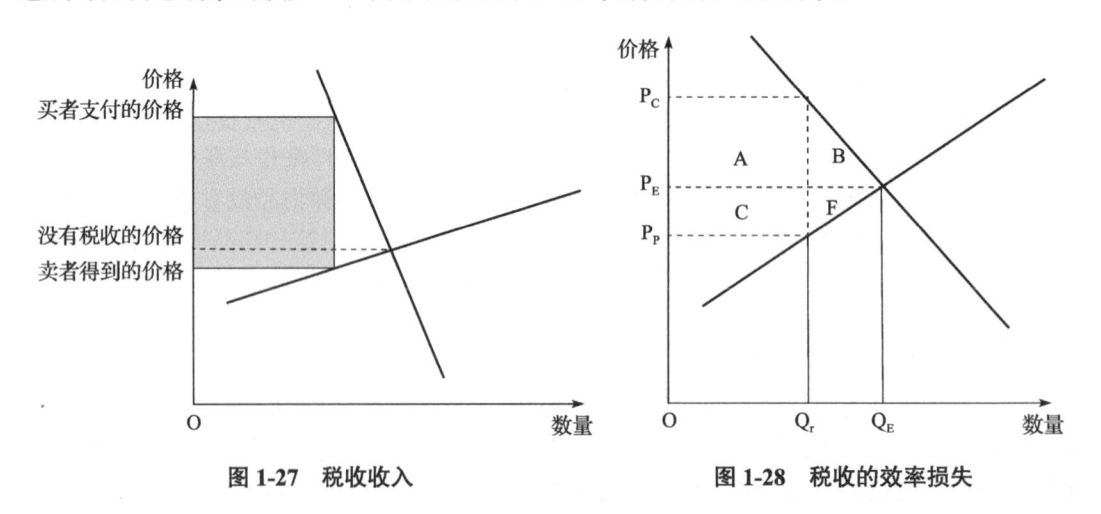

图 1-27　税收收入

图 1-28　税收的效率损失

在考虑征税的无效率时，我们还必须考虑到一些在图 1-28 中没有标明的因素，即征税以及交税过程中所消耗的资源，它们可以被称为税收的行政成本（administrative costs）。在美国税收制度中，最为熟悉的行政成本是纳税人花在填写缴税表格上的时间，或者请会计为他们处理纳税事务花费的金钱（这一点之所以会造成无效率是因为会计可以去做其他的与税收无关的事），纳税人合法或非法避税而使用的资源也属于行政成本。

美国国税局（联邦政府收取联邦所得税的机构）的运营成本比起纳税人的行政成本来说就小得多了。

因此，税收造成的效率损失可以用无谓损失和行政成本之和来度量。在其他条件相同的情况下，经济政策的一般性原则就是要最小化给社会造成的效率损失。

（四）弹性和税收的无谓损失

我们知道，消费税之所以会导致无谓损失是因为它阻止了对双方都有利的交易的发生。由于错失的交易而导致的消费者剩余和生产者剩余的减少就等于无谓损失。这意味着税收阻碍的交易越多，无谓损失就越大。

这为我们理解需求和供给弹性的大小与税收导致的无谓损失之间的关系提供了重要线索。我们曾经说过，当需求或供给富有弹性时，需求量或者供给量对价格的反应是相对敏感的。所以，如果被征税的商品的需求或供给是富有弹性的，那么商品交易量的减少就相对较多，从而无谓损失就大。当被征税的商品的需求或供给缺乏弹性时，需求量或供给量对价格相对不太敏感。因此，当商品的需求或供给缺乏弹性时，商品交易量的减少就相对较少，从而无谓损失就小。

这一结果的意义是清楚的：如果你想最小化税收的效率成本，你应该选择对需求或供给相对缺乏弹性的商品征税。这类商品的交易行为对价格变化不是很敏感，所以税收对其交易量的影响比较小。在极端的情况下，如果需求完全缺乏弹性（需求曲线垂直），需求量不会因为税收而减少，因此税收不会导致无谓损失。同样，如果供给完全缺乏弹性（供给曲线垂直），供给量不会因为税收而改变，从而没有无谓损失。因此，如果税收的目标是要最小化无谓损失，就应该对最缺乏弹性的商品和服务征税，即那些在征税后消费者或生产者的行为不会发生多大变化的商品和服务。这里也有一个相反的暗示：可以利用税收有目的地减少有害活动，例如未成年人饮酒，当这种活动的供给或需求富有弹性时，税收会产生很大的影响。

五、税收公平与税收效率

（一）税收结构

最简单的税收结构是比例税（proportional tax），有时也称为单一税，因为它不管纳税主体的收入或财富多少，都按照税基征收同样一个比例的税。例如，不管财产价值是1万美元还是1000万美元，在财产价值基础上征收2%的财产税就是一种比例税。但许多税都不是按比例征收的。

如果所征税收的比例比收入比例上升快，即高收入纳税主体比低收入纳税主体把更高比例的收入用于交税，则这种税就是累进税（progressive tax）。如果所征税收的比例比收入比例上升慢，即高收入纳税主体比低收入纳税主体把更低比例的收入用于交税，则这种税就是累退税（regressive tax）。在收入基础上的比例税既不是累进税也不是累退税。

大多数国家的税收体系包含了累进税和累退税，尽管整体呈现累进税的特征。

（二）税收公平的两个原则与效率

关于税收问题争议最多的是税收公平的两个原则：利益原则和纳税能力原则。

根据税收公平的利益原则，那些从公共支出中获益的人应该承担税负，因为政府征税所得主要花在公共支出上。例如，从道路中受益的人应该为道路维护付费，乘坐飞机旅行的人应该为空中交通管制付费，等等。利益原则是美国一些税收制度的基础。例如，联邦燃油税收入专门用于保养和改进包括州际高速公路系统在内的联邦道路，在这些道路上驾车的司机因从中获益而必须纳税。

但从实践中来看，完全把税收制度建立在利益原则之上是不可能的。我们无法做到对于政府提供的每一个具体项目都专门征收一种税，因为那样太麻烦了，另外，按照利益原则征税的动机，经常与税收公平的其他原则相冲突，比如纳税能力原则主张支付能力更强的人应该交更多的税。

纳税能力原则通常被理解为高收入的人群应该比低收入的人群交更多的税。如果按照等比例（即比例税），高收入人群确实会交更多的税。问题的关键是"纳税能力原则"还主张向高收入者采用更高比例的税率（即累进税）。

撒切尔夫人推出的人头税法案是比例税的一个例子，这种税收制度对任何人都一视同仁，并不顾及人们采取任何行动。比例税的好处是它没有扭曲税收动机。因为在这种税制下，不管地位如何，人人都要交相同的税，这样，人们就不会为防止交纳更高的税而去逃避一些事情。因此，尽管定额税也不公平，但它比其他税种更能提升经济效率。

相反，尽管不是所有人都认为累进税制比累退税制更公平，但大多数人如此认为。原因在于纳税能力原则：把35%的收入用于交税的高收入家庭的财富仍然比只把收入的15%用于交税的低收入家庭更多。但是把税收变得更加累进的企图却同权衡平等与效率的原则相去甚远。经济分析无法给出一项税收制度中公平与效率的权重，这种选择只能是价值判断。

第二章
效用与消费者决策

效用是指商品满足人的欲望的能力评价，或者说，效用是指消费者在消费商品时所感受到的满足程度。

既然效用是用来表示消费者在消费商品时所感受到的满足程度，于是，就产生了对这种"满足程度"即效用大小的度量问题。在这一问题上，经济学家先后提出了基数效用和序数效用的概念，并在此基础上，形成了分析消费者行为的两种方法，分别是基数效用论者的边际效用分析方法和序数效用论者的无差异曲线分析方法。

在19世纪和20世纪初期，西方经济学家普遍使用基数效用的概念。基数效用论者认为，效用如同长度、重量等概念一样，可以具体衡量并加总求和，具体的效用量之间的比较是有意义的。

到了20世纪30年代，序数效用的概念为大多数西方经济学家所使用。序数效用论者认为，效用的大小是无法具体衡量的，效用之间的比较只能通过顺序或等级来表示。进一步地，序数效用论者还认为，就分析消费者行为来说，基数效用的特征是多余的，以序数来度量效用的假定比以基数来度量效用的假定所受到的限制要少，并且能够得到相同的结论。

第一节 基数效用论

基数效用论者除了提出效用可以用基数衡量的假定以外，还提出了边际效用递减规律的假定。边际效用递减规律贯穿于基数效用理论，是其分析消费者行为，并进一步推导消费者需求曲线的基础。

一、边际效用递减规律

基数效用论者将效用区分为总效用（total utility，TU）和边际效用（marginal utility，MU）。总效用是指消费者在一定时间内从一定数量商品的消费中所得到的效用量的总和。边际效用是指消费者在一定时间内增加一单位商品的消费所得到的效用量的增量。假定消费者对一种商品的消费数量为Q，则总效用函数为

$$TU = f(Q)$$

相应的边际效用函数为

$$MU = \frac{\Delta TU}{\Delta Q}$$

当商品的增加量趋于无穷小，即 $\Delta Q \to 0$ 时有：

$$MU = \lim_{\Delta Q \to 0} \frac{\Delta TU}{\Delta Q} = \frac{dTU}{dQ} \tag{2-1}$$

表 2-1 列出了某商品的效用。由表中可见，当商品的消费量由 0 增加为 1 时，总效用由 0 增加为 10 效用单位，总效用的增量即边际效用为 10 效用单位。当商品的消费量由 1 增加为 2 时，总效用由 10 效用单位上升为 18 效用单位，总效用的增量即边际效用下降为 8 效用单位。以此类推，当商品的消费量增加为 6 时，总效用达到最大值为 30 效用单位，而边际效用已递减为 0。此时，消费者对该商品的消费已达到饱和点。当商品的消费量再增加为 7 时，边际效用会进一步递减为负值即 -2 效用单位，总效用便下降为 28 效用单位了。

表 2-1　某商品的效用表　　　　　　货币的边际效用 λ=2

商品数量	总效用	边际效用	意愿支付价格
0	0		
1	10	10	5
2	18	8	4
3	24	6	3
4	28	4	2
5	30	2	1
6	30	0	0
7	28	-2	

根据表 2-1 所绘制的总效用和边际效用曲线如图 2-1 所示。

图 2-1 中的横轴表示商品的数量，纵轴表示效用量，TU 曲线和 MU 曲线分别为总效用曲线和边际效用曲线。在图中，MU 曲线是向右下方倾斜的，它反映了边际效用递减规律，相应地，TU 曲线是以递减的速率先上升后下降的。当边际效用为正值时，总效用曲线呈上升趋势；当边际效用递减为零时，总效用曲线达最高点；当边际效用继续递减为负值时，总效用曲线呈下降趋势。从数学意义上讲，如果效用曲线是连续的，则每一消费量上的边际效用值就是总效用曲线上相应点的斜率。这一点，也体现在边际效用的定义公式 (2-1) 中。

边际效用递减规律的内容是：在一定时间内，在其他商品的消费数量保持不变的条件下，随着消费者对某种商品消费量的增加，

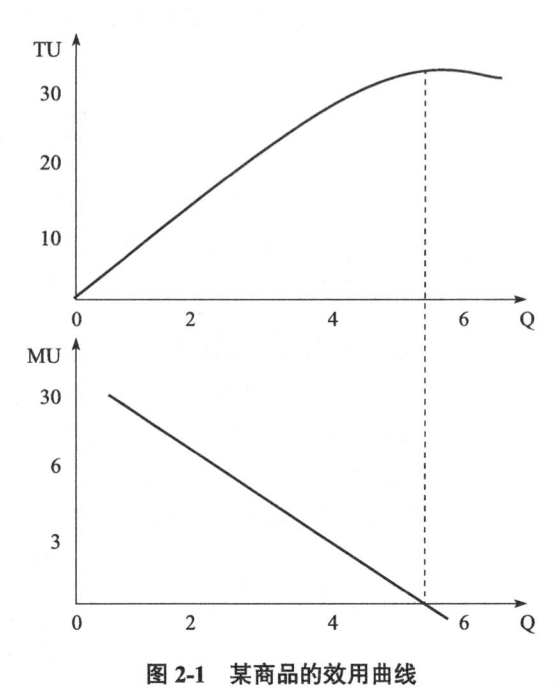

图 2-1　某商品的效用曲线

消费者从该商品连续增加的每一消费单位中所得到的效用增量即边际效用是递减的。

为什么在消费过程中会呈现出边际效用递减规律呢？据基数效用论者解释，边际效用递减规律成立的原因，可以是由于随着相同消费品的连续增加，从人的生理和心理的角度讲，从每一单位消费品中所感受到的满足程度和对重复刺激的反应程度是递减的。

二、基数效用论下的消费者均衡

消费者均衡是研究单个消费者如何把有限的货币收入分配在各种商品的购买中以获得最大的效用。在基数效用论者那里，消费者实现效用最大化的均衡条件是：如果消费者的货币收入水平是固定的，市场上各种商品的价格是已知的，那么，消费者应该使自己所购买的各种商品的边际效用与价格之比相等。或者说，消费者应使自己花费在各种商品购买上的最后一元钱所带来的边际效用相等。

假定：消费者用既定的收入 I 购买 n 种商品，P_1，P_2，…，P_n 分别为 n 种商品的既定价格，λ 为不变的货币的边际效用。以 X_1，X_2，…，X_n 分别表示 n 种商品的数量，MU_1，MU_2，…，MU_n 分别表示 n 种商品的边际效用，则上述的消费者效用最大化的均衡条件可以用公式表示为

$$P_1X_1 + P_2X_2 + \cdots + P_nX_n = I \tag{2-2}$$

$$\frac{MU_1}{P_1} = \frac{MU_2}{P_2} = \cdots = \frac{MU_n}{P_n} = \lambda \tag{2-3}$$

式（2-2）是限制条件；式（2-3）是在限制条件下消费者实现效用最大化的均衡条件。式（2-3）表示消费者应选择最优的商品组合，使得自己花费在各种商品上的最后一元钱所带来的边际效用相等，且等于货币的边际效用。

为什么说只有当消费者实现了 $\frac{MU_1}{P_1} = \frac{MU_2}{P_2} = \cdots = \frac{MU_n}{P_n} = \lambda$ 的均衡条件时，才能获得最大的效用呢？或者说，该均衡条件的经济含义是什么呢？

先从 $\frac{MU_1}{P_1} = \frac{MU_2}{P_2} = \lambda$ 的关系分析。

当 $\frac{MU_1}{P_1} < \frac{MU_2}{P_2}$ 时，这说明对于消费者来说，同样的一元钱购买商品 1 所得到的边际效用小于购买商品 2 所得到的边际效用。这样，理性的消费者就会调整这两种商品的购买数量：减少对商品 1 的购买量，增加对商品 2 的购买量。在这样的调整过程中，一方面，在消费者用减少一元钱的商品 1 的购买来相应地增加一元钱的商品 2 的购买时，由此带来的商品 1 的边际效用的减少量是小于商品 2 的边际效用的增加量的，这意味着消费者的总效用是增加的。另一方面，在边际效用递减规律的作用下，商品 1 的边际效用会随其购买量的不断减少而递增，商品 2 的边际效用会随其购买量的不断增加而递减。当消费者一旦将其购买组合调整到同样一元钱购买这两种商品所得到的边际效用相等时，即达到 $\frac{MU_1}{P_1} = \frac{MU_2}{P_2}$ 时，他便得到了由减少商品 1 购买和增加商品 2 购买所带来的总效用增加的全部好处，即消费者此时获得了最大的效用。

相反，当 $\frac{MU_1}{P_1} > \frac{MU_2}{P_2}$ 时，这说明对于消费者来说，同样的一元钱购买商品 1 所得到的边际效用大于购买商品 2 所得到的边际效用。根据同样的道理，理性的消费者会进行与前面相反的调整过程，即增加对商品 1 的购买，减少对商品 2 的购买，直至 $\frac{MU_1}{P_1} = \frac{MU_2}{P_2}$，从而获得最大的效用。

再从 $\frac{MU_i}{P_i} = \lambda\,(i=1,2)$ 的关系分析。

当 $\frac{MU_i}{P_i} < \lambda\,(i=1,2)$ 时，这说明消费者用一元钱购买第 i 种商品所得到的边际效用小于所付出的这一元钱的边际效用。也可以理解为，消费者这时购买的第 i 种商品的数量太多了，事实上，消费者总可以把这一元钱用在至少能产生相等的边际效用的其他商品的购买上去。这样，理性的消费者就会减少对第 i 种商品的购买，在边际效用递减规律的作用下，直至 $\frac{MU_i}{P_i} = \lambda\,(i=1,2)$ 的条件实现为止。

相反，当 $\frac{MU_i}{P_i} > \lambda\,(i=1,2)$ 时，这说明消费者用一元钱购买第 i 种商品所得到的边际效用大于所付出的这一元钱的边际效用。也可以理解为，消费者对第 i 种商品的消费量是不足的，消费者应该继续购买第 i 种商品，以获得更多的效用。这样，理性的消费者就会增加对第 i 种商品的购买。同样，在边际效用递减规律的作用下，直至实现 $\frac{MU_i}{P_i} = \lambda\,(i=1,2)$ 的条件实现为止。

三、需求曲线的推导

基数效用论以边际效用递减规律和建立在该规律上的消费者效用最大化的均衡条件为基础推导消费者的需求曲线。

考虑消费者购买一种商品的情况，那么，上述的消费者均衡条件可以写为

$$\frac{MU}{P} = \lambda$$

从商品价格变化的角度来理解表 2-1。这就是：为保证 $\frac{MU}{P} = \lambda$ 的均衡条件的实现，当商品的价格为 5 时，消费者的最佳购买量应为 1（因为 $\frac{MU}{P} = \frac{10}{5} = 2$）；当商品的价格下降为 4 时，消费者的最佳购买量应增加为 2（因为 $\frac{MU}{P} = \frac{8}{4} = 2$）……由此，根据表 2-1 的第（1）栏和第（4）栏所绘制的图 2-2，便是相应的单个消费者对该种商品的需求曲线。

图 2-2 中的横轴表示商品的数量，纵轴表示

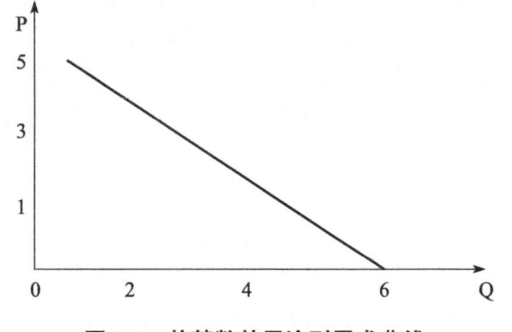

图 2-2　从基数效用论到需求曲线

商品的价格，需求曲线 Q=f(P) 是向右下方倾斜的。它表示：商品的需求量随商品价格的上升而减少，随着商品价格的下降而增加，即商品的需求量与商品的价格成反方向的变动。

第二节 无差异曲线

一、无差异曲线与效用函数

（一）无差异曲线

为了简化分析，假定消费者只消费两种商品。无差异曲线是用来表示消费者偏好相同的两种商品的所有组合的。或者说，它是表示能够给消费者带来相同的效用水平或满足程度的两种商品的所有组合的。

表 2-2 是某消费者关于商品 1 和商品 2 的无差异表，表中列出了关于这两种商品各种不同的组合。该表由三个子表即表 a、表 b 和表 c 组成，每一个子表中都包含六个商品组合，且假定每一个子表中六个商品组合的效用水平是相等的。以表 a 为例：表 a 中有 A、B、C、D、E 和 F 六个商品组合。在 A 组合中，商品 1 和商品 2 的数量各为 20 和 120；在 B 组合中，商品 1 和商品 2 的数量各为 30 和 60，如此等等。而且，消费者对这六个组合的偏好程度是无差异的。同样地，消费者对表 b 中的所有六个商品组合的偏好程度也都是相同的，表 c 中六个商品组合给消费者带来的满足程度也都是相同的。

表 2-2　某消费者的无差异表

商品组合	表 a		表 b		表 c	
	X_1	X_2	X_3	X_4	X_5	X_6
A	20	120	30	120	50	120
B	30	60	40	80	55	90
C	40	45	50	63	60	83
D	50	35	60	50	70	70
E	60	30	70	44	80	60
F	70	27	80	40	90	54

但需要注意的是，表 a、表 b 和表 c 三者各自所代表的效用水平的大小是不一样的。只要对表中的商品组合进行仔细观察和分析，就可以发现，表 a 所代表的效用水平低于表 b，表 b 又低于表 c。

根据表 2-2 绘制的无差异曲线示意图如图 2-3 所示。图中的横轴和纵轴分别表示商品 1 的数量 X_1 和商品 2 的数量 X_2，曲线 I_1、I_2、I_3 顺次代表与表 a、表 b 和表 c 相对应的

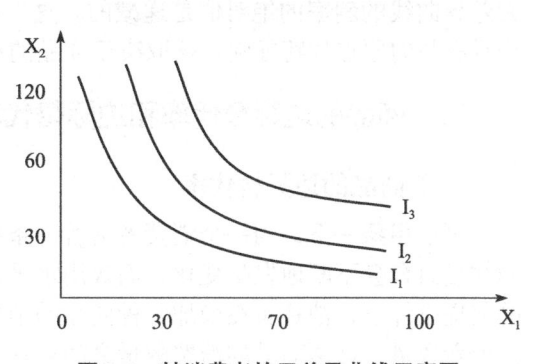

图 2-3　某消费者的无差异曲线示意图

三条无差异曲线。这三条无差异曲线是这样得到的：以无差异曲线 I_1 为例，先根据表 a 描绘出相应的六个商品组合点 A、B、C、D、E 和 F，然后用曲线把这六个点连接起来（在商品数量可以无限细分的假定下），便形成了平滑的无差异曲线 I_1。用相同的方法，可以根据表 b 和表 c 分别绘制出无差异曲线 I_2 和 I_3。

需要指出，在表 2-2 中我们只列出了三个子表，相应地，在图 2-3 中我们只得到了三条无差异曲线。实际上，我们可以假定消费者的偏好程度无限多，也就是说，我们可以有无穷个无差异子表，从而得到无数条无差异曲线。表 2-2 和图 2-3 只不过是一种分析的简化而已。

（二）效用函数

效用函数表示某一商品组合给消费者所带来的效用水平。假定消费者只消费两种商品，则效用函数为

$$U = f(X_1, X_2)$$

式中，X_1 和 X_2 分别为两种商品的数量；U 为效用水平。在此基础上，与无差异曲线相对应的效用函数为

$$U = f(X_1, X_2) = U^0$$

式中，U^0 为常数，表示一个不变的效用水平。该效用函数有时也被称为等效用函数。

（三）无差异曲线的特点

无差异曲线具有以下三个基本特征。

第一个特征，由于通常假定效用函数是连续的，所以，在同坐标平面上的任何两条无差异曲线之间，可以有无数条无差异曲线。可以这样想象：我们可以画出无数条无差异曲线，以至覆盖整个平面坐标图。所有这些无差异曲线之间的相互关系是：离原点越远的无差异曲线代表的效用水平越高，离原点越近的无差异曲线代表的效用水平越低。如同在图 2-3 中，无差异曲线 I_3 的效用水平高于无差异曲线 I_1。

第二个特征，在同一坐标平面图上的任何两条无差异曲线均不会相交。其理由在于：根据无差异曲线的定义，同一无差异曲线上两点效用相等，不同无差异曲线上两点必然存在效用上的差别，因此两条不同的无差异曲线不能相交。

第三个特征，无差异曲线是凸向原点的。这就是说，无差异曲线不仅向右下方倾斜，即无差异曲线的斜率为负值，而且，无差异曲线是以凸向原点的形状向右下方倾斜的，即无差异曲线的斜率的绝对值是递减的。这一特征在图 2-3 表现得很明显。为什么无差异曲线具有凸向原点的特征呢？这取决于商品的边际替代率递减规律。

二、商品的边际替代率和边际替代率递减规律

（一）商品的边际替代率

可以想象一下，当一个消费者沿着一条既定的无差异曲线上下滑动的时候，两种商品的数量组合会不断地发生变化，而效用水平却保持不变。这就说明，在维持效用水平不变的前提条件下，消费者在增加一种商品的消费数量的同时，必然会放弃一部分另一种商品的消费数量，即两商品的消费数量之间存在着替代关系。由此，经济学家建立了商品的边

际替代率（MRS）的概念。在维持效用水平不变的前提下，消费者增加一单位某种商品的消费数量时所需要放弃的另一种商品的消费数量，被称为商品的边际替代率。商品 1 对商品 2 的边际替代率的定义公式为

$$MRS_{12} = -\frac{\Delta X_2}{\Delta X_1}$$

式中，ΔX_1 和 ΔX_2 分别为商品 1 和商品 2 的变化量。由于 ΔX_1 是增加量，ΔX_2 是减少量，两者的符号肯定是相反的，所以，为了使 MRS 的计算结果是正值，以便于比较，就在公式中加了一个负号。

当商品数量的变化趋于无穷小时，则商品的边际替代率公式为

$$MRS_{12} = \lim_{\Delta X_1 \to 0} -\frac{\Delta X_2}{\Delta X_1} = -\frac{dX_2}{dX_1}$$

显然，无差异曲线上某一点的边际替代率就是无差异曲线在该点的斜率的绝对值。

（二）商品的边际替代率递减规律

西方经济学指出，在两商品的替代过程中，普遍存在一种现象，这种现象被称为商品的边际替代率递减规律。具体地说，商品的边际替代率递减规律是指：在维持效用水平不变的前提下，随着一种商品的消费数量的连续增加，消费者为得到每一单位的这种商品所需要放弃的另一种商品的消费数量是递减的。之所以会普遍发生商品的边际替代率递减的现象，其原因在于：随着一种商品的消费数量的逐步增加，消费者想要获得更多的这种商品的愿望就会递减，从而，他为了多获得一单位的这种商品而愿意放弃的另一种商品的数量就会越来越少。

从几何意义上讲，由于商品的边际替代率就是无差异曲线的斜率的绝对值，所以，边际替代率递减规律决定了无差异曲线的斜率的绝对值是递减的，即无差异曲线是凸向原点的。

下面利用图 2-4 来具体说明商品的边际替代率递减规律和无差异曲线形状之间的关系。在图中，当消费者沿着既定的无差异曲线由 a 点运动到 b 点时，商品 1 的增加量为 ΔX_1，相应的商品 2 的减少量为 ΔX_2。这两个变量的比值的绝对值即 $-\frac{\Delta X_2}{\Delta X_1}$，就是 MRS_{12}。在图中，由于无差异曲线是凸向原点的，这就保证了当商品 1 的数量一单位一单位地逐步增加时，即由 a 点经 b、c、d 点运动到 e 点的过程中，每增加一单位的商品 1 所需放弃的商品 2 的数量是递减的。

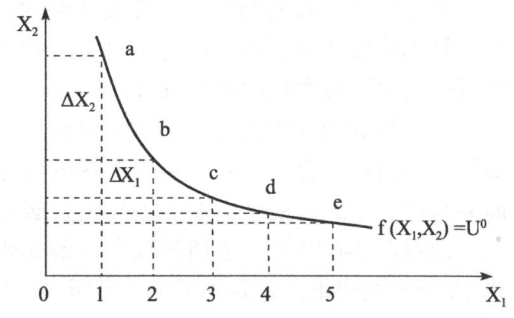

图 2-4 无差异曲线与两种商品的边际替代率

第三节 均衡与消费者决策

本节讨论序数效用论下的消费者均衡或消费者决策。

一、预算线

无差异曲线描述了消费者对不同的商品组合的偏好，它仅仅表示了消费者的消费意愿。这种意愿构成分析消费者行为的一个方面。另一方面，消费者在购买商品时，必然会受到自己的收入水平和市场上商品价格的限制，这就是预算约束。预算约束可以用预算线来说明。

预算线表示在消费者的收入和商品的价格给定的条件下，消费者的全部收入所能购买到的两种商品的各种组合。

假定某消费者的一笔收入为 120 元，全部用来购买商品 1 和商品 2，其中，商品 1 的价格 $P_1=4$ 元，商品 2 的价格 $P_2=3$ 元。那么，全部收入都用来购买商品 1 可得 30 单位，全部收入都用来购买商品 2 可得 40 单位，由此做出的预算线为图 2-5 中的线段 AB。

图中预算线的横截距 OB 和纵截距 OA 分别表示全部收入用来购买商品 1 和商品 2 的数量。预算线的斜率是两商品的价格之比的相反数即 $-\dfrac{P_1}{P_2}$，因为，预算线的斜率可以写为

$$-\frac{OA}{OB} = -\frac{\dfrac{120}{P_2}}{\dfrac{120}{P_1}} = -\frac{P_1}{P_2}$$

下面，我们由以上的具体例子转向对预算线的一般分析。

假定以 I 表示消费者的既定收入，以 P_1 和 P_2 分别表示商品 1 和商品 2 的价格，以 X_1 和 X_2 分别表示商品 1 和商品 2 的数量，那么，相应的预算等式为

$$P_1X_1 + P_2X_2 = I \tag{2-4}$$

式（2-4）的预算线方程告诉我们，预算线的斜率为 $-\dfrac{P_1}{P_2}$，纵截距为 $\dfrac{I}{P_2}$。

二、消费者均衡

在已知消费者的偏好和预算线约束的前提下，就可以分析消费者对最优商品组合的选择。具体的做法是，把前面考察过的消费者的无差异曲线和预算线结合在一起，来分析消费者追求效用最大化的购买选择行为。

消费者的最优购买行为必须满足两个条件：第一，最优的商品购买组合必须是消费者最偏好的商品组合。也就是说，最优的商品购买组合必须是能够给消费者带来最大效用的商品组合。第二，最优的商品购买组合必须位于给定的预算线上。

面对图 2-6 中的一条预算线和三条无差异曲线，我们说，只有预算线 AB 和无差异曲线 U_3 的相切点 E，才是消费者在给定的预算约束下能够获得最大效用的均衡点。在均衡点 E 处，相应的最优购买组合为 (X_1^*, X_2^*)。

最后，找出消费者效用最大化的均衡条件。在切点 E，无差异曲线和预算线两者的斜率是相等的。我们已经知道，无差异曲线的斜率的绝对值就是商品的边际替代率 MRS_{12}，预算线的斜率的绝对值可以用两商品的价格之比 $\dfrac{P_1}{P_2}$ 来表示，即

$$MRS_{12} = \frac{P_1}{P_2}$$

图 2-5　预算线　　　　　　　　　图 2-6　消费者均衡

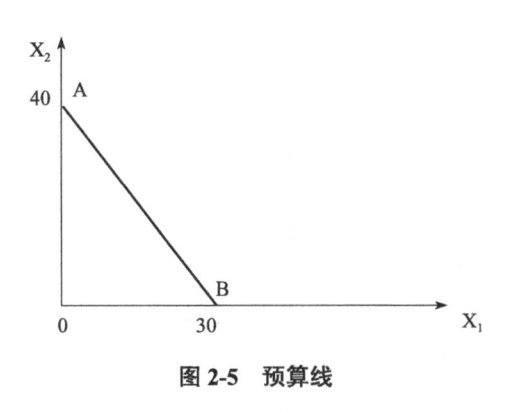

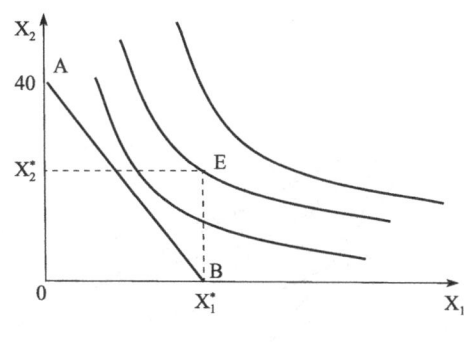

这就是消费者效用最大化的均衡条件。它表示：在一定的预算约束下，为了实现最大的效用，消费者应该选择最优的商品组合，使得两商品的边际替代率等于两商品的价格之比。也可以这样理解：在消费者的均衡点上，消费者愿意用一单位的某种商品去交换的另一种商品的数量（即 MRS_{12}），应该等于该消费者能够在市场上用一单位的这种商品去交换得到的另一种商品的数量（即 $\frac{P_1}{P_2}$）。

为什么说只有当 $MRS_{12} = \frac{P_1}{P_2}$ 时，消费者才能获得最大的满足呢？

很清楚，只有当消费者将两种商品的消费量调整到 $MRS_{12} = \frac{P_1}{P_2}$ 时，或者说，调整到由消费者主观偏好决定的两商品的边际替代率和市场上的两商品的价格之比相等时，消费者才处于一种既不想再增加也不想再减少任何一种商品购买量的这样一种均衡状态。这时，消费者获得了最大的满足。

至此，我们介绍了基数效用论者如何运用边际效用分析法研究消费者行为，也介绍了序数效用论者如何运用无差异曲线分析法研究消费者行为。虽然它们各自运用的是不同的方法分析，但两者所得出的消费者的均衡条件实质上是相同的。

三、价格变化和收入变化对消费者均衡的影响

（一）价格变化：价格－消费曲线

在其他条件均保持不变时，一种商品价格的变化会使消费者效用最大化的均衡点的位置发生移动，并由此可以得到价格－消费曲线。价格－消费曲线是在消费者的偏好、收入以及其他商品价格不变的条件下，与某种商品的不同价格水平相联系的消费者效用最大化的均衡点的轨迹。具体以图 2-7 来说明价格－消费曲线的形成。

在图 2-7 中，假定商品 1 的初始价格为 P_1^1，相应的预算线为 AB，它与无差异曲线 U_1 相切于效用最大化的均衡点 E_1。如果商品 1 的价格由 P_1^1 下降为 P_1^2，相应的预算线由 AB 移至 AB'，于是，AB' 与另一条较高无差异曲线 U_2 相切于均衡点 E_2。如果商品 1 的价格再由 P_1^2 继续下降为 P_1^3，相应的预算线由 AB' 移至 AB"，于是，AB" 与另一条更高的无差异曲线 U_3 相切于均衡点 E_3……不难发现，随着商品 1 的价格的不断变化，可以找到无数个诸如 E_1、E_2 和 E_3 那样的均衡点，它们的轨迹就是价格－消费曲线。

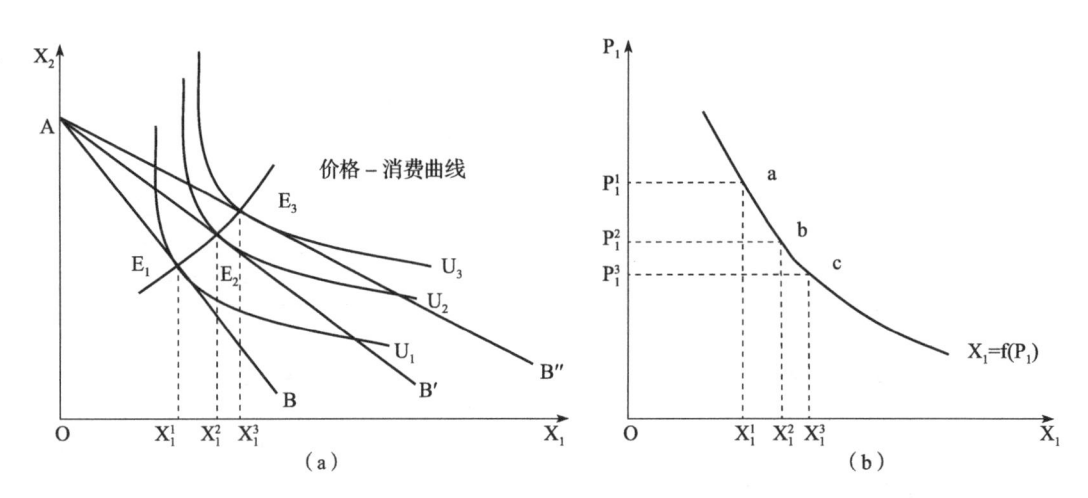

图 2-7 价格－消费曲线和需求曲线

（二）需求曲线

由消费者的价格－消费曲线可以推导出需求曲线。

分析图 2-7（a）中价格－消费曲线上的三个均衡点 E_1、E_2 和 E_3 可以看出，在每一个均衡点上，都存在着商品 1 的价格与商品 1 的需求量之间一一对应的关系。这就是：在均衡点 E_1 处，商品 1 的价格为 P_1^1，则商品 1 的需求量为 X_1^1。在均衡点 E_2 处，商品 1 的价格由 P_1^1 下降为 P_1^2，则商品 1 的需求量 X_1^1 增加为 X_1^2。在均衡点 E_3 处，商品 1 的价格进一步由 P_1^2 下降为 P_1^3，则商品 1 的需求量由 X_1^2 再增加为 X_1^3。

根据商品 1 的价格和需求量之间的这种对应关系，把每一个 P_1 数值和相应的均衡点上的 X_1 数值绘制在商品的价格－数量坐标图上，便可以得到单个消费者的需求曲线。这便是图 2-7（b）中的需求曲线 $X_1=f(P_1)$。在图 2-7（b）中，横轴表示商品 1 的数量 X_1，纵轴表示商品 1 的价格 P_1。图（b）中需求曲线 $X_1=f(P_1)$ 上的 a、b、c 点分别和图 2-7（a）中的价格－消费曲线上的均衡点 E_1、E_2、E_3、相对应。

（三）收入变化：收入－消费曲线

在其他条件不变而仅有消费者的收入水平发生变化时，也会改变消费者效用最大化的均衡量的位置，并由此可以得到收入－消费曲线。收入－消费曲线是在消费者的偏好和商品的价格不变的条件下，与消费者的不同收入水平相联系的消费者效用最大化的均衡点的轨迹。以图 2-8 来具体说明收入－消费曲线的形成。

在图 2-8（a）中，随着收入水平的不断增加，预算线由 AB 移至 A'B'，再移至 A"B"，于是，形成了三个不同收入水平下的消费者效用最大化的均衡点 E_1、E_2 和 E_3。如果收入水平的变化是连续的，则可以得到无数个这样的均衡点的轨迹，这便是图 2-8（a）中的收入－消费曲线。图 2-8（a）中的收入－消费曲线是向右上方倾斜的，它表示：随着收入水平的增加，消费者对商品 1 和商品 2 的需求量都是上升的，所以，图 2-8（a）中的两种商品都是正常品。

在图 2-8（b）中，采用与图 2-8（a）中相类似的方法，随着收入水平的连续增加，描绘出了另一条收入－消费曲线。但是图 2-8（b）中的收入－消费曲线是向后弯曲的，它表示：随着收入水平的增加，消费者对商品 1 的需求量开始是增加的，但当收入上升到一定水平之后，消费者对商品1的需求量反而减少了。这说明，在一定的收入水平上，商品1由正常品变成了劣等品。我们可以在日常经济生活中找到这样的例子。譬如，对某些消费者来说，在收入水平较低时，土豆是正常品；而在收入水平较高时，土豆就有可能成为劣等品。因为，在他们变得较富裕的时候，他们可能会减少对土豆的消费量，而增加对其他如肉类食物的消费量。

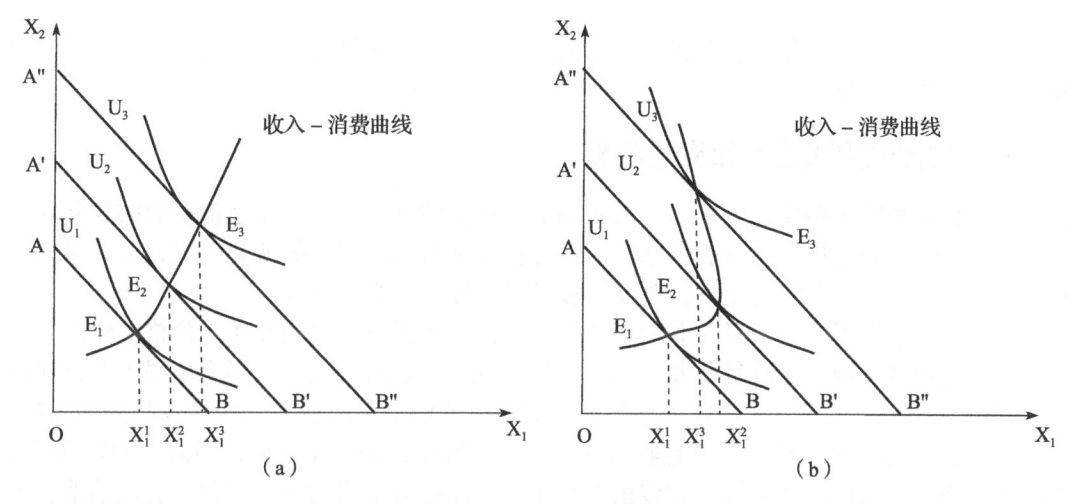

图 2-8 收入－消费曲线

（四）恩格尔曲线

由消费者的收入－消费曲线可以推导出消费者的恩格尔曲线。

恩格尔曲线表示消费者在每一收入水平对某商品的需求量。与恩格尔曲线相对应的函数关系为 $X=f(I)$，其中，I 为收入水平；X 为某种商品的需求量。

图 2-8 中的收入－消费曲线反映了消费者的收入水平和商品的需求量之间存在着一一对应的关系：以商品1为例，当收入水平为 I_1，时，商品1的需求量为 X_1^1；当收入水平增加为 I_2 时，商品1的需求量增加为 X_1^2；当收入水平再增加为 I_3，时，商品1的需求量变动为 X_1^3……把这种一一对应的收入和需求量的组合描绘在相应的平面坐标图中，便可以得到相应的恩格尔曲线，如图2-9所示。

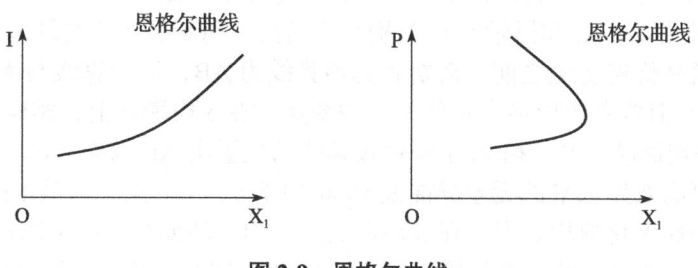

图 2-9 恩格尔曲线

图 2-9（a）和图 2-8（a）是相对应的，图中的商品1是正常品，商品1的需求量 X 随着收入水平 I 的上升而增加。图 2-9（b）和图 2-8（b）是相对应的，在一定的收入水平上，图中的商品1由正常品转变为劣等品。或者说，在较低的收入水平范围，商品1的需求量

与收入水平成同方向的变动；在较高的收入水平范围，商品 1 的需求量与收入水平成反方向的变动。

第四节　替代效应和收入效应

一种商品价格的变化会引起该商品的需求量的变化，这种变化可以被分解为替代效应和收入效应两个部分。

一、替代效应和收入效应的含义

当一种商品的价格发生变化时，会对消费者产生两种影响：一是使消费者的实际收入水平发生变化。在这里，实际收入水平的变化被定义为效用水平的变化。二是使商品的相对价格发生变化。这两种变化都会改变消费者对该种商品的需求量。

例如，在消费者购买商品 1 和商品 2 两种商品的情况下，当商品 1 的价格下降时，一方面，对消费者来说，虽然货币收入不变，但是现有的货币收入的购买力增强了，也就是说实际收入水平提高了。实际收入水平的提高，会使消费者改变对这两种商品的购买量，从而达到更高的效用水平，这就是收入效应。另一方面，商品 1 价格的下降，使得商品 1 相对于价格不变的商品 2 来说，较以前便宜了。商品相对价格的这种变化，会使消费者增加对商品 1 的购买而减少对商品 2 的购买，这就是替代效应。显然，替代效应不考虑实际收入水平变动的影响，所以，替代效应不改变消费者的效用水平，当然，也可以同样地分析商品 1 的价格提高时的替代效应和收入效应，只是情况刚好相反罢了。

综上所述，一种商品价格变动所引起的该商品需求量变动的总效应可以被分解为替代效应和收入效应两个部分，即总效应 = 替代效应 + 收入效应。其中，由商品的价格变动所引起的实际收入水平变动，进而由实际收入水平变动所引起的商品需求量的变动，称为收入效应。由商品的价格变动所引起的商品相对价格的变动，进而由商品的相对价格变动所引起的商品需求量的变动，称为替代效应。收入效应表示消费者的效用水平发生变化，替代效应则不改变消费者的效用水平。

二、正常物品的替代效应和收入效应

以图 2-10 为例分析正常物品价格下降时的替代效应和收入效应。

图 2-10 中的横轴 OX_1 和纵轴 OX_2 分别表示商品 1 和商品 2 的数量，其中，商品 1 是正常物品。在商品价格变化之前，消费者的预算线为 AB，该预算线与无差异曲线 U_1 相切于 a 点，a 点是消费者效用最大化的一个均衡点。在 a 均衡点上，相应的商品 1 的需求量为 OX_1'。现假定商品 1 的价格 P_1 下降使预算线的位置由 AB 移至 AB'。新的预算线 AB' 与另一条代表更高效用水平的无差异曲线 U_2 相切于 b 点，b 点是商品 1 的价格下降以后的消费者的效用最大化的均衡点。在 b 均衡点上，相应的商品 1 的需求量为 OX_1'''。比较 a、b 两个均衡点，商品 1 的需求量的增加量为 X'X'''，这便是商品 1 的价格 P_1 下降所引起的总效应。这个总效应可以被分解为替代效应和收入效应两个部分。

（一）替代效应

在图 2-10 中，由于商品 1 的价格 P_1 下降，消费者的效用水平提高了，消费者的新的

均衡点 b 不是在原来的无差异曲线 U_1 上,而是在更高的无差异曲线 U_2 上。为了得到替代效应,必须剔除实际收入水平变化的影响,使消费者回到原来的无差异曲线 U_1 上去。要做到这一点,需要利用补偿预算线这一分析工具。

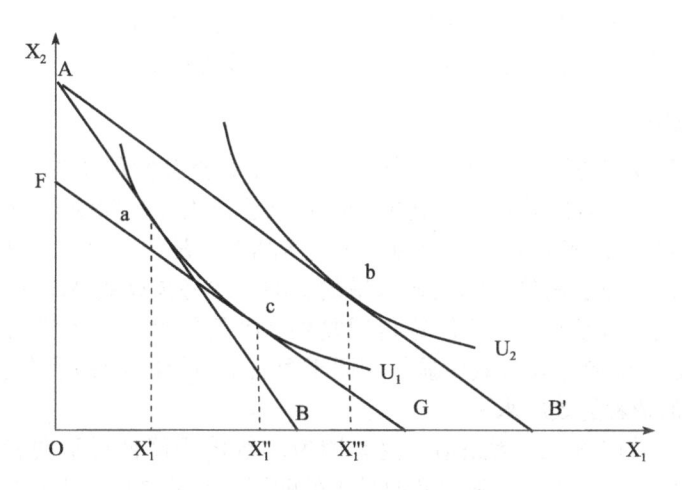

图 2-10 替代效应和收入效应

什么是补偿预算线?当商品的价格发生变化引起消费者的实际收入水平发生变化时,补偿预算线是用来表示以假设的货币收入的增减来维持消费者的实际收入水平不变的一种分析工具,具体地说,在商品价格下降引起消费者的实际收入水平提高时,假设可以取走消费者的一部分货币收入,以使消费者的实际收入维持原有的水平,则补偿预算线在此就可以用来表示使消费者的货币收入下降到只能维持原有的无差异曲线的效用水平(即原有的实际收入水平)这一情况。相反,在商品价格上升引起消费者的实际收入水平下降时,假设可以对消费者的损失给予一定的货币收入补偿,以使消费者的实际收入维持原有的水平,则补偿预算线在此就可以用来表示使消费者的货币收入提高到得以维持原有的无差异曲线的效用水平(即原有的实际收入水平)这一情况。

再回到图 2-10。为了剔除实际收入水平变化的影响,使消费者能够回到原有的无差异曲线 U_1 上去,其具体的做法是:作一条平行于预算线 AB' 且与无差异曲线 U_1 相切的补偿预算线 FG。这种做法的含义是:补偿预算线 FG 与无差异曲线 U_1 相切,表示假设的货币收入的减少(用预算线的位置由 AB' 向左平移到 FG 表示)刚好能使消费者回到原有的效用水平,补偿预算线 FG 与预算线 AB' 平行,则以这两条预算线的相同斜率,表示商品 1 价格和商品 2 价格的一个相同的比值 $\frac{P_1}{P_2}$,而且,这个商品的相对价格 $\frac{P_1}{P_2}$ 是商品 1 的价格 P_1 变化以后的相对价格。补偿预算线 FG 与无差异曲线 U_1 相切于均衡点 c,与原来的均衡点 a 相比,需求量的增加量为 $X_1'X_1''$,这个增加量就是在剔除了实际收入水平变化影响以后的替代效应。

进一步地,就预算线 AB 和补偿预算线 FG 而言,它们分别与无差异曲线 U_1 相切于 a、c 两点,但斜率是不相等的。预算线 AB 的斜率绝对值大于补偿预算线 FG 的斜率绝对值,由此可以推知,预算线 AB 所表示的商品的相对价格大于补偿预算线 FG 所表示的商品的相对价格,显然,这是由于 P_1 下降而 P_2 不变所引起的。在这种情况下,当预算线由 AB 移至 FG 时,随着商品的相对价格的变小,消费者为了维持原有的效用水平,其消费必然会沿着既定的无差异曲线 U_1 由 a 点下滑到 c 点，增加对商品 1 的购买而减少对商品 2 的购买，即用商品 1 去替代商品 2。于是，由 a 点到 c 点的商品 1 的需求量的增加量 $X_1'X_1''$，便是 P_1 下降的替代效应。它显然归因于商品相对价格的变化，它不改变消费者的效用水平。在这里，P_1 下降所引起的需求量的增加量 $X_1'X_1''$ 是一个正值，即替代效应的符号为正。也就是说，正常物品的替代效应与价格成反方向的变动。

（二）收入效应

收入效应是总效应的另一个组成部分。设想一下，把补偿预算线 FG 再推回到 AB′ 的位置上去，于是，消费者的效用最大化的均衡点就会由无差异曲线 U_1 上的 c 点回复到无差异曲线 U_2 上的 b 点，相应的需求量的变化量 $X_1''X_1'''$ 就是收入效应。这是因为，在上面分析替代效应时，是为了剔除实际收入水平的影响，才将预算线 AB 移到补偿预算线 FG 的位置。所以，当预算线由 FG 的位置再回复到 AB′ 的位置时，相应的需求量的增加量 $X_1''X_1'''$ 必然就是收入效应。收入效应显然归因于商品 1 的价格变化所引起的实际收入水平的变化，它改变消费者的效用水平。

在这里，收入效应 $X_1''X_1'''$ 为正值。这是因为，当 P_1 下降使得消费者的实际收入水平提高时，消费者必定会增加对正常物品商品 1 的购买。也就是说，正常物品的收入效应与价格成反方向的变动。

综上所述，对正常物品来说，替代效应与价格成反方向的变动，收入效应也与价格成反方向的变动，在它们的共同作用下，总效应必定与价格成反方向的变动。正因为如此，正常物品的需求曲线是向右下方倾斜的。

三、正常物品和低档物品的区别与收入效应

商品可以分为正常物品和低档物品两大类。在分析低档物品的替代效应和收入效应之前，我们有必要先看一下正常物品和低档物品的区别，以及由此带来的这两类商品的各自收入效应的特点。

正常物品和低档物品的区别在于：正常物品的需求量与消费者的收入水平成同方向的变动，即正常物品的需求量随着消费者收入水平的提高而增加，随着消费者收入水平的下降而减少。低档物品的需求量与消费者的收入水平成反方向的变动，即低档物品的需求量随着消费者收入水平的提高而减少，随着消费者收入水平的下降而增加。

相应地，可以推知：当某正常物品的价格下降（或上升）导致消费者实际收入水平提高（或下降）时，消费者会增加（或减少）对该正常物品的需求量。也就是说，正常物品的收入效应与价格成反方向的变动。这就是上面的结论，也是在图 2-10 中，c 点必定落在 a、b 两点之间的原因。而对低档物品来说，当某低档物品的价格下降（或上升）导致消费者的实际收入水平提高（或下降）时，消费者会减少（或增加）对该低档物品的需求量。也就是说，低档物品的收入效应与价格呈同方向变动。这意味着，在类似于图 2-10 的分析中，c 点的位置会发生变化。

由于正常物品和低档物品的区别不对它们各自的替代效应产生影响，所以，对所有的商品来说，替代效应与价格都是成反方向的变动的。

第三章 CHAPTER 3

生产、成本与生产决策

第一节 生产函数、短期与长期

一、生产函数

生产过程中的投入品以及最终产出之间的关系可用生产函数来描述,生产函数描述的是每一特定的投入品组合下企业的产出 Q,为简便起见,我们假定有两种投入品:劳动 L 和资本 K,生产函数可以表达为

$$Q=F(K,L)$$

这个方程显示了产出与劳动和资本这两种投入品之间的数量关系。生产函数的存在使得用不同的投入品比例生产同一数量的产出成为可能。

(一) 等产量线

等产量线是由生产同一产量的不同投入组合形成的曲线。图 3-1 中有三条等产量线。等产量线 Q_1 代表的是产出为 55 个单位时投入的各种组合。在 A 点,1 单位劳动与 3 单位资本结合得到 55 单位产出,而在 D 点,3 单位劳动与 1 单位资本的结合也得到了同样的产出。等产量线 Q_2 代表的是产出为 75 个单位时投入的各种组合。每一条等产量线与某一产量水平相对应。在等产量线向右上方移动时,产出水平上升。

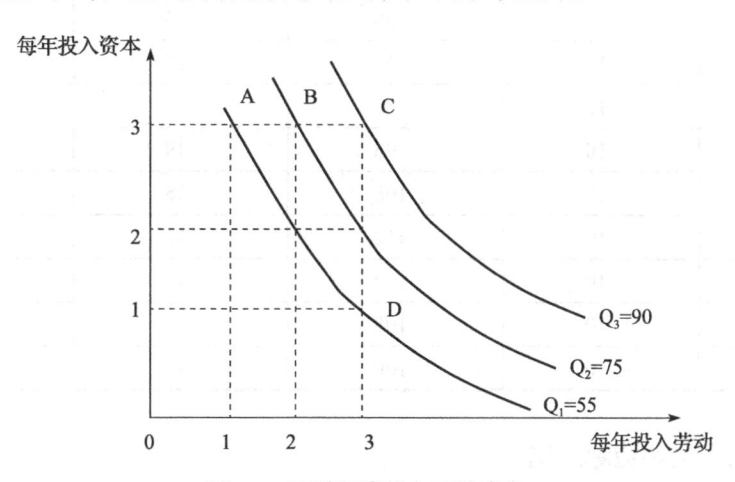

图 3-1 两种可变投入下的产出

（二）短期与长期

在进行具体的生产分析时，很有必要区分长期与短期。短期（short run）指的是在此时段内，一种或多种生产要素是无法变更的。在此期间不可变更的投入也称为固定投入。例如，企业资本的变更往往需要时间，因为一个新车间的建成要经过厂房的规划、建造和机器设备的购置、安装等过程，所有这一切需要一年或更多的时间。长期（long run）指的是在此时段内所有的投入都是可变的。在短期内，厂商使用的是固定规模的生产设备，变化的是使用强度；在长期中，企业的规模有了变化。

短期与长期之间，并没有一个特定的区分标准（如一年），要视具体情况而定。例如，对一个汽水摊而言，长期可能仅意味着一两天；而在化工业或汽车制造业上意味着五年，甚至更长的时间。

二、一种可变投入（劳动）的生产

我们考察短期资本固定、劳动可变情况下的企业生产决策情况。短期内，厂商可以通过增加劳动投入来提高产量。例如一家制衣厂，拥有的设备是固定，但雇用来操作设备的劳动力是可以变动的。厂方必须对雇用多少工人，生产多少衣服进行决策。当然，在这之前，经理必须知道产量（Q）如何随劳动（L）的变化而变化。

表 3-1 给出了产出与劳动投入之间的关系。前三列表示的是在 10 单位的固定资本下使用不同量的劳动所能得到的月产量（第一列为劳动的使用量，第二列为固定资本，第三列为产量）。在劳动投入为零时，产出亦为零。在投入劳动由 0 逐渐增至 8 个单位时，产量也随之增加。但超过这一点后，总产出反而下降，这可以解释为，起初每单位的劳动可使机器的利用越来越充分，但过了这一点后，增加的劳动不再有用，反而降低生产率（就以一条流水线操作为例，5 个人操作可能比 2 个人操作更具效率，但如果是 20 个人一同操作就有点物极必反了）。

表 3-1 一种可变投入（劳动）下的生产

劳动力数量（L）	资本数量（K）	总产量（Q）	平均产出（Q/L）	边际产出（$\Delta Q/\Delta L$）
0	10	0	—	—
1	10	10	10	10
2	10	30	15	20
3	10	60	20	30
4	10	80	20	20
5	10	95	19	15
6	10	108	18	13
7	10	112	16	4
8	10	112	14	0
9	10	108	12	−4
10	10	100	10	−8

（一）平均产出和边际产出

可以用劳动的平均产出和边际产出来衡量劳动对生产过程的贡献。表 3-1 中第四列表示的是劳动的平均产出 AP_L（average product of Labor），由总产出 Q 除以总劳动投入 L 得出。在我们所举的例子中，平均产出起初呈上升态势但在投入劳动超过 4 后，反而下降。第五列表示的是劳动的边际产出 MP_L（marginal product of Labor），这是最后一单位劳动所带来的总产出的增加量，当固定资本为 10 单位时，投入劳动由 2 增至 3，总产出则由 30 增至 60，增加了 30 个单位，劳动的边际产出可以记作 $\Delta Q/\Delta L$（即一个 ΔL 单位的劳动带来 ΔQ 的产出的变化），即

$$劳动平均产出 = 产出 / 投入劳动 = Q/L$$
$$劳动边际产出 = 产出变化量 / 劳动变化量 = \Delta Q/\Delta L$$

需要强调的是，劳动的边际产出取决于所投入的资本量。如果资本投入从 10 增至 20 单位，则劳动的边际产出也很可能上升。其理由是新增的工厂有更多的资本利用，因而会有更高的生产率。像平均产出一样，边际产出也存在着先上升后下降的规律，在我们的例子中，转折出现在雇用第三个单位的劳动以后。

总产出、平均产出、边际产出之间的关系如图 3-2 所示，从图中我们可以得到以下结论：

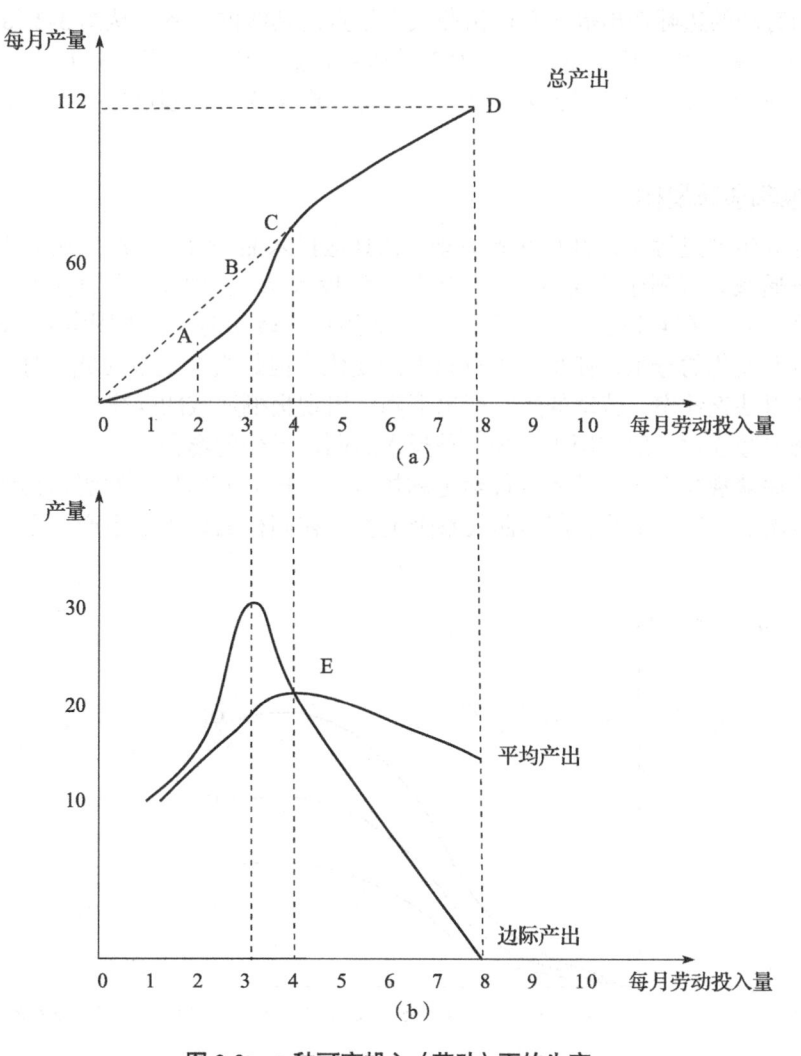

图 3-2　一种可变投入（劳动）下的生产

①产出在上升至最大值 112 后渐渐减少,实际企业生产实际中不会允许这种情况出现,因而劳动超过 8 单位(或边际产出为负之后)不是生产函数的部分。

②边际产出曲线与横轴相交于总产出的极大值点。这是因为在此时生产线上再增加一名工人,生产线的操作反而更慢,总产出降低。这意味着该工人的边际产出为负。

③平均产出与边际产出曲线是高度相关的,当边际产出高于平均产出时,平均产出处于上升阶段,如图 3-2(b)中劳动投入在 1～4 阶段所显示;当边际产出小于平均产出时,平均产出将下降,如图 3-2(b)中 4～10 单位劳动所显示。因为当边际产出大于平均产出时,平均产出会逐渐上升;当边际产出小于平均产出时,平均产出会逐渐下降。因此,在平均产出达极大值时,边际产出一定等于平均产出。在图 3-2(b)中,这一点为 E。

④劳动的平均产出是总产出除以投入的劳动量。因此,在图 3-2(a)中,劳动的平均产出等于对应点与原点连线的斜率。例如,在 B 点,平均产出等于总产出 60 除以投入 3,即每单位劳动投入有 20 单位产出。这正是 B 点与原点连线的斜率。

⑤劳动的边际产出是增加一单位的劳动引致的总产出的变化量。因此,在图 3-2(a)中,一点的劳动的边际产出等于总产出曲线在该点的切线的斜率。从图 3-2(a)可以看出,起初劳动的边际产出上升,在投入品为 3 时达到顶点,然后下降。在 D 点,总产出达到极大值时,总产出曲线的切线的斜率为 0,即边际产出为零,超过这一点以后,边际产出为负。

(二)报酬递减规律

在大部分生产过程中,都存在着劳动(和其他投入品)的边际产出递减现象,一般称为边际报酬递减。报酬递减规律指当使用的某种投入品(其他投入品固定)增加时,最终必然会出现一点,在它以后产出下降。当劳动的投入较小时(资本固定),投入的稍稍增加可以产生专业化的分工,使得产出有较大的变化;但是当有太多的员工时,一部分员工的工作会变得缺乏效率,劳动的边际产出下降,出现报酬递减的规律。

①报酬递减规律一般应用于至少一种投入品固定不变的场合。

②报酬递减规律发生于技术条件给定的场合。一段时间以后,发明和其他技术的改进可能会使得图 3-2(a)中的总产出曲线整个上移,在同样的投入下生产出更多的产品,如图 3-3 所示。

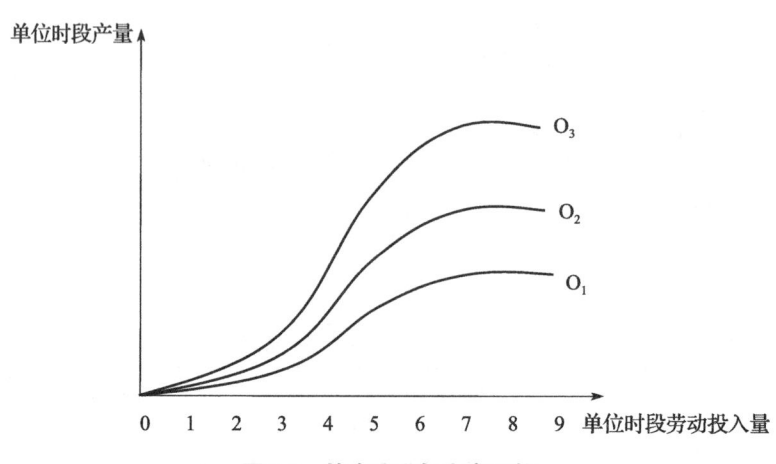

图 3-3 技术改进与生产函数

三、两种可变投入的生产

当两种投入品可变化时,经理人员往往会考虑用一种投入品替代另一种投入品。等产量线的斜率表明了在保持产出不变的前提下一种投入品与其他投入品之间替换的关系。在去除了负号之后,我们称此斜率为边际技术替代率(MRTS)。劳动 – 资本的边际技术替代率指在保持产出不变的前提下,多投入一单位劳动,资本的投入可以减少的量。这与消费者理论中的边际替代率(MRS)十分相似。其公式表达为

$$MRTS = - 资本投入的改变量 / 劳动投入的改变量 = -\Delta K/\Delta L$$

式中,ΔK、ΔL 是资本和劳动沿着等产量线的微小改变。

在图 3-4 中,当劳动由 1 个单位增至 2 个单位,MRTS 较大。但是,当劳动由 2 个单位增至 3 个单位时,MRTS 的值下降,之后也逐渐下降。很明显,当用越来越多的劳动替代资本时,劳动的生产率降低,而资本的生产率会相对上升。所以,单位劳动可以替换的资本数量越来越小,等产量线也由此变得越来越平坦。

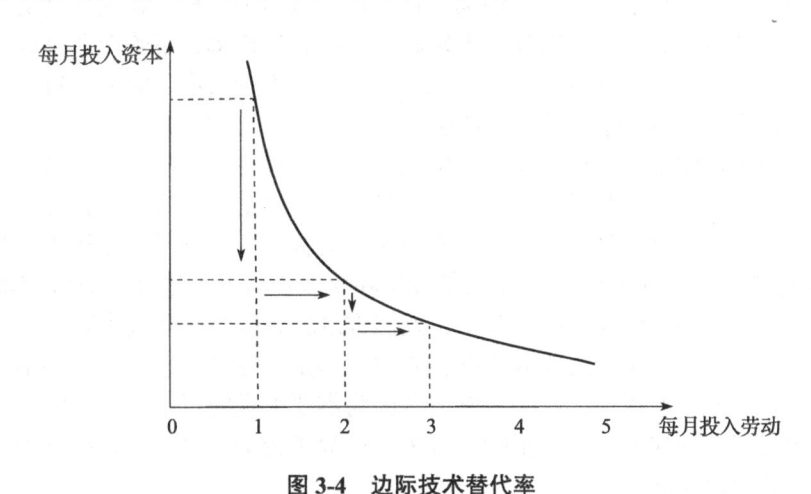

图 3-4 边际技术替代率

MRTS 沿着等量线不断变小的特性使得等产量线成为凸形。递减的 MRTS 说明,任何一种投入品的生产率都是有限的。当生产过程中使用大量的劳动来替代资本时,劳动的生产率会下降。同样,当大量的资本用来替代劳动时,资本的生产率也会下降,生产过程需要投入品的平衡使用。

MRTS 与劳动的边际产出 MP_L 和资本的边际产出 MP_k 很相关。假设在产出保持不变的前提下,增加劳动投入,减少资本投入。那么:

$$劳动投入增加产生的产量的增加 = MP_L \cdot \Delta L$$

同样,资本投入的减少带来的总产出的下降等于新增单位资本的产出(资本的边际产出)乘以资本投入的减少量,即资本投入减少产生的产量的下降 $= MP_k \cdot \Delta K$

在等产量线上,总产出不变,其改变量为 0,因此可得:

$$MPL \cdot \Delta L + MPk \cdot \Delta K = 0$$

重新整理后,我们得到:

$$MP_L / MP_K = -\Delta K / \Delta L = MRTS$$

上式说明,沿着等产量线,不断地用劳动替代资本,资本的边际产出逐渐上升,而劳动的边际产出逐渐下降。这两者的结果是当等产量线越来越平坦时,边际技术替代率的值

越来越小。

四、规模报酬

企业生产过程长期性质中很基本的一条便是衡量所有投入变化时产出的变化。当所有的投入品都等比例增加时,企业的产出会如何变化呢?如果所有投入增加一倍,而产出的增加超过一倍,则称存在着递增的规模报酬。这种现象的出现或许是因为更大规模的生产使得劳动的分工更专业化,能充分利用大规模的厂房和先进的设备。

规模报酬递增是公共政策中的一个重要议题,如果某个产业存在规模报酬递增,那么一个大企业生产(以相对低的成本)比许许多多小企业(以相对高的成本)生产来得经济。但后面我们会看到,因为大企业可能会控制价格,因而需要考虑管制。例如,电力供应上就存在着规模报酬递增效应,这也是我们有大型的、受管制的电力公司的原因。

生产报酬的第二种可能是,投入增加一倍,产出也增加一倍,在这种情况下,我们称规模报酬不变。此时,企业的经营规模不影响它的要素生产率,不管企业是大是小,企业投入品的平均和边际生产率都保持不变。例如,旅行社不管大小,它们为每个旅客提供的服务都相同,使用的资本(办公场所)和劳动(旅行代理人)的比率相同。

最后,还有可能两倍投入得出少于两倍的产出,这种规模报酬递减的情况适用于一些大型的企业。组织的复杂性和规模的过于庞大带来了管理上的困难,这就降低了劳动和资本的生产率。工人与经理人员之间的交流变得难以监督,工作场所会变得更混乱无序。因此,规模报酬递减往往与任务协调的困难和维持管理者与工人之间的有效交流的困难相关。或者,是因为在一个大规模的企业中,人们难以施展他们的创造才能。

不同的企业和产业之间,规模效应存在着很大差别。在其他条件相同的情况下,规模效应越大,产业中的企业规模会越大。制造业因为需要大量的资本设备投资,因而比服务导向型产业更可能出现递增的规模报酬。服务业一般是劳动密集型的,小型企业也能像大型企业那样有效地提供服务。

第二节 成本函数、短期与长期

一、短期成本函数与可变成本

成本函数表明成本与产量之间的关系。短期之中,企业投入生产的某些要素是固定的,而另外的要素则随企业产出的变化而变化——那些固定的要素构成固定成本,而那些变化的要素构成可变成本。因此,短期总成本(TC)由两个要素组成:固定成本,无论企业生产的产出水平如何它均由企业承担;固定成本不随产量变化而变化——即使产出为零企业也应该支付。固定成本只有在企业完全倒闭时才会没有。可变成本,它根据产出水平的变化而变化。根据具体情况,固定成本可能包括维持厂房的费用、保险费和少量雇员的工资费用——这些费用无论企业生产多少产品均不发生变化。可变成本包括工资和原材料的费用——这些费用随产出的增加而增加。

要想决定应该生产多少,企业经营者需要知道可变成本是如何随着产出水平的变化而变化的。边际成本(MC)有时被称为增量成本,是由多生产额外的一单位产出而引起的成本的增加。由于固定成本不随企业产出水平的变化而变化，因此，边际成本就是每增加额外的一单位产出所引起的可变成本的增加量。我们可以将边际成本写成

$$MC = \Delta VC / \Delta Q$$

平均成本（AC）是单位产出的成本。平均总成本（ATC）是企业的总成本除以其产出水平，即 TC/Q。平均总成本告诉我们每单位产品的生产成本。通过比较平均总成本和产品的价格，我们可以确定生产是否有利可图。

平均总成本有两个组成要素：平均固定成本加上平均可变成本。平均固定成本（AFC）是固定成本除以产出水平的结果。因为固定成本不变，平均固定成本随产出的增加而递减。平均可变成本（AVC）是可变成本除以产出水平的结果，即 VC/Q。

（一）短期成本的决定因素

由上述，边际成本（MC）是产出变动一单位所引起的可变成本的变化（也就是 $\Delta VC/\Delta Q$）。同时，可变成本是额外一单位劳动的成本 ω 和额外劳动的乘积。那么，可以得到：

$$MC = \Delta VC / \Delta Q = \omega \Delta L / \Delta Q$$

劳动的边际产出（MP_L）是由于劳动要素投入的一单位变化所引起的产出的变化量，或者是 $\Delta Q/\Delta L$。因此，要获得额外的一单位产出所需要的额外的劳动数量为 $\Delta L/\Delta Q = 1/MP_L$。因此有：

$$MC = \omega / MP_L$$

上式表明：在短期内，边际成本等于要素的价格除以其边际产品。例如，假定劳动的边际产出是 3，而劳动工资率为每小时 30 美元。那么，一小时劳动会引起产出增加 3 个单位，因而 1 单位的产出需要 1/3 小时的劳动，其成本为 10 美元。生产该单位产出的边际成本是 10 美元，它等于工资（30 美元）除以劳动的边际产出（3）。较低的劳动边际产出意味着生产更多的产出需要追加大量的劳动，它会导致较高的边际成本。较高的边际产出意味着劳动需求较低，边际成本也较低。总之，每当劳动的边际产出降低时，边际成本就相应上升；反之亦然。

平均可变成本（AVC）是单位产出的可变成本，或为 VC/Q。当生产过程中使用了 L 单位的劳动时，可变成本就是 ωL。因此有：

$$AVC = \omega L / Q$$

由于劳动的平均产出（AP_L）由每单位投入的产出给出（Q/L）。因此得出以下结论，即

$$AVC = \omega / AP_L$$

（二）短期成本曲线的形状

固定成本、可变成本和总成本曲线由图 3-5（a）显示。固定成本（FC）不随产出变化而变化，因而在图中显示为位于 50 处的一条水平直线。可变成本（VC）在产出为零时也为零，然后随产出的增加而逐渐增加。总成本（TC）由固定成本曲线和可变成本曲线垂直相加确定。因为固定成本是不变的，这两条曲线间的垂直距离永远不变（图中为 50）。

图 3-5（b）显示了相应的边际成本曲线、平均总成本曲线和平均可变成本曲线。当边际成本低于平均成本时，平均成本曲线下降。每当边际成本高于平均成本时，平均成本曲线上升。并且当平均成本最小时，边际成本与平均成本相等。边际量和平均量普遍存在如

上之关系。这是因为，如果边际成本比平均总成本高，多生产一单位产出将使平均总成本上升。也就是说边际成本拉高了总的平均成本。与此类似，如果边际成本比平均总成本低，那么平均总成本还会继续下降，这对应于平均总成本曲线下降的那一段。因此，综合起来看：边际成本通过平均总成本曲线的最低点。这一结论同样适用于平均可变成本，即边际成本通过平均可变成本的最低点。

ATC曲线表示平均总生产成本。因为平均总成本是平均可变成本与平均固定成本之和，而AFC曲线始终呈下降趋势，所以当产出增加时，ATC曲线与AVC曲线之间的垂直距离就不断减小。

与ATC曲线相比，AVC曲线在较低的产出水平上达到了其最低点。这是因为AVC和ATC最低点都通过MC曲线。由于ATC通常是大于AVC的，而且MC曲线呈上升趋势，因此，ATC曲线的最低点必然在AVC曲线的最低点的右上方。

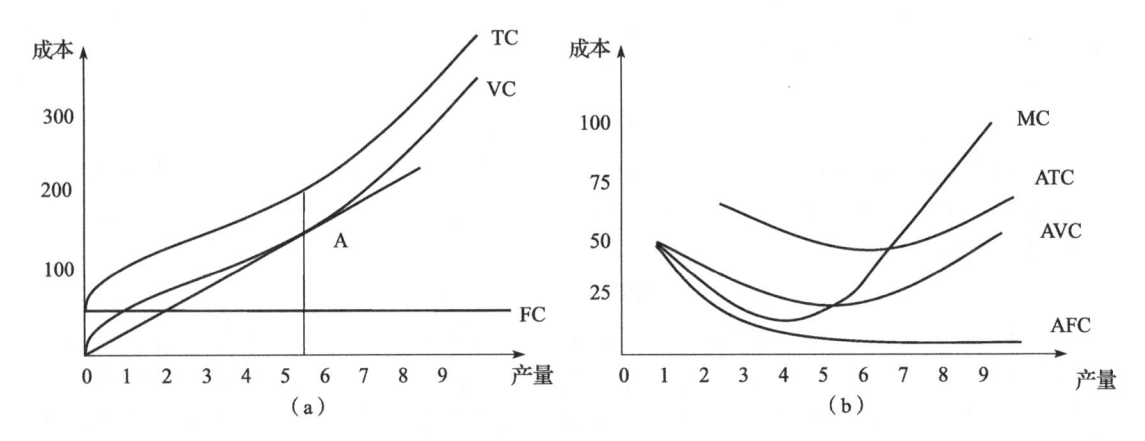

图 3-5　企业的成本曲线

二、长期成本

长期之中，企业可以改变各种要素投入。换言之，企业会选择要素投入的组合来使得生产一定量的产出而成本达到最小化。

（一）成本最小化的投入选择

为了简化起见，我们只涉及两个基本投入要素：劳动（以每年多少小时劳动计量）和资本（以每年使用机器多少小时计量）。我们假定劳动和资本都能从竞争性市场上雇到（或租借到）。劳动的价格为工资率 ω，资本的价格为机器的租金率 r。我们还假定资本是租入的而不是购买的，从而可以使所有的经营决策建立在可比的基础上。例如，劳动可以以年工资 12000 美元雇用，资本可以以每年每台机器 75000 美元"租用"。

（二）等成本线

生产既定产出的总成本（C）是由企业劳动成本（ωL）和企业资本成本（rK）构成的，即

$$C = \omega L + rK$$

在不同的总成本水平下，上式表示一条不同的等成本线。例如，在图 3-6 中，等成本线 C_0 表示在总成本为 C_0 的条件下所能购买的投入要素的所有可能组合。

如果将总成本改写成直线方程，我们就会得到：

$$K = C/r - (\omega/r)L$$

从而可以推断等成本线的斜率为 $\Delta K/\Delta L = -(\omega/r)$，也就是工资率与租金率的比率。这个斜率与消费者所面临的预算线的斜率有点相似。这告诉我们，如果企业放弃 1 单位的劳动的购买（节省 ω 单位成本），而购买 ω/r 单位的价格为每单位 r 美元的资本，那么其生产总成本将保持不变。例如，如果工资率为 10 美元，资本的租金率为 5 美元，企业可以用 2 单位的资本来代替 1 单位的劳动，而总成本保持不变。

等成本线 C_1 与等产量线切于 A 点，这表明可以以劳动投入为 L_1 和资本投入为 K_1 的最低成本来生产 Q_1 的产出。而其他的要素组合，例如 L_2 和 K_2 则在成本较高的情况下生产相同的产出。

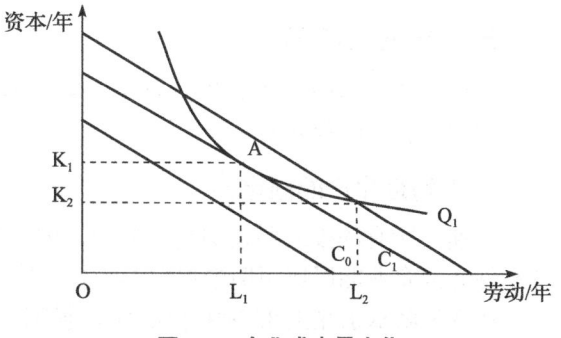

图 3-6　企业成本最小化

（三）选择投入品

假定我们想使产出水平为 Q_1，则等产量线 Q_1 与等成本线 C_1 在 A 点相切，告诉我们成本最小时的投入要素的选择：L_1 和 K_1，我们可以从图中直接看出。在这一点，等产量线的斜率与等成本线的斜率正好相等。

当各项投入品的支出增加时，等成本线的斜率不会发生变化（因为投入要素的价格并未发生变化），但是，等成本线的截距将会增加。然而，如果某种投入要素的价格，比如劳动发生了上涨，那么，等成本线的斜率 $-(\omega/r)$ 的绝对值就会增加，从而等成本线会变得更加陡峭，如图 3-7 所示。

起初，等成本线为 C_1，在 A 点，企业以 L_1 单位劳动和 K_1 单位的资本生产 Q_1 的产出，成本最低。当劳动的价格发生上涨时，等成本线变得更加陡峭。等成本线 C_2 反映了较高的劳动价格。面对较高的劳动价格，企业在 B 点生产 Q_1 的产出而使成本最小化，使用了 L_2 单位的劳动和 K_2 单位的资本。在生产过程中，企业已经通过用资本代替劳动来对劳动价格上涨做出了反映。

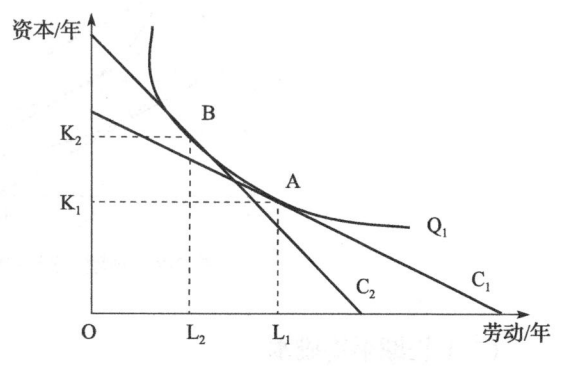

图 3-7　一种投入要素价格变化时的投入替代

这如何与企业的生产过程相联系呢？回忆一下，我们在分析生产技术时，已经揭示了边际技术替代率（MRTS）是等产量线的斜率的相反数，并且它等于劳动和资本的边际产出之比，即

$$MRTS = -\Delta K/\Delta L = MP_L/MP_K$$

从上文我们可以知道等成本线的斜率为 $\Delta K/\Delta L = -\omega/r$。于是可知，当企业在生产一定量的产出时，要使其成本最小化，下面的条件必然成立，即

$$MP_L/MP_K = \omega/r$$

将此条件稍作改写可得：

$$MP_L / \omega = MP_K / r$$

上式意味着，当成本最小化时，每有 1 美元的投入增加到生产过程中去，就会有与之等值的产出增加。例如，假定工资率为 10 美元，资本的租金率为 2 美元，那么劳动的边际产出必须是资本边际产出的 5 倍才是成本最小化的选择。

三、长期成本曲线

短期平均成本曲线的形状为 U 形（见图 3-5），长期平均成本曲线也是 U 形的，但是，决定它们形状的因素并不相同。

（一）短期生产的固定性

长期中所有的投入要素均是可变的，因为企业的计划范围足以改变企业规模。新增的变动性允许企业能以比短期中更低的平均成本进行生产。

图 3-8 显示了企业的等生产量线。假定短期中资本固定在 K_1 水平。要生产 Q_1 的产出，企业就要通过选择与等成本线 AB 的切点相对应的劳动量 L_1 来使成本最小化。这种固定性体现在企业决定将产出增至 Q_2 时。如果资本不是固定的，企业将会以 K_2 的资本和 L_2 的劳动来生产上述产出。企业的成本将由等成本线 CD 反映出来。然而，资本的固定不变迫使企业以 K_1 的资本和 L_3 的劳动在 P 点进行生产。P 点落在表示成本高于等成本线 CD 的等成本线 EF 上。当企业扩大生产时，由于企业无法以相对成本较低的资本来替代成本较高的劳动，因而当企业资本固定不变时，企业的生产成本就较高。

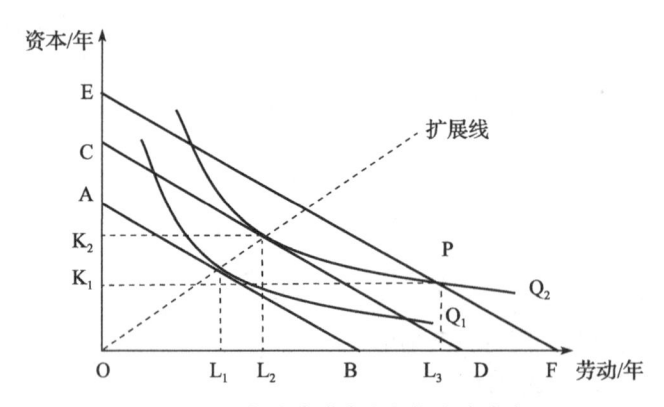

图 3-8　短期生产成本和长期生产成本

（二）长期平均成本

长期中，企业能够改变资本的数量从而降低成本。决定长期平均成本曲线和边际成本曲线形状的最重要的因素是，是否存在着递增的、不变的或递减的规模报酬。例如，假定企业生产过程显示出在各个产出水平上规模报酬不变。那么，双倍的投入就会引起双倍的产出。因为当产出变化时，投入要素的价格不变，所以，在所有产出水平上平均生产成本必然是相同的。

设想替换企业的生产过程服从于规模报酬递增规律的情形，即双倍的投入引起两倍以上的产出。那么，由于双倍的成本带来了两倍多的产出增加，因而平均生产成本随产出的增加而递减。同理，如果是规模报酬递减，平均生产成本就会随产出增加而增加。

我们已经知道，长期中，多数的企业的生产技术显示出规模报酬首先是递增的，而后是不变的，最后则是递增的。图 3-9 显示了一条与这种对生产过程的描述相一致的典型的长期平均成本曲线 LAC。如图 3-9 中短期平均成本曲线一样，长期平均成本曲线也是 U 形的，但其原因是递增的和递减的规模报酬的存在，而不是生产的某一要素的报酬递减。

长期边际成本曲线（LMC）是由长期平均成本曲线决定的，它表示当产出不断增加时长期总成本的变化。当 LAC 下降时，LMC 则位于长期平均成本曲线之下，而当 LAC 上升时，LMC 则位于长期平均成本曲线之上。在长期平均成本曲线达到最低点处，两条曲线交于 A 点。在特定情况下，即 LAC 为常数，LAC 与 LMC 相等。

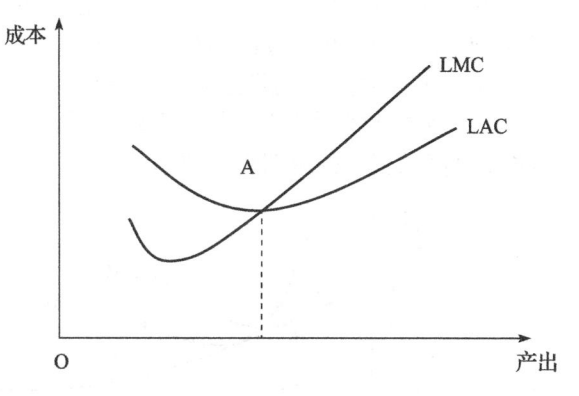

图 3-9 长期平均成本和长期边际成本

（三）规模经济与规模不经济

长期中，当产出水平变化时，企业改变投入比例是有利的。如果投入比例改变，那么规模报酬的概念也就不适用了。更确切地说，我们认为企业喜欢规模经济，它可以以低于双倍的成本获得双倍的产出。相应地，当双倍的产出需要双倍以上的投入时，就存在着规模不经济。规模经济这个术语包括规模报酬递增的特殊情形，但是它更为普遍，因为它使企业能够在其改变生产水平时改变要素组合。在这种更普遍的意义上，U 形的长期平均成本曲线是与企业所面临的产出较低时的规模经济和产出较高时的规模不经济相一致的。

规模经济通常是以成本–产出弹性（E_C）来计量的。E_C 表示单位产出变动百分率所引起的平均生产成本变动的百分率，即

$$E_C = (\Delta C / C) / (\Delta Q / Q)$$

上式可以改写为

$$E_C = (\Delta C / C) / (\Delta Q / Q) = MC / AC$$

由上式，在边际成本与平均成本相等时，E_C 等于 1。如果规模经济存在（成本增加低于产出增加的比例），边际成本就会低于平均成本（虽然二者均处于下降阶段），因而 E_C 小于 1。最后，当规模不经济存在时，边际成本大于平均成本，因而 E_C 大于 1。

四、短期成本与长期成本的关系

如图 3-10 所示，我们假设一个打算生产 Q_1 产出的企业。如果它建造了最小的工厂，与之相关的短期平均成本曲线是 SAC_1，从而平均生产成本就是 8 美元（在 SAC_1 上的 B 点）。选择较小规模的工厂比选择平均生产成本为 10 美元（在 SAC_2 上的 A 点）的中等规模工厂要好。因此，B 点就成为在有两种工厂可供选择情况下长期成本函数上的一个点。如果能够建成其他规模大小的工厂，其中至少有一个规模可以使企业能以低于每单位 8 美元的成本生产 Q_1 的产出，那么 B 点就不再是长期成本曲线上的点了。

在图 3-10 中，U 形的 LAC 曲线给出了短期平均成本曲线的包络线。在可以建成任意规模工厂的情况下，受规模经济和规模不经济的影响，它会先下降再逐渐上升。特别的，

当企业处于规模报酬不变的情况下，LAC 将平行于横轴。长期成本曲线和短期成本曲线之间还存在以下关系：

① LAC 曲线决不会位于任何短期平均成本曲线之上。

② 最小和最大规模工厂的平均成本曲线的最低点不会位于长期平均成本曲线上，这是因为长期中存在着规模经济和规模不经济。

③ LMC 曲线并非短期边际成本曲线的包络线。短期边际成本曲线适用于特定的工厂；长期边际成本曲线则适用于各种规模的所有工厂。长期边际成本曲线上的每个点代表了成本效率最高的工厂的短期边际成本。

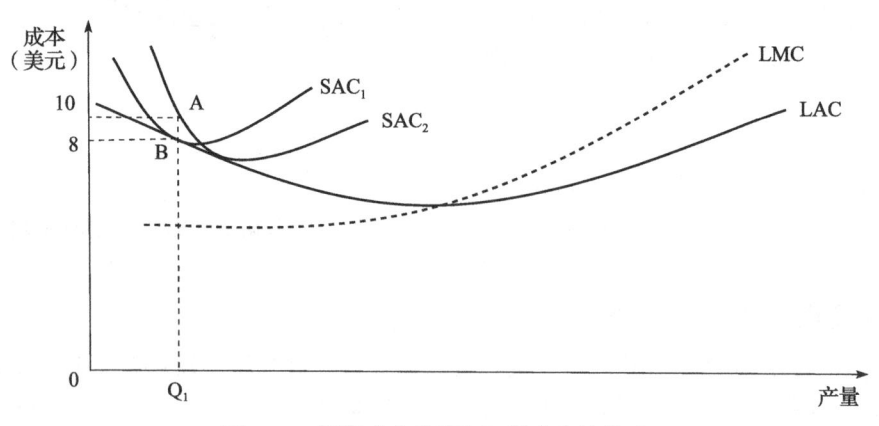

图 3-10　长期成本曲线和短期成本的关系

第三节　生产决策、利润最大化和竞争性供给

我们假定厂商生产决策的目标是利润最大化。

一、边际收益、边际成本和利润最大化

假定厂商的产量为 q，获得的收入为 R，这个收入等于产品价格 p 乘以售出数量：R=pq；生产成本 C 也取决于产量水平，厂商的利润等于收入减去成本，即

$$\pi(q) = R(q) - C(q)$$

从上式可以看到，π、R 和 C 均取决于产量。为实现利润最大化，厂商选择产量以使收入与成本之间的差额最大。对低水平的产量而言，利润为负，因为收入不足以抵消固定成本和可变成本（当 q=0 时，由于存在固定成本，利润为负）。这时边际收益大于边际成本，增加产量将增加利润。随着产量增加，利润最终变为正值（因为 q 大于 q_0），并且一直增加到产量达到 q* 时为止。这时，边际收益与边际成本相等，q* 为利润最大化产量。一旦产量超出 q*，边际收益便小于边际成本，利润下降，这反映生产总成本增长迅速。

为了从另一方面来解释为什么 q* 的产量能使利润最大化，不妨假设产量小于 q*。然后，如果厂商稍稍增加产量，它将得到超过成本的更多的收入。换句话说，边际收益（多生产一单位产量带来的额外收入）大于边际成本。类似地，当产量大于 q* 时，边际收益小于边际成本，只有当边际收益与边际成本相等时，利润才最大。

当边际收益等于边际成本时，利润实现最大化，这一法则适用于所有的厂商，不管是竞争性的还是非竞争性的。这一重要法则同样可以从数学上推导出来。利润即 $\pi=R-C$，在额外增加一单位产量正好使利润不变的点上达到最大（即 $\Delta\pi/\Delta q=0$），即

$$\Delta\pi / \Delta q = \Delta R / \Delta q - \Delta C / \Delta q = 0$$

$\Delta R/\Delta q$ 即边际收益 MR，$\Delta C/\Delta q$ 即边际成本 MC，因此我们得出结论，当 MR－MC＝0 时，利润最大，即

$$MR(q) = MC(q)$$

（一）竞争性厂商面对的需求曲线和边际收益

因为在竞争性行业中的每一个厂商的销售仅仅占整个行业销售量的一小部分，所以厂商决定出售多少产品数量对该产品的市场价格没有影响。市场价格由行业需求曲线与供给曲线决定。因此，竞争性厂商是价格接受者，它知道自己的产量决策将不会对产品价格产生影响。例如，当农场主考虑某年该种植多少英亩小麦时，他可以将小麦的市场价格看成给定的，这一价格将不受他种植面积决策的影响。

市场需求曲线表示在每一可能价格下所有消费者将购买的小麦数量。市场需求曲线向下倾斜，因为在较低价格下，消费者购买更多的小麦。但是，厂商面临的需求曲线是水平的，因为厂商的销售量对价格没有影响。假设厂商将小麦销量从100蒲式耳增加到200蒲式耳，这对市场几乎不产生影响，因为在每蒲式耳4美元的价格下整个行业的小麦产量为100万蒲式耳。价格取决于市场上所有厂商与消费者的相互作用，而不是由单个厂商的产量决策的。

当私人厂商面对水平的需求曲线时，它不降低价格就能售出一单位额外的产量，由此每单位销售增加的总收入等于价格（每蒲式耳售价4美元便产生4美元的额外收入）。与此同时，厂商收到的平均收入也为4美元，因为生产的每蒲式耳小麦都将按4美元出售。因此，在竞争性市场上，私人厂商面对的需求曲线既是它的平均收益曲线又是它的边际收益曲线。在这条曲线上，边际收益与价格相等。如图3-11所示。

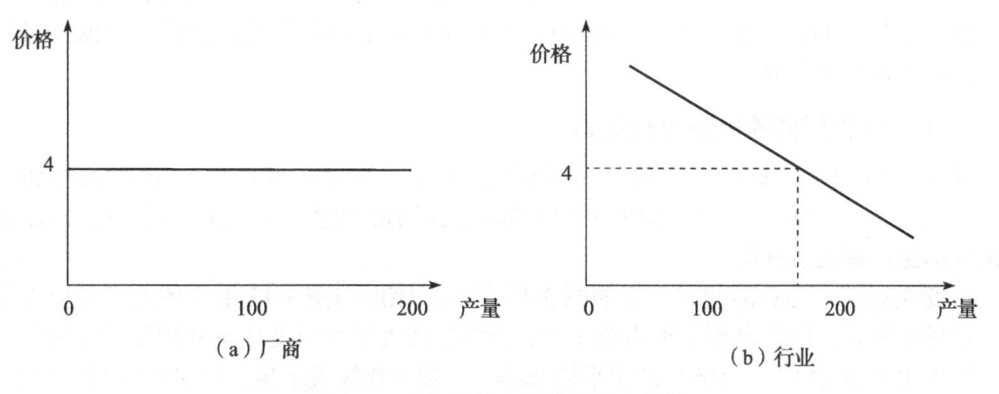

图 3-11　竞争性厂商面临的需求曲线

（二）竞争性厂商的利润最大化

因为竞争性厂商面对的是一条水平的需求曲线，MR＝P，所以可以总结出一个适用于所有厂商的利润最大化的法则。完全竞争性厂商应该选择的产量是使边际成本等于价格，即

$$MC(q) = MR = P$$

注意，这一法则是用来确定产量而非价格的，因为竞争性厂商把价格视为给定的。

二、完全竞争厂商的短期均衡和盈利情况

（一）竞争性厂商的短期均衡点

在短期中，厂商资本数额固定，必须选择它的可变投入（劳动和原材料）水平以使利润最大化。图 3-12 显示了厂商的短期决策。平均收益曲线和边际收益曲线都画成水平线，价格等于 40 美元。在图中，我们画出了平均总成本曲线 ATC、平均可变成本曲线 AVC，以及边际成本曲线 MC，这样我们更容易看到厂商的利润。

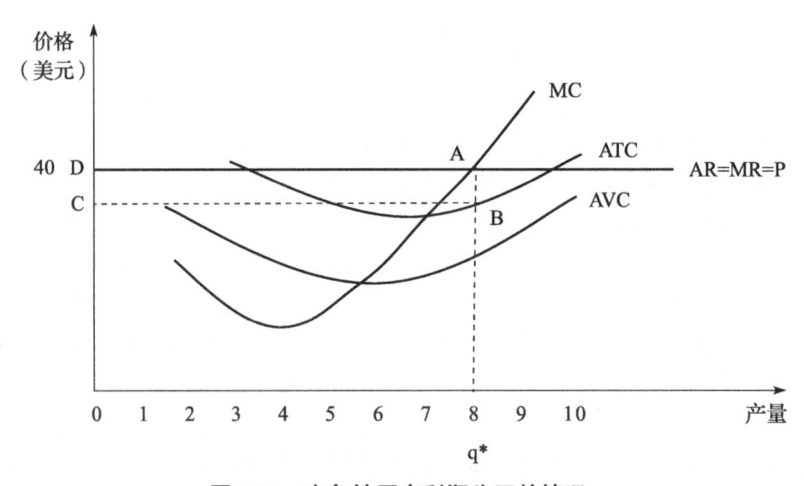

图 3-12 竞争性厂商利润为正的情况

利润在 A 点最大，此时 q*=8，价格为 40 美元。因为该点边际收益等于边际成本。在一个较低的产量水平下，假设 q_1=7，边际收益大于边际成本，所以增加产量能增加利润。在一个较高的产量水平下，如 q_2=9，边际成本大于边际收益，因而，降低产量能节约超过收入减少额的成本。

（二）竞争性厂商的短期盈利能力

图 3-12 也显示了竞争性厂商的短期利润，线段 AB 是产量水平为 q* 时价格和平均成本的差额，它代表每单位产量的平均利润。线段 BC 代表生产的产品总量，因而矩形 ABCD 即是厂商的总利润。

厂商在短期未必总能获利，正如图 3-13 所示。该图与图 3-12 最大的差别是前者生产的固定成本较高，因而提高了平均总成本，但没有改变平均可变成本和边际成本曲线。在利润最大化产量 q* 时，价格 P 低于平均成本，所以 AB 线表示生产的平均亏损。类似地，矩形 ABCD 现在表示厂商的总亏损。

在短期中，如果竞争性厂商的收入超过平均可变成本，则它可能在亏损状态下生产。厂商生产 q*，位于短期亏损最低处，亏损额为 ABCD。如果厂商停止生产，它将招致更大的亏损，其数额等于生产的固定成本 DBEF。

为什么亏损的厂商不彻底退出行业呢？在短期，厂商在亏损状态下可能继续经营，因为它预期将来当产品价格上升或生产成本下降时可获得利润。

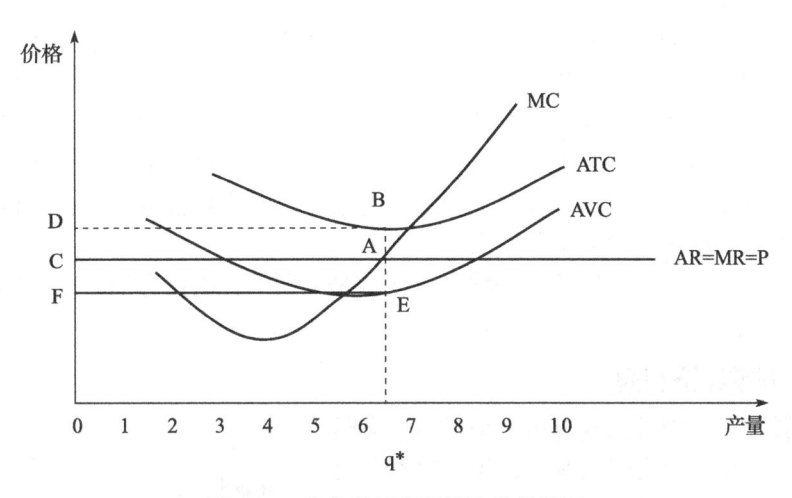

图 3-13　竞争性厂商利润为负的情况

三、厂商的进入、退出与完全竞争市场均衡

(一) 厂商进入完全竞争市场

我们考察一个目前还没有进入某行业进行生产的厂商。在什么情况下厂商会承担进入该行业的固定成本呢？这是一个比较简单的问题：公司只需考察平均成本曲线和价格。如果价格超过最小平均成本，厂商进入就是划算的。这是因为，如果进入，它出售产品的收益可以超过生产它们的成本，因而能够赚取一定的利润。

餐饮是一个容易进入的行业。如果某一地区的餐馆菜价超过最小平均成本，新的饭店将开业，或是餐馆连锁店将在新址开设分店。

不同厂商的平均成本曲线可能会不同，某些厂商的管理可能比较好，某些厂商的地理位置可能比较优越。相应地，不同厂商其最小平均成本也不同。图 3-14 给出了三家不同厂商的 U 形平均成本曲线。厂商 1 的最小平均成本为 AC_1，厂商 2 的最小平均成本为 AC_2，厂商 3 的最小平均成本为 AC_3。因此，厂商 1 在价格为 p_1 时会进入，厂商 2 在价格为 p_2 时会进入，厂商 3 在价格为 p_3 时会进入。

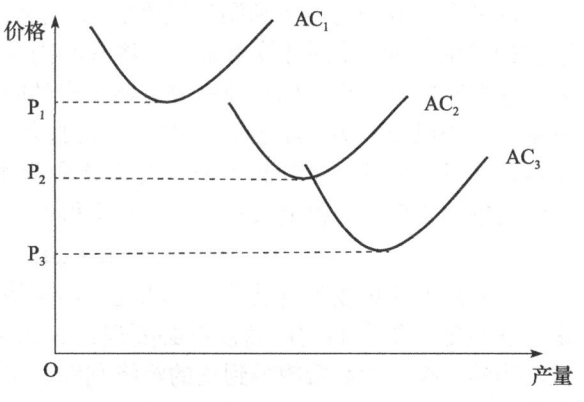

图 3-14　成本曲线、利润与进入

(二) 沉没成本与退出

与厂商进入一个市场的决策相反的是一家正在生产的厂商退出市场的决策。沉没成本 (sunk costs) 是指即使厂商不再进行生产也不能收回的成本。如果不存在沉没成本，那么进入决策和退出决策就会以同一平均成本为决策参考点。当平均成本上升到价格之上时，厂商就会退出市场。但是，如果厂商退出市场也存在某些成本，那么厂商面对的问题是继续生产还是退出市场呢？

为简化起见,我们假定所有固定成本都是沉没成本。一家没有固定成本的厂商的平均成本曲线与平均可变成本曲线相同。一旦价格下降到最小平均成本(即 U 形可变成本曲线的底部)之下,它就会停止生产。但具有固定成本的厂商会有不同的决策。当价格低于最小平均可变成本(随产量水平而变动的成本)时,厂商就会停止生产,但如果价格在平均可变成本与平均成本之间,那么即使会出现一些损失,厂商也会继续生产。这是因为,如果厂商停止生产,那么它就会蒙受更大的损失。

由于一个行业中的不同厂商的平均可变成本是不同的,因而它们会在不同的价格下退出市场。

(三)长期零经济利润

厂商在长期生产中进入或退出一个行业,实际上是生产要素在各个行业之间的调整,生产要素总是会流向能获得更大利润的行业,也总是会从亏损的行业退出。正是行业之间生产要素的这种调整,使得完全竞争市场均衡时的利润为零,如图 3-15 所示。

因此,我们得到完全竞争市场的均衡条件为

$$MR=LMC=SMC=LAC=SAC$$

式中,MR=AR=P。此时,单个厂商的经济利润为零。

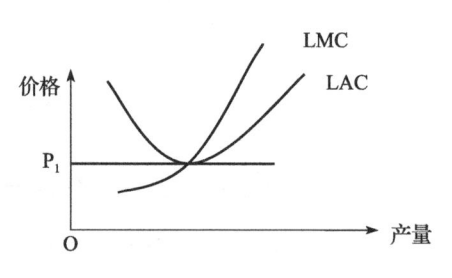

图 3-15 完全竞争市场的均衡

四、对"长期而言零利润"的经济解释

(一)会计利润和经济利润

区分会计利润与经济利润是很重要的。会计利润可通过收入和成本(包括实际支出和减少的费用)间的差别计算出来。经济利润则要考虑机会成本。机会成本是指工厂的所有者把它拥有的资本投入到其他地方可能带来的收益。例如,假设厂商的投入包括劳动力和资本;设备已经购买(且已经折旧),厂商的会计利润等于收入 R 减去劳动力成本 ωL,是正数。但是,它的经济利润等于收入 R 减去劳动力成本 ωL,再减去资本的机会成本 YK,由该资本出租出去的租金来衡量。因此可得:

$$\pi = R - \omega L - YK = 0$$

如果厂商希望改善自己的财务状况,当经济利润为负数时,就应考虑退出其业务。但是,获得零经济利润的厂商没有必要退出,因为零利润表明厂商的投资获得了合理的收益。当然,投资者都希望得到正的经济利润,正是这一点激励着企业家开发新方法并使其商业化。

(二)专利等带来的利润

现在假设行业中的某一厂商因有一项专利或新方法而使自己的平均成本低于其他厂商,那么,在专利有效期内,它始终可获得正的经济利润。只要其他投资者不能获得降低成本的专利或方法,他们就没有动力进入该行业。

还有其他的一些厂商得到正的经济利润的例子。例如,假设一家服装店正巧位于一家大购物中心的旁边。因为土地成本是基于历史成本的,附加的顾客流可能会相当地增加店里的会计利润。但是,考虑到经济利润,土地成本应反映机会成本,这时土地成本是当

时的市场价值。当把土地的机会成本包括在内时，服装店的利润就不会高于它的竞争对手了。

总之，正的经济利润可能表明已经处于该行业中的厂商拥有有价值的资产、技术或方法。

（三）经济租

我们已看到一些厂商能得到更高的经济利润，因为他们能得到供给有限的生产要素，包括土地、自然资源、企业家才能，或者其他创造性才能。因此，正的经济利润转化为由稀有要素带来的经济租。经济租可定义为该生产要素目前所得报酬超过厂商对其支付的部分。在引入经济租概念的情况下，在竞争性市场上，无论短期还是长期，尽管利润为零，经济租经常是正的。

例如，假设某行业的两个厂商都通过捐赠得到土地，其中一个厂商位于河边，一年可省下装运费 10000 美元。那么，该厂商的 10000 美元利润是由它的河边位置带来的每年 10000 美元的经济租。因为位于河边的土地是有价值的，其他厂商愿意为此进行支付。最后，由于对河边土地这一特殊生产要素的竞争，它的价值增加到 10000 美元。既然经济租已经增加，位于河边的厂商的经济利润变为零。

五、竞争性厂商的短期供给曲线

供给曲线即在每一可能的价格下厂商将生产的产量。我们已经知道，竞争性厂商将增加产量直到价格等于边际成本，但如果价格低于平均可变成本，它则会停止生产。因此，对正的产量而言，厂商供给曲线就是位于平均可变成本曲线以上的边际成本曲线部分。因为边际成本曲线与平均可变成本曲线相交于后者的最低点。所以，厂商供给曲线是位于平均可变成本最低点以上的边际成本曲线。例如，在图 3-16 中的价格为 P_1 时，供应数量为 q_1，价格为 P_2 时，供应数量为 q_2，对小于最低 AVC 的 P，利润最大化产量为 0。

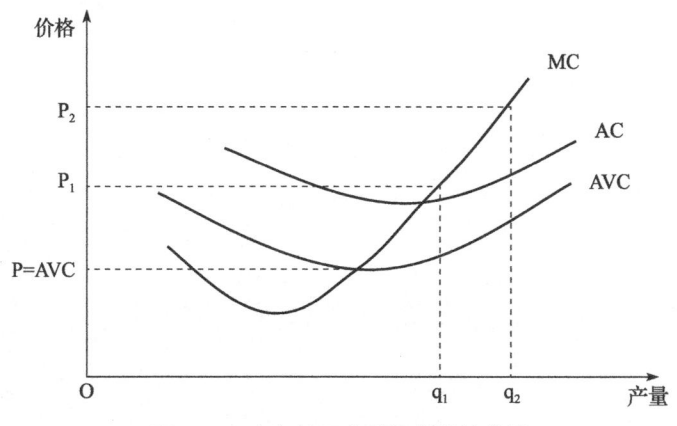

图 3-16 竞争性厂商的短期供给曲线

由于生产要素报酬递减导致边际成本增加，所以边际成本曲线向右上倾斜，而竞争性厂商的短期供给曲线就是边际成本曲线，因此其向右上倾斜。

供给的价格弹性反映行业产量对市场价格变动的敏感程度，供给弹性 Es 等于价格每变动 1% 引起产量变动的百分比，即

$$Es = (\Delta Q/Q) / (\Delta P/P)$$

因为边际成本曲线为右上倾斜，所以供给的短期弹性一直为正。当边际成本因产量增加而迅速上升时，供给弹性小，此时厂商受生产能力限制且增加产量代价高昂。但当边际成本因产量增加而缓慢上升时，供给相对有弹性，价格的小幅上涨促使厂商生产更多。

总之，供给弹性就等于边际成本曲线的弹性。

六、竞争性厂商的长期供给曲线

如前所述，在短期内，典型厂商具有 U 形的平均成本曲线，但其长期边际成本曲线要平缓一些。在长期内，由于厂商有更多的对价格变动做出调整的机会，因而长期供给曲线的价格弹性大于短期供给曲线的价格弹性。

实际上，在非常短的时期内，厂商可能发现不可能雇用更多的熟练劳动力或增加其生产能力。它的供给曲线，以及市场供给曲线几乎是垂直的。在短期内，机器和厂商的数量是固定的，但是工人和其他投入品是可变的。短期市场供给曲线与长期市场供给曲线形成鲜明对比；短期市场供给曲线比较陡峭。因此，需求曲线在短期内的移动对价格的影响较大，对数量的影响较小。在长期内，市场供给曲线可能接近于水平。在这种情况下，需求曲线的移动只会对数量产生影响。

进一步地，我们可以得到如下结论：如果某行业的产量变化所引起的生产要素需求的增加，不能对生产要素的价格产生影响，则该行业的长期供给曲线是一条水平线。与此相应，如果某行业产量增加所引起的生产要素需求的增加，会导致生产要素价格的上升，则该行业的长期供给曲线向上倾斜。

除了少数要求特殊要素的行业，某一个行业的要素需求一般不会导致要素价格的上升，因而，大多数行业的长期供给曲线都是近似水平的。

CHAPTER 4 第四章

不完全竞争市场

第一节 垄断

一、垄断者的产量、定价与利润

作为一种产品的唯一生产者，如果垄断者决定提高产品的价格，它用不着担心会有其他的竞争者通过较低的价格来抢夺市场份额，损害它的利益。垄断者就是市场，它对市场上出售的产量有完全的控制。

但这并不意味着垄断者能想要多高的价格就可定多高的价格。为了实现利润最大化，垄断者必须先确定市场需求的特征，以及它自己的成本。

（一）平均收益和边际收益

垄断厂商面对的是向下倾斜的需求曲线，其边际收益不等于市场价格。为了解何以如此，我们可以将垄断厂商从多生产 1 单位产品中获得的边际收益分为两个部分：首先，该厂商能够从这额外 1 单位产品中获得收益。这一额外的收益正好就是市场价格。其次，要出售更多，该垄断厂商必须降低价格，否则，它就不能出售其额外的产品。边际收益是它从出售这额外 1 单位产品获得的收入减去因价格的降低给所有其他单位产品带来的收益损失。因此，对垄断厂商而言，从生产额外 1 单位产品中获得的边际收益总是小于出售这额外 1 单位产品的价格。

总之，如果竞争是不完全的，则边际收益不等于当前的市场价格。对垄断厂商而言，它将意识到如果它的产量增加 1 倍，会使行业产量增加 1 倍，这对价格将产生很大影响。因此，垄断厂商将会降低产量。

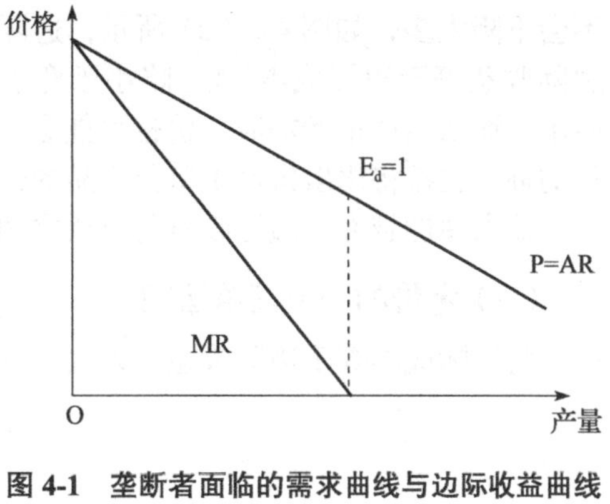

图 4-1 显示的是垄断厂商的需求曲线与边际收益之间的关系。较高位置的是需求曲线，同时也是平均收益曲线，边际收益曲线位于平均收益曲线的下方。该结论可以证明如下：

设需求函数为 $P = a - bQ$，其中 a 和 b 为常数，且大于零，则总收益函数和边际收益函数为

$$TR(Q) = PQ = aQ - bQ^2$$

图 4-1 垄断者面临的需求曲线与边际收益曲线

$$MR(Q) = \frac{dTR(Q)}{dQ} = a - 2bQ$$

再可以求得需求函数和边际收益曲线的斜率为

$$\frac{dP}{dQ} = -b$$

$$\frac{dMR}{dQ} = -2b$$

更一般地，我们设需求函数的形式为 P = P(Q)，则有：

$$TR(Q) = P(Q) \cdot Q$$

$$MR(Q) = \frac{dTR(Q)}{d(Q)} = P + Q \cdot \frac{dP}{dQ} = P\left(1 + \frac{dP}{dQ} \cdot \frac{Q}{P}\right) \tag{4-1}$$

即 $MR = P\left(1 - \frac{1}{|e_d|}\right)$，其中 e_d 为需求弹性。从上式我们可以看到：当需求弹性等于1时，MR=0；当需求弹性小于1时，MR<0。因此，垄断厂商总是在富有弹性的区域上生产。对于线性需求函数而言，垄断厂商不可能将产量提升到弹性小于1的区域。

（二）垄断者的产量决策

垄断厂商和竞争厂商都是通过生产使得边际成本等于边际收益的产量水平，来使利润最大化。其经济学意义是，假设垄断者生产一较小的产量 Q_1 并得到相应的较高的价格 P_1，边际收益将超出边际成本，因此如果该垄断者生产比 Q_1 多一点，它会得到额外的利润（MR-MC）并因此增加其总利润。这一过程直到产量 Q* 为止，在此产量，通过多生产一个单位所增加的利润为零。因此，较小的产量（小于Q*）不是利润最大化的，即使它能使垄断者得到一个较高的价格。

总之，无论是竞争厂商还是垄断厂商，其生产决策原则都是边际成本等于边际收益，它们的差别在于对垄断厂商而言，边际收益小于价格。对垄断厂商而言，由于边际收益小于价格并且边际收益等于边际成本，从而边际成本小于价格。价格是个人愿意为额外1单位产品支付的代价，它衡量消费者从额外1单位产品中获得的边际利益。因此，额外1单位产品的边际利益超过了生产这1单位产品的额外边际成本。这就是垄断会降低经济效率的基本原因。

对垄断厂商而言，如果其需求曲线非常有弹性（比较平缓），那么当产量增加时，价格不会下降太多，如图 4-2（a）所示，边际收益并不比价格小多少。厂商生产的数量为 Q_m，边际收益等于边际成本。Q_m 略小于竞争产量 Q_c。如果需求曲线缺乏弹性，如图 4-2（b）所示，那么当产量增加时，价格可能会大幅度下降，进而厂商从生产额外1单位产品中获得的额外收益将比出售这1单位产品的价格小得多。

需求弹性越大，边际收益与价格之间的差额就越小。

（三）定价的一个简单法则

将边际成本等于边际收益带入式（4-1）中，得到：

$$P = \frac{MC}{1 - \frac{1}{|e_d|}} \tag{4-2}$$

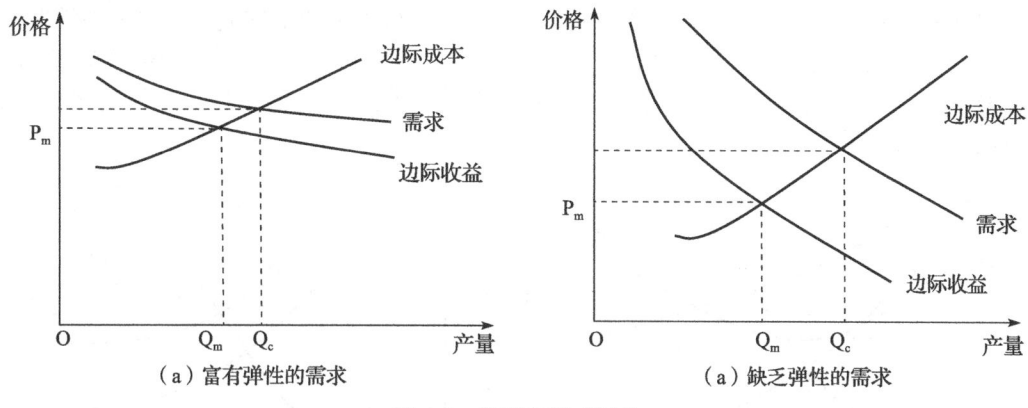

图 4-2　垄断与需求弹性

(a) 富有弹性的需求　　　　(a) 缺乏弹性的需求

式（4-2）意味着市场价格等于边际成本加成，加成数由需求弹性决定。由于垄断厂商总是在富有弹性的区域上生产，$|e_d|$ 大于等于 1，所以加成数一定大于 1，即垄断价格高于边际成本，且弹性越大，垄断价格越接近于完全竞争价格。

垄断者所定价格与竞争价格相比如何呢？在上一章中我们看到在一个完全竞争的市场中价格是等于边际成本的。垄断者所索取的价格则超过边际成本，超过的幅度反向取决于需求弹性。正如式（4-2）所显示的，如果需求特别有弹性，E_d 的绝对值很大，则价格将非常接近边际成本，从而一个垄断市场看起来会非常类似于一个完全竞争的市场。事实上，当需求非常有弹性时，做一个垄断者并没有多大的好处。

（四）价格歧视

垄断厂商的基本目的是使利润最大化，它们是通过使得边际收益等于边际成本来实现的，从而价格会超过边际成本。为了增加利润，垄断厂商还会从事其他一些活动，其中最重要的一种活动就是价格歧视（price discrimination），这意味着对不同的顾客或在不同的市场上索取不同的价格。

如果某垄断厂商发现，不同的细分市场有不同的需求曲线。那么，虽然边际成本相同，但该厂商会在这两个市场对同一种商品索取不同的价格。根据前述定价法则我们可以知道，对于弹性较低的需求曲线，定价较高。

（五）垄断利润

在垄断厂商利润最大化的均衡点上，比较该产量对应的价格和平均成本 AC 的大小，可以得到垄断厂商的利润情况。当垄断厂商实现短期均衡时，它可能获得正利润、零利润，或者是亏损的。长期来看，由于垄断行业排除了其他厂商进入的可能，所以垄断者的正利润在长期中仍然可能存在。

垄断厂商长期内对生产进行调整有三种可能的结果：

第一，垄断厂商在短期内是亏损的，在长期不存在一个可以使它获得正利润（或零利润）的最优生产规模，该厂商退出生产；

第二，垄断厂商在短期内是亏损的，在长期内通过最优生产规模的选择获得正利润；

第三，垄断厂商在短期内获得正利润，在长期中通过对生产规模的调整获得更大的利润。

虽然垄断者可能获得长期的正利润，但利润的大小取决于垄断者的平均成本与其产品需求之间的关系。图 4-3（a）中的平均成本低于图 4-3（b）中的平均成本。在两种情况下，最大化利润决策相同，但获得的利润水平有很大差别。可见，从垄断中获得高额利润并不是必然的。厂商 A 可以比厂商 B 有更大的垄断势力，但由于它的平均成本要高得多，利润可能反而会较低。

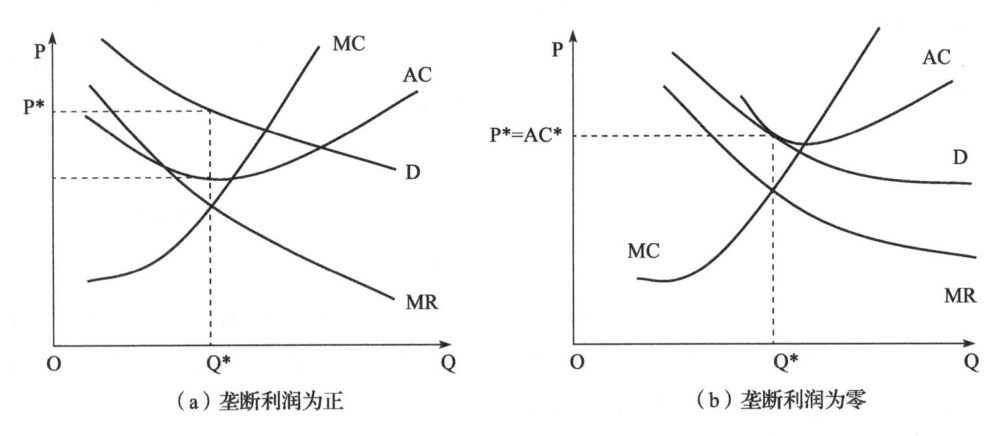

（a）垄断利润为正　　　　（b）垄断利润为零

图 4-3　垄断利润

垄断者获得的长期利润也称为垄断租金，这些利润可看作对形成的垄断因素（如专利、技术优势、有能力的企业家）的回报。因此，一些厂商愿意支付这个数目的租金以获得垄断权利，这正是特许权拥有者愿意购买特许权的原因。

（六）垄断厂商的供给曲线

在一个竞争的市场中，价格和供给数量之间有很明显的关系。那种关系就是我们在上一章中所见的，反映了行业总体的生产边际成本的供给曲线。供给曲线告诉我们在每种价格水平上将会生产的数量。

一个垄断性的市场没有供给曲线。换句话说，不存在价格和产量之间的一一对应关系，原因在于垄断者的产量决定不仅取决于边际成本，而且也取决于需求曲线的形状。

需求的变动通常既改变价格也改变产量。一个完全竞争的行业在每个特定的价格上供给一个特定的数量。这样的关系对垄断者不存在，对垄断者来说，根据需求变化的情况，在同样的价格上可能有几种不同的供给量，或者在不同的价格上供给量是相同的。

二、垄断势力及其测定

如前述，完全竞争厂商和有垄断势力的厂商之间的重要区别：对完全竞争厂商，价格等于边际成本；而对有垄断势力的厂商，价格大于边际成本。因此，测定垄断势力的一个自然的方法是计算垄断者定价超过其边际成本的程度。这种测定垄断势力的方法是由经济学家阿巴·勒纳（Abba Lerner）1934 年首先使用的，并被称为勒纳指数，表达式为

$$L = (P - MC)/P$$

勒纳指数的值总是在 0～1。对一个完全竞争厂商来讲，P=MC，从而 L=0。L 越大，垄断势力越大。

该垄断势力指数也可以用厂商面临的需求的弹性来表达，即

$$L = (P - MC)/P = -\frac{1}{E_d}$$

上式中，E_d 现在是厂商需求曲线的弹性而不是市场需求曲线的弹性。

三、产生垄断的主要原因

1. 进入壁垒

当进入壁垒很大时，这个产业的企业就很少，竞争的压力也就很有限。规模经济是进入壁垒的一种很普遍的类型，除此以外，法律限制、进入的高成本以及广告和产品差异化也会形成进入壁垒。

2. 法律限制

有时，政府会限制某些产业的竞争，重要的法律限制包括专利、准入限制、关税与配额。专利是赋予发明者本人在一定时期内独自（或垄断）使用某种产品或工艺的特权。例如，制药业经常就一些新的药物授予各种各样的专利，因为研制这些药物要花几亿美元。专利是一种政府许可的垄断形式，政府赋予专利以垄断权，目的是鼓励发明活动，这对于小企业和个人来说尤其有利。没有专利保护的前景，一个公司或单个发明者就不会愿意花那么多的时间和资源来进行研究和开发了。暂时的垄断高价及其所导致的低效率，实际上是商业社会为发明所付出的代价。

政府也对许多产业实施准入限制。最典型的是在一些公用事业，如电话、电力和自来水，政府往往授予它们在当地享有特许垄断权。作为回应，该企业同意限制它的价格，并向所有的消费者提供服务，包括给有些消费者提供并不能盈利的服务。

3. 进入的高成本

进入壁垒除了法规上的，还有经济上的。某些产业的进入成本是很高的，如商业飞机制造业。另外，一些公司还进行了大量的无形投资，这些昂贵的投资也使潜在的进入者望而生畏。例如办公软件中微软的电子表格软件（Microsoft Excel）和文字处理软件（Microsoft Word）已被广泛接受，潜在的竞争者很难再进入该市场。因为用户一旦掌握了一种软件以后，就不大愿意去学习另一种。因此，为了设法让人们接受一种新软件，潜在的竞争者就必须参与一场激烈的促销大战。这当然要花很多的钱，而且很可能还得亏本。

4. 广告与产品差异化

有时候企业也可以通过广告和产品差异化来构筑对付潜在竞争者的进入壁垒。广告可以打开产品的知名度并形成名牌效应。例如，百事可乐公司和可口可乐公司每年都要花费上亿美元做广告。这样，潜在的竞争者要进入可乐市场就必须花费很高的成本。

此外，产品差异化本身也会形成进入壁垒，提高生产者的市场力量。在许多行业（如麦片、汽车、家用电器、香烟），通常是由少数几家厂商生产许许多多、形形色色的品牌、型号和产品。从一方面来看，产品的多样化可以吸引最大范围的消费者；另一方面，大量具有差异化的产品使潜在的竞争者很难鼓足勇气加入这个市场。

5. 规模经济与自然垄断

如上一章所述，当平均成本随生产规模的增加而下降时，我们就说存在规模经济。当一家厂商的平均生产成本在市场可能出现的产量范围内是递减的，就可能会出现自然垄断。只有在足够大的产量水平，平均成本可能会上升，但这一产量水平可能太高，与实际的市场均衡没有关系。例如，电力行业的厂商具有 U 形平均成本曲线，但使其平均成本最小化的产量水平相当高。因此，电力行业是自然垄断的。

由于进入者一般比较小，并且由于其规模不及在位垄断者，因此它们的平均成本比较高，这就阻止了其他厂商的进入。但在某些情况下，即使一个市场由一家自然垄断厂商所独占，仍然可能存在为争夺该市场而进行的竞争。为了成为唯一的供给者，竞争可能会非常激烈，不得不将价格降低到平均成本的水平。如果该厂商将价格略微提高一点，另一家厂商就会进入市场，并在较低的价格下夺走整个市场，且仍然赚取利润。存在为争夺市场而进行如此激烈竞争的市场称为可竞争的（contestable）。

四、垄断势力的社会成本

在一个完全竞争的市场，价格等于边际成本，而垄断势力则意味着价格超过边际成本。由于垄断势力的结果是较高的价格和较低的产量，容易看出它会使消费者受损而使厂商受益。与前面章节的分析相似，我们研究厂商和消费者福利总和的变动情况。

图 4-4 给出了垄断者的平均收益曲线和边际收益曲线以及边际成本曲线。为了使利润最大化，厂商在边际收益等于边际成本之处生产，因此价格和产量分别是 P_m 和 Q_m。在一个竞争的市场中，价格必须等于边际成本，因而竞争价格和产量（P_c 和 Q_c），由平均收益（即需求）曲线与边际成本曲线的交点决定。现在让我们看一下当竞争价格 P_c 和产量 Q_c 移动到垄断价格 P_m 和产量 Q_m 时，两个剩余是如何变化的。

在垄断时的价格较高，且消费者购买量也较少。由于价格较高，因此购买的消费者丧

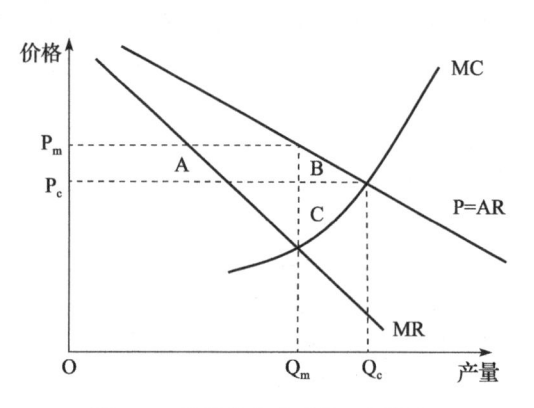

图 4-4 垄断势力造成的无谓损失

失了由四边形 A 给出的消费者剩余，并且那些在价格 P_m 没买而在价格 P_c 将会购买的消费者也损失了消费者剩余，数量由三角形 B 给出，因而消费者剩余的总损失为 A+B。不过，生产者通过卖较高的价格获得四边形 A，损失了扇形 C 的面积，即它以价格 P_c 销售 Q_c-Q_m 能赚到的额外利润。因而生产者剩余的总得益为 A-C。从生产者剩余的得益中减去消费者剩余的损失，我们就可以看到剩余的净损失为 B+C，这是垄断势力造成的无谓损失（dead weight loss）。即使垄断者的利润通过税收被征掉，并被再分配给它的产品的消费者，仍然会有一定的非效率，因为产量比竞争时要低。而上述无谓损失就是这种非效率的社会成本。

在无谓损失三角形 B 和扇形 C 之外可能还会有其他的垄断势力的社会成本。厂商可能会以一种对社会来说非生产性的方式花费大量的钱去获取、保持或实施它的垄断势力，这包括广告、游说和用合法的努力去避免政府管制和反托拉斯调查，或者它可以意味着装备但不使用额外的生产能力，使潜在的竞争者相信他们不可能销出值得进入市场的足够数量。粗略地讲，造成这些成本的经济根源应该都与拥有垄断势力厂商的得益（即四边形 A 减去扇形 C）有直接关系，因而，从消费者转移到厂商的利益越大，垄断的社会成本也就越大。

五、垄断导致的其他问题

1. 管理松懈

在现实中，那些不通过激烈竞争就能赚很多钱的公司，往往缺乏使得成本尽可能低的动力。这种由于厂商缺乏竞争压力而导致的低效率称为管理松懈。

在缺乏竞争的情况下，要评判管理者的效率是十分困难的。例如，美国电报电话公

司接通从纽约打往芝加哥的电话的成本应当是多少？在美国电报电话公司垄断长话业务期间，该公司可能宣称其成本已不能更低了。然而，即使是训练有素的工程师也不能断定事实是否果真如此。在城市间的电话业务出现竞争之后，美国电报电话公司的股东就可以将其成本与斯普林特公司（Sprint）、微波通信公司（MCI）和其他竞争对手的成本进行比较，因而竞争可以刺激每家公司尽可能有效地进行生产经营。

2. 研究与开发的减少

竞争能够推动厂商开发新产品和研究成本更低的生产方法。与此相反，垄断厂商可能更愿意坐享现有的利润，而不是积极推动技术进步。

当然，并不是所有的垄断厂商都故步自封。在美国电报电话公司实际上垄断了电话业务的时期里，其研究机构贝尔实验室（Bell Laboratories）是许多重要发明创新的发源地。与贝尔实验室相反，人们经常责备美国的汽车工业和钢铁工业由于技术上的停滞不前而落后于国外竞争对手。

人们还担心，具有垄断势力的厂商不仅比竞争条件下的厂商更少从事创新，而且还可能对会削弱其市场势力的竞争对手的创新活动积极进行打压。并且，即使它们不会故意抑制潜在竞争对手的创新活动，它们可能会间接地这样做。

3. 寻租

垄断条件下的低经济效率的最后一种来源，是垄断厂商有将资源花费在非生产性活动上。特别而言，它们可能会想方设法阻止其他厂商进入它们的市场。由于垄断厂商获得的利润被称为垄断租金，以至于通过寻求或维持某行业内的垄断地位来寻求或维持业已存在的租金的活动被称为寻租（rent seeking）。

有时，某家厂商的垄断地位在某种程度上是政府保护的结果。许多发展中国家会在全国范围内授予某家厂商生产某种产品的垄断特权，而且不允许从国外进口这种产品。在这种情况下，厂商会向说客和政客赠款，以便维持这种限制竞争的规定，从而保持高额利润。从社会角度看，这些活动是一种浪费。实际资源（包括劳动时间）被用于赢得有利的规则，而不是用于生产更好地商品和服务。所以，站在政府的角度来看，也许政府限制竞争的政策将会鼓励厂商把资金用于寻租活动，而不是花在生产更好的产品上。

为了获得和维持垄断地位，厂商愿意花费多少钱呢？它所愿意花费的数额的上限等于所能获得的全部垄断利润。寻租活动所造成的浪费甚至大于产量的减少所造成的损失。

六、针对自然垄断的政策

普通民众通常所想到的针对垄断的规制，一般是征税。但我们在本书第一章中就已经强调了，税收是由消费者与厂商共同分担的，因而无论是对消费者征税还是对厂商征税，都会降低消费者福利，造成进一步社会福利损失。

此外，对于自然垄断的管制还可能存在两难：因为自然垄断是由于规模经济造成的，因此它"规模的效率"与"垄断的无效率"往往是并存的。考虑到上述问题，以下是针对自然垄断问题所采用的三种不同的解决办法。

（一）国有化

在许多国家，政府直接拥有诸如电力、煤气和自来水等自然垄断行业。不过，国有化也存在不少问题，西方经济学倾向于认为，作为生产者的政府通常并不是特别有效率的。

国有垄断企业的经理们往往缺乏降低成本和有力推进现代化的激励，因为当这些行业出现亏损时政府通常愿意给予补贴。此外，国有化倾向于使得经营决策政治化。例如，政治压力可能会影响企业的裁员或公用事业的选址。国有企业常常以低于边际成本的价格提供服务，并用其他服务的收益来填补所产生的赤字。这种做法被称为交叉补贴（cross subsidization）。在美国最重要的国有垄断企业美国邮政中，可以观察到这种现象：虽然寄往农场社区的邮件和寄往大城市的邮件的成本差别很大，但它索取的价格都一样。在邮政服务方面，小社区得到了大社区的补贴。

要判断政府作为生产者的效率比私人部门的生产效率到底低多少，是十分困难的。欧洲国有电话公司与美国私营电话公司在效率上的差别极大地推进了20世纪后期的私有化（privatization）运动——将政府企业转变为私人企业的运动。英国政府卖掉了其电话服务公司和其他一些公用事业公司，日本政府卖掉了其电话公司和铁路部门，法国政府卖掉了银行和许多其他企业。然而，并不是所有国有企业的效率都不如私人部门。例如，加拿大有两条主要铁路线，一条由政府经营，而另一条由私人经营，二者在经营效率方面相差无几。这或许是因为二者之间的竞争迫使政府像私人那样有效地经营铁路。许多法国国有企业似乎也与私人企业一样有效率。这可能是因为法国公务人员的声誉很高，使得这些企业可以录用该国最有才能的职员。人们通常认为政府倾向于浪费，效率低下，但政府企业与私有大公司之间的效率差别可能并不是那样大，当二者都面临某种市场压力和竞争时更是如此。

（二）规制

1. 边际成本定价法及其他定价法

垄断厂商索取的价格一般都高于边际成本，而很多经济学家认为，垄断厂商的价格不应该定得过高，价格应该正确地反映生产的边际成本，由此，便有了边际成本定价法。那么，如果管制机构按照边际成本来规定价格，会产生什么效果呢？

在图4-5中，在无管制的情况下，垄断厂商根据MR=MC的原则确定的价格为P_m，产量为Q_m，价格显然高于边际成本。在政府管制的情况下，按边际成本定价法即P=MC，厂商的价格下降为P_1，产量增加为Q_1。但随之而来的问题是，由于自然垄断厂商是在AC曲线下降的规模经济段进行生产，所以，MC曲线必定位于AC曲线的下方。也就是说，按边际成本MC所决定的价格P_1一定小于平均成本AC。因此，在管制价格下，厂商是亏损的，厂商会退出生产。这样一来，管制机构便陷入了两难困境，要么放弃边际成本定价法，要么政府资助被管制的企业。由于以上的问题，可以采取平均成本定价法来替代边际成本定价法。

平均成本定价法是使管制价格等于平均成本。仍以图4-5为例，根据平均成本定价法即P=AC，管制价格将确定为P_2，相应的产量为Q_2。此时，由于P_2=AC，厂商不再亏损，厂商会继续经营，但利润为零。

2. 资本回报率管制

另一个管制自然垄断的做法是为垄断厂商规定一个接近于"竞争的"或"公正的"资本回报率，它相当于等量的资本在相似技术、相似风险条件下所能得到的平均市场报酬。由于资本回报率被控制在平均水平，也就在一定程度上控制住了垄断厂商的价格和利润。

但是，实行资本回报率管制也会带来一些问题和麻烦。第一，什么是"公正的"资本回报率？其客观标准是什么？这往往是难以决定的。管制机构和被管制企业经常在这一问题上纠缠不休。第二，作为资本回报率决定因素的厂商的未折旧资本量往往难以估计。不仅如此，在关于资本量和生产成本方面，被管制企业和管制机构各自掌握的信息是不对称的，被管制企业总是处于信息优势的地位。第三，管制滞后的存在，使得资本回报率管制的效果受到影响。由于计算、规定和公布执行资本回报率都需要时间，所以，当厂商的成本和其他市场条件发生变化时，管制机构不可能很快地做出反应即执行新的"公平"的资本回报率管制，这就是所谓的管制滞后。管制滞后的时间可达一至两年。管制滞后会对被管制企业产生不同的影响。例如，在成本下降的情况下，管制滞后对被管制企业是有利的。因为，厂商可以在新的"公平"的资本回报率公布前，继续享受由原来的较高的资本回报率所带来的好处。相反，在成本上升的情况下，管制滞后对被管制企业是不利的。因为，厂商实际得到的资本回报率低于它们早该得到的"公平"的资本回报率。

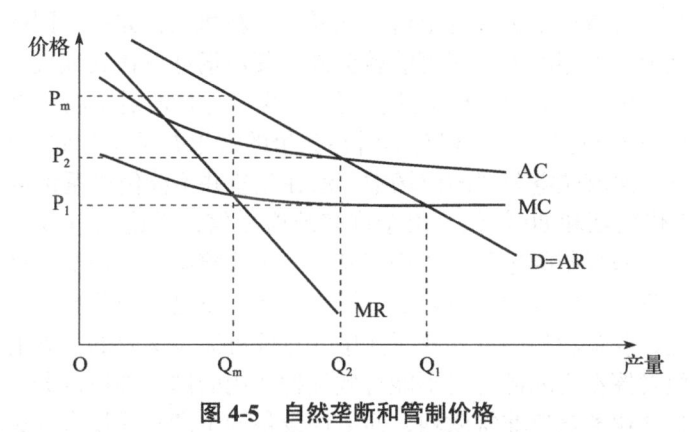

图 4-5　自然垄断和管制价格

规制作为解决自然垄断问题的一种方法，存在以下两种批评意见。第一种批评意见认为，规制在许多方面经常会导致低效率。制定价格的意图是使得厂商从其资本中获得"合理的"报酬。但是，厂商为了获得最高水平的利润，会尽可能多地增加它们的资本数量，这会导致投资过多。另外，某些集团——通常是商业客户——可能被要求支付的价格过高，这样才能补贴另外一些集团。与国有自然垄断行业一样，在私人所有但受到规制的自然垄断行业中，同样也存在交叉补贴问题。而且，如果厂商每次降低成本，规制价格都要相应下降（而不是利润增加）的话，企业的创新动力就会减弱。美国的规制机构已经认识到，除非它们对创新加以奖励，否则就不再会出现创新。它们已经同意，允许公用事业至少在几年内保留从改进效率中获得的大部分利润。

第二种批评意见认为，规制机构偏离了公共利益。规制俘虏（regulatory capture）理论指出，规制官员经常会被拖入规制对象的阵营。人们有时会谴责贿赂和腐败，但更为常见的是，随着时间的推移，被规制行业的雇员与规制官员之间建立了私人友谊，这些官员就会依赖这些雇员的专长和判断。更糟的是，规制机构（出于需要）倾向于从被规制行业中雇用工作人员。同样，作为回报，那些被证明"熟悉"某一行业的规制官员在离开政府部门后可能会在该行业中得到一份好工作。

（三）鼓励竞争

为了解决自然垄断产生的困难选择，政府的最后一种方法是鼓励竞争，即使是不完全的竞争。为了理解这一策略，我们首先回顾一下为什么当平均成本在相关的产量范围内下降时，竞争可能并不可行。

如果两家厂商分割市场，那么每家厂商面对的平均成本都比任何一家厂商独占整个市场时的平均成本高。通过削价的方法与其对手竞争，某家厂商能够独占整个市场，并使其平均成本下降。同理，一家自然垄断厂商知道它可以索取高于平均成本的价格，而不必担心进入问题。那些试图获得某些利润而可能进入该行业的厂商知道，由于自然垄断厂商的生产规模较大，具有较低的成本，因而它们总能通过削价将自己挤出市场。

一些经济学家指出，即使在这种条件下，垄断厂商事实上也不会索取高于平均成本的价格，因为竞争对手随时都可能进入并占有整个市场。分析家们已经指出，在软件行业，这样的担忧导致微软公司不得不降价。通过保持较低的价格（即低于如果没有潜在竞争对手能够进入市场时的价格），微软公司推动了自己的软件的更广泛的使用，当人们使用诸如微软公司的 Word 和 Excel 时，他们对这些软件会越来越熟悉，且越来越不愿意更换新软件，因此给新进入者造成了更大的阻碍。同样，在新西兰，如果本国的垄断企业将价格确定在平均成本之上，大型国外公司可能就会进入其市场并取代其地位，这种威胁限制了该国的垄断企业提高价格的能力。根据这种观点，保持低价所需要的只是存在潜在竞争。

大多数经济学家对与实际竞争相对的潜在竞争的效果并不是如此乐观。他们注意到，在实际竞争只限于一两家航空公司的市场中，潜在竞争并不能使机票价格下降。

20 世纪 70 年代后期和 80 年代，由于许多政府相信，无论竞争多么不完全，也比规制好，因而开始了放松规制的进程。放松规制运动主要集中于如民航、铁路和卡车运输等行业，它们的规模收益递增是比较有限的。回顾一下，正是规模收益递增导致了平均成本的不断下降。因此，改革者相信在这些行业中，竞争可能是奏效的。政府也试图对一个行业中竞争能够有效发挥作用的部分与不能有效发挥作用的部分加以区分。例如，在电话业中，公司之间的长话业务竞争非常激烈，而电话设备的生产几乎没有什么规模经济——相应地，对其的规制应当减少或取消。

就大多数情况而言，竞争的好处已经得到证实。卡车运输业支持政府规制这一行业的意见似乎是最令人怀疑的——也许是最无可争辩的成功范例，其价格已大幅度下降。铁路运输业与其受规制时相比，经济状况也好得多。但是，依赖铁路运输的煤炭生产商抱怨铁路部门利用其垄断势力向它们索取更高的费用。

放松对航空业的规制则争议更大了。在取得了最初的成功（包括新公司的进入、较低的费用和范围更广泛的航线）之后，破产风潮已经使得航空公司的数量减少了。包括圣路易斯、亚特兰大和丹佛在内的许多机场都由一家或两家航空公司所支配，使得这些地区的居民经常要支付非常昂贵的票价。一种歧视性定价模式业已建立，那些不能在数周前预订机票的商务旅客为了同样的座位，需要比度假者多付 4 倍以上的费用。

第二节　垄断竞争

一个垄断性竞争的市场具有两个关键特征：第一，厂商之间是通过销售有差别的产品竞争，这些产品相互之间是高度可替代的但不是完全可替代的。第二，自由进出——新厂商带着这种产品的新品牌进入市场和已有厂商在他们的产品已无利可图时退出都比较容易。

一、短期和长期的均衡

正如垄断一样，垄断竞争中厂商也面临向下倾斜的需求曲线，因而也有垄断势力。但这并不意味着垄断竞争厂商就能赚高利润。垄断竞争与完全竞争也是相似的，因为可自由进入，因此赚取利润的潜力会吸引新厂商的竞争品牌，从而将利润压低至零。

为了使这一点更清楚，让我们来研究一下一个垄断竞争厂商短期和长期中的均衡价格和产量水平。图 4-6（a）反映了短期均衡。由于该厂商的产品与竞争者的有差别，因此它的需求曲线 D_{SR} 是向下倾斜的（这是该厂商的需求曲线，而不是市场的需求曲线）。利润最大化的产量 Q_{SR} 在边际收益和边际成本线的交点得到。由于相应的价格 P_{SR} 大于平均成本，厂商赚到利润。

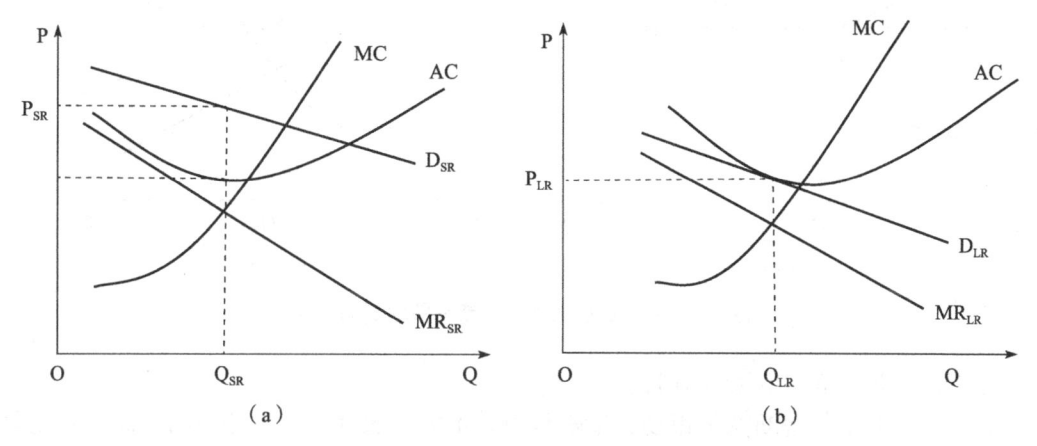

图 4-6　短期和长期中的垄断竞争厂商

在长期中，这个利润将诱使其他厂商加入。当它们推出竞争性品牌时，这个厂商将损失市场份额和销量，它的需求曲线将向下移动，如图 4-6（b）所示（在长期中，平均和边际成本曲线可能也会移动，为了简单化，我们假定成本是不变的）。长期需求曲线 D_{LR} 将会恰好与厂商的平均成本曲线相切。这时利润最大化意味着产量为 Q_{LR}，价格为 P_{LR}，因为价格与平均成本相等，所以利润为零。该厂商仍然有垄断势力，因为它的特殊品牌仍然是唯一的，它的长期需求曲线向下倾斜。但其他厂商的进入和竞争已经使得它的利润为零。

更一般地，厂商的成本可能会不同，且有些品牌可能与其他品牌的区别更大。在这种情况下，各厂商可能会定略微不同的价格，而有些厂商将会赚到一点利润。

二、垄断竞争和经济效率

完全竞争市场之所以吸引人是因为它们在经济上有效率——只要没有外在性和没有什么阻碍市场的运作，消费者和生产者的总剩余会尽可能的大。垄断竞争在某些方面是与完全竞争相似的，但它是一种有效率的市场结构吗？为了回答这个问题，让我们来将一个垄断竞争行业的长期均衡与一个完全竞争行业的长期均衡加以比较。图 4-7 显示了在垄断竞争行业中有两种原因会造成非效率。

第一，不像在完全竞争中，这里的均衡价格大于边际成本。这意味着额外单位产量对于消费者的价值大于生产这些单位的成本。如果产量扩大到需求曲线与边际成本曲线相交之点，则总剩余可以增加。

第二，注意图 4-7 中垄断竞争厂商经营时有过剩能力，即它的产量是低于使平均成本最低的水平的。新厂商的加入在完全竞争的市场和垄断竞争的市场都促使利润降为零。在一个完全竞争的市场，各厂商面临一条水平需求曲线，所以正如图 4-7（a）中所示，零利润点出现在平均成本最低点。在一个垄断竞争的市场，需求曲线则是向下倾斜的，所以零利润点是在平均成本最低点的左边。

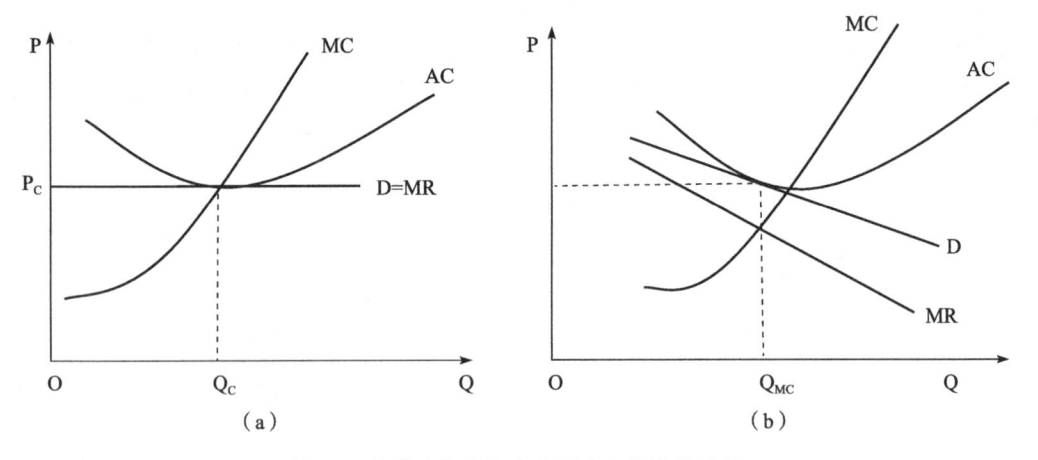

图 4-7 完全竞争均衡和垄断竞争均衡的比较

然而，垄断竞争的市场结构也有一些优点。

第一，在大多数垄断竞争市场，垄断势力并不大。通常，有足够多的厂商相互竞争，它们的品牌相互之间替代性相当强，没有哪个单个的厂商会有可观的垄断势力，所以垄断势力引起的无谓损失也不会大。并且，由于厂商的需求曲线是相当有弹性的，过剩能力也就不会很大。

第二，垄断竞争提供了产品多样性。大多数消费者从产品多样化得到的利益可以是很大的，并且可能很容易就超过了由向下倾斜的需求曲线引起的非效率的成本。

第三节　寡头垄断

一、古诺模型

古诺模型的本质是各厂商将它的竞争者的产量水平当作固定的，然后决定自己生产多少。并且两厂商同时做出决策：在做出产量决策时，各厂商必须考虑到它的竞争者。为了搞清这是如何运作的，让我们来考虑厂商 1 的产量决策。假设厂商 1 认为厂商 2 什么都不会生产，则厂商 1 的需求曲线就是市场需求曲线。在图 4-8 中这表示为 $D_1(0)$，它表示假定厂商 2 产量为零时厂商 1 的需求曲线。图 4-8 也给出了对应的边际收益曲线 $MR_1(0)$。我们已经假设厂商 1 的边际成本为常数。正如图 4-8 中所示，厂商 1 的利润最大化产量是 $MR_1(0)$ 和 MC_1 交点处的 50 单位。所以，如果厂

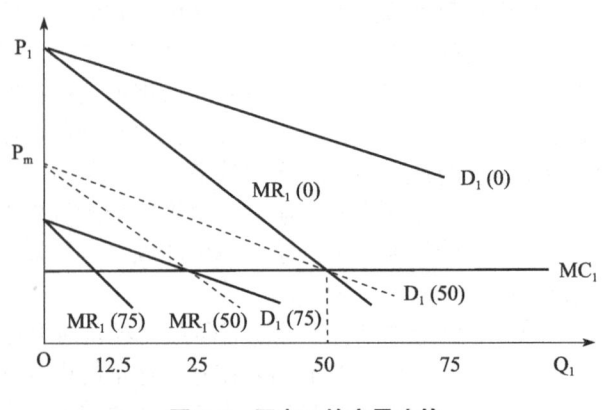

图 4-8　厂商 1 的产量决策

商 2 产量为零，则厂商 1 应该生产 50。

反过来，假设厂商 1 认为厂商 2 将生产 50 单位，则厂商 1 的需求曲线就是市场需求曲线左移 50 个单位，在图 4-8 中这标为 $D_1(50)$，而相应的边际收益曲线则标为 $MR_1(50)$。厂商 1 的利润最大化产量现在是 $MR_1(50) = MC_1$ 处的 25 单位。现在假设厂商 1 认为厂商 2 将生产 75 单位，此时厂商 1 的需求曲线就是市场需求曲线向左移动 75 个单位，在图 4-8 中标为 $D_1(75)$，而相应的边际收益曲线标为 $MR_1(75)$。厂商 1 的利润最大化产量现在是 $MR_1(75) = MC$ 处的 12.5 单位。最后，假设厂商 1 认为厂商 2 将生产 100 单位，则厂商 1 的需求和边际成本曲线（图中没有给出）将与它的边际成本曲线在纵轴上相交，即如果厂商 1 认为厂商 2 将生产 100 单位或者更多，则它什么都不会生产。

归纳起来，如果厂商 1 认为厂商 2 什么都不会生产，它将生产 50；如果它认为厂商 2 将生产 50，它将生产 25；如果它认为厂商 2 将生产 75，它将生产 12.5；如果它认为厂商 2 将生产 100，则它什么都不会生产。因而，厂商 1 的利润最大化产量是它认为厂商 2 将生产的产量的减函数。我们称这个函数为厂商 1 的反应曲线并记为 $Q_1^*(Q_2)$，如图 4-9 所示。

我们可以对厂商 2 进行同样的分析（即在给定厂商 1 将生产的产量的各种假定下，确定厂商 2 的利润最大化产量），结果得到厂商 2 的反应曲线，即将它的产量与它认为厂商 1 将生产的产量联系起来的函数 $Q_2^*(Q_1)$。如果厂商 2 的边际成本曲线与厂商 1 的不同，那么它的反应曲线也会在形式上与厂商 1 的不同。

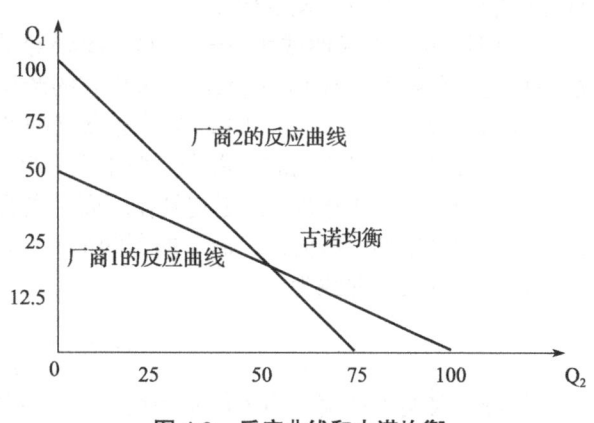

图 4-9 反应曲线和古诺均衡

各厂商将生产多少呢？各厂商的反应曲线告诉我们，给定竞争者的产量，它会生产的数量。在均衡时，各厂商根据它自己的反应曲线定产，所以均衡产量水平在两反应曲线的交点找到。我们称得到的这组产量水平为古诺均衡。在这均衡中，各厂商正确假定了它的竞争者将生产的产量，并相应地最大化了自己的利润。

假设双寡头面临以下市场需求曲线：$P = 30 - Q$，且两厂商的边际成本都为零，则厂商 1 的总收益为

$$R_1 = PQ_1 = 30Q_1 - Q_1^2 - Q_2 Q_1$$

对上式求导，得到边际收益，即

$$MR_1 = 30 - 2Q_1 - Q_2$$

因为假设边际成本等于零，又由于厂商基于边际成本等于边际收益进行生产决策。因而在上式中令边际收益等于零，可以得到：

$$Q_1 = 15 - \frac{1}{2}Q_2$$

这就是厂商 1 的反应曲线。同理可以得到厂商 2 的反应曲线为

$$Q_2 = 15 - \frac{1}{2}Q_1$$

如果我们将纳什均衡的定义为：在给定它的竞争者的行为以后，各厂商采取它能采取的最好的行为①。那么，古诺均衡是纳什均衡的一个例子。因为在一个纳什均衡中，各厂商的行为是给定它的竞争者行为时它能做的最好的行为，所以没有哪个厂商会有改变它的行为的冲动。在古诺均衡中，双寡头之一生产的产量是给定它的竞争者的产量时实现它的最大利润的，所以，双寡头中任一个都不会有改变它的产量的冲动。

设各厂商的初始产量水平不同于古诺均衡产量。它们会调整其产量直至达到古诺均衡吗？遗憾的是，古诺模型并没有涉及调整的动态过程。事实上，在任何调整过程中，该模型的各厂商可以假定它的竞争者的产量是固定的这样一个中心假设是不成立的。没有一个厂商的产量会是固定的，因为两厂商都会调整它们的产量。

二、先行者利益——斯塔克尔伯格模型

前面假设两个双寡头厂商是同时做出它们的产量决策的。现在我们来看一下如果两厂商之一能先决定产量会发生什么。

我们设市场需求曲线为 P=30-Q，此处 Q 为总产量。假设厂商 1 先决定它的产量，然后厂商 2 在看到厂商 1 的产量以后做出它的产量决策。厂商 1 也知道厂商 2 会根据厂商 1 的产量来决定自己的产量，因而在设定自己的产量时，厂商 1 必须考虑厂商 2 会如何反应。这与古诺模型是不同的，古诺模型中没有哪个厂商有机会做出反应。

让我们从厂商 2 开始。由于它是在厂商 1 之后作自己的产量决策，因此它可以将厂商 1 的产量看作固定的。因而，厂商 2 的利润最大化产量由它的古诺反应曲线给出。

厂商 2 的反应曲线为

$$Q_2 = 15 - \frac{1}{2}Q_1$$

厂商 1 又会怎样呢？为了使利润最大化，它选择的 Q，要使得它的边际收益等于它的零边际成本。回顾厂商 1 的收益为

$$R_1 = PQ_1 = 30Q_1 - Q_1^2 - Q_1Q_2$$

因为 R_1 取决于 Q_2，所以厂商 1 必须要预计厂商 2 会生产多少。不过，厂商 1 知道厂商 2 将根据反应曲线选择 Q_2。用厂商 2 的反应曲线代入，可得厂商 1 的收益为

$$R_1 = 30Q_1 - Q_1^2 - Q_1\left(15 - \frac{1}{2}Q_1\right) = 15Q_1 - \frac{1}{2}Q_1^2$$

所以它的边际收益为

$$MR_1 = 15 - Q_1$$

令 $MR_1=0$，得 $Q_1=15$，根据厂商 2 的反应曲线求得 $Q_2=7.5$，即厂商 1 生产厂商 2 的两倍并且赚两倍的利润。首先行动给了厂商 1 一种利益。这可能看起来是反直觉："先宣布你的产量似乎是不利的"。那么，为什么先行动是一种策略优势？

理由是先宣布就造成了一种既成事实——不管你的竞争者怎么做，你的产量都是大的。为了使利润最大化，你的竞争者必须将你的高产量水平作为给定的，并为它自己定一个低产量水平（如果你的竞争者生产一个大的产量水平，这就会将价格压低，你们双方都会亏损）。所以，除非你的竞争者把"争取平等"看得比赚钱还重要，否则它生产一个大的数量是不合乎理性的。如我们将在下一章看到的，这种"先行者利益"在许多策略问题

---

① 下一章将系统讨论博弈理论。

中都会出现。

古诺模型和斯塔克尔伯格模型是寡头垄断行为的不同代表。哪种模型更适宜一些，取决于不同的产业。对于一个由大致相似的厂商构成，没有哪个厂商具有较强的经营优势或领导地位的行业，古诺模型大概要更适用一些。另外，有些行业是由一个在推出新产品或定价方面领头的大厂商主导的，大型计算机市场就是一个例子，其中 IBM 就是领导者，此时斯塔克尔伯格模型可能是更符合实际的。

三、价格竞争

前面我们假定寡头垄断厂商是通过定产进行竞争的。可是，在许多寡头垄断行业，竞争出现在价格方面。例如，对通用、福特和克莱斯勒，价格是一个关键的策略变量，各厂商在考虑到它的竞争对手的前提下选择它的价格。本节中我们利用纳什均衡的概念研究价格竞争，先在生产相同产品的行业中，然后在有一定程度产品差别的行业中。

如古诺模型一样，各厂商生产一种相同的产品。不过，现在它们所选择的是价格而不是产量。正如我们将要看到的，这会对结果产生极大的影响。

让我们回到上一节的双寡头模型，其中市场需求曲线为

$$P=30-Q$$

式中，$Q=Q_1+Q_2$。这一次，我们将假设两厂商有 3 美元的边际成本，即

$$MC_1=MC_2=3$$

能证明这个双寡头模型，在两厂商同时选择产量时，能得出的古诺均衡是 $Q_1=Q_2=9$，在该均衡中的市场价格是 12 美元，所以各厂商赚到 81 美元的利润。

现在假设这两个双寡头是通过同时选择价格而不是产量相互竞争。各厂商将选择什么价格，各自将赚到多少利润？为了回答这个问题，注意因为产品是相同的，消费者将只会从价格最低的卖方那里购买。因此，如果两厂商定不同的价，价格较低的厂商将供给整个市场，而价格较高的厂商将什么都卖不出去。如果两厂商定价相同，则消费者对于从哪个厂商哪里购买是无差异的，所以我们可假定此时两厂商各供给市场的一半。

这种情况下的纳什均衡是什么？如果你对此稍作考虑，就会看出由于有削价的冲动，纳什均衡就是完全竞争的均衡，即两厂商都将价格定在等于边际成本：$P_1=P_2=3$ 美元。因而行业产量为 27 单位，其中各厂商都生产 13.5 单位。并且由于价格等于边际成本，两厂商都赚到零利润。为了验证这是一个纳什均衡，可以问一下是否有哪个厂商有改变它价格的冲动。假设厂商 1 提高价格，那么它就会把它的销售全输给厂商 2，因而不可能有什么得益。如果反过来它降价，它会夺得整个市场，但会在它生产的每个单位上都亏损，所以会有损失。因此，厂商 1（厂商 2 也是同样的）没有偏离的冲动——它所做的已经是给定它的竞争者的行为时所能做的最好的。

为什么不存在一个纳什均衡，其中两厂商定相同的但是较高的价格（譬如说 5 美元），从而各自赚到一些利润呢？因为在这种情况下，如果任一厂商降价一点点，它就能夺取整个市场并几乎可以使它的利润加倍，因而，各厂商都会想到削价与它的竞争者抢生意。这种削价竞争将持续下去直到价格降至 3 美元。

通过将策略选择变量从产量改为价格，我们得到了一种非常不同的结果。在古诺模型中，各厂商只生产 9 单位，所以市场价格是 12 美元。现在的市场价格为 3 美元。

伯特兰德模型在几方面受到了批评。第一，当各厂商生产相同的产品时，通过定产竞争而不是定价竞争是更自然的。第二，即使各厂商是定价且选择了相同的价格竞争（如该

模型所预测的），各厂商会得到多少份额呢？我们假设销售量会在厂商之间平分，但不存在必然是这样的理由。尽管有这些缺点，伯特兰德模型还是有用的，因为它表明了在一个寡头垄断中的均衡结果是如何决定性地取决于各厂商对策略变量的选择的。

四、竞争和串通：囚徒困境

从以上伯特兰德模型，我们看到纳什均衡是非合作（non-cooperative）均衡——各厂商在给定它的竞争者的行为时做出会给它带来最大可能利润的决策。这种非合作均衡低于厂商间可以串通时的利润。

在许多国家里，通过串通的方式控制市场价格是非法的。可是，厂商之间可以通过非公开的、默许的方式维持价格的高位。但事实上，这样的"非公开传统"也很难保持稳定。问题是，如果合作能够带来较高的利润，为什么厂商们不进行没有公开串通的合作呢？特别的，如果你和你的竞争者都能算出双方都会同意的利润最大化价格，你为什么不就定那个价格并希望你的竞争者也这样做？如果你的竞争者确实也这样做了，你们俩都能赚到更多的钱。

现实是你的竞争者大概不会选择将价格定在串通时的水平。为什么不会呢？因为你的竞争者能通过选择较低的价格得到更多的好处，即使它知道你打算将价格定在串通的水平。

博弈论中的一个称为囚徒困境（Prisoners Dilemma）的例子阐明了寡头垄断厂商所面临的问题。例子是这样的：两个囚徒被指控是一宗罪案的同案犯，他们被分关在不同的牢房且无法互通信息。各囚徒都被要求坦白罪行。如果两个囚徒都坦白，各将被判入狱 5 年；如果两人都不坦白，则很难对他们提起刑事诉讼，因而两个囚徒可以期望被从轻发落为入狱 2 年；另外，如果一个囚徒坦白而另一个囚徒不坦白，坦白的这个囚徒就只需入狱 1 年，而另一个将被判入狱 10 年。如果你是这两个囚徒之一，你会怎么做——坦白还是不坦白？

这两个囚徒面临着一种困境。如果他们能都同意不坦白（以一种会遵守的方法），那么各人只需入狱仅仅 2 年。但他们不能相互讲话，并且即使能够讲话，他们能够相互信任吗？如果囚徒 A 不坦白，他就要冒着被他先前的同谋犯利用的危险。无论怎么说，不管囚徒 A 怎么选择，囚徒 B 坦白总是优选方案。同样，囚徒 A 坦白也总是优选方案，所以囚徒 B 必须担心要是不坦白，他就会被利用。因此，两个囚徒大概都会坦白并入狱 5 年。

寡头垄断厂商常常发现它们自己处于一种囚徒的困境。它们必须决定是否进行具有攻击性的竞争，试图以竞争者的损失为代价夺取更大的市场份额，还是"合作"和较温和地竞争，与竞争者共存并安于当前各自拥有市场份额的现状，或者甚至公开串通。如果厂商之间竞争不激烈，定高价并限制产量，它们将比竞争激烈时赚到更高的利润。

可是，就像上例中的囚徒一样，各厂商都有一种"背叛"和削价与它的竞争者竞争的冲动。虽然合作很吸引人，但各厂商都担心，如果它很温和地竞争，它的竞争者可能会竞争很凶，从而夺去市场的大半份额。

五、囚徒困境与寡头定价

是不是囚徒困境注定寡头垄断厂商必然是激烈竞争和低利润的？并不一定。虽然我们假设的囚徒只有一次坦白的机会，但大多数厂商要在不断观察竞争者的行为和做出它们相应调整的基础上一次又一次定价。这使得厂商们可以建立起能据此产生信任的名声，结果是寡头垄断者的配合和合作有时是可以实现的。

以一个由三个或四个已经共存很长时间的厂商组成的行业作为例子。几年来，这些企业的经营者可能越来越厌倦亏本的价格战，并且会产生出一种所有企业都保持高价，没有哪家试图从它的竞争者那里夺取市场份额默契的谅解。虽然各厂商都会受到削价与它的竞争者竞争的诱惑，但经营者知道这样做的好处是不会长久的。它们知道它们的竞争者将会报复，而结果是重开价格战和长期得到更低的利润。

囚徒困境的这种结果在某些行业出现，而在其他行业并没有出现。有时经营者们不能满足这种不公开串通带来的稍高的利润，而是宁愿进行攻击性的竞争，试图夺取大部分市场。有时默契谅解很难做到。例如，不同成本和得到的市场需求不同的厂商可能无法对"正确"的串通价格达成共识。厂商 A 可能认为"正确"的价格为 10 美元，但厂商 B 认为是 9 美元。当 B 定 9 美元价格时，厂商 A 可能会将它看成是一种削价竞争的企图，并可能将自己的价格降到 8 美元加以报复，从此爆发价格战。结果是，在许多行业中不公开串通是短命的，总是存在一种不信任的基础，因此只要一个厂商被它的竞争者看出正在通过改变价格或做太多的广告破坏稳定，商战就会爆发。

（一）价格刚性

由于不公开串通是很脆弱的，寡头垄断厂商常常有对稳定的强烈愿望，特别是在价格方面。这就是为什么价格刚性（price rigidity）会是寡头垄断行业的一个特征，即使成本或者需求改变了，厂商也不大愿意改变价格。如果成本下降或者市场需求下降，厂商因为担心这会给它的竞争者以错误信息并引发一轮价格战所以不愿降低价格。而如果成本或需求上升，厂商不愿意提价是因为它们担心它们的竞争者可能不会跟着提价。

这种价格刚性就是著名的寡头垄断的"折拗的需求曲线"模型的基础。根据这个模型，各厂商面临一条在当前通行价格 P* 处折拗的需求曲线（见图 4-10）。在 P* 以上的价格处需求曲线非常有弹性。理由是，一方面，该厂商相信如果它将价格提高到 P* 之上，其他厂商不会跟着提价，而它就会损失销售量和市场份额的大部分。另一方面，该厂商也相信如果它将价格降到低于 P*，其他厂商却会跟着降价，因为它们不想丧失它们的市场份额，所以销售量将只会增加较低的市场价格所引起的市场总需求增加的幅度。

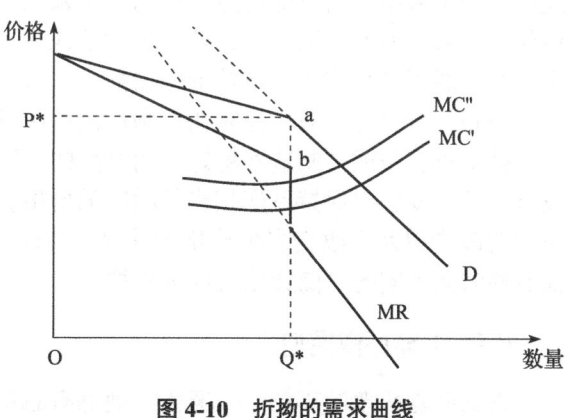

图 4-10 折拗的需求曲线

由于该厂商的需求曲线是折拗的，因此它的边际收益曲线是间断的（边际收益曲线的底下部分对应于需求曲线的弹性较小的部分，如各条曲线的实线部分所示）。结果是该厂商的成本变化能够不引起价格的变化。如图 4-10 所示，边际成本可能会增加，但它仍然在同样的产量水平与边际收益相等，所以价格保持不变。

折拗的需求曲线模型特别简单，但它并不能真正解释寡头垄断定价。它至少并没有告诉我们价格 P* 是怎样来的，以及为什么厂商们原来不是定其他的什么价格。它的有用性主要在于描述价格刚性，而不在于解释它。对价格刚性的解释来自囚徒的困境和厂商们避免相互毁灭的价格竞争的愿望。

（二）信号和价格领导

不公开串通定价的主要障碍之一是各厂商很难在该定什么价格上（不相互交谈）达成一致。当成本和需求发生变化，从而"正确"的价格也要改变时，达成一致就更为困难。价格信号（price signaling）有时是能绕开这个问题的一种不公开串通形式。例如，一厂商可以宣布它已经提价了（也许是通过一次新闻发布会），并希望它的竞争者将此当作它们也应该提价的信号。如果竞争者们这样做了，一种价格领导（price leadership）的格局就建立起来了。这里第一家厂商确定价格，而其他厂商，即"价格跟随者"就会跟进。这就解决了价格上的一致性的问题——只要跟着领头厂商定价就可以了。

例如，设三个寡头垄断厂商目前对它们的产品定价10美元（如果它们都了解市场需求曲线，这可能就是纳什均衡价格）。假设通过串通，它们都能定一个20美元的价格并大大增加它们的利润。会谈并商定定价20美元是非法的。但设厂商A不是那样做，而是将它的价格提高到15美元，并向商业报纸宣布它这样做是因为较高的价格是恢复该行业的经济活力所需要的。厂商B和C可能会将此看作一种明确的信息——厂商A在寻求它们在提价方面的合作。它们因而也可以将它们自己的价格提高到15美元。厂商A然后可以再进一步提价，譬如说到18美元，而厂商B和C也可以再跟着提价。不管是否达到（或超过）利润最大化价格20美元，一种配合和不公开串通的格局现在就已形成了，它从厂商的角度看，可能是与会谈和关于价格的正式协定几乎同样有效的。

这个信号和价格领导的例子是很极端的，并且可能会导致反托拉斯诉讼。但在有些行业中，一个大型厂商可能自然会成为一个领袖，而其他厂商则决定它们最好是与领袖的价格保持一致，而不是试图与领袖削价竞争或相互之间削价竞争。美国汽车行业就是一个例子，其中通用汽车传统上就是价格领袖。

价格领导也可以被用作寡头垄断厂商解决不愿改变价格问题的方法，这种犹豫是因为害怕被削价竞争或"制造不稳定"而产生的。当成本和需求变化时，厂商们可能会越来越发觉必须改变已经保持不变相当长时间的价格。此时，这些厂商就会指望一个价格领袖发出何时改变以及应改变多少价格的信号。有时一个大型厂商会自然像一个领袖一样行动，而有些时候不同的厂商会轮流成为领袖。

（三）主导厂商模型

在某些寡头垄断市场，一家大厂商拥有总销量的主要份额，而一组较小的厂商则供给市场的其余部分。此时这家大厂商可能会像一个主导厂商（dominant firm）那样行为，确定一个实现它自己的最大利润的价格。其他的那些单独对价格只有很小影响的厂商则会像完全竞争者那样行为，它们将主导厂商所定的价格当作给定的，并据此安排生产。但是主导厂商该定什么价呢？为了使利润最大化，它必须考虑到其他厂商的产量是怎样取决于它所定的价格的。

主导厂商定价的过程是：首先确定市场需求曲线与自身面临的需求曲线，二者之间的差距正是次要厂商面临的需求曲线；如果价格定得太高，虽然垄断利润很高，但次要厂商们的供给正好等于市场需求，所以主导厂商在这个价格就什么也卖不掉。如果价格定得太低，则会大大压缩次要厂商们的产量，同时自身的垄断利润也将大大降低。其次，主导厂商通盘考虑以上情况，确定一个适宜的价格。

六、卡特尔

在一个卡特尔中的生产商们公开同意在定价和确定产量水平方面合作。不是一个行业中的所有生产商都需要加入卡特尔，大多数卡特尔只包括一部分生产商。但如果有足够多的生产商遵守卡特尔的协定，并且市场需求相当缺乏弹性，则卡特尔可以将价格提高到大大高于竞争的水平。

卡特尔常常是国际性的。美国的反托拉斯法禁止美国公司串通，但其他国家的反托拉斯法则要温和得多，且有时并没很好实施。更进一步，没有办法能防止国家，或由外国政府拥有或控制的公司形成卡特尔。例如，欧佩克卡特尔就是产油国政府间的一个国际协定，它在 10 多年间成功地将世界石油价格提高到远远高于本来会有的水平。

有些卡特尔取得了较长期的成功，如从 1928 年到 70 年代早期，一个被称为水银欧洲的卡特尔将水银价格保持在接近于垄断水平；而另一个国际卡特尔在 1878—1939 年一直都垄断着碘市场。可是，大多数卡特尔都没能提高价格。例如，国际铜卡特尔一直运作到今天，但它从未对铜价有过显著的影响。试图抬高锡、咖啡、茶和可可的价格的卡特尔也都失败了。

读者结合本书前面章节的分析可以得知，成功的卡特尔化需要两个条件。第一，对产品的总需求一定不能是价格弹性很大的。第二，该卡特尔必须几乎控制所有的世界供给，若不是这样，非卡特尔生产商的供给就决不能是价格弹性很大的。大多数国际商品卡特尔之所以失败就是因为只有少数世界市场同时满足上述两个条件。

第五章
CHAPTER 5

博弈论与策略行为

第一节　囚徒困境博弈

我们将上一章有关囚徒困境博弈的例子再重复如下：两个囚徒被指控是一宗罪案的同案犯，他们被分关在不同的牢房且无法互通信息。各囚徒都被要求坦白罪行。如果两个囚徒都坦白，各将被判入狱 5 年；如果两人都不坦白，则很难对他们提起刑事诉讼，因而两个囚徒可以期望被从轻发落为入狱 2 年；另外，如果一个囚徒坦白而另一个囚徒不坦白，坦白的这个囚徒就只需入狱 1 年，而另一个将被判入狱 10 年。

我们在上一章中论述过，基于自身利益考虑，每名囚犯都相信，不管自己的同伙坦白与否，自己坦白都是最佳的。通过考虑自身利益并且坦白与都不坦白相比，他们都得到了较坏的结果。囚徒困境是一种简单的博弈，在这一博弈中，如果两个局中人独立地依据自身的利益行事，两人的境况都会比较糟糕。如果他们能够聚在一起达成协议，并威胁对方不要偏离协议，那么两人的境况都会好得多。

这一简单的博弈在经济学以及诸如国际关系和政治学等其他领域的应用都十分广泛。我们在随后的章节中将讨论囚徒困境的其他一些例子，然后考察其他类型的博弈。

一、占优策略

策略行为意味着，每位局中人都必须试图确定其他局中人可能会怎么做。你的同伙会坦白还是保持沉默？如果你降价，你的竞争对手也会跟着降价吗？一个局中人做出的决策依赖于他怎样去考虑其他局中人的反应。

在基本的囚徒困境博弈中，我们假设局中人按如下思路推理："对我做出的每项选择，另一个局中人的最佳选择是什么？"在分析囚徒困境时，我们要问："如果囚犯 A 不坦白，那么囚犯 B 的最佳策略是什么？如果囚犯 A 坦白，囚犯 B 的最佳策略是什么？"在两种情况下，我们都得出坦白是囚犯 B 的最佳反应。如果不管囚犯 A 怎么做，囚犯 B 的最佳反应都是坦白，那么囚犯 A 会得出囚犯 B 将坦白的结论，进而囚犯 A 需要对囚犯 B 坦白做出自己的最佳反应。正如我们所看到的，囚犯 A 的最佳选择也是坦白。

不管另一个局中人做什么，坦白都是每个囚犯的最佳策略。不管另一个局中人做什么，自己的某一选择始终都是最佳的策略称为占优策略（dominant strategy）。我们曾指出，博弈论的一个目的就是预测每个局中人将选择什么策略。那么，当一个局中人拥有占优策略时，这一策略就是我们应预测的理性决策者的选择。

二、纳什均衡

如果每个局中人都有一个占优策略，那么就很容易预测博弈的结果（即博弈的均衡）。因此，在囚徒困境博弈中，均衡是两个囚犯都坦白。在只有一个局中人有占优策略或两个局中人都没有占优策略时，情况就不这么简单了。我们将在随后的章节中论述这类博弈。为了预测这些更复杂的博弈的均衡结果，我们需要再次考察为什么坦白是囚徒困境的均衡。

在囚徒困境博弈中，每个囚犯都坦白，这是因为给定对另一个囚犯将会做什么的预期，这种选择给了他最佳或最优收益——监禁的时间最少。博弈结果在如下意义上是一个均衡：如果在博弈结束后再给他们选择的机会，两个局中人都不会改变自己所选择的策略。两个囚犯都选择坦白，他们就做出了各自的最佳反应。这样一种均衡称为纳什均衡（Nash equilibrium），它是预测策略博弈的局中人行为的最基本的概念。

约翰·纳什（John Nash）在他年仅21岁，还是普林斯顿大学数学专业的研究生时就建立了以他的名字命名的这一思想。经济学家发现，纳什均衡概念在预测博弈结果和理解经济问题方面极其有用。为了赞誉其重要性，纳什分享了1994年的诺贝尔经济学奖。不论是经济学领域还是其他社会科学领域，囚徒困境在许多情况下都可能出现。下面几个例子就可以说明这一点。

实例1：串谋。在上一章中，我们了解到，两家相互竞争的厂商通过限制产量的串谋都可以获得利益。串谋会导致较高的价格，进而两家厂商都可以获得更大的利润。只要两家厂商继续限制产量，就可以维持较高的价格。但是，在较高的价格下，每家厂商都认为，如果它扩大产量并销售更多，那么它的境况会更好。当然，这意味着，正如每个囚徒都有坦白的激励一样，每家厂商都有违反限制产量协议的激励。而且，如果两家厂商都不遵守协议，它们产量的增加必将导致价格和利润的下降，从而与它们继续串谋相比，境况都变坏了。在该博弈中，每家厂商都有一个占优策略——欺骗并扩大产量。在这种情况下，两家厂商都扩大产量的结果是一个纳什均衡：即给定竞争对手的行动，每家厂商都会选择自己的最优反应。当两个局中人都具有占优策略时（与在囚徒困境中一样），他们都会选择自己的占优策略，而没有其他结果满足纳什均衡的定义。在本例中，只有一个纳什均衡。经济学家将这种情况描述为有唯一的纳什均衡。

实例2：军事支出。假设两个国家A和B都要决定是否建立新一代导弹系统，如果两个国家都不建立新一代导弹系统，它们之间的军事平衡会得到保持，并且每个国家仍然都有安全保障。如果一个国家建立了新一代导弹系统，而另一个国家没有，那么前者会获得军事优势。如果两个国家都建立这种系统，都花费了数十亿美元，但两个国家都没有获得军事优势，因为现在两个国家都建立了这种新的导弹系统，军事平衡得到保持。

两个国家的推理都是一样的，如果另一个国家不建该系统，那么它建立该系统就可以获得军事优势。两个国家都知道，如果另一个国家建立了这种新导弹系统，而它不建立这种系统，那么它的境况会恶化。因此，每个国家都有一个占优策略：建立这种导弹系统。两个国家都花费了数十亿美元，结果却发现它们仍然像以前一样处于军事平衡。

第二节　更一般的博弈中的策略行为

在囚徒困境中，两个局中人都有一个占优策略。但是，在大多数博弈中，情况却并非如此。每个局中人都发现，自己的最佳选择依赖于其他局中人的选择。这使得预测博弈的结果更为困难。不过，与在囚徒困境中一样，我们通常可以通过从每个局中人的角度考察各种选择的后果来确定博弈的结果。

一、只有一个占优策略的博弈

为了说明即使当一个局中人没有占优策略时我们是如何预测博弈的结果的，考察两家相互竞争的厂商考虑是否降价时的情形。假设这两家厂商分别是 A 公司与 B 公司。A 公司向顾客许诺提供最低的价格：如果它未能提供最低的价格，它将失去很大一部分顾客。B 公司的成本较高，或许是因为它为工人提供了更好的福利，或在商店的陈设上花费更多。由于成本较高，B 公司不愿意降价。但是，如果针对 A 公司的降价不做出反应，它就要冒失去一些生意的风险。每家厂商预期可获得的利润如图 5-1 所示。A 公司的收益在对角线之下，B 公司的收益在对角线之上。

A 公司有一个占优策略——降价。不管 B 公司怎么做，它在这一策略下的利润都会高一些。相比之下，B 公司没有占优策略，如果 A 公司降价，B 公司的最佳反应也是降价，否则它的销量会减少很多。不过，如果 A 公司不降价，那么 B 公司也不降价，其境况会好一些。

尽管 B 公司没有占优策略，如果进行如下推理，我们也可以预测博弈的结果。B 公司知道 A 公司会降价，因为这是它的占优策略。因此 B 公司会发现，如果 A 公司保持高价格，它最好也保持高价格这一事实没有意义。B 公司知道 A 公司会降价，因此，B 公司的最佳策略也是降价。所以，这一博弈的结果或均衡是，两家厂商都降价。

二、没有占优策略的博弈

在囚徒困境博弈和降价博弈中均有唯一的纳什均衡。不过，正如下面的例子所阐述的，一局博弈经常会有一个以上的纳什均衡。

学生甲和乙都注册了相同的经济学和物理学课程。两人都知道，他们一起学习比单独学习效率更高。通过一起学习，他们在这两门课上的考试成绩都会更好。不过，甲对自己的物理学课程比较担心，因而更愿意与乙一起学习物理学。相反，乙最担心的是经济学，因而希望他们一起学习经济学。该博弈的博弈表由图 5-2 给出，其中的收益用两门课程的平均成绩表示（对角线下的字母是学生甲的收益）。

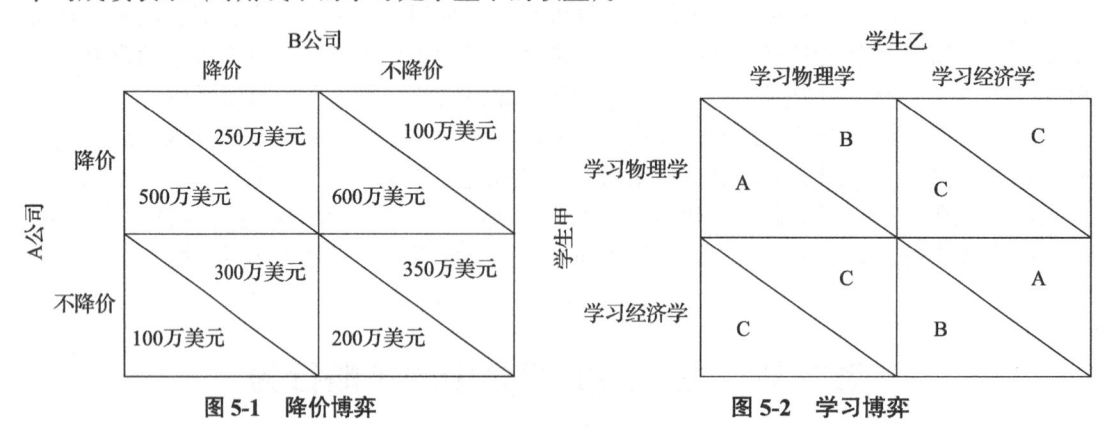

图 5-1　降价博弈

图 5-2　学习博弈

学生甲和乙具有占优策略吗？没有。如果甲坚持学习物理学，那么对乙而言，与其独自学习经济学,还不如与甲一起学习物理学;而如果甲愿意学习经济学,那么乙的最佳反应显然也是学习经济学。同样,如果乙学习物理学,那么甲的最佳策略也是学习物理学;而如果乙学习经济学,那么甲的最佳策略也是学习经济学。两个局中人都没有一个占优策略,即不存在不管别人怎么做对自己都最佳的策略。

尽管在这一博弈中没有占优策略,却存在两个纳什均衡——要么两人都学习物理学,要么两人都学习经济学。对于甲来说,如果他自己学习物理学,他这两门课程的成绩都是 C,而如果他与乙一起学习经济学,他的物理学成绩要差一些,但经济学的成绩则要好得多,平均成绩将是 B。对乙也是如此,给定甲正在学习经济学,乙的最佳策略也是学习经济学。因此,图 5-2 中右下角是一个纳什均衡。但这不是唯一的纳什均衡,左上角(即两人都学习物理学)也是一个纳什均衡。虽然纳什均衡的概念或许不能使得我们预测出一局博弈的唯一均衡,却有助于我们排除某些结果。图 5-2 中的右上角和左下角都不是纳什均衡。

第三节　重复博弈和序贯博弈

一、重复博弈

简单的囚徒困境博弈都是有限制条件的:那些囚徒在一生中只有一次选择坦白或不坦白的机会,不过大多数厂商的产量和价格决策却是不断重复的。在现实生活中,厂商进行的是重复博弈(repeated games):一次次地做出行动,一次次地得到相应的结果。在重复博弈中,策略可能会变得更为复杂。比如随着囚徒困境的每次重复,各厂商会形成声誉,并需要研究其竞争者的行为。

重复是怎样改变博弈的可能结果的? 在表 5-1 中,我们列出囚徒博弈困境中可能出现的各种情况(采用这种方式列举各种可能出现的博弈结果的表称为支付矩阵,带数字的单元格中的第一个数字是厂商 1 的得到的结果——也称为支付)。假设你是表 5-1 中支付矩阵所表示的囚徒困境中的厂商 1。如果你与竞争对手都定一个高价,你们会赚到比都定低价时更高的利润。可是,你不敢定高价,因为如果竞争对手定低价,你就会亏损,而更让你受不了的是你的竞争对手会因此致富。

表 5-1　价格的囚徒博弈困境

		厂商 2	
		低价	高价
厂商 1	低价	10, 10	100, −50
	高价	−50, 100	50, 50

假设该博弈重复进行,则可能存在的几种策略如下。
1. 以牙还牙策略
我从一个高价开始,只要你继续"合作",也定高价,我就会一直保持下去;一旦你降低价格,我马上也会降低我的价格;如果你以后决定合作并再提高价格,我马上也会提高我的价格。

2. 无限重复博弈

假设该博弈是无限重复的，即我的竞争对手和我的每月定价要永远重复进行下去。此时合作行为（即定高价）是对以牙还牙策略的理性反应（假设我的竞争对手知道，或者能够估计到我在使用以牙还牙策略）。为了弄懂为什么这样，假设在某个月中我的竞争对手定了一个低价，削价与我竞争，并在该月中赚到较大的利润，但该竞争对手也知道下个月我就会定低价，从而他的利润就会下降，并且只要我们俩一直都定低价，就一直将是低价格。由于该博弈是无限重复的，所导致的累计损失必然会超过削价的第一个月得到的任何短期利益，因而削价竞争不是理性的。

事实上，对一个无限重复博弈来说，我的竞争对手甚至无须确信我在采用以牙还牙策略就会采用合作这种理性的策略。其实只要竞争对手相信，我有可能采用以牙还牙策略，他就会开始时定高价，并且只要我定高价，他就会保持理性的高价策略。理由是在该博弈的无限重复中，合作的期望支付是超过削价竞争的。即使我采用以牙还牙策略（并将持续合作）的概率不大，这样做也是正确的。

3. 有限重复博弈

现在设该博弈重复有限次——比如 N 个月（N 可以很大，只要是有限的就行）。如果我的竞争对手（厂商2）是理性的，并且他相信我也是理性的，他就可以这样推理："因为厂商1采用以牙还牙策略，我（厂商2）在最后一个月之前不能削价竞争，我应该在最后一个月削价竞争，因为这样在那个月我就能赚到较大的利润，并且接着博弈就结束了，故厂商1无法报复。"因而，厂商2盘算，"我在最后一个月之前一直定高价，而在最后一个月定低价。"

可是，由于我（厂商1）也会这样盘算，我也打算在最后一个月定低价。当然，厂商2也能估计到这一点，并知道我在最后一个月定低价。但此时倒数第二个月怎么样呢？厂商2盘算，他应该在倒数第二个月就定低价，因为最后一个月反正是不会有合作了。当然，我也已经估计到这一点，因而我也打算在倒数第二个月就定低价。因为同样的推理方法适用于所有的再前一个月，唯一理性的结果就是我们双方每个月都定低价。

4. 实际运用中的以牙还牙策略

因为大多数博弈都不会无限重复，因此我们就再次被困在囚徒困境中无法摆脱。因此，现实中，以牙还牙策略往往使用得最多，这有两个原因。

首先，许多经理不知道他们将与对手竞争多久，这会使合作成为好策略。如果重复博弈最后的时点未知，预期最后一个月削价的论点将不再适用。与在无限重复博弈中一样，以牙还牙将是理性的。

其次，如果我的合作打算落空了，我的竞争对手定的是低价，我还可以改变策略，只不过会损失一期的利润，相对于我们双方都定高价获取的可观利润，这是一个很小的代价。

因而，在重复博弈中，囚徒困境可以有合作的结果。事实上，在多数市场中该博弈都是在一个很长但长度并不确定的时间中重复，结果在那些只有少数厂商长期在稳定的需求和成本条件下相互竞争的行业，合作会成功，即使并没有什么契约安排。

有时合作会破裂或不会出现，原因是厂商太多，更经常地，合作的失败是需求或成本条件迅速变动的结果。

二、序贯博弈

到目前为止我们所讨论的大多数博弈中，两个参与人都是同时行动的。例如，在双寡头古诺模型中，两个厂商同时决定产量。而在序贯博弈（sequential games）中，各参与人则依次行动。上一章中讨论的斯塔克尔伯格模型就是序贯博弈的一个例子，一个厂商在另一个厂商之前决定产量。还有许多其他的例子：一个厂商先做一个广告决策，然后其竞争对手再做出反应；一个已进入某行业的厂商先进行阻止其他厂商进入的投资，然后一个潜在的竞争者决定是否进入市场；或者先出台一种新的政府管制政策，然后被管制的厂商再做出投资或产量方面的反应。

序贯博弈常常比各参与人同时行动的博弈容易分析。在序贯博弈中，关键是要认真考虑各参与人可能的行动和理性的反应。

表5-2描述了一个有关产品选择的博弈支付矩阵。在这个博弈中有两个厂商，它们面临一个只要两个厂商各推出一个品种，就可以成功地推出两个早餐麦片新品种的市场。如表5-2所示，甜麦片比脆麦片好销得多，能赚到利润20而不是10。但是，只要各种麦片都只有一个厂商推出，两种麦片就都是有利可图的。

表 5-2 产品选择博弈

		厂商2 脆麦片	厂商2 甜麦片
厂商1	脆麦片	−5，−5	10，20
厂商1	甜麦片	20，10	−5，−5

假设有两个厂商不管它们各自怎么打算，都必须独立和同时宣布它们的决定。此时大概两者都会推出甜麦片——因而双方都会亏损。

现在假设厂商1可以先推出它的新麦片（或者它能够较快投产）。我们现在就有了一个序贯博弈：厂商1推出一种新麦片，然后厂商2再推出一种。这个博弈的结果会是什么呢？在做出决策时，厂商1必须考虑到它的竞争者的理性反应，它知道不管它推出的是哪一种麦片，厂商2都会推出另一种。因而它会推出甜麦片，因为它知道厂商2的反应肯定是推出脆麦片。

（一）博弈的扩展形

这个结果可以通过表5-2的支付矩阵导出，但如果我们用决策树的形式表示可能的行动，有时更容易分析序贯博弈。这称为博弈的扩展形（extensive form of a game），如图5-3所示。该图表明了厂商1可能的选择（推出脆麦片或甜麦片）。然后是厂商2对那些选择分别可能的反应。相应的支付在各枝的结束处给出。例如，若厂商1生产脆麦片而厂商2也用生产脆麦片来做出反应，各厂商将都有支付−5。

图 5-3 产品选择的博弈扩展形

为了找出该扩展形博弈的解，我们从最后逆向推导。对厂商 1 来说，最好的结果是它赚到 20 而厂商 2 赚到 10 的双方行动。因而，可以推导出它应该生产甜麦片，因为此时厂商 2 的最优反应就是生产脆麦片。

（二）先发优势

在这个产品选择博弈中，先行动者有明显的优势，通过推出甜麦片，厂商 1 造成了既成事实，使得厂商 2 除了推出脆麦片以外，没有多少选择余地。这非常像我们在斯塔克尔伯格模型中看到的先发优势。在那个模型中，先行动的厂商可以选择一个很大的产量水平，从而使其竞争对手除了选择小的产量水平以外没有多少选择余地。

为了弄清这种先发优势的性质，重新看一下斯塔克尔伯格模型，并将它与两个厂商同时选择产量的古诺模型加以比较是很有用的。如同在上一章，我们将使用双寡头面临下述需求曲线的例子，其表达式为

$$P=30-Q$$

其中，Q 是总产量，即 $Q=Q_1+Q_2$。我们仍像以前一样，假设两个厂商都有零边际成本。回忆古诺均衡为 $Q_1=Q_2=10$，因而价格 $P=10$ 美元，各厂商赚到利润 100 美元。再回忆一下，如果两个厂商共谋，它们会设定 $Q_1=Q_2=7.5$，从而 $P=15$ 美元，各厂商赚到利润 112.50 美元。最后，再回忆在上一章的斯塔克尔伯格模型中，厂商 1 先行动，结果是 $Q_1=15$，$Q_2=7.5$，$P=7.5$ 美元，两个厂商的利润分别为 112.50 美元和 56.25 美元。

这些以及一些其他可能的结果被归纳在表 5-3 的支付矩阵中。如果两个厂商同时行动，该博弈的唯一解是两个厂商都生产 10 和赚到 100 美元。在这个古诺均衡中，各厂商所做的是给定它的竞争者的选择时所能做的最好的。可是，如果厂商 1 先行动，它知道它的决策将会限制厂商 2 的选择。从支付矩阵可以看出，如果厂商 1 设定 $Q_1=7.5$，厂商 2 的最优反应将是设定 $Q_2=10$，这将使厂商 1 赚到 93.75 美元，厂商 2 赚到 125 美元。如果厂商 1 设定 $Q_1=10$，厂商 2 将设定 $Q_2=10$，两个厂商都赚到 100 美元。但如果厂商 1 设定 $Q_1=15$，厂商 2 将设定 $Q_2=7.5$，从而厂商 1 赚到 112.50 美元，而厂商 2 赚到 56.25 美元。因而，厂商 1 最多能赚到 112.50 美元，它要通过设定 $Q_1=15$ 做到这一点。与古诺结果相比较，当厂商 1 先行动时，它的结果会好一些，而厂商 2 的结果就差多了。

表 5-3　选择产量

		厂商 2		
		产量为 7.5	产量为 10	产量为 15
厂商 1	产量为 7.5	112.50；112.50	93.75；125	56.25；112.50
	产量为 10	125；93.75	100；100	50；75
	产量为 15	112.50；56.25	75；50	0；0

第四节　博弈应用举例：承诺与进入壁垒

一、承诺

回顾在斯塔克尔伯格模型中，先行动的厂商通过承诺较大的产量获得了优势——做出

约束未来行为的承诺是很关键的。厂商 1 能获得先发优势的唯一方式是自身做出承诺，实际上，厂商 1 通过限制自己的行为而限制了厂商 2 的行为。

让我们再次回到表 5-2 中给出的产品选择问题，先推出新型早餐麦片的厂商的结果最好，但哪一个厂商先推出新麦片呢？即使两个厂商需要相同长的时间来投产，各厂商也都会有先承诺自己生产甜麦片的冲动，这里关键词是"承诺"。如果厂商 1 只是简单地宣布它将生产甜麦片，厂商 2 没有多少理由要相信它。而且，厂商 2 也理解这种冲动，它可以更响亮、更大张声势地做出同样的声明。厂商 1 必须在行动上使厂商 2 确信厂商 1 除了生产甜麦片以外已经没有其他选择。厂商 1 可以在推出新型甜麦片很早以前就开始策划一个昂贵的广告计划来介绍这种产品，从而为厂商 1 在这方面的声誉制造舆论。厂商 1 也可以签订很大数量的糖供货合同（并使得它众所周知，或至少送一份合同复印件给厂商 2），意思就是厂商 1 已承诺自己生产甜麦片。承诺是促使厂商 2 做出厂商 1 想要它做的决策——生产脆麦片的策略性行动。

为什么厂商 1 不能简单地威胁厂商 2，发誓即使厂商 2 生产甜麦片自己也要生产甜麦片？因为厂商 2 没有多少理由要相信这种威胁，并且它自己也能做同样的威胁。一个威胁只有当它是可信的时才会有用。下面的例子有助于弄清这一点。

（一）空头威胁

假设厂商 1 生产的个人计算机既能用作文字处理器，也能完成其他任务。厂商 2 专门生产文字处理器。正如表 5-4 中的支付矩阵所示，只要厂商 1 对它的计算机定一个高价，两个厂商都能赚不少钱。即使厂商 2 对它的文字处理器定低价，许多人仍然会购买厂商 1 的计算机（因为它们可以做许多其他事情），虽然也会有些人受价格差异吸引而改买专门的文字处理器。可是，如果厂商 1 对它的计算机定低价，厂商 2 将被迫定低价（否则只能赚取零利润），而两个厂商的利润将显著减少。

表 5-4　计算机和文字处理器定价

		厂商 2	
		高价	低价
厂商 1	高价	100；80	80；100
	低价	20；0	10；20

厂商 1 最喜欢矩阵左上角的结果，可是，对厂商 2 来说，定低价很显然是一个占优策略。因而，右上角的结果将会实现（不管哪个厂商先定价）。

厂商 1 大概会被看作该行业中的主导厂商，因为它的定价行为对整个行业的利润有最大的影响。那么，厂商 1 能够通过威胁厂商 2，若其定低价自己也要定低价，来促使厂商 2 定高价吗？不能。正如表 5-4 中的支付矩阵所表明的，不管厂商 2 做什么，如果厂商 1 定低价，它自己也要吃很大的亏，结果是它的威胁是不可信的。

（二）承诺与可信性

有时厂商可使得威胁可信。为了弄清如何做到这一点，考虑如下例子：A 汽车公司生产汽车，而 B 发动机公司生产专用车发动机。B 发动机公司的大多数发动机都卖给 A 汽车公司，而只有少量卖到一个有限的外部市场。无论如何，它严重依赖 A 汽车公司，其生产决策要根据 A 汽车公司的生产计划做出。

因此我们就有了一个 A 汽车公司是"领导者"的序贯博弈。A 汽车公司先决定制造什么种类的汽车，然后 B 发动机公司将决定生产什么种类的发动机。表 5-5 的支付矩阵给出了该博弈的各种可能的结果。看到 A 汽车公司生产小型车较有利可图，B 发动机公司知道根据这种情况，它应该生产小发动机，其中的大多数将由 A 汽车公司购买，用于其新车。结果是 B 发动机公司赚到 300 万美元，而 A 汽车公司赚到 600 万美元。

不过，B 发动机公司更偏爱支付矩阵右下角的结果。如果它能够生产大发动机，而 A 汽车公司生产大型车并因而购买其生产的大发动机，它就能赚到 800 万美元利润（而 A 汽车公司将只能赚 300 万美元）。B 发动机公司能促使 A 汽车公司生产大型车而不是小型车吗？

假设 B 发动机公司威胁说不管 A 汽车公司生产什么它都要生产大发动机，且没有其他的发动机生产商能很容易地满足 A 汽车公司的需要。如果 A 汽车公司相信了这种威胁，它就会生产大型车，因为它不容易为它的小型车找到发动机，因而会只赚 100 万美元而不是 300 万美元。但这种威胁是不可信的，一旦 A 汽车公司宣布它打算生产小型车，B 发动机公司不会有实践其威胁的冲动。

表 5-5　生产选择问题

		A 汽车公司	
		小型车	大型车
B 发动机公司	小发动机	3；6	3；0
	大发动机	1；1	8；3

B 发动机公司可以通过看得见和不可逆转的方式降低矩阵中自己的某些支付，从而使自身的选择受到限制，这样就能使威胁可信。特别是，B 发动机公司必须降低生产小发动机的利润（矩阵上面一行中的支付）。它可以通过关掉或毁掉部分小发动机生产能力做到这一点。最后的结果如表 5-6 所示。现在 A 汽车公司知道不管它生产的是哪种汽车，B 发动机公司都会生产大发动机。如果 A 汽车公司生产小型车，B 发动机公司将把它的大发动机以能得到的最好的价格卖给其他汽车生产商，将只能赚到 100 万美元。但这总比生产小发动机完全没有利润要好。A 汽车公司也将必须到其他地方去寻找发动机，所以它的利润也较低，为 100 万美元。现在很明显，生产大型车是符合 A 汽车公司的利益的。通过似乎是将自己放在一个不利地位的策略性行动，B 发动机公司改善了其博弈结果。

表 5-6　修改过的生产选择问题

		A 汽车公司	
		小型车	大型车
B 发动机公司	小发动机	0；6	0；0
	大发动机	1；1	8；3

尽管这种策略性行动可能很有效，但也要冒很大的风险，并在很大程度上有赖于采取这种行动的厂商对支付矩阵和该行业有精确的了解。例如，设 B 发动机公司将它自己逼到只生产大发动机的境地，却惊讶地发现另一厂商能以很低的成本生产小发动机。这种行

动此时可能导致 B 发动机公司破产而不是持续的高利润。

（三）声誉的作用

形成适当的声誉也能带给你一定的策略优势。我们还是来考虑 B 发动机公司为 A 汽车公司生产大发动机的欲望。假设 B 发动机公司的经营者已经有了声誉，他根本没有理性——或许完全是个疯子。他威胁，不管 A 汽车公司生产什么，B 发动机公司都会生产大发动机（参见表 5-6），现在即使没有进一步的行动，该威胁也可能是可信的。不管怎么说，你无法肯定一个非理性的经营者总会做出利润最大化的决策。在该博弈情境中，大家知道（或认为）有点疯狂的一方会具有明显的优势。

形成一种声誉在重复博弈中会是一种特别重要的策略。一个厂商可能会发现在该博弈的几次重复中表现得非理性是很有利的，这可能会带来一种增加其长期利润的声誉。

（四）讨价还价策略

我们对承诺和可信性的讨论同样适用于讨价还价问题。讨价还价的结果依赖于每一方策略性地改变其相对谈判地位的能力。

例如，考虑两个各自计划推出两种产品之一的厂商，这两种产品碰巧是互补品。正如表 5-7 中的支付矩阵所示，厂商 1 在生产 A 方面有优势，所以如果两个厂商都生产 A，厂商 1 将能够保持较低的价格并赚到高得多的利润。同样地，厂商 2 在生产 B 方面有优势。从支付矩阵能够看得很清楚，如果这两个厂商能在谁生产什么方面达成协议，唯一合理的结果就是右上角，厂商 1 生产 A，厂商 2 生产 B，而两个厂商都赚到利润 50。事实上，即使没有合作，这个结果也会出现，不管厂商 1 和厂商 2 谁先行动还是两个厂商同时行动。理由是生产 B 是厂商 2 的占优策略，因此（A，B）是唯一的纳什均衡。

表 5-7　生产决策

		厂商 2	
		生产 A	生产 B
厂商 1	生产 A	40；5	50；50
	生产 B	60；40	5；45

厂商 1 当然喜欢支付矩阵左下角的结果，但在这个有限的决策组合的范围之内，它无法实现这个结果。可是，我们可进一步假设厂商 1 和厂商 2 还在就第二个问题进行谈判——是否加入一个研究合作体，这一合作体由第三个厂商组织。表 5-8 给出了这个决策问题的支付矩阵。很明显，占优策略是两个厂商都加入该合作体，从而使利润增加到 40。

表 5-8　加入合作体的决策

		厂商 2	
		单干	加入合作体
厂商 1	单干	10；10	10；20
	加入合作体	20；10	40；40

现在假设厂商 1 通过宣布只有厂商 2 同意生产 A 它才会加入该合作体而将两个讨价

还价问题联系起来了。在这种情况下，同意生产 A 以换取厂商 1 加入合作体事实上是符合厂商 2 的利益的（此时厂商 1 生产 B）。这个例子解释了策略性行动可以怎样被用于讨价还价，以及为什么在讨价还价过程中，把不同的问题联系在一起有时能以他人的损失为代价给某些人带来好处。

两人就住宅价格的讨价还价是另一个例子。假设我作为一个潜在的买方，不愿为一套对我来说实际价值 25 万美元的住宅支付超过 20 万美元的价格。卖方愿意以 18 万美元以上的任何价格卖出该住宅，但他想尽可能卖到他能获得的最高价格。如果我是该住宅的唯一出价人，我怎样才能使卖方相信我决不会付 20 万美元以上的价格呢？

我可以声明我决不会为那套住宅支付超过 20 万美元的价格。但这样的声明可信吗？如果卖方知道我有一个强硬又固执、在这种事情上从来说一不二的名声，我的声明就是可信的。但如果我没有这样的名声，那么卖方知道，所有人都会做出这样的声明（做出这种声明不用任何本钱），但实际上不大会说到做到（因为这大概是我们之间会做的唯一的交易）。结果是这种声明本身大概不会改善我的讨价还价地位。

但是，如果与具有可信性的策略性行动结合起来，这样的声明还是会起作用的。这样的策略性行动必须减少我的灵活性——限制我的选择从而使我除了坚持我的声明以外没有其他选择。一种可能的行动是与一个第三者打一个有约束力的赌。例如："如果我为那幢住宅付出超过 20 万美元，我就输给你 60 万美元。"此外，如果是为我的公司购买该住宅，公司规定价格超过 20 万美元就必须经董事会批准，那么我就可以声称董事在几个月之内不会再开会。在两种情况下，我的声明都变成可信的，因为如果改变价格，则超出了我的能力。结果是灵活性越小，讨价还价能力越强。

二、进入壁垒的建立

进入壁垒，作为垄断势力和利润的重要根源，有时是自然形成的。例如，规模经济、专利、许可证或者关键投入品的可得性都能造成进入壁垒。不过，厂商自己有时也能阻止潜在竞争者的进入。

为了阻止进入，已有厂商必须使任何潜在的竞争者确信，进入是无利可图的。为了弄明白怎样可以做到这一点，试将你自己放在一个垄断者的地位，并面对一个即将进入的厂商 X。假设为了进入该行业，厂商 X 必须付出 8000 万美元的（沉没）成本来修建一个工厂。你当然希望阻止厂商 X 进入该行业。如果厂商 X 不进入，你就能继续定高价，享受垄断利润。如表 5-9 中支付矩阵右上角所示，此时你能赚到 2 亿美元的利润。

表 5-9　进入可能性　　　　　　　　　　　　　　单位：百万美元

		潜在进入者	
		进入	不进入
在位垄断者	高价（接纳）	100；20	200；0
	低价（商战）	70；-10	130；0

如果厂商 X 进入该市场，你必须做出决策。你可以"接纳"、维持高价，希望厂商 X 也会这样做，此时你将只能赚到 1 亿美元的利润，因为你必须与厂商 X 分享市场。新进者厂商 X 将赚到 2000 万美元的净利润：1 亿美元减去 8000 万美元建厂成本（这个结果在

支付矩阵的左上角给出）。相反，你也可以增加你的生产能力，生产更多，并将价格压低。低价能够使你分享更大的市场份额以及获取 2000 万美元的收入增加，但是增加产能会给你带来 5000 万美元的成本，将你的利润减至 7000 万美元。竞争同样会使进入者的收入减少 3000 万美元，使得它的净收入为 −1000 万美元（这个结果如支付矩阵左下角所示），最后，如果厂商 X 不进入，但是你扩张你的生产能力并且降低价格，你的净利润会减少 7000 万美元（从 2 亿美元降至 1.3 亿美元）：额外生产能力的成本 5000 万美元以及低价导致的收入减少 2000 万美元（市场份额不变）。很明显，这样的决策，如右下角所示，是没有意义的。

如果厂商 X 认为在它进入后你会接纳并保持高价，它将会发觉进入有利可图，并付诸行动。假设你威胁要扩大产量和用价格战将厂商 X 赶出去，如果厂商 X 相信这种威胁，它就不会进入该市场，因为它预期会损失 1000 万美元。可是，该威胁是不可信的。如表 5-9 所示（也如潜在的竞争者所知），一旦进入已经发生，接纳并保持高价是符合你的利益的。厂商 X 的理性行动是进入该市场，结果会是矩阵的左上角。

但如果你能做出一种一旦厂商 X 进入你就会改变你的选择的不可更改的行动——一种使得你在进入发生时，除了定低价以外别无选择的行动，结果又如何呢？特别是，假设你现在投资 5000 万美元而不是以后投资于万一进入发生时增加产量和进行价格战所需要的额外的生产能力。当然，如果今后你保持高价（不管厂商 X 是否进入），这个额外成本将减少你的支付。

我们现在有了一个新的支付矩阵，如表 5-10 所示，现在你要进行竞争性商战的威胁是完全可信的，它是你投资额外生产能力决策的结果。因为你有了这种额外生产能力，所以如果进入发生，竞争性商战的结果对你来说比保持高价要好。潜在的竞争者现在知道，进入的结果就是商战，因此不进入该市场是理性的选择。既然已经阻止了进入，因而你就可以保持高价，并赚到 1.5 亿美元利润。

表 5-10　阻止进入　　　　　　　　　　　　　　　　　单位：百万美元

		潜在进入者	
		进入	不进入
在位垄断者	高价（接纳）	50；20	150；0
	低价（商战）	70；−10	130；0

一个在位垄断者能否不必花很大的代价增加额外生产能力就能够阻止其他厂商进入？早些时候我们已经看到非理性的声誉能被用作一种策略优势。假设原有厂商有这样的声誉，再假设该厂商过去已经用恶性削价方式赶走了每个进入者，即使这样做造成了（理智不会允许的）损失，那么它的威胁可能是真实可信的。在这种情况下，在位厂商的非理性提醒潜在的竞争者，离得远远的也许会更好。

当然，如果上述博弈要无限次重复进行，那么无论进入在何时发生，在位厂商都可能有实施商战威胁的理性的激励。理由是阻止进入的长期收益可能超过商战的短期损失。更进一步，潜在的竞争者通过同样的计算，可能也会发现在位厂商的威胁是可信的，并决定不进入该市场，现在在位厂商依靠它的理性声誉——特别是有远见的声誉提供了阻止进入所需要的可信性。但这能否起作用取决于时间范围，以及接纳或商战所带来的相对得失。

我们已经看到，进入的吸引力在很大程度上取决于对在位厂商的反应的预期。通常不能期望，一旦进入发生，在位厂商仍会保持原来的产量水平，但最后，在位厂商也可能会退一步并减少产量，并将价格提高到一个新的联合利润最大化的水平。因为潜在的进入者知道这一点，故在位厂商必须形成能阻止进入的可信的商战威胁。非理性的声誉能够帮助你做到这一点。事实上，在现实市场中许多阻止进入的做法都是以此为基础的。潜在的进入者必须考虑到，在出现进入时理性的行规会被打破。通过造成非理性和好战的印象，在位厂商可以使潜在的进入者确信，商战的风险是非常高的。

第六章 生产要素的需求、供给与价格

第一节 生产要素的需求

经济学把生产要素分为三个主要的种类：土地、劳动和资本。与商品市场不同，要素市场上的需求被称为派生需求，即对要素的需求源自厂商对产量的选择，这是要素市场的第一个特征。要素市场的第二个特征是，要素市场是我们中多数人收入的主要来源。

多数家庭都是以工资和薪水的形式获得大部分收入。换句话说，他们通过出售劳动来获得收入。当然，当你拥有一个公司的股份（或股票）时，你也能获得资本收入。在其他国家，还有一些人的大部分收入来源于他们拥有的土地的地租。

显然，生产要素的价格对经济"馅饼"在不同群体间如何分配有重要的影响。例如，在其他条件相同时，工资率提高意味着经济中更多的收入流向了靠劳动获取收入的人，而非靠资本获得收入的人。经济学家将经济"馅饼"的分配称为"收入分配"。确切地说，要素价格决定了要素收入分配（factor distribution of income），即经济中的全部收入如何在劳动、土地和资本间进行分配。

一、只有一种要素是可变要素时对要素投入品的需求

对生产要素的需求曲线也是向下倾斜的，这与生产过程产生的最终产品的需求曲线是一样的。然而，与对商品和服务的消费者需求不同，要素需求是引致需求。

我们将假设某厂商使用两种投入品，资本 K 和劳动 L 来生产其产出，这两种投入品可以分别以价格 r（资本的租用成本）和 w（工资率）购得。我们还将假设（就如在短期分析中那样）厂商已经安置好它的工厂和设备，因此必须决定要雇用多少劳动。

假定厂商已雇用了一定数量的工人，并想知道增加雇用一名工人是不是有利可图。如果该工人的劳动产出带来的额外收益大于他的劳动成本，那就是有利可图的。增加一单位劳动的额外收益，由边际生产收益 MRP_L 表示。

MRP_L 是一单位额外劳动带来的额外产出乘以从一单位额外产出得到的额外收益。额外产出由劳动的边际产出 MP_L 给出，而额外收益由边际收益 MR 给出。因此有：

$$MRP_L = MP_L \times MR$$

这一重要结论对任何竞争性要素市场都成立，而不管产出品市场是不是竞争性的。在一个竞争性产出品市场中，厂商会以市场价格 P 出售所有的产出。这样，出售一单位额外产出的边际收益就等于 P。

在这种情况下，劳动的边际生产收益等于劳动的边际产出乘以产品的价格，表达式为
$$MRP_L = MP_L \times P$$

图 6-1 两条曲线中较高的一条代表竞争性市场中厂商的 MRP_L 曲线。注意，由于劳动的报酬递减，随着劳动小时数的增加，劳动的边际产出下降。因而，即使产品的价格不变，边际收入产出曲线也向下倾斜。

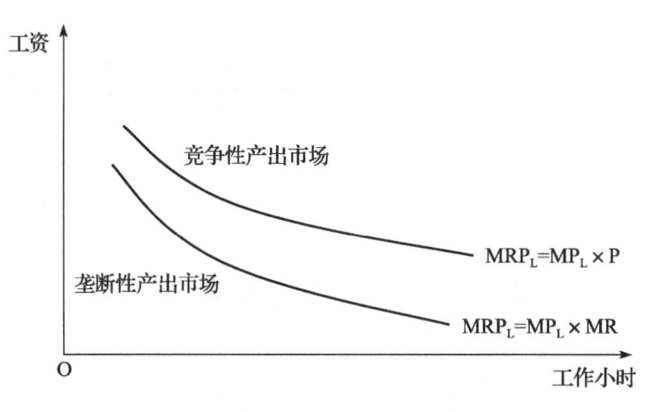

图 6-1 边际生产收益

只要边际生产收益 MRP_L 大于工资率 w，厂商就应当雇用额外单位的劳动。如果边际生产收益小于工资率，厂商就应当解雇工人。只有在边际生产收益等于工资率时，雇用的才是利润最大化的劳动数量。因此利润最大化的条件如下式：
$$MRP_L = w$$

图 6-2 说明了这一条件。对劳动的需求曲线 D_L 就是 MRP_L。注意，随着工资率的下降，对劳动的需求数量增加。由于劳动市场是完全竞争的，厂商能够以市场工资 w 雇用任意多的工人；因此厂商面临的劳动供给曲线 S_L 是一条水平线。厂商雇用的利润最大化的劳动数量 L* 处在供给曲线和需求曲线的交点。

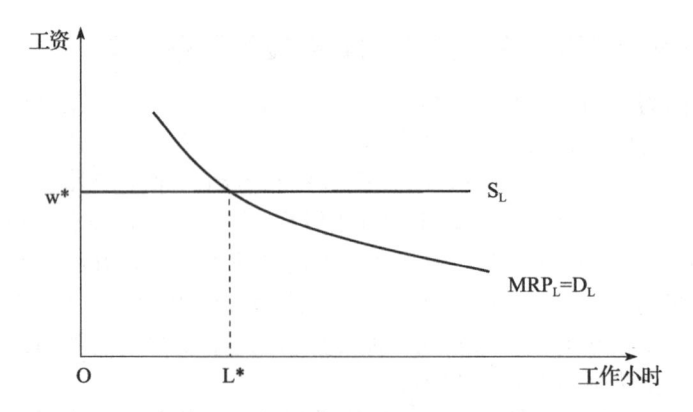

图 6-2 劳动力市场上一家厂商的雇用情况（资本固定时）

图 6-3 显示，当市场工资率从 w_1 降到 w_2 时，劳动需求的数量如何发生变化以对此做出反应的。如果更多的人首次就业，工资率可能下降。该厂商需求的劳动数量一开始为 L_1，位于 MRP_L 和 S_1 的相交处。然而，当劳动供给曲线从 S_1 移向 S_2，工资就从 w_1 降到 w_2，而对劳动的需求数量从 L_1 增加到 L_2。

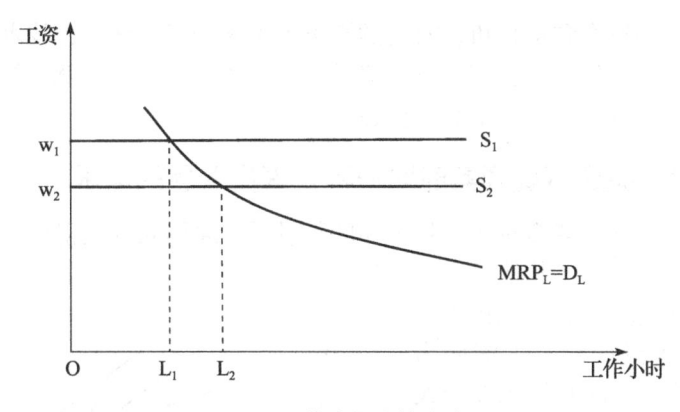

图 6-3　劳动供给的移动

二、要素需求曲线的移动

在要素市场上，要素供给曲线可以移动，要素需求曲线也可以移动。导致要素需求曲线的移动的原因主要有：商品价格的变动；其他要素供给的变动；技术的变动。

（一）商品价格的变动

要素需求是派生需求，因此如果商品价格变动，在任何既定的雇用水平上，$MRP_L=MP_L \times P$ 都将发生变化。

图 6-4 表示的是商品价格升高带来的影响。这使边际生产收益曲线向上移动，因为 MRP_L 在任何一个特定的雇用水平上都有所增加。如果工资率保持在 200，最优点将从 A 点移动到 B 点，利润最大化的雇用水平提高。反之，商品价格下降，边际生产收益曲线向下移动，如果工资率不变，利润最大化的雇用水平下降。

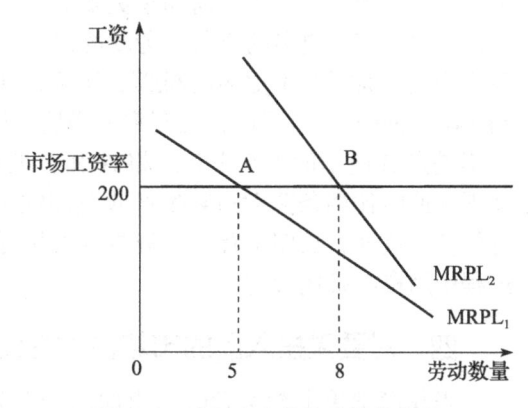

图 6-4　边际生产收益曲线的移动

（二）其他要素供给的变动

假设某农场获得了更多可以耕作的土地，如开垦了一片属于他们的森林。于是每个工人能够生产更多的小麦，因为每个人将有更多可耕作的土地。所以，在任何特定的雇用水平上，农场的劳动边际产出都将增加。因为 $MRP_L=MP_L \times P$，所以边际产量价值曲线将向上移动，并且在任何特定的工资率上利润最大化的雇用水平都将提高。类似地，如果该农场可耕作的土地更少，在任何特定的雇用水平上劳动边际产量将减少，每个工人会因为可耕作土地的减少而生产更少的小麦。结果，边际生产收益曲线将向下移动，并且利润最大化的雇用水平将下降。

（三）技术的变动

一般而言，技术进步对任何特定生产要素需求的影响可以是任一方向：改进的技术能够增加或减少对特定生产要素的需求。

技术进步能如何减少要素需求？想一下马这种曾经重要的生产要素。随着马这种动力的替代物的发展，如汽车和拖拉机，对马的需求大大减少了。然而，技术进步带来的影响通常是增加要素需求。例如，长期来看，美国的经济实现了工资和就业的大幅度上涨，这说明技术进步在很大程度上提高了对劳动的需求。①

三、几种投入品是可变要素时对一种要素投入品的需求

当厂商同时选择两种或多种可变投入品的数量时，雇用问题变得更困难了，因为一种投入品价格的变化会影响对其他投入品的需求。

图6-5说明了这一点。假定就如 MRP_{L1} 曲线上的A点所示，工资率为每小时20美元时，厂商雇用100个人时劳动。现在考虑当工资率下降到每小时15美元时会发生什么。由于现在劳动的边际生产收益大于工资率，厂商将需求更多的劳动。但是 MRP_{L1} 描述的是在对机器的使用固定时对劳动的需求。较低的工资不仅会鼓励厂商购买更多的劳动，而且会鼓励厂商购买更多的机器。由于有了更多的机器，劳动的边

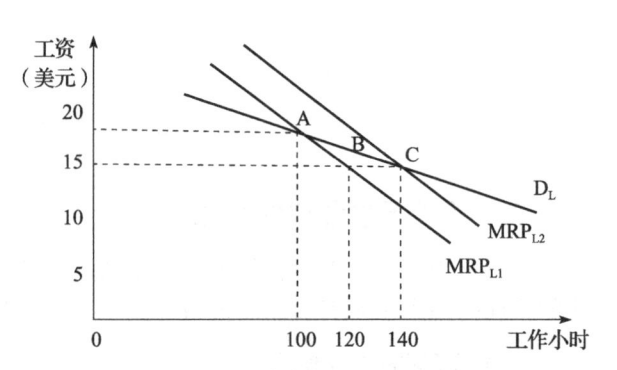

图6-5 厂商对劳动的需求曲线（资本可变时）

际产出会增加（有了更多的机器，工人的生产率更高），因此边际生产收益曲线会向右移动（移到 MRP_{L2}）。因而，工资率下降后，厂商将使用的劳动就如点C所示，为140小时，而不是点B所示的120小时。将A和C两点相连，就是厂商的劳动需求曲线。注意，劳动需求曲线比两条劳动边际生产收益曲线（它们假设机器的数量不变）中的任何一条都更有弹性。这样，长期来看，在资本投入品可变时，需求的弹性变大，因为厂商可以在生产过程中用资本替代劳动。

四、对要素投入品的市场需求曲线

当我们把单个消费者的需求曲线加总来得到对一种产品的市场需求时，我们关心的是单个产业。然而，像技术工人这样的要素投入品，许多产业的厂商都需要。因此，为了得到总的劳动的市场需求曲线，我们必须首先决定每个产业对劳动的需求，然后水平地把产业的需求曲线加总。第二步很简单，把产业的劳动需求曲线加总得到劳动的市场需求曲线，就同把单个产品需求曲线加总得到该产品的市场需求曲线一样。因此，让我们把注意力集中到较困难的第一步上。

第一步——决定产业需求曲线。要考虑到随着生产投入品价格的变动，厂商生产的产出水平及其产品价格两者的变动。当产品只有一个生产者时，决定市场需求最容易。这时，边际生产收益曲线就是产业对投入品的需求曲线。然而，在有许多厂商时，分析就比较复杂了，因为厂商之间可能会有相互作用。

假定一开始劳动的工资率是每小时15美元，厂商的需求是100人时的劳动。现在这一厂商的工资率下降到每小时10美元。如果没有其他厂商能以更低的工资雇用工人，那么我们的厂商就会雇用150人时的劳动（通过找出 MRP_{L1} 曲线上对应于每小时10美元工资率的点得到）。但是如果一个产业内所有厂商的工资率都下降，该产业作为一个整体将会雇用更多的劳

---

① 有关资本增加与技术进步对经济的影响问题还将在本书宏观经济部分的《经济增长》一章中探讨。

动。这将导致该产业产出增加，产业的供给曲线向右移动，以及产品的市场价格下降。

在图 6-6（a）中，当产品价格下降时，原来的边际生产收益曲线向下移动，从 MRP_{L1} 移到 MRP_{L2}。这使得厂商对劳动的需求比我们原来预计的要少——120 个人时而不得 150 个人时。结果，产业的劳动需求也将比只有一家厂商能以较低工资雇用工人时要少。图 6-6（b）说明了这一点。虚线显示的是，如果产品价格不随工资下降而降低，各个厂商对劳动需求的水平加总。实线显示产业的劳动需求曲线，它已考虑到，当所有的厂商都对工资下降做出反应，扩大产出，产品价格将会出现下降。当工资率为每小时 15 美元时，产业对劳动的需求为 L_0。当工资下降到每小时 10 美元时，产业的需求增加到 L_1，它比产品价格固定时的 L_2 增加得少。

将产业的需求曲线加总成市场的劳动需求曲线是第二步——要完成它，我们只要把所有产业的劳动需求加总。

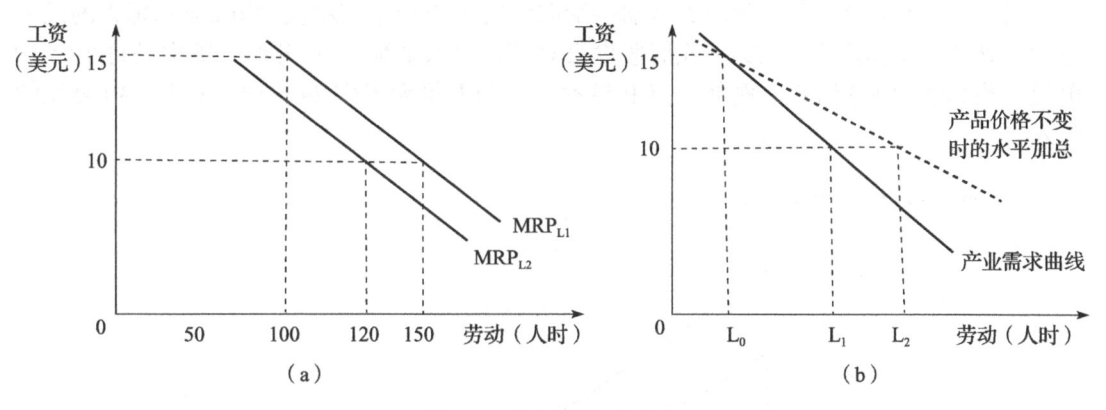

图 6-6　产业的劳动需求

当产出品市场是非竞争性的时候，对劳动（或其他任何投入品）的市场需求曲线的推导基本上是相同的。唯一的区别是，这时产品价格的变化对工资率下降的反应很难预测，因为市场上每个厂商都可能进行战略性定价，而不是把产品价格作为给定。

第二节　生产要素的供给与竞争性要素市场的均衡

一、劳动的市场供给

当要素投入是劳动时，是工人而不是厂商做出供给决定。这时，效用最大化而不是利润最大化成了起作用的目标。在下面的讨论中，我们利用前述关于收入效应和替代效应的分析表明，劳动的市场供给曲线可以是向上倾斜的，但也可能像图 6-7 中那样，是向后弯曲的，即较高的工资率可能导致较少的劳动供给。

要明白为什么劳动供给曲线可能是向

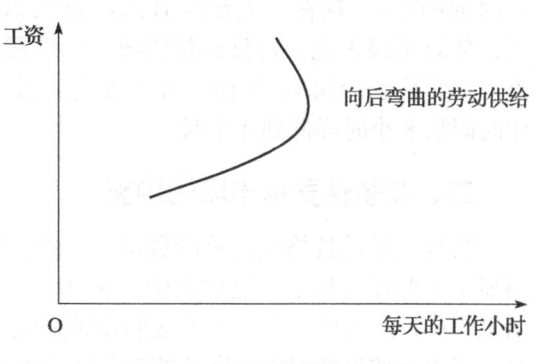

图 6-7　向后弯曲的劳动供给

后弯曲的，需把一天分成工作时间和闲暇时间。闲暇是一个描述非工作活动的笼统的词，包括睡觉和吃饭。闲暇被假设为是可享受的，而工作只通过获得收入给工人带来利益。我们还假设工人对每天工作几个小时的选择是有灵活性的。

工资率衡量工人对闲暇时间的定价，因为工资是工人放弃享受闲暇的货币数量。随着工资率的提高，闲暇的价格也提高。这一价格变化带来了一种替代效应（效用不变时的相对价格变化）和一种收入效应（相对价格不变时的效用变化）。之所以存在替代效应是因为较高的闲暇价格鼓励工人用工作替代闲暇。而收入效应之所以发生，是因为较高的工资率提高了工人的购买力。在这一较高的收入下，工人对许多商品都可以购买更多了，其中之一就是闲暇。如果购买的闲暇多了，则收入效应鼓励劳动者减少工作时间。收入效应可以很大，因为工资是大多数人收入的主要决定因素。当收入效应大于替代效应时，结果就是向后弯曲的供给曲线。

图 6-8 显示了导致向后弯曲的劳动供给曲线的工作/闲暇决定。横轴显示每天的闲暇时间，纵轴是工作产生的收入（我们假设没有其他收入来源）。一开始工资率是每小时 10 美元，预算线由 PQ 给定。例如，点 P 显示，一个人每天工作 24 小时，得到 240 美元的收入。

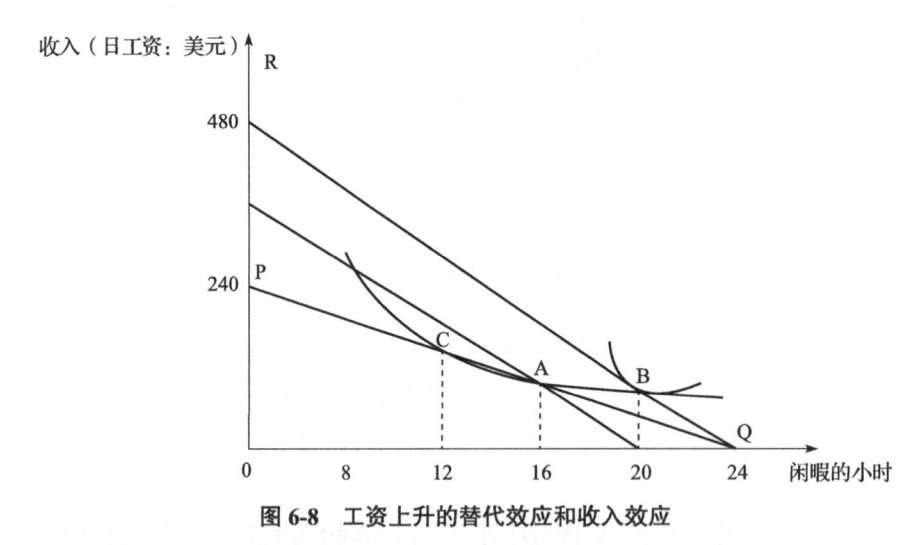

图 6-8　工资上升的替代效应和收入效应

工人选择点 A，即每天享受 16 小时的闲暇（工作 8 小时）并赚取 80 美元，使效用最大化。当工资率为每小时 20 美元时，预算线围绕水平节点向外旋转到 RQ（只可能有 24 小时的闲暇）。现在工人在点 B 选择每天 20 小时的闲暇（工作 4 小时），同时赚取 80 美元，使效用最大化。若只有替代效应起作用，较高的工资率会鼓励工人工作 12 小时（在点 C）而不是 8 小时。然而，收入效应从相反的方向起作用。它超过了替代效应，并使工作时间从 8 小时降低到 4 小时。

二、竞争性要素市场的均衡

当投入品的价格使需求的数量等于供给的数量时，竞争性要素市场达到均衡。图 6-9 幅显示了劳动市场上的这种均衡。在点 A，均衡工资率是 W_c，均衡供给数量是 L_c。由于信息很灵，所有的工人，无论他们在哪里就业，都得到相同的工资，产生相同的劳动边际收入产出。如果任何工人得到的工资低于他的边际产出，厂商会发现给那个工人较高的工资是有利可图的。

工资率反映厂商和社会使用一额外单位投入品的成本。当投入品市场都完全竞争时，资源得到有效率的使用。因而，在图 6-9 中的 A 点，一小时劳动的边际收入（其边际收入产出 MRP_L）等于其边际成本（工资率 w）。

当产出品市场完全竞争时，资源得到有效率的使用。厂商雇用一额外单位劳动得到的额外收入（劳动的边际生产收益 MRP_L）等于额外产出的社会收益，它由产品的价格乘以劳动的边际产出 $MP_L \times P$ 给出（前已指出，当产出品市场不是完全竞争时，条件 $MRP_L = MP_L \times P$ 不成立）。

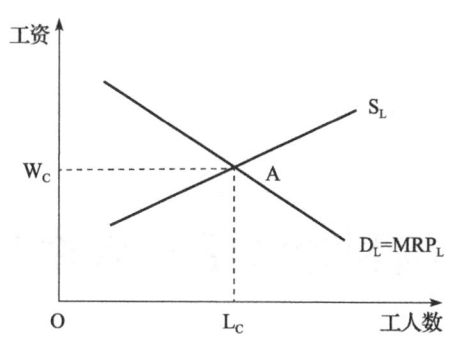

图 6-9　劳动市场均衡

第七章 CHAPTER 7

福利经济学：效率与公平

第一节 交换和生产的帕累托改进

一、纯经济交换

首先考察一种非常简单的经济。在这种经济中，只有两个人，消费两种供给固定的商品。这里，唯一的经济问题是在这两个人之间分配这两种商品。两人两物模型虽然简单，但由此得到的重要结论也适用于多人多物的经济。

两人是亚当和夏娃，两物是苹果（食物）和无花果树叶（衣服）。我们用埃奇沃思框图（Edge-worth Box）这种分析工具，描绘苹果和无花果树叶在亚当和夏娃之间的分配。在图 7-1 中，埃奇沃思框图的长度为 O_s，表示经济中现有的苹果总数；其高度为 O_r，表示无花果树叶的总数。亚当消费的物品数量由距 O 点的距离表示；夏娃消费的物品数量由距 O′ 点的距离表示。例如在 v 点，亚当消费 O_u 无花果树叶和 O_x 苹果，夏娃消费 O'_y 苹果和 O'_w 无花果树叶。因此，埃奇沃思框图内的任意一点表示苹果和无花果树叶在亚当和夏娃之间的某种配置。

现在假定，亚当和夏娃各有一组传统形状的无差异曲线，分别表示他们对苹果和无花果树叶的偏好。在图 7-2 中，两组无差异曲线都被放入埃奇沃思框图中。亚当的无差异曲线用 A 表示，夏娃的无差异曲线用 E 表示，下标数字越大的无差异曲线，表明幸福程度（效用水平）越高。亚当处在无差异曲线 A_3 上，比处在 A_2 和 A_1 上更幸福，夏娃处在无差异曲线 E_3 上，比处在 E_2 和 E_1 上更幸福。一般来说，夏娃的效用随着其位置向左下方移动而提高，亚当的效用随着其位置向右上方移动而提高。

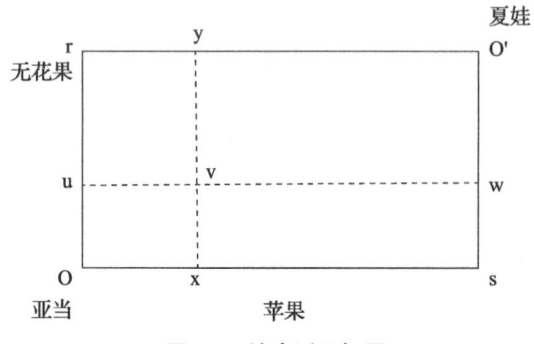

图 7-1　埃奇沃思框图

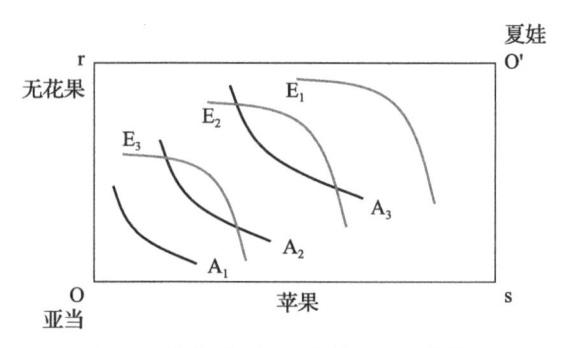

图 7-2　埃奇沃思框图中的无差异曲线

假设任意选择苹果和无花果树叶的某种分配，比如在图 7-3 中的 g 点。A_g 是亚当经过 g 点的无差异曲线，E_g 是夏娃经过 g 点的无差异曲线，现在的问题是，能否在亚当和夏娃之间重新配置苹果和无花果树叶，使亚当的境况变好而夏娃的境况不会变坏？稍加思考就可以看出，这种配置位于 h 点。在 h 点，亚当的境况变好，因为对他来说，无差异曲线 A_h 代表的效用水平高于 A_g 代表的效用水平。而夏娃的境况没有变坏，因为 h 点仍在他原来的无差异曲线 E_g 上。

在不伤害夏娃的情况下，亚当的福利还能进一步提高吗？只要能使亚当的无差异曲线进一步向右上方位移而夏娃仍停留在 E_g 上，这就是可能的。这个过程可一直持续到亚当的无差异曲线与 E_g 相切为止，该切点是图 7-3 中的 p 点。要使亚当位于比 A_p 更高的无差异曲线上，唯一的办法就是使夏娃处在较低的无差异曲线上，像 p 点所代表的这种配置被称为帕累托效率（Pareto efficient），因为在该点上，要使一个人的境况变好，唯一的办法就是使另一个人的境况变坏。帕累托效率常被用作评价资源配置合意性的标准。如果资源配置没有达到帕累托效率，就意味着"浪费"，因为在不伤害任何其他人的情况下能使某人的境况变好。每当经济学家使用"效率"一词时，通常暗指的是帕累托效率。

与此相关的一个概念是帕累托改进（Pareto improvement），其含义是：重新配置资源能使某人的境况变好而不使其他任何人的境况变坏。在图 7-3 中，从 g 点移动到 h 点，从 h 点移动到 p 点，都属于帕累托改进。

p 点并不是从 g 点出发达到帕累托效率配置的唯一的点。图 7-4 考察了能否使夏娃的境况变好而不降低亚当的效用。同图 7-3 的逻辑一样，在使亚当的资源配置保持在 A_g 上的同时，使夏娃的无差异曲线进一步向左下方位移，这样，我们就可以找到 p_1 点。根据定义，p_1 点是帕累托效率配置。

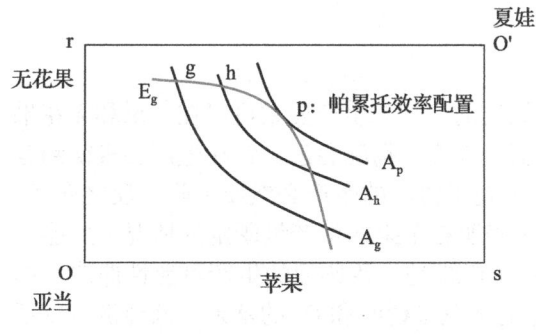

图 7-3　在夏娃的境况不变坏的情况下使亚当的境况变好

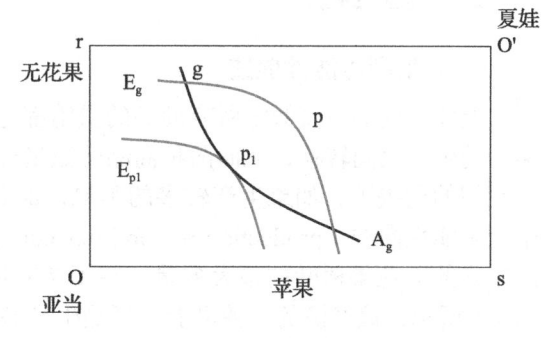

图 7-4　在亚当的境况不变坏的情况下使夏娃的境况变好

至此，我们分析了使一个人的境况变好而使其他人的效用水平保持不变的无差异曲线移动。在图 7-5 中，我们考察从 g 点开始，使亚当和夏娃的境况都变好的重新配置情况。例如，在 p_2 点，亚当的境况比在 g 点更好（A_{p2} 在 A_g 的右上方），夏娃也是如此（E_{p2} 在 E_g 的左下方）。p_2 点就代表帕累托效率，因为在该点，已经不可能使任何一个人的境况变好而不使另一个人的境况变坏。现在我们应当很清楚，从 g 点开始，可以找到一组帕累托效率点，这些点反映出各方在资源重新配置中获得的资源不同。

上述的起始点 g 是任意选定的。还可以从任何点开始，重复这个程序来寻找帕累托效率配置。假定图 7-6 中的 k 点是初始配置点，可以找出帕累托效率配置点 p_3 和 p_4。以此类推，就可以在埃奇沃思框图中找到一组帕累托效率点。所有帕累托效率点的轨迹称为契约曲线（contract curve），如图7-7中的mm线所示。请注意，如果某一配置点是帕累托效率点（要在契约曲线mm上），它必须是亚当和夏娃的无差异曲线刚好相接触的点。用数学语言来说，这两条无差异曲线相切，无差异曲线的斜率相等。

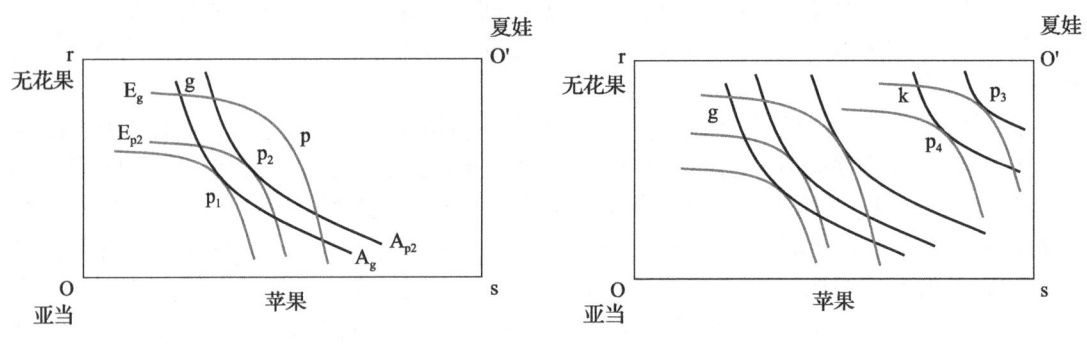

图 7-5　使亚当和夏娃的境况同时变好

图 7-6　从不同的初始点开始

如前所述，无差异曲线斜率的绝对值即边际替代率 MRS，它表示个人愿意以一种商品换取另一种商品额外数量的比率。因此，帕累托效率要求所有消费者的边际替代率必须相等，即

$$MRS_{of}^{亚当}=MRS_{of}^{夏娃} \quad (7-1)$$

式（7-1）中，$MRS_{of}^{亚当}$ 表示亚当用苹果交换无花果树叶的边际替代率；$MRS_{of}^{亚当}$ 表示夏娃的边际替代率。

二、生产经济

（一）生产可能性曲线

至此，我们一直假定所有商品的供给都是固定的。如果生产要素可以在苹果和无花果树叶的生产之间转移，从而两种商品的数量可变，那么，情况会怎样？在生产要素得到有效利用的前提下，如果生产较多的苹果，那么无花果树叶的生产必然要下降；反之亦然。生产可能性曲线（production possibilities curve）表明在苹果的生产量既定的情况下所能生产出来的无花果树叶的最大数量。在图7-8中，CC线是一条典型的生产可能性曲线。如图7-8所示，该经济的一种可能选择是生产 O_w 的无花果树叶和 O_x 的苹果。该经济可以把苹果的生产量从 O_x 增加到 O_z，增加 xz。为此，生产要素必须从无花果树叶的生产转到苹果的生产上。如果苹果的产量增加 xz，无花果树叶的产量就必须下降 wy。距离 wy 与 xz 的比率就是所谓的苹果换取无花果树叶的边际转换率（marginal rate of transformation，MRT），因为它表明该经济能将苹果生产转换为无花果树叶生产的比率。正如 MRS 表示的是无差异曲线斜率的绝对值一样，MRT 表示的则是生产可能性曲线斜率的绝对值。

可以用边际成本 MC 表示边际转换率。边际成本是指增加一单位产量所增加的生产成本。前面曾讲过，社会只要放弃 wy 的无花果树叶，就能使苹果的产量增加 xz。实际上，距离 wy 代表的是生产苹果的增量成本，以 MC_a 表示。同样，距离 xz 是生产无花果树叶的增量成本，用 MC_f 表示。根据定义，生产可能性曲线斜率的绝对值是距离 wy 除以距离 xz，或 MC_a/MC_f。同样根据定义，生产可能性曲线斜率的绝对值是边际转换率。因此，我们有

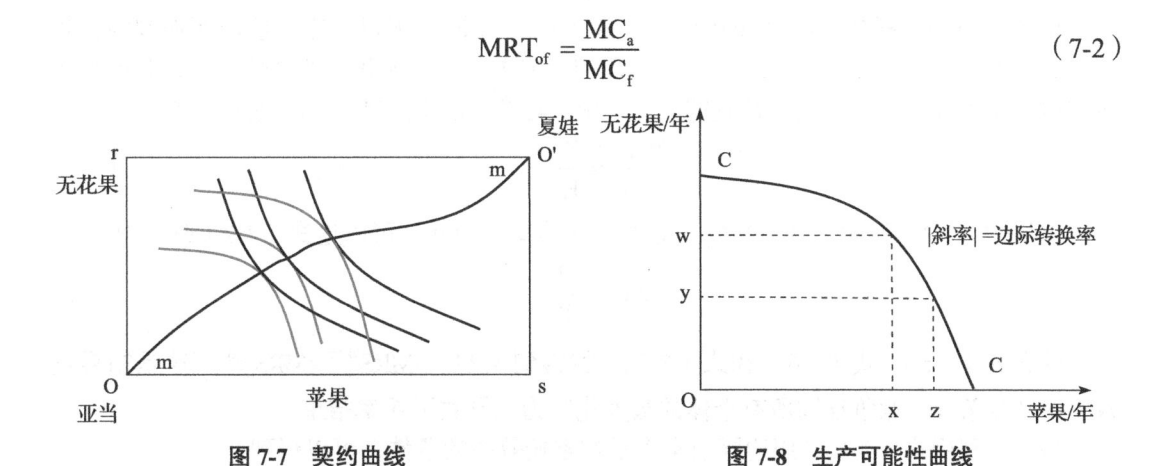

$$MRT_{of} = \frac{MC_a}{MC_f} \tag{7-2}$$

图 7-7 契约曲线

图 7-8 生产可能性曲线

（二）考虑生产情况下的效率条件

如果考虑生产，苹果和无花果树叶的供给就是可变的，那么，式（7-1）中的帕累托效率的条件就必须加以扩展。结合生产可能性曲线的边际转换率，不难得到生产条件下的帕累托效率条件，表达式为

$$MRT_{of} = MRS_{of}^{亚当} = MRS_{of}^{夏娃} \tag{7-3}$$

或

$$\frac{MC_a}{MC_f} = MRS_{of}^{亚当} = MRS_{of}^{夏娃} \tag{7-4}$$

第二节　福利经济学第一基本定理

假定：①所有生产者和消费者的行为都是完全竞争的，也就是说，没有人拥有任何市场力量；②每一种商品都存在一个市场。福利经济学第一基本定理指出，在这些假设条件下，帕累托效率资源配置就会出现。福利经济学第一定理告诉我们，在符合某种条件的情况下，竞争的经济会"自动地"实现有效的资源配置，无须任何集权式计划指导（让人想起亚当·斯密的"看不见的手"）。

该定理的严格论证需要相当高深的数学知识，但直观感悟并不难。竞争的实质在于，所有人都面临相同的价格——每个消费者和生产者相对于市场而言都很小，单凭他或他的行为都不能影响价格。在面对相同市场价格的情况下，根据消费者选择理论，亚当的效用最大化的必要条件为

$$MRS_{of}^{亚当} = \frac{P_a}{P_f} \tag{7-5}$$

同样，夏娃的效用最大化约束条件为

$$MRS_{of}^{夏娃} = \frac{P_a}{P_f} \tag{7-6}$$

合并式（7-5）和式（7-6），得到：

$$MRS_{of}^{亚当} = MRS_{of}^{夏娃}$$

该条件与帕累托效率的必要条件之一式（7-1）相同。不过，正如前面所强调的，我们还必须考虑生产方面。经济学原理告诉我们，追求利润最大化的竞争性企业，其产量要达到边际成本等于价格为止。在我们的例子中，这意味着 $P_a=MC_a$，$P_f=MC_f$，或

$$\frac{MC_a}{MC_f} = \frac{P_a}{P_f} \tag{7-7}$$

但从式（7-2）得知，MC_a/MC_f 正是边际转换率。因此，可以把式（7-7）改写为

$$MRT_{of} = \frac{P_a}{P_f} \tag{7-8}$$

综合式（7-5）、式（7-6）和式（7-8），就得到 $MRT_{of}=MRS_{of}^{亚当}=MRS_{of}^{夏娃}$，这是帕累托效率的必要条件。竞争连同所有个体的最大化行为，导致了效率结果。

最后，利用式（7-4），用边际成本表示帕累托效率的条件，可以得到：

$$\frac{P_a}{P_f} = \frac{MC_a}{MC_f} \tag{7-9}$$

帕累托效率要求，价格之比等于边际成本之比，而竞争保证了该条件得到满足。商品的边际成本就是向社会提供商品的额外成本。根据式（7-9），效率要求每种商品的额外成本反映在其价格上。

第三节 公平与福利经济学第二基本定理

如果运行良好的竞争市场能有效地配置资源，那么政府还要在经济中起什么作用呢？似乎只需要一个规模很小的政府，其主要职能是保护产权，使市场得以运行。政府提供法律和秩序、司法制度以及国防，其他活动都是多余的。然而，这种推理是基于对第一福利定理的肤浅理解。首先，这种推理暗含的假定是，效率是判断某种资源配置好坏的唯一标准。

为说明这一点，让我们回到每种商品总量是固定的这个简单模型上。图7-9中，mm为契约曲线，比较 p_5（在埃奇沃思框图的左下角）和 q（靠近埃奇沃思框图的中心）这两个配置点。由于 p_5 点在契约曲线上，所以根据定义，它是帕累托效率点，相反，q 点不是帕累托效率点。那么，p_5 点的资源配置就比较好吗？这取决于"比较好"的含义是什么。倘若社会偏好相对平等的实际收入分配，那么，q 点可能优于 p_5 点，哪怕 q 点并不是帕累托效率点。相反，社会也许根本不关心收入分配，或许社会对夏娃的关心甚于亚当，在这种情况下，p_5 点可能优于 q 点。

问题的关键在于，帕累托效率标准本身不能对各种资源配置进行排序。相反，关于效用的分配是否公平，却需要明确的价值判断。要把这一概念形式化，请注意契约曲线隐含地界定了夏娃的每一效用水平与亚当所能取得的最大效用量之间的关系，在图7-10中，夏娃的效用用横轴表示，亚当的效用用纵轴表示，曲线 UU 是根据契约曲线推导出来的效用可能性曲线（utility possibilities curve）。它表明的是已知一个人的效用水平而另一个人的最大效用水平。p_3 点对应于图7-9中契约曲线上的 p_3 点，在该点，夏娃的效用高于亚当。图7-10中的 p_5 点对应于图7-9中的 p_5 点，在该点，夏娃的效用低于亚当。q 点对应于图7-9中的 q 点，由于 q 点不在契约曲线上，所以 q 点必定在效用可能性曲线之内，这反映出增加一个人的效用而不减少另一个人的效用是可能的。

图 7-9 效率与公平

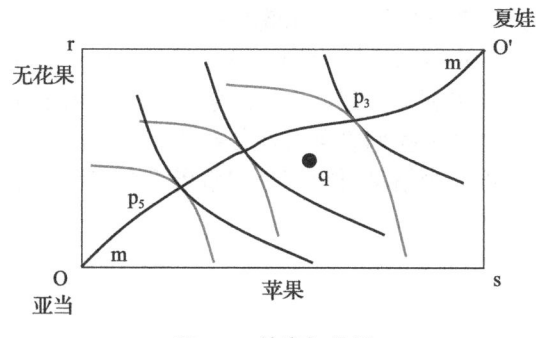

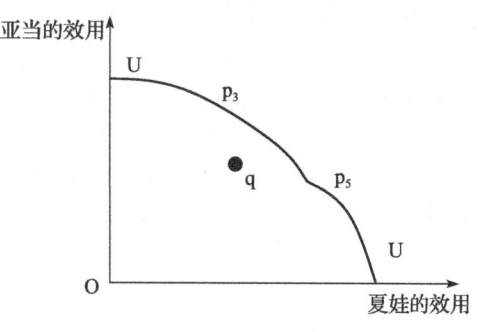

图 7-10 效用可能性曲线

社会可以获得位于或低于效用可能性曲线的所有点，但在该曲线之外的所有点都达不到。根据定义，UU 曲线上的所有点都是帕累托效率点，但它们代表的亚当和夏娃之间的实际收入分配极不相同。哪一点最好？回答这个问题的传统方法是假定一种社会福利函数（social welfare function），该函数体现出亚当和夏娃各应得多少的社会观点。社会福利函数表述社会成员的福利与整个社会福利之间的关系。用代数式表示，社会福利（W）是每个人效用的某种函数 F()

$$W = F(U^{亚当}, U^{夏娃})$$

就像一个人对商品的效用函数导出一组对这些商品的无差异曲线一样，通过社会福利函数也能导出一组社会效用无差异曲线。图 7-11 描绘了一组典型的社会无差异曲线。它们向下倾斜表明，如果夏娃的效用下降，社会福利能保持在某一既定水平上的唯一办法就是提高亚当的效用，反之亦然。社会无差异曲线向右上方移动，表明社会福利水平提高，这说明在其他条件不变的情况下，任何个人的效用增加都会增加社会福利。

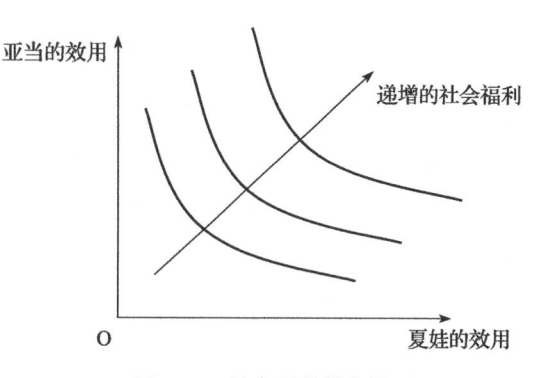

图 7-11 社会无差异曲线

至此，第一福利定理表明，运行良好的竞争制度会使某种资源配置位于效用可能性曲线上。然而，即使这种资源配置有效率的，它也不一定能使社会福利最大化。我们的结论是，即使经济能产生帕累托效率资源配置，但为了实现"公正的"效用分配，政府的干预也许还是必要的。

为了实现社会福利最大化，政府有必要直接干预市场吗？比如，政府必须对卖给穷人的商品规定最高限价吗？回答是否定的。根据福利经济学第二基本定理，社会通过对初始资源禀赋的适当安排，然后如同在埃奇沃思框图模型中一样让人们彼此自由交易，就能实现帕累托效率资源配置。概括地说，政府适当地对收入进行再分配，然后放手让市场自行发挥作用，就能达到效用可能性边界上的任何一点。福利经济学第二基本定理表明，这既能实现公平又不抑制效率。

福利第二定理很重要，因为它的含义至少在理论上说效率和分配公平问题可以分开。除了公平（或分配）问题，还有一个原因表明第一福利定理不一定意味着政府越小越好。这是因为，第一福利定理成立所需要的某些条件在现实市场中得不到满足。正如马上就要分析的那样，当这些条件不存在时，自由市场的资源配置可能是无效率的。

能够使得第一福利定理条件不存在的情况统称市场失灵，市场失灵的情况包括：①垄断，因为垄断者的边际成本小于价格，自然不符合福利第一定理成立的条件；②市场不存在；③公共产品、外部性、不完全信息等。在下一章中我们着重讨论公共产品、外部性与不完全信息问题。事实上，公共产品、外部性、不完全信息可能就是"市场不存在"的重要原因。

第八章
公共物品、外部性与不完全信息

第一节 公共物品

一、公共物品的定义

纯公共物品（pure public goods）的定义如下。

第一，这种物品的消费是非竞争的：纯公共物品一旦被提供，另一个人消费该物品的额外资源成本就为零。

第二，这种物品的消费是非排他的：要阻止任何人消费这种物品，要么代价非常大，要么就是不可能的。

相反，私人物品（private goods）的消费是竞争的和排他的。

关于公共物品，需要注意以下几个方面的问题。

虽然每个人消费的公共物品数量相同，但不一定所有人对这种消费的评价都一致。以居住着许多大学生的一套公寓房间的大扫除为例。大扫除具有公共物品的特征——每个人都会从干净的浴室受益，很难排除哪个人享受这种利益，然而，有些学生比其他学生更爱干净。人们对于某种公共物品的价值是正还是负的看法不尽相同。在一个新导弹系统建立起来后，每个人除了消费其服务外，别无选择。对于那些认为该系统能增强其安全感的人来说，该系统的价值是正值；而另外一些人认为，新导弹系统只会导致军备竞赛升级，降低国家的安全性。

公共物品的分类不是绝对的，它取决于市场条件和技术状况。以灯塔为例，一旦信号灯亮了，一艘船只对它的利用不影响其他船只利用它的能力，而且不能排除某一特定船只利用该信号。在这些条件下，灯塔是一种纯公共物品。但是假定发明了一种人为干扰装置，使过往船只不购买一种特殊的接收器，就不能获得灯塔信号。在这种情况下，非排他性标准不再满足，灯塔也不再是一种纯公共物品。当游客很少时，一个景点属于一种纯公共物品。但是，随着游客数量的增加，这一区域就变得拥挤了。虽然被每一位游客"消费"的景色的"数量"相同，但它的质量随着游客的增加而下降了。因此，非竞争性标准不再满足。

在很多情况下，最好把"公共性"看作一个"度"的问题。实际上，纯公共物品的例子并不太多。不过，正如对完全竞争的分析能够引出关于现实市场运行的重要结论一样，对纯公共物品的分析可以帮助我们理解公共决策者所面临的问题。

一种物品可以满足公共物品定义的一部分而不能满足另一部分，也就是说，非排他性和非竞争性不一定总是同时出现。以上下班时间闹市区的街道为例,非排他性通常是成立的,因为不可能设置那么多收费亭来监控车辆,不让某些车辆驶入。但是,消费的确是竞争性的,每个曾饱受过堵车之苦的人都可以作证。另外,许多人都可以享受一大片海滩区域而不影响别人的愉悦。尽管人们的消费不具有竞争性,但只要通往海滨的道路有限,排他就是可能的。如前所述,一种物品的特征还要取决于技术状况和法律安排。再以道路拥挤为例,可以想象,有朝一日利用这种技术向驶入城市拥挤街道的车辆收费,这些街道就会变得具有排他性。

私人物品并不一定只由私人部门提供。政府提供了很多具有竞争性和排他性的物品,这类物品称为公共提供的私人物品(publicly provided private goods)。比如,医疗服务和住房这两种私人物品,时常由公共提供。同样,我们将在后面看到,公共物品也可能由私人提供。总之,私人和公共两个词本身,并不能告诉我们具体由哪一部门提供。

二、公共物品的有效提供

(一)私人物品市场需求的横向加总

国防或任何其他公共物品的效率产量是多少?我们先从重新审视私人物品开始,仍然假定社会只有两个人——亚当和夏娃,两种私人物品——苹果和无花果树叶。在图8-1(a)中,无花果树叶的数量(f)用横轴表示,每个无花果树叶的价格(P_f)用纵轴表示。亚当对无花果树叶的需求曲线是D_f^A。该需求曲线表明,在其他条件不变的情况下,亚当在每种价格水平上愿意消费的无花果树叶的数量。同样,图8-1(b)的D_f^E是夏娃对无花果树叶的需求曲线。每个人的需求曲线还表示他对于某一特定数量愿意支付多少。

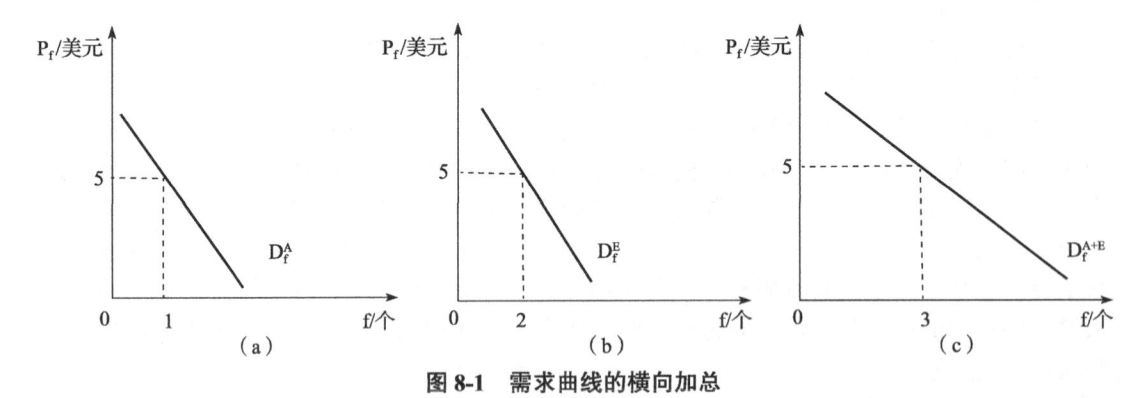

图8-1 需求曲线的横向加总

要想求出无花果树叶的市场需求曲线,只要把每个人在每一价格水平对无花果树叶的需求量加在一起即可。在图8-1(a)中,在价格为5美元时,亚当需要1单位的无花果树叶,即D_f^A与纵轴的距离。图8-1(b)表明,在同一价格水平下,夏娃需要2单位的无花果树叶。因此,在价格为5美元时,总需求量为3单位,无花果树叶的市场需求曲线就是图8-1(c)中的D_f^{A+E}。正如刚才所说的那样,价格为5美元、数量为3的点位于市场需求曲线上。同理,要找出任一价格水平下的市场需求,就要把该价格下每条私人需求曲线与纵轴之间的水平距离加总。这一过程称为横向加总(horizontal summation)。

(二)公共物品市场需求的纵向加总

假设亚当和夏娃同时观看焰火表演。夏娃观看焰火表演并不妨碍亚当,反之亦然。而且一个人不能排除另一个人观看焰火表演。因此,焰火表演是一种公共物品。焰火表演的规模可以变化，而且在其他条件不变的情况下，亚当和夏娃都愿意有更大规模的表演。假设现在表演由 19 个烟花组成，每增加 1 个烟花要花费 5 美元。亚当愿意为增加 1 个烟花支付 6 美元，夏娃愿意为此支付 4 美元。增加 1 个烟花来扩大表演规模是否有效率呢？像往常一样，我们必须对这个烟花的额外价值（边际收益）和额外成本（边际成本）进行比较。计算边际收益时，请注意，由于对该表演的消费是非竞争性的，亚当和夏娃都可以消费第 20 个烟花。因此，第 20 个烟花的边际收益是他们愿意支付的数量的总和，即 10 美元。由于边际成本只有 5 美元，因此增加第 20 个烟花是划算的。更为一般地说，如果个人对额外 1 单位公共物品愿意支付的总额大于其边际成本，那么，购买该单位公共物品符合效率要求；否则，就不应该购买。所以，效率要求，公共物品的提供一直增加到每个人最后 1 单位的边际收益之和等于边际成本为止。

为了说明这一结果，我们看一下图 8-2（a），亚当的烟花消费量（r）用横轴表示，每个烟花的价格（P_r）用纵轴表示。亚当的烟花需求曲线是 D_r^A，夏娃的烟花需求曲线是图 8-2（b）中的 D_r^E。如何推导出两人对烟花的支付意愿？把个人需求曲线横向加总，这种方法可以使亚当和夏娃在同一价格水平下消费不同数量的无花果树叶，对于私人物品，这是没有问题的。但是，烟花提供的服务（公共物品）必须被等量消费。如果亚当消费 20 个烟花的焰火表演，夏娃也得消费 20 个烟花的焰火表演。试图把个人在某一价格水平可能消费的公共物品数量加总，是讲不通的。

相反，为得到对烟花的集体支付意愿，把每个人对既定数量的公共物品愿意支付的价格加总起来，图 8-2（a）和（b）的需求曲线告诉我们，亚当在消费第 20 个烟花时愿意支付 6 美元，夏娃在消费第 20 个烟花时愿意支付 4 美元，因此，他们对第 20 个烟花的集体支付意愿是 10 美元，如果把图 8-2（c）中的 D_r^{A+E} 定义为集体支付意愿曲线，那么，D_r^{A+E} 和 r=20 点之间的垂直距离一定是 10。D_r^{A+E} 上的其他点可通过对每一产出水平重复这一过程而得到。对于公共物品来说，集体支付意愿是个人需求曲线的纵向加总。

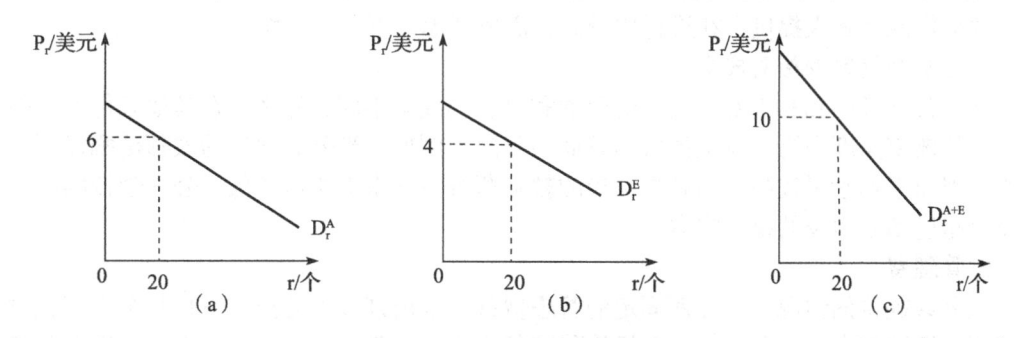

图 8-2 需求曲线的纵向加总

因此，对标准的私人物品而言，每个人面临的价格相同，然后人们决定他们需要多少数量。对于公共物品而言，每个人面临的数量相同，人们决定他们愿意支付多少价格。

（三）公共物品实现效率的问题

市场力量能导致公共物品提供的效率水平吗？答案部分取决于亚当和夏娃对焰火表演所表露出来的真实偏好程度。当私人物品在竞争性市场中交换时，人们对私人物品的评价不会说谎。如果夏娃愿以现行价格购买无花果树叶，那么，要是他没有买，就什么都得不到。

然而，人们对于公共物品可能会隐瞒其真实偏好。亚当可能谎称焰火表演对他毫无吸引力。如果他能让夏娃去付账，那么他仍然可以欣赏表演，同时还可以花更多的钱去买苹果和无花果树叶。这种让别人付钱，自己坐享其成的人称为免费搭车者（free rider）。当然，夏娃也想成为免费搭车者。因此，市场不能提供有效数量的公共物品。市场不会自发地去实现效率配置。

即使消费具有排他性，市场提供消费具有非竞争性的物品也可能是无效率的。现假定焰火表演具有排他性，在一个很大的体育场里，人们不买门票就不能观看；追求利润最大化的企业家卖票。就规模既定的焰火表演来说，另一个人观看的额外成本是零（因为该表演的消费具有非竞争性）。效率要求，凡是对该表演的评价大于零增量成本的人都准许入场。但是，如果企业家向每个人收取的价格都为零，他的生意就做不下去了。

有什么解决的办法吗？假定：①企业家知道每个人对公共物品的需求曲线；②该物品由一个人转给另一人是不可能的或很难实现。在这两个条件下，企业家可以根据支付意愿向每个人收取不同的价格，这种做法即完全差别定价。认为观看焰火表演只值1分钱的人，就让他们付1分钱，而不予排除在外。这样，对焰火表演的评价为正值的每一个人都可以观看，这是一种效率结果。由于对该表演评价高的人会支付很高的价格，故企业家也能够有利可图。

完全差别定价似乎是一条出路，但它要求知道每个人的偏好，于是这条出路又被堵死了。结论是，即使非竞争性的物品具有排他性，私人提供也不可能有效率。

三、公共物品的提供与生产

（一）公共提供与私人提供

由前所述，公共物品存在的特殊问题导致供给不足，因此在很多情况下需要由政府来提供公共产品（当然，政府更多基于公平与发展的角度出发考虑问题，政府提供也很难保证实现效率条件）。但有些时候，公共物品也可以由私人提供。如果某公共物品可以同时由公共提供或者私人提供，在进行比较时，需要考虑以下几个方面。

1. 工资和材料的相对成本

如果公共部门和私人部门支付的劳动和材料的成本不同，那么，在其他条件不变的情况下，从效率角度来看，应选择成本较低的部门。例如，当公立学校的教师薪酬福利较为平均，因而平均水平较高，而私立学校的教师薪酬平均水平相对较低，公立学校的投入成本就会超过私立学校的投入成本。

2. 管理费

在公共提供的情况下，任何固定的管理费都可以由许多人分摊。不是每个人都花时间去谈判垃圾清理事宜，而是由一个机构代表每个人去谈判。社区规模越大，管理费分摊的好处就越明显。同样，公立学校体制提供的教育每所学校都相同，但节省了父母判断哪一所学校是好学校的时间和精力。

3. 偏好多样性

有孩子和没有孩子的家庭对高质量教育的要求大不一样，家中藏有珠宝的人可能比其他人更重视财产保护问题。只要这种多样性存在，私人提供就相对更有效，因为人们可以根据自己的偏好调整消费。很明显，在承认多样性所带来的好处的同时，还必须权衡可能由此增加的管理费用。

4. 分配问题

社会的公平观念可能要求某些商品人人有份，这种思想有时被称为商品平均主义。商品平均主义可能有助于解释为什么人们普遍认为教育应由公共提供，人们认为，每个人都应该受到最基本的学校教育，这种观念也出现在目前对医疗服务的争论中。

（二）公共生产与私人生产

对于有些物品，人们可能同意应当由公共部门来提供，但对于它们应当由公共部门来生产还是应当由私人部门来生产，仍有分歧。这种争论部分源于对政府干预经济的程度在认识上存在根本性分歧；还有一部分原因是对公私部门生产的相对成本有不同的看法。有人认为，公共部门的管理人员与私人部门的经理不同，他们无须考虑利润，也不必担心破产和被兼并。因此，公共部门的管理者几乎没有认真监管其企业活动的动机。这种观点由来已久。但是，反对私有化的人提出质疑，认为这些例子高估了私人生产节省的成本。

从经验证据的角度来看，有关私人生产和公共生产的成本差异，其系统证据非常少。其中的一个重要原因是，这两种方式提供的服务质量可能不同，难以进行比较。例如，私立医院也许比公立医院的成本低，因为私立医院不接收医疗费用昂贵的病人。

1. 不完备的契约

针对上述情况，一种可能的解决办法是，政府与私人提供者签约，详细规定政府所要求的服务质量。然而，政府有时不可能签订一份包罗万象的合同，因为人们不能预先确认所有可能发生的意外事件。相反，对于比较确定的平常活动（如垃圾回收、扫雪），通过签订完备的合同让私人生产没有多大问题。总之，如果私人部门的成本比公共部门的成本低，且能够签订比较完备的合同，那么让私人生产的理由更充分。

支持私有化的人认为，即使不太可能签订完备的合同，还有其他一些机制可以让私人企业不偷工减料。倘若消费者自己购买物品，且有许多供应商，那么，消费者可以不购买提供劣质服务的供应商的东西。此外，树立信誉也是重要的——打算将来赢得更多合同的私人供应商有动力现在就避免无效率的成本缩减。

2. 市场环境

在私有化的争论中，最后一个重要问题是，公共企业或私人企业经营的市场环境。从社会角度看，私有垄断企业的生产可能效率很低，而处于激烈竞争环境中的公共企业也可能效率很高。以美国亚利桑那州的菲尼克斯市为例，看一下后一种情况的可能性。由于人们对市政工程部的成本和业绩极为不满，菲尼克斯市允许私人公司参加各地清理垃圾的竞标，市政工程部也可以参加竞标。开始，市政工程部一败涂地，因为私人部门可以以更低的成本把工作完成得更好。但是随着时间的推移，市政工程部尝试了各种措施，如让司机重新设计垃圾清理的路线，最终夺回了合同。

菲尼克斯市的故事告诉我们，公有制还是私有制并不重要，重要的是竞争是否存在。沿着这一思路，有研究发现，虽然政府企业的营利情况不如私人企业，但没有足够的证据表明，私有化本身会提高营利性。但也有研究表明，尽管政府能够提高效率，但随着时间的推移，这种收益可能会逐渐消失，因为政府没有保持这种收益的竞争压力。

第二节 外部性

很多情况能影响市场的资源配置有效性。外部性是其中非常重要的一种影响因素：当某一实体（一个人或一个企业）的活动以没有反映在市场价格中的某种方式直接影响他人的福利时，这种影响就称为外部性（externality）（因为一个实体直接影响到另一个实体的福利，它是"外在于"市场的）。与通过市场价格传递的影响不同，外部性降低了经济效率。

一、外部性的性质

假设张三经营一家工厂，该工厂把垃圾倒入一条没有人拥有所有权的河里。李四以在河中捕鱼为生。张三的行为使李四付出代价，但没有反映在市场价格中，故张三的市场决策并未考虑对李四的这种伤害。在本例中，清洁的水是张三生产过程的一种投入品。效率要求，张三要用水，就应当按价付费，该价格反映的是水作为一种可用于其他活动的稀缺资源的价值。可是，张三支付的价格为零，结果是他在无效率地大量用水。张三有效地使用其他投入品，是因为他必须向资源所有者支付价格，该价格反映出这些资源用于其他用途时的价值。但是，如果没有人对这条河拥有所有权，那么，它就没有使用市场，每个人都可以免费使用它。所以，外部性是没有或不能确立产权的结果。如果有人拥有这条河，谁使用它，谁就要支付费用，就不会出现外部性。

假定李四拥有这条河。他可以向张三的污染行为收费，该费用反映出给他造成的捕鱼损失。张三在做出生产决策时就会考虑这些费用，而不再无效率地用水。相反，如果张三拥有这条河，他会向李四在河里捕鱼收费。李四为取得在河中捕鱼的权利而愿意向张三付多少钱，取决于河水的污染程度。如此一来，张三就有了动力避免污染过度，否则，他从李四那里收不到多少钱。

因此，共有资源往往被滥用，因为没有人有节约使用资源的动机。

公共物品可以被看作一种特殊的外部性。具体来说，当一个人创造了一种有益于经济中每个人的正外部性时，这种外部性就是纯公共物品。有时候，公共物品和外部性的界限有点模糊。比如，我在我家后院安装了电蚊网。如果我杀死了整个社区的蚊子，那么我实际上创造了一种纯公共物品。如果只有少数邻居受到影响，那么它具有外部性。虽然从形式上看，正的外部性和公共物品颇为相似，但在实践中把它们区分开来还是有用的。

二、对外部性的分析

图8-3分析了上述张三和李四的例子，横轴表示张三工厂的产量Q。MB曲线表示每一产量水平下张三的边际收益，它随着产量的增加而下降，与每一产量水平相关的还有边际私人成本MPC，边际私人成本反映的是张三购买生产投入品的支出，它随着产量的增加而增加。工厂生产的副产品是污染，污染损害了李四的利益。假设每单位产量的污染量固定，故随着工厂产量的增加，所产生的污染量也增加。在每一产量水平上，李四遭受的边际损害用MD表示，MD向上倾斜，意味着污染量越大，所造成的损害增量也加大。

如果张三想使利润最大化，在图8-3中，如果MB大于MPC，他就进行生产；如果MPC大于MB，他就停止生产。因此，他的最大产量位于MPC与MB的交点处，产量水平为Q_1。

从社会的角度看，只要边际收益超过边际社会成本，生产就应进行。边际社会成本包括两部分：一是张三购买的私人成本MPC；二是李四遭受的边际损害，由MD所示。因此，边际社会成本等于MPC加上MD。在图8-3中，边际社会成本曲线是每一产量水平下MPC和MD的高度之和，即图8-3中的MSC，请注意，MSC和MPC的垂直距离是MD（因为MSC=MPC+MD，所以MSC−MPC=MD）。

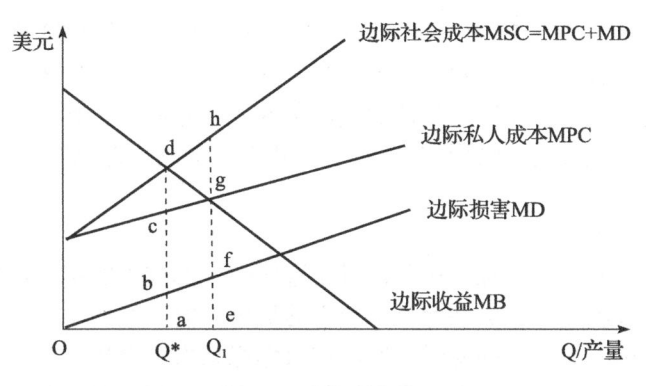

图 8-3 外部性问题

从社会角度看,效率要求生产仅限于 MB 大于 MSC 的产量。因此,产量应定在这两条曲线的交点处,即 Q*。

通过上述分析,可以得到以下几点结论。

第一,当存在外部性时,私人市场不一定生产具有社会效率的产量水平。特别是当一种物品产生负的外部性时,相对于效率产量来说,自由市场的产量太多。

第二,当产量从 Q_1 削减到 Q* 时,张三的利润也随之减少。如图 8-3 所示,他损失的利润是 Q_1 与 Q* 之间每一单位产量的 MB 曲线与 MPC 曲线之差,即面积 dcg。

与此同时,李四的境况却有所改善,因为张三生产得越少,对李四渔业的损害就越小。张三每削减 1 单位产量,李四就得到与该单位产量引起的边际损害量相等的收益。在图 8-3 中,当产量从 Q_1 削减到 Q* 时,李四的收益是 Q* 和 Q_1 之间、边际损害曲线之下的面积 abfe。注意到,面积 abfe 等于面积 cdhg。(因为 MSC 与 MPC 之间的垂直距离等于 MD,与 MD 和横轴之间的垂直距离相等)。

总之,如果产量从 Q_1 削减到 Q*,张三损失的利润就是面积 dcg,李四得到的收益就是面积 cdhg。社会净收益等于面积 cdhg 与面积 dcg 之差,即面积 dhg。

第三,分析表明,在一般情况下,污染为零并不是社会的理想状态。要找到合适的污染量,需要对成本和收益进行权衡,而权衡的结果往往是某一正的污染水平。因为所有的生产活动都会有一定程度的污染,因此,要求污染为零就等于禁止一切生产活动,这显然是一种无效率的解决方法。这些看起来只不过是个常识性问题。

第四,要实际运用图 8-3 中的框架,不只是画出假设的边际损害和边际收益曲线,还必须确定它们的实际位置和形状,至少是大致的位置和形状。然而,在确认和评估污染损害时,存在着许多棘手的实践问题。

1. 哪些污染物有害

在上述例子中,很清楚,张三的工厂对李四有损害,即减少了他能捕获的鱼量,不过,在现实生活中,一般来说很难确定哪些污染物有害、程度有多大(即图 8-3 中的边际损害曲线)。

2. 哪些活动产生污染

一旦一种有害的污染物被确认,我们还必须确定是哪一生产过程产生的。以酸雨为例,这是一种引起广泛关注的现象。科学家已经证实,排放到空气中的二氧化硫和氧化氮与水蒸气反应产生酸性物质,形成酸雨,这些酸性物质随雨或雪降到地面,提高了整个降水的酸度,对动植物造成潜在的危害。

但是，酸雨到底在多大程度上与工厂生产活动有关，在多大程度上与自然活动如植物腐化和火山喷发等有关，人们对此并不清楚。此外，某个地区排放的氧、硫有多少变成了酸雨也很难确定。这部分取决于当地的气候条件，部分取决于其他污染物如非甲烷碳氢化合物的排放情况。这更加说明了很难评估哪种生产活动引起酸雨并应成为政府干预的对象。

3. 损害的价值是多少

边际损害曲线表明了每增加一单位产量所造成的外部成本的货币价值。因此，污染造成的物理损害一旦被确定，就必须计算该损害的货币价值。经济学家在考虑衡量某物的价值时，通常想到的是人们对它的支付意愿。如果你愿意为一辆自行车支付210美元，那么这就是它对你的价值。与自行车不一样，污染减少一般不存在明确的买卖市场。那么，如何衡量人们对消除污染的边际支付意愿呢？人们可能不了解污染对他们健康的影响，因此低估了减少污染的价值。而且，支付意愿的度量忽略了公平问题。

三、私人对策

（一）讨价还价与科斯定理

回忆一下以前的论点，即外部性引起无效率，其根本原因是缺乏产权。在产权被确定之后：人们就会通过彼此之间的讨价还价来应对外部性。为此，假定把一条河的产权分配给张三，再假定张三和李四之间的讨价还价是没有成本的。双方能否通过谈判达成协议使产量从 Q_1 降下来呢？

一方面，只要李四所付的钱小于对他的边际损害MD，他就愿意为张三不生产这一单位的产量所受到的损失付钱。另一方面，就某一既定单位产量而言，只要张三从李四得到的收入大于（MB-MPC），他就愿意放弃这一单位的产量。用代数方法来说，这一条件就是：MD>（MB-MPC）。图8-3表明，当产量为 Q_1 时，MB-MPC等于零，而MD是正值。因此，MD大于（MB-MPC），有讨价还价的余地。结果是，产量最终会维持在 Q^*。

现在假定角色对换，李四拥有这条河的产权。如果没有得到李四的允许，张三不能生产。现在讨价还价的过程成了张三给李四钱来换取污染的许可。只要李四从张三的每单位产量上收到的钱大于该产量对他的渔业造成的边际损害（MD），他就愿意接受一定程度的污染。张三发现，只要付款小于该单位产量的（MB-MPC）的价值，为获得生产权而付款就是合算的。请注意，就张三生产的第一个单位的产量来说，他的边际利润（MB-MPC）远远超过对李四的边际损害（MD），所以，还有很大的讨价还价空间，允许张三生产该单位。结果仍然是，产量最终会维持在 Q^*。

在上述分析中，有两个重要假设条件起关键作用：

第一，各方的讨价还价成本很低；

第二，资源所有者能识别使其财产受到损害的源头且在防止伤害上能得到法律保护。

围绕图8-3展开的讨论，具有下列含义：在这两个假设条件下，只要有人拥有产权，问题就会得到有效解决。这一结论称为科斯定理。它表明，产权一旦确立，就不需要政府干预来解决外部性问题。

但是，这两个假设条件并非总成立。例如，像空气污染这类外部性，涉及成千上万人（包括污染者和受污染者），很难想象他们坐在一起谈判的成本会很低。此外，即使确立了大气的产权，但空气所有者怎样才能在成千上万的潜在污染者中找出造成污染的人，确定每个污染者应负责多大比例的损害，这些问题仍不清楚。

科斯定理最适用于当事人很少且外部性来源很清楚的情况。即使这些条件都成立，从收入分配的角度看，产权的安排也是很重要的。产权是有价值的，如果李四拥有这条河，这会增加他相对于张三的收入，反之亦然。

（二）合并

解决外部性问题的方法之一，是把相关当事人合成一体而使外部性"内部化"。在前述的例子中，李四可以买下工厂，张三可以买下渔业，或者第三方把两家企业都买下来。一旦这两家企业合并，外部性就被内部化了——产生外部性的企业会把外部性考虑进来。比如，如果张三买了渔业，他会愿意降低产量水平，因为从边际角度上说，这样做可以增加他在渔业上的利润，且比他工厂减少的利润要多。结果，外部效应不存在，市场也不会是无效率的。因此，我们不会把这种情况概括为"外部性"，因为所有决策都是在一个企业内部做出的。

四、外部性的公共对策：税收与补贴

倘若个体自己采取行动不能加以有效解决，政府可以过对特定市场活动征税和补贴进行干预。

（一）税收

张三的生产无效率，是因为他的投入品价格低于社会成本。具体来说，由于他的投入品价格过低，他的产品价格也过低。英国经济学家庇古（Arthur Cecil Pigou）在 20 世纪 30 年代提出了一种自然的解决方法，就是向污染者征税，以矫正他的投入品定价过低问题。庇古税（pigouvian tax）是对污染者的单位产量征税，其税额正好等于污染者在效率产量水平上造成的边际损害。在这种情况下，在效率产量水平 Q^* 上的边际损害是 cd，正是庇古税（回忆一下，MSC 与 MPC 之间的垂直距离是 MD）。

张三对每单位产量被课征 cd 美元的税会做出怎样的反应？这种税提高了张三的有效边际成本。张三每生产一单位产品，要向投入品的供应商付款（用 MPC 表示），同时还要向征税者付款（用 cd 表示）。从图 8-4 上看，张三的新边际成本曲线是在每一产量水平上的 MPC 加 cd 得到的，即按垂直距离 cd 上移 MPC。

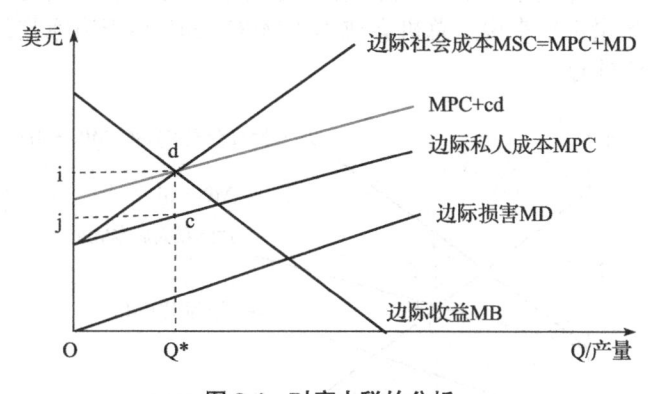

图 8-4　对庇古税的分析

利润最大化要求，张三的产量要保持在边际收益等于边际成本的水平上。现在，该水平就是由 MB 与 MPC+cd 的交点决定的效率产量 Q^*，实际上，税收迫使张三考虑

他所造成的外部性的成本，促使他进行有效率的生产。请注意，对于所生产的 id 单位（id=OQ*），每单位产生的税收是 cd 美元，因此，税收收入总额是 cd×id，等于图 8-4 中的矩形面积 ijcd。也许用这些收入来补偿李四是很有吸引力的，这样虽然他仍受到张三活动的伤害，但比税前受到的伤害轻多了。不过，我们必须谨慎从事，如果每个人都知道在河里捕鱼会收到一笔钱，一些本来不打算在河里捕鱼的人也会来捕鱼。前面说过，外部性具有相互性。补偿会导致捕鱼者忽略他们给张三的生产造成的成本，结果会出现在这条河大量无效的捕鱼活动。问题的关键是，对污染的受害者进行补偿不一定能获取效率，而且的确有可能导致无效率。

庇古税制实施起来有些问题。如前所述，由于估计边际损害函数困难重重，故难以找到正确的税率，但是，仍然可以找到一些合理的折中办法。以汽车的有害气体排放这种外部性为例。从理论上说，按行驶里程数征税会提高效率。如果根据不同地点和不同时间按行驶里程数征税，效率可能会更高，因为在人口稠密地区，在交通拥堵高峰期的排放，污染更加有害。但是，根据不同的时间和不同的地点按里程征税，对管理者来说负担太重而不可行。政府也可以征燃油税，尽管外部性的大小不是由使用燃油本身决定的。燃油税不会导致最有效率的结果，但它会大大改善现状。

（二）补贴

假定污染企业的数量是固定的，通过向污染者支付一笔钱使其不污染，可以获得效率生产水平。虽然这种观点乍看起来比较奇特，但是它与征税方法有异曲同工之处。这是因为，对不污染行为进行补贴，是提高污染者实际生产成本的另一种方法。

假定政府宣布，张三每停止生产 1 单位产品，政府向它补贴 cd 美元。张三会怎么做？在图 8-5 中，张三在产量为 Q_1 时的边际收益为 MB 与横轴之间的距离 ge。生产 Q_1 的边际成本由两部分构成，一部分是张三购买投入品的成本（从 MPC 曲线可知），另一部分是他进行生产而放弃的补贴 cd。因此，边际成本曲线还是 MPC+cd，在产量为 Q_1 时，边际成本是（=eg+gk）。但是，ek 大于边际收益 ge。只要产量为 Q_1 时边际成本大于边际收益，张三就没有理由生产这最后 1 单位产品。相反，他应该放弃生产，接受补贴。同理，张三不会生产超过 Q* 产量的任何产品。在 Q* 右边的所有产量，边际私人成本和补贴之和大于边际收益。而在 Q* 左边的所有点，张三进行生产是有利可图的，即使他不得不放弃补贴。对于这些产量水平来说，总机会成本（MPC+cd）小于边际收益。因此，补贴促使张三只生产效率产量 Q*。

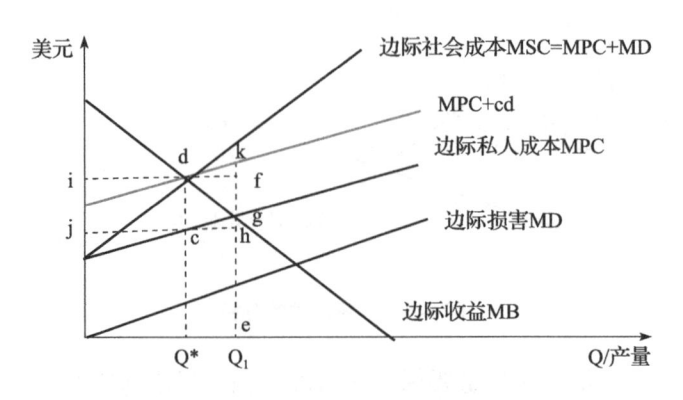

图 8-5 对庇古补贴的分析

征税方法和补贴方法对收入分配的影响截然不同。张三不但不用缴纳 idcj 这么多的税，还收到一笔补贴，这笔钱的金额等于他所放弃的产量 ch 乘以每单位的补贴 cd，即图 8-5 中矩形面积 df hc。有效率的解决方法与不同的收入分配结果并存不足为奇。这和上一章中的结论类似——在埃奇沃思框图中，有无数个效率配置点，每一种配置都对应着不同的实际收入分配。

除了有像庇古税制所存在的那些问题以外，庇古补贴还有自身的问题。第一，回想一下，图 8-5 的分析假定企业的数量是固定的。补贴会带来高利润，所以，长期而言会引起更多的企业在河边办厂。补贴会使河边的新企业增多——造成总污染实际上加重。第二，补贴在道德上是不可取的。

五、外部性的公共对策：排污费和总量控制与交易制度

上一节说明了对张三的每单位产量征税导致社会效率结果的作用原理。这种方法的一个问题是，它没有给张三适当的激励，寻找减少污染的方法而不是减产。张三利用减少单位产量排放的污染控制技术不会改变他的应纳税额，他何必要这样做呢？

解决这一问题的方法就是对每单位排放而非每单位产量征收庇古税。这种税称为排污费（emissions fee）。为考察这种税，看一下图 8-6，横轴代表张三的年度污染减少水平，标以 MSB 的曲线表明的是张三减少 1 单位污染给李四带来的边际社会收益。换言之，MSB 表明的是张三的污染每减少 1 单位，李四的成本下降程度。把这条曲线画成向下倾斜，反映出这样的假设：污染每增加 1 单位，李四的境况以越来越快的速度变差。标以 MC 的曲线说的是张三减少每单位污染的边际成本，张三减少污染的成本可能来自减少产量、转用更清洁的投入物、采用控制污染的新技术等。我们假定这条曲线向上倾斜，表明张三减少污染的成本以越来越快的速度上升。

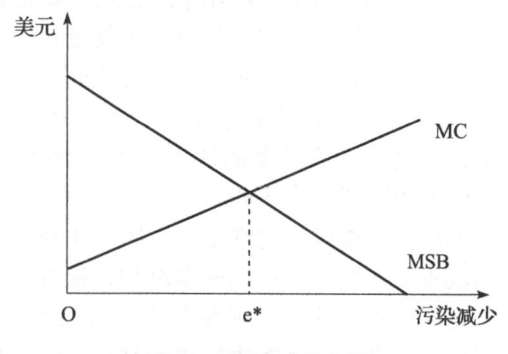

图 8-6 污染减少市场

倘若没有出现科斯式的讨价还价，政府也不干预，那么，张三就没有动力减少污染，污染就会位于 O 点。然而，只有当张三减少污染的边际成本等于污染减少给李四带来的边际收益时才出现效率结果，这发生在 e* 点。在 e* 点左边的任何一点，进一步减少污染的收益都大于成本，故污染减少得更多会提高效率。在 e* 点右边的任何一点，污染减少的最后一单位的收益都小于成本，故污染减少得少一些会提高效率。

为了达到 e* 点（污染减少的效率数量），政府能做什么？我们将考察三种不同的方法，即排污费、总量控制与交易制度以及命令控制型管制。

（一）排污费

排污费的作用原理与前面讲的税收很相似。唯一的差异是，在这种情况下，是对每单位污染征税，而不是对每单位产量征税。图 8-7 复制了图 8-6 的曲线，回忆一下，在没有政府干预的情况下，张三不会减少排放，故他位于 O 点。现假定政府征收排污费，每单位污染收费 f*，f* 就是在效率水平 e* 上污染减少的边际社会收益。张三会有怎样的反应？

张三每减少一单位排放就会发生一定的成本（MC）。可是，在有排污费的情况下，他

每削减 1 单位污染，他的应纳税额就下降 f*，如果他每单位节省的税额大于减少额外 1 单位污染的成本，张三就会减少污染。用代数来表示就是，如果 f*>MC，他就减少污染。图 8-7 表明，在 e* 点左边的所有点，该条件都成立，所以，张三会把污染量削减到效率点。此时，他就不会再减少污染，因为这样做的边际成本大于他减少的应纳税额。

这个例证表明，政府利用排污费能实现预期污染减少量。当然，政府只要要求张三把他的污染减少 e*，也能实现同样的结果。不过，当存在不止一个污染者时，排污费还是有明显优势的。

我们假定，除了张三之外，还有王五也污染李四捕鱼的这条河。又假定，王五比张三减少污染付出的代价更大，故他的边际成本曲线更高。图 8-8 显示出张三和王五的边际成本曲线，分别为 MC_B 和 MC_H，假定开始他们每人每年排放 90 单位污染，政府估计效率污染减少数量每年为 100 单位。也就是说，总污染量需要从每年 180 单位减少到 80 单位。

该污染减少量在张三和王五之间应如何分配？政府的一种想法是要求每人每年减少污染 50 单位（意思是说允许每人每年污染 40 单位而非 90 单位）。这样做虽然会实现预期减少，但会增加不必要的成本。为了看清这一点，看一下图 8-8 就会知道，王五减少第 50 单位的边际成本大于张三减少第 50 单位的边际成本（亦即 $MC_H>MC_B$）。假定我们要求张三多减少 1 单位，允许王五少减少 1 单位，总排放减少量仍是 100 单位。可是，由于王五的成本节省大于张三的成本增加，这种变化会降低实现 100 单位污染减少的总成本。只要这两位污染者的边际成本不同，我们就可以重新分配负担，使总成本降低。换言之，只有当所有污染者之间的边际成本都相等时，排放减少的总成本才能最小化。这种以可能的最低成本实现的结果称为成本有效结果。在图 8-8 中，100 单位污染减少的成本有效措施是：张三减少污染 75 单位，王五减少污染 25 单位。

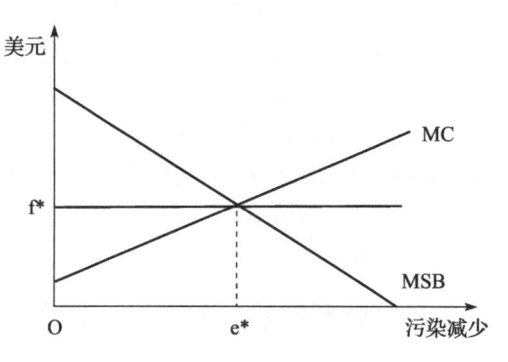

图 8-7 利用排污费实现污染减少

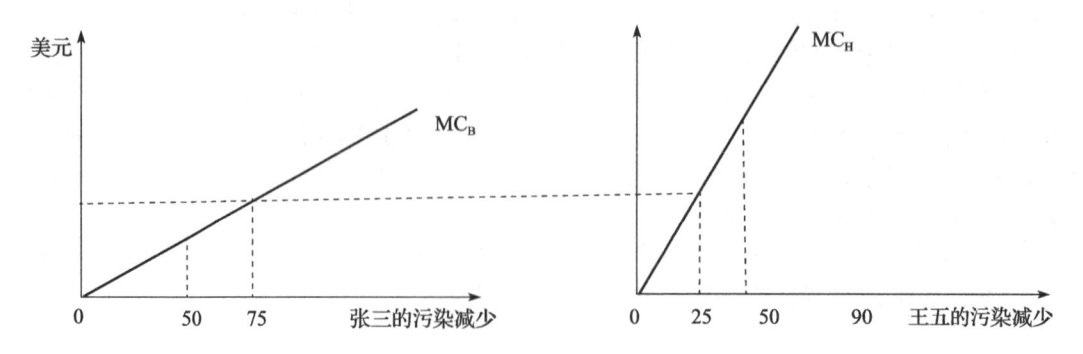

图 8-8 不同污染者之间统一污染减少不是成本有效的

有人也许发现，以上结果不公平，因为它要求对污染减少负不同程度的责任，王五的负担为什么就应当比较轻？就是因为他减少污染的费用更多吗？不过，以上看法是一种错觉。原因何在？为方便计算，假定每单位污染收费 50 美元。如前所述，在征收排污费的情况下，如果减少污染的节税额大于其边际成本（即如果 f>MC），污染者就会减少排放。在征收这种排污费的情况下，张三减少75单位，王五减少25单位，这是经济效率结果，因为这样分配的边际成本相等。从公平的角度看，王五未赚到便宜，因为如果他继续生产，他要为每单位污染支付50美元。王五在减少污染25单位之后，他每年仍然要污染65单位，每年必须支付税额3250美元（=50美元×65）。由于张三减少污染75单位，他的年度应纳税额仅为750美元（=50美元×15）。总之，削减污染少的企业实际上得不到任何好处，因为它承担的纳税义务比削减更多污染时的纳税义务重。

排污费的主要优势是，能以可能的最低成本减少污染。从图8-8中看到，不管排污费是多少，减少污染的边际成本对于张三和王五都相同（亦即 $MC_H=MC_B$），所以实现了经济效率结果。具体来说，高于50美元的收费都会导致每年多于100单位的污染减少，而低于50美元的收费都会导致每年少于100单位的污染减少。但是，不管污染减少多寡，收费都能以可能的最低成本来实现。

尽管我们讨论的是污染情况的排污费问题，但它同样适用于解决其他外部性问题。

（二）总量控制与交易制度

作为取代排污费的一种政策，政府可以建立一种可交易污染许可证制度，即总量控制与交易制度（cap-and-trade）。在该制度之下：张三和王五必须为他们每年排放的每单位污染提交一份政府发放的许可证。此外，他们可以互相交易这些许可证。用我们的例子来说，为了把污染总量控制在80单位，政府每年发放80单位的许可证。

在张三和王五之间分配许可证的最佳方式是什么？从效率角度来看，只要许可证是可交易的，许可证在污染者之间的最初分配无关紧要——最终结果都是成本有效的。为了说明这一点，我们看一下图8-9，它复制了图8-8的边际成本曲线。为简化起见，我们假定张三获得政府发放的全部80单位许可证。由于张三起初每年排放90单位，而只有80单位许可证，他现在要减排10单位，这使其位于图8-9中的a点。相反，由于王五没有任何单位的许可证，他必须消除污染。这就意味着他要减排90单位，这使其位于图8-9中的b点。结果，MC_H远远大于MC_B，所以总成本大大高于他们所需的成本——这种配置不是成本有效的。

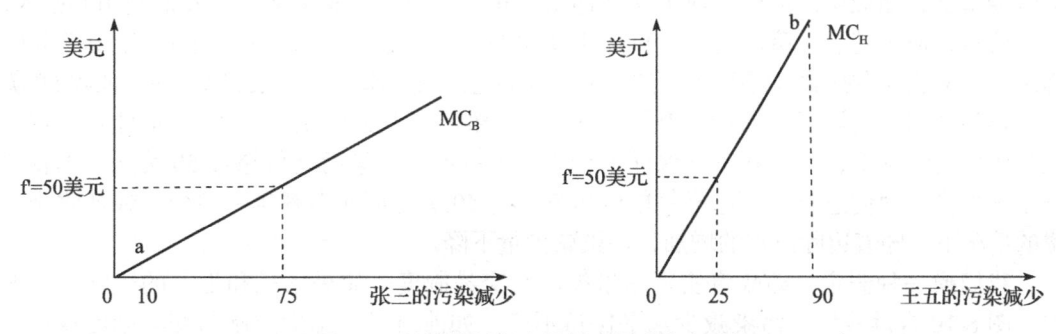

图8-9 总量控制与交易制度是成本有效的

交易如何改变这种结果？如果张三要把他的1单位许可证卖给王五，张三就必须多减少1单位污染。因此，如果他获得的报酬至少能补偿他额外减少1单位污染的成本，他才会卖出1单位许可证。通过购买1单位许可证，王五就可以多污染1单位。因此，如果他购买1单位许可证的成本低于他多污染1单位所节省的成本，他才会购买1单位许可证。由于张三在a点的边际成本小于王五在b点的边际成本，因此他们之间有讨价还价的余地，张三把他的 1 单位许可证卖给王五，同理，张三可不断地把许可证卖给王五，直到 $MC_H=MC_B$ 为止。我们知道，$MC_H=MC_B$ 界定的是经济效率结果，故我们证明了总量控制与交易制度是一种经济有效政策。此外还要注意，此时，许可证的市场价格是 f（=50 美元），这与前面讨论的排污费相同。

请注意，不管政府当初是如何在张三和王五之间分配许可证的，污染减少的程度都是相同的。当然，许可证的分配的确影响收入分配，因为他们每个人都想成为许可证的卖主而非买主。这应当不出所料。这是科斯定理的又一简单例子。科斯定理告诉我们，产权的配置产生分配效果，而没有效率影响。只要张三和王五彼此之间可以买卖许可证，最终结果就是经济有效的。

排污费和总量控制与交易制度是对称的政策。在我们的例子中，排污费规定为 f 与政府每年发放 80 单位许可证的总量控制与交易制度，使张三和王五的污染减少程度相同。更一般地说，对于每一种排污费，理论上都存在着一种正好能实现相同结果的总量控制与交易制度，反之亦然。不过，在实践中，这两种制度在执行上还是有些差异。

（三）排污费和总量控制与交易制度的比较

我们现在考察排污费和总量控制与交易制度之间的一些实践差异。

1. 对通货膨胀的反应

我们还用以前的例子，即政府建立排污费制度，规定每单位污染收费 50 美元。假定该经济体正经历通货膨胀，如果排污费对每年的价格水平变化不进行调整，那么从实际值来看，随着时间的推移，张三和王五的排污费成本在下降。换言之，通货膨胀降低了实际排污费，污染量也减少得少了。相比之下，在总量控制与交易制度下，不管通货膨胀是多少，污染量都是一样的——年度污染总量控制为 80 单位，这正是污染的数量。如果排污费的水平每年按通货膨胀进行调整，也能产生相同的结果，总量控制与交易制度的优点在于，无须立法或管制措施，调整会自动发生。

2. 对成本变化的反应

减少污染的边际成本很可能每年都不一样。比如，如果污染企业的商品需求增加，成本就会增加，缩减生产的机会成本就会递增。相反，如果企业学会更有效地利用其投入，减少浪费，成本就会下降。为了分析成本变化的影响，假定对张三和王五征收 50 美元的排污费，又假定在征收排污费之后张三和王五的边际成本都增加。根据图 8-9，征收 50 美元的排污费后，边际成本曲线上升导致污染减少得少了（或污染更多了）。请注意，在征收排污费的情况下，张三和王五保证不会为减少一单位污染而支付超过 50 美元，不管减排成本多高，他们总是可以选择每单位污染支付 50 美元而非多减排一单位。在征收排污费的情况下，随着边际成本的增加，污染减少量下降。

我们换一种假定，即政府实行总量控制与交易制度。如果张三和王五的边际成本增加，图 8-10 告诉我们，污染减少水平保持不变。如前所述，总量控制与交易制度规定了严格的污染上限，不随经济条件的变化而改变。但是，与排污费不同，实现污染减排目标的成本随着边际成本的上升而可能变得非常高。由于边际成本曲线向上移动，许可证的市场价格上升，使张三和王五承受更高的成本。在总量控制与交易制度下，污染减排的数量不因边际成本增加而改变。

总之，排污费限定的是减少污染的成本，但导致排放量随着经济条件的变化而改变；而总量控制与交易制度限定的是排放数量，但导致减少污染的成本随着经济条件的变化而改变。当污染减排成本变化时,这两种制度都不能自动导致有效率的结果。

一个有趣的选择是,把总量控制与交易制度和排污费结合起来。在这种混合办法下,政府建立总量控制与交易制度,固定可允许的污染数量。但政府也让公众知道,它将以预先确立的价格,按需出售额外的许可证,这种价格称为安全阀价格,可以定得相当高,以至于只有在污染减排成本大大高于预期时才能使用。实际上,如果污染减排的边际成本超出决策者可以接受的水平,安全阀放宽了污染总量控制。

3. 对不确定性的反应

解决很多重要环境问题的成本是很不确定的。当这种不确定性存在时,排污费和总量控制与交易制度可能导致不同的结果。

为简化起见,我们考虑只有一个污染者的例子。政府正在决定是征收排污费还是实行总量控制与交易制度。我们考察两种情况:一种情况是,减少污染的边际社会收益曲线缺乏弹性;另一种情况是,该曲线富有弹性。在缺乏弹性曲线情况下,污染减少的最初单位具有很高的价值,但随着污染减少得更多,它们的增量收益迅速下降。在富有弹性曲线情况下,污染减少的每单位边际价值基本上保持不变。

现假定政府对减少这种污染的边际成本不确定。政府的最佳猜测是,边际成本曲线是 MC*。然而,事实上是,它可能像 MC' 那么高。

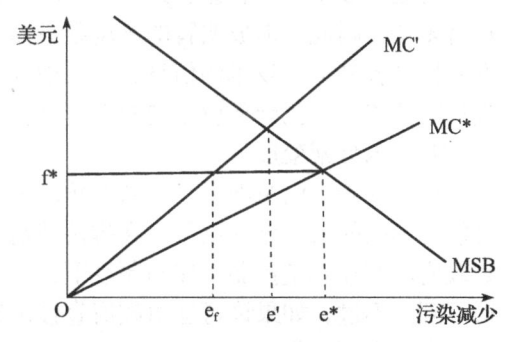

图 8-10 边际社会收益曲线与成本不确定时总量控制与交易制度和排污费的比较

如果政府依据对 MC* 的最佳猜测估计,打算利用总量控制与交易制度,就会发放足够的许可证以实现减少量 e*。如果 MC* 证明就是真实的成本,那么,该结果是有效率的。然而,如果证明真实的边际成本曲线是 MC',那么,效率结果是 e',总量控制与交易制度(固定了污染水平而不管成本如何)导致污染减少过多(亦即 e*>e'),请注意,虽然在成本高于预期时,总量控制与交易制度的结果是无效率的,但从效率角度来看也不是太差,因为 e* 毕竟与 e' 很接近。

如果在这种情形下政府利用排污费,情况会怎样?我们还是看图 8-10。依据对 MC* 的最佳猜测估计,政府会把排污费定为 f*,以实现减少量 e*。如前所述,如果 MC* 证明就是真实的成本,那么,该结果是有效率的。回想一下,在征收排污费的情况下,污染水平(故而污染减少)随着成本曲线的变化而改变,如果证明真实的边际成本曲线是 MC',那么,排污费将导致污染减少 e_f,而 e' 才是效率结果。

我们的结论是,当边际社会收益缺乏弹性且成本不确定时,总量控制与交易制度比排污费更可取。如图 8-10 中,如果边际社会收益曲线缺乏弹性,总量控制与交易制度的结果只是有些无效率,而排污费的结果则是非常无效率的,因为 e_f 比 e' 小得多。直观地看,当边际社会收益缺乏弹性时,成本的变化对最优污染减少量的影响非常小。因此,总量控制与交易制度(可允许的污染数量固定)不会与新的效率水平偏离太多。虽然这里分析的是污染减少的边际成本高于预期这种情况,但当它们低于预期时,也能推导出类似的结果。

与上述情形相反的是,假定污染减少的边际社会收益曲线相对富有弹性。同上例一样,如果政府打算利用总量控制与交易制度,就会发放足够的许可证以实现减少量 e*。

如果证明真实的边际成本曲线是 MC'，那么，效率结果是 e'，总量控制与交易制度导致污染减少过多（亦即 e*>e'）。

同理，在这种情形下，政府可以把排污费定为 f*，以实现减排量 e*。如果 MC* 证明就是真实的成本，那么，该结果是有效率的。如果证明真实的边际成本曲线是 MC'，那么，排污费将导致污染减少 e_f，而 e' 才是效率结果。然而，与缺乏弹性边际社会收益曲线的例子不同，在这种情况下，e_f 比总量控制与交易制度实现的减排量 e* 更接近效率结果。我们的结论是，当边际社会收益富有弹性且成本不确定时，排污费比总量控制与交易制度更可取。直观地看，当边际社会收益富有弹性时，成本的变化对最优污染减少量的影响很大。因此，总量控制与交易制度（可允许的污染数量固定）会大大偏离新的效率水平。

最后，我们怎么办？在不确定的情况下，我们确实不知道是排污费还是总量控制与交易制度更有效率。回答是，这取决于减少污染的边际社会收益随着清除数量的增加而下降得有多快。因此，形成明智的环境政策需要各学科共同努力——需要有来自不同领域的研究者提供各种关联技术的信息，包括边际社会收益曲线的形状，然后我们再以经济学的工具利用这些信息找到环境问题的效率解。

4. 收入分配效应

即使在确定的情况下，从效率角度看总量控制与交易制度和排污费是等价的，它们也可能有不同的收入分配结果。在排污费情况下，污染者必须对每单位污染付税，税收收入归政府。而在总量控制与交易制度下，如果许可证免费直接分发给污染者，政府一分钱都得不到。不过，如果许可证由政府直接出售给污染者而非免费分发，总量控制与交易制度也能为政府创造收入。

（四）命令控制型管制

排污费和总量控制与交易制度都属于激励型管制（incentive-based regulations），因为它们用市场激励办法促使污染者减少污染。每种方法基本上都是增加污染的机会成本，促使污染者考虑其行为造成的边际外部损害。激励型管制使污染者如何减排的灵活性较大，张三可能发现通过削减产量减排比较合算，而王五可能认为通过买进技术减少污染成本更低。在激励型管制下，这两种选择都可以，因为目的就是找到减少污染的最便宜的可行方法，除了如何减少污染的灵活性之外，谁应当减少污染也有灵活性。比如，如果张三减少边际单位污染的成本比王五更低，那么，在总量控制与交易制度下，王五就会从张三那里买进许可证。实际上，这种内在灵活性可使王五为减少污染而向张三付钱。同样，在排污费情况下，张三比王五减少更多的污染，王五则选择支付更多的税收。

对照这些灵活的方法，环境管制的传统方法主要是命令控制型管制。命令控制型管制形式多样，但比起激励型管制，它们都缺乏灵活性。技术标准（technology standard）就是一种命令控制型管制，要求污染者安装特定的技术，清除排放。如果污染者用别的方法减少污染，不管这种方法多有效，也是在违法。比如，若干年前通过的立法要求所有新的发电厂都要安装"清洁器"，而不是允许它们转用更清洁的燃料来清除排放。与激励型管制不同，技术标准没有激励企业寻找新的、更便宜的污染减少方法。如果法律不允许你用别的方法，你何必投资开发一种新的清洁技术呢？因此，技术标准一般不是成本有效的。

1. 绩效标准（performance standard）

这种命令控制型管制规定每个污染者的排放目标。污染者往往具有很大的灵活性，可选择符合这种标准的任何方法，所以，这种管制比技术标准更具成本有效性。不过，由于绩效标准给每个企业规定了固定的排放目标，减少污染的负担不能转移给能更便宜地实现目标的企业。结果，绩效标准不大可能是成本有效的。

许多实证研究试图比较分析利用成本有效方法和命令控制型管制来减少一定量污染的成本。具体结果取决于所考察的污染类型和污染地点。总体而言，命令控制型管制比成本有效方法的花费高许多。

美国联邦政府对所有新客车规定的企业平均油耗标准就是无效率命令控制型管制方法的一个很好例子。这些标准规定了客车行驶必须达到的平均油耗里程数，该政策的目的是要减少汽油消耗。企业平均油耗标准限制了灵活性，因为制造商不能在彼此之间转移负担以降低总成本。另一种减少汽油消耗的方法就是对燃油征税，这是排污费的一种形式。国会预算办公室对等量减少燃油消耗的企业平均油耗标准提高和燃油税增加进行了比较，发现前者每年多花费数亿美元。

2. 命令控制是更好的方法吗

在某些条件下，命令控制型方法可能比激励型方法更好。激励型方法只有在排放能被监控的情况下才是可行的。如果不可能监控排放或者监控排放的代价很高，那么，政府就不能按每单位排放收费或确认污染者是否有足够的许可证来满足其排放需求。有些形式的污染监控起来比较容易，比如发电厂的二氧化硫排放。而要了解其他形式的污染就比较困难，比如农田中化肥、沉积物、营养成分的流失。在这种情况下，技术标准也许更有效率，因为企业是否安装了技术装置比较容易监控。

激励型管制可能存在的另一个问题是使污染高度集中在某一地区。由于激励型制度限制所有污染源的排放总量，有可能出现在某些地区的排放量高于其他地区。如果排放集中于某一局部地区，它们带来的损害要比排放分散造成的损害大得多。排放的局部集中地被称为热点。命令控制标准通过限制来自每一污染源的排放而能避免出现热点。

六、对收入分配的影响

到现在为止，我们的重点一直放在外部性的效率方面。福利经济学表明，我们还必须考虑收入分配。然而，要评估环境改善对收入分配的影响，还需解决许多难题。

（一）谁受益

在我们的简单模型中，收益的分配是件小事，因为只有一种污染和一个污染受害者。而在现实中，人们却遭受着各种外部性带来的不同伤害。在其他条件不变的情况下，降低空气的污染程度会使实际收入的分配更公平。另外，改善娱乐休闲区（如国家公园）环境质量的环境保护计划，很可能主要使高收入家庭受益，因为他们是娱乐休闲区的主要使用者。

即使知道谁正在受到某种外部性的伤害，人们也不知道消除这些外部性的价值有多大。假定高收入家庭愿意为某种空气质量的改善支付比低收入家庭更多的钱。即使从实物量来看，一项清洁计划使低收入家庭比高收入家庭受到污染的程度减少得更多，但从价值量来看，该计划最终还是有利于高收入家庭。

（二）谁承担成本

假定政府的政策促使大量污染企业减少产量，随着这些企业减产，它们对所使用的投入品的需求也降低，使得这些投入品的所有者的境况变差。一些污染企业的原有工人在短期会失业，在长期将被迫接受低工资。如果这些工人的收入本来就很低，那么，环境清洁计划会加剧收入不平等。

穷人在多大程度上负担了环境保护的成本，引起了激烈的争议。环境保护主义的批评者认为，不让在市中心贫民区办厂的种种努力，使居住在那里的"大多数穷人的经济困境更加恶化"；环境保护主义者则称这种主张为"工作讹诈"，并认为没有确凿的证据证明穷人真的受到了伤害。

另一个要考虑的问题是，如果污染企业被迫把边际社会成本考虑在内，那么它们的产品就会变得更加昂贵。从效率的角度看，这完全是可取的。因为，如果不是这样，价格就会对所有资源成本发出错误的信号。不过，这些商品的购买者的境况一般会变差，如果受影响的商品主要由高收入群体消费，那么实际收入的分配将更公平。因此，要评估减少污染对收入分配的影响，还需要知道污染企业所生产的产品的需求格局。

显然，确定污染控制成本的分配是一项艰巨的任务。有研究发现，就总量控制与交易制度或征收碳税而言，处于收入分配最低阶层的家庭所承担的相对负担，明显高于处于收入分配最高阶层的家庭。

倘若穷人是负担的主要承担者，不妨对产生外部性商品的消费进行补贴。但这样做可能会事与愿违，因为补贴降低了产生外部性商品的价格，违背了该政策的初衷——确保消费者面对该商品的全部社会成本。总之，如果认为这种矫正外部性政策的分配效应不可取，那么，除了价格补贴，应该用其他一些机制来矫正这种情况。

七、正外部性

到目前为止，主要讨论的是负外部性。但我们也确实观察到，外溢效应也可能是正的，对这种情况的分析与对负外部性的分析是对称的。假定一个企业正在开展一项研发活动，图 8-11 描绘了边际私人收益（MPB）和边际成本（MC）曲线，该企业选择的研发水平是 R_1，此时 MC=MPB。进一步假定该企业的研发成果使其他企业的生产成本下降，但这些企业又不必为使用该科技成果付费，因为这些成果成了一般知识的组成部分。在图 8-11 中，MEB 表示其他企业使用每单位研究成果的边际收益（即边际外部收益）。研究成果的边际社会收益是 MPB 加上 MEB，即图中的 MSB。

效率要求边际成本等于边际社会收益，这发生在 R* 点，故研发活动提供不足。正如负外部性可以用庇古税来矫正一样，正外部性也可用庇古补贴来矫正。具体来说，如果从事研发活动的企业得到一笔补贴，补贴额等于最优状态下的边际外部收益——图 8-11 中的 ab 距离，企业的生产就是有效率的。从中可以明确得到的启发是：当个人或企业产生正外部性时，市场对这种活动或产品的提供是不足的，但适当的补贴可以改变这种情况。当然，外部性的数量和价值的计量依然困难重重。有研究表明，研发活动的私人收益率大约是 10%，而社会收益率大约是 50%。如果这些数字是正确的，那么研发活动所产生的正外部性是巨大的。

不过，对于这种补贴的要求要谨慎对待，原因有二：

一是补贴无论如何要从纳税人那里取得财源。因此，一切补贴都体现了收入从整体纳税人到受补贴者的一种再分配。即使补贴的结果具有效率，但对分配的影响也许是不可取的。这取决于社会福利函数所体现的价值判断。

二是一种活动本身是有益的并不意味着从效率角度来看就需要补贴。只有当市场无法使从事该项活动的人取得全部边际收益时，给予补贴才是适当的。例如，一名优秀的外科医生对人类做出了许多贡献，但是，只要该医生的薪水反映了其服务的增量价值，他就没有产生正外部性。

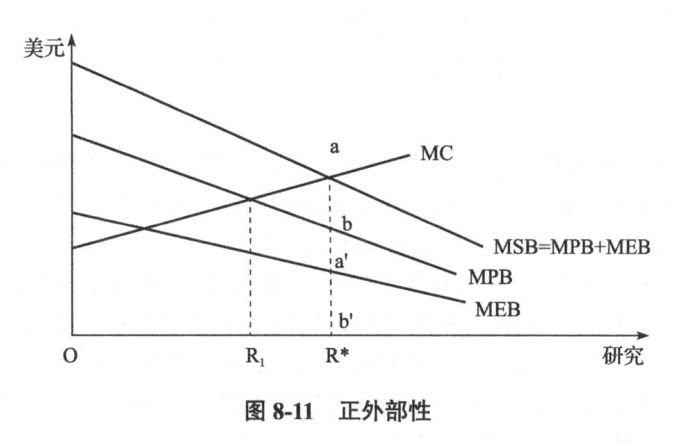

图 8-11　正外部性

第三节　不完全信息的市场

一、次品市场与逆向选择

在二手车市场上，一辆仅使用了3个月的汽车的售价可能非常低（通常比新车的价格低20%），但实际上，汽车的品质不可能下降得如此之快。

对此，伯克利加州大学的乔治·阿克尔洛夫（George Akerlof）以不完全信息为基础，提出了一种简单的解释。即使在旧车市场上，某些汽车也比另一些汽车差，但只有在车主使用了一段时间之后，隐藏的缺点才会暴露出来。这些质量更差的汽车被称为次品（lemons），它们经常会出现各种故障。尽管保修可以降低购买到次品的成本，但这并不会完全消除因此而产生的烦恼——把车带到修理厂要耗费时间，由于知道故障极易出现而产生的焦虑，等等。当然，由于车主知道自己的车是次品，希望转手卖给他人，且拥有最糟糕的次品车的车主最急于卖掉他们的车。

在旧车价格较高时，有些质量较好的旧车的车主也加入了旧车市场，想卖掉自己的旧车，以便买一辆最新款式的汽车。随着价格的下降，大多数质量较好的旧车将退出市场，因为车主决定继续保留它们。因此，市场上的旧车的平均质量就会下降。我们称之为存在逆向选择（adverse selection）效应。

上面描述的情况的基本特征是，买主与卖主之间的非对称信息（asymmetric information）。也就是说，旧车的卖主比买主具有更多的有关产品质量的信息。不仅是旧车市场，许多市场都具有非对称信息的特征。例如，新的高技术公司的创始人可能比投资者更了解该公司股票的潜在价值；购买汽车保险的人比保险公司更了解自己的驾车技能；家用冰箱的生产商可能比考虑买冰箱的消费者更了解冰箱的性能。非对称信息的后果之一是，市场上的买主和卖主可能比较少，其数量比完全信息情况下要少得多。经济学家用稀薄（thin）这一术语来描述只有相对较少的买主和卖主的市场。在某些情况下，市场如此稀薄，以至于根本就不存在。当某一经济系统缺少某些重要市场时，我们就说它具有不完全的（incomplete）市场集合。例如，旧车市场就是一个稀薄的市场。买主可能知道市场上有一些靠得住的卖主，他们出于各种原因总是想开新车。但是，一些想处理次品车的人也混杂在他们中间。买主无法区分次品与好车。在这种情况下，买主与其承担风险，还不如干脆不买（当然，需求较低使得价格下降的事实又进一步提高了次品的比例。这是一种恶性循环）。在旧车市场上，当市场稀薄并受到逆向选择扭曲时所引发的问题，有助于解释为什么较新的旧车比新车的价格要低很多。

（一）信号传递

如果你有一辆好车又想卖掉，自然会说服潜在的买主相信这是一辆好车，你可能会告诉他们这不是件次品。但是，他们为什么要相信你呢？有一条简单的原则，百闻不如一见，你能采取什么行动来使得买主相信你的车的质量呢？

起亚汽车公司在美国愿意为它的汽车提供为期 10 年、100000 英里的保修。这一事实表明，起亚汽车公司对其产品质量相当自信。保修对购买者是有价值的，不仅因为它可以降低花钱修车的风险，而且还会使得买主相信除非起亚汽车公司的次品率很低，否则它不会提供这种保修。此类做法被称为是在传递高质量的信号（signal）。如果一种信号能够对不同产品（此处为高质量汽车与低质量汽车）进行区分，那么它就是有效的。与为一辆 10 年内不大可能损坏的汽车提供保修相比，生产者为一辆 10 年内很可能会损坏的汽车提供保修的成本就比较高。购买者清楚这点，因而可以推断，愿意提供这种保修的厂家所销售的汽车是高质量的。

有些厂商会花费大笔金钱布置展厅，以此来表明它们不是不可靠的。昂贵的展厅布置使得顾客认为，它们收摊跑掉的代价相当高昂。

这些措施，诸如提供更好的保修服务和建造大型展厅，不仅仅是为了使得消费者直接从中获益，而且因为这些行为可以使得消费者相信这种产品比较好，或是这家企业是比较好的交易对象，在某种意义上讲，与完全竞争世界中厂商所做的决策相比，传递信息的愿望会"扭曲"某些决策。例如，如果消费者并不能直接从展厅的质量中获益，那么兴建和维护一个豪华展厅的成本就是浪费资源。

（二）根据价格判断质量

买主还可以采用另一种办法来判断他们所要购买的产品的质量，这就是价格。消费者可以根据厂商索取的价格来推断产品质量。例如，他们知道，平均说来，如果旧车价格较低，那么买到次品的可能性就较高。大多数卖主都知道，购买者非常清楚这一点。

在信息不完全的市场中，厂商可以确定其产品的价格。而在定价时，它们会考虑消费者是怎样评价它们销售的产品的质量的。由于考虑到了消费者对产品质量的推断（无论正确与否），这必然会阻碍价格竞争的效率。在旧车的例子中，我们看到，随着价格的上升，市场中汽车的平均质量也在提高。但是，如果厂商认为顾客相信低价销售的汽车是次品的话，它们就不会降价，因为这会吓跑那些认为这种"便宜货"一定是次品的顾客。在这种情况下，即使厂商在现行价格下不能售出它们希望出售的全部数量，它们也仍然不会降价。

信息问题之所以重要，因为它们完全颠覆了基本竞争模型。经济学家早已认识到价格能够传递反映市场经济中稀缺性的关键信息。但只是在最近，价格的其他一些信息功能与后果才被人们所知晓。当卖主能够控制价格时，他们就会操纵价格以控制所传递的信息。而对购买者来说，他们能够看穿这种操纵行径。并且，他们对卖主试图销售次品的担心会阻碍交易。当类似的信息问题非常严重时，市场可能是稀薄的，或甚至根本就不存在。另外，价格竞争可能受到限制。即使存在某种商品的超额供给，厂商可能也不会降低价格，因而市场可能不会出清。

二、道德风险与激励问题

提供促使个人做出最优选择的激励是一个核心的经济问题。而激励的核心问题是，个人并不承担其行为的全部后果，这就是道德风险（moral hazard）问题。这一术语源自保险业。购买保险的个人没有适当的激励避免所投保事件的发生。事实上，如果超过100%的损失额得到了保险，他们就有促使这些事件发生的激励。例如，火灾保险投保人避免火灾的激励较小，因为已经存在保险，所以安装自动喷水灭火系统就会是一笔额外的成本。因此，火灾保险公司一般要求安装自动喷水灭火系统，或者如果投保人已经有这样一个装置的话，就可以在保险费上打折。此时，安装自动喷水灭火系统才是值得的。

西方经济学认为，私有财产和价格给每个人提供了激励，个人能够从其从事的特定工作中获得报酬。当个人不能从他从事的活动中获得报酬，或他不需要为所从事的活动支付全部成本时，就产生了激励问题。在我们的经济中，激励问题极为普遍。

信息是激励问题的一个重要的组成部分。如果消费者总是能够分辨他们要购买的产品的质量，那么生产优质产品的厂商就总是可以索取高价，而没有一家厂商会向消费者出售它们生产的劣等品。

在简单的交易中，激励问题可以通过奖惩规定来解决。例如，很多公司都需要商品运输服务。它们会与货运公司签订合同，规定当商品安全、准时送到目的地时需要支付多少钱。合同可能同时会规定，商品每晚到一天要扣多少钱，运输中有损坏要扣多少钱。因此，这份协议包含了使得货运公司准时安全送货的激励。

但是，大多数交易，即使比较简单，也比上述情况要复杂得多。交易越复杂，解决激励问题就越困难。当你想修剪草坪时，你雇用的工人想干这活，同时你也希望他能够小心使用你的割草机。当他看到在割草机前方的路上有一块石头时，应当把它捡起来。但是，什么样的激励才能使得他小心使用你的割草机呢？你可以规定，假如割草机碰到石头，由他出钱修理。但你又怎么能够断定石头不是藏在草丛中的呢？如果他用的是他自己的割草机，他就会产生适当的激励。这就是为什么私有财产与价格体系为激励问题提供了有效的解决办法。但是，你雇用的工人可能买不起割草机，这时激励问题就不可避免：你要么让他使用你的割草机，而承担他不小心使用而带来的风险；要么借钱给他，让他自己买割草机，在这种情况下你就要承担他不还钱的风险。

许多私人企业必须雇人来操作比割草机贵数百倍、数千倍的机器。每家公司都希望其员工能够努力而且谨慎地工作，相互间清楚地交流以及勇于承担责任。除了私有财产和价格，市场经济还有其他一些解决这类激励问题的方法，大致可分为契约解决法和信誉解决法。

（一）契约解决法

当一方（厂商）同意为另一方做某事时，一般要签订合同，以此规定交易的各种条件。例如，某厂商同意在特定时间、特定地点交付具有特定质量的商品。通常在合同中还有"例外"条款：如果发生罢工，如果天气恶劣等，交货可以延期而无须支付违约金。这类应变条款也可能会使得付款额随服务环境和方式的变化而变化。

契约试图通过规定每一方在每种情况下的行为来解决激励问题，但是，没有人能考虑到所有的偶然因素，而且，即使能够做到这点，列出所有可能的情形可能也因为会耗时过多而不可能这样做。

对供应商来说，完成合同中所有条款的代价经常是极为高昂的。它可以履行及时交货的承诺，但为此要付出很高的成本；假如买主可以接受哪怕一天的延期，对供应商也会产生很大的节约。为了向供应商提供一种只有在确实具有经济价值时才违反合同的激励，大多数合同都允许延期，但同时也有一定的处罚措施。这种处罚措施能够给予供应商及时交货的激励，同时又不至于使成本过于高昂。

当某份合同遭到违背时，另一方通常要向法院起诉，法律体系保证违背合同的一方必须向另一方赔偿由此带来的损害。通过规定各方在各种情况下的行为，契约有助于解决激励问题，但是，无论契约多么复杂，总会有含混或可争议之处。契约是不完全的，而且执行要花费成本，所以它们只部分地解决了激励问题。

（二）信誉解决法

在市场经济中，信誉（reputation）在提供激励方面发挥着特别重要的作用。信誉是一种保证。即使你可能知道你自己并不能从这种保证中得到什么——它不是"退款"保证，但是你也知道如果某人或某公司表现不佳的话，其信誉会遭受损失。维持信誉向厂商提供了生产优质产品的激励，也向工程承包商提供了按照或尽量按照承诺的时间建成一栋房屋的激励。

由于信誉是一种有效的激励机制，如果厂商的信誉受到影响，它们必定会有所损失。当然，这里的"有所损失"是指利润。因为如果要用信誉提供激励，必须承担因此而可能丧失的利润。

所以，我们看到了具有不完全信息的市场与具有完全信息的市场的另一些不同之处。在具有完全信息的竞争市场中，竞争会使价格降至边际成本；而在那些由于信誉机制使质量得以维持的市场中，无论是竞争性的还是非竞争性的，价格总是高于边际成本。

在信誉发挥重要作用的市场中，竞争不会导致价格的下降，因为如果价格"过低"，厂商就没有维持其信誉的激励。消费者是清楚这一点的，因而会预期以低价格出售的商品是低质量的。这是为什么降低价格未必会给厂商带来更多的顾客的另一个原因，即使是那些（一开始就）有着良好信誉的公司，也不太可能把削价作为一种成功的长期战略。

在信誉比较重要的市场上，竞争往往是非常不完全的。建立信誉的必要性成了一种重要的进入障碍，限制了这些行业中的竞争程度。假定消费者在具有良好信誉的现有厂商的产品与尚未建立信誉的新进入者的产品之间做出选择，在相同的价格水平下，他们通常会选择现有厂商的产品。在选购彩电时，在价格相同的情况下，你可能会选择索尼，而不会选择缺乏质量和可靠性记录的新品牌。为了赢得消费者，新进入者通常索价极低，并且往往附加非常优越的保修条件。在某些情况下，新进入者为了站稳脚跟几乎会以赠送的方式来推销其产品。因此，进入一个市场的代价是极其高昂的。

三、搜寻问题

一个基本的信息问题是，消费者必须了解市场上有什么商品、价格是多少、在哪里出售。家庭必须了解就业机会和投资机会。同理，厂商必须清楚它们所面对的需求曲线，以及在什么地方、以什么价格可以获得投入品。换句话说，市场的供求双方都必须清楚它们的机会集合。

在第一章的基本竞争模型中，我们假设某种商品在每个地方都以大致相同的价格出售。然而，事实上，基本相同的商品可能会在不同的商店以不同的价格出售，而且你不能把所观察到的价格差别归因于其他因素，例如商店地理位置或服务质量的差别。在这些情况下，我们说存在价格分散（price dispersion）。如果寻找所有价格的行为是没有成本的（或者像标准竞争模型中的完全信息），消费者就会进行搜寻直到发现最便宜的价格为止，而且任何一家索价高于市场上最低价格的商店都不会有任何顾客。但由于信息是有成本的，高价商店仍然有可能保住一些顾客，这类商店每出售一件商品所获得的较高利润可以弥补其较低的销售量。因此，价格分散得以存在。

价格分散与质量差别相结合，意味着家庭和厂商必须花费大量精力进行搜寻。工人搜寻好的工作，厂商寻找优秀的工人，消费者寻找价廉物美的商品。获取这类信息的过程称为搜寻（search）。

搜寻是一项重要的、成本很高的经济活动。由于搜寻成本很高，在你还没有获得所有相关信息之前，你就会停止搜寻。用谷歌进行的一次搜索可能会找到数千条参考条目，但是你最多也只会翻翻搜索结果的前几页。因为靠近前端的链接更有可能被点击，所以搜索结果的排序非常重要。位于第二页或第三页上的某个网址可能是你要搜寻信息的更好来源，但一一浏览直到找到最好结果非常耗费时间。同样，你在某处买了一件新衬衫之后，你会担心再多逛一家商店就会找到一件更好的衬衫。但说实话，你不应该后悔，因为逛更多的商店要花费更多的时间，而且也有可能找不到更好的买卖。甚至还有一种可能性，那就是当你回过头来购买那件你一开始觉得可以接受的衬衫时，它已经被别人买走了。继续搜寻是有收益的，但也存在成本。在你决定是否继续搜寻时，你需要比较搜寻的边际收益和边际成本。

搜寻的预期边际收益会随着搜寻量的增加而递减。一般而言，人们总会先搜寻最有希望搜寻到的信息。随着搜寻范围的不断扩大，他们逐渐会转向搜寻希望越来越小的信息。另一方面，额外搜寻的边际成本会随着搜寻量的增加而上升。人们花费在搜寻上的时间越多，花在其他事情上的时间就越少，因此，花费额外 1 小时搜寻的机会成本是递增的。因此，所选择的搜寻量将位于预期边际收益对于边际成本的点上。

价格（或质量）分散程度的增加，通常会提高搜寻的收益——买到真正物美价廉的东西的可能性会上升，而且划算的买卖与不划算的买卖之间的差别也更大。因此，搜寻量会增加。

（一）搜寻与不完全竞争

厂商知道搜寻是有成本的，并且会利用这一事实。它们知道，如果提高价格，它们不会失去所有的顾客；而如果某商店略微降低价格，也不会立即把其他商店的所有顾客都吸引过来。顾客要想获得竞争价格的好处，就必须花费时间。再者，即使人们听说有较低的价格，他们可能也会对这些商品的质量、服务的特点以及商家是否还有存货等表示怀疑。搜寻有成本这一事实意味着，厂商面对的需求曲线是向下倾斜的。因而，竞争必然是不完全的。

（二）搜寻与劳动市场

搜寻经济学，即搜寻的成本与收益的比较，在劳动市场中有着重要的应用。老工人通常会为一个雇主工作多年，而年轻工人经常在工作几个星期或几个月后就离职了，怎样解释这种差别呢？

我们以一个 60 岁的人和一个 30 岁的人的求职行为为例进行分析。即使一个 60 岁的人能够找到一份更好的工作，他至多也只能干几年；而对一个 30 岁的人来说，额外搜寻的边际收益要大得多，至少有可能为新雇主工作 20 年或更长时间。这两个工人都会评价额外搜寻的边际收益和边际成本，但是他们的评价会得出不同的答案。

另外两种因素也会强化这些结果。首先，年轻工人可能不太了解自己的偏好（喜欢什么，不喜欢什么）和劳动市场，而变换工作则为这两方面提供了额外信息。其次，雇主认可这种行为，因而年轻工人频繁变换工作不会给自己带来什么污点；与此相反，雇主担心，寻找新工作的老工人可能知道自己由于业绩不佳而将被解职或降级。就老工人而言，工作流动性过高经常被视为一个"坏"信号。

（三）搜寻与信息媒介

有些厂商在收集信息和在生产者与顾客之间充当媒介方面发挥着重要作用。例如，一家好的商店（如华联超市或沃尔玛）的功能之一就是节约顾客的搜寻成本。这些百货商店的采购人员会从数百家生产商那里逐一进行挑选，寻找最合适的买卖以及顾客所喜欢的商品。优秀的百货商店会因其采购人员的素质赢得信誉。然而，消费者仍然面临着搜寻问题，他们或许不得不逛好几家百货商店。即便如此，与他们必须在众多生产者那里直接搜寻相比，这样做的成本也要小得多。另外，电视中生活购物频道向观众提供产品质量与价格的详细信息，节约了消费者大量的搜寻成本。今天，无数互联网站使得消费者可以对网上销售商的价格进行比较，这也有助于降低搜寻成本。

第九章

微观理论与典型公共问题分析

第一节 教育经济

一、政府干预教育的合理性

福利经济学理论认为，当物品是公共物品或者产生外部性时，市场不能有效提供这些物品，这时才需要政府作为提供者。因此，要首先考察教育是否是公共物品，是否具有外部性。

（一）教育是公共物品吗

回想一下，公共物品具有非竞争性和非排他性，教育不符合这些标准。至少从某种程度上说，教育具有消费的竞争性。因为在一间教室里的学生数增加到某一点之后，每个学生从老师那里得到因人施教的机会减少，教室也变得更加拥挤，其他教育资源也会吃紧。与非竞争性物品不同，教育的"消费者"额外增加一个，就会给其他消费者带来成本。教育也具有排他性，因为很容易不让一个学生获得学校提供的服务。总之，教育主要是一种私人物品，它通过提高学生涉世处事的能力或更一般地说谋生能力来增进他们的福利。

（二）教育产生正外部性吗

虽然教育主要是一种私人物品，但很多人认为，儿童教育会使社会上的其他人受益。

教育可能产生正外部性的原因在于，教育是使人们社会化的一种强大力量。就像希腊历史学家普鲁塔克在《道德》一书中所说："诚实和美德来源于良好的教育。"教育的外部收益很可能因教育层次不同而不同。比如，如果教育的社会化收益表现出边际收益递减，那么，中小学教育的外部收益就会高于高等教育，这表明政府应该少干预高等教育。

有人认为，大学教育应该得到补贴，因为它可以提高生产力。大学教育提高生产力可能没错，但只要大学毕业生的收入反映了其较高的生产力，就不存在外部性。即使高等教育具有正的外部性，也不能成为目前对所有符合条件的学生给予相同补贴的政府计划是有效率的理由。大学里所有专业的外部收益都相同吗？艺术史、会计、医学预科课程的外部性都一样吗？倘若不同，效率就要求补贴不应当一样。

（三）教育市场不公平吗

上述有关政府干预的正反两方面的论点侧重的是经济效率。正如前所述，福利经济学也需要我们考虑公平，因而也有支持公共教育和补贴高等教育的论据。

如果教育是一种正常品，那么我们就会料想到教育自由市场将导致不同收入阶层的人受到的教育水平不同，有些低收入者也许受到的教育很少或没有受到教育。商品平均主义观点表明，所有公民都应当得到教育而不管收益和成本如何。这种观点尤其在中小学教育方面很流行。可是，这种公平观也认为政府补贴高等教育是合理的吗？

二、政府干预教育能取得什么成效

（一）政府干预排挤私人教育吗

不管提供免费公立学校的理由是什么，来自西方经济理论的一个令人惊讶的结论是，与在私人市场中的教育消费相比，这种制度不一定能促使大家消费更多的学校教育。在图 9-1（a）中，教育数量用横轴表示，该家庭消费的所有其他商品数量用纵轴表示（为了简化起见，把教育的数量看作在教室里学习的时间）。在没有公立学校制度的情况下，个人可以在私人市场上以市价购买教育，想买多少就买多少，预算约束线 AB 概括了个人的各种选择。在这种约束下，一个典型的消费者为子女购买 e_0 小时的教育，留下的钱用于购买其他商品。

现在假设开办了一家公立学校。个人不用花钱就可以把子女送到该学校，每周学习 e_p 小时，该选择不用一条线表示，而只用一个 x 点表示，在该点教育消费量是 e_p，且个人可以把他的全部收入花在其他商品上。由于无差异曲线 ii 经过 x 点，而且比无差异曲线 i 高，故该消费者就让子女从私立学校转到公立学校，重要的问题在于，e_p 小于 e_0，子女的教育消费量反而减少了。直观地看，公共教育的存在导致私人教育的机会成本大增，促使个人退出私人教育系统，从而减少了教育消费量。如此一来，公共教育制度排挤（crowds out）了教育。然而，请注意，图 9-1（a）把公共教育看作一种"鱼和熊掌不可兼得"的选择，如果公立学校提供的教育量可由私人课程补充，公立学校就不大可能排挤教育消费量。

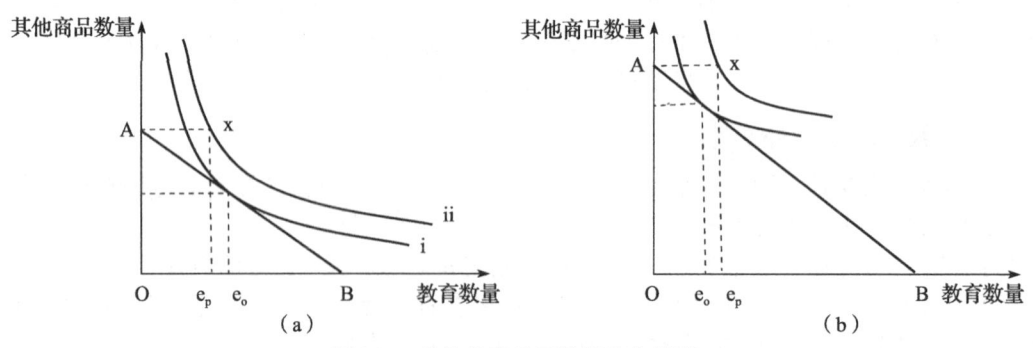

图 9-1 公共教育是否排挤私人教育

当然，如果有一组不同的无差异曲线，公共教育可能会促使个人增加教育消费量。如图 9-1（b）所示，开办公立学校使某特定消费者的教育消费从 e_0 增至 e_p。这种分析说明，我们不能想当然地认为，政府提供免费教育（或任何其他商品）会导致其消费增加。

（二）政府支出会改善教育成果吗

假定我们接受支持政府干预教育的论点。这提出了一个悬而未决的问题，即较高的支出是否真的导致更好的教育。这实在是一个难题，因为什么是"更好的教育"尚不清楚。教育有很多目标，包括提高学生的认知能力，培养他们的责任感以及如何与人相处，帮助他们成为见多识广、环境适应能力强的公民,并从经济的、社会的角度全面提高他们的生活质量。上述任何一方面都很难量化,更不用说要把它们综合成一个精确的度量指标了。因此,大多数研究只集中于一组很窄的成果度量指标,这些指标至少具有可度量优点,比如考试成绩、出勤率、退学率、升学率及收入等。

我们先从考试成绩谈起。美国的生均支出高于几乎所有其他发达国家。然而,美国学生的考试成绩与这些国家的最好成绩相比相去无几。比如,在 34 个发达国家的 15 岁学生的考试中,美国学生的排名情况是:阅读水平第 14 位,科学素养第 17 位,数学能力第 25 位（organization for economic cooperation and development, 2009）。这些数字让一些观察家确信,增加支出对考试成绩没有多大影响。

(三) 公共支出与教育质量

终究,目的不是增加教育支出本身,而是要提高学生的学业成绩。因此,评估各种支出的效能是重要的。比如,降低生师比,聘用教学经验丰富和受教育程度更高的教师,增加教师工资,提供更新的书籍和设施等,哪种开支更有成效?用经济学术语来说,哪种投入对教育产出的边际影响最大?这是需要进行评估的。

(四) 教育增加收入吗

即使增加教育支出不提高考试成绩,但如果它能增加人们成年后的收入,那么,我们也不会太在意。同样地,如果增加教育支出提高了考试成绩,但对收入没有影响,那么我们也许要问这笔公共资金花得是否值得。

倘若支出提高了教育质量,那么学生将来就会成为更具生产力的工人。他们的人力资本增加了,应当能转化为较高的工资。然而,前面讨论过,增加支出是否真的能改善教育成果（至少表现为考试结果),还是一个模棱两可的问题,我们不能想当然地认为这种支出就会增加未来收入。就中小学教育而言,从边际角度来看,教育支出增加似乎对以后的收入影响很小。最乐观的估计结果表明,教育支出增加 10%,以后的收入仅增加 1% 或 2%。不过,教育支出的效果取决于有关学生的年龄和经济状况。

还需要指出的是,这一发现与边际支出有关。换言之,虽然在教育上多花一美元可能不怎么影响未来收入,但这并不意味着,如果我们在教育上一分不花,也没有人去上学,收入会是一样的。的确,大量的经验文献表明,通过增加人力资本,多上学可大大增加以后的收入。劳动经济学家估计,每多上一年学可使年收入增加 5%～13%。一个重要的条件是并非所有年份的教育收获都相同,遇到高质量教师的一年比遇到不太好教师的一年收获要大。

第二节 医疗保健

一、保险的作用

生活充满了不确定性。保险的目的就是让人们避免或至少减少风险。医疗保险的基本运作方式是,保险的购买者向保险的提供者付钱,称为保险费（简称保费);投保人一旦发生不良的健康事件（如疾病),保险的提供者同意向其支付一定数额的补偿。在其他条件相同的情况下,保费越高,投保人一旦生病所获得的补偿也越多。

我们看一些具体的数字。比如，消费者甲的年收入是 50000 美元。又假定在某一年他得病的概率是 1/10，且一旦得病要花掉 30000 美元（该费用由两部分组成，即医疗费用和误工损失费），这一年他的收入仅剩下 20000 美元。

为了评估该消费者面临的选择，我们需要理解一个统计概念，即期望值（expected value）。期望值是对每一不确定结果加权求和而得，权数是各结果的概率，用代数形式表示为

期望值（EV）= 结果 1 的概率 × 结果 1 的支付额 + 结果 2 的概率 × 结果 2 的支付额

例如，假定在玩扑克牌时，如果你抓到红桃，你赢 12 美元；如果你抓到黑桃、方块或梅花，你输 4 美元。抓到红桃的概率是 1/4，抓到其他牌的概率是 3/4，因此，对你来说，该不确定事件的期望值为

$$EV = 1/4 \times 12 \text{ 美元} + 3/4 \times (-4 \text{ 美元}) = 0 \text{ 美元}$$

就这种不确定情况来说，期望值为零——平均而言，你既不会赢钱也不会输钱。

现在回到消费者甲所面临的问题，表 9-1 考察了他每年可供选择的两种情况。选择 1，他不买保险。因此，他保持年收入 50000 美元，但会有如果生病而损失 30000 美元的风险。如果是选择 1，消费者面临两种可能的结果，要么他不生病，收入为 50000 美元（A 列）；要么生病，收入为 20000 美元（B 列）。第一种结果的概率为 9/10，第二种结果的概率为 1/10，利用式期望值公式，我们在 C 列计算出这种选择的期望值为（也称为他的预期收入）

$$EV（选择 1）= 9/10 \times 50000 \text{ 美元} + 1/10 \times 20000 \text{ 美元} = 47000 \text{ 美元}$$

表 9-1　消费者甲每年可供选择的两种情况

保险选择	收入（美元）	健康概率	生病概率	若生病损失的收入	A 若健康的收入	B 若生病的收入	C 期望值
选择 1：不买保险	50000	9/10	1/10	30000	50000	20000	47000
选择 2：买保险	50000	9/10	1/10	30000	47000	47000	47000

现在看一下选择 2。该消费者不想冒若生病只有 20000 美元的风险，而是向保险公司每年支付保费，这样，万一生病他将得到补偿。本保单要花费多少？精算公平保费收取的恰好是期望赔偿费用。换言之，精算公平保费收取的是该损失的期望值，所以，平均而言，保险公司既不赔也不赚（保险公司的收费可能要高于精算公平保费，以弥补间接成本。但为了简化起见，我们现在假定没有这种费用）。如果没有收入损失的概率为 9/10，损失 30000 美元的概率为 1/10，那么，损失的期望值为 9/10×0 美元 +1/10×30000 美元 = 3000 美元，所以，精算公平保费每年应是 3000 美元。我们站在保险公司的角度想一想：有 10 个人，损失 30000 美元的概率是 1/10，每人收费 3000 美元，保险公司预期每年收到 30000 美元，这刚好弥补保险公司该年预期的支付。

在选择 2 的情况下，不管是否生病，该消费者每年都要支付 3000 美元保费。如果他是健康的（A 列），他的收入是 47000 美元。如果他生病了（B 列），他仍支付 3000 美元保费，但因生病而损失的 30000 美元将由保险公司全额补偿。因此，他的收入仍是 47000 美元。总之，在选择 2 的情况下，不管是否生病，该消费者都得到 47000 美元。

鉴于选择 1 和选择 2 提供的期望收入都一样，因此人们会猜测这两种选择对消费者甲是无差异的。然而，这种推理忽视了如下事实，即选择 2 使该消费者得到 47000 美元是确定的（不管是否生病），而选择 1 使该消费者得到 47000 美元是平均来看的。我们可以证明，一般来说，消费者偏好选择 2，因为该选择虽然提供相同的期望收入，但是确定无疑的。

我们可以画出该消费者的效用曲线，如图 9-2 所示。纵轴表示他的效用，横轴表示他的收入，该函数（U）呈凹状，反映出边际效用递减假设。如果在这一年他生病了，那么他位于 A 点，效用为 U_A。如果他在这一年是健康的，那么他位于 B 点，效用为 U_B。我们首先计算如果该消费者选择不买保险即选择 1 时他的期望效用，利用期望值公式背后的同样逻辑，并用结果发生概率来加权每一结果的效用水平。因此，

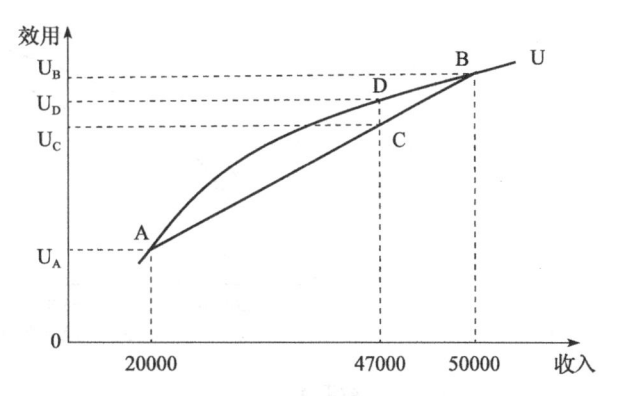

图 9-2　期望效用与期望值的效用

该消费者的期望效用（EU）＝9/10×U（50000 美元）＋1/10×U（20000 美元）

其中，U（50000 美元）是 50000 美元的效用，U（20000 美元）是 20000 美元的效用。

从图形来看，期望效用对应的是 C 点，该点位于 A 点和 B 点的连线上。所以，如果消费者选择不买保险即选择 1，他位于 C 点，效用为 U_C。但是，如果消费者选择买保险，他肯定得到 47000 美元，那么他位于 D 点，效用为 U_D，这要比他不买保险情况下（选择 1）获得的效用高。因此，虽然两种选择的期望值相同，但具有确定性的选择会有较高的效用：前者是期望的效用，后者是期望值的（确定性）效用。

这个例子阐明了一个基本结论：在边际收入效用递减这一标准假设下，当一个人有精算公平保险可供选择时，他就会买全险以防生病可能造成的收入损失。

但是，如果保险公司不提供精算公平保险，情况会怎样？我们再看图 9-2 的例子，此时的精算公平保费是 3000 美元。假定损失赔偿相同，但保险公司收取的保费提高了，比如每年的保费为 4000 美元。这是否意味着消费者不会买保险了？不一定。

图 9-3 表明，答案取决于他的效用函数形状，如果他的效用函数形状像图 9-3（a），他宁可不买这种保险。这是为什么？如前所述，如果他不买保险，其期望收入为 47000 美元（C 点）。请注意，图中的 C 点和 E 点对他来说是无差异的。因为它们代表的期望效用相同。E 点对应的是他肯定会得到 46500 美元，也就是说，如果他交 3500 美元保费保了全险，就能得到这一结果。因此，他愿意支付最高 3500 美元的保费购买保险，如果保险公司收取 4000 美元，他就不会购买。

不过，如果消费者的效用函数形状像图 9-3（b），那么，他愿意支付最高 10000 美元买保险（这使其位于 E' 点），由于保险公司仅收取 4000 美元，因此他会购买该保险，获取的效用比不投保时更高。

图 9-3（a）和图 9-3（b）之间的差异在于，图 9-3（b）中的效用函数曲线更加弯曲。这说明了一个一般性结论：保险需求取决于效用函数的曲率，又称为风险厌恶（risk aversion）程度。风险厌恶程度比较高的人［即图 9-3（b）中的效用函数而非图 9-3（a）中的效用函数］愿意支付的金额大于精算公平保费，其中的差额被称为风险溢价（risk premium）。直观地

看，这完全合乎常理：曲率越大，边际收入效用递减速度越快。也就是说，风险厌恶程度越高，失去收入的相对效用损失就越大，投保防损的支付意愿也就越大。

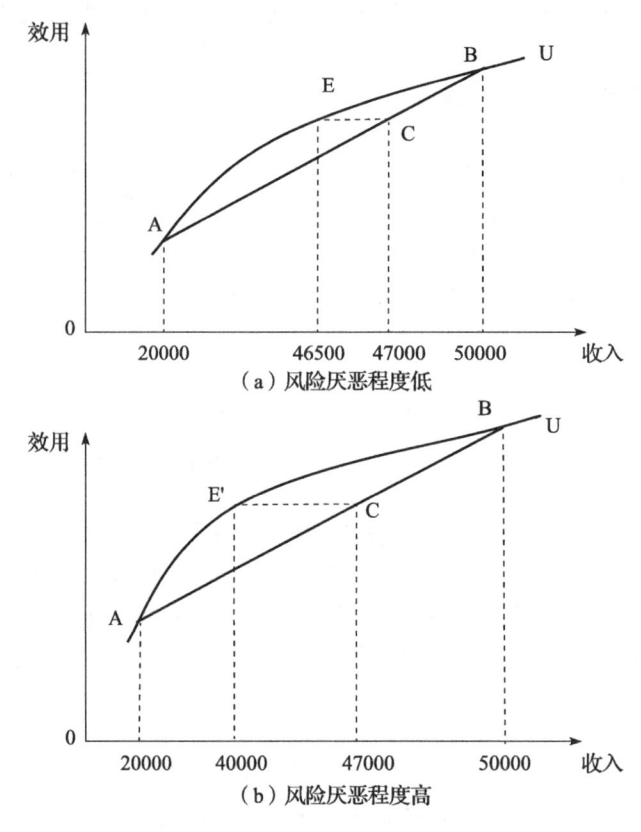

图 9-3 在附加保费的情况下人们还会买保险吗？

保险公司能收取高于精算公平费率的保费说明人们实际上是风险厌恶的。即使在竞争市场中，保险公司也要收取高于精算公平费率的保费，使其能弥补如管理成本和税收这样的费用。保险公司收取的保费与精算公平保费之间的差额称为附加保费（loading fee）。衡量附加保费的一种简便方法是市场保费除以支付的保险金。据统计，目前私人保险公司的平均附加保费比率是 1.20 左右。

上面的例子让我们看到，保险公司在让人们共担风险上发挥着极其重要的作用。我们首先看一下很不现实的情况，在这种情况下，保险公司仅承保消费者甲，不向其他任何人提供保险。消费者甲通过从该公司购买保单，可以消除生病带来的经济风险。但是，现在该保险公司陷入风险之中。从整个社会角度来看，风险并未减少，只是从个人转移到保险公司。

现假定该公司有 10 个客户而不是 1 个。如果它向每个人收取精算公平保费，且每个人生病的概率都是 1/10，那么，一旦 10 个人当中有 1 个人生病，该保费足以弥补开支。没人能知道谁会生病，但保险公司对于将支付多少早已胸有成竹，风险已大大降低。不过，可以想象，如果两个人生病，会使保险公司有资金短缺 50% 的风险。现假设保险公司承保的是 100000 人而非 10 个人。为了理解投保人增加的结果，我们想一想在轮盘赌中，停在黑色和红色上的概率各为 50%。你或许比较幸运，接连停在黑色上两三次，但随着轮盘转动次数的增加，停在黑色上的次数比例收敛于50%。对于保险公司，道理是一样的：参加保险的人越多，其支出越可预测。在这种可预测性较大的情况下，保险公司有一定把握收取能弥补其成本的保费，降低了它所面临的风险。于是，通过人们共担风险，保险公司实际上降低了全社会的风险。

二、医疗保险市场中的逆向选择

在掌握了医疗保险市场的基本知识后，我们回到下列关键问题：医疗保健市场的特殊性是什么？既然的确存在提供医疗保险的激励（在竞争市场中，附加保费可使保险公司赚取正常利润），为何还需要政府干预？

其中的一个问题源于我们在上一章首次遇到的市场失灵现象——信息不对称。当交易中的一方拥有另一方所没有的信息时，就存在信息不对称。在医疗保险市场中，信息不对称问题尤为严重。为说明这一点，我们回到先前的例子，在那里我们曾说，一份花费3000美元的保单就能为某消费者提供全额保险。

现假定除了消费者甲之外还有9个人，每个人都面临因生病而损失3000美元的风险。然而，虽然他们当中的某些人像消费者甲一样面临生病的概率是1/10，但其他人面临生病的概率是1/5。又假定每个人只有自己知道他处于生病的高风险或低风险中（个人知道其家族病史、卫生习惯、工作压力等情况，而保险公司缺乏这些信息）。我们分析一下这种情况，假定10个人当中有一半人面临1/5的风险，高风险人群的预期收入损失为6000美元，低风险人群的预期收入损失为3000美元。现在，如果保险公司知道谁是高风险的人，它就会对他们收取较高的保费，以弥补其成本。可是，问题在于保险公司并不知道个人比保险公司更了解他们自己的健康状况。因此，保险公司除了向每个人收取相同的保费之外别无选择。如果保险公司收取3000美元保费，那么对于生病的风险概率为1/5的投保者来说，这是一笔好买卖，因为他们的预期补偿是6000美元，而他们只付了3000美元的保费。如此，保险公司将会亏损，因为它没有收取足够的保费来弥补预期的支付。这样保险公司就不可能长期经营下去。

在有这些损失的情况下，保险公司或许转而决定向这10个人中的每个人收取4500美元的保费，这是全部10个人平均的预期收入损失。这10个人支付的保费总额为45000美元，预期赔付额也是45000美元，因此，保险公司还可继续经营（为简化起见不考虑附加保费）。

但是，这里还存在着一个问题。如果保费是4500美元，这项保险计划对于高风险人群来说仍然是一笔很好的交易。虽然他们只付4500美元保费，但他们每个人都指望获得6000美元医疗保健补偿。可是，对于低风险人群来说，保费4500美元是一笔不划算的买卖。他们预期的医疗保健补偿是3000美元，而他们要支付的保费是4500美元。结果，这项保险计划对高风险人群具有吸引力，而比较健康的人不会购买。总之，站在保险公司的角度看，由于信息不对称，保险公司得到的客户恰恰是有毛病的人。这种现象称为逆向选择。更一般地说，逆向选择是指保险公司基于人口的平均风险确定保费，但低风险人群不买保单，导致保险公司赔钱。

但是，如果5个健康的人决定不买保险，对保险公司来说，4500美元的保费不足以抵补剩下5个人的预期赔付额，保险公司必须提高其保费。如果在剩下的客户当中生病的风险有所不同，保险公司还有可能失去风险相对低的人。总之，如果保险公司对其客户面临的健康风险所掌握的信息不如客户，那么按照平均风险程度确定的保费，很可能促使低风险人群离开保险市场。按精算公平费率可能得益于保险的人没有保险也行，再加上随着保险公司提高保费，会有越来越多的参与者选择退出，这样保险市场就会停止运转。

我们业已证明，信息不对称可以毁灭但不一定就会毁灭市场：回忆一下我们对图9-3的讨论，一个人的风险厌恶程度越大，此人越有可能购买不是精算公平的保单。如果保险公司收取对高风险人群来说统一的精算公平保费，这对于低风险人群来说是一笔不划算的买卖。然而，由于大多数人都是风险厌恶者，低风险人群可能还是想买保险。在这种情况下，保险市场就不会垮。最终，信息不对称是否真的会导致市场失灵，还是一个经验问题。

到目前为止，我们在讨论逆向选择时依据的标准假设是：在保费既定的情况下，高风险人群更愿意购买保险。然而，我们讲过，相对厌恶风险的人群特别愿意购买保险。现假设这类人群的预期医疗费用比较低，因为他们往往会避免如吸烟这种高风险行为。倘若如此，在保费既定的情况下，低成本的风险规避者更倾向于购买保险。这种现象被称为正向选择（advantageous selection）。最近的实证研究在保险市场中找到证据表明，人们在承担风险的意愿上的确有差异，所以逆向选择问题可能没有像人们所担心的那么严重。

逆向选择证明政府干预是合理的吗？鉴于逆向选择会导致保险的供给效率低下，那么，一个自然的问题是，有无某种方法消除引发这一问题的信息不对称。如果私人市场能做到，政府干预就是多余的。私人市场承保人实际上可以采取某些措施减少信息不对称。的确，研究表明，在某些保险市场，提供者可以获取有关其客户的足够信息来避免逆向选择问题。

就医疗保险而言，保险公司可筛选其客户，基于客户的风险状况向其收取不同的保费，这种做法称为经验费率法（experience rating）。我们的确观察到，当健康状况不佳或健康状况有不良历史记录的人申请保险时，承保人要么不提供保险（或仅提供有限的保险），要么收取较高的保费。保险公司获取的有关其客户健康风险的信息越多，逆向选择的不良影响就越低。

然而，通过获取更好的信息来提高保险市场的效率，会引起严重的公平问题。在没有信息不对称的世界里，可能也有麻烦，因为那些在遗传上容易生病的人不得不支付更多的钱来购买保险，甚至因保费过高而被挤出市场。随着科学家们在识别长寿倾向的遗传标记方面不断取得进展，这一问题变得越来越突出。

政府可以解决这种公平问题：向全国居民（或其中的部分人）提供医疗保险，强制参保，并确定统一的保费率。雇主提供保险也可以做到这一点，尤其是那些大雇主，可以把许多风险不同的员工集中在一个保险计划中。对具有不同健康风险的个人所组成的团体收取统一保费称为团体费率法（community rating）。团体费率法的效率低下，因为有些人缴纳的保费超出其所值，而有些人愿意多付钱以购买更多的保险。不过，团体费率法能消除按健康风险分类而产生的不公平问题。问题是，这种公平收益是否大于效率损失。

经验费率法的倡导者认为，团体费率法实际上没那么公平，因为它没有奖励那些生活方式健康的人。有些研究表明，在现实的私人医疗保健市场中，经验费率法无论如何都没有任何实践意义。有研究对私人保险公司是否真能成功地向不同风险类别的人收取不同保费提出质疑，他们发现，个人保险的保费没有与预期的医疗费用成比例提高。的确，预期的医疗费用是其他客户2倍的人，缴纳的保费仅高出20%～40%。况且个人保险购买者能"货比三家"，寻找到费率较低的承保人，而且他们常常选择长期可续订的保单。出于这两种原因，保费不一定与健康风险成正比上升。

不过，我们看到，政府可能具有的作用是，在降低逆向选择所引起的无效率与解决对具有不同健康风险的人收取不同保费而引起的公平问题之间，找到一个平衡点。

三、保险与道德风险

逆向选择的产生，是因为承保人对投保人的健康风险状况不完全了解。而各种信息不对称的产生，是因为有了保险会扭曲人的行为方式，而这又是承保人无法确切知晓的。

我们再考察一种简单的情况，即每个人每年生病的风险都相同。因此，存在一个运行良好的医疗保险市场，每个人都支付精算公平保费（还是不考虑附加保费）。人们采取风险平滑化行为，以使预期效用最大化。但是，风险平滑化的收益可能是以牺牲效率为代价取得的。因为生病的成本将得到完全补偿，投保人就更有可能干有风险的事，比如吃许多垃圾食品、不怎么锻炼、抽烟等。由于危险行为的不良后果得到了保险而增加这种行为的激励称为道德风险（moral hazard）。道德风险的存在，给保单的设计带来了一个根本性的压力：一项保险计划越是通过弥补医疗保健成本来使风险平滑化，就越会导致危险行为增加而无效率地过度使用医疗保健服务。

另一个相关的效率问题是由保单会支付部分或全部医疗保健的增量成本所致。这更加激励投保人寻求更多的医疗保健服务（如磁共振成像扫描）。为了探讨这一观察结果，我们首先需要详细说明医疗保险计划的基本结构。保险计划要求人们缴纳保费（通常按月缴纳），以便一旦发生某些不利事件而能确保赔付，大多数保单也会要求个人自付一部分医疗保健费用，保单的自付额（免赔额）是保险公司在开始赔付之前，个人每年必须支付的医疗保健成本额。例如，1000 美元自付额意味着，投保人每年必须自己先支付 1000 美元医疗保健费用，剩下的部分才由保险公司支付。

不过，除了自付额之外，投保人一般还要支付一部分医疗费用。投保人支付的这笔数额，可采取两种形式。第一种形式是共付额，即支付一笔固定数额的医疗服务费用。比如，保险公司可能要求你在每次找初级医生看病时负担 20 美元的共付额。第二种形式是共保费率，即由投保人负担医疗费用总额的一定比例。比如，若共保费率为 20%，意思就是投保人要支付 200 美元收费（自付额之上的）当中的 40 美元。

我们现在可以利用传统的供求曲线来分析医疗服务的过度消费问题。在图 9-4 中，医疗服务的市场需求曲线为 D_m。为简便起见，假定生产医疗服务的边际成本为常数 P_0。所以，供给曲线 S_m 是一条位于 P_0 点的水平线。像往常一样，均衡点是供求曲线的交点，价格和数量分别为 P_0 和 M_0。医疗服务的总支出是单位价格与单位数量的乘积，即 OP_0 乘以 OM_0，或矩形 P_0OM_0a 的面积。

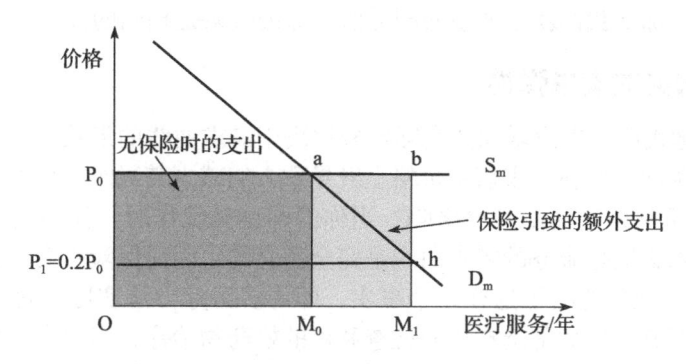

图 9-4　医疗服务因保险而消费过度

有了保险会对市场产生怎样的影响？为简便起见，假定该保单没有自付额，但有 20% 的共保费率。也就是说，该保单覆盖的患者对他们在本年得到的全部医疗服务只需支付 20% 的成本。当然，这些人为了获得保险必须支付保费；但他们一旦支付了这笔保费，他们面临的边际成本就仅为医疗服务价格的 20%。

分析保险影响的关键在于要认识到，20% 的共保费率相当于患者支付的价格降低了 80%——如果每住一天医院的增量成本为 800 美元，患者只需要支付 160 美元。在图 9-4 中，患者面对的价格不再是 P_0，而只是 0.2 乘以 P_0。在这个较低的价格下，需求量增加到 M_1，患者的医疗服务支出为 OP_1hM_1 的面积。

在新的均衡点上，尽管患者对每单位医疗服务支付的是 $0.2P_0$，但提供医疗服务的边际成本仍然是 P_0，差额（$0.8P_0$）由保险公司支付。所以，总支出为 OP_0 乘以 OM_1，或矩形 P_0OM_1b 的面积，其中保险公司支付 P_1hbP_0。因此，由于有保险，医疗保健支出从 P_0OM_0a 增加到 P_0OM_1b，或净增加 aM_0M_1b。

这里的问题是，个人消费的医疗服务超过了其边际收益等于边际成本的点。这是无效率的，因为在超过 M_0 之后每增加购买一单位医疗服务，其额外成本（用边际成本度量）都超过额外收益（用个人的边际支付意愿来度量，即到需求曲线的垂直距离）。我们可以度量这种无效率无谓损失的大小，即把从 M_0 到 M_1 所购买的每单位医疗服务的边际成本与边际收益之间的差额加总起来。因此，无谓损失就是三角形 abh 的面积。

在这个例子中，保险导致每年购买 M_1 的医疗服务，但在需求曲线上的这一点，额外医疗服务的增量收益非常小，额外的医疗服务对健康的影响很小（即平直）这种观念，有时被称为曲线平直的医疗。重要的是，即使是在医疗的平直曲线上，也并不意味着医疗保健没有显著的收益，它只是说额外的医疗保健所产生的边际收益很小。

美国在医疗的平直曲线上吗？美国花费在医疗保健上的人均支出高于其他发达国家，但并没有取得较好的医疗保健效果。美国的人均医疗保健支出是发达国家平均水平的 2.5 倍，比位居第二的国家高出 50%，但平均预期寿命和婴儿死亡率还不如所有发达国家的平均水平（OECD，2012）。然而，我们根据这种简单的比较做出推断要小心谨慎。各国间的支出差异有一部分是由一国在医疗技术研发上的开支所致，而医疗技术研发会对所有国家产生正外部性。此外，各国间的医疗保健效果也许因为生活方式、文化等诸多因素的不同而不同。例如，加拿大人比美国人的预期寿命长，部分是由文化和行为因素的差异所致，如美国的肥胖症患病率、意外事故率、凶杀案件率就比较高。最后，尽管预期寿命和婴儿死亡率很重要，但它们终究只是衡量总体健康状况的粗略指标，因为它们并没有考虑医疗保健的质量。比如，如果两个国家的预期寿命相同，但其中一个国家不向其公民提供髋关节置换手术，那么我们就不能说两国的医疗保健效果是相同的。

四、医疗服务的需求弹性

图 9-4 清楚地表明，支出增加的实际数额取决于需求曲线的形状。请注意，本图通过把需求曲线表示为向下倾斜，来假定价格上升导致人们减少其对医疗保健的消费。但人们生病时，不是要听从医嘱而不管价格吗？当你的阑尾炎发作时，你还会跟医生讨价还价吗？如果不会，那么医疗服务的需求曲线是完全垂直的，因而保险不会导致道德风险的无效率。然而，这个推理忽略了这样一个事实，即许多医疗方法实际上可以自主决定。比如，不是每个人对其过敏症都选择诊断检查和可的松药物治疗，当患者对医疗服务必须付一定价格时，他们也许有选择地做检查或者购买医生推荐的部分处方药。

医疗保健支出对医疗保健价格变化做出怎样的反应，终究是个实证问题。我们如何估计这种需求弹性？一种方法是对高保额保险计划中的人与保额不太高保险计划中的人所购买的医疗服务数量进行比较。可是，这不太可能提供可信的结果，因为不同类型的人会选择不同的保险计划。例如，对医疗服务有高需求的人可能选择共保费率低的高保额保险计划，所以，正是他们的这种固有的高需求导致购买更多的医疗服务，而不是因为这种保险计划的实际价格比较低。

20 世纪 70 年代末和 80 年代初，兰德公司（RAND Corporation）采用了随机实验方法来估计医疗服务的需求弹性，它把来自 6 个城市的大约 2000 个无老人家庭随机分到 14 个服务价格不同的保险计划中。这些计划的共保费率不同（0、25%、50%、95%），家庭自费的限额各异（占家庭收入的 5%、10%、15%，最大限额为 1000 美元），由于分到每一保险计划是随机的，医疗服务消费量的任何差异都归因于保险计划的特征，而非参保人的特征。结果表明，医疗服务的价格上涨 10%，需求量降低大约 2%。因此，医疗服务的需求的确会对其价格做出反应，这告诉我们，保险的道德风险可能导致无效率。顺便提一句，兰德公司的研究还发现，实验中的人得到了更多的医疗服务，但同其他人相比的健康改善程度微乎其微，这与平直曲线假说相一致。

最近，一项准实验研究观察了年轻的成年人，当他们太大已不适合在父母的保单之列而突然失去保险时利用医疗保健服务情况的变化。他们发现，失去保险后医疗保健服务的利用大量削减。例如，急诊量下降 40%，住院病人下降 61%。这些结果表明，扩大医疗保险的覆盖面会导致目前没有投保的人对医疗保健服务的需求大幅增加。

道德风险证明政府干预是合理的吗？在存在道德风险的情况下，如果病人不直接承担他们购买医疗服务的成本，我们就可推测，医疗保健支出会很高且无效率。不过，如前所述，倘若人们是风险厌恶者，那么，购买保险以免自己承担医疗成本会有一个明显的效用收益。因此，我们面临一种权衡取舍：保单越慷慨，防范因生病而出现的财务风险的保障作用就越大，但道德风险也越大。有效率的保险通过要求低成本医疗服务的自付费用更高，高成本医疗服务的赔付更多，来平衡降低风险所带来的收益与道德风险所造成的损失。

政府能改善这种权衡关系或完全消除道德风险吗？道德风险引起的效率问题不是私人医疗保险市场所独有的，只要第三方支付部分或全部医疗服务的边际成本，它们就会出现。在以前的例子中，私人保险公司是第三方，承担了 80% 的边际成本。当公共提供保险时，政府是第三方，但道德风险的分析都是一样的。

关键的问题是，政府提供医疗保险会导致同私人保险情况下完全一样的道德风险问题。因为它也会降低患者的医疗服务价格。私人部门和公共部门通过尽量限制消费者的选择来解决道德风险问题，但都不怎么成功。与逆向选择的情况不同，在解决道德风险问题上很难说政府就一定比私人部门好，即使在理论基础上也是如此。

五、医疗保健市场的其他问题

（一）医疗服务质量的信息不对称

医疗保健市场的另一个问题是，人们可能不完全了解他们所购买的服务。在平板电视市场中，消费者知道它们都有哪些功能，而且也很容易知道和理解不同款的平板电视所具有的特征。可是，医疗保健要复杂得多。找到治疗肺癌的最佳方法要比选择一台平板电视困难得多。因此，患者不得不依赖医生的专业知识，很难想象在其他市场中，消费者会如此依赖服务推销员的建议。由于患者缺乏良好的信息，甚至对其主治医生是否能胜任都不太清楚，问题就变得更加复杂。

信息问题能证明政府干预是合理的吗？患者缺乏信息是许多政府管制措施的理由。比如，在美国，医生要获得在某一州行医的执照，就必须从美国医学会认证的医学院获得医学学位，其想法就是确保难辨医生好坏的患者不必担心由不胜任的医生来治疗，在此，我们同样也面临权衡问题，让医生进入合格的医学院，实际上就是要控制医生的供给量。由于供给受到限制，医生能把他们的收入抬高到竞争水平之上，这本身就会导致效率低下。事实上，有一些统计证据表明，医疗保健提供者利用他们设定标准的能力，提高他们自身的收入。总之，医疗保健提供者在如何提供医疗保健方面拥有最佳信息，而如果政府赋予他们制定标准的权力，他们可能利用这种权力来提高他们自身的收入。

（二）医疗保健的外部性

即使不存在信息不对称问题，医疗保险的自由市场也会导致无效率。购买医疗服务会产生外部性，也许是正的，也许是负的。如果你接种了流感疫苗，就会产生正外部性，因为这降低了他人被传染的概率。相反，如果你过度使用抗生素，产生新种类的免疫细菌，其他人的境况就会变糟。通常认为，在出现外部性的情况下，政府干预能提高效率。

（三）公平问题

至此，我们讨论了医疗保健市场可能是无效率的各种原因。不过，即使医疗保健市场是有效率的，社会也可能认为其结果是不公平的。特别是，一个有效率的医疗保健市场会导致不同收入群体在医疗保健服务上的消费差异。这种差异唤起我们对那些买不起保险或支付不起高质量医疗费用之人的关切。

有些人可能不买医疗保险，因为他们的收入太低，且对他们来说成本太高。随着近年来医疗保健成本的急剧上升，这种观念备受关注。如今在美国，16%的人口既无公共医疗保险，也无私人医疗保险。按照规定，穷人和老年人应由公共计划覆盖。一般来说，低薪工作者、无固定工作的人及个体劳动者是无保险者。有调查发现，近来，无保险的人数急剧上升，是由于在雇主资助的医疗保险计划中，向个人收取的保费大幅度增加。在20世纪80年代末，个人参加医疗保险一般每年支付190美元，如今保费每年超过950美元。

谁是无保险者？无保险者是一个相当多样化的群体，因年龄、收入、种族、移民身份、就业状况等的不同而不同。不满18岁的少年中有10%的人无保险，18～24岁的人中有30.4%的人无保险，这两类人群各自占无保险总人数的32.4%。在收入低于贫困线的家庭中大约有32%的人无保险，但收入在75000美元以上的家庭中也有9.1%的人无保险。生活在收入高于50000美元家庭的人占无保险总人数的39%。这些人处于收入分配的上半部分，因此他们可能买得起保险但决定不买保险。当然，缺乏医疗保险与缺乏医疗保健是两回事。有些人自己掏腰包支付医疗保健费用。

从就业状况来看，大约有27%的无保险者是失业者，而大约有27%的兼职人员和31%的全职人员是无保险者（US Bureau of the Census，2012）。一个人所在企业的规模越大，拥有医疗保险的概率就越高。这种差异可能是因为保险的成本取决于企业的规模。随着员工数量的增加，保险计划的管理成本分摊到每位参保员工身上的部分会下降，而且，拥有很多员工的企业可以在大量人员中分散严重医疗保健问题的风险，因而可以获得较好的费率。

(四) 高额医疗保健成本

数据表明,美国的医疗保健支出占 GDP 的比例要比澳大利亚、加拿大、法国、德国、日本及英国高得多。医疗保健成本为何增长得如此之快？回想一下,像第三方支付引起的道德风险这类市场失灵,可能是高额医疗保健成本的原因。不过,如果第三方支付是医疗保健支出增长的原因,那么保险覆盖范围必然是在扩大。虽然保险覆盖范围的确在一直扩大,但有证据显示,解释支出增长的主要因素不是投保人数的变化而是其他因素。

1980 年,美国人口当中有 11.3% 是 65 岁以上的老年人,目前该数字是 13%。同期,年龄在 85 岁以上的人口比例从 1.0% 上升到 1.8%（US Bureau of the Census, 2012）。可以预见,随着人口的老龄化,医疗保健支出也将增加,因为老年人对医疗保健服务的需求较大。这种现象能在多大程度上解释医疗保健支出的上升？实证研究表明,老龄化不是医疗保健成本不断上升的主要因素,例如,有研究发现,老龄化对年人均医疗保健支出增加的贡献度不足 10%。

1960 年以来,美国的实际人均收入几乎增长了 2 倍,因为医疗服务的需求随着收入的增加而增加,从这个意义上说,收入增加也会推动医疗保健支出增加。据估计,医疗保健支出的需求收入弹性为 0.7,也就是说,收入增加 10% 会导致医疗保健需求增加 7%。然而,不断上升的收入仍然不是医疗保健支出增长的主要因素。

诺贝尔经济学奖得主肯尼斯·阿罗最近声称,美国医疗保健支出增长的最重要原因是医疗技术的改进:长期以来,医生培训、医疗技术和设备都得到了改进。在过去的几十年里,我们目睹了医疗技术的惊人发展。正如阿罗所说的,一直以来,由于诊断技术、外科手术和各种健康问题的治疗方法等变得越来越好,因此医疗保健的质量得到了提高。就拿心脏病的治疗来说,如今的心脏病治疗的确比几十年前要昂贵得多（用实际值来衡量）。不过,如今的心脏病治疗与 1950 年的心脏病治疗绝非相同的"商品"。当年,心脏病治疗的标准做法（1955 年艾森豪威尔总统心脏病发作后的治疗方法）就是建议休息、吗啡止痛和输氧,现在的治疗方法已大不相同。自艾森豪威尔总统以来,心血管疾病死亡率下降了一半多,心脏病发作后的死亡概率下降了近 3/4。

医疗保健成本增加的这种技术论,也有助于解释为什么医疗保健筹资制度和提供制度不同的国家,医疗保健支出都增长了。虽然这些国家的医疗保健提供制度相当不同,但至少有一点是相同的,那就是它们都同样有昂贵的技术创新。

第二篇

宏观经济

第十章

宏观经济循环：生产、收入与分配

第一节　国民收入恒等式

为了测度总体经济活动，我们从一个假想的小国开始。假设该小国只有一家公司，该公司只生产一种商品，每年500万单位；假设小国居民人数为2000000，他们都是该公司工厂的工人，也是该公司股票的所有者。我们考察三种测度该小国经济总量的方法：生产法、支出法和收入法。

一、生产

为了确定该唯一公司每年生产的总的市场价值，第一步，我们假设该公司生产的商品不需要来自其他厂商的投入。如果该单位商品的市场价格为30000元，那么该公司每年生产的价值为

$$500 \text{万单位} \times 3 \text{万元}/\text{单位} = 1500 \text{亿元}$$

通过将产量和市场价格相乘，我们就有了一个反映经济体在某一特定时间生产的商品的市场价值的测度。上例中，该公司每年生产的商品的市场价值为1500亿元。

以上总体经济活动的测度称为国内生产总值（gross domestic product，GDP）。我们把GDP定义为某一特定时期一国境内生产的最终商品和服务的市场价值。GDP的特点如下：

① GDP总是与某一特定时期相联系，通常为一年或一个季度。与GDP相比，许多其他的经济变量如货币的数量，衡量的是一个给定时点的存量（stock），而GDP衡量的则是流量（flow）。GDP也许是经济学中最重要的流量变量：它告诉我们每一单位时间内经济的循环流程中有多少产品和服务被生产出来，或者有多少资金在流动。在经济学中，我们还可以区别以下存量和流量。

- 一个人的财富是存量；他的收入和支出是流量。
- 经济中的资本数量是存量；投资的数量是流量。
- 政府债务是存量；政府预算赤字是流量。

② GDP的定义包括"最终"一词，这表明我们感兴趣的是对生产链的终端产品进行估值。最终产品所用的各个部件——虽然它们可能来自不同的分厂，但不能单独计入，这是因为单独计入就意味着双重计算。例如，当我们对汽车整车进行估值时，意味着发动机，甚至前溯至发动机上的螺丝已经隐性地被计入了。

③ GDP是一个对生产的测度，而不是对卖给消费者的销售额的测度。因此，即使生

产出来的某样东西没有卖给顾客，它也要被计入 GDP。换言之，存货也应当被计入 GDP 之中。

二、支出

还有另一种考虑该经济体的总体经济活动水平的方法。这种方法得到的答案与前面基于生产的方法相同。我们发现，当经济循环流转时，家庭和企业、国外经济体将购买这个经济体（在我们的例子中，即为该公司）生产的所有商品。如果我们把所有这些购买加在一起，我们将发现，各经济体在该公司产出上的总支出也正好为 1500 亿元。

与生产法中的"存货问题一样"，你可能也有"如果一部分商品没有卖出去呢"的疑问。经济学家对此的回答是，那些未被卖出的商品被企业所拥有，从而可以看作已经被企业"购买"。不考虑国外经济体的情况，将家庭的支出和企业的存货支出加在一起，就得到了总支出 1500 亿元。

三、收入

我们已经计算出该公司得到了 1500 亿元收益（可能包括存货）。它付给工人 X 元，剩下的（1500−X）留给其所有者。因此，该假想小国境内的所有工人和所有所有者的总收入为

$$X + (1500-X) = 1500 亿元$$

注意：这与前面计算中得到的该经济体所生产的市场价值相同，它也是所有经济体在该商品上支出的值。

以上我们是用生产法、支出法和收入法得到完全相同的 GDP 数值，不是偶然的。在经济学中，存在如下恒等式：

$$生产 = 支出 = 收入$$

这个恒等式是大多数宏观经济分析的基础。同时，从核算的角度来说，在计算 GDP 时，生产法、支出法或收入法中的任何一个都应该给出同一答案。

生产 = 支出 = 收入也可以用如图 10-1 所示的国民经济循环简要流程图来表示。家庭把他们的劳动卖给企业；企业使用工人的劳动生产产品，又把产品卖给家庭。在图 10-1 中，企业生产的产品总量正好等于家庭的支出；家庭所付出的劳动总量用于生产全部产品，而企业卖出全部产品的收入返还给家庭，形成国民总收入。当然，在上述简要流程图中没有考虑企业的投资支出，也没有考虑进出口和政府，但更复杂的国民经济循环流程图其原理是一样的。

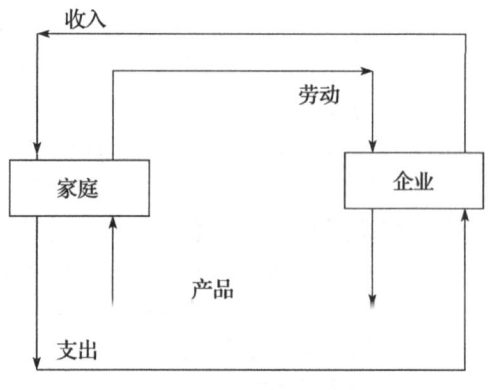

图 10-1 国民经济循环简要流程图

第二节 国民收入核算

一、生产法衡量 GDP

在生产法（production approach）中，我们将 GDP 定义为在某一固定时期内经济当期

新生产的所有最终产品和服务的当前市场价值。

假设一个经济只生产苹果和橙子，在这个例子中，GDP 的计算如下：

GDP= 苹果的价格 × 苹果的数量 + 橙子的价格 × 橙子的数量

（一）GDP 衡量的是市场价值

经济生产数不清的产品和服务。为了计算经济中产出的价值，我们用每种产品和服务的当期市场价格衡量其价值，然后把结果加总起来。

1. 无法衡量非市场化的产品和服务

遗憾的是，并不是经济中生产的所有产品和服务都在市场上出售从而存在一个市场价格，这给国民收入核算中精确计算 GDP 带来了不便。这些非市场化的产品和服务必然有一些没有被纳入 GDP 测度。如果家庭内部或由朋友提供的许多家庭服务——打扫卫生、做饭、照顾小孩——易于测度的话，那么这些家庭服务就会被纳入 GDP。此外，政府提供的产品和服务也属于不在市场交易的 GDP 的一个特别庞大的组成部分，如国防、警察、消防和教育。非市场化产品和服务的存在表明 GDP 是对总产出的一个不完美的测度。

非市场化的产品和服务虽然缺少市场价格，但可以通过确定一个估算价值被计入 GDP。估算价值是对不在市场上销售的产品或服务的价格的估算。对于政府提供的某些不收费服务来说，可行的做法是按这些产品和服务的提供成本来计算其价值。例如，开具交通罚单的警官的估算价值就是他执行交通任务时被支付的工资。

2. 无法衡量地下经济

地下经济生产的非市场化产品和服务也没有被计入 GDP。在地下经济中，产品和服务的生产被隐蔽起来以便不让政府发现，或者是因为本身非法，或者是因为生产这些产品和服务的人想逃避所得税（例如收取现金并在纳税时不予申报的小摊贩）。在一些国家，地下经济（有时也被称为黑市经济）规模很大，例如，在意大利，逃税非常严重，因此相较于其他国家而言，该国 GDP 可能因其规模庞大的地下经济而被低估。

（二）GDP 衡量的是最终产品和服务

产品和服务的生产通常是分阶段的：中间产品和服务在生产阶段完全耗尽了，而最终产品和服务是生产过程的终端产品。制造最终产品和服务会使用到中间产品和服务，由于中间产品和服务的价值已经体现在最终产品和服务中了，如果使用生产法核算 GDP 时，计入中间产品和服务，就会造成重复计算。也就是说，GDP 应该只包括最终产品和服务的市场价值。

1. 统计增加值

因为实际统计时，很难确定哪些产品作为最终产品被消费，哪些产品作为原料被下游厂商所使用，因此，实践中常使用增加值的方法来进行统计。增加值是指企业产出的价值减去企业购买的中间产品的价值。通过加总每家企业的增加值，我们得到了所生产的产品和服务的最终价值。

2. 资本品的统计

假定一个机器人被制造出来用于安装新汽车的挡风玻璃。它是一种中间产品还是最终产品？尽管机器人被用于帮助生产新汽车，但在生产新汽车的过程中它并不会像原材料那样被耗尽，而会在很多年里继续安装挡风玻璃。因此，机器人是一种资本品，即在当期生产出来的用于其他产品生产的产品,并且在其他产品的生产阶段不会被耗尽。我们将新资本品归类为最终产品,从而包括在 GDP 中,这是因为资本品没有被包含在生产其他最终产品的支出中,但其生产无疑是经济活动的一部分。在本节下一部分"支出法衡量 GDP"中,我们将指出,购买资本品的支出称之为"投资(investment)"。

3. 存货

存货是指企业持有的原料、半成品以及未出售的制成品,它是另一种类型的当期未被耗尽的产品。出于与将资本品包括在 GDP 中相同的原因,我们将存货包括在 GDP 中:存货水平的增加意味着经济活动的增加。因此,在给定时期(如一年)里存货的变动被称为存货投资。

例如,假定年初时苹果公司有价值 10 亿美元的微处理器和 10 亿美元的 Mac 计算机成品,加在一起是 20 亿美元的存货。年终时,它的库存有价值 15 亿美元的微处理器和 15 亿美元的 Mac 计算机成品。其存货水平从 20 亿美元增加到 30 亿美元,增加了 10 亿美元。这增加的 10 亿美元存货是该年的存货投资,我们把它计入 GDP。

(三) GDP 衡量新生产的产品和服务

GDP 应该只包括当期新生产的产品和服务,排除了以前时期生产的产品和服务。如果你从一家旧车店买了一辆用了 3 年的旧车,汽车生产并没有增加,在原来的车主购买这辆车(新车)时,该车已经计入 GDP 了。但是,卖这辆旧车给你的汽车经销商给你提供了服务,这个服务的价值应该被包括在 GDP 中。

(四) GDP 是一个流量

通常,我们计算一个固定时期(如一个季度或一年)的 GDP。例如,2014 年的 GDP 告诉我们 2014 年生产的最终产品和服务的价值。从这个角度而言,GDP 是一个流量,即每单位时间内的数量,而不是一个存量,即某一给定时点的数量。

存量与流量的概念在经济学中至关重要,例如投资是流量,资本总额是存量;储蓄是流量,个人财富是存量。

二、支出法衡量 GDP

在支出法中,CDP 是经济在当期生产的最终产品和服务上的总花费。支出法使得我们能够得到关于支出的不同组成部分的信息,这些不同组成部分加总起来就是 GDP。国民收入账户把支出分成四种基本类型:消费支出、投资、政府购买(支出)和净出口。国民收入账户把这四种类型的支出加总得到 GDP,公式为

$$Y=C+I+G+NX$$

其中,Y=GDP= 总生产(产出);C= 消费支出;I= 投资;G= 政府对产品和服务的购买;NX= 净出口 = 出口 − 进口。

以上方程是宏观经济学最基本的方程之一。

(一) 消费支出

消费(consumption)支出也称为个人消费支出(政府的支出在国民收入账户中归入"政府购买"),它是消费者对当期生产的产品和服务的总支出。消费支出是 GDP 的最大组成部分,在美国,消费支出 2012 年占到了 GDP 的 68.7%。消费支出分为三种基本类型。

①耐用消费品，即消费者购买的能够持续使用很长时间的产品，如汽车、电子产品和家用电器。

②非耐用品，即寿命短暂的消费品，如食物、住房服务（但不是购买住房，那是投资的一部分）、汽油和衣服。

③服务，即消费者购买的个体和企业为消费者所做的工作，如理发、教育、保健、坐飞机和金融服务。

（二）投资

投资（investment）是指在当期生产的资本品上的支出。在美国，2012 年投资占 GDP 的 15.2%。我们可以把投资分成三种基本类型。

①固定投资，也称企业固定投资，是企业在设备（如机器、计算机、家具和卡车）和建筑物（如工厂、商店和仓库）上的支出。

②存货投资，即企业持有的存货的变动。如果存货增加，存货投资为正；如果存货减少，存货投资就为负。

③住房投资，即家庭对新住房和公寓的购买（我们不把已有住房的购买纳入 GDP，因为它们是在早些时候生产的）。住房和公寓是家庭的资本品，对大多数人来说，住房是其一生中购买的最重要的东西。

（三）政府购买

政府购买（government purchases）是中央政府和地方政府在当期生产的产品和服务上的支出。2012 年，在美国，政府购买占 GDP 的 19.2%。

①政府消费与政府投资。出现在 GDP 中的政府购买包括对产品（高速公路、军事设施和计算机）和服务（国家公园的护林员、治安、卫生保健和教育）的购买。我们把卫生保健和治安等寿命短暂的产品和服务的政府购买称为政府消费（government consumption），而把在建筑物和计算机等资本品上的支出称为政府投资（government investment）。

②转移支付和 GDP。政府对社会保障、医疗和失业保险津贴等的支付是从社会的一部分（健康的劳动者）向另一部分（老年人、病人和失业者）的转移支付（transfer）。由于这些支付并不用来交换产品与服务，它们不计入政府购买和 GDP 中。

（四）净出口

净出口（net export）等于出口减去进口，也就是说，出口的（卖到其他国家的）当期生产的产品和服务的价值减去进口的（从国外购买的）产品和服务的价值。明白为什么出口应该被包括在 GDP 中是很容易的。但是为什么我们必须减去进口才能正确衡量 GDP 呢？答案是，在进口品上的支出被包括在了消费支出、投资和政府购买中，但进口品不是在本国生产的。

（五）GDP 支出组成部分随时间的变动

比较不同时期的 GDP，可以观察到 GDP 支出组成部分随时间变动的情况。

①消费支出占 GDP 的份额通常较为稳定，在很多国家消费支出占到 GDP 的 50% 以上。

②投资比 GDP 的其他组成部分的波动要大得多。由于投资的高度波动性，即使投资相对于 GDP 的平均规模仅为消费支出的 1/3，它在解释经济活动的波动时所起的作用仍然很大。

③从政府购买占 GDP 的份额以及转移支付与 GDP 的比率，可以观察到政府在国民经

济运行中的作用。

④从进口、出口占 GDP 的份额，以及其净出口的正负情况（即贸易盈余或贸易赤字），可以分析一国的国际贸易和国际投资情况。

三、收入法衡量 GDP

衡量 GDP 的第三种方法是收入法。收入法加总经济中的家庭和企业收到的所有收入，包括利润和政府税收。

（一）收入的类型

①雇员报酬，包括雇员（不包括自雇人员）的工资和薪金及福利津贴，福利津贴包括健康险和养老金。雇员报酬是最大的收入种类。2012 年，在美国，占 GDP 的 53.2%，见表 10-1。

②其他收入，包括自雇人员的收入、个人从出租财产收到的收入（包括书和音乐的版权收入）以及个人从企业和外国得到的净利息（利息收入减去他们支付的利息）。2012 年，在美国，其他收入占 GDP 的 20.4%，见表 10-1。

③公司利润，由公司的利润组成。2012 年，在美国，占 GDP 的 12.4%，见表 10-1。

④折旧，指资本因磨损或因过时而报废带来的价值损失。企业财务会计准则中，企业的净收入是销售收入减去折旧，因此为了计算总收入，我们将它加回到 GDP。如果我们不把折旧加回到 GDP，那么我们把该测度称为国内生产净值（net domestic product）。2012 年，在美国，折旧占 GDP 的 15.6%，见表 10-1。

⑤净要素收入，等于外国人付给本国居民的工资、利润和租金（被称为要素收入）减去本国居民付给外国人的要素收入。当本国居民从国外得到的要素收入高于他们付出去的数量时，他们的总收入上升。净要素收入通常很小。2012 年，在美国，它为 GDP 的 −1.6%，见表 10-1 表明美国居民从外国人那里收到的收入少于他们付给外国人的收入，从而对 GDP 的贡献为负。

表 10-1 2012 年美国 GDP 的收入法核算

	单位：10 亿美元	占 GDP 的百分比（%）
雇员报酬	8787	53.2
其他收入	3370	20.4
公司利润	2047	12.4
总计 = 国民收入	14204	86.0
折旧	2575	15.6
总计 = 国民生产总值（GNP）	16779	101.6
净要素收入	−257.0	−1.6
总计 = 国内生产总值（GDP）	16420	100.0

（二）收入衡量指标

通过加总表 10-1 中不同的项目，我们得到国民收入账户中报告的几个收入衡量指标。我们将前三项加总得到国民收入（national income），再加上折旧得到国民生产总值（gross national product，GNP），它衡量了美国居民赚到的总收入。可是，这一收入的一部分并非在国内生产，而是从国外的生产中赚取的工资、租金和利润。为了得到国内生产的总产品的衡量指标，即国内生产总值（GDP），我们把净要素收入（为负）加入国民生产总值（GNP）中，如表 10-1 所示。2012 年美国的 GDP 是 16.4 万亿美元。

私人可支配收入，即私人部门拥有的可供支出的收入数量，是另一个重要的收入衡量指标，它是私人部门支出水平的关键决定因素。私人可支配收入等于私人部门收到的收入加上政府向私人部门的支付再减去付给政府的税收。更精确地可以表示为

私人可支配收入 = GDP + 净要素收入 + 从政府收到的转移支付 + 政府债券支付的利息 − 税收

政府也有可供支出的可支配收入，即政府收入净额，它可以表示为

政府收入净额 = 税收 − 转移支付 − 政府债券支付的利息

把上面两个方程加在一起可以看到，私人可支配收入加上政府收入净额等于 GDP 加上从外国人那里获得的净要素收入，即国民生产总值（GNP）。

四、实际 GDP 与名义 GDP

（一）名义变量

到目前为止，我们讨论的所有的收入、支出和生产变量都是按当期市场（名义）价格来衡量的，称为名义变量（nominal variable）。市场价格使我们能够加总不同的产品和服务以得到 GDP 的测度，更精确地说应该称为名义 GDP（nominal GDP）。可是，诸如名义 GDP 等名义变量有一个巨大的缺点：它们没有告诉我们在价格随着时间变动的情况下经济活动在发生什么变化。例如，如果经济中所有产品和服务的价格都翻倍，那么，名义 GDP 也会翻倍，但实际生产的产品数量及经济活动将保持不变。当你看到名义 GDP 增加时，它可能是由于产品和服务的数量在上升，也可能是由于产品和服务的价格在上升，或者两者同时上升。

（二）实际变量

用实际产品和服务的数量来表示的经济变量的一种测度被称为实际变量（real variable）。告诉我们经济活动随着时间如何变动的 GDP 测度是实际 GDP，它是用不变价格而非当期价格计算的所生产的产品和服务的价值，而名义 GDP 则是用当期价格计算的。换句话说，实际 GDP 是对经济中价格的平均水平——即价格水平（price level）的变动进行了调整的 GDP 测度。实际 GDP 告诉我们经济中生产的产出（实际的产品和服务）的总量。我们可以将实际 GDP 和名义 GDP 之间的关系写成如下方程：

$$\text{实际 GDP} = \frac{\text{名义 GDP}}{\text{价格水平}}$$

或

$$\text{名义 GDP} = \text{价格水平} \times \text{实际 GDP}$$

为了计算 2014 年的实际 GDP，回到只生产苹果和橙子的经济的例子，我们可以把所有的价格设定为它们在被称为基年的某一给定年份（如 2005 年）的值来计算 GDP，它可以表示为

2014 年的实际 GDP = 2005 年苹果的价格 × 2014 年苹果的数量 + 2005 年橙子的价格 × 2014 年橙子的数量

由于我们在这些计算中把价格固定为它们的基年值，我们看到只有在生产的产品和服

务的数量变动时实际 GDP 才会变动。实际 GDP 的变动提供了关于经济福利是否改善的信息，而名义 GDP 通常则没有提供这一信息。经济学家按照基年价格来表述实际 GDP。例如，我们会说，2015 年的实际 GDP 按 2005 年不变价格计算为 40 亿美元。

第三节　总产出的决定与分配

一、总产出的决定

一个经济的 GDP，即产品与服务的总产出，取决于：①它的投入数量，也就是生产要素的数量；②把投入转换为产出的能力，这种能力用生产函数来代表。

（一）生产要素

生产要素是用于生产产品与服务的投入。如本书微观经济学部分所述，两种最重要的生产要素是资本和劳动。资本是工人使用的工具集合，如建筑工人的起重机、会计师的计算器等。劳动是人们用于工作的时间。我们一般用符号 K 表示资本量，用符号 L 表示劳动量。

（二）生产函数

可使用的生产技术决定了给定数量的资本和劳动能够生产多少产出。令 Y 为产出量，生产函数为

$$Y = F(K, L)$$

生产函数具有如下性质。

①生产函数反映了把资本和劳动变为产出的可使用的技术。如果发明了一种更好的生产某种产品的方法，那么，结果是从同样数量的资本和劳动可以生产出更多的产出。因此，技术变革改变了生产函数。

②许多生产函数具有被称为规模报酬不变（constant returns to scale）的性质。如果所有生产要素增加相同的百分比引起产出增加同样的百分比，那么，这个生产函数就具有不变的规模报酬。如果生产函数是规模报酬不变的，那么，当资本和劳动都增加 10% 时，产量也增加 10%。数学上，如果对任何一个正数 z，有：

$$zY = F(zK, zL)$$

那么生产函数就是规模报酬不变的。

（三）产品与服务的供给

现在可以看出，生产要素和生产函数共同决定了产品与服务的供给量，而产品与服务的供给量又等于经济的产出。如果假设资本和劳动的供给以及技术都是不变的，所以产出也是不变的，在数学上表示为

$$Y = F(\overline{K}, \overline{L}) = \overline{Y}$$

在"经济增长"一章，我们将考察资本和劳动的增加以及技术进步如何导致经济中产出的增长。

二、国民收入如何分配给生产要素

在《生产要素的需求、供给与价格》一章，我们得到如下的结论：每种生产要素的报

酬等于它对生产过程的边际贡献，即向每个工人支付的实际工资等于 MPL，向每个资本所有者支付的实际租赁价格等于 MPK。因此，向劳动支付的实际工资总额是 MPL×L，而向资本所有者支付的实际收益总量是 MPK×K。

企业支付了生产要素报酬之后留下来的收入是企业所有者的经济利润（economic profit），即

$$\text{经济利润} = Y - (MPL \times L) - (MPK \times K)$$

由于我们想考察收入的分配，所以，我们将上式整理成如下形式，即

$$Y = (MPL \times L) + (MPK \times K) + \text{经济利润}$$

总收入被划分为劳动回报、资本回报以及经济利润。

根据欧拉定理：如果假定生产函数具有规模报酬不变的性质，那么经济利润必定是零。也就是说，在支付了生产要素的报酬之后，没有什么剩余。即

$$F(K, L) = (MPK \times K) + (MPL \times L)$$

换言之，规模报酬不变、利润最大化以及竞争性加在一起意味着经济利润为零。

如果经济利润为零，那么，我们如何能够解释经济中"利润"的存在呢？因为平常所用的"会计利润"一词不同于经济利润，其表达式为

$$\text{会计利润} = \text{经济利润} + (MPK \times K)$$

所以，在我们的假设——规模报酬不变、利润最大化以及竞争性市场的条件下，经济利润为零。现在可以回答关于经济中的收入如何从企业分配给家庭的问题：每种生产要素得到的支付为其边际产量，这些生产要素报酬耗尽了总产出。总产出被划分为资本报酬和劳动报酬，两种要素的报酬取决于它们的边际生产率。

三、贫富差距问题

美国经济以及世界上许多其他经济引人注目的一个新情况是过去几十年里收入不平等的增加。基尼系数是一个衡量收入分散程度的指标，介于 0～1 之间，0 代表完全平等（所有家庭有相同的收入），1 代表完全不平等（所有收入归一个家庭）。1947 年美国的基尼系数为 0.38，到 1968 年，它下降到了 0.35，这段时期收入变得稍微更平等了。但是，随后经济进入了不平等上升的时期。2012 年的基尼系数已经上升到了 0.45。

什么解释了家庭收入不平等的增加呢？部分原因是前面讨论过的要素份额的变化。由于资本收入往往比劳动收入更集中于高收入家庭，劳动份额的下降和资本份额的上升往往增加了不平等。但是，要素份额的变化只是一部分原因。如果我们看一下劳动收入内部，就会发现在美国，高工资工人与低工资工人的收入差距从 20 世纪 70 年代以来大幅上升了。

经济学家做了许多研究试图解释劳动收入不平等的增加。尽管到现在为止还没有确定性结论，但是，有研究表明："不平等的急剧上升主要是由于受教育程度提高的速度减缓了"。根据上述观点，技术进步在过去一个世纪一直是一个稳定的经济动力，不仅提高了平均的生活水平，而且增加了对技能型工人相对于非技能型工人的需求。新技术的应用需要技能型工人，而技能较差的工人则更可能被淘汰。这种技能偏向型技术变革本身往往会提高技能型工人相对于非技能型工人的工资水平，从而增加不平等。

然而，在 20 世纪的大部分时间里，受教育程度提高的速度超过了技能偏向型技术变革的速度。换言之，尽管技术进步增加了对技能型工人的需求，但是，教育系统增加技能型工人的供给的速度甚至更快。结果，技能型工人受益于经济增长的程度并没有出现不成比例的情况。确实，直到 20 世纪 70 年代，技能型工人的工资增长比非技能型工人更慢，

从而减少了不平等。

四、科布-道格拉斯生产函数

如果生产要素的报酬总是等于它们的边际产量，那么，什么生产函数能产生不变的要素份额？换言之，这个生产函数需要具备如下性质，即

$$资本收入 = MPK \times K = \alpha Y$$
$$劳动收入 = MPK \times K = (1-\alpha) Y$$

式中，α 为介于 0～1 之间的一个常数，它衡量收入中资本的份额。也就是说，α 决定了收入中有多大份额分配给资本，有多大份额分配给劳动。柯布证明了具有这种性质的函数为

$$F(K,L) = AK^{\alpha}L^{1-\alpha}$$

式中，A 为一个大于 0 的参数，它衡量可利用技术的生产率。这个函数就是著名的柯布-道格拉斯生产函数（Cobb-Douglas production function）。

首先，柯布-道格拉斯生产函数具有规模报酬不变的性质。也就是说，如果资本和劳动同比例增加，那么，产出也按相同的比例增加。

其次，考虑柯布-道格拉斯生产函数的边际产量。劳动的边际产量为

$$MPL = (1-\alpha) AK^{\alpha}L^{-\alpha}$$

资本的边际产量为

$$MPL = \alpha AK^{\alpha}L^{1-\alpha}$$

可以验证，如果各种要素的报酬等于其边际产量，那么，参数 α 确实告诉了我们有多少收入分配给劳动，有多少收入分配给资本。因而，劳动收入与资本收入的比率是不变的，等于 $(1-\alpha)/\alpha$。要素份额只取决于参数 α，而不取决于资本量或劳动量，也不取决于用参数 A 衡量的技术状况。

第四节　宏观经济统计基本指标

一、通货膨胀的衡量

（一）GDP 平减指数

根据上一节对实际 GDP 的定义，可以把价格水平写成名义 GDP 和实际 GDP 之比，即

$$价格水平 = \frac{名义GDP}{实际GDP}$$

名义 GDP 与实际 GDP 之比被称为 GDP 平减指数。例如，如果 2015 年的名义 GDP 为 15 万亿美元，以 2005 年不变美元表示的 2015 年实际 GDP 为 12 万亿美元，那么，若以 2005 年为基年，2015 年的 GDP 平减指数为

$$100 \times (15 万亿美元 / 12 万亿美元) = 125$$

这意味着用 GDP 平减指数衡量的价格水平从 2005 年到 2015 年上升了 25%。

（二）居民消费价格指数

居民消费价格指数（consumer price index，CPI）是消费者产品和服务平均价格的一种测度。CPI 的计算方法为

1. 决定产品篮子

统计部门搜集成千上万种产品和服务的价格，它怎么把所有这些价格进行平均以得到一个价格指数呢？由于有些产品和服务的价格对消费者的预算比其他产品和服务重要得多，因此简单的平均是不准确的。例如，一个典型消费者花在租房上的支出比在看电影等的支出要多得多。解决方案是，统计部门通过支出调查决定人们实际上购买哪些产品和服务，然后编选一个典型城市消费者购买的"产品篮子"。例如，统计部门可能确定一个典型城市消费者每周购买10升汽油和2个苹果。它把每一个数量乘以每一个当期价格，然后将其与用基年价格计算的值相比较。

2. 计算 CPI

为了说明问题，假定典型消费者的产品篮子由10升汽油和2个苹果组成。以2005年为基年，2014年的CPI的计算方法如下：

$$2014年的CPI = 100 \times \frac{10 \times 2014年每升汽油的价格 + 2 \times 2014年每个苹果的价格}{10 \times 2005年每升汽油的价格 + 2 \times 2005年每个苹果的价格}$$

（三）通货膨胀率

我们将通货膨胀率精确定义为一段特定时期内价格水平变动的百分比，即

$$\pi_t = \frac{P_t - P_{t-1}}{P_{t-1}} = \frac{\Delta P_t}{P_{t-1}}$$

其中，π_t 是时期 t 的通货膨胀率；P_t 是 t 时的价格水平；P_{t-1} 是 t-1 时的价格水平。

如果价格水平——无论我们用GDP平减指数或CPI中的哪一个价格指数来衡量，在一年间从100上升到102，那么通货膨胀率是2%[（102-100）/100]。如果下一年价格水平上升到103，那么该年的通货膨胀率是1%[（103-102）/102]。

需要指出的是，因为GDP平减指数或CPI并不相等，因而计算出的通货膨胀率也不一样。然而，实际上通过不同的价格指数计算出来的通货膨胀率两者相差相当微小。

二、失业的衡量

失业率是最重要的经济统计量之一，因为它表明了劳动市场的状况以及经济对其重要资源——劳动的利用程度。

失业率（或平民失业率）是平民人口（不包括部队服役人员和囚徒）中想工作却没有岗位从而处于失业状态的人所占的百分比。劳动力（labor force）被定义为

$$劳动力 = 就业者人数 + 失业者人数$$

失业率的计算如下：

$$失业率 = \frac{失业者人数}{劳动力}$$

三、利率的衡量

利率是宏观经济学的另一重要变量。利率（interest rate）是借款的成本，或为租赁资金支付的价格（通常表示成租赁100元每年的租金百分比）。例如，如果你借100元给一个朋友，对方同意一年后还105元，5元作为租赁100元的租金，那么利率为5%。

（一）利率的类型

以美国为例，最重要的利率如下。

基本利率（prime rate）：贷给优质（信用良好的）借款企业的银行贷款基准利率。它是衡量企业从银行借款的成本的好指标。

联邦基金利率（federal funds rate）：银行间隔夜贷款（由于贷款是各银行在美联储的存款之间的转移，故称之为联邦基金）收取的利率。美联储以这一利率为目标来实施货币政策。

伦敦银行间同业拆借利率（london inter-bank offered rate，LIBOR）：伦敦的银行提供的银行间贷款的利率。它是衡量国际市场上短期利率动态的重要指标。

国库券利率（treasury bill rate）：美国国库券（到期时间不到一年的政府债券）的利率。它是衡量短期利率运动的通用指标。

十年期国债利率（ten-year treasury bond rate）：美国到期时间为十年的国债的利率。它是衡量长期利率运动的通用指标。

联邦住房贷款抵押公司利率（Federal Home Loan Mortgage Corporation rate）：联邦住房贷款抵押公司担保的抵押贷款（常常被称为标准类抵押贷款）的利率。它是衡量住房抵押贷款成本的指标。

经济中的利率各异，取决于证券的流动性（出售的便利性和快捷性）及其信用风险（是否能得到偿还的不确定性）。但是，除了在异常时期，大多数利率同步运动，因此除非特别提及，在几乎所有宏观经济学教科书中通常把所有国内利率视为等同。

（二）实际利率与名义利率

通常，商业银行公布的利率是一种名义利率（nominal interest rate），这是因为它没有考虑到通货膨胀。实际利率是为了精确反映真实的借款成本通过扣除预期的价格水平变动（通货膨胀）而调整了的利率。实际利率描述贷款人在贷款这一事实之后获得的实际意义上的收益有多大。

按照费雪方程，名义利率 i 等于实际利率 r 加上通货膨胀率[①]，即

$$i = r + \pi$$

那么，实际利率等于名义利率减去通货膨胀率，即

$$r = i - \pi$$

相较于名义利率，实际利率反映借款真实成本，可能是衡量借款、投资和贷款的激励的一个更好的指标。例如，在 20 世纪 70 年代，美国的名义利率较高，实际利率却非常低，甚至常常为负。

---

① 费雪方程实际上是一种近似，其推导如下：$1+i=(1+r)(1+\pi)=1+r+\pi+r\times\pi$，最后一项非常小，可以忽略。

第十一章

宏观经济运行的短期与长期

第一节 产品与服务的总需求

上一章中，我们确定了 GDP 的四个组成部分：消费（C）、投资（I）、政府购买（G）和净出口（NX）。

就目前而言，为了简化分析，先假设我们的经济是一个封闭经济，即一个不与其他国家进行贸易往来的国家，这样净出口就总是零（在第五节中我们将考察开放经济的宏观经济学）。

一个封闭经济中生产的产品与服务有三种用途。GDP 的这三个组成部分可以表示为国民收入核算恒等式，即

$$Y=C+I+G$$

即一部分产出被家庭所消费；一部分产出用于投资；政府为公共目的购买一部分产出。

一、消费

家庭从他们的劳动和资本所有权得到收入，向政府纳税，然后决定把多少税后收入用于消费，多少用于储蓄。由于总产出 = 总支出 = 总收入，家庭得到的收入等于经济的产出 Y。然后，政府向家庭征收税额 T。（虽然政府征收许多种税，例如个人和公司所得税以及销售税，但就我们的目的而言，可以把所有这些税收加在一起）。简化起见，我们把支付了所有税收之后的收入（Y−T），定义为可支配收入。家庭把其可支配收入在消费和储蓄之间进行划分。

我们假设消费水平直接取决于可支配收入水平。可支配收入越高，消费也越多[①]。因此有：

$$C = \bar{C} + c(Y-T)$$

这个等式是说，消费是可支配收入的函数。$\bar{C}$ 称为自发消费支出，它是即使可支配收入为零，居民也会支出的数额。因为即使居民的可支配收入为零，他们也能通过借贷或动用储蓄来进行消费。消费和可支配收入之间的关系称为消费函数（consumption function）。

式中，c 为边际消费倾向（marginal propensity to consume，MPC）是当可支配收入增加 1 元时消费的变化量。MPC 介于 0 ~ 1 之间：额外的 1 元收入增加了消费，但增加额

---

① 在第十四章，我们将会详细讨论消费的决定，这里是一个简化的模型。

小于 1 元。因此，如果家庭得到了额外的 1 元收入，则会储蓄一部分。例如，如果 MPC 是 0.7，那么，家庭就把每增加的 1 元可支配收入中的 0.7 元用于产品与服务的消费，把剩余的 0.3 元储蓄起来。

图 11-1 阐释了消费函数。消费函数的斜率告诉我们，当可支配收入增加 1 元时，消费增加多少。也就是说，消费函数的斜率 c=MPC。

二、投资

企业购买投资品是为了增加它们的资本存量和替代现有的耗损了的资本。家庭购买新住房，也是投资的一部分。美国的总投资平均为 GDP 的 15% 左右。

投资品的需求量取决于利率，利率衡量了为投资而融资的资金成本。一个投资项目要想有利可图，它的收益（从未来产品与服务的增加部分中得到的收益）必须大于其成本（为借入的资金支付的利息）。如果利率上升，有利可图的投资项目会减少，投资品的需求量也随之减少。

例如，假定一家企业正在考虑是否建造一个耗资 100 万美元的工厂，这个工厂建成后每年将会有 10 万美元的收益，即收益率为 10%。该企业比较这一收益与借入 100 万美元的成本。如果利率低于 10%，该企业就在金融市场上借款来进行这项投资。如果利率高于 10%，该企业就放弃该投资机会而不建造工厂。

即使该企业不必借入 100 万美元而是用自己的资金投资时，它的投资决策也相同。该企业总是可以把这笔钱存入银行或货币市场基金从而赚取利息。当且仅当利率低于工厂的收益率 10% 时，建工厂才比存款更有利可图。

需要指出的是，投资品的需求量取决于实际利率，而不是名义利率。实际利率是校正通货膨胀后的利率。实际利率衡量了借款的真实成本从而决定了投资量。

因此，我们可以得出投资函数，即

$$I=I(r)$$

投资函数向下倾斜，因为投资需求量随着利率的上升而减少，如图 11-2 所示。

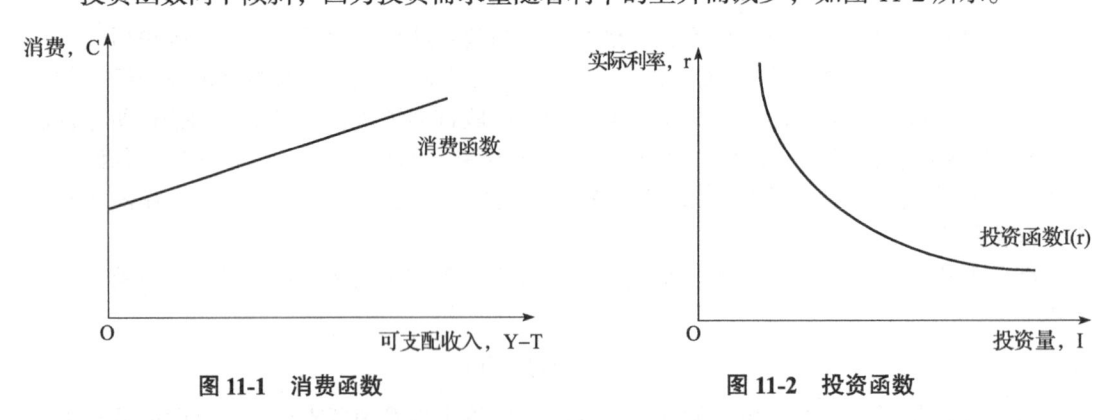

图 11-1 消费函数

图 11-2 投资函数

三、政府购买

政府购买是产品与服务需求的第三个组成部分。政府购买包括政府消费与政府投资，但不包括转移支付。与政府消费或投资不同，进行转移支付并不是为了交换经济的部分产品与服务的产出。因此，转移支付不包括在 GDP 中。但转移支付确实对产品与服务的需求有着间接影响。

转移支付与税收是相反的：正如税收减少可支配收入一样，转移支付增加家庭的可支配收入。因此，我们可以把 T 的定义修改为等于税收减去转移支付。这样，可支配收入 Y–T，既包括税收的负效应，也包括转移支付的正效应。

如果政府购买等于税收减去转移支付，那么，如果 G 大于 T，政府就有预算赤字（budget deficit），要通过发行政府债券来为这种赤字融资，也就是说，在金融市场上借款。如果 G 小于 T，政府就有预算盈余（budget surplus），政府可以使用盈余偿还部分未清偿债务。

我们先把政府购买和税收作为外生变量，其表达式为

$$G = \overline{G}$$
$$T = \overline{T}$$

外生变量的含义不是这些变量"不变"，而是说在本章中，假定它们由外部给定。

第二节　宏观经济运行的短期均衡

一、凯恩斯交叉

我们已经知道：总支出 = 消费 + 投资 + 政府购买。

凯恩斯首先区分了事前的"计划支出"和事后的"实际支出"，用 PE 表示事前的"计划支出"，则 PE 等于计划消费 C、计划投资 I 和计划政府购买 G 之和，即

$$PE = C + I + G$$

我们把消费函数 $C = \overline{C} + c(Y - T)$ 代入到方程中。

目前视投资为外生变量，即

$$I = \overline{I}$$

同样，政府购买 G 和税收水平 T 都是外生变量，即

$$G = \overline{G}$$
$$T = \overline{T}$$

将以上条件结合起来，得到：

$$PE = c(Y - \overline{T}) + \overline{C} + \overline{I} + \overline{G}$$

这个方程说明，计划支出是收入 Y、消费 C、计划投资水平 I 及财政政策变量 G 和 T 的函数。

图 11-3 绘出了作为收入水平的函数的计划支出。因为更高的收入导致更高的消费从而导致更高的计划支出，所以，这条线向右上方倾斜。这条线的斜率是边际消费倾向 MPC：它表明当收入增加 1 元时计划支出增加多少。

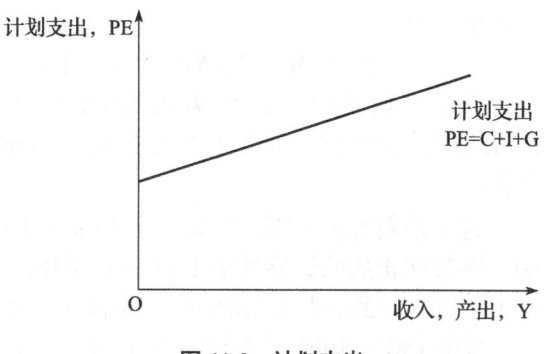

图 11-3　计划支出

（一）短期均衡

在第十章中已经指出：

$$总产出 = 总支出 = 总收入$$

因此，可以在图 11-4 中画出 45°线，在 45°线上，总支出等于总收入。45°线与计划支出曲线的交点就是宏观经济的短期均衡点。

在图 11-4 中，不论是自发消费支出、计划投资或者政府购买（即 $\overline{C}$、$\overline{I}$ 或 $\overline{G}$）增加，则推动计划支出曲线上移，形成新的均衡点，实际 GDP 增加。反之，自发消费支出、计划投资或者政府购买减少，则计划支出曲线下移，形成新的均衡点，实际 GDP 下降。

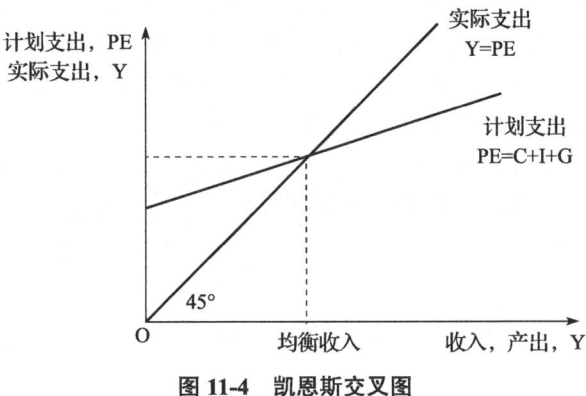

图 11-4 凯恩斯交叉图

（二）存货调整：对短期均衡的解释

在某一时刻，假定政府决定增加采购量，导致计划支出增加，企业存货会减少，短期内企业将会增加生产，于是 GDP 增加。

反之，如果政府决定减少购买量，导致计划支出减少，企业存货增加，短期内企业将会减少生产，于是 GDP 下降。

（三）乘数：短期均衡的效果

在上述凯恩斯交叉图中，支出每增加 1 美元，实际 GDP 和实际可支配收入也增加了 1 美元。

注意到投资为外生变量的假设，假定初始增加 1000 亿美元投资，带动 GDP 也增加 1000 亿美元。这会导致第 2 轮的消费增加，由此会进一步增加 MPC×1000 亿美元的实际 GDP。

接下来第 3 轮消费支出将增加 MPC×MPC×1000 亿美元，如此延续。所以，对 GDP 总的影响为

实际 GDP 总的增加 = (1+MPC+MPC2+MPC3+⋯)×1000 亿美元

所以，初始的 1000 亿美元投资的增加触发了经济中的连锁反应，连锁反应的结果是最初增加的 1000 亿美元投资引致的实际 GDP 的变化要多于初始的投资增加规模。

这个乘数有多大呢？这是一个 $1+x+x^2+x^3+\cdots$ 的无穷等比数列，由于 x 在 0 到 1 之间，该数列相加的结果等于 $1/(1-x)$。因此，企业增加 1000 亿美元投资支出 I 的总效应，考虑后续各轮的消费支出增加（假定没有税收和对外贸易）后，得到：

投资 I 增加 1000 亿美元带来的实际 GDP 总的增加额 =1000 亿美元 ×1/(1−MPC)

假设 MPC=0.6，在这种情况下，1000 亿美元的投资支出增加将推动实际 GDP 增加，其表达式为

$$1000×1/(1-0.6)=2500 \text{ 亿美元}$$

$1/(1-x)$ 称为乘数，乘数是指由总支出自发变化所引起的实际 GDP 总变化值与自发变化值的比率。以上探讨了当自发投资增加时的乘数情况，类似的，当自发投资减少时，也同样乘数的情况，最终导致实际 GDP 的下降。

二、自发消费变化的原因 [①]

1. 预期未来可支配收入的变化

假定你5月从大学毕业后得到一份非常满意、薪水也不错的工作，但是只有等到9月才能拿到薪水，也就是说你的可支配收入没有增加。尽管如此，你很有可能现在就增加对最终产品和服务的支出，如可能会去购买比原先计划要好的职业装，如因为你知道马上就可以获得收入。

反过来，假设你有一份相当不错的职业，但是你获悉公司正计划缩编你所在的部门，你失业的可能性大大增加，你也将不得不去接受一份其他的低薪工作。尽管你的可支配收入还没有减少，你可能已经在削减开支以备将来不测。

两个事例说的都是预期未来的可支配收入变化影响了消费支出。

2. 总财富的变化

设想有两个人，他们在今年都预计可以挣到30000美元。但是，假设他们的过去是不同的。其中一人拥有自己的房子，银行里还有200000美元的存款。另一人无房，积蓄很少。在这种情况下，显然，我们会预计前者的消费支出多于后者。

更进一步，生命周期假说模型强调了消费支出的财富效应，该模型研究了消费者如何进行投资和储蓄决策。根据这一假说，消费者的支出计划是按照一生来安排的，并不会对他们的当前收入做出反应。结果，人们试图使一生的消费平稳进行：在他们赚钱最多的时候（一般是在40～50岁）会把一部分可支配收入储蓄起来，以便积累财富在他们退休后仍能派上用场。

因为居民的财富影响居民的消费支出，所以整个经济中财富的变化可以影响总消费函数。总财富水平提高后，比如住房的价值增加了，这就使得住房拥有者变得更加富裕了——可以增加纵轴上的截距，即总自发消费支出水平A。像预期未来的可支配收入增加一样，财富的增加将推动总消费函数沿着同样的方向变化。总财富的下降，比如住房价格下降将减少A，使总消费函数下移。

三、投资支出变化的原因

毫无疑问，投资支出与实际利率有关，本书第十三章将讨论实际利率与投资支出。本节仅讨论，在假定投资为外生变量的情况下，投资支出与什么因素有关。

假设企业有足够的生产能力满足当前产品销售的数量要求，但是销售量预计未来并不会增加。那么，企业的投资仅仅限于对磨损的机器设备和厂房建筑或被新的技术所淘汰的机器设备进行重置。但是，如果企业预计在未来销售会迅速增长，它将会发现其目前的生产能力不足以满足未来的生产需要。这意味着，在其他条件不变时，当预期产品销售会增加时，企业将会进行更多的投资支出。

现在假定企业目前有多余的生产能力满足当前的生产需要，这时即使预期销售会增长，企业目前也不会增加投资直到销售的增长消化了多余的生产能力。

如果我们把以上两个因素：预期未来销售的增长对投资支出的影响与当前生产能力规模联系在一起，我们就能合理确定企业在什么情况下会保持高水平的投资支出，那就是：销售增长非常快的时候。在这种情况下，企业多余的生产能力很快就能得到完全利用，所以企业会重新增加投资。

[①] 更深入的对消费的探讨见第十四章。

销售保持高水平增长用什么指标来表示呢？就是实际 GDP 的增长率。实际 GDP 的增长率越高，引致的投资支出水平越高，同样，实际 GDP 增长率越低，引致的投资支出水平也越低。把这种关系总结成定理就是所谓的加速原理（acceleration principle）。在投资支出水平下降、低投资支出时期，加速原理发挥着重要作用。

四、简单收入－支出模型的代数推导

根据：

$$PE = c(Y - \bar{T}) + \bar{C} + \bar{I} + \bar{G}$$

计划支出（即总需求）也取决于收入水平。它随着收入水平的增加而增加，因为消费需求随收入的增加而增加。

又根据产出等于总需求的恒等式，则有：

$$Y = c(Y - \bar{T}) + \bar{C} + \bar{I} + \bar{G}$$

令 $\bar{A} = \bar{C} + \bar{I} + \bar{G} - c\bar{T}$，上式中的变量在目前模型设定下全部是外生变量，称之为自主性支出。从中解出：

$$Y = \frac{1}{1-c} \bar{A} \tag{11-1}$$

这意味着总产出取决于其斜率 c（边际消费倾向）与截距 $\bar{A}$（自主性支出）。给定截距，较陡峭的总需求函数意味着（较大的边际消费倾向将会产生）高水平的均衡收入。同样，给定边际消费倾向，较高的自主性支出水平（在图 11-5 中表示为较大的截距），意味着支出曲线上移，从而导致较高的均衡收入水平。图 11-5 给出的这些结果，很容易利用式（11-1）的均衡收入水平公式加以证明。

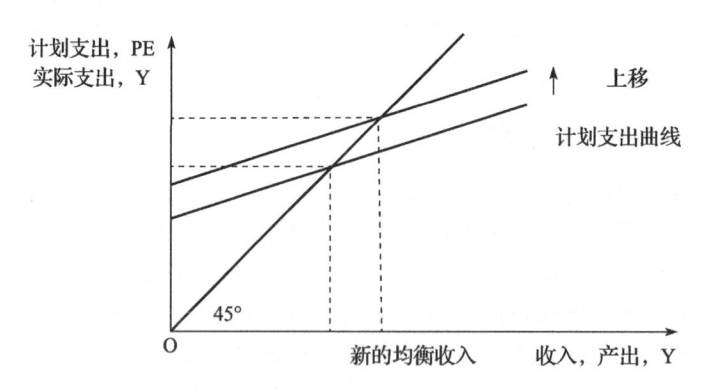

图 11-5 短期均衡产出水平的变化

因此，边际消费倾向 c 越大，自主性支出水平 $\bar{A}$ 越高，则均衡产出水平越高。

由以上模型，我们可以对自主性支出的某个组成部分进行调整，以改善总产出。例如，如果边际消费倾向为 0.9，那么 $1/(1-c) = 10$，即乘数等于 10。因此，政府支出增加 10 亿美元，将会使产出增加 100 亿美元。

当然，以上简单收入－支出模型有很大的局限性。根据简单收入－支出模型，似乎可以得出如下结论：只要不断增加政府购买或者增加投资，那么 GDP 就会不断增长。显然这一结论与我们的经济学直觉是不相符合的。产生如上错误结论的原因是忽视了简单收

入-支出模型存在若干限制条件。

①利率水平是固定的。我们假定利率是预先确定的，不受分析所使用模型因素的影响。与总价格水平一样，这样做实际上是把利率的决定置于模型之外。

②价格固定。所以，计划支出的变化就会转化成产出的变化而不会改变总价格水平。

③进口和出口都为零。

我们在简单收入-支出模型中假设投资是外生给定的，而在现实经济中，当投资需求增加时，如果其他因素不变，将提高实际利率。关于简单收入-支出模型的这一拓展将在本章由储蓄与投资形成的可贷资金市场模型中加以说明。除此之外，短期的名义利率由货币需求与货币供给共同决定，在不考虑价格水平变动的情况下，投资需求显然也与名义利率相关，由此能推导出另一个常见的宏观经济学模型：IS-LM 模型。

进一步而言，在投入数量、生产函数不变的情况下，GDP 的增长有一个上限（潜在 GDP），当经济运行到接近于潜在 GDP 时，总体价格水平将上升，而简单收入-支出模型没有考虑这一点。

第三节 宏观经济运行的长期均衡：可贷资金市场模型

本节将放弃利率外生的假设，考虑利率的改变对宏观经济均衡的影响。当然，有多种利率决定模型，本节首先考虑可贷资金市场模型。可贷资金市场模型中的利率是由储蓄和投资决定的，首先讨论宏观经济中的储蓄和投资[①]。

一、储蓄用途恒等式

（一）私人储蓄

私人储蓄等于私人可支配收入减去消费支出。如前，私人可支配收入 Y_D 等于 GDP 减去净税收（用 T 表示），即

$$Y_D = Y - T \tag{11-2}$$

因此，可以把私人储蓄 S_p 写成可支配收入 Y-T 减去消费支出 C，即

$$S_p = Y - T - C \tag{11-3}$$

私人储蓄率是私人储蓄占私人可支配收入的比例，即 S_p/Y_D。

（二）政府储蓄

如前所述，政府购买有两个组成部分：政府投资和政府消费，即政府为了满足当前需要所产生的花费。判断何为政府消费和何为政府投资并不总是明确的。例如，政府为战争购买的军事设备可以被看作为了国家的长期繁荣而进行的投资，也可以被看作为了满足当前需要而产生的短期支出，并没有多少长期利益。因此，在很多情况下，国民收入账户把政府消费和投资一起计入政府购买 G。

政府储蓄 S_G 等于净政府收入减去政府消费。实际上，我们可以把净政府收入看作扣除转移支付后的税收 T。因此可以把政府储蓄写成

---

① 读者尤其需要注意的是，宏观经济中的"储蓄"与我们日常生活中的储蓄概念的差异。在宏观经济学中，私人储蓄有一个严格的定义：它就等于可支配收入减去消费。

$$S_G = T - G \tag{11-4}$$

政府税收收入减去其支出等于它的预算盈余,即 T-G。这一数量和政府储蓄是相等的。当政府支出超过政府收入时,我们说政府预算有赤字,或者政府储蓄为负,即 $S_G<0$。

(三) 国民储蓄

我们通过加总私人储蓄和政府储蓄来计算国民储蓄(national saving)。将方程(11-3)和(11-4)相加,消去 T,就得到国民储蓄 S,即

$$S = S_P + S_G = Y - C - G \tag{11-5}$$

换言之,国民储蓄等于 GDP 减去在当前需要上的支出,后者包括消费支出和政府购买。国民储蓄率(national saving rate)是政府和家庭储蓄占国民收入的份额,即 S/Y。为了保持本书后面的部分在术语使用上的简便,除非描述某一特定类型的储蓄,我们在使用储蓄(S)这一术语时都是指国民储蓄。

(四) 储蓄用途恒等式

储蓄去了哪里?利用第十章讨论的国民收入恒等式 Y=C+I+G+NX。用 C+I+G+NX 代替方程(11-5)中的 Y,得到:

$$S = (C+I+G+NX) - C - G = I + NX \tag{11-6}$$

我们把式(11-6)称为储蓄用途恒等式,它告诉我们储蓄要么被用作投资——获得资本品和增加资本存量,要么被用作净出口——将产品卖给外国人以交换外币资产。换句话说,一个国家的储蓄能够投资于本国资本存量或从外国人那里获取资产①。

从式(11-6)两边减去 I,可以将该恒等式改写为

$$S - I = NX \tag{11-7}$$

上式意味着:资本净流出 = 贸易余额。

1. 资本净流出

把储蓄和投资之差 S-I 称为资本净流出(net capital outflow,或对外净投资),因此式(11-7)是资本净流出恒等式(net capital outflow identity)。如果储蓄高于投资,那么超额储蓄就被投资到国外,从而构成资本净流出,也就是说,从国内经济流向外国人的资本超过从国外流向国内经济的资本。相反,如果投资高于储蓄,那么投资超出储蓄的部分就通过从国外借款来融资。我们可以说资本净流出为负,或者说存在资本流入。

2. 贸易余额

我们还把式(11-7)中的净出口项 NX 称为贸易余额。当一国的 NX 为正时,贸易余额为正,我们说该国有贸易盈余(trade surplus)。中国卖给国外的产品和服务比它买的要多,那么式(11-7)所示的资本净流出恒等式告诉我们,中国在输送资本到国外。相反,如果一国的 NX 为负,正如美国许多年来的现实情况,我们说该国有贸易赤字(trade deficit)。美国人从国外购买的产品和服务比外国人从美国购买的要多,产生了负的贸易余额。要使式(11-7)成立,我们必须有资本净流入,资本净流入为美国人从国外购买产品和服务提供了资金。国际收支平衡表(balance of payments accounts),即记录与一国(私有部门和政府)和外国之间资金移动有直接关系的所有收支的簿记系统,定期报告贸易余额。以上恒等式反映在国际收支平衡表上,就是经常账户余额等于金融账户余额(暂不考

---

① 储蓄并非通俗所说"把钱存入银行",而是国民总产出中减去消费和政府购买的差额。

虑数额相对较小的资本账户①）。

二、封闭宏观经济运行的长期均衡：可贷资金市场模型

上一节假定投资是固定的外生变量，本节将投资视为实际利率的函数，同时也将储蓄视为实际利率的函数，那么储蓄与投资通过可贷资金市场达到均衡。我们首先探讨封闭经济，即一个不进行国际贸易从而净出口为零（NX=0）的经济体的情况。

（一）储蓄－投资恒等式

由于封闭经济的净出口为零，由储蓄用途恒等式 S-I=NX，直接得到：

$$S=I \tag{11-8}$$

上式即储蓄 = 投资。

以下我们将说明，实际利率，即对通货膨胀进行调整后的借款成本，使得储蓄和投资的市场处于均衡，即合意储蓄等于合意投资，储蓄曲线和投资曲线的交点为均衡实际利率。

（二）储蓄作为实际利率的函数

消费数量是三个因素的函数：可支配收入（Y-T）、实际利率（r）和自发消费（$\bar{C}$）。自发消费是与可支配收入和实际利率都不相关的消费支出的数量，这样可以将消费支出与可支配收入和实际利率之间的关系写成如下的形式：

$$C = \bar{C} + c(Y-T, r) \tag{11-9}$$

随着可支配收入的上升，消费者有更多的收入可以花费，这增加了他们合意的消费支出数量。因此，式（11-9）中，消费支出 C 随着可支配收入的增加而增加。如果 r 上升，消费支出下降，储蓄上升，从而可以说实际利率与储蓄正相关。储蓄和实际利率之间的正相关关系产生了图 11-6 中向右上方倾斜的储蓄曲线 S。

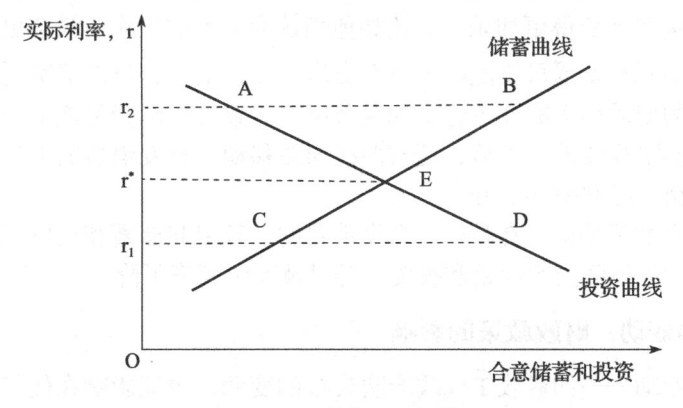

图 11-6　可贷资金市场模型

（三）投资作为实际利率的函数

只要企业和家庭预期投资所得超过资本的租赁成本也就是投资所需贷款的利率成本，企业和家庭就会进行投资。我们用实际产品和服务的价值来看待投资的收益和成本，因此与投资决策最相关的利率是实际利率。

---

① 我们将在《国际金融》一章中继续讨论这一问题。

从我们的分析可得到如下结论：随着实际利率的下降，家庭和企业更可能进行投资，因此经济中的合意投资水平将上升。我们把合意投资水平随着实际利率的下降而增加表示成图 11-6 中向下倾斜的投资曲线，该曲线可以写成如下的投资函数，即

$$I = \bar{I} + I(r) \qquad (11\text{-}10)$$

其中，$\bar{I}$ 是自发投资，即与实际利率无关的投资。式（11-10）中，投资随着实际利率的上升而下降。

（四）产品市场均衡：可贷资金市场模型

产品市场均衡的条件 S=I 出现在图 11-6 中储蓄曲线和投资曲线的交点，我们把该图称为储蓄-投资图（saving-investment diagram）。因为投资可视为对可贷资金的需求，而储蓄可看作可贷资金的供给，因此，储蓄-投资图又称为可贷资金市场模型。使产品市场保持均衡的实际利率为 r*。

产品市场均衡出现在储蓄曲线和投资曲线的交点 E，该点的实际利率为 r*。在利率 r_2，A 点的合意投资少于 B 点的合意储蓄：潜在的投资者愿意借款的数量少于储蓄者愿意放贷的数量，因此实际利率下降到 r*。类似地，如果利率为 r_1，那么 D 点的合意投资多于 C 点的合意储蓄：投资者想要借款的数量多于储蓄者想要放贷的数量，实际利率将上升到 r*。

三、封闭经济中对储蓄和投资变动的反应

（一）储蓄的变动：自发消费

如果消费者变得更加悲观或更为保守，从而想储蓄更多，那么自发消费 $\bar{C}$ 将下降，在任何给定实际利率下的储蓄都将上升。在这种情况下，储蓄曲线将如图 11-7 所示向右移动，从 S_1 移动到 S_2，储蓄和投资将上升到 S_2 和 I_2，均衡实际利率将下降到 r_2。

相反，如果消费者变得更加乐观，比如他们认为未来的工作前景会更好，他们可能决定在任何水平的实际利率或可支配收入下都支出更多，结果，自发消费支出 $\bar{C}$ 会上升。或者，消费者偏好的变动如家庭变得轻率和无节制，导致自发消费可能上升，在任何给定实际利率下消费者会更少储蓄。然后，储蓄曲线向左移动。自发消费的上升将引起储蓄和投资数量下降，均衡实际利率将上升。

因此，我们有如下结果：在长期，自发消费的上升引起储蓄和投资下降以及实际利率上升，而自发消费的下降引起储蓄和投资上升以及实际利率下降。

（二）储蓄的变动：财政政策的影响

财政政策的变动——如税收 $\bar{T}$ 或政府购买 $\bar{G}$ 的变动，也能影响在任何给定实际利率下合意储蓄的数量，因此使储蓄曲线发生移动。

1. 税收的变动

如果政府提高税收（同时保持政府购买不变），那么家庭可供支出的收入更少，因此在任何给定实际利率下都会消费得更少。结果是，在任何给定实际利率下，储蓄 S=Y-C-G 将增加，储蓄曲线将向右移动，如图 11-7 所示，从 S_1 移动到 S_2。均衡将从点 1 移动到点 2。税收的增加将引起储蓄和投资的数量上升到 S_2 和 I_2，均衡实际利率将下降到 r_2。

图 11-7 储蓄曲线的移动

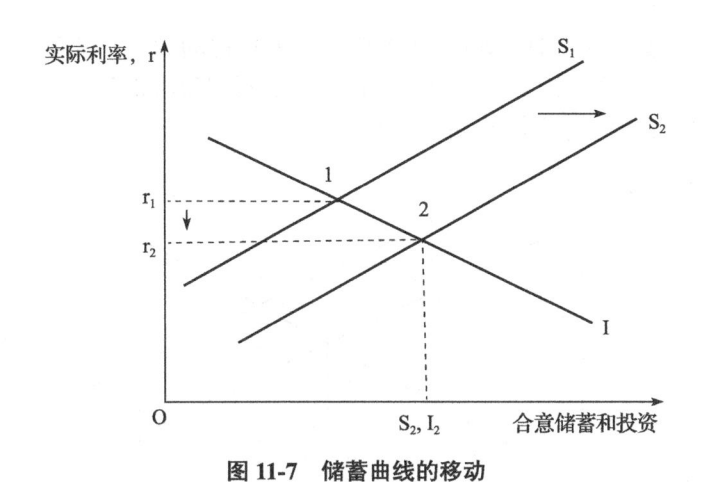

相反，如果政府降低税收，那么家庭将有更多的可支配收入，降低任何给定实际利率下的储蓄。在这种情况下，储蓄曲线将向左移动，均衡实际利率将上升。因此有如下结论：在长期，税收增加使得储蓄和投资上升，实际利率下降，而税收降低使得储蓄和投资下降以及实际利率上升。

2. 政府购买的变动

现在假定政府决定增加其购买水平。由于 $S=Y-C-G$，政府支出的增加将导致在任何给定实际利率下储蓄的下降，从而储蓄曲线将向左移动，储蓄和投资将下降，均衡实际利率将上升。我们把从储蓄投资分析得到的这一结果称为挤出（crowding out），这是由于政府支出的增加导致私人投资下降。

相反，如果政府削减支出，那么储蓄曲线将向右移动，如图 11-7 所示，储蓄和投资将上升，均衡实际利率将下降。因此，我们有如下的结论：在长期，政府支出的上升引起储蓄和投资下降以及实际利率上升，而政府支出的下降引起储蓄和投资上升以及实际利率下降。

3. 政府储蓄的变动

理解财政政策变动的影响的另一种方式是通过政府储蓄恒等式：$S_G=T-G$，它等于预算盈余。因此，由税收增加或者政府支出减少导致的预算盈余的上升会导致更高的政府储蓄和更高的国民储蓄 S。因此，更高的预算盈余使储蓄曲线向右移动，如图 11-7 所示，导致储蓄和投资的上升以及实际利率的下降。

相反，由税收下降或政府支出上升导致的预算赤字引起政府储蓄下降。储蓄曲线向左移动，储蓄和投资下降，而实际利率上升。我们将关于财政政策的结果总结如下：在长期，政府预算赤字的增加（政府负储蓄）引起储蓄和投资下降以及实际利率上升。

由于政府预算赤字能够导致私人投资的挤出和更高的实际利率，运用财政政策来刺激经济的尝试很大的争议。

（三）自发投资的变动

合意投资随着实际利率的变动而变动，这是沿着投资曲线的运动，不会改变均衡实际利率水平。可是，与实际利率无关的合意投资——自发投资的变动确实会引起投资曲线的移动，导致均衡实际利率的变动。

自发投资和投资曲线的移动有几个理由。首先，企业可能变得对未来更加乐观，因此预期投资收益更高。在任何给定利率下，它们更可能找到有利可图的项目，合意投资会上升。结果是投资曲线向右移动，如图 11-8 所示，从 I_1 移动到 I_2。或者，税法的变动，例如规定当企业在实物资本上进行投资时给企业减税的投资税收抵免，鼓励企业在任何给定利率水平下扩大投资，也使投资曲线向右移动。

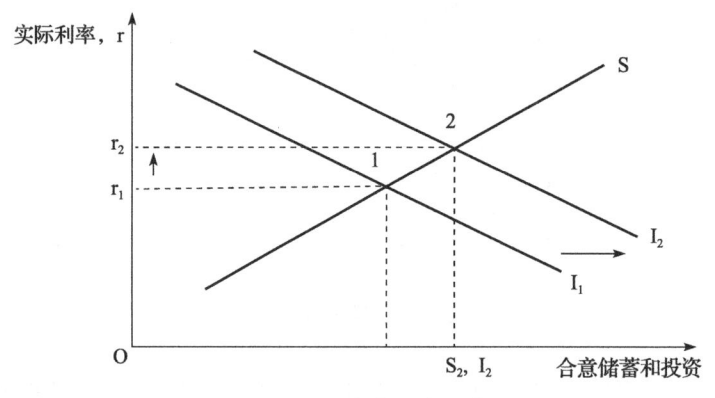

图 11-8　投资曲线的移动

注意图 11-8 中投资曲线的右移引起均衡从点 1 移动到点 2。储蓄和投资将分别上升到 S_2 和 I_2，均衡实际利率也将上升到 r_2。企业乐观情绪的增加或增加自发投资的税法变动引起储蓄、投资和实际利率上升。类似的推理表明，当企业变得更加悲观或政府提高投资税从而降低了自发投资时，投资曲线向左移动，因此储蓄、投资和实际利率将下降。

第四节　货币、价格与通货膨胀

一、货币量的构成

包括在货币量中的最显而易见的资产是通货（currency），即未清偿的纸币与硬币之和。大多数日常交易使用通货作为交换媒介。

第二种用于交易的资产是活期存款，即人们在自己支票账户上持有的资金。如果大多数卖者接受个人支票或（使用支票账户余额的）借记卡，那么，支票账户中的资产几乎和通货同样方便。也就是说，这种形式的资产极大地便利了交易。因此，当衡量货币量时，要在通货上加入活期存款。

一旦我们承认在衡量货币存量时要包括活期存款的逻辑，许多其他资产就成为可包括在内的候选者。例如，储蓄账户的资金可以轻而易举地转到支票账户上或被借记卡使用，这些资产几乎可以同样方便地用于交易。货币市场共同基金允许投资者根据他们的账户签发支票，尽管对所签发支票的数额或支票数量有时候有一些限制。由于这些资产可以很容易地用于交易，所以，有理由认为它们应该被包括在货币量中。

由于判断哪些资产应该被包括在货币存量中很困难，所以就出现了不止一个衡量指标。美联储计算美国经济货币存量的三个衡量指标是 C、M1 和 M2。其中，C 表示通货；M1 包括通货加活期存款、旅行支票和其他可签发的存款；M2 包括 M1 加上货币市场共同基金余额、储蓄存款（包括货币市场存款账户）以及小额定期存款。

二、商业银行在货币系统中的作用

假定家庭把这个经济的全部 1000 美元存入第一银行，第一银行的资产负债表

(balance sheet)——有关资产和负债的会计报表——如表 11-1 所示。

表 11-1 第一银行的资产负债表

资产	负债
准备金 1000 美元	存款 1000 美元

银行的资产是它作为准备金持有的 1000 美元；银行的负债是它欠存款者的 1000 美元。第一步，我们假设该银行还没有放贷。这个经济中的货币供给是多少呢？在家庭将现金存入第一银行之前，货币供给是 1000 美元通货。在现金存入第一银行之后，货币供给是 1000 美元活期存款。在银行中存入 1 美元就减少了 1 美元通货而增加了 1 美元存款，因此，货币供给保持不变。银行不放贷，意味着它把 100% 的存款作为准备金，那么，银行体系就不影响货币供给。

现在设想银行开始用部分存款发放贷款。但与此同时，银行必须在手头保持一定的准备金，以便存款人要提款的任何时候都有准备金可以用。但只要新存款的数量接近提款数量，银行就不必把所有存款都作为准备金。因此，银行家有发放贷款的激励。当他们这样做时，有了部分准备金银行制度（fractional-reserve banking）。在这种制度下，银行只把它们的部分存款作为准备金。

表 11-2 是第一银行发放贷款之后的资产负债表。

表 11-2 第一银行发放贷款之后的资产负债表

资产	负债
准备金 200 美元	存款 1000 美元
贷款 800 美元	

这个资产负债表假设，存款准备金率（reserve-deposit ratio）——存款中用作准备金的比率——是 20%。第一银行把 1000 美元存款中的 200 美元作为准备金，并贷出其余的 800 美元。

当第一银行放出这笔贷款时，它就增加了 800 美元的货币供给。在发放贷款之前，货币供给是 1000 美元，等于第一银行中的存款。在发放贷款之后，货币供给是 1800 美元：存款人仍然有 1000 美元活期存款，但现在借款人持有 800 美元通货，因此，在一个部分准备金银行体系中，银行创造了货币。

货币的创造不会停止在第一银行。如果借款人把 800 美元存在另一家银行中（或者如果借款人把 800 美元支付给某人，这个人又把这笔钱存入银行），货币创造的过程就会继续下去。表 11-3 是第二银行的资产负债表。

表 11-3 第二银行的资产负债表

资产	负债
准备金 160 美元	存款 800 美元
贷款 640 美元	

第二银行得到 800 美元存款，把 20% 即 160 美元留作准备金，然后贷出 640 美元。这

样，第二银行创造了 640 美元的货币。如果这 640 美元最后存入第三银行，第三银行把 20% 即 128 美元作为准备金，贷出 512 美元，结果产生了第三银行的资产负债表（见表 11-4）。

表 11-4 第三银行的资产负债表

资产	负债
准备金 128 美元	存款 640 美元
贷款 512 美元	

这个过程会一直继续下去。伴随着每一次存款和随后的贷款，更多的货币被创造出来了。

虽然这个货币创造过程可以永远继续下去，但是，它并不能创造无限数量的货币。令 m 代表存款准备金率，初始的 1000 美元创造的货币量如下：

初始存款 = 1000 美元
第一银行贷款 = $(1-m) \times 1000$ 美元
第二银行贷款 = $(1-m)^2 \times 1000$ 美元
第三银行贷款 = $(1-m)^3 \times 1000$ 美元

总计货币供给 = $[1 + (1-m) - (1-m) + (1-m) + \cdots] \times 1000$ 美元 = $(1/m) \times 1000$ 美元

每 1 美元准备金创造 1/m 美元的货币，在我们的例子中，m = 0.2，因此，初始的 1000 美元创造了 5000 美元货币。

注意，尽管部分准备金银行制度体系创造了货币，但它并没有创造财富。当一家银行贷出一部分准备金时，它给了借款人进行交易的能力，从而增加了货币供给。但是，借款人也承担了对银行的债务义务，因此，贷款并没有使他们变得更富有。换言之，银行体系的货币创造过程增加了经济的流动性，但并没有增加经济的财富。

三、中央银行的货币政策工具

（一）法定准备金率和贴现率

美国联邦储备银行有三个主要的政策工具：法定准备金率、贴现率和最重要的公开市场业务。

一般而言，联邦储备银行会设定一个最低准备金率（根据前面的讨论，如果存款准备金率太小，货币乘数就会非常大。另外，如果存款准备金率太小，商业银行会有很大的风险）。假定目前对于活期存款来说为 10%。如果在规定期限内，银行无法达到平均的最低法定准备金率的要求，将会面临处罚。

当银行似乎无法达到联邦储备银行的准备金要求时，它会怎样应对？一般它们会向其他银行借超额准备金。银行之间的相互借贷是在联邦基金市场（federal funds market）中进行的，联邦基金市场是一个金融市场，准备金达不到要求的银行可以从那些持有超额准备金的银行处借到准备金，一般是隔夜拆借。这个市场的利率称为联邦基金利率，它是由供求来决定的，但是联邦储备银行对供给和需求的影响很大。在联邦基金市场中决定的利率，在现代货币政策中扮演着一个关键角色。

另外，需要准备金的银行可以通过贴现窗口向联邦储备银行借款。联邦储备银行向银行提供贷款时收取的利率被称为贴现率（discount rate）。通常情况下，贴现率被设定在比联邦基金利率高 1% 的水平上，目的是防止银行在一需要准备金时就向联邦储备银行借准备金。但是，从 2007 年秋天开始，为了应对金融危机，美国联邦储备银行降低了联邦基金利率与贴现率之间的差额。于是，到了 2008 年春天，贴现率只比联邦基金利率高 0.25 个百分点。

为了改变货币供给量，联邦储备银行可以改变法定准备金率或贴现率，或者双管齐下。如果联邦储备银行降低法定准备金的要求，银行就可以把更大比例的存款贷出，导致贷款增加，通过货币乘数增加货币供给。另外，如果联邦储备银行提高法定准备金的要求，银行将被迫削减贷款数额，通过货币乘数减少货币供给。如果联邦储备银行缩小联邦基金利率和贴现率之间的差距，银行借入短期准备金的成本就会下降，相应地，银行会增加贷款，通过货币乘数增加货币供给。如果联邦储备银行扩大联邦基金利率和贴现率之间的差距，银行贷款将减少，货币供给也将通过货币乘数减少。

但是在当前的实践中，美国联邦储备银行通常不采用法定准备金率作为主动管理货币供给量的工具。法定准备金率最近一次显著的变动是在 1992 年。美国联邦储备银行也不使用贴现率作为管理货币的主要工具。当今，在美国，一般的货币政策几乎只采用第三种政策工具——公开市场操作。

（二）公开市场操作

就像被其监管的银行一样，美国联邦储备银行也有自己的资产和负债。美国联邦储备银行的资产主要包括持有的美国政府债务，主要是期限在一年以内的美国政府短期债券，也就是美国短期国库券。美国联邦储备银行的负债包括流通中的现金和银行存款准备金。在公开市场操作中，美国联邦储备银行买进或卖出美国短期国库券，通常是与商业银行进行交易的[①]。

表 11-5 表现的是在进行公开市场操作时，联邦储备银行和商业银行的财务状况。当联邦储备银行买入美国短期国库券时，在这些银行账户中贷记等于国库券价值的数额。如表 11-5（a）所示，联邦储备银行从商业银行那里购买了 1 亿美元的美国政府短期国库券后，基础货币增加了 1 亿美元，因为银行存款准备金增加了 1 亿美元。当联邦储备委员会向商业银行卖出美国短期国库券时，它在这些银行账户中借记这个数额，并减少它们的准备金。如表 11-5（b）所示，联邦储备银行卖出 1 亿美元美国短期国库券后，银行存款准备金和基础货币都减少了。

表 11-5　美国联邦储备银行标准的资产和负债的变动

（a）通过公开市场买入 1 亿美元美国短期国库券

	资产	负债
联邦储备银行	短期国库券 +1 亿美元	基础货币 +1 亿美元
商业银行	短期国库券 −1 亿美元 准备金 +1 亿美元	没有变化

（b）通过公开市场卖出 1 亿美元美国短期国库券

	资产	负债
联邦储备银行	短期国库券 −1 亿美元	基础货币 −1 亿美元
商业银行	短期国库券 +1 亿美元 准备金 −1 亿美元	没有变化

---

① 联邦储备银行从来不从美国联邦政府那里直接购入短期国库券。理由是这样的：当中央银行直接向政府购买政府债务时，它就是直接贷款给政府。实际上，中央银行就是通过印制钞票来为政府的预算赤字提供资金。在第十九章，我们会详细讨论二者的区别。

联邦储备银行并不需要一笔额外的资金来购买美国短期国库券，它所做的只是在商业银行的账户中简单动一下笔或者点击一下鼠标贷记额外准备金就完成了。当增加了1亿美元准备金后，商业银行把多余的准备金贷出，马上就使货币供给增加1亿美元。这些贷款中的一部分又将以存款的形式回到银行体系中，这又会增加准备金，引起下一轮的贷款增加，如此继续下去，从而导致货币供给增加。在公开市场上卖出短期国库券将引发相反的过程：随着银行存款准备金的减少，商业银行被迫削减贷款，导致货币供给减少。

四、货币数量论

我们知道了经济中可用的货币量被称为货币供给，还看到了货币供给是如何由银行系统和中央银行的政策决定共同决定的。有了这一基础后，我们现在可以开始考察货币政策的宏观经济影响了。我们首先考察货币数量论[①]。

（一）货币数量方程

如果 Y 代表产出量，P 代表一单位产出的价格，那么，产出的货币价值是 PY。我们在前文讨论国民收入核算时遇到过这些变量的衡量指标：Y 是实际 GDP，P 是 GDP 平减指数，PY 是名义 GDP，货币数量方程为

$$货币 \times 货币流通速度 = 价格 \times 产出$$

即

$$M \times V = P \times Y \quad (11\text{-}11)$$

由于 Y 也是总收入，这个形式的数量方程中的 V 被称为货币的收入流通速度。货币的收入流通速度告诉我们，在一个给定时期一张美元钞票进入某个人收入的次数，这个形式的数量方程是最常见的，它也是我们从现在起使用的形式。

（二）货币需求函数和数量方程

当我们分析货币如何影响经济时，把货币量表示成它可以购买的产品与服务的数量常常是有帮助的。这个量，即 M/P，称为实际货币余额。

实际货币余额衡量货币存量的购买力，例如，考虑一个只生产面包的经济。如果货币量是 10 美元，而一块面包的价格是 0.5 美元，那么，实际货币余额是 20 块面包。也就是说，按现期价格、经济中的货币存量能购买 20 块面包。

货币需求函数是一个表明人们希望持有的实际货币余额数量的决定因素的方程。以下是一个简单的货币需求函数，即

$$(M/P) = kY$$

与式（11-11）相比较，可以得到：$V = 1/k$。这个简单的数学过程显示了货币需求与货币流通速度之间的联系。当人们想对每一美元的收入持有大量货币时（k 大），货币转手就不频繁（V 小）。相反，当人们只想持有少量货币时（k 小），货币转手就频繁（V 大）。换言之，货币需求参数 k 和货币流通速度 V 是同一枚硬币的两面。

（三）货币流通速度不变的假设

一旦加入货币流通速度不变的假设，数量方程就可以看作一个关于名义 GDP 的决定因素的理论，其表达式为

[①] 需要强调的是，货币数量论仅仅是关于货币供给和宏观经济运行的理论之一，它决定了宏观经济的长期均衡。

$$M\overline{V} = PY$$

式中，$\overline{V}$ 上的横线意味着货币流通速度是固定的。因此，货币数量（M）的变动必定引起名义 GDP (PY) 的同比例变动。也就是说，如果货币流通速度是固定的，那么，货币量决定了经济中产出的美元价值。

第五节 小型开放经济中的宏观经济均衡

在封闭经济中，实际利率使储蓄和投资达到均衡。在开放经济模型中，允许经济存在贸易赤字和向其他国家借贷，或者存在贸易盈余和贷款给其他国家，那么就需要对封闭经济中的模型进行一些调整。

我们将假设开放经济对国内和外国居民之间的双向资本流动没有任何限制，这一情形被称为完全资本流动性（perfect capital mobility）。在这种情形下，国内实际利率 r 不再是被独立决定的了，它应该与贸易国家的利率相关。理想情况下，它应该等于世界实际利率（world real interest rate）r^w，即世界市场通行的实际利率。

首先来确定小型开放经济中产品市场处于均衡时的储蓄和投资。图 11-9 采用的储蓄－投资图与我们在分析封闭经济时用到的相似，储蓄曲线和投资曲线与图 11-9 中的相同。注意，与封闭经济不同，当储蓄等于投资时产品市场并未处于均衡。相反，当合意储蓄减去合意投资等于净出口时，产品市场才处于均衡。

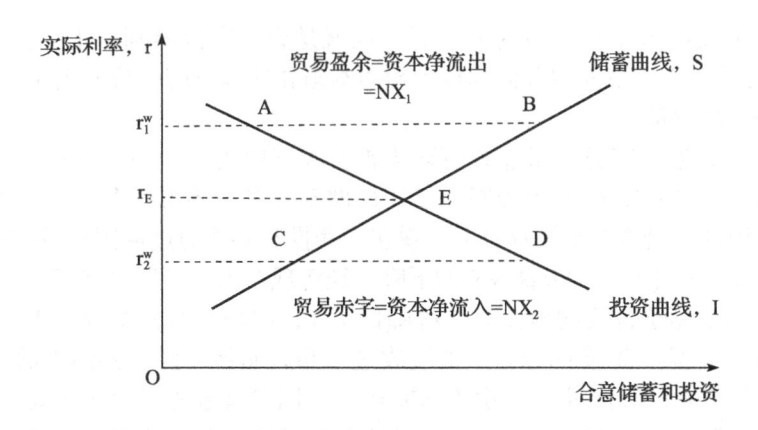

图 11-9 小型开放经济中的储蓄－投资图

一、贸易余额

（一）贸易盈余

假定世界利率为图 11-9 中的 r_1^w，高于储蓄曲线和投资曲线的交点对应的利率 r_E，在国内实际利率等于 r_1^w 的条件下，B 点的合意储蓄高于 A 点的合意投资，两者之差为正的净出口。小型开放经济中的产品市场均衡时的实际利率为 r_1^w，经济中存在值为 NX_1 的贸易盈余。国内居民贷款给外国人，因此由于储蓄超过投资，存在资本净流出。资本净流出和给外国人的贷款意味着国内居民通过获取更多的国外资产净额增加财富。

为了更好地理解小型开放经济中的产品市场均衡，将小型开放经济中的状况与封闭经济进行比较。在一个封闭经济中，在实际利率为 r_1^w 时，由于额外储蓄没有别的地方可去，实际利率会下降到 r_E 以使储蓄等于投资。可是，在一个小型开放经济中，由于国内居民不愿意以比从国外能够得到的实际利率更低的实际利率贷款，国内实际利率不能下降到 r_1^w 以下。相反，正如图 11-9 所表明的，国内居民将把超额储蓄——也就是值为 NX_1 的贸易盈余贷给外国人。

（二）贸易赤字

但是，如果图 11-9 中的世界利率下降到 r_2^w，低于 r_E，从而国内实际利率下降到 r_2^w，又会怎么样呢？现在投资上升到 D 点，高于 C 点的储蓄，因此 S-I（大小为 NX_2）为负数，这意味着经济存在贸易赤字。现在，国内居民需要借入数量为贸易赤字的款项来为经济所从事的超额投资筹措资金，因此存在资本净流入。当国内居民从国外借款和存在资本净流入时，国外资产净额和国家的财富都将减少。

那么世界实际利率又是怎么被决定的呢？答案存在于我们对封闭经济的分析中。把作为一个整体的世界经济看作一个封闭经济：当合意的世界储蓄等于合意的世界投资时，世界经济的产品市场处于均衡。因此对于作为一个整体的世界，自发消费支出、投资和财政政策的变动决定了实际利率。从而，对封闭经济的分析告诉我们，世界储蓄的上升——来自世界自发消费支出的减少、世界上政府总花费的减少或世界税收的上升或世界投资的减少都将导致世界实际利率的改变。

二、政策如何影响贸易余额

假定经济开始时处于平衡贸易的位置。也就是说，在世界利率上，投资 I 等于储蓄 S，净出口 NX 等于零。下面用我们的模型预测本国和外国政府政策的效应。

1. 国内的财政政策

首先考虑，如果政府通过增加政府购买来扩大国内支出，小型开放经济会发生什么变动。因为 S=Y-C-G，G 的增加减少了国民储蓄。在世界实际利率不变的情况下，投资保持不变。因此，储蓄降至投资以下，现在一些投资必须通过从国外借款来融资。由于 NX=S-I，所以，S 的下降意味着 NX 的下降。经济现在出现了贸易赤字。

同样的逻辑适用于税收的减少。减税降低了 T，增加了可支配收入 Y-T，刺激了消费，减少了国民储蓄。（即使部分减少的税收进入私人储蓄，但公共储蓄的减少量是全部的减税量；总体来看，储蓄减少。）由于 NX=S-I，国民储蓄的减少又降低了 NX。

图 11-10 说明了这些效应。一项增加了私人消费 C 或公共消费 G 的财政政策变动减少了国民储蓄（Y-C-G）。因此，储蓄曲线从 S_1 移动到 S_2，由于 NX 是在世界利率水平上的储蓄曲线和投资曲线的距离，所以，这一移动就减少了 NX。因此，从平衡贸易出发，一项减少国民储蓄的财政政策变动引起了贸易赤字。

2. 国外的财政政策

现在考虑当外国政府增加其政府购买时，小型开放经济会发生什么变动。如果这些外国是世界经济的一小部分，那么，它们的财政政策变动对其他国家的影响微不足道。但是，如果这些外国占世界经济的一大组成部分（或者多数国家普遍采用了相同的财政政策），它们的政府购买增加就减少了世界储蓄。世界储蓄的减少引起世界利率上升，正像我们在封闭经济模型中看到的（记住，地球是一个封闭经济）。

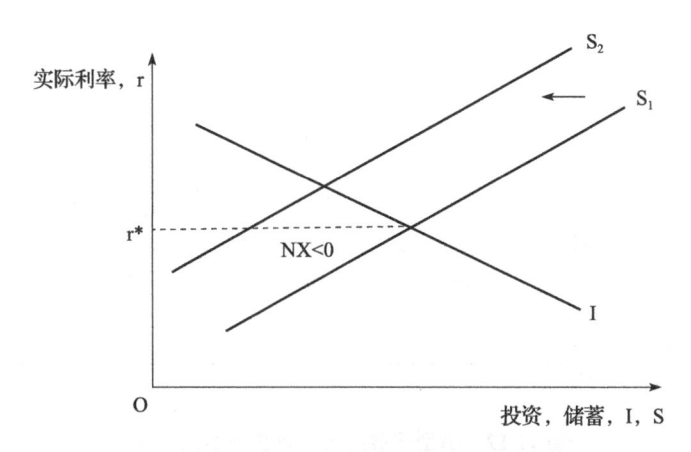

图 11-10　小型开放经济中的国内财政扩张

世界利率上升提高了借贷的成本，从而减少了小型开放经济中的投资。由于国内储蓄没有变化，储蓄 S 现在大于投资 I，我们的一部分储蓄开始流向国外。由于 NX=S−I，所以，I 减少也必然使 NX 增加。因此，国外储蓄的减少导致本国贸易盈余。

图 11-11 说明了一个从贸易平衡出发的小型开放经济如何对国外财政扩张做出反应。由于政策变动发生在国外，所以，国内储蓄与投资曲线保持不变。唯一的变动是世界利率从 r_1^* 上升到 r_2^*，贸易余额是储蓄和投资曲线之间的距离；因为 r_2^* 时的储蓄大于投资，所以，存在贸易盈余。因此，从贸易平衡开始，由于国外财政扩张引起的世界利率上升导致了贸易盈余。

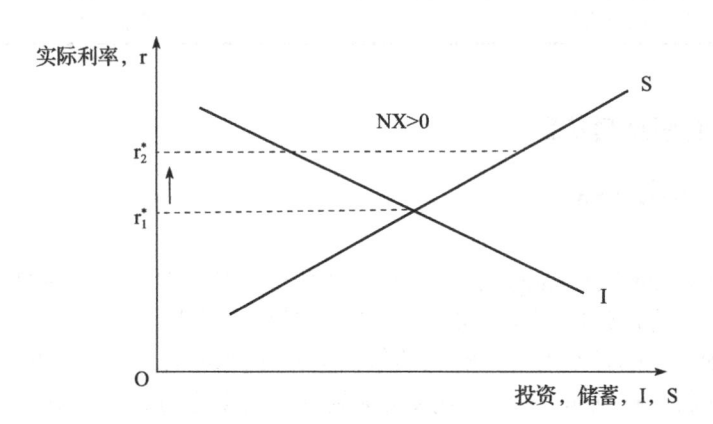

图 11-11　小型开放经济中的国外财政扩张

3. 投资需求的移动

考虑如果小型开放经济的投资曲线向外移动——也就是说，如果每一利率水平下的投资品需求都增加，小型开放经济会发生什么变动。例如，如果政府通过提供投资税收抵免而改变税法和鼓励投资，就会出现这种需求的移动。图 11-12 说明了投资曲线移动的影响。在一个给定的世界利率下，投资现在更多了。由于储蓄不变，一些投资现在必须通过从国外借贷来融资。由于资本流入经济为增加的投资融资，因此资产净流出是负的。换个说法，由于 NX=S−I，I 的增加意味着 NX 的减少。因此，从平衡的贸易开始，投资曲线向外移动引起贸易赤字。

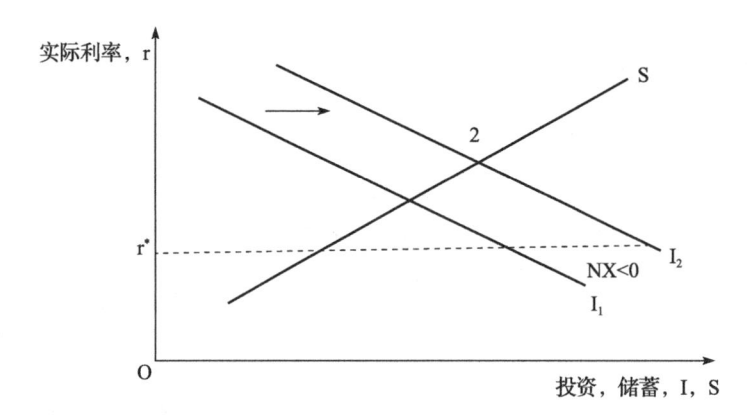

图 11-12 小型开放经济中投资曲线的移动

综上，可以得到缩小贸易失衡的调整方式，如表 11-6 所示。

表 11-6 缩小贸易失衡的调整方式

开展贸易的国家	
赤字	盈余
增加私人储蓄	减少私人储蓄
增加政府税收	减少政府税收
减少商业投资	增加商业投资
减少政府支出	增加政府支出

三、实际汇率及其决定

（一）名义汇率与实际汇率

1. 名义汇率

名义汇率（nominal exchange rate）是两个国家通货的相对价格。例如，如果美元和日元之间的汇率是 1 美元兑 80 日元，那么，在世界外汇市场上，你可以用 1 美元换到 80 日元。一个想得到美元的日本人要为购买的每 1 美元支付 80 日元。一个想得到日元的美国人每支付 1 美元就会得到 80 日元。当人们提到两个国家之间的"汇率"时，通常是指名义汇率。

注意一种汇率可以用两种方法来标价。如果 1 美元可购买 80 日元，那么，1 日元可购买 0.0125 美元。我们可以说汇率是 1 美元兑 80 日元，也可以说汇率是 1 日元兑 0.0125 美元，由于 0.0125 等于 1/80，所以，这两种表示汇率的方法是等价的[①]。

汇率的上升——比如，从每 1 美元兑 80 日元上升到兑 100 日元——被称为美元升值；汇率的下降被称为美元贬值。当本币升值时，它能买到更多的外币；当本币贬值时，它买到的外币更少。升值有时被称为货币坚挺，贬值有时被称为货币疲软。

2. 实际汇率

实际汇率（real exchange rate）是两国产品的相对价格。也就是说，实际汇率告诉我

---

① 这两种标价法又称为直接标价法和间接标价法。

们，能按什么比率用一国的产品交换另一国的产品。实际汇率有时被称为贸易条件（terms of trade）①。

为了说明实际汇率与名义汇率之间的关系，考虑许多国家都生产的一种单一产品：汽车。假定一辆美国汽车价值 25000 美元，一辆类似的日本汽车价值 4000000 日元。为了比较这两辆汽车的价格，我们必须把它们转换为一种共同的通货。如果 1 美元值 80 日元，那么，美国汽车价值 80×25000=2000000 日元。比较美国汽车的价格（2000000 日元）和日本汽车的价格（4000000 日元），得出结论：美国汽车的价格为日本汽车的一半。

换言之，按照现期价格，可以用 2 辆美国汽车换 1 辆日本汽车，即

实际汇率 =（80 日元 / 美元）×（25000 美元 / 美国汽车）/（4000000 日元 / 日本汽车）
　　　　=0.5（日本汽车 / 美国汽车）

在这个价格和这个汇率下，得出每辆美国汽车相当于 0.5 辆日本汽车。更一般地，可以把这种计算写为

实际汇率 = 名义汇率 × 国内产品的价格 / 国外产品的价格

这种对于单一产品的实际汇率计算方法为我们应该如何定义对于更广泛的一篮子产品的实际汇率提供了启示，令 ε 代表名义汇率（每 1 美元的日元数量），P 代表美国的价格水平（用美元衡量），P* 代表日本的价格水平（用日元衡量），那么实际汇率就是

实际汇率 = 名义汇率 × 价格水平比率

$$\varepsilon = e \times \left(\frac{P}{P^*}\right)$$

两国之间的实际汇率是从名义汇率和两国的价格水平计算的。如果实际汇率高，外国产品就相对便宜，国内产品就相对昂贵；如果实际汇率低，外国产品就相对昂贵，国内产品就相对便宜。

（二）实际汇率和贸易余额

实际汇率有什么宏观经济影响呢？为了回答这个问题，记住实际汇率只不过是一种相对价格。正如汉堡包与比萨饼的相对价格决定了你午饭选择吃什么一样，国内与国外产品的相对价格影响这些产品的需求。

首先假定实际汇率低的情况。在这种情况下，由于国内产品相对便宜，所以，美国居民将少买进口产品：他们将买福特汽车而不买丰田汽车，将喝百威啤酒而不喝喜力啤酒，将去佛罗里达度假而不去意大利度假。由于同样的原因，其他国家居民将想购买许多美国的产品。作为美国居民和其他国家居民这些行为的结果，美国的净出口需求量会高。

如果实际汇率高，就会出现相反的情况。由于国内产品相对于国外产品昂贵，国内居民将想购买许多进口产品，外国人将购买很少本国的产品。因此，本国的净出口需求量会少。

把实际汇率与净出口之间的这种关系写为

$$NX = NX(\varepsilon)$$

这个方程是说，净出口是实际汇率的函数。图 11-13 说明了贸易余额与实际汇率之间的负相关关系：实际汇率越低，国内产品相对于国外产品越便宜，从而净出口量越大。注

---

① 关于"贸易条件"的详细介绍，可参见本书"国际贸易"一章。

意横轴的一部分衡量 NX 为负值的情况下：由于进口可以大于出口，所以净出口可以小于零。

（三）均衡实际汇率的决定

现在我们已经有了为建立一个解释实际汇率决定因素的模型所需要的一切组成部分。特别地，我们要把刚刚讨论过的净出口与实际汇率之间的关系与在本章前面建立的贸易余额模型结合在一起，我们可以把这种分析归纳如下。

- 一种通货的实际价值与净出口负相关。当实际汇率更低时，国内产品相对于国外产品更便宜，净出口更多。
- 贸易余额（净出口）必须等于资本净流出，资本净流出又等于储蓄减去投资。储蓄由消费函数和财政政策确定；投资由投资函数和世界利率确定。

图 11-14 说明了这两个条件。因为低实际汇率使国内产品相对便宜，所以，表示净出口与实际汇率之间关系的曲线是向下方倾斜的。因为储蓄和投资都不取决于实际汇率，所以，代表储蓄超过投资部分（S−I）的曲线是垂直的。这两条曲线的交点决定了均衡实际汇率。

图 11-14 看来像是普通的供给和需求图，实际上，你可以把这幅图看作代表对外汇交换的供给和需求，垂线（S−I）代表资本净流出，从而就代表用于交换外汇和在国外投资的美元供给。向下方倾斜的曲线 NX(ε) 代表想用美元购买我们产品的外国人的美元净需求。在均衡实际汇率，来自资本净流出的美元供给与外国人购买我们的净出口的美元需求相平衡。

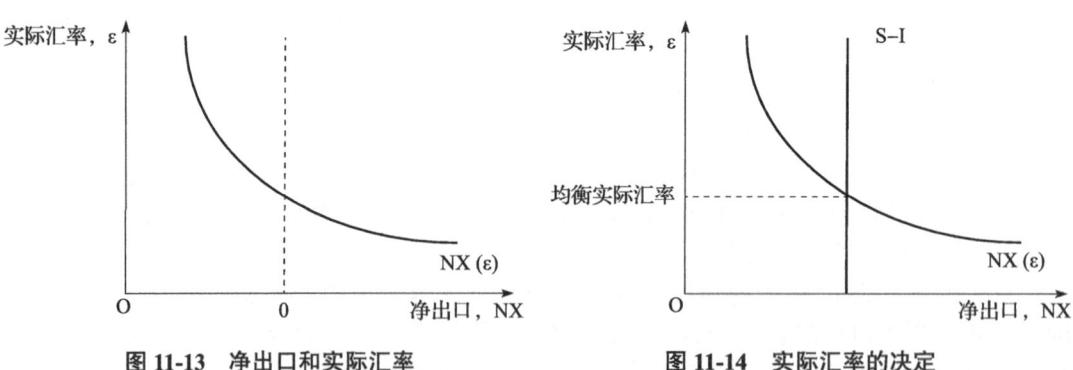

图 11-13　净出口和实际汇率

图 11-14　实际汇率的决定

四、实际汇率与购买力平价

一价定律（law of one price）是经济学上的一个著名假说。该定律是说，同样的产品在同一时间在不同地点不能以不同的价格出售。如果 1 蒲式耳小麦在纽约出售的价格低于在芝加哥的，那么，在纽约买小麦然后到芝加哥卖掉就可以获利，这种获利机会很快就会被套利者知晓。当套利者利用这种机会获利时，将增加在纽约的小麦需求和增加在芝加哥的小麦供给。他们的行动将驱使在纽约的小麦价格上升和在芝加哥的小麦价格下降，从而确保这两个市场上价格相等。

应用于国际市场的一价定律被称为购买力平价（purchasing power parity）。它是说，如果国际套利是可能的，那么，1 美元（或任何一种其他通货）在每个国家都必须有同样的购买力。推理如下：如果 1 美元在本国可以比在国外买到更多小麦，那么就存在通过在本国购买小麦和在国外卖出而获利的机会。追求利润的套利者将促使本国小麦价格相对于国外价格上升。类似地，如果1美元在国外可以比在本国买到更多小麦，套利者就会在国外购买小麦和在本国出售，这促使本国小麦价格相对于国外价格下降。因此，国际套利者追求利润的活动使小麦在所有国家的价格都相同。

根据购买力平价的假说以及实际汇率的定义，两国间的实际汇率应该等于1。我们可以用实际汇率模型来解释购买力平价学说。这些国际套利者的迅速行动意味着净出口对实际汇率的微小变动都高度敏感。国内产品价格相对于国外产品的微小下降——也就是说，实际汇率的微小下降——引起套利者在国内购买产品和在国外出售。类似地，国内产品相对价格的微小上升引起套利者从国外进口产品。因此，正如图11-15所示，在使购买力在各国之间相等的实际汇率处，净出口曲线非常平坦：实际汇率任何微小的变动都会引起净出口的大幅度变动。这种净出口的极端敏感性保证了均衡的实际汇率总是接近于确保购买力平价的水平。

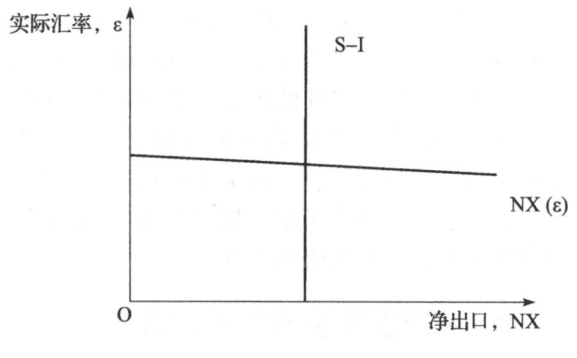

图 11-15 购买力平价

这种购买力平价学说现实吗？大多数经济学家认为，尽管它的逻辑很让人感兴趣，但购买力平价并没有对世界提供一个完全准确的描述。第一，许多产品不易于交易。在东京理发可能比纽约贵，但并没有国际套利的余地，因为理发是不可能运输的。第二，即使可贸易的产品也并不总是完全替代品。一些消费者偏爱丰田汽车，而另一些偏爱福特汽车。因此，丰田汽车与福特汽车的相对价格可以在某种程度上变动而不会留下任何获利的机会。由于这些原因，随着时间的推移，实际汇率实际上确实在变动。

虽然购买力平价学说并没有完美地描述世界，但它确实为解释实际汇率的变动有限提供了一个理由。它的基本逻辑有许多合理性：实际汇率偏离购买力平价预测的水平越远，个体从事产品的国际套利的激励就越大。虽然我们不能靠购买力平价来消除实际汇率的所有变动，但是，这种学说确实提供了一个理由让我们预期实际汇率的波动一般是很小的或是暂时的。

五、名义汇率的决定因素

根据实际汇率与名义汇率之间的关系，即

实际汇率 = 名义汇率 × 价格水平的比率

$$\varepsilon = e \times (P/P^*)$$

可以把名义汇率写为

$$e = \varepsilon \times (P^*/P)$$

这个方程说明，名义汇率取决于实际汇率和两国的价格水平。在实际汇率的值给定时，如果国内价格水平 P 上升，那么，名义汇率 e 就将下降：因为1美元更不值钱了，1美元将购买更少的日元。但是，如果日本价格水平 P* 上升，那么，名义汇率就将上升：因为日元更不值钱了，1美元可以买到更多的日元。

考虑汇率随时间的变动是有启发性的，汇率方程可以写为

e 的百分比变动 = ε 的百分比变动 + P* 的百分比变动 − P 的百分比变动

ε 的百分比变动是实际汇率的变动；P* 的百分比变动是国内通货膨胀率 π；P 的百分比变动是外国的通货膨胀率 π*，因此，名义汇率的百分比变动为

e 的百分比变动 = ε 的百分比变动 + (π* − π)

名义汇率的百分比变动 = 实际汇率的百分比变动 + 通货膨胀率之差

这个方程是说，两个国家的通货之间名义汇率的百分比变动等于实际汇率的百分比变动加上两国通货膨胀率之差。如果一个国家相对于本国而言通货膨胀率较高，那么，随着时间的推移，本币能购买的外国通货量将增加。如果一个国家相对于本国而言通货膨胀率较低，那么，随着时间的推移，本币能购买的外国通货量将减少。

这一分析说明了货币政策如何影响名义汇率。从货币数量方程得知，货币供给的高增长导致高通货膨胀。而高通货膨胀的一个后果是通货贬值，这是因为高 π 意味着 e 的下降。换言之，正如货币量的增长使按货币衡量的产品价格上升一样，它也往往会使按本国通货衡量的外国通货价格上升。

六、政策如何影响实际汇率

我们可以用这个模型说明我们以前讨论的经济政策变动如何影响实际汇率。

1. 国内的财政政策

如果政府通过增加政府购买或减税来减少国民储蓄，实际汇率会发生什么变动呢？正如以前讨论的，储蓄的这种减少降低了 (S−I)，从而降低了 NX。也就是说，储蓄的减少造成了贸易赤字。

图 11-16 说明了均衡实际汇率如何调整以确保 NX 下降。政策变动使垂线 (S−I) 向左移动，减少了可投资于国外的美元供给。美元供给的减少使均衡的实际汇率从 ε₁ 上升到 ε₂。也就是说，美元变得更值钱了。由于美元的价值上升，国内产品相对于国外产品变得昂贵，这就引起出口下降和进口上升。出口的变动和进口的变动都降低了净出口。

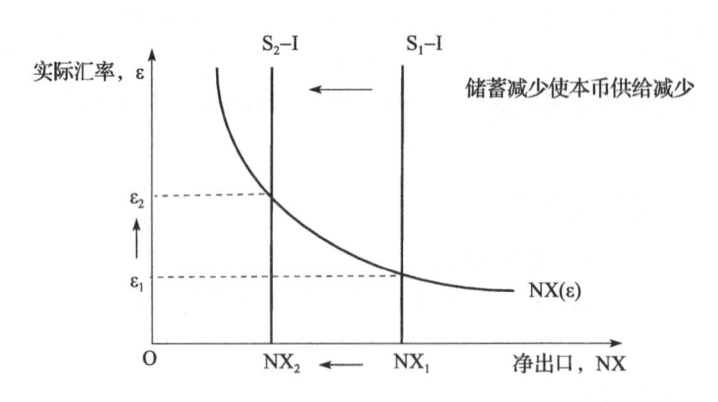

图 11-16　国内扩张性财政政策对实际汇率的影响

2. 国外的财政政策

如果外国政府增加政府购买或减税，实际汇率会发生什么变动呢？财政政策的这两种变动都降低了世界储蓄，使世界利率上升。世界利率的上升减少了国内投资 I 从而就增加了 (S−I)，导致 NX 增加。也就是说，世界利率的上升造成贸易盈余。

图 11-17 表明财政政策的这种变化使垂线（S-I）向右移动，增加了可用于国外投资的美元供给，均衡的实际汇率下降了。也就是说，美元变得不那么值钱了，国内产品相对于国外产品变得较便宜了。

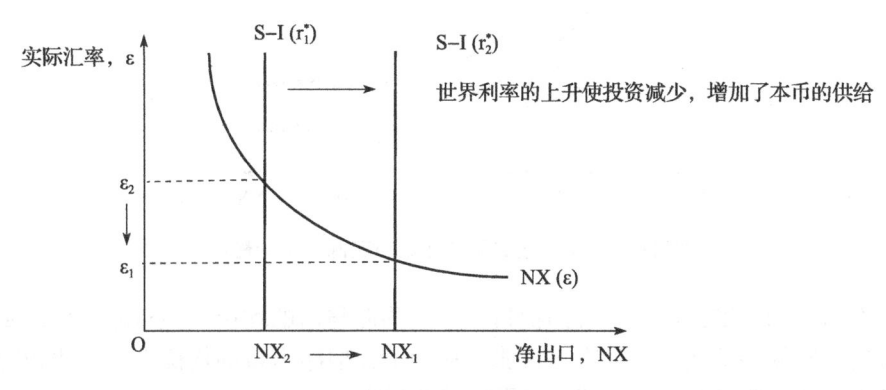

图 11-17　国外扩张性财政政策对实际汇率的影响

3. 投资需求的移动

如果国内投资需求增加（也许是因为国会通过了投资税收抵免规定），实际汇率会有什么变动呢？在给定的世界利率下，投资需求增加导致更多的投资。更高的 I 值意味着（S-I）和 NX 值更低。也就是说，投资需求的增加造成贸易赤字。

图 11-18 说明了投资需求增加使垂线（S-I）向左移动，减少了用于国外投资的美元供给，均衡的实际汇率上升了。因此，当投资税收抵免使在美国投资更有吸引力时，它也提高了进行这些投资所需要的美元的价值。当美元升值时，国内产品相对于国外产品变得更加昂贵了，净出口下降。

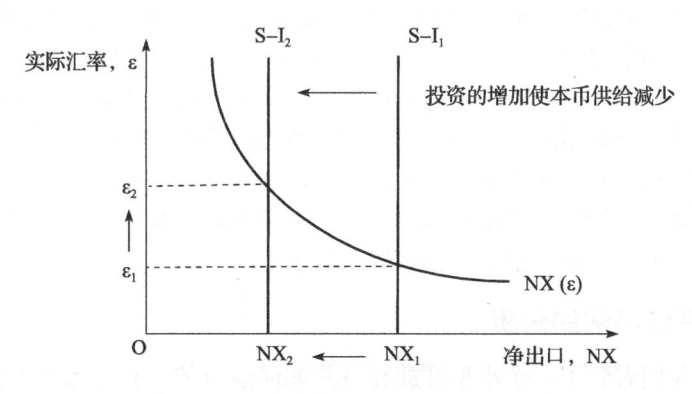

图 11-18　投资需求增加对实际汇率的影响

4. 贸易政策的影响

贸易政策通常采取保护国内产业免受国外竞争的形式——或者通过对外国进口品征税（关税），或者通过限制可以进口的产品与服务的数量（配额）。

作为一个保护主义贸易政策的例子，考虑如果政府禁止外国汽车的进口，经济会发生什么情况。对于任何给定的实际汇率，进口将会更低，这意味着净出口（出口减去进口）将会更高。因此，净出口曲线向外移动，如图 11-19 所示。

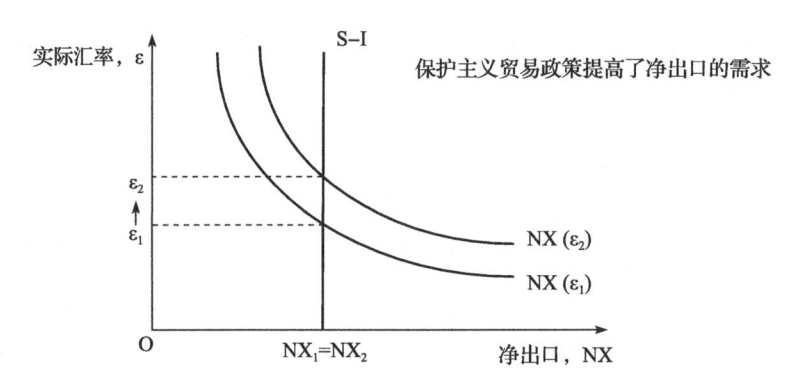

图 11-19 保护主义贸易政策对实际汇率的影响

为了看出这种政策的影响,我们比较原来的均衡与新的均衡。在新的均衡,实际汇率更高,净出口则保持不变。尽管净出口曲线移动了,但净出口的均衡水平仍然相同,这是因为保护主义政策既没有改变储蓄,也没有改变投资。

这一分析表明,保护主义贸易政策并不影响贸易余额,在关于贸易政策的普遍争论中,这个令人吃惊的结论常常被忽略。由于贸易赤字反映了进口超过出口的部分,所以人们可能会猜测,减少进口——例如通过禁止外国汽车的进口——会减少贸易赤字。但我们的模型说明,保护主义政策只是导致实际汇率上升,国内产品价格相对于国外产品价格的上升往往通过刺激进口和抑制出口而减少净出口。这样,汇率升值抵消了由于贸易限制而直接增加的净出口。

虽然保护主义贸易政策没有改变贸易余额,但它们确实影响了贸易量。正如我们已经看到的,由于实际汇率升值,我们生产的产品与服务相对于国外产品与服务变得更昂贵了。因此,在新的均衡处,我们的出口更少了。由于净出口不变,我们的进口也必然减少了。(汇率升值在某种程度上确实刺激了进口,但这仅仅部分抵消了由于贸易限制引起的进口减少。)因此,保护主义贸易政策既减少了进口量又减少了出口量。

总贸易量的这种下降是经济学家通常反对保护主义政策的原因。通过允许每个国家专业化生产本国最具有比较优势的产品与服务以及为每个国家提供更多品种的产品与服务,国际贸易使所有国家受益。保护主义政策减少了这些来自贸易的获益。虽然这些政策使社会内的某些群体获益,例如,禁止进口汽车有利于国内的汽车生产者,但当这些政策减少了国际贸易量时,平均而言,整个社会的状况恶化了。

七、大型开放经济的分析

在本章中,我们看到了一个小型开放经济是如何运行的。我们考察了为资本积累所用的资金的国际流动与产品和服务的国际流动的决定因素。我们还考察了一国的实际汇率与名义汇率的决定因素。我们的分析说明了各种政策(货币政策、财政政策和贸易政策)如何影响贸易余额和汇率。

我们研究的经济是"小型的",其含义是它的利率是由世界金融市场固定的。也就是说,我们假设这种经济不影响世界利率和该经济可以按世界利率无限量地借款或贷款。这一假设与我们在本章几节中研究封闭经济时所做出的假设相反。在封闭经济中,国内利率使国内储蓄与国内投资达到均衡,这意味着,影响储蓄或投资的政策也会改变均衡利率。

我们应该运用这两种分析中的哪一种来分析大型经济呢?回答是这两种分析都有可用

的部分。一般而言，任何一个大国既没有大到也没有孤立到不受国外发生的事情影响的程度。例如，20世纪80年代、90年代和21世纪头十年的巨额贸易赤字说明了国际金融市场对为美国投资提供资金的重要性。因此，关于封闭经济的分析本身无法完全解释各种政策对美国经济的影响。但是，美国经济也没有小到和开放到本节的分析完全适用的程度。首先，美国是一个大国，足以影响世界金融市场。其次，资本可能并非在各国间完全流动。如果个体偏好以本国资产而不是外国资产的形式持有自己的财富，那么，用于资本积累的资金就不会自由流动而使所有国家的利率相等。由于这两个原因，不能把我们的小型开放经济模型直接运用于美国。

当我们分析像美国这样的国家的政策时，需要把封闭经济的逻辑与本章的小型开放经济的逻辑结合起来。在这种中间情况下，存在国际借贷，但利率不是由世界金融市场固定的。取而代之的是，该经济从国外借款越多，它必须向外国投资者提供的利率就越高。我们必须考察两种极端情况的混合。

例如，考虑由于财政扩张引起的国民储蓄的减少，正如在封闭经济中一样，这种政策提高了实际利率并挤出了国内投资。正如在小型开放经济中一样，它也减少了资本净流出，导致贸易赤字和汇率升值。因此，尽管我们这里考察的小型开放模型没有准确地描述像美国这样的经济，但它确实对政策如何影响贸易余额和汇率这一问题提供了一个参照。

第六节 宏观经济运行的长期均衡：充分就业与货币中性

宏观经济的长期均衡意味着劳动力、产品和资本市场都处于均衡状态，工资、利率和价格都有充分的弹性以保证每一个市场的需求和供给相等，也就是说，每一个市场都是出清的，需求量等于供给量。在上述假设下，有：

①生产要素和生产函数决定产出水平 Y；

②中央银行设定的货币供给 M 决定产出的名义价值 PY（这个结论来自数量方程和货币流通速度不变的假设）；

③价格水平 P 是产出的名义价值 PY 与产出水平 Y 的比率。

换言之，经济的生产能力决定实际 GDP，货币量决定名义 GDP，GDP 平减指数是名义 GDP 与实际 GDP 的比率。

根据上述假定，当中央银行改变货币供给时，由于货币流通速度 V 是不变的，所以，货币供给 M 的任何变动都必定引起产出的名义价值 PY 的同比例变动。由于生产要素和生产函数已经决定了产出 Y，所以，产出的名义价值 PY 只有在价格水平 P 变动时才会调整。因此，价格水平与货币供给成比例。

由于通货膨胀率是价格水平的百分比变动，所以，这个价格水平的理论也是一个通货膨胀率的理论。货币数量论说明，控制货币供给的中央银行能够最终控制通货膨胀率。如果中央银行保持货币供给稳定，价格水平也将稳定。如果中央银行迅速增加货币供给，价格水平将迅速上升。

在本章，我们已经讨论了资本生产要素及其来源——储蓄；讨论了货币和货币数量论。本节我们首先通过劳动力市场讨论劳动生产要素。在此之后，综述劳动力、产品和资本三个市场的长期均衡状况，以便读者对宏观经济长期均衡有一个整体印象。最后，提出"货币中性"这一概念，论述货币对长期均衡的影响。

一、充分就业下的一般均衡

当劳动的需求等于劳动的供给时,劳动市场上就实现了充分就业(full employment)。既然宏观经济长期均衡下,劳动力、产品和资本市场都处于出清状态,自然劳动力的供给和需求相等,劳动力充分就业,所以我们也可以将这种均衡状态称为充分就业下的一般均衡。

(一)劳动市场

在现行市场工资下,没有一个希望找到工作的合格的工人找不到工作;没有一家希望在现行工资下雇用工人的企业找不到合格的工人。工资的调节能够确保这种情况的实现。当然,当经济学家认为,存在着劳动力的充分就业——劳动的需求等于供给时,仍然总是存在少量失业。当工人变换工作,当新进入劳动力队伍的人寻找工作,当新岗位对工作地点和技术的要求与失业者条件不匹配,当某些部门的失业反映了一般的季节性模式时,这种失业就会发生。这些失业的来源被称为摩擦性失业、结构性失业和季节性失业。由于这些来源,即使在充分就业状态,失业率也不会为零。

为理解经济是如何达到充分就业的,名义工资(w)和价格水平(P)之间的关系极为重要。工人赚取工资,使用这些工资购买产品与服务。对工人来说,重要的是他们的工资可以买到多少东西。如果一个工人的工资从每小时 6 美元增加到每小时 12 美元,但是在同一时期,工人所购买的所有商品的价格都翻了一番,那么工人的实际工资就没有变化。对工人来说,重要的是其实际工资,即对价格水平变动进行调整以后的名义工资。企业也关心实际工资,因为对它们来说,重要的是相对于企业出售产品所得到的价格(价格水平)的名义工资或劳动成本。

实际工资是通过名义工资除以价格水平得到的,即 w/P。实际工资提供了一个度量工资购买力的指标。图 11-20 表示总量劳动市场,纵轴为实际工资(w/P),横轴为劳动量(L),还显示了劳动的总需求曲线与总供给曲线。在本书的微观经济部分,我们已经推导了向下倾斜的劳动总需求曲线。本章我们必须考虑宏观经济中一般价格水平的变化,因此,纵轴为实际工资 w/P。

图 11-20 也显示了劳动的总供给曲线。在长期,劳动供给曲线被画成垂直的——我们假定,劳动供给是完全无弹性的。在本书的微观经济学部分,也讨论过劳动力供给:当实际工资上升时,两个因素会发挥作用。较高的工资意味着劳动报酬较高,这应当使得工人愿意工作较长的时间——闲暇的机会成本现在更高了,替代效应发生作用会使得工人在实际工资上升时更多地工作。但是较高的工资意味着工人们的收入较高。当收入较高时,他们将希望增加消费,包括对闲暇的消费。因此当实际工资上升时,收入效应会发生作用减少劳动供给。收入效应和替代效应的作用相反。简化起见,在长期,可以假定这两种效应相互抵消,因此当实际工资变动时,劳动供给保持不变。但读者应注意的是,在短期的情况下,则必须使用弹性假设。例如,在下一节中就必须使用弹性假设。

基本的供给与需求分析意味着,市场均衡应该出现在需求曲线与供给曲线的交点,即点 E,其原因如下:如果实际工资高于均衡实际工资 w_1/P,例如在 w_2/P,那么,劳动需求将为 L_2,小于劳动供给 L_1,这时将存在工人的超额供给,这些没有工作而又处于劳动力大军中的工人愿意在低于现行水平的工资下提供劳动,从而压低已经工作的工人的平均工资。竞争过程将导致更低的工资,直至最后在点 E 需求再一次等于供给时为止。同样,如

果实际工资低于 w_1/P，例如在 w_3/P，那么经济中企业的劳动需求将大于劳动供给。为了竞争稀缺的劳动资源，企业将会把工资抬高到 w_1/P。

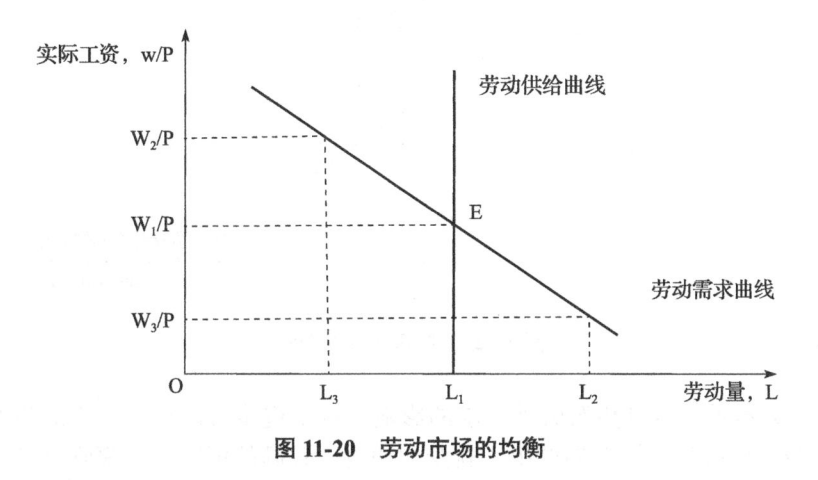

图 11-20　劳动市场的均衡

（二）劳动需求与劳动供给的移动

充分就业模型可以清楚地预测劳动需求与劳动供给移动的结果。首先，我们论述劳动供给曲线的移动。这种情况的出现可能是由于达到工作年龄的年轻人多于退休的老年人，由于新移民，或是由于更多妇女加入劳动力队伍的社会变化。这种劳动供给的大规模移动如图 11-21 所示。劳动供给曲线会向右移动。对于每一个实际工资，有更多的人在劳动力大军中。均衡实际工资下降了。劳动力价格的这一下降对企业来说，表示与以前相比劳动力不再那么稀缺，因此企业应当在使用劳动力上少节约一些。企业于是会通过创造更多的工作机会对实际工资的降低做出反应。为了吸收劳动供给的增加，就业增加了。

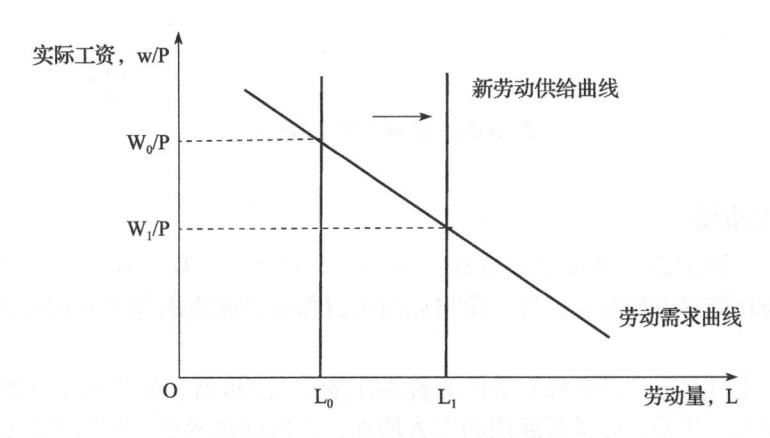

图 11-21　劳动供给曲线移动的影响

现举两例来说明劳动需求曲线的移动的影响。首先，考虑投资下降导致工人可以使用的机器和设备的数量减少的情况。这会降低工人的生产率，从而使得劳动需求曲线向左移动，如图 11-22 所示。对于给定的实际工资，企业愿意雇用的工人比以前少，均衡实际工资下降了。

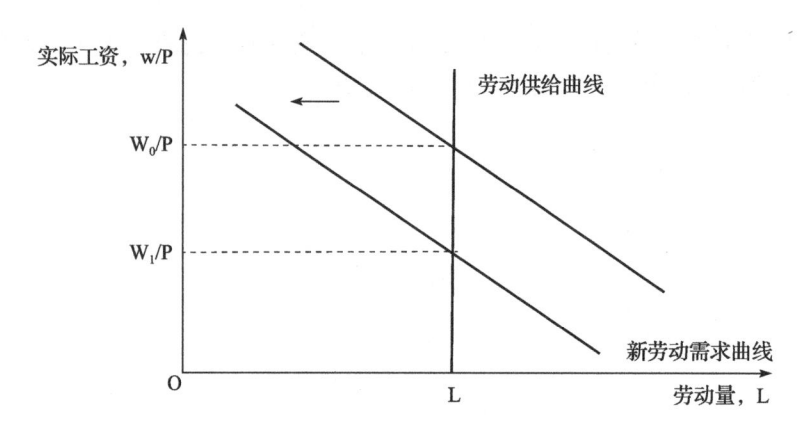

图 11-22 投资下降的影响

图 11-23 显示了技术进步对劳动需求的影响。技术进步可以提高工人的生产率，使得每小时劳动投入能够生产更多的产出。就企业而言，较高的劳动生产率降低了实际的劳动成本，因为现在每小时雇用的劳动可以生产更多的产出。在每一工资水平，劳动需求都会上升，劳动需求曲线会向右移动。均衡实际工资增加了①。

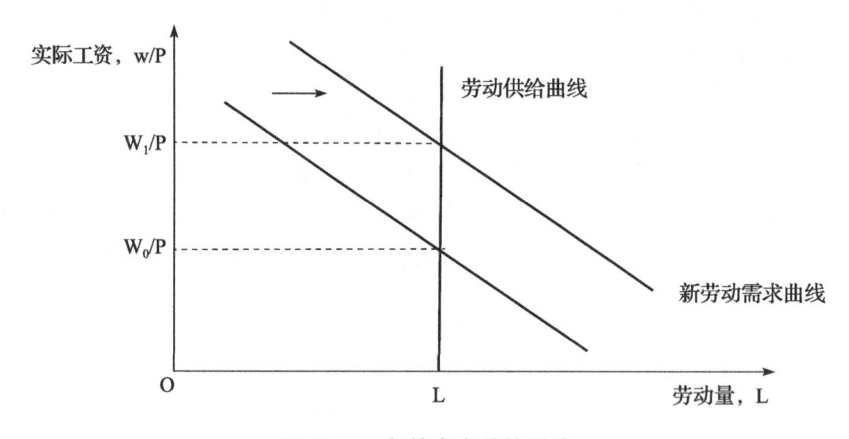

图 11-23 新技术变革的影响

（三）产品市场

正如实际工资的调节可以保证劳动需求等于劳动供给一样，在我们的充分就业模型中，产品市场和资本市场也是这样，价格调节可以保证产品需求等于经济在充分就业水平上的产出。

在任何一个时点上，经济都有给定的资本存量（一组机器、设备和建筑物），它们与劳动和原料共同生产产品，如果所雇用的工人增加，产出就会增加。我们在微观经济学中已经了解，在资本量固定的情况下，就业量与产出之间的关系称为短期总量生产函数（short-run aggregate production function），如图 11-24 所示。

---

① 读者可能会注意到，如果劳动供给曲线有一定的弹性，还会带来劳动需求量的增加——这正是短期会发生的情况。

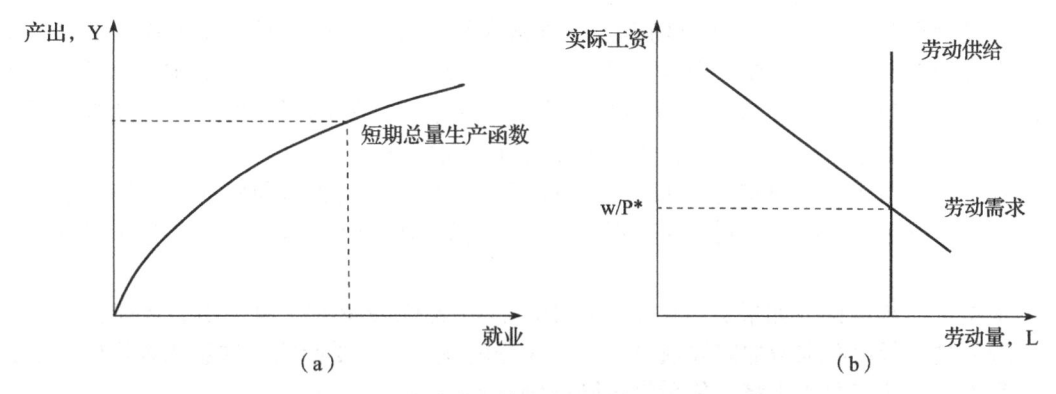

图 11-24　劳动市场的均衡与潜在 GDP 的决定

该图显示了，随着所雇用的工人的增加，产出也会增加，但是以递减的比率增加，存在劳动的收益递减。这是因为，在资本量固定的情况下，当雇用的工人数量增加时，每一个工人使用的设备和机器的数量会减少。劳动的收益递减还因为生产率最高的工人可能首先被雇用；当就业增加时，培训较少和技能较少的工人也将被雇用。

在长期，当劳动市场均衡时，就达到了充分就业的状态。图 11-24（b）表示劳动市场，其中均衡实际工资处于使得劳动需求等于固定的供给的水平。根据这一充分就业的固定劳动供给，可以使用图 11-24（a）中短期总量生产函数找到产出水平。当经济处于充分就业时的均衡产出被称为经济的潜在 GDP（potential GDP）或充分就业产出水平（full-employment level of output）。如果劳动供给不是固定的而是取决于实际工资，那么劳动供给曲线有正的斜率，当劳动需求与劳动供给相等时实现充分就业。给定充分就业的均衡就业水平，从短期总量生产函数可以找到潜在 GDP。

如果经济的厂房和设备存量变动，如果技术变动，或者如果决定充分就业的均衡点变动，潜在 GDP 就会受到影响，厂房和设备存量的增加将使每一就业水平可以生产的产量增加，结果，短期总量生产函数将向上移动，提高潜在 GDP。类似地，新的技术创新将使短期总量生产函数上移，提高潜在 GDP。劳动供给的增加会提高充分就业的均衡水平，在给定厂房和设备水平及技术的情况下提高潜在 GDP。

（四）资本市场

可贷资金市场的均衡由储蓄与投资决定，已如前所述。

二、货币中性

（一）"货币中性"的含义

如果货币供给增加会出现什么情况？根据货币数量论的思想，货币增加将导致价格水平成比例提高。其经济学机制如下：在初始价格水平 P，个人现在持有比他们愿意持有的更多的货币，因此他们会增加消费。从企业的角度看，消费者花费的增加提供了提高价格的信号。面对较高的价格，工人要求提高名义工资。当价格上涨时，个人需要持有更多的货币来进行同样的日常交易。当价格有了足够的上升，使得货币需求量上升的数量与货币供给的上升相同时，货币供求的均衡就恢复了。名义工资额将同比例上升，以使实际工资保持在使得劳动市场出清并保持充分就业的水平。货币供给的增加会导致价格总水平和名义工资的上升。

正如我们指出的，在劳动市场上，与价格水平上升相对应的是名义工资的上升，从而使得实际工资仍然保持在原来的水平上。在这一实际工资水平，劳动需求仍然等于劳动供给。因此，价格水平上升对劳动市场的影响只是名义工资的同比例上升，没有实际影响——均衡的实际工资和均衡的就业水平并没有受到影响。

在资本市场上，实际储蓄和投资都取决于实际利率，但实际利率不受价格水平上升的影响。相应地，均衡实际利率保持不变。只有储蓄和投资的名义水平与价格水平同比例变动。

根据货币数量论，如果货币供给增加10%，那么GDP必须上升10%，才能保证货币供给增加时，货币需求增加同样数量。由于充分就业产出不受影响，这意味着价格水平必须上升10%。价格总水平将与货币供给同比例变动。

在始终保持充分就业的条件下，货币供给的一次性变动在长期将影响价格水平，但几乎不会影响其他变量[①]。特别地，它不会影响生产的产品和服务的数量，或就业工人的数量。一个假想的例子可能有助于我们理解这一点。假定经济的整个货币供给瞬时地增加了10倍，如果信息能瞬时、完全地被消费者、厂商所知悉，这样，生产和消费的产品和服务的实际数量不变，没有产生实际影响；唯一的不同是钞票、银行账单和价格标签上的数字。

从中我们可以看到由同比例价格水平变动伴随的货币供给变动对经济没有实际效果。当货币供给的变动没有实际效果时，我们说货币是中性的。如果经济处于充分就业状态，价格和工资具有完全的伸缩性，货币供给的任何变动，价格将成比例变动。因此，货币中性是充分就业模型的基本含义。

尽管货币中性是弹性工资和价格下充分就业模型的基本性质，但必须牢记该模型的局限性。如果价格上升本身真的不会产生实际影响，人们非常关注的通货膨胀也就无足轻重了。但人们还是会担心通货膨胀。在本书后续章节中，我们将探讨当经济不是充分就业，工资和价格也不是完全弹性时，货币供给和价格变动更为复杂的影响。

（二）通货膨胀、利率与费雪效应

根据费雪方程，名义利率为实际利率与通货膨胀率之和，表达式为

$$i = r + \pi$$

费雪方程表明名义利率可以由于两个原因而变动：实际利率变动或通货膨胀率变动。一旦把名义利率分为这两个部分，就可以用这个方程来建立一种解释名义利率的理论。第三节说明了实际利率的调整使储蓄与投资平衡。货币数量论说明了货币增长率决定通货膨胀率。费雪方程则告诉我们，把实际利率和通货膨胀率加在一起决定了名义利率。

货币数量论和费雪方程共同告诉我们货币增长如何影响名义利率。根据货币数量论，货币增长率提高1%引起通货膨胀率上升1%。根据费雪方程，通货膨胀率1%的上升又引起名义利率1%的上升。通货膨胀率和名义利率之间这种一对一的关系称为费雪效应（Fisher effect）。

读者可能产生疑问的是，我们在"国民收入统计指标"中也学到完全一样的方程。需要指出的是，宏观经济指标中的该方程表示的是统计学中计算实际利率的方法，而费雪方程则是基于实际利率不变的假设，预测名义利率的变化。它是一种经济学理论。它预测：在短期中，增加货币供给会导致名义利率下降，减少货币供给会导致名义利率上升。但

---

① 读者必须注意，是在"充分就业"的条件下。

是，在长期，货币供给的变化并不会影响实际利率。

第七节　宏观经济均衡：从短期到长期

一、劳动需求和短期衰退的模型

由上一节关于劳动市场的讨论可知，劳动需求曲线与劳动供给曲线的交点决定了劳动市场的均衡。本节首先研究浮动工资条件下的劳动市场，再研究向下的工资刚性如何放大劳动需求曲线移动的影响，从而放大了经济波动的幅度①。

首先，我们总结导致劳动需求曲线移动的几个最重要的来源。

①产出价格的变动：当产品的价格走低时，劳动的边际产品价值会随之下降。这就意味着在任意给定的价格下，企业会雇用更少的工人，使得劳动需求曲线向左移动。（当企业生产的产品价格上升时，劳动的边际产品价值会上升，使得劳动需求曲线向右移动）。

②产品需求的变化：当对企业生产产品的需求下降时，产品的价格和劳动的边际产品价值都会下降，从而导致劳动需求曲线的左移。（当对产品的需求增加时，劳动的边际产品价值上升，使得劳动需求曲线向右移动。）

③技术和生产率的变化：当劳动的边际产出下降时，劳动需求曲线会向左移动。（当劳动的边际产出上升时，劳动需求曲线会向右移动。）

④投入品价格的变动：企业使用劳动与其他生产要素例如实物资本和能源来生产产品和服务。当这些其他生产要素的成本上升时，企业将会降低这些要素的购买量，这通常会导致劳动的边际产品价值下降，从而使得劳动需求曲线向左移动。（当这些生产要素的成本下降时，企业将会购买更多的生产要素，从而导致劳动需求曲线向右移动。）信贷市场均衡的变动也会通过影响企业购买实物资本的融资成本而影响劳动需求。

（一）初始下降

图 11-25（a）描绘了劳动需求曲线和劳动供给曲线以及两者的交点。劳动市场的均衡，就是劳动需求曲线和劳动供给曲线相交所决定的工资和就业量，是我们建立经济波动模型的关键组成部分。劳动需求曲线向左移动时，降低了均衡状态下的劳动力雇用量。

图 11-25（b）描绘总生产曲线。在保持实物资本和技术程度不变时，这条曲线展示了就业量和 GDP 之间的关系。在该图表中我们看到，随着就业量的下降（由劳动需求曲线左移导致），实际 GDP 下降（因为更少的劳动力生产产品和服务）。因此，就业量和实际 GDP 同时上升和下降。

（二）工资刚性与放大效应

当名义工资存在向下的刚性时，劳动需求曲线移动所造成的影响被放大了。图 11-25（c）描绘了这一情况。企业无法或者不情愿削减工资，这是因为合同的限制雇更多的工人。当工资存在向下的刚性时，劳动需求曲线将进一步左移，与工资自由浮动情况相比，这导致就业下降更多。相应地，当工资存在向下的刚性时，会产生更严重的衰退。在更深的经济衰退中失业工人的数量，就是那些愿意在市场工资下工作却无法找到工作的人数。

---

① 第十五章还将借助"总需求 - 总供给模型"继续考察这一主题。

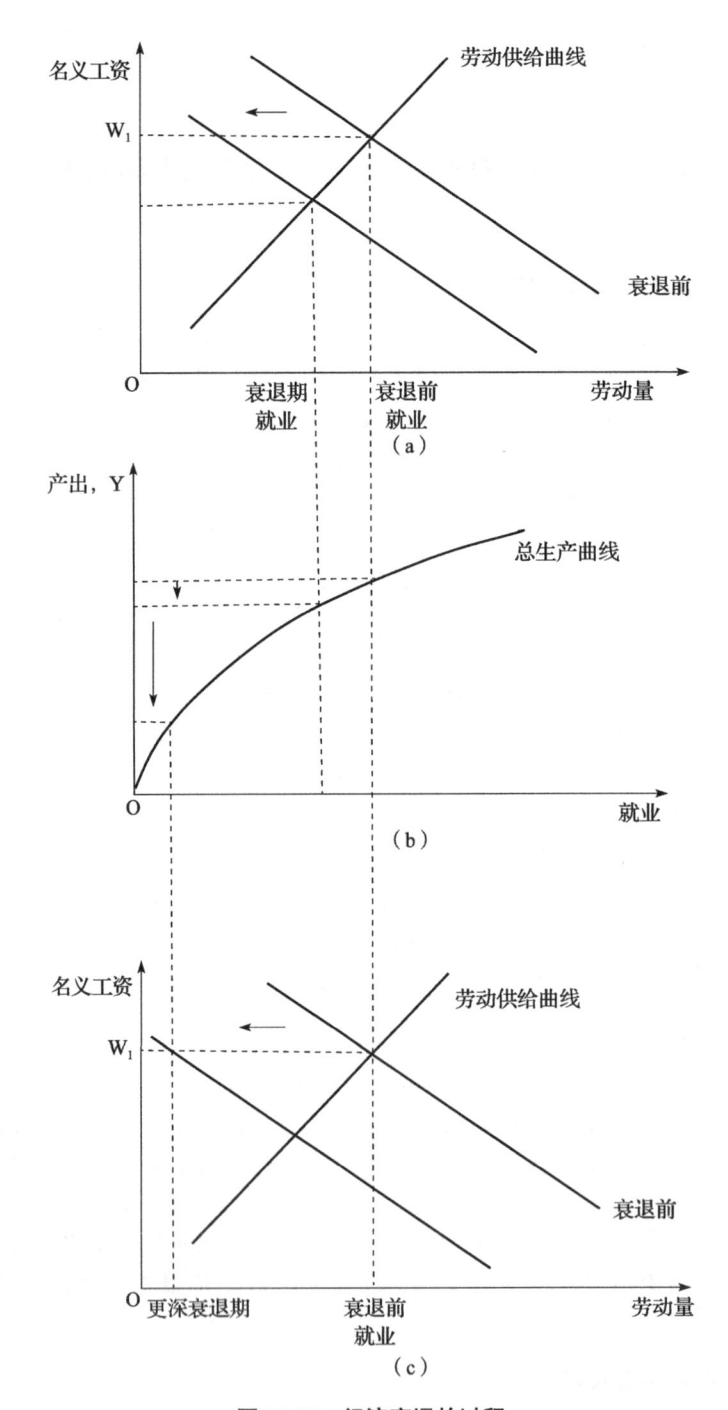

图 11-25 经济衰退的过程

由以上分析得知，尽管劳动供给曲线的移动同样会造成就业和失业的波动，但波动最重要的来源是劳动需求曲线的移动。

二、中期均衡：恢复

在我们的讨论中，我们将经济恢复的机制分为两种：①市场力量驱动劳动需求曲线向右回移；②由于扩张性的政府政策，劳动需求曲线向右回移。

(一) 市场力量驱动劳动需求曲线向右回移

许多原因能够引起这种恢复，在这里我们介绍最重要的几个。

①当过量存货销售一空时，劳动需求量部分地恢复了（劳动需求曲线向右移动）。比如，在一次过度的房地产繁荣期之后，继续建设房产的需求不会很多，这导致了对建筑工人的劳动需求曲线向左移动。然而，那些没有销售的住房最终会被卖掉，到那时新的住房建设将重新开始，使得劳动需求曲线向右移动。这样的事情发生在所有存有未售存货的企业，如汽车制造商或计算机制造商。存货不会永远存在，在存货销售完之后，企业一般会增加生产。图11-26中画出了劳动需求曲线的一次右移。

②当技术进步促使企业扩大生产时，劳动需求部分地恢复了（劳动需求曲线向右移动）。比如，在2007—2009年的衰退之后，对于能源企业而言，新的开采技术使得开采油页岩中的原油和天然气变得有利可图。这促使美国能源产业扩大规模，包括开采活动、管道建设，并且在能源丰富的地区拥有比较优势的产业都得到增长。

当银行系统和其他金融中介机构开始复苏并且企业又能借款为其活动融资时，劳动需求就部分地恢复了（向右移动）。在金融危机中，许多小企业无法从银行获得贷款，在银行业渡过了危机并转向健康之后，银行变得更加愿意为企业提供贷款，从而使得这些企业能够扩大规模并且雇用更多的员工。信贷的可获得性使得借款企业的劳动需求曲线向右移动。

(二) 由于扩张性的政府政策，劳动需求曲线向右回移

第十三章将会重点关注这一问题。在这里，我们先介绍一些重要的政策。

①中央银行可以使用货币政策使劳动需求曲线向右移动。降低利率以刺激企业增加投资，家庭增加消费。

②整体的通货膨胀提高了企业产品的价格，短期使得劳动需求曲线向右移动①。在工资不变的情况下，产品价格上升使得企业的盈利能力增强，促使企业扩大规模，从而增加雇用员工的数量。这将导致劳动需求曲线向右移动。在图11-26中能够看到通货膨胀所导致的劳动需求曲线的右移。由于工人工资被工资刚性所束缚，向右移动的劳动需求曲线使得均衡状态由A点变为了B点，这意味着就业量部分地恢复了。

当然，需要注意的是，通货膨胀也会同时影响劳动供给。由于通货膨胀导致了产品价格的上升，不变的工资只能购买更少的商品。比如此时所有的产品价格都翻番了，如果工资是不变的，一个工作同样时长的工人此时只能购买相当于原先一半的商品。由于存在通货膨胀，这个工人——同样的推理适用于所有工人——在给定的工资下提供更少的劳动时间，这将导致劳动供给曲线的左移②。

③政府的财政政策（政府购买和减税）会使劳动需求曲线向右移动。增加的政府购买增加了对企业产品的需求，使得劳动需求曲线向右移动。减税将会提高企业和消费者的税后收入，提高他们的购买力，这会增加对企业产品的需求，使得劳动需求曲线向右移动。

---

① 关于经济波动的短期、中期和长期，并没有严格的定义。一般将短期定义为几个季度，两年或者三年的一段时间定义为中期。

② 关于这个问题的进一步探讨可以参看本书第十五章，这里给出的是一个简单的结论。实际上劳动供给的变化与预期通货膨胀率等因素有很大的关系。

(三) 恢复

图 11-26 将所有的基于市场的和政策驱动的效应放在一起，展示了从衰退到复苏的一个完整的循环。开始时，经济位于点 1。向下的工资刚性和放大效应的共同作用使得劳动需求很快地下降了，使得经济到达了点 2，这时达到了就业的最低点。随后由于市场机制和政府干预的共同影响，劳动需求曲线开始朝着衰退前的水平移动。通货膨胀在整个过程中发挥了两个作用，一是使得劳动需求曲线向右移动，二是使得劳动供给曲线向左移动。在恢复期开始时，均衡依然保持在刚性工资水平上，经济由点 2 移动到了点 3，最终，劳动需求曲线的右移和劳动供给曲线的左移使得经济最终到达了均衡状态点 4。此时，向下的工资刚性不再有约束力，因为市场出清工资高于具有向下刚性的工资。

图 11-26 同样表明了衰退恢复后的工资要比衰退发生前的工资水平高。这源于衰退过程中和之后一段时期累积的通货膨胀，这一通货膨胀提升了产出的价格和工资水平。

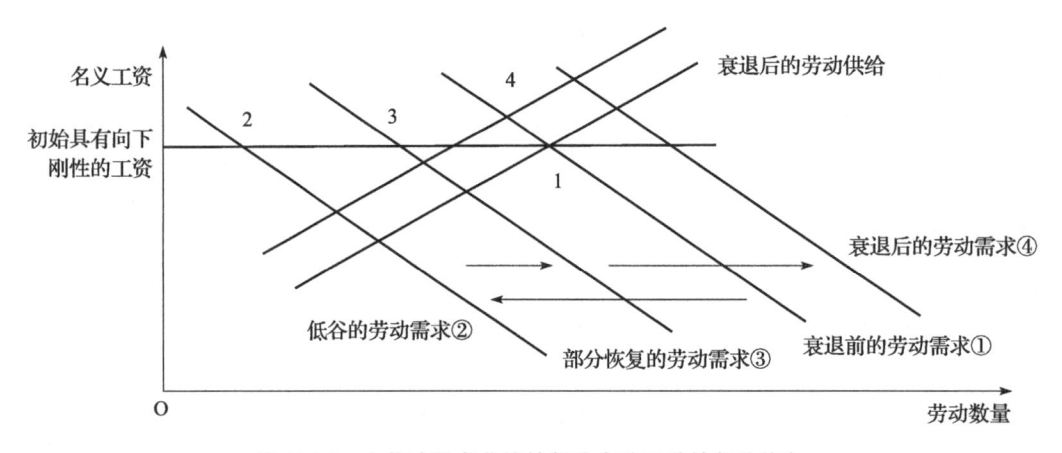

图 11-26　由劳动需求曲线的部分右移导致的部分恢复

三、短期扩张的模型

到现在为止，我们主要关注了经济衰退。同样的框架也可以用来研究经济繁荣。假设现在美国联合航空公司对其产品的市场需求感到乐观，这会导致劳动需求曲线向右移动。当很多企业对它们产品的未来需求乐观时，总的劳动需求曲线将会向右移动，如图 11-27 所示。

与之前分析劳动需求曲线左移不同，工资的向上调整不存在刚性的问题。正是因为这样，在图 11-27 中，随着劳动需求曲线的向右移动，就业量沿着一条向上的劳动供给曲线移动（而不是沿着一条水平线移动。）

在此之后关键的一步是所谓"乘数效应"。例如，如果美国联合航空公司购买更多的飞机和其他设备，那么那些飞机供应商们的劳动需求曲线将会向右移动。劳动需求的增加将会导致居民收入的增加，从而导致居民消费量增加，引起下一轮的乘数效应。由于存在这些乘数效应，劳动需求曲线将会继续移动，就像图 11-27 所表示的那样，导致经济趋向"进一步繁荣"。

经济繁荣期也有不好的一面。如果在繁荣期开始之前，经济中的就业已经接近于饱和或者产能几乎被充分利用（意味着失业率较低而且企业已经利用了大部分的产能），那么经济就没有很大的空间继续增长。如果是这样，最初导致经济繁荣的乐观情绪和其他因素很可能在某个时间逆转，这种逆转将会引起本章讨论过的劳动需求曲线的左移，这些左移将会产生负的乘数效应从而造成经济衰退，而不是让经济恢复到繁荣期开始之前的状态。

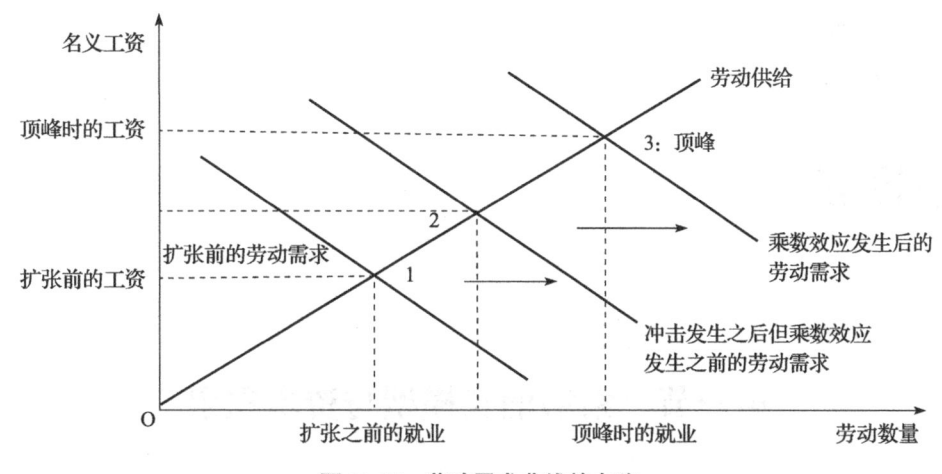

图 11-27　劳动需求曲线的右移

经济繁荣的负面效果将会给政策制定者带来最为艰难的挑战。明智的政策是试图控制经济繁荣从而限制经济繁荣最终逆转时可能的负面影响。然而，经济繁荣所带来的就业增长和失业下降会使得政策制定者更加受欢迎，这就使得这些政治家们倾向于让经济继续繁荣下去甚至使经济更加繁荣。

有关上述话题我们将在第十五章中进一步深入讨论。

第十二章 经济增长

第一节 索洛增长模型与资本积累

索洛增长模型是为了说明在一个经济中，资本存量的增长、劳动力的增长和技术进步如何在一个经济中相互作用，以及它们如何影响一国产品与服务的总产出。

一、索洛增长模型

(一) 产品的供给和需求

1. 产品的供给与生产函数

根据生产函数，产出取决于资本存量和劳动力，表达式为

$$Y = F(K, L)$$

如果生产函数对于任何正数，满足条件为

$$zY = F(zK, zL)$$

那么，生产函数就具有不变规模报酬。也就是说，如果资本和劳动变为原来的 z 倍，那么产出量也变为原来的 z 倍。索洛增长模型假设生产函数具有不变规模报酬。这个假设被认为是符合现实的。

设 $z = 1/L$，得到：

$$\frac{Y}{L} = F\left(\frac{K}{L}, 1\right)$$

这个方程表示，人均产出 Y/L 是人均资本量 K/L 的函数。这说明，在规模报酬不变的假设下，经济的总体规模——与工人人数相关——不影响人均产出和人均资本量之间的关系。

用人均值来表示所有量，这种做法十分便于分析。我们用小写字母表示人均量，因此，$y = Y/L$ 是人均产出，$k = K/L$ 是人均资本量。这样，可以把生产函数写为

$$y = f(k)$$

式中，定义 $f(k) = F(k, 1)$，如图 12-1 所示。

这一生产函数的斜率表示当给一个工人一单位额外资本时，他生产的额外产出是多少。这个量是资本的边际产量（MPK）。在数学上写为

$$MPK = f(k+1) - f(k)$$

注意在图 12-1 中，随着资本量的增加，生产函数变得越来越平坦，这表明生产函数表现出资本的边际产量递减。当 k 较低时，平均每个工人只用很少的资本进行工作，因此额外的一单位资本是很有用的，生产出大量的额外产出。当 k 较高时，平均每个工人已经拥有大量资本，因此额外的一单位资本只能使产量略微增加。

2. 产品的需求与消费函数

在索洛增长模型中，产品的需求来自消费和投资。换言之，人均产出 y 被划分为人均消费 c 和人均投资 i，表达式为

$$y=c+i$$

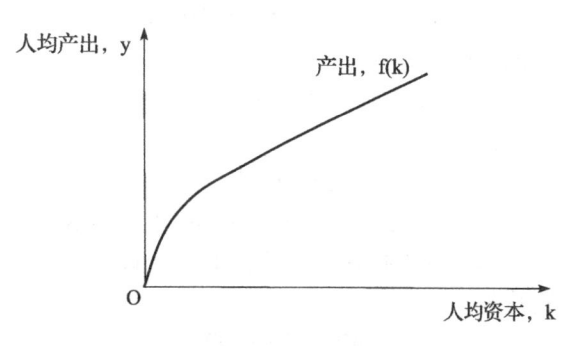

图 12-1 （人均）生产函数

这个方程是经济中国民收入核算恒等式的人均形式。注意，它忽略了政府购买和净出口。

索洛增长模型假设每年人们储蓄 s 比例的收入，消费（1−s）比例的收入为

$$c=(1-s)y$$

投资等于储蓄，即

$$i=sy$$

现在我们已经介绍了索洛增长模型中的两个主要组成部分——生产函数和消费函数，它们描述了任何一个时点上的经济。对于任何一个给定的资本存量 k，生产函数 y=f(k) 决定了经济生产多少产出，储蓄率 s 决定了产出在消费和投资之间的配置。

（二）资本存量的增长与稳定状态

在任何时刻，资本存量都是经济中产出的关键决定因素，但资本存量可以随时间而增加，从而引起经济增长。有两种力量影响资本存量：投资和折旧。投资指用于新工厂和设备的支出，它引起资本存量增加。折旧指原有资本由于老化和使用造成的磨损，它引起资本存量减少。下面我们依次考虑这两种力量。

正如我们已经指出的，人均投资 i 等于 sy。通过将 y 替代为生产函数，可以把人均投资表示为人均资本存量的函数，表达式为

$$i=sf(k)$$

这个方程把现有资本存量 k 与新资本的积累 i 联系在一起。图 12-2 显示了这种关系。该图说明，对任何一个 k 值，产出量如何由生产函数 f(k) 决定以及那些产出在消费和储蓄之间的配置如何由储蓄率 s 决定。

为了把折旧纳入本模型，假设某个比例 δ 的资本存量每年会被磨损掉，这里的 δ 称为折旧率。例如，如果资本平均使用 25 年，那么折旧率是每年 4%（δ=0.04）。每年折旧的资本量是 δk。图 12-3 说明了折旧量是如

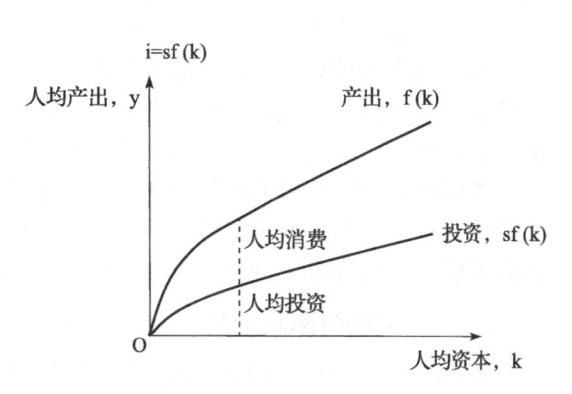

图 12-2 产出、消费和投资

何取决于资本存量的。

我们可以将投资和折旧对资本存量的影响表示为如下方程：

资本存量的变动 = 投资 – 折旧

即

$$\Delta k = i - \delta k$$

式中，Δk 为某年和下一年之间资本存量的变动。由于投资 i 等于 sf(k)，可以把这个方程写为

$$\Delta k = sf(k) - \delta k$$

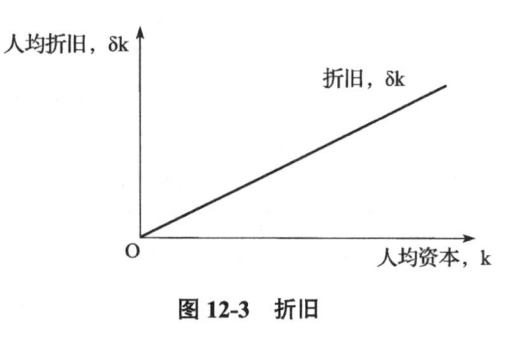

图 12-3　折旧

图 12-4 画出了资本存量 k 为不同水平时这个方程的两项——投资和折旧。资本存量越多，产出量和投资量越大；但是，资本存量越高，折旧量也越大。

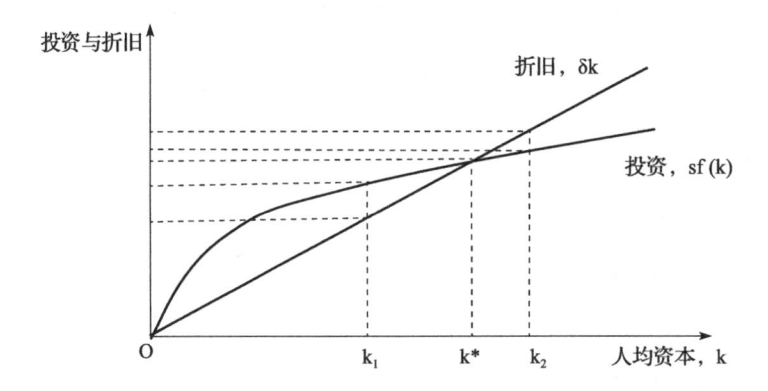

图 12-4　投资、折旧和稳态

如图 12-4 所示，存在一个单一的资本存量 k* 使得投资量等于折旧量，如果经济发现自身正处于这一资本存量水平，那么，资本存量就不会改变，因为作用于它的两种力量——投资和折旧——正好平衡了。也就是说，在 k* 点，$\Delta k=0$，因此，资本存量 k 和产出 f(k) 随时间的推移是稳定的（既不增加也不减少）。因此，我们把点 k* 称为稳态资本水平。

一个处于稳态的经济会停留在那里。此外，同样重要的是，一个处于非稳态的经济将走向稳态。也就是说，无论经济初始的资本水平如何，它最终会达到稳态资本水平。在这一意义上，稳态代表经济的长期均衡。

为了看出为什么一个经济总是最终达到稳态，假定经济的初始资本水平低于稳态，例如图 12-4 中的 k_1。在这种情况下，投资水平大于折旧量。随着时间的推移，资本存量将上升，并将与产出 f(k) 一起一直上升到稳态 k* 为止。

类似地，假定经济的初始资本水平高于稳态，例如在水平 k_2。在这种情况下，投资小于折旧：资本的磨损快于更替。资本存量将减少，又一次向稳态水平趋近。一旦资本存量达到了稳态，投资等于折旧，资本存量增加或减少的压力都不存在。

（三）储蓄如何影响增长

考虑当一个经济的储蓄率提高时所出现的情况。图 12-5 显示了这种变动。假设该经济在开始时处于稳态，储蓄率为 s_1，资本存量为 k_1^*。当储蓄率从 s_1 提高到 s_2 时，sf(k) 曲

线向上移动。在初始储蓄率 s_1 和初始资本存量 k_1^*，投资量正好与折旧量抵消。储蓄率提高后，投资立即变得更高了，但资本存量和折旧量仍然未变。因此，投资超过折旧。资本存量将逐步增加，直至经济达到新的稳态 k_2^* 之时为止。在新的稳态，资本存量和产出水平都高于原来的稳态。

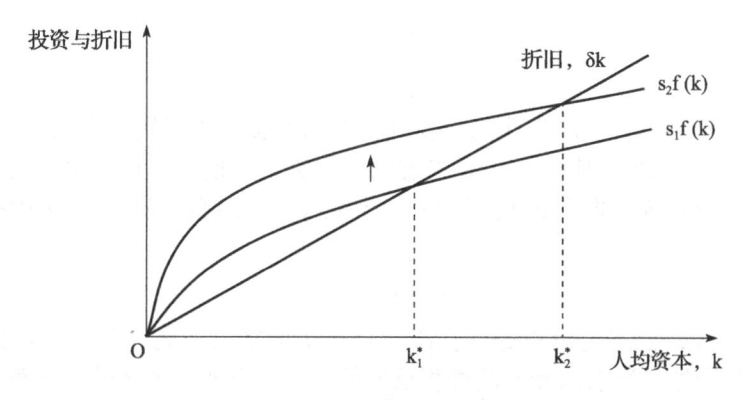

图 12-5 储蓄率的提高

索洛增长模型表明，储蓄率是稳态资本存量的关键决定因素。如果储蓄率高，经济的稳态将会有大的资本存量和高的产出水平。如果储蓄率低，经济的稳态将会有小的资本存量和低的产出水平。这个结论能够解释有关财政政策的许多讨论。如前所述，政府预算赤字会减少国民储蓄并挤出投资。现在我们可以看到，储蓄率下降的长期后果是更低的资本存量和更低的国民收入。这就是为什么许多经济学家批评持续性预算赤字的原因。

关于储蓄和经济增长之间的关系，索洛增长模型说了些什么呢？在索洛增长模型中，更高的储蓄导致更快的增长，但只是暂时性的，储蓄率的提高加快了增长，但只是在经济达到新的稳态之前。如果经济保持高储蓄率，它会保持大的资本存量和高的产出水平，但不会永远保持高经济增长率。因此，高储蓄率只具有水平效应（level effect），而只有改变稳态增长率的政策称为增长效应（growth effect）。下一节我们将讨论由技术进步带来的增长效应。

二、资本的黄金律水平

到现在为止，我们已经用索洛增长模型考察了一个经济的储蓄率和投资是如何决定其稳态资本和收入水平的。这种分析可能导致你认为更高的储蓄总是一件好事，因为它总会导致更高的收入。然而假定一国有 100% 的储蓄率，那将会导致最高的资本存量和最高的收入。但如果所有这些收入都用于储蓄，没有一点用于消费，那将会严重影响社会福利——事实上，将消费降低为零也是不可能的。

本部分使用索洛增长模型讨论从经济福利的角度来看最优的资本积累量。在本书后面部分，我们将讨论政府政策如何影响一国的储蓄率。

为了使我们的分析简单明了，假设政策制定者可以把经济的储蓄率设定在任何水平。政策制定者通过设定储蓄率来决定经济的稳态。政策制定者应该选择什么样的稳态呢？

政策制定者的目的是使组成社会的个体的福利最大化。个体本身并不关心经济中的资本量，甚至也不关心产出量。他们关心的是其可以消费的产品与服务的数量。因此，一个仁慈的政策制定者要选择消费水平最高的稳态。使消费最大化的稳态值被称为资本的黄金律水平，记为 k_{gold}^*。

我们怎么才能知道一个经济是不是处于黄金律水平呢？为了回答这个问题，我们必须首先决定稳态的人均消费，然后就可以看出哪一个稳态提供了最多的消费。

为了找到稳态的人均消费，我们从国民收入核算恒等式开始，表达式为

$$y = c + i$$

把它整理为

$$c = y - i$$

消费是产出减去投资。由于我们想找到稳态的消费，所以代入产出和投资的稳态值。稳态的人均产出是 $f(k^*)$，其中，k^* 是稳态的人均资本存量。而且，由于在稳态资本存量是不变的，所以投资等于折旧 δk^*，用 $f(k^*)$ 替代 y，并用 δk^* 替代 i，可以把稳态的人均消费写为

$$c^* = f(k^*) - \delta k^*$$

根据这个方程，稳态的消费是在扣除了稳态折旧之后所剩余的稳态产出。该方程表明，稳态资本的增加对稳态消费有两种相反的效应。一方面，更多的资本意味着更多的产出；另一方面，更多的资本也意味着更多的产出必须被用于替换损耗的资本。

图 12-6 画出了作为稳态资本存量的函数的稳态产出和稳态折旧。稳态消费是产出与折旧之差。该图表明，存在一个使消费最大化的资本存量水平——黄金律水平 k_{gold}^*。

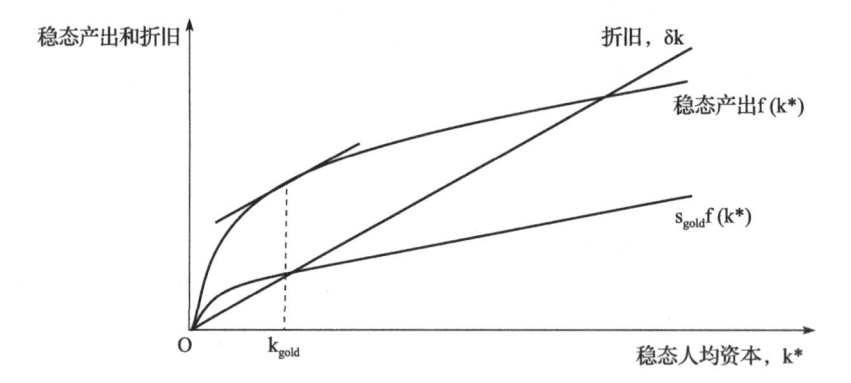

图 12-6　稳态消费

在比较稳态时，我们必须记住，更高的资本水平既影响产出又影响折旧。如果资本存量低于黄金律水平，那么，资本存量的增加所引起的产出的增加大于折旧的增加，因此消费会上升。在这种情况下，生产函数比 δk^* 线陡峭。因此，两条曲线之间的距离——等于消费——随着 k 的上升而增长。相反，如果资本存量高于黄金律水平，资本存量的增加减少了消费，这是因为产出的增加小于折旧的增加。在这种情况下，生产函数比 δk^* 线平坦，因此，两条曲线之间的距离——消费——随着 k^* 的上升而缩小。在资本的黄金律水平，生产函数和 δk^* 线的斜率相同，消费位于其最高水平。

我们现在可以得出刻画资本的黄金律水平的一个简单条件。生产函数的斜率是资本的边际产量（MPK）。δk^* 线的斜率是 δ。由于这两个斜率在 k_{gold}^* 处相等，所以，黄金律可以用下面的方程来表示，即

$$MPK = \delta$$

在资本的黄金律水平，资本的边际产量等于折旧率。

图 12-6 显示了把储蓄率设定为产生黄金律资本水平的情况下的稳态。如果储蓄率高于该图所使用的水平，稳态资本存量就太高了。如果储蓄率低于这个水平，稳态资本存量就太低了。

第二节 人口增长与技术进步

基本的索洛增长模型表明，资本积累本身并不能解释持续的经济增长：高储蓄率只能导致暂时的高增长，但经济最终达到资本与产出都保持不变的稳态。为了解释我们所观察到的世界大多数国家的持续经济增长，我们必须扩展索洛增长模型，将另外两个经济增长的源泉——人口增长和技术进步——纳入进来。

一、索洛增长模型中人口增长

现在，我们不假设人口是固定的，而是假设人口和劳动力按一个不变的速率 n 在增长。例如，美国人口每年增长 1% 左右，因此，n=0.01。这就意味着，如果某一年有 1.5 亿人在工作，那么，下一年就有 1.515 亿人（=1.01×1.5 亿）在工作，再下一年就有 1.53015 亿人（=1.01×1.515 亿）在工作，依此类推。

（一）存在人口增长的稳态

人口增长如何影响稳态呢？为了回答这个问题，我们必须讨论人口增长如何与投资和折旧一起影响人均资本积累。正如我们以前提到过的，投资增加了资本存量，折旧则减少了资本存量。但现在有第三种改变人均资本量的力量：工人数量的增加引起人均资本下降。

我们继续用小写字母表示人均数量。因此，k=K/L 是人均资本，y=Y/L 是人均产出。不过，记住工人数量随时间的推移而增长。

人均资本存量的变动为

$$\Delta k = i - (\delta + n) k$$

这一方程表明了投资、折旧和人口增长是如何影响人均资本存量的。投资使 k 增加，而折旧和人口增长使 k 减少。我们可以把 (δ+n)k 项看作定义了收支相抵的投资（break-even investment）保持人均资本存量不变所需要的投资量。收支相抵的投资包括现有资本的折旧，折旧等于 δk。它还包括为新工人提供资本所需要的投资量，这一目的所需要的投资量是 nk，因为对于每个现存工人都有 n 个新工人，而 k 是每个工人的资本量。这个方程表明，人口增长减少人均资本积累的方式，与折旧类似。折旧通过磨损使资本存量减少 k，而人口增长通过把资本存量更稀疏地分配给更多的工人而减少 k。

现在对人口增长的情形进行分析。首先，用 sf(k) 替换 i，这个方程就可以写为

$$\Delta k = sf(k) - (\delta + n) k$$

如图 12-7 所示，如果人均资本 k 是不变的，那么，经济就处于稳态。与以前一样，我们用 k* 表示稳态的 k 值。如果 k 小于 k*，投资就大于收支相抵的投资，因此 k 增加。如果 k 大于 k*，投资就小于收支相抵的投资，因此 k 减少。

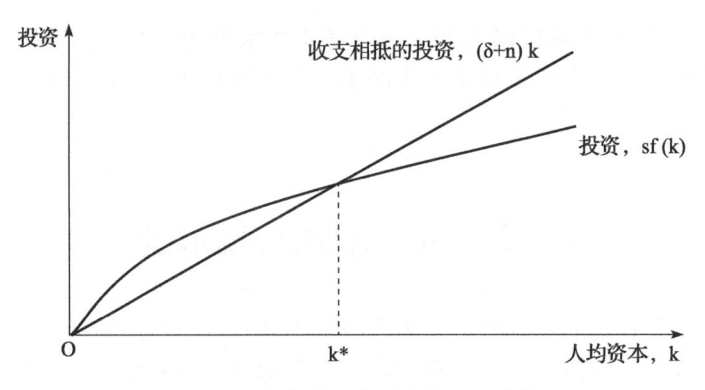

图 12-7　索洛增长模型中的人口增长

在稳态，投资对人均资本存量的正效应正好与折旧和人口增长的负效应平衡。也就是说，在 k*，有 Δk=0 和 i*=δk*+nk*。一旦经济处于稳态，投资就有两个目的。一部分投资（δk*）替代折旧的资本，其余的投资（nk*）为新工人提供稳态的资本量。

（二）人口增长的影响

人口增长在三个方面改变了基本的索洛增长模型。第一，它让我们离解释持续的经济增长更接近了。在有人口增长的稳态中，人均资本和人均产量是不变的。然而，由于工人数量以 n 的速率增长，总资本和总产出必定也以 n 的速率增长。因此，尽管人口增长不能解释生活水平的持续增长（由于稳态人均产出为常数），但它有助于解释总产出的持续增长。

第二，人口增长对为什么一些国家富有而另一些国家贫困提供了另一种解释。考虑人口增长率增加的影响。图 12-8 显示，人口增长率由 n_1 提高到 n_2 使稳态人均资本水平从 k_1^* 下降为 k_2^*。由于 k* 更低了，又由于 y*=f(k*)，人均产出水平 y* 也更低了。因此，索洛增长模型预测人口增长率更高的国家将会有更低的人均 GDP 水平。注意，与储蓄率的变动一样，人口增长率的变动对人均收入有水平效应，但不影响人均收入的稳态增长率。

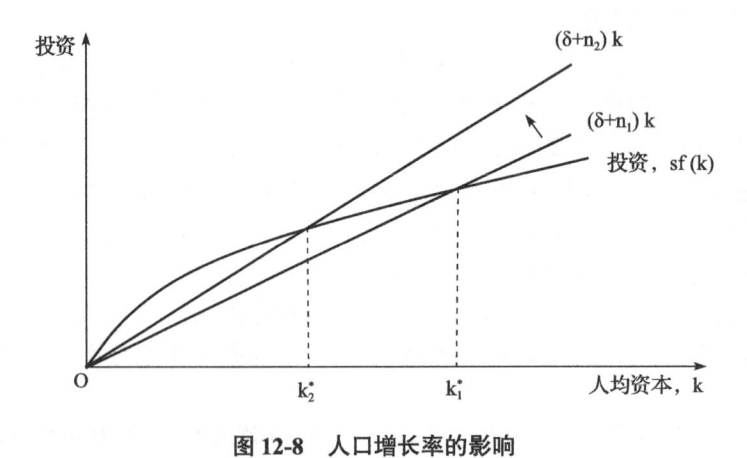

图 12-8　人口增长率的影响

最后，人口增长影响决定黄金律（消费最大化）资本水平的标准。为了看出这个标准是如何变动的，注意人均消费为

$$c=y-i$$

由于稳态的产量是 f(k*)，稳态的投资是 (δ+n)k*，可以把稳态消费表示为

$$c^* = f(k^*) - (\delta+n)k^*$$

用与以前大致相同的推理，可得出结论：使消费最大化的 k* 的水平满足，即

$$MPK = \delta + n$$

或者等价地表示为

$$MPK - n = \delta$$

在黄金律稳态，资本的边际产量减去折旧等于人口增长率。

二、索洛增长模型中的技术进步

到现在为止，我们对索洛增长模型的介绍假设资本和劳动的投入与产品和服务的产出之间的关系是不变的。然而，我们可以修改这个模型，以便包括外生的技术进步。随着时间的推移，技术进步扩大了社会的生产能力。

（一）劳动效率

为了纳入技术进步，我们必须回到把总资本 K 和总劳动 L 与总产出联系起来的生产函数。到现在为止，生产函数一直为

$$Y = F(K, L)$$

现在我们把生产函数写为

$$Y = F(K, L \times E)$$

式中，E 为称为劳动效率，劳动效率被认为反映了社会拥有的关于生产方法的知识：随着可获得的技术不断改善，劳动效率提高了，每小时工作生产了更多的产品和服务。例如，当 20 世纪早期装配线生产改变了制造业时，劳动效率提高了。当 20 世纪后期计算机化被采用时，劳动效率又一次提高了。当劳动力的健康、教育或技能得到改善时，劳动效率也提高了。

L×E 这一项可以被解释为衡量工人的有效数量（effective number of workers）。L 衡量了劳动力中工人的数量，而 L×E 衡量了工人和典型工人可用的技术，这个新生产函数是说，总产出 Y 取决于资本投入 K 和有效工人（L×E）。

这一模型化技术进步的方法的本质是，劳动效率 E 提高的作用与劳动力上的增加是类似的。例如，假定 1980—2015 年生产方法的进步使劳动效率 E 翻倍。这意味着，在 2015 年一个工人的生产率实际上相当于 1980 年两个工人的生产率。就是说，即使从 1980 年到 2015 年工人的实际数量（L）不变，工人的有效数量（L×E）翻倍了，经济从产品和服务生产的增加中受益。

关于技术进步最简单的假设是，它引起劳动效率 E 以某种不变的速率 g 增长。例如，如果 g=0.02，那么每单位劳动每年的效率提高 2%：产出增加了，就像劳动力的增加比其实际增加值还多 2% 一样。这种形式的技术进步被称为劳动改善型（labor augmenting），g 被称为劳动改善型技术进步率（labor-augmenting technological progress）。由于劳动力 L 是按 n 的速率增长，每单位劳动的效率 E 是按 g 的速率增长，所以，有效工人的数量按 (n+g) 的速率增长。

（二）有技术进步的稳态

由于技术进步在这里被模型化为劳动改善，所以它适合于本模型的方式和人口增长一样。虽然技术进步没有使工人的实际数量增加，但是，由于随着时间的推移，每个工人实

际上有了更多单位的劳动，因此，技术进步导致工人的有效数量增加。从而，我们在研究有人口增长的索洛增长模型时所使用的分析工具很容易在稍作改动后用于研究有劳动改善型技术进步的索洛增长模型。

我们首先重新考虑符号。之前，没有技术进步的时候，我们用人均数量来分析经济；现在我们推广该方法，用有效工人的人均数量来分析经济。我们现在用 k=K/(L×E) 代表有效工人的人均资本，用 y=Y/(L×E) 代表有效工人的人均产出。有了这些定义，我们可以再次写出 y=f(k)。

像以前一样，资本存量的变动 Δk 等于投资 sf(k) 减去收支相抵的投资 (δ+n+g)k。但是，现在由于 k=K/(L×E)，收支相抵的投资包括三项：为了使 k 不变，δk 是替代折旧的资本所需要的，nk 是为新工人提供资本所需要的，gk 是为技术进步所创造的新的"有效工人"提供资本所需要的。

对经济的分析步骤与我们考察人口增长时一样。表示 k 随时间变动的方程现在变为

$$\Delta k = sf(k) - (\delta + n + g)k$$

正如图 12-9 所示，纳入技术进步并没有在实质上改变我们对稳态的分析。仍然有一个用 k* 表示的 k 的水平，在这一水平，有效工人的人均资本和有效工人的人均产出保持不变。与以前一样，这一稳态代表经济的长期均衡。

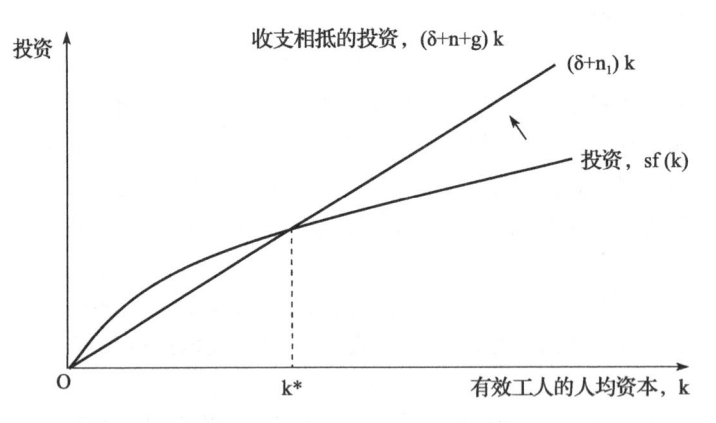

图 12-9　技术进步与索洛增长模型

（三）技术进步的影响

表 12-1 显示了在有技术进步的稳态下四个关键变量的行为是什么样的。正如我们刚刚看到的，在稳态，有效工人的人均资本 k 是不变的。由于 y=f(k)，有效工人的人均产出也是不变的，在稳态下保持稳定的正是这些有效工人的人均数量。

表 12-1　在有技术进步的索洛增长模型中的稳态增长率

变量	符号	稳态增长率
有效工人的人均资本	K=K/(E×L)	0
有效工人的人均产出	y=Y/(E×L)=f(k)	0
人均产出	Y/L=y×E	g
总产出	Y=y×(E×L)	n+g

从这一信息，我们还可以推断出不是用有效工人的人均单位表示的变量会发生什么变动，例如，考虑每个实际工人的产出 Y/L=y×E。由于 y 在稳态下是不变的，E 以速率 g 增长，因此，工人的人均产出在稳态下必定也以速率 g 增长。类似地，经济的总产出为 Y=y×(E×L)。由于 y 在稳态下不变，E 以速率 g 增长，L 以速率 n 增长，所以，总产出在稳态下以速率 (n+g) 增长。

加入了技术进步后，我们的模型终于可以解释我们所观察到的生活水平的持续提高。也就是说，我们已经证明，技术进步会导致人均产出的持续增长。与此相对，只有在达到稳态之前，高储蓄率才能导致高增长率。一旦经济处于稳态，人均产出的增长率就只取决于技术进步的速率。根据索洛增长模型，只有技术进步才能解释持续增长和生活水平的持续上升。

技术进步的引入也修改了黄金律的标准。资本的黄金律水平现在被定义为使有效工人人均消费最大化的稳态，沿用我们前面所用的同样的推理，我们可以证明，有效工人的人均稳态消费为

$$c^* = f(k^*) - (\delta + n + g)k^*$$

如果

$$MPK = \delta + n + g$$

或写为

$$MPK - \delta = n + g$$

稳态的消费就最大化了，也就是说，在黄金律资本水平，资本的净边际产量 (MPK−δ) 等于总产出增长率 (n+g)，由于现实经济既有人口增长，又有技术进步。

三、增长源泉的核算

(一) 生产要素的增加

我们首先考察生产要素的增加如何促进产出的增加。为此，我们从假设没有技术变化开始，因此，把产出 Y 与资本 K 和劳动 L 联系起来的生产函数随着时间的推移保持不变，即

$$Y = F(K, L)$$

在这种情况下，产出量的变动仅仅是由于资本量或劳动量的变动引起的。

1. 资本的增加

首先考虑资本的变动。如果资本量增加 ΔK 单位，产出量会增加多少呢？为了回答这个问题，我们需要回忆资本的边际产量 (MPK) 的定义，表达式为

$$MPK = F(K+1, L) - F(K, L)$$

资本的边际产量告诉我们，当资本增加 1 单位时，产出增加多少。因此，当资本增加 ΔK 单位时，产出的增加近似为 ΔY=MPK×ΔK。这样，我们用资本的边际产量把资本的变动转变为产出的变动。

2. 劳动的增加

接下来考虑劳动的变动。如果劳动量增加 ΔL 单位，产出增加多少？我们用上面回答关于资本的问题所使用的相同的方法来回答这个问题。劳动的边际产量 (MPL) 告诉我们，当劳动增加 1 单位时产出变动多少，即

$$MPL = F(K, L+1) - F(K, L)$$

因此，当劳动量增加 ΔL 单位时，产出的增加近似为 ΔY=MPL×ΔL。这样，我们用劳动的边际产量把劳动的变动转变为产出的变动。

3. 资本与劳动的增加

最后，让我们考虑两种生产要素都变动这种更现实的情况。假定资本量增加 ΔK 而劳动量增加 ΔL，产出的增加因此来自两个源泉：更多的资本与更多的劳动。我们可以用这两种投入的边际产量把这一增加分为这两种源泉，即

$$\Delta Y = (MPK \times \Delta K) + (MPL \times \Delta L)$$

第一个括号中的项是资本增加所导致的产出增加，第二个括号中的项是劳动增加所导致的产出增加。这个方程向我们显示了如何把增长归因于每一种生产要素。

现在我们想把最后一个方程变成更加容易解释的形式，并运用于可获得的数据。首先，通过一些代数整理，这个方程变为

$$\frac{\Delta Y}{Y} = \left(\frac{MPK \times K}{Y}\right) \times \frac{\Delta K}{K} + \left(\frac{MPL \times L}{Y}\right) \times \frac{\Delta L}{L}$$

这一形式的方程把产出增长率 ΔY/Y 与资本增长率 ΔK/K 和劳动增长率 ΔL/L 联系在一起了。

接下来，我们需要找出某种方法来衡量最后一个方程里两个括号中的项。在本书前面部分，我们证明了资本的边际产量等于其实际租赁价格。因此，MPK×K 是资本的总收益，(MPK×K)/Y 是资本在产出中的份额。类似地，劳动的边际产量等于实际工资。因此，MPL×L 是劳动得到的总报酬，而（MPL×L）/Y 是劳动在产出中的份额。在生产函数为规模报酬不变的假设下，欧拉定理告诉我们，这两个份额之和为 1。在这种情况下，我们可以写出：

$$\frac{\Delta Y}{Y} = \alpha \frac{\Delta K}{K} + (1-\alpha) \frac{\Delta L}{L}$$

式中，α 为资本的份额；而（1−α）为劳动的份额。

最后这个方程给了我们一个简单的公式来表示投入的变动如何导致产出的变动。特别地，该方程显示我们必须用要素的份额作为投入增长率的权重。在美国，资本的份额约为 30%，即 α=0.30。因此，资本量增加 10%（ΔK/K=0.10）使产出增加 3%（ΔY/Y=0.03）。类似地，劳动量增加 10%（ΔL/L=0.10）使产出增加 7%（ΔY/Y=0.07）。

（二）技术进步

在迄今为止对增长源泉的分析中，我们一直假设生产函数不随时间变动。当然，在实践中，技术进步改善了生产函数。对于任何给定的投入量，我们现在能够生产比过去更多的产出。现在我们把分析扩展到包括技术进步。

我们通过把生产函数写为如下形式来包括技术变动的影响，即

$$Y = AF(K, L)$$

式中，A 为当前技术水平的衡量指标，被称为全要素生产率（total factor productivity）。现在产出增加不仅是由于资本和劳动增加，而且还是由于全要素生产率的提高。如果全要素生产率提高 1% 而投入保持不变，那么产出也增加 1%。

将技术变动包括进来使我们的经济增长核算方程增加了一项，即

$$\frac{\Delta Y}{Y} = \alpha \frac{\Delta K}{K} + (1-\alpha) \frac{\Delta L}{L} + \frac{\Delta A}{A}$$

产出增长 = 资本的贡献 + 劳动的贡献 + 全要素生产率的增长

这是增长核算的关键方程。它确定了并且让我们可以衡量增长的三个源泉：资本量的变动、劳动量的变动和全要素生产率的变动。

由于全要素生产率无法直接观察到，所以要间接地衡量。我们有产出、资本和劳动增长的数据；我们也有资本在产出中所占份额的数据。根据这些数据和增长核算方程，我们可以计算全要素生产率的增长，表达式为

$$\frac{\Delta A}{A} = \frac{\Delta Y}{Y} - \alpha \frac{\Delta K}{K} - (1-\alpha)\frac{\Delta L}{L}$$

$\Delta A/A$ 是不能用投入变动解释的产出变动。因此，全要素生产率的增长是作为一个余量计算出来的——也就是说，作为我们考虑了可以直接衡量的增长决定因素后剩余的产出增长量。确实，$\Delta A/A$ 有时被称为索洛剩余（solow residual），以第一个说明如何计算这个量的经济学家罗伯特·索洛的名字命名。

全要素生产率可能由于许多原因而变动。产出变动最经常的原因是有关生产方法的知识的增加，因此索洛剩余也常常作为技术进步的衡量指标。但其他因素，如教育和政府管制，也会影响全要素生产率。例如，如果更高的公共支出提高了教育质量，那么，工人的生产率就会变得更高，产出会增加，这就意味着更高的全要素生产率。

第三节 增长理论、经验与政策

到现在为止，我们已经把外生的技术进步引进索洛增长模型来解释生活水平的持续增长。现在讨论当我们要求这个理论面对现实时会发生什么。

一、平衡的增长

根据索洛增长模型，在稳态，技术进步引起许多变量在稳态的数值一起上升。这一性质被称为平衡的增长（balanced growth）。

首先考虑人均产出 Y/L 和人均资本存量 K/L。根据索洛增长模型，在稳态，这两个变量都以技术进步的速率 g 增长。过去半个世纪的美国数据显示人均产出和人均资本存量实际上都以大体相同的速率增长大约每年 2%。换言之，资本－产出比率随着时间的推移一直保持大体不变。

技术进步也影响要素价格。可以证明，在稳态，实际工资以技术进步的速率增长。然而，资本的实际租赁价格随着时间的推移是不变的。美国经济增长的数据表明这些预测是正确的。在过去的 50 年间，实际工资每年增长约 2%；其增长速率与人均实际 GDP 大体相同，而（以实际资本收入除以资本存量来衡量的）资本的实际租赁价格大致保持不变。

二、趋同

世界各国的生活水平有着很大区别。世界上穷国人均收入的平均水平不到世界上富国平均水平的 1/10。收入的这些差别反映在生活质量的几乎各项指标上，从电视机、手机和互联网访问的普及程度到洁净水的可得性、婴儿死亡率和预期寿命。

关于经济体是否随着时间推移相互趋同的问题的研究已经有许多了。特别地，开始时

贫穷的经济体是否比开始时富裕的经济体增长得更快？如果是这样，那么世界上贫穷的经济体将趋向于赶上世界上富裕的经济体。这种"赶上"的性质被称为趋同（convergence）。如果没有趋同，那么开始时落后的国家可能会保持贫穷。

索洛增长模型对趋同应该在何时发生做出了清楚的预测。根据该模型，两个经济体是否趋同取决于它们最初为什么是不同的。一方面，假定两个经济体由于历史偶然性开始时有着不同的资本存量，但是它们有着由它们的储蓄率、人口增长率和劳动效率所决定的相同的稳态。在这种情况下，我们应该预期两个经济体将趋同；在到达稳态的过程中，有着更少的资本存量的更穷经济体自然将增长得更快。另一方面，如果两个经济体有着不同的稳态（也许是由于这些经济体有着不同的储蓄率），那么我们就不应当预期它们会趋同。相反，每个经济体将达到各自的稳态。

实证数据与上述理论分析是一致的。在有着类似文化和政策的经济体样本中，研究发现，各经济体以每年约 2% 的速率相互趋同，也就是说，富裕与贫穷的经济体之间的差距每年缩小约 2%。一个例子是美国单个州的经济体。由于历史原因，如 19 世纪 60 年代的南北战争，19 世纪末各州的收入水平差别很大。然而这些差别随着时间的推移已经缓慢地消失了。在那些州的经济体有不同的起点但趋向于一个共同的稳态这一假设下，上述趋同就可以用索洛增长模型来解释了。

在国际数据中则出现了更为复杂的情形，对各国人均收入的数据进行考察时，没有发现多少趋同的证据：开始时贫穷的国家平均而言并不比开始时富裕的国家增长得快。这一发现暗示不同国家有着不同的稳态。如果使用统计技术控制稳态的一些决定因素，例如储蓄率、人口增长率和人力资本的积累（教育），那么数据显示了速率约为每年 2% 的趋同。换言之，世界上的各经济体显示出有条件的趋同（conditional convergence）：它们看起来向各自的稳态趋同，其稳态又由储蓄、人口增长和人力资本等变量决定。

三、要素积累与生产效率

作为一个核算问题，人均收入的国际差别可以被归因于生产要素的差别，例如实物和人力资本数量的差别，或者各经济体使用其生产要素的效率的差别。也就是说，一个穷国的工人之所以贫穷，可能是由于他缺乏工具和技能，或者是由于他拥有的工具和技能没有得到最好的使用。这个议题用索洛增长模型来描述的话，就是这样一个问题：要解释富国与穷国之间的巨大差距，究竟是用①资本积累（包括人力资本）的差别还是②生产函数的差别？

许多研究尝试估算收入差距的这两个源泉的相对重要性。不同研究得到的确切答案各不相同，但要素积累和生产效率看来都是重要的。而且，一个共同的发现是它们是正相关的：有着高的实物和人力资本水平的国家也倾向于有效率地使用这些要素。

有几种方式来解释这一正相关，一种假说是，一个有效率的经济可能鼓励资本积累。例如，在运行良好的经济中的人可能有更多的资源和激励待在学校积累人力资本。另一种假说是，资本积累可能引致更高的效率。如果存在对实物和人力资本的正的外部性，那么储蓄和投资更多的国家看来会有更好的生产函数（除非这些研究解释了这些外部性，但这一点是很难做到的），因此，更高的生产效率可能引起更高的要素积累，或者更高的要素积累也可能引起更高的生产效率。

最后一个假说是，要素积累与生产效率都受共同的第三个变量驱动。也许共同的第三个变量是一国制度的质量，包括政府的政策制定过程。

四、促进增长的政策

到现在为止我们已经使用了索洛增长模型来揭示经济增长的不同源泉之间的理论关系，已经讨论了描述实际增长经验的一些经验研究。现在，我们可以用理论和证据来指导我们思考经济政策。

（一）对储蓄率的评价

根据索洛增长模型，一国储蓄和投资多少是该国公民生活水平的一个关键决定因素。一个典型的例子是：美国经济的储蓄率是太低、太高还是大体合适？

正如我们已经看到的，储蓄率决定了稳态的资本和产出水平。一个特定的储蓄率产生了黄金律稳态，该稳态使人均消费最大化，从而使经济福利最大化。黄金律为我们提供了一个可以用来与美国经济相比较的基准。

为了确定美国经济处于、高于还是低于黄金律稳态，我们需要比较减去折旧后的资本的边际产量（MPK−δ）与总产出增长率（n+g）。如前所述，在黄金律稳态，MPK−δ=n+g。如果经济现在运行所使用的资本小于黄金律稳态，那么，边际产量递减就告诉我们，MPK−δ>n+g。在这种情况下，提高储蓄率将增加资本积累和加快经济增长，最终达到有更高消费的稳态（尽管在向新的稳态过渡的部分时间里消费会降低）。另一方面，如果经济拥有的资本多于黄金律稳态，那么，MPK−δ<n+g。在这种情况下，资本积累过多；降低储蓄率将导致消费增加，并在长期也导致更高的消费。

为了对现实经济，如美国经济，进行这种比较，我们需要估计产出的增长率（n+g）和资本的净边际产量（MPK−δ）。按新冠肺炎疫情和金融危机之前的数据，美国的实际GDP平均每年增长3%左右，因此，n+g=0.03。我们可以根据以下三个事实来估算资本的净边际产量：

①资本存量为一年 GDP 的 2.5 倍左右，即 k=2.5y；
②资本折旧约为 GDP 的 10%，即 δk=0.1y；
③资本收入约为 GDP 的 30%，即 MPK×k=0.3y。

通过以上方程解出折旧率 δ 和资本边际产量 MPK，可得：

$$\Delta k/k = (0.1y)/(2.5y)$$
$$\delta = 0.04$$
$$(MPK \times k)/k = (0.3y)/(2.5y)$$
$$MPK = 0.12$$

因此，每年资本存量的折旧为 4% 左右，资本的边际产量为每年 12% 左右。资本的净边际产量，即 MPK−δ，为每年 8% 左右。

现在我们可以看到，资本的回报（MPK−δ=每年8%）大大高于经济的平均增长率（n+g=每年3%）。这个事实与我们以前的分析相结合就表明美国经济的资本存量大大低于黄金律水平。换言之，如果美国把其收入的更大比例用于储蓄和投资，它会更迅速地增长，并最终达到有着更高消费的稳态。

（二）改变储蓄率

前面的计算表明，要使美国经济向黄金律稳态移动，政策制定者应该实行鼓励国民储蓄的政策。但是，政府怎样才能做到这一点呢？如前所述，作为一个简单的核算问题，更高的国民储蓄意味着更高的公共储蓄、更高的私人储蓄或者两者的某种结合。许多关于促进增长的政策争论的核心是这些选项中哪一种可能是最有效率的。

政府影响国民储蓄最直接的方式是通过公共储蓄——政府所得到的税收收入和它的支出之间的差额。当政府支出大于其收入时，政府有预算赤字（budget deficit），这代表负的公共储蓄。如前所述，预算赤字提高了利率，并挤出了投资；所引起的资本存量的减少是加在子孙后代身上的国债负担的一部分。反过来，如果政府支出小于其收入，政府有预算盈余（budget surplus），可以用于偿还部分国债和刺激投资。

政府还可以通过影响私人储蓄——家庭和企业所进行的储蓄——来影响国民储蓄。特别地，人们决定储蓄多少取决于他们所面临的激励，而这些激励可以被多种公共政策改变。许多经济学家认为，对资本的高税率，包括公司所得税、联邦所得税、房地产税以及许多州的所得税和房地产税，通过降低储蓄者所赚取的回报率抑制了私人储蓄。另一方面，像免税退休金账户，其设计的目的就是为了通过给予储蓄在这些账户中的收入以优惠待遇来鼓励私人储蓄。

关于公共政策的许多分歧的根源在于人们对私人储蓄会在多大程度上对激励做出反应持有不同的观点。例如，假定政府增加免税的退休金账户可存入金额，人们对这一激励做出的反应是储蓄更多吗？或者，人们仅仅是把以其他形式进行的储蓄转入这些账户——减少了税收收入，从而减少了公共储蓄，而对私人储蓄没有任何刺激？政策的合意性取决于对这些问题的答案。遗憾的是，尽管关于这一问题有许多研究，但并没有形成共识。

（三）配置经济的投资

索洛增长模型做出了一个简单化的假设：只存在一种类型的资本。当然，在世界上存在许多类型的资本，私人企业既投资于传统类型的资本，例如推土机和钢铁厂，也投资于更为新型的资本，例如电脑和机器人。政府投资于称为基础设施（infrastructure）的各种形式的公共资本，例如道路、桥梁和城市排水系统。

此外，还有人力资本（human capital）——民众从包括早期儿童教育项目到劳动力中成年人的在职培训等教育中所获得的知识和技能。尽管索洛增长模型中的资本变量通常被解释为仅仅包括实物资本，但人力资本在许多方面与实物资本类似。与实物资本一样，人力资本提高了我们生产产品与服务的能力。提高人力资本水平需要以教师、图书馆和学生学习时间为形式的投资。关于经济增长的研究强调，在解释生活水平的国际差别上，人力资本至少与实物资本同样重要，模型化这一事实的一种方法是更广泛地定义我们称为"资本"的变量，使其既包括人力资本也包括实物资本。

想要促进经济增长的政策制定者必定会遇到经济最需要哪些种类的资本的问题，换言之，哪些种类的资本产生了最高的边际产量？在很大程度上，政策制定者可以依靠市场把储蓄配置给不同类型的投资，资本的边际产量最高的那些行业自然最愿意按市场利率为新投资筹资。许多经济学家主张，政府应该只是为不同类型资本创造一种"公平竞争环境"，例如，通过确保税收体系公平地对待所有形式的资本，然后政府可以依靠市场来有效地配置资本。

另一些经济学家建议，政府应该积极地鼓励某种特定形式的资本。例如，假定技术进步是作为某些经济活动的副产品出现的，如果在增加资本的过程中发明了新的改进了的生产流程［这种现象被称为干中学（learning by doing）］，并且如果这些思想成为社会知识体系的一部分，那么，这种情况就会出现。这种副产品被称为技术的外部性（technological externality），或者称为知识溢出（knowledge spillover）。存在这种外部性时，资本的社会回报大于私人回报，资本积累增加对社会的好处比索洛增长模型所认为的更大。此外，某些类型的资本积累产生的外部性可能大于其他类型的资本。例如，如果安装机器人产生的技术外部性大于建一个新钢铁厂，那么，也许政府就应该用税法来鼓励对机器人的投资。为实施有效产业政策，要求政府能够精确衡量不同经济活动的外部性，从而能对每种活动给予正确的激励。

然而，一部分经济学家对产业政策持怀疑态度，这有两个原因。第一，衡量不同部门的外部性实际上是不可能做到的。如果政策是基于糟糕的衡量而做出的，那么，它的效果有可能是接近于随机的，从而比根本没有政策还糟。第二，政策过程远非完善。一旦政府开始用补贴和税收优惠来奖励某些行业，那么，这种奖励基于政治影响力与基于外部性就具有同等可能性。

一种必然涉及政府的资本类型是公共资本。在美国表现为，地方、州和联邦政府总是要决定是否和何时通过借贷来为新的公路、桥梁和公共交通系统筹集资金。2009年，巴拉克·奥巴马的首批经济提案之一是增加对这类基础设施的投资。这项政策的动机是部分地增加短期总需求（在本书后面将要介绍）和部分地提供公共资本与提高长期经济增长这一意愿。这一政策得到了一些经济学家的支持，也受到了其他一些经济学家的批评。但所有经济学家都同意，衡量公共资本的边际产量是困难的。私人资本给拥有这种资本的企业带来的利润率易于衡量，而公共资本的好处是更为分散的。此外，私人投资是投资者花费自己的资金，而公共资本的资源配置涉及政治过程和纳税人的资金。

（四）建立适当的体制

如我们此前所讨论的，研究生活水平的国际差异的经济学家把这些差异部分归因于实物资本和人力资本的投入差别，部分归因于使用这些投入的生产率。各国生产效率水平不同的一个原因是指导稀缺资源配置的体制不同。创建适当的体制对保证资源配置于最佳用途是至关重要的。

即使在资本主义国家中，也存在重要但又微妙的制度差别。一国的法律传统就是例子。一些国家，例如美国、澳大利亚、印度和新加坡，是英国的前殖民地，有着英式的普通法法系，其他国家，例如意大利、西班牙和大多数拉丁美洲国家，有从法国《拿破仑法典》发展出来的法律传统。研究发现，英式法律体系比法式法律体系对股东和债权人的法律保护更强，因此，英式国家的资本市场得到了更好的发展。有着更发达的资本市场的国家又经历了更快的增长，因为小公司和初创公司可以更容易地为其投资项目筹集资金，导致该国资本的更有效配置。

国家之间的另一个重要的制度差别是政府的质量和政府官员的正直。理想情况是，政府应当通过保护产权、强制执行合同、促进竞争、起诉欺诈等方式对市场体系施以"援手"。然而少数国家政府有时背离这一理想，其行为更像"巧取豪夺"，它们使用国家权威以广大民众的利益为代价使少数有权势的个人致富。经验研究显示了一国腐败的程度确实是阻碍经济增长的一个重要决定因素。

18世纪伟大的经济学家亚当·斯密清楚地认识到了制度在经济增长中的作用。他曾经写道："除了和平、轻税和过得去的执法，使一国从最原始的状态发展到最富裕的状态几乎不需要其他东西，所有其他东西就自然而然都有了"。

（五）鼓励技术进步

索洛增长模型表明，人均收入的持续增长必定来自技术进步。然而，索洛增长模型把技术进步视为外生的，没有对它做出解释。遗憾的是，技术进步的决定因素没有得到很好的理解。

尽管理解有限，许多公共政策仍然被设计出来以鼓励技术进步。这些政策中的大多数鼓励私人部门把资源用于技术创新。例如，专利制度给新产品发明者以暂时的垄断地位；税法为进行研究与开发的企业提供税收优惠；还有像国家科学基金委员会这样的政府机构直接资助大学里的基础研究。此外，正如以上所讨论的，产业政策的支持者主张，对于那些对迅速的技术进步至关重要的特定行业，政府应该在促进这些行业的发展中起到更积极的作用。

近年来，对技术进步的鼓励开始显现出国际维度。许多从事推动技术的研究公司位于发达国家，一些发展中国家存在通过不严格保护知识产权从而搭这些研究的便车的激励。有些发展中国家也已经承诺加强对知识产权的保护。如果知识产权在全世界得到更好的保护，那么，企业将有更多的激励从事研究，这将促进世界范围的技术进步。

第四节 内生增长理论

一、基本模型

我们从一个特别简单的生产函数开始

$$Y = AK$$

式中，Y 为产出；K 为资本存量；A 为衡量每一单位资本所生产的产出数量的常数。注意，这个生产函数并没有表现出资本收益递减的性质。无论资本量有多少，额外的一单位资本生产 A 单位额外的产出，不存在资本收益递减是这个内生增长模型和索洛增长模型之间的关键差别。

与以前一样，我们假设比例为 s 的收入用于储蓄和投资。因此，我们用来描述资本积累的方程与以前所用的方程相似，表达式为

$$\Delta K = sY - \delta K$$

这个方程是说，资本存量的变动（ΔK）等于投资（sY）减折旧（δK）。把这个方程与生产函数 Y=AK 结合在一起，稍作调整之后得到：

$$\Delta Y / Y = \Delta K / K = sA - \delta$$

这个方程表明是什么决定了产出增长率 ΔY/Y。注意，只要 sA>δ，即使没有外生技术进步的假设，经济的收入也会永远增长下去。

因此，生产函数的一个简单变化就可以显著地改变对经济增长的预测。在索洛增长模型中，储蓄暂时性地导致增长，但资本收益递减最终迫使经济达到稳态，而稳态增长只取决于外生技术进步。相反，在这个内生增长模型中，储蓄和投资可以导致持续增长。

但放弃资本收益递减的假设是合理的吗？答案取决于我们如何解释生产函数 Y=AK 中的变量 K。如果我们接受 K 只包括经济中的工厂与设备存量的传统观点，那么假设收益递减就是自然而然的。给一个工人配 10 台电脑并不会使该工人的生产率达到只有 1 台电脑时的 10 倍。

然而，内生增长理论的支持者认为，如果对 K 做出更广义的解释，那么，资本收益不变（而不是收益递减）的假设就更合意，也许把知识看作一种资本是支持这个内生增长模型的最佳理由。显然，知识是经济中生产——无论是产品与服务的生产还是新知识的生产——的一种重要投入。然而，与其他形式的资本相比，假设知识表现出收益递减的性质

就不那么自然了。（确实，过去几百年来科学与技术创新的不断加速，使一些经济学家认为存在知识的收益递增。）如果我们接受知识是一种类型的资本这一观点，那么，这个假设资本收益不变的内生增长模型就更合理地描述了长期经济增长。

二、两部门模型

虽然 Y=AK 模型是内生增长最简单的例子，但内生增长理论已经远远超越了这个模型。一种研究方法是力图建立有一个以上生产部门的模型，以便对支配技术进步的力量提供更好的描述。为了说明我们可能从这种模型中学到什么，下面概述一个例子。

经济有两个部门，我们可以把它们称为制造业企业和研究型大学。企业生产产品与服务，这些产品与服务用于消费和实物资本投资。大学生产一种被称为"知识"的生产要素，随后这种生产要素在两个部门免费使用。这个经济由企业的生产函数、大学的生产函数以及资本积累方程来描述：

$Y=F[K, (1-u)LE]$ ………………… 制造业企业的生产函数
$\Delta E=g(u)E$ …………………………… 研究型大学的生产函数
$\Delta K=sY-\delta K$ ……………………… 资本的积累

式中，u 为大学的劳动力比例（1−u 为制造业的劳动力比例）；E 为知识存量（它又决定了劳动效率）；g 为表明知识增长如何取决于大学的劳动力比例的函数。其他符号都是标准符号，和往常一样，制造业企业的生产函数被假设为规模报酬不变：如果我们使制造业的实物资本量（K）和工人的有效数量 [(1−u)LE] 翻倍，那么，产品与服务的产出（Y）也翻倍。

这个模型与 Y=AK 模型类似。最重要的是，只要把资本广义地定义为包括知识在内，这个经济就表现出资本收益不变（而不是递减）的性质。特别地，如果我们把实物资本 K 和知识 E 都翻倍，那么，这个经济中两个部门的产出就都翻倍。因此，与 Y=AK 模型一样，这个模型也可以在没有生产函数的外生移动的假设下产生持续增长。在这里，持续增长是内生产生的，因为大学里的知识创造永远不会放慢。

然而，这个模型同时也与索洛增长模型类似。如果大学的劳动力比例 u 保持不变，那么，劳动效率 E 就按不变的比率 g(u) 增长。这个劳动效率以不变的速率 g 增长的结果正是有技术进步的索洛增长模型所做的假设，而且，这个模型的其余部分——制造业生产函数和资本积累方程——也与索洛增长模型的其余部分类似。结果，对任何一个给定的 u 值，这个内生增长模型的运行都跟索洛增长模型一样。

在这个模型中有两个关键的决策变量。正如在索洛增长模型中一样，用于储蓄和投资的产出比例决定了稳态的实物资本存量。此外，大学中劳动力的比例 u 决定了知识存量的增长。尽管只有 u 影响稳态的收入增长率，但 s 和 u 都影响收入水平。因此，这个内生增长模型在说明哪些社会决策决定技术变化的速率这个方向迈出了一小步。

三、研究与开发的微观经济学

刚刚介绍的两部门内生增长模型使我们离理解技术进步更加接近了，但它仍然只讲述了有关知识创造的一个初步的故事，如果我们考虑一下研究与开发的过程，哪怕只是考虑很短的时间，那么，有三个事实是显而易见的。第一，尽管知识主要是一种公共产品（即每个人都可以免费得到的产品），但有许多研究是在利润动机驱动的企业中进行的。第二，研究之所以有利可图，是因为创新能给予企业暂时的垄断地位，这或者是由于专利制度，

或者是由于用一种新产品进入市场的第一家企业具有优势。第三，当一家企业进行创新时，其他企业以这种创新为基础去进行下一代创新。要把这些（本质上是微观经济的）事实与迄今为止我们所讨论的（本质上是宏观经济的）增长模型联系起来并不容易。

一些内生增长模型试图把这些有关研究与开发的事实纳入进来。这样做要求模型化企业在从事研究时所面临的决策和对本企业的创新有某种垄断力量的企业之间的相互作用。对这些模型更加详细的探讨超出了本书的范围，但是，有一点应该是显而易见的：这些内生增长模型的一个优点是，它们对技术创新过程提供了更为全面的阐述。

这些模型希望讨论的一个问题是，从整个社会的角度看，追求利润最大化的私人企业所进行的研究是太少还是太多了？换言之，研究的社会收益（这是社会所关心的）是大于还是小于私人收益（这是个体企业所关心的）？结果，作为一个理论问题，存在两个方向的效应。一方面，当一家企业创造了一种新技术时，它通过给其他企业的未来研究提供一个可以依靠的知识基础而使这些企业的境况变好。正如艾萨克·牛顿的名言所说："如果说我比其他人看得更远，那是因为我站在了巨人的肩膀上。"另一方面，当一家企业投资于研究时，如果它除了首先发现了另一家企业本来在适当的时候也会发明的技术之外没有做出更多的贡献，那么，它也能使其他企业的境况变坏。这种研究努力的重复被称为"踩踏"效应。企业自行决定从事的研究是太少还是太多，取决于是正的"站在肩膀上"的外部性还是负的"踩踏"的外部性更为普遍。

尽管理论自身对研究努力多于还是少于最优的看法是含糊不清的，但这一领域内的经验研究通常并不是这么含糊不清。许多研究表明，"站在肩膀上"的外部性是重要的。因此，研究的社会收益高——常常超过每年40%，这是一个令人印象深刻的收益率，特别是与实物资本的收益——我们以前得到的估算值为每年8%左右——相比而言。根据一些经济学家的判断，这一发现证明了政府大量补贴研究的正确性。

四、创造性毁灭的过程

经济学家约瑟夫·熊彼特（Joseph Schumpeter）在他1942年的著作《资本主义、社会主义与民主》中提出，经济进步是通过一个创造性毁灭（creative destruction）过程来实现的。熊彼特认为，进步背后的驱动力是那些拥有新产品、生产旧产品的新方法或某种其他创新等创意的企业家。当企业家的企业进入市场时，它对其创新拥有某种程度的垄断力量；确实，正是垄断利润的前景推动企业家进行创新。新企业的进入对消费者是有益的，消费者现在的选择范围更宽了，但是对现存的生产者常常是不利的，他们可能发现难以与新进入者竞争。如果新产品比旧产品好得足够多，现存企业甚至可能被逐出市场。随着时间的推移，这一过程不断地自我重复。企业家的企业变成了现存企业，享受着高利润，直至它的产品被拥有下一代创新的另一个企业家的产品所替代。

历史确认了熊彼特关于技术进步中既有赢家也有输家的论点。例如，在19世纪初的英国，一项重要的创新就是能够用低成本的非技术工人生产纺织品的机器的创新和推广。这一技术进步对消费者是有益的，消费者的穿着更便宜了。然而，英国纺织业的技术工人看到自己的工作受到了新技术的威胁，他们砸烂了毛纺厂和棉纺厂使用的纺织机，烧毁了企业主家的房屋（一种不那么具有创造性的破坏）。

创造性毁灭的一个更近的例子涉及零售巨头沃尔玛。尽管零售可能看起来像是一种相对静态的活动，实际上它是一个在过去几十年中技术进步率相当可观的部门。例如，通过更好的存货控制、市场营销和人事管理技术，沃尔玛发现了以比传统零售商更低的成本把商品提供给消费者的方法。这些变化使消费者和沃尔玛的股东受益，前者可以用更低的价格购物，后者可以分享沃尔玛的盈利能力。但是这些变化对小的夫妻店有不利影响，当沃尔玛在附近开店时，这些小店很难与之竞争。

面临成为创造性毁灭的牺牲品这样一种前景，现存生产者常常求助于政治程序来阻止新的更有效率的竞争者进入。最初的卢德派要求英国政府通过限制新的纺织技术的推广来拯救他们的工作；议会反而派军队镇压卢德派暴乱。类似地，近年来，地方零售商有时试图利用本地土地使用的管制来阻止沃尔玛进入本地市场。然而，这些进入限制的成本减缓了技术进步的步伐。在进入管制比美国更严格的欧洲，经济中没有出现像沃尔玛那样的零售巨头，因此，零售业的生产率增长要低得多。

熊彼特关于资本主义经济如何运作的见解作为经济史上的一个主题有其功绩。而且，这一见解还激发了经济增长理论的一些近期研究。以经济学家菲利普·阿洪和彼得·豪伊特为先驱的一种内生增长理论研究方法就是以熊彼特的观点为基础，把技术进步作为一项企业家创新和创造性毁灭的过程来将其模型化。

第十三章
CHAPTER 13

IS-LM 模型的应用及实证

第一节 IS 曲线

一、IS 曲线的推导

(一) 原理

简单收入-支出模型（凯恩斯交叉图）说明了家庭、企业和政府的支出计划如何决定国民收入。但它作了若干简化假设，其中之一是假设计划投资水平 I 固定不变。

上一章的可贷资金市场模型中，我们假定计划投资水平是实际利率的函数，并考察了其对长期均衡的影响。我们继续这一假设，即

$$I = I(r)$$

由于利率是为投资项目融资而借贷的成本，利率的上升降低了计划投资。为了确定当利率变动时收入如何变动，我们可以把投资函数与凯恩斯交叉图结合起来。由于投资与利率呈负相关，利率从 r_1 上升到 r_2 使投资量从 $I(r_1)$ 减少到 $I(r_2)$。计划投资的减少又使计划支出函数向下移动，如图 13-1（b）所示。计划支出函数的移动使收入水平由 Y_1 下降到 Y_2。因此，利率的上升减少了收入。

图 13-1（c）所表示的 IS 曲线概括了利率和收入水平之间的上述关系。由于利率上升引起计划投资下降，计划投资的下降又引起均衡收入的下降，所以 IS 曲线向右下方倾斜。

(二) 代数推导

1. 投资函数

简单起见，我们将投资函数写为线性形式，即

$$I = \bar{I} - bi \tag{13-1}$$

其中，i 是利率；系数 b 度量投资支出对利率的反应程度；$\bar{I}$ 现在表示自主性投资支出，即不取决于收入与利率的投资支出。

投资曲线的位置取决于斜率，即方程（13-1）中的 b。如果投资对利率的反应大，利率稍微下降一些就将引起投资的大量增加，投资曲线就几乎是水平的。反之，如果投资对利率的反应小，投资曲线更接近于垂直的。自主性投资支出 I 变动，使得投资曲线移动。$\bar{I}$ 增加，表明在每一个利率水平上，厂商都计划较高的投资率，这将表示为投资曲线向右移动。

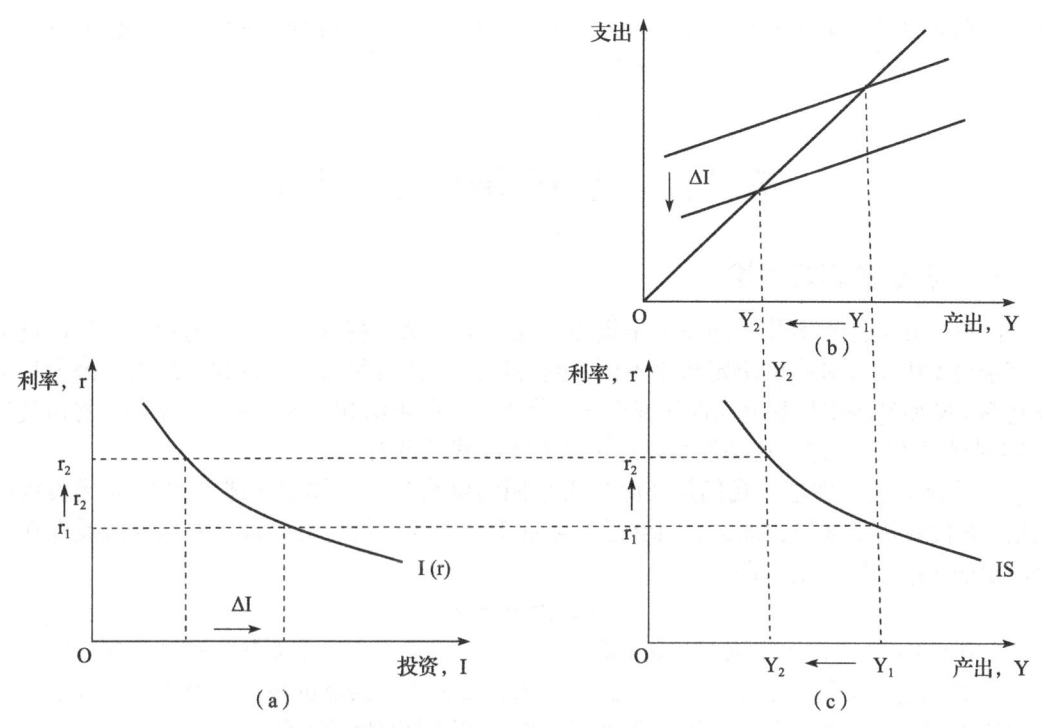

图 13-1　从凯恩斯交叉图推导 IS 曲线

2. 利率与总需求：IS 曲线

我们现在修改简单收入－支出模型中的总需求函数，以便反映新的计划投资支出函数。总需求仍然包含消费需求、投资、政府在商品和服务上的支出与净出口。只不过现在的投资支出取决于利率。我们有：

$$Y = c(Y - \overline{T}) + \overline{C} + \overline{I} - bi + \overline{G}$$

从中解出 Y，得到：

$$Y = \frac{\overline{C} + \overline{I} + \overline{G} - c\overline{T}}{1-c} - \frac{b}{1-c}i \tag{13-2}$$

方程（13-2）即 IS 曲线。

二、财政政策如何使 IS 曲线移动

IS 曲线显示了对于任何一个给定的利率水平，使产品市场达到均衡的收入水平。正如我们从凯恩斯交叉中所知道的，均衡收入水平还取决于政府支出 G 和税收 T。IS 曲线是根据既定的财政政策绘制的。也就是说，在构建 IS 曲线时，令 G 和 T 固定不变——即 $\overline{G}$ 和 $\overline{T}$。当财政政策变动时，IS 曲线也移动。

具体而言，当政府购买增加时，如图 13-2 所示，IS 曲线将向右移动。这意味着在相同

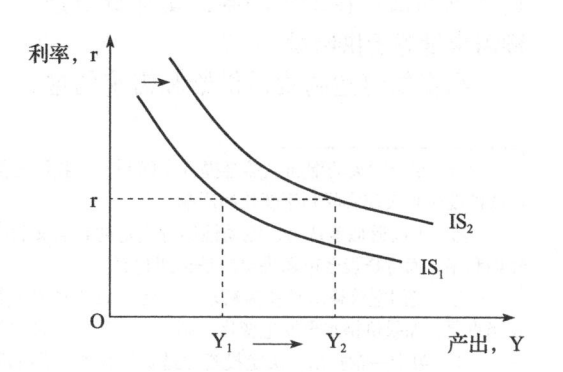

图 13-2　政府购买与 IS 曲线的移动

的实际利率下①，国民产出将会增加——这与简单收入 – 支出模型的结论是一致的。反之，当政府购买减少时，IS 曲线将向左移动。

第二节　货币市场与 LM 曲线

一、流动性偏好理论

凯恩斯在其经典著作《通论》中提出了他关于短期中利率如何决定的观点。与可贷资金市场模型中实际利率的决定机制不同，凯恩斯的解释被称为流动性偏好理论，因为它假设利率调整使经济中最具流动性的资产——货币——的供给和需求平衡②。正如凯恩斯交叉是 IS 曲线的基石一样，流动性偏好理论是 LM 曲线的基石。

为了建立这一理论，我们从实际货币余额的供给开始。如前所述，如果 M 代表货币供给，P 代表价格水平，那么，M/P 是实际货币余额的供给。流动性偏好理论假设存在一个固定的实际余额供给，即

$$(M/P)^s = M/P$$

货币供给 M 是由中央银行（如美联储）选择的一个外生政策变量。在这个模型中，价格水平 P 也是一个外生变量③。这些假设意味着实际货币余额的供给是外生，特别地，它不取决于利率。因此，我们得到一条垂直的货币实际余额供给曲线。

接下来考虑实际货币余额的需求。流动性偏好理论假设利率是人们选择持有多少货币的一个决定因素。其根本原因是利率是持有货币的机会成本：它是你把一部分资产作为不能生息的货币而不是作为生息的银行存款或债券所放弃的东西。当利率上升时，人们想以货币形式持有的财富更少了。我们可以把实际货币余额需求写为

$$(M/P)d = L(r)$$

式中，函数 L（·）表示货币需求量取决于利率。图 13-3 中的需求曲线向右下方倾斜，这是因为更高的利率减少了实际货币余额需求量④。

根据流动性偏好理论，对实际货币余额的供给与需求决定了经济中现行的利率。也就是说，利率的调整使货币市场达到均衡。在均衡利率，实际货币余额需求量等于供给量。

利率如何达到货币供给和需求的这

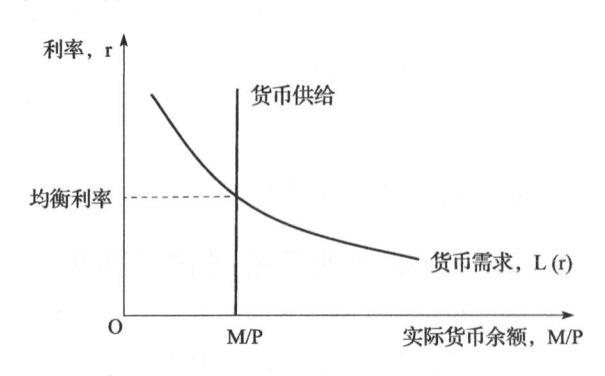

图 13-3　流动性偏好理论

---

① 政府购买的增加显然会提升实际利率。我们先假设实际利率不变，推导 IS 曲线的移动，然后由下一节 LM 曲线的变化来表现实际利率变化的影响。

② 可以近似地认为，流动性偏好决定的是名义利率，而可贷资金市场决定的是实际利率；流动性偏好决定的短期利率，而可贷资金市场决定的是长期利率。

③ 我们把价格水平视为给定，是因为 IS-LM 模型解释的是价格水平固定不变的短期。请读者注意，这一假定相当重要，如果价格水平发生变化，则适宜于使用古典货币数量论。

④ 第十一章指出，决定投资的是实际利率，而决定货币需求的是名义利率，它们是不同的。但为了简单起见，我们不考虑使实际利率和名义利率产生差别的预期通货膨胀率。

个均衡呢？因为只要货币市场不是处于均衡，人们就力图调整他们的资产组合，从而在这一过程中，利率发生改变，所以，调整就发生了。例如，如果利率高于均衡水平，实际货币余额供给量就超过需求量。这是因为，持有超额货币供给的人就会力图把他们的部分不能生息的货币换为生息的银行存款或债券，而银行和债券发行者对这种超额货币供给的反应是降低它们所提供的利率。相反，如果利率低于均衡水平以致货币需求量超过供给量，人们就力图通过出售债券或从银行提款而得到货币。为了吸引现在更为稀缺的资金，银行和债券发行者的反应是提高它们所提供的利率。最终，利率达到均衡水平，在这一水平，人们对他们的货币与非货币资产的组合感到满意。

既然我们已经看到了利率是如何决定的，我们就可以用流动性偏好理论来说明利率如何对货币供给的变动做出反应。例如，假定中央银行突然减少了货币供给。因为在本模型中 P 是固定的，所以 M 的下降使 M/P 减少。实际货币余额的供给向左移动，如图 13-4 所示。均衡利率从 r_1 上升到 r_2，更高的利率使人们满足于持有更少量的实际货币余额。如果中央银行突然增加货币供给，就会出现相反的情况。因此，根据流动性偏好理论，货币供给的减少引起利率上升，货币供给的增加则使利率下降。

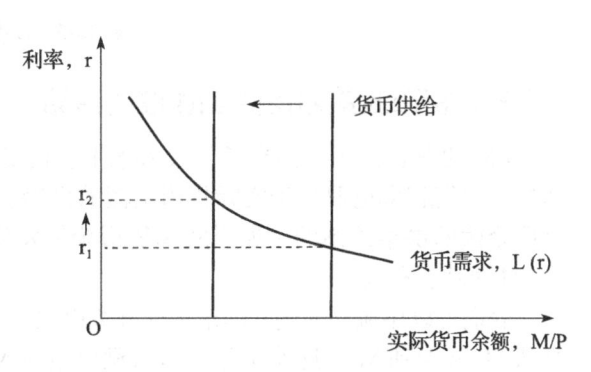

图 13-4　货币供给减少的影响

简单起见（同时为了与 IS 方程对应），我们可以将 LM 方程写为线性形式，即

$$\frac{\overline{M}}{P} = kY - hi$$

二、收入、货币需求和 LM 曲线

在建立了用来解释利率如何决定的流动性偏好理论之后，现在可以用这一理论来推导出 LM 曲线。我们从考虑以下问题开始：经济中收入水平 Y 的变动如何影响实际货币余额市场？答案是收入水平影响货币需求：当收入高时，支出也高，因此，人们进行更多需要使用货币的交易。这样，更高的收入意味着更高的货币需求。我们可以通过把货币需求函数写为下式来表达这些思想，即

$$(M/P)^d = L(r, Y)$$

实际货币余额的需求量与利率负相关，与收入正相关。

如图 13-5（a）所示，收入增加使货币需求曲线向右移动。由于实际货币余额的供给不变，利率必定从 r_1 上升到 r_2，以使货币市场实现均衡。因此，根据流动性偏好理论，更高的收入导致更高的利率。

图 13-5（b）所示的 LM 曲线概括了收入水平与利率之间的这种关系。LM 曲线上的每一点都代表货币市场的均衡，该曲线表示均衡利率如何依赖于收入水平。收入水平越高，实际货币余额的需求就越高，均衡利率也越高。由于这个原因，LM 曲线向右上方倾斜。

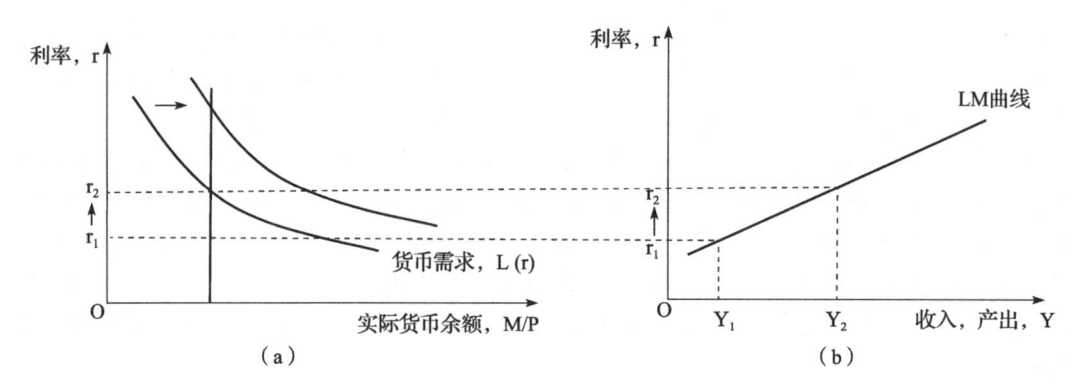

图 13-5　LM 曲线

三、货币政策如何使 LM 曲线移动

LM 曲线告诉了我们在任何收入水平上使货币市场均衡的利率。但正如我们以前所看到的，均衡利率也取决于实际货币余额的供给 M/P。这意味着 LM 曲线是根据给定的实际货币余额的供给绘制的。如果实际货币余额发生变动，例如，如果美联储改变货币供给，LM 曲线就会移动。

我们可以用流动性偏好理论来理解货币政策如何使 LM 曲线移动。假定美联储把货币供给从 M_1 减少到 M_2，这使实际货币余额供给从 M_1/P 减少为 M_2/P。图 13-6 表示了所发生的变动。在收入量不变从而实际货币余额需求曲线不变的条件下，我们看到，实际货币余额供给的减少提高了使货币市场达到均衡的利率。因此，货币供给的减少使 LM 曲线向上移动。

总之，LM 曲线表示与实际货币余额市场的均衡相一致的利率和收入水平的组合。LM 曲线是根据给定的实际货币余额的供给绘制的。实际货币余额供给的减少使 LM 曲线向上移动，实际货币余额供给的增加使 LM 曲线向下移动。

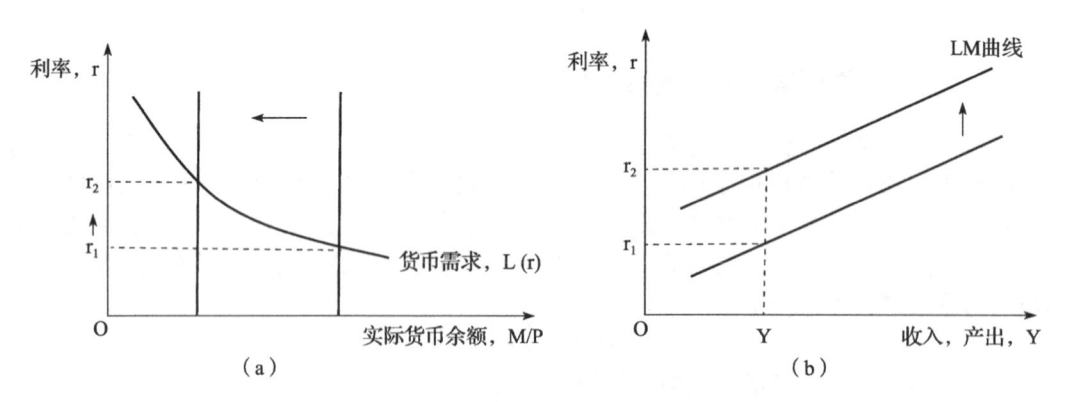

图 13-6　货币政策与 LM 曲线的移动

第三节　IS-LM 模型及其应用

一、IS-LM 模型

在上两节我们分别得到了 IS 曲线和 LM 曲线，这两个曲线的方程为

$$Y = \frac{\overline{C} + \overline{I} + \overline{G} - c\overline{T}}{1-c} - \frac{b}{1-c}i$$

$$M/P = L(r, Y)$$

我们把财政政策 G 和 T、货币政策 M 和价格水平 P 作为外生变量。给定这些外生变量，IS 曲线给出了满足代表产品市场的方程的 r 与 Y 的组合，而 LM 曲线给出了满足代表货币市场的方程的 r 与 Y 的组合。这两条曲线一起绘于图 13-7 中。

经济的均衡是 IS 曲线与 LM 曲线的交点。该点给出了既满足产品市场均衡条件又满足货币市场均衡条件的利率 r 与收入水平 Y。换言之，在这个交点，实际支出等于计划支出，对实际货币余额的需求等于供给。

二、财政政策、IS 曲线的移动与挤出

IS 曲线与 LM 曲线的交点决定了国民收入水平。当这些曲线中的一条移动时，经济的短期均衡变动了，国民收入就会发生波动。

我们从考察财政政策（政府购买与税收）的变动如何改变经济的短期均衡开始。本章第一节指出，财政政策的变动影响计划支出，从而使 IS 曲线移动。IS-LM 模型说明了 IS 曲线的这些移动是如何影响收入和利率的。

1. 政府购买的变动

考虑政府购买增加 ΔG。在任何给定的利率，财政政策的这一变动都使收入水平增加 ΔG/(1−MPC)。因此，如图 13-8 所示，IS 曲线向右移动 ΔG/(1−MPC)。经济的均衡从 A 点移动到 B 点。政府购买的增加既提高了收入又提高了利率。

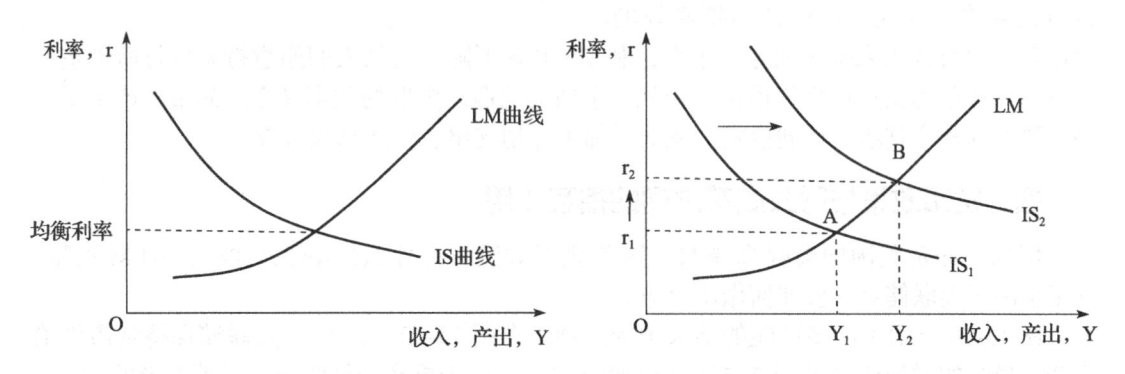

图 13-7　IS-LM 模型中的均衡　　图 13-8　IS-LM 模型中政府购买的增加

根据凯恩斯交叉，当政府增加产品与服务的购买时，经济的计划支出增加了。计划支出的增加刺激了产品与服务的生产，这引起总收入 Y 的增加。我们已经学习了凯恩斯交叉，这些影响应该已经熟悉了，本节新增加的内容是：考虑流动性偏好理论所描述的货币市场，由于经济的货币需求取决于收入，总收入的增加提高了每一利率水平上的货币需求量。然而，货币供给并没有改变，因此，更高的货币需求使均衡利率 r 上升。货币市场上出现的更高的利率又在产品市场上造成了后果。当利率上升时，企业削减其投资计划。投资的这种减少部分抵消了政府购买增加的扩张效应。因此，在 IS-LM 模型中财政扩张引起的收入增加小于凯恩斯交叉中的收入增加（凯恩斯交叉假设投资是固定的）。可以在图 13-8 中看到这一点。IS 曲线的水平移动等于凯恩斯交叉中均衡收入的增加。这个量比此处的 IS-LM 模型中均衡收入的增加量要大。两者之间的差别由更高的利率挤出的投资来解释。

2. 税收的变动

在 IS-LM 模型中，税收变动对经济的影响与政府购买变动对经济的影响大体相同，不同的只是税收通过消费影响支出。例如，考虑税收减少 ΔT 的情况。这一减税鼓励消费者花费更多，从而增加了计划支出。凯恩斯交叉中的税收乘数告诉我们，在任何给定的利率下，这一政策变动使收入水平提高了 ΔT×MPC/(1−MPC)。因此，与图 13-8 类似，IS 曲线向右移动。经济的均衡从 A 点移动到 B 点。这一减税既提高了收入又提高了利率。再一次地，由于更高的利率抑制了投资，所以，IS 模型中均衡收入的增加小于凯恩斯交叉中均衡收入的增加。

三、货币政策、LM 曲线移动与短期均衡

考虑货币供给的增加。M 的增加导致实际货币余额 M/P 增加，这是因为在短期价格水平 P 是固定的。流动性偏好理论表明，对于任何给定的收入水平，实际货币余额的增加导致了更低的利率。因此，LM 曲线向下移动，如图 13-9 所示。均衡从 A 点移动到 B 点。货币供给的增加降低了利率，提高了收入水平。

当中央银行增加货币供给时，人们所持有的货币比他们在现行利率水平想持有的要多。因此，他们开始把额外的货币存入银行或用来购买债券。于是，利率 r 开始下降，直到人们愿意持有央行所创造的所有额外货币为止；这将货币市场带到一个新的均衡。更低的利率又在产品市场产生了后果。更低的利率刺激了计划投资，从而增加了计划支出、生产和收入 Y。

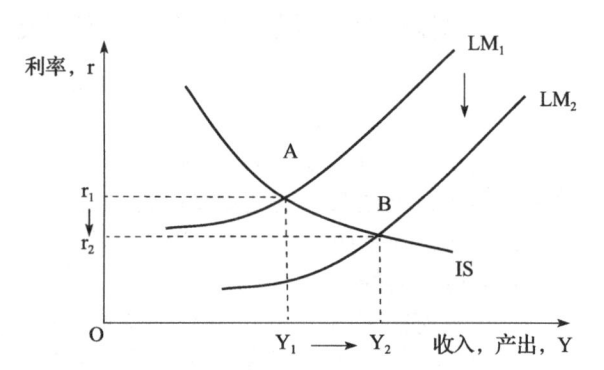

图 13-9 IS-LM 模型中货币供给的增加

四、货币政策与财政政策之间的相互作用

例如，假定美国国会提高税收。这项政策对经济有什么影响呢？根据 IS-LM 模型，答案取决于美联储对增税如何做出反应。

图 13-10 显示了许多可能的结果中的三种。在图 13-10（a）中，美联储保持货币供给不变。税收的增加使 IS 曲线向左移动，收入减少（由于更高的税收减少了消费者的支出），利率下降（由于更低的收入减少了货币需求）。收入的减少表明增税引起了衰退。

在图 13-10（b）中，美联储想保持利率不变。在这种情况下，当增税使 IS 曲线向左移动时，美联储必须减少货币供给，以使利率保持在初始水平。货币供给的这一减少使 LM 曲线向上移动。利率没有下降，但收入的减少要超过如果美联储保持货币供给不变的情形。在图 13-10（a）中，更低的利率刺激了投资，部分抵消了增税的紧缩效应，而在图 13-10（b）中，美联储通过保持高利率而加深了衰退。

在图 13-10（c）中，美联储想防止增税引起的收入下降。因此，它必须增加货币供给，使 LM 曲线向下移动足够多，以抵消 IS 曲线的移动所产生的影响。在这种情况下，增税并没有引起衰退，但它确实使利率大幅度下降。虽然收入水平不变，但税收增加和货币扩张的结合确实改变了经济中的资源配置。更高的税收抑制了消费，更低的利率刺激了投资。收入不受影响是因为这两种效应正好相互平衡了。

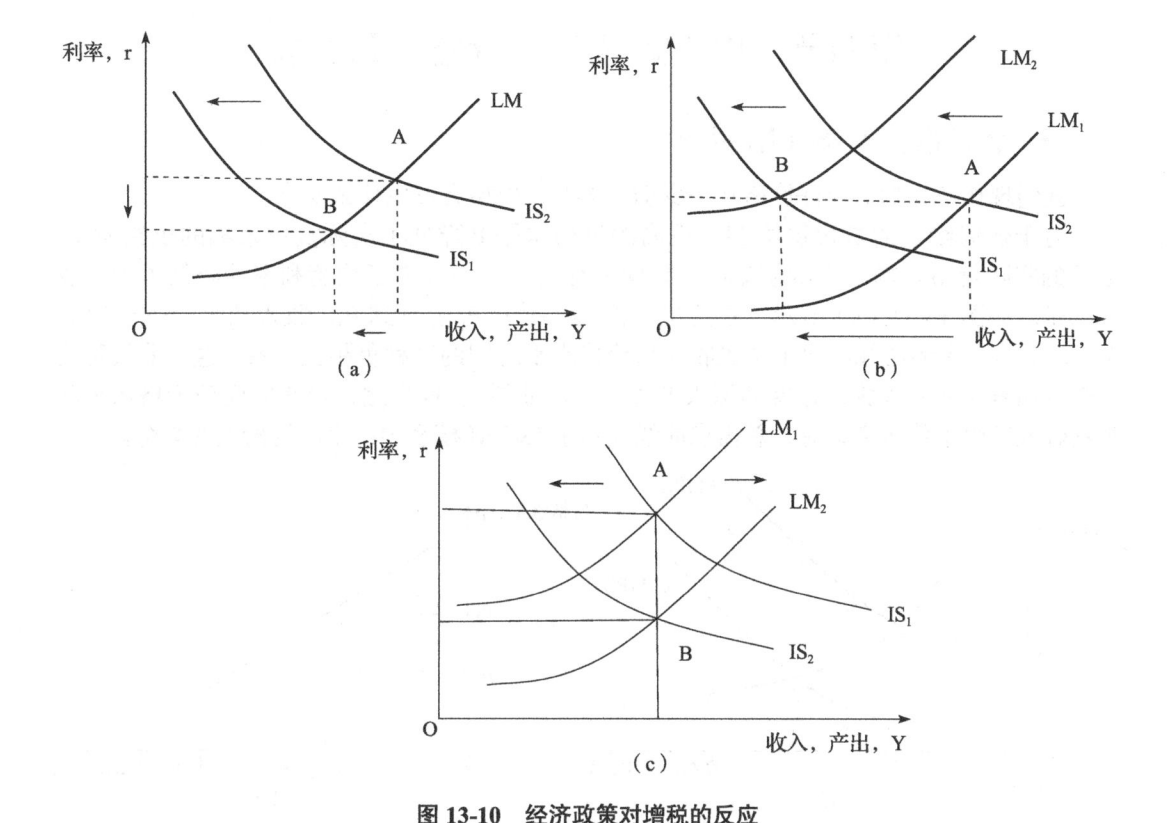

图 13-10 经济政策对增税的反应

从这个例子我们可以看到,财政政策变动的影响取决于美联储所采取的政策,取决于它是保持货币供给不变、利率不变还是收入水平不变。更一般地说,当分析一项政策的变动时,我们都必须对它对其他政策的影响做出假设。最合适的假设取决于所处理的情况,以及在经济政策制定背后的许多政治考虑。

五、IS-LM 模型中的冲击

由于 IS-LM 模型说明了国民收入在短期是如何决定的,我们可以用这个模型来考察各种经济扰动是如何影响收入的。到现在为止,我们已经了解了财政政策的变动如何使 IS 曲线移动,以及货币政策的变动如何使 LM 曲线移动。类似地,我们可以把其他扰动归为两类:对 IS 曲线的冲击和对 LM 曲线的冲击。

对 IS 曲线的冲击是产品与服务需求的外生变动。包括凯恩斯在内的一些经济学家强调,这种需求变动可能产生于投资者的动物精神(animal spirits)———外生的,也许是自我实现的乐观和悲观的情绪波动。例如,假定企业对经济的未来变得悲观,这种悲观使它们建设的新工厂减少了。投资品需求的这种减少引起投资函数的紧缩性移动:在每一利率水平,企业想进行的投资更少了。投资的下降使计划支出减少了并使 IS 曲线向左移动,从而降低了收入和就业。均衡收入的这种下降部分证明了企业最初悲观的合理性。

对 IS 曲线的冲击也可能产生于消费品需求的变动。例如,假定一个受欢迎的总统的当选增加了消费者对经济的信心。这使得消费者为未来而储蓄得更少,现在消费得更多。我们可以把这种变动解释为消费函数的向上移动。消费函数的这种移动增加了计划支出,使 IS 曲线向右移动,从而提高了收入。

第四节　IS-LM 模型、价格与总需求

一、将价格引入 IS-LM 模型

我们现在考察如果允许价格水平变动，IS-LM 模型会发生什么变化。

对于任何给定的货币供给 M，更高的价格水平 P 降低了实际货币余额的供给 M/P，更低的实际货币余额的供给使 LM 曲线向上移动，从而提高了均衡利率并降低了均衡收入水平。如图 13-11（a）所示，在这里，价格水平从 P_1 上升到 P_2，收入从 Y_1 下降到 Y_2。图 13-11（b）中的曲线画出了国民收入与价格水平之间的这种负相关关系，这一曲线称为总需求曲线（下一章我们将继续深入考察总需求曲线）。换言之，当我们变动价格水平和观察收入发生了什么变动时，总需求曲线显示了 IS-LM 模型中产生的均衡点的集合。

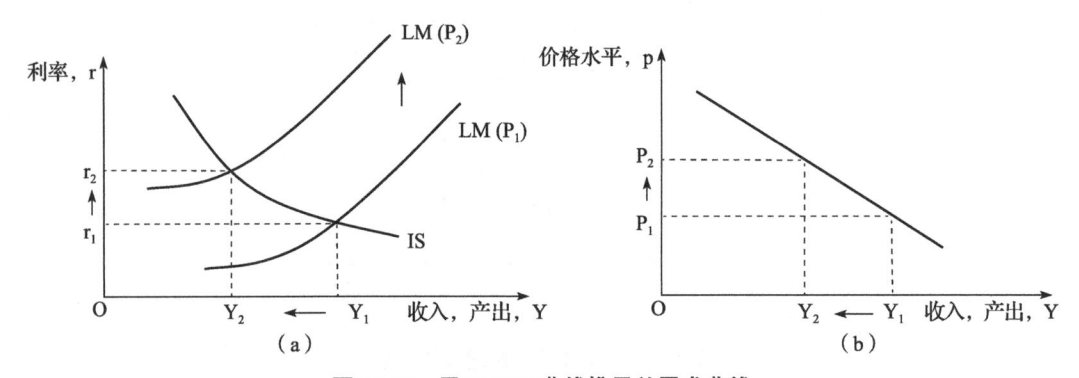

图 13-11　用 IS-LM 曲线推导总需求曲线

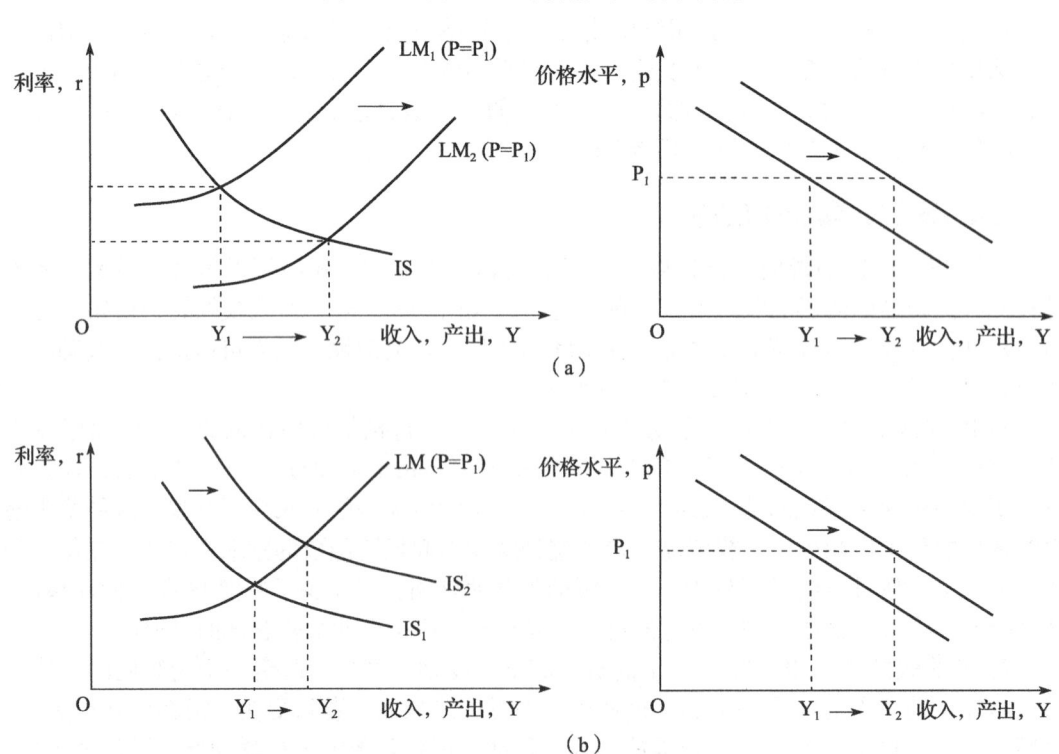

图 13-12　总需求曲线的移动

是什么引起总需求曲线的移动呢？由于总需求曲线概括了从 IS-LM 模型中得到的结果，（对于给定的价格水平）使 IS 曲线或 LM 曲线移动的事件引起了总需求曲线的移动。例如，对于任何给定的价格水平，货币供给的增加提高了 IS-LM 模型中的收入；因此它使总需求曲线向右移动，如图 13-12（a）所示。类似地，对于给定的价格水平，政府购买的增加或税收的削减提高了 IS-LM 模型中的收入；它也使总需求曲线向右移动，如图 13-12（b）所示。相反，货币供给的减少、政府购买的减少或税收的增加降低了 IS-LM 模型中的收入，使总需求曲线向左移动。除了价格水平的变化之外，任何改变 IS-LM 模型中收入的事件都使总需求曲线移动。使总需求曲线移动的因素不仅包括货币政策和财政政策，而且包括对产品市场（IS 曲线）的冲击和对货币市场（LM 曲线）的冲击。

我们可以把这些结论总结如下：价格水平变动引起的 IS-LM 模型中的收入变动代表着沿着总需求曲线的运动。对于给定的价格水平，IS-LM 模型中的收入变动代表着总需求曲线的移动。

二、短期的 IS-LM 模型与长期

我们现在可以看出凯恩斯主义的国民收入决定方法与古典方法之间的关键差别。凯恩斯主义的关键假设是价格水平固定（第十五章将详细讨论价格黏性及其原因）。货币政策、财政政策以及总需求的其他决定因素可能使产出偏离其自然水平，古典方法的假设是价格水平具有完全弹性。价格水平的调整确保国民收入总是处于自然水平。

为了用略有不同的方法说明同样的观点，我们可以设想经济由三个方程描述。前两个方程是 IS 和 LM 方程，表达式为

$$Y = c(Y-T) + I(r) + G$$
$$M/P = L(r, Y)$$

IS 方程描述产品市场的均衡，LM 方程描述货币市场的均衡。这两个方程包含了三个内生变量：Y、P 和 r。为了使该系统完整，我们需要第三个方程。凯恩斯主义的方法是用固定价格的假设来完成模型，因此，凯恩斯主义的第三个方程为

$$P = P_1$$

这个假设意味着，剩下的两个变量与 Y 必须做出调整，以满足 IS 与 LM 这两个方程。古典方法是用产出达到自然水平的假设完成模型，因此古典方法的第三个方程为

$$Y = \overline{Y}$$

这个假设意味着，剩下的两个变量 r 与 P 必须做出调整以满足 IS 和 LM 这两个方程。因此，古典方法固定了产出，允许价格水平调整以满足产品市场和货币市场均衡条件，而凯恩斯主义方法固定了价格水平，让产出运动来满足均衡条件。

哪一个假设最恰当呢？答案取决于时间范围。古典假设最好地描述了长期。凯恩斯主义假设最好地描述了短期，因此，我们对经济波动的分析依赖于价格水平固定的假设。我们在第十五章中将延续这一话题。

第五节 经济史数据对 IS-LM 模型的实证与修正[①]

美国经济在 20 世纪 30 年代的大萧条为经济学家使用 IS-LM 模型分析经济波动提供

[①] 本节内容摘引自：曼昆．宏观经济学［M］．9 版．北京：中国人民大学出版社，2017．

了一个很好的例子。有关大萧条期间的宏观经济数据如表 13-1 所示。

表 13-1 美国经济大萧条时期的宏观经济统计数据

年份	失业率	实际GNP	消费	投资	政府购买	名义利率	货币供给	价格水平	通货膨胀率	实际货币余额
1929	3.2	203.6	139.6	40.4	22.0	5.9	26.6	50.6	—	52.6
1930	8.9	183.5	130.4	27.4	24.3	3.6	25.8	49.3	−2.6	52.3
1931	16.3	169.5	126.1	16.8	25.4	2.6	24.1	44.8	−10.1	54.5
1932	24.1	144.2	114.8	4.7	24.2	2.7	21.1	40.2	−9.3	52.5
1933	25.2	141.5	112.8	5.3	23.3	1.7	19.9	39.3	−2.2	50.7
1934	22.0	154.3	118.1	9.4	26.6	1.0	21.9	42.2	7.4	51.8
1935	20.3	169.5	125.5	18.0	27.0	0.8	25.9	42.6	0.9	60.8
1936	17.0	193.2	138.4	24.0	31.8	0.8	29.6	42.7	0.2	62.9
1937	14.3	203.2	143.1	29.9	30.8	0.9	30.9	44.5	4.2	69.5
1938	19.1	192.9	140.2	17.0	33.9	0.8	30.5	43.9	−1.3	69.5
1939	17.2	209.4	148.2	24.7	35.2	0.6	34.2	43.2	−1.6	79.1
1940	14.6	227.2	155.7	33.0	36.4	0.6	39.7	43.9	1.6	90.3

注：以上经济数据中，名义利率为 4~6 月期基准商业票据利率；价格指数为 GNP 平减指数（1958 年 =100）；其余统计数据单位为 10 亿美元。

一、支出假说：对 IS 曲线的冲击

表 13-1 显示，20 世纪 30 年代初的收入减少与利率下降是同时发生的。这个事实促使一些经济学家提出，收入减少的原因可能是 IS 曲线的紧缩性移动。这一观点有时被称为支出假说（spending hypothesis），因为它把萧条的罪魁祸首归结为在产品与服务上支出的外生下降。

经济学家试图用几种方法解释支出的这一减少。一些经济学家认为，消费函数的向下移动引起了 IS 曲线的紧缩性移动。1929 年的股市崩盘可能要对这种移动承担部分责任：通过减少财富和增加对美国经济未来前景的不确定性，这次崩盘使消费者把更多的收入用于储蓄而不是消费。

另一些经济学家用住房投资的大幅度下降来解释支出的减少。一些经济学家相信，20 世纪 20 年代的住房投资过度高涨，一旦这种"过度建设"变得显而易见，住房投资需求就大幅度减少了。对住房投资减少的另一种可能解释是 20 世纪 30 年代移民的减少：更为缓慢增长的人口对新住房的需求减少了。

一旦大萧条开始，许多可以进一步降低支出的事件就发生了。20 世纪 30 年代初期许多银行破产（部分原因是对银行的监管不足），这些银行破产可能加剧了投资支出的减少。20 世纪 30 年代初，许多银行的倒闭可能使一些企业得不到资本投资所需的资金，从而可能导致投资支出的进一步紧缩性移动。

20 世纪 30 年代的财政政策也造成了 IS 曲线的紧缩性移动。当时的政治家更关注平衡预算，而不太关心用财政政策将生产和就业维持在自然水平。虽然当时出现了历史上最

高的失业，政策制定者却在寻求增加税收和减少政府支出的方法。

因此，有若干解释 IS 曲线的紧缩性移动的方法。谨记，这些不同的观点可能都是正确的。对支出的减少可能没有单一的解释。很可能所有这些变化是同时发生的，它们共同引起了支出的大量减少。

二、货币假说：对 LM 曲线的冲击

表 13-1 显示，从 1929 年到 1933 年货币供给减少了 25%，在这一期间，失业率从 3.2% 上升到 25.2%。这一事实为所谓的货币假说（money hypothesis）提供了动机与支持，这种假说把大萧条的罪魁祸首归结为美联储允许货币供给下降如此之多。

这种解释最著名的倡导者是米尔顿·弗里德曼和安娜·施瓦茨，他们在有关美国货币史的论著中为这种观点辩护。弗里德曼和施瓦茨认为，货币供给的紧缩造成了大部分经济衰退，大萧条是一个特别生动的例子。利用 IS-LM 模型，我们可以把货币假说解释为用 LM 曲线的紧缩性移动来解释大萧条。

然而，在这样解释时，货币假说遇到了两个问题。

第一个问题是实际货币余额的行为。只有在实际货币余额下降时货币政策才能引起 LM 曲线的紧缩性移动。然而，因为货币供给的下降伴随着价格水平更大的下降，所以 1929—1931 年实际货币余额还略有上升。因此，货币紧缩很难解释 1929—1931 年最初的衰退。

货币假说的第二个问题是利率的行为。如果 LM 曲线的紧缩性移动引起了大萧条，那么，我们应该观察到了更高的利率。然而，1929—1933 年的名义利率在持续下降。

这两个原因看来足以拒绝"大萧条是 LM 曲线的紧缩性移动引起的"这一观点。但货币存量的下降与大萧条无关吗？下面我们转向另一种机制——20 世纪 30 年代的通货紧缩，货币政策可能通过这种机制引起了严重的大萧条。

三、再论货币假说：价格下降的效应

1929—1933 年，价格水平下降了 22%，许多经济学家把大萧条如此严重归罪于通货紧缩。他们认为，通货紧缩可能使得 1931 年的一次普通的经济衰退演变成了一段空前的高失业与低收入的时期。如果这种观点正确，它就赋予了货币假说新的生命力，由于有理由认为货币供给的减少引起价格水平的下降，所以可以把大萧条的严重性归罪于货币供给的减少。为了评价这种观点，我们必须讨论在 IS-LM 模型中价格水平的变动如何影响收入。

1. 通货紧缩的稳定效应

在我们迄今所建立的 IS-LM 模型中，价格的下降提高了收入，对任何给定的货币供给 M 而言，更低的价格水平意味着更高的实际货币余额 M/P。实际货币余额的增加引起 LM 曲线的扩张性移动，这导致更高的收入。

价格的下降使收入增加的另一条渠道被称为庇古效应。20 世纪 30 年代著名的古典经济学家阿瑟·庇古（Arthur Pigou）指出，实际货币余额是家庭财富的一部分。随着价格下降和实际货币余额增加，消费者应当感到更加富有和支出更多，消费者支出的增加应该引起 IS 曲线的扩张性移动，也导致更高的收入。

这两个原因使 20 世纪 30 年代的一些经济学家相信，价格下降有助于稳定经济。也就是说，他们认为价格水平的下降会自动地把经济推回到充分就业水平，然而其他经济学家对经济的自我校正能力就不那么有信心了，他们指出了价格下跌的其他效应。我们现在转

向这些效应。

2. 通货紧缩的不稳定效应

经济学家提出了两种理论来解释价格下降如何抑制而不是增加收入。第一种称为债务——通货紧缩理论（debt-deflation theory），它描述了未预期到的价格下降的效应。第二种理论解释了预期到的通货紧缩的效应。

债务——通货紧缩理论从以下观察开始：未预期到的价格水平变动在债务人与债权人之间再分配财富。如果债务人欠债权人1000美元，那么，这笔债务的实际量是1000美元/P，这里P是价格水平。价格水平的下降提高了这笔债务的实际量——债务人必须向债权人偿还的购买力数量，因此，未预期到的通货紧缩使债权人变富而使债务人变穷。

接着债务——通货紧缩理论假定这种财富再分配影响在产品与服务上的支出。作为对从债务人向债权人的再分配的反应，债务人的支出更少了，债权人的支出更多了。如果这两组人有相同的支出倾向，则不存在总体影响。但是，假设债务人的支出倾向高于债权人看起来是合理的——也许这正是债务人最初借债的原因，在这种情况下，债务人减少的支出比债权人增加的支出多，净效应是支出的减少、IS曲线的紧缩性移动以及国民收入的减少。

为了理解预期的价格变动如何能够影响收入，我们需要在IS-LM模型中增加一个新的变量。到现在为止，我们对这个模型的讨论还没有区分名义利率与实际利率，但我们从之前的章节中得知，投资取决于实际利率，而货币需求取决于名义利率。如果 i 是名义利率，而 E_π 是预期的通货膨胀率，那么，事前的实际利率（即"预期的实际利率"）是 $i - E_\pi$。我们现在可以把IS-LM模型写为

$$Y = C(Y-T) + I(i - E_\pi) + G$$
$$M/P = L(i, Y)$$

预期通货膨胀率作为IS曲线方程的一个变量进入模型。因此，预期通货膨胀率的变动使IS曲线移动。

让我们用这种扩展的IS-LM模型来考察预期通货膨胀率的变动如何影响收入水平。我们一开始假设每个人都预期价格水平保持不变。在这种情况下，没有预期通货膨胀率（$E_\pi = 0$），从而这两个方程正是我们所熟悉的IS-LM模型。图13-13做出了LM曲线和标记为 IS_1 的IS曲线，描绘了这种初始情况。这两条曲线的交点决定了名义利率与实际利率，这两种利率现在是相同的。

现在假定每个人突然都预期未来的价格水平将下降，因此 E_π 为负数。在任何

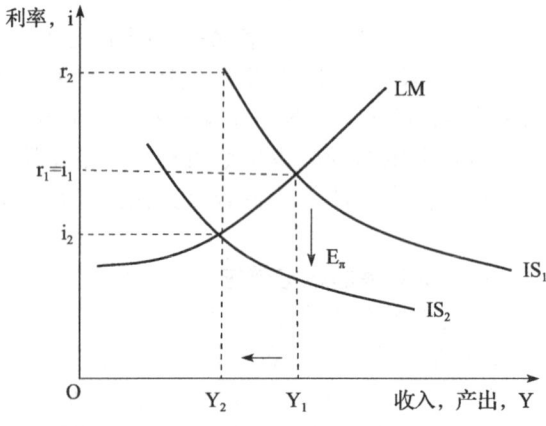

图13-13　IS-LM模型中预期的通货膨胀

给定的名义利率上，实际利率现在都更高了。实际利率的这一上升抑制了计划的投资支出，使IS曲线从 IS_1 移动到 IS_2。（IS曲线向下移动的垂直距离正好等于预期的通货紧缩。）因此，预期的通货紧缩使国民收入从 Y_1 减少到 Y_2。名义利率从 i_1 下降到 i_2，而实际利率从 r_1 上升到 r_2。

图13-13背后的故事如下：当企业预期通货紧缩时，它们不愿意借款购买投资品，因

为它们相信以后不得不用更值钱的美元来偿还这些贷款。投资的下降抑制了计划支出，从而又抑制了收入。收入的下降减少了货币需求，从而降低了使货币市场达到均衡的名义利率。名义利率的下降小于预期的通货紧缩，因此，实际利率上升了。注意，这两种通货紧缩不稳定效应的理论有一条共同的主线。在这两种理论中，价格的下降都通过引起 IS 曲线的紧缩性移动而抑制了国民收入。由于除非存在货币供给的大幅紧缩，1929—1933 年观察到的那种程度的通货紧缩是不可能出现的，所以这两种解释把大萧条的一部分责任，特别是其严重性归咎于美联储。换言之，如果价格的下降有着不稳定的效应，那么，即使没有实际货币余额的减少或名义利率的上升，货币供给的紧缩也能导致收入下降。

四、流动性陷阱（零下限）

在 20 世纪 30 年代的美国，利率达到了很低的水平。如表 13-1 所示，在 20 世纪 30 年代的整个后半期，美国的利率都低于 1%。类似的局面在 2008—2009 年经济衰退期间又出现了。2008 年 12 月，美联储将它的联邦基金利率目标降低到 0～0.25% 的区间，此后，至少到 2015 年初仍维持在那个水平。

一些经济学家把这种情况描述为流动性陷阱。根据 IS-LM 模型，扩张性货币政策通过降低利率和刺激投资支出来发生作用。但是，如果利率已经下降到几乎为零，那么也许货币政策就不再有效了。名义利率不可能下降到零以下：一个人与其以负的名义利率放贷，还不如就持有现金。在这种环境下，扩张性货币政策增加了货币供给，使公众的资产组合更具流动性，但是由于利率不能进一步下降，增加的流动性可能没有任何效应。总需求、生产和就业可能被限制于低水平。流动性陷阱有时候被称为零下限（zero lower bound）问题①。

其他经济学家对流动性陷阱的重要性持怀疑态度。他们相信，甚至在利率目标达到零下限之后，中央银行仍然拥有扩张经济的工具。一个可能性是中央银行可以力图降低更长期的利率。它可以通过承诺在很长一段时期将目标利率（这通常是一个很短期的利率）维持在低位来实现这一点。宣布未来的货币行动这种政策有时候被称为前瞻指引（forward guidance）。中央银行也可以通过在比正常情况下更多种类的金融工具中实施扩张性公开市场操作来降低更长期的利率。例如，它可以购买长期政府债券、抵押贷款和公司债券，从而降低这些种类贷款的利率。这项政策有时候被称为量化宽松（在第十四章还将讨论这一问题）。在 2008—2009 年的衰退期间和之后的时期里，美联储积极地采取了前瞻指引和量化宽松政策。

货币扩张在零下限的条件下仍能扩张经济的另一种方式是，它可以引起通货在外汇市场贬值。这一贬值将使本国的产品在国外变得便宜，刺激出口需求。这一机制超出了我们在本章使用的封闭经济 IS-LM 模型，但是，它与下一章建立的开放经济 IS-LM 模型相适合。

一些经济学家认为，流动性陷阱的可能性为通货膨胀率目标应该大于零提供了依据。在零通货膨胀率下，实际利率和名义利率一样，永远不会低于零。但是，如果名义通货膨胀率是（比如说）4%，那么，中央银行就可以通过把名义利率降到零，轻易地把实际利率降为 -4%。换言之，更高的通货膨胀率目标在正常时期意味着更高的名义利率（费雪效应），更高的名义利率又给了中央银行在经济经历衰退性冲击时更多降低利率的空间。因此，更高的通货膨胀目标使货币政策制定者在必要时有更多空间刺激经济，降低了经济将达到零下限和陷入流动性陷阱的可能性。

---

① 我们在第十九章还将考察零下限问题。

第十四章
CHAPTER 14

宏观经济模型的微观基础与证据

第一节　对消费、储蓄及其影响因素的深入探讨

一、消费平稳化动机

假定一个典型的消费者每年的税后收入是 20000 美元，如果愿意的话，他每年可以消费价值 20000 美元的商品和服务。然而，他还有两个其他的选择。

首先，他可以把每年的消费控制在 20000 美元以下，剩余的部分用来储蓄。为什么个人的消费要低于他的收入所允许的范围呢？原因在于他考虑到未来。现在少花一些，他就可以攒下一笔钱，这样在未来他的花销就可以高于收入的水平。举例来说，个人可能预期到退休后的收入非常低；而在工作时有了储蓄，退休后就可以花比退休收入更多的钱了。

其次，个人可以通过贷款或从过去积累的储蓄中支取来使消费高于他的当前收入。假设他从银行借了 5000 美元，他这一年可以买价值高达 25000 美元的商品和服务，尽管他的收入只有 20000 美元。但是对于个人来说，所付出的代价就是在未来的某个时候，必须偿还这笔贷款，那时他的消费就得低于他的收入了。

如果个人今天花得少了，在未来就可以花得多一些，反过来也一样。换句话说，个人面对的是当前消费和未来消费间的权衡。个人在当前和未来消费间的权衡的比率取决于经济中的实际利率。假设当前的存款利率和贷款利率都是 r。如果个人现在减少 1 美元的消费，那么他的储蓄就多了 1 美元，现在他所存下的 1 美元在一年以后就值 $1+r$ 美元了。假设把多出来的 $1+r$ 美元用来增加他下一年的消费，那么他就成功地用今天的 1 美元的消费换取了一年后 $1+r$ 美元的消费。换言之，今天价值 1 美元的消费的"价格"就是未来价值 $1+r$ 美元的消费。

实际利率决定了当前消费和未来消费的相对价格。给定这个相对价格，个人应该怎样选择当前消费和未来消费呢？一个极端的可能性是，他现在可以大量贷款并进行大大多于他的收入的消费。但问题是偿还了贷款后，今后可能就几乎没有钱可以用来消费了。另一个相反的但同样极端的可能性是，个人把现在几乎所有的收入都储存起来。这个方法可以让他在以后有大量的消费，但代价是现在必须忍饥挨饿。

现实地讲，大部分人都不会选择以上两个方案，他们会尽量避免消费的大幅度波动。这种随时间有一个相对平稳的消费模式的愿望——避免不同时期过高或过低的消费——称为消费平稳化动机。正是出于消费平稳化动机，个人会努力使他的消费均匀分布到各个时

段里,而不是饥一时饱一时。

以下我们将讨论当前收入、预期未来收入以及财富发生变化时,消费平稳化动机是怎样引导个人消费行为的。当我们考虑这些变化时,先假设实际利率 r 即当前消费以及未来消费的相对价格保持不变,然后讨论实际利率发生变化时的情况。

二、当前收入变化的影响

当前收入是影响消费和储蓄决策的一个重要因素。举例说明,假设个人在工作中收到了一次性的奖金 3000 美元,他的当前年收入就多了 3000 美元。这些多出来的收入个人会怎么花呢?一种可能是立即花掉所有的奖金,保持储蓄和未来消费不变;或者,可以把所有的奖金都存起来,这样他的当前消费不变,但是可以用这些奖金和利息来增加未来消费。然而,出于消费平稳化动机,个人很可能不会选择以上任何一种方式。个人会把一部分奖金花掉(增加当前消费),把剩下的部分存起来(增加未来消费)。

如前所述,我们把边际消费倾向(MPC)定义为个人将当前新增收入用于当前消费的比例。因为个人只消费了他收入增加的一部分而不是全部,因此 MPC 会介于 0~1 之间。假设 MPC 等于 0.4,那么个人会消费掉当前新增收入的 0.4,即 40%。于是,当前消费将增加 0.4×3000 美元 =1200 美元。同时储蓄也会增加 3000 美元 -1200 美元 =1800 美元。

边际消费倾向还可以应用于当前收入减少的情况。例如,个人当前年收入减少了 4000 美元,他就会减少消费和储蓄。如果假设他的边际消费倾向维持为 0.4,他的消费就会减少 0.4×4000 美元 =1600 美元,储蓄也会因此减少 4000 美元 -1600 美元 =2400 美元。

总收入和总消费反映的是成千上万的个人和家庭的决策,所以我们从个人决策得到的结论同样适用于宏观经济层面。可以预见,总产出(收入)增加同样会带来意愿总消费 C^d 的增加。但是因为边际消费倾向小于 1,C^d 的增加会小于 Y 的增加,既然并不是所有的 Y 的增长都会被消费,预期国民储蓄 S 也会随着 Y 的增加而增加。

三、未来收入增加的影响

今天的消费并不仅仅取决于当前收入,它还取决于个人在未来所能获得的预期收入。例如,一个人虽然暂时没有工作,但是有一份三个月后高薪工作的合同,他的消费就很有可能会比一个完全没有工作前景的失业者高。

为了说明预期未来收入变化的影响,假设个人确信明年会得到 3000 美元的奖金(税后),而不是今年就拿到 3000 美元的奖金。这个信息对个人的当前消费和储蓄会产生怎样的影响呢?

因为当前收入不变,所以个人可以保持他的当前消费和储蓄不变,直到他的确拿到了奖金再增加消费。然而,如果他的决定受消费平稳化动机的影响,他会更倾向于使用这些奖金来增加当前和未来的消费。尽管当前收入不变,个人仍然可以通过减少储蓄的方式来增加当前消费(甚至可以动用储蓄余额,或使用所积累下来的资产或者贷款来使当前消费超过当前收入,从而变为负储蓄)。

总而言之,一个人的预期未来收入增加很有可能促使他增加当前消费和减少当前储蓄。同样的结论也适用于宏观经济层面:如果人们预期未来总产出和总收入 Y 会升高,那么当前意愿消费会增加,而当前意愿储蓄 S^d 则会减少。

四、财富变化的影响

另外一个影响消费和储蓄的因素是财富。财富改变的一个重要来源是股票市场的涨落。假设股市大涨,个人资产增长了 3000 美元,这 3000 美元的财富增长与当前收入增加 3000 美元基本一样(如果立即兑现,就完全一样)。如同前述收入增加的例子,个人将把新增财富的一部分用于当前消费,但数额少于 3000 美元,这样就可以将 3000 美元中未用完的部分用于增加未来消费。

五、实际利率变化的影响

我们已经了解到了实际利率是以未来消费表示的当前消费价格。我们在考察当前收入、预期未来收入以及财富变化的影响时,假设了实际利率保持不变。现在我们让实际利率发生变动,考察实际利率变化对当前消费和储蓄的影响。

随着实际利率的上升,个人的消费和储蓄会怎样变化呢?需要注意的是,对于实际利率上升所做出的反应体现了两个相反的倾向。一方面,因为今年所存的每一美元到了明年都会涨到 1+r 美元,实际利率的上升预示着当前储蓄的每一美元所带来的收益提高了,从而会使未来消费上升。当前储蓄收益的上升会促使他增加储蓄。

另一方面,实际利率的上升代表着个人用较少的当前储蓄就可以达到预期的未来储蓄目标。比如,假设个人正努力积攒 1400 美元用来在明年买一台新的笔记本电脑。实际利率的上升意味着任何当前储蓄到明年都会升到一个更高的数目,所以要积攒 1400 美元,今年所需存下来的钱就相对少了。因为要达到目标需要存的钱减少了,就可以增加当前消费、减少储蓄。

以上描述的两个反向的影响即实际利率增加的替代效应和收入效应。实际利率对储蓄产生的替代效应反映了当前消费的价格上升时,当前消费减少和未来消费增加的倾向。作为对当前消费价格上升的反应,消费者用变得相对便宜的未来消费来替代变得比较昂贵的当前消费。当前消费的减少意味着当前储蓄的增加。因此,替代效应表明当前储蓄随实际利率的增加而上升。

实际利率对储蓄产生的收入效应反映了当一个更高的实际利率使得消费者变得更穷或更富时所导致的当前消费的变化。因此,个人会由于利息收入的增加而从实际利率的上升中受益。实际利率升高,个人既可以享受与利率改变前相同的当前消费和未来消费水平,又可以得到额外的可用资金。这些额外资源与财富增加的作用是相同的,所以个人会提高他的当前消费和未来消费。这样,对于一个获得利息的储蓄者来说,实际利率升高的收入效应是增加当前消费和减少当前储蓄。因此,对一个储蓄者来说,实际利率升高的收入效应和替代效应产生了相反的效果,收入效应使储蓄减少,而替代效应使储蓄增加。

实际利率升高的收入效应对于一个要支付利息的人即借款人来说是不同的。实际利率的升高使借款人要支付的利息增加,从而使借款人不能再享受与实际利率升高前相同水平的当前和未来消费。借款人承受了实际利率升高所带来的财富减少的损失,所以他对于财富减少的反应是减少当前和未来消费。当前消费的减少意味着当前储蓄的增加(即贷款减少)。因此,对于一个借款人,实际利率增加的收入效应是增加储蓄。这样,实际利率升高的替代效应和收入效应都使借款人的储蓄增加。

现在我们来总结一下实际利率升高的效应。对于一个获得利息的储蓄者,实际利率的升高通过替代效应使他倾向于提高储蓄,但也通过收入效应使他同时倾向于减少储蓄。如果没有其他信息，我们无法对于这两个相反的效应哪个更大做出结论。对于一个要支付利息的借款人，替代效应和收入效应同时产生增加储蓄的效果。结果借款人的储蓄毫无疑义会增加。

实际利率升高对于国民储蓄会产生怎样的影响呢？因为国民经济中既包括储蓄者又包括借款人，并且从根本上说，储蓄者在实际利率升高时既可能增加储蓄又可能减少储蓄，经济学理论无法对这个问题做出结论性的回答。既然经济学理论不能确定实际利率升高时国民储蓄会增加还是减少，我们就必须使用实际数据，依靠实证研究来考察它们的关系。不幸的是，许多实证研究的证据并没有一个统一的定论，目前，得到最广泛接受的结论似乎是，实际利率的升高使当前消费减少，并使储蓄增加，但是这些影响的程度并不大。

六、税收和储蓄的实际收益

在讨论储蓄者得到的实际收益时，我们没有提及一个重要的操作问题：储蓄者得到的利息（和其他储蓄收入）是要交税的。因为一部分利息收入必须用来交税，储蓄者所得到的实际收益率要少于名义利率和预期通货膨胀率之差。

一个很有用的收益率衡量指标是预期税后实际利率（expected after tax real interest rate），它可以体现税收所带来的影响。为了给这个概念下定义，我们用 i 来代表名义利率，用 t 来表示利息收入的税率，因此储蓄者只能保留总利息收入中比例为 (1-t) 的部分，所以储蓄者纳税后得到的名义税后利率是 (1-t)i。预期税后实际利率 r_{a-t}，是税后名义利率减去预期通货膨胀率 π^e 的值，即

$$r_{a-t} = (1-t)i - \pi^e$$

消费者在做消费和储蓄决策时使用预期税后实际利率更为恰当，因为它衡量的是纳税后储蓄所得的购买力的增长。

给定名义利率和预期通货膨胀率，利息所得税率的减少会使储蓄者得到的名义和实际税后收益率增加。这样，通过减少利息税率，政府可以增加储蓄者所得到的实际收益率，并且（很可能）提高经济中的储蓄率。由于个人退休账户（或养老公积金）允许个人就其部分利息所得享受免税，并获取更高的税后收益率，因此能促进储蓄。

七、财政政策

政府的财政政策——有关政府支出和税收的决策，对于经济中发生的消费和储蓄也有重要的影响。

（一）政府采购

假设也许是由于政府增加国防开支的原因，当前政府采购 G 增加了 100 亿美元。假定 G 的增加只是暂时的，未来政府采购的计划并没有改变。对于任何固定的产出水平 Y，这个财政政策的变化会怎样影响经济中的意愿消费和意愿国民储蓄呢？

我们先从政府采购增加对消费的影响开始分析。政府采购的变化会影响消费，因为它们会影响私人部门的税收负担。例如，假设政府要通过增加当前税收 100 亿美元来支付这个额外的 100 亿美元国防开支，对于一个给定的（税前）总产出 Y，税收的增加意味着消费者当前（税后）收入会减少 100 亿美元。消费者对于当前收入减少的反应是减少消费，尽管消费的减少小于当前收入的减少。所以，面对税收增加 100 亿美元，消费者可能会减

少他们的当前消费,例如减少 60 亿美元。

如果政府增加购买但并不增加当前税收,消费会发生怎样的变化呢?这种情况需要更详细的分析。如果政府没有提高当前税收,就必须借 100 亿美元来支付额外的支出,在未来的某个时候,政府也需要偿还这 100 亿美元加上利息,这意味着未来的税收就不得不提高。如果纳税人足够聪明并了解到今天政府采购的增加意味着未来要缴纳更高的税,各个家庭的预期未来(税后)收入会减少,他们也会减少意愿消费。为了说明,我们可以想象他们的当前消费减少了 60 亿美元,不过如果一些消费者不理解他们的未来税收将增加,消费减少的幅度将会小一些。

那么对意愿国民储蓄会产生怎样的影响呢?政府采购的增加对意愿国民储蓄 $Y-C^d-G$ 的影响是直接通过增加 G 产生和间接通过降低 C^d 产生的。在我们的例子里,政府采购的增加使意愿消费减少 60 亿美元,这会使国民储蓄增加 60 亿美元。然而,当 Y 不变时,这个影响会被 G 增加的 100 亿美元抵消。一般而言,因为意愿消费的减少会小于最初政府采购的增加,政府采购的暂时增加会使意愿国民储蓄降低。

概括起来,对于一个给定的当前产出水平 Y,我们的结论是,暂时性的政府采购增加会使意愿消费和意愿国民储蓄同时减少。

(二)税收

现在我们假设政府采购 G 保持不变,但是政府采取了减税政策,税收减少了 100 亿美元。为简单起见,假设这个减税是一次性总量税,每个纳税人都得到同样的减税量(可以想象成这个国家的 1 亿纳税人每人得到 100 美元)。如果政府采购 G 和产出 Y 保持不变,只有当意愿消费 C^d 变化时,意愿国民储蓄 $Y-C^d-G$ 才会改变。所以我们的问题是,意愿消费会怎样随减税政策发生变化呢?

现在关键问题是,减税会怎样影响人们的当前和预期未来收入呢?100 亿美元的减税会直接使当前(税后)收入增加 100 亿美元,所以减税应该会使意愿消费增加(增加量少于 100 亿美元)。然而,这 100 亿美元的减税也应该会使人们预期较低的未来税后收入。原因在于,既然政府支出不变,现在减税 100 亿美元,政府就必须增加当前借款 100 亿美元。因为政府在未来必须偿还这额外的 100 亿美元政府债务,未来的税收将会升高。对于家庭来说,这意味着未来的可支配收入将下降。其他因素不变,这个预期未来收入的下降会导致人们减少当前消费。因此,从根本上说,由于减税政策会使当前收入增加,但同时降低预期未来收入,当前意愿消费可能会上升,也可能会下降。

有趣的是,一些经济学家认为当前收入增加对意愿消费的正效应和未来收入减少对意愿消费的负效应应该正好相互抵消,这样减税政策的总的影响为零。"减税不会影响意愿消费,(因而)也不会影响意愿国民储蓄"的这个观点,叫作李嘉图等价定理。

减税政策对消费和储蓄的影响可以总结如下:根据李嘉图等价定理,在政府的当前和计划采购不变时,减税不会影响意愿消费和意愿国民储蓄。然而,如果消费者在计划支出时没有考虑到纳税负担增加的可能性,李嘉图等价定理则可能无法适用。在这样的情况下,减税会带来意愿消费的增加和意愿国民储蓄的减少。

第二节 对投资及其影响因素的深入探讨

投资连接着现在和未来,也连接着货币市场和商品市场。投资的波动造成了大多数经济周期。投资具有以下特点。

- 投资支出经常动荡不定，投资造成了贯穿整个经济周期过程的 GDP 的绝大部分波动。
- 货币政策发挥作用的一个重要渠道是通过投资支出和利率影响宏观经济。
- 在供给方面，投资在长时期里决定资本存量的规模，并因而影响长期经济增长。

投资理论是对资本需求的理论。首先需要明确的是，投资流量（flow of investment）相对于资本存量（stock of capital）来说是相当小的。

存量和流量必须用浴盆的比喻来解释，浴盆里的水平面扮演资本存量的角色，而从水龙头流入的水被类比为投资流量。企业和个人决定他们愿意持有的资本存量（即他们希望浴盆里的水面达到多高），然后，从当前的位置（现在浴盆里水面的高度）进行投资（打开水龙头）提高资本存量，达到他们愿意达到的水平。一个重要的事实是，浴盆的容量相对于从水龙头流入的水流量来说非常大。对于一个经济体量较大的国家而言，按照一个正常的投资率，大约需要 20 年的投资流量总和才能达到其资本存量通常的水平。因此，即便是意愿资本水平的一个非常小的增加，都需要投资的水龙头充分开大，而一个意愿投资水平的非常小的下降，就要把投资的水龙头关闭到慢慢滴水的程度。这种大存量小流量的事实就解释了为什么投资是总需求中剧烈波动的部分。这也说明了为什么投资对于总供给在短期内几乎没有什么作用：即便充分地打开或者关闭投资的水龙头，投资流量也仅仅是资本存量上的一丝涟漪而已。当然，经过较长时期以后，投资流量就完全决定了资本存量的高度，并且因而成为总供给最重要的决定因素之一。

在进入对企业的讨论之前，我们必须澄清一些术语。在通常的用法上，"投资"常常是指购买已经存在的金融资产或者物质资产，例如，当某个人购买股票、债券或房屋时，我们就说他对这些资产进行了"投资"。在宏观经济学中，"投资"具有更为狭窄和技术性的含义：投资（investment）就是用来增加物质资本存量的支出流量。

一、对资本存量的需求和投资流量

（一）合意资本存量：概述

除劳动之外，企业还使用资本，它们的目的当然是获得最大化的利润。在决定生产中使用多少资本时，企业必须就使用更多资本为其获得收益所做的贡献，与使用更多资本所承担的成本之间求得平衡。如前所述，资本边际产量就是在生产中多使用 1 单位资本所增加的产出。资本的租金（使用者）成本是在生产中多使用 1 单位资本的成本（注意，这两个概念都是流量的概念）。不管企业实际上是购买自己的资本还是租赁，租金成本都是对机会成本（opportunity cost）的正确量度。只要资本边际产量的价值高于租金成本，企业就值得增加其资本存量，因此，企业将继续投资，直到增加 1 单位资本所生产的产品价值，等于使用资本的成本——资本的租金成本为止。这时的资本量就称为合意资本存量。

为了推导资本的租金成本，我们考虑将企业看成是以利率 i 借款，为购买资本融资。企业进行投资时，名义利率是已知的，但并不知道下一年的通货膨胀率。因此，企业必须参考预期通货膨胀率（expected inflation rate）π^e 做出决定，因此，借款的实际成本是 $r=i-\pi^e$。当然，资本也随时间推移而磨损，所以必须加上折旧成本。习惯上的假定是，折旧为每年的百分比 d。因而，租金成本的完整公式是 $r_c=r+d=i-\pi^e+d$（税收也很重要，将在下面讨论）。

企业愿意增加资本，一直到增加的最后 1 单位资本的边际收益降低到等于资本租金成本时为止。资本边际产量递减意味着，随着资本的增加，资本的边际产量下降。如图 14-1 所示，经济的规模扩大，使整个资本边际产量曲线向右移动。在任何既定租金成本下，资本边际产量曲线向右移动就提高了资本需求。

合意的资本存量 K*、资本的租金成本 r_c 与产出水平之间的一般关系可用公式表示为

$$K^* = g(r_c, Y)$$

其中，租金成本增加降低了 K*，而 GDP 的增加则提高了 K*。

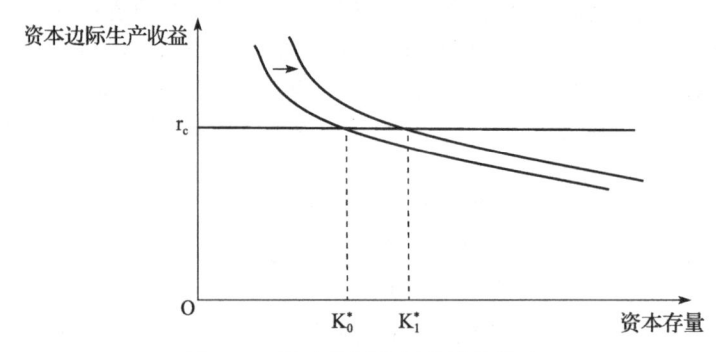

图 14-1 资本边际产量曲线的移动

（二）预期产量

合意资本存量取决于产出水平，但这里的产出水平不是当期的产出水平，而是下一期的产出水平。对一些投资来说，制造产品的期间不过是几个月，甚至是几周之后的时间，对于其他投资如发电站等，生产产品的未来时期就要延长到几年之后。

因此，对资本的需求，取决于正常的或持久的产出水平，因而也取决于对未来产出水平的预期，而不是取决于当前产出水平。但是，当前产出可能影响对持久产出的预期。

（三）税收与资本的租金成本

资本的租金成本除了受利率与折旧影响之外，还受税收的影响。两个主要的税收变量是公司所得税与投资税减免。公司所得税基本上是对利润课征的比例税，即企业按利润的比例来支付税款。公司所得税越高，资本成本就越高。

投资税政策的第二个工具即投资税减免，它准许企业按每年资本支出的一定比例（比如 10%），从其纳税额中扣除。因此，企业在给定的一个年份为投资目的支出 100 万美元，可以从纳税额中扣除 100 万美元的 10% 即 10 万美元，否则这 10 万美元就必须缴纳给政府。所以，投资税减免降低了资本的租金成本。

（四）财政政策与货币政策对合意资本存量的影响

当预期产出水平提高和资本的租金成本降低时，合意资本存量增加。当实际利率与折旧率下降以及投资税减免提高时，资本的租金成本也会下降。

这些结果的重要意义在于，它们意味着货币政策与财政政策会影响合意资本存量。财政政策是通过公司所得税税率与投资税减免两者对资本存量施加影响的。财政政策通过影响 IS 曲线的位置，从而对利率的综合作用，也影响合意资本存量。高税收—低政府支出的政策，保持了较低的实际利率，从而增加了资本需求。低税收—高政府支出政策，将会导致提高实际利率，从而抑制资本需求。

货币政策通过影响市场利率来影响资本需求，联邦储备降低名义利率（在给定预期的通货膨胀率的情况下），导致企业愿意持有更多的资本。资本需求的扩大，又将反过来影响投资支出。

（五）股票市场和资本成本

企业不去借款，而是出售股票或股本，也能筹集到支付投资所需的资金。人们购买股票，希望从其股息中获得报酬，如果企业经营成功，还能从其股票的市场价值增值即资本利得（capital gains）中获得报酬。

当其股票价格上涨时，一家公司可以从出售相对少量的股票中筹集到大量货币，当股票价格低落时，企业必须出售更多的股票，才能筹集到既定数量的货币。如果企业出售少量股票就能达到融资的目的，也就是如果股价高，则企业的所有者，即现有股东，更愿意让企业出售股票去筹集资金。因此，这就是繁荣时期的股票市场有利于投资的缘故。

（六）投资的 q 理论

投资的 q 理论（q theory of investment）强调投资与股票市场之间的这样一种联系。一家公司的股票价格，就是对该公司资本要求权的价格。那么，公司经理在股价高涨时，增加较多的新资本进行投资；而当股票价格降低时，少增加新资本或者完全不投资，这被认为是对股票价格做出的反应。

q 的最简单形式是企业的市场价格与资本重置成本之比。当该比值高时，企业愿意增加更多的资产，因此投资会加速进行。每当 q 大于 1 时，企业就应该增加实物资本，因为对新机器每 1 美元的价值，企业能出售股票卖得 q 美元，赚取 q−1 的利润。这意味着每当 q>1 时，投资就如潮水般蜂拥而来。

二、从合意资本存量到投资

对资本需求存量需求的增加将导致投资。并且，投资量和现有资本存量与合意资本存量之间的差距密切相关。根据可变加速数模型，现有资本存量与合意资本存量之间的差距越大，企业投资率就越快。

根据可变加速数模型，企业在每一时期都打算填补合意资本存量与实际资本存量之间的差距部分 λ。将上期结束时的资本存量表示为 K_{-1}，合意资本存量与实际资本存量之间的差距则表示为 K^*-K_{-1}。企业打算在上期资本存量 K_{-1} 上增加差距（K^*-K_{-1}）的一部分，即 $\lambda(K^*-K_{-1})$，使得当前时期结束时的实际资本存量 K 变为

$$K_0 = K_{-1} + \lambda(K^*-K_{-1})$$

上式表明要将资本存量从 K_{-1} 增加到 K_0 的水平，企业必须实现净投资量 $I=K_0-K_{-1}$，即

$$I = K_0 - K_{-1} = \lambda(K^*-K_{-1})$$

它是净投资渐进调整的表达式。

假定的调整速度为 λ=0.5。从 K_{-1} 水平开始，每一时期的目标资本与本期实际资本间差距的一半得到填补。因此，开始的一个时期的净投资为 0.5(K^*-K_{-1})，在第二个时期，投资率是上一期的一半，因为差距已经减少一半。投资一直持续，直到实际资本存量达到目标资本水平为止。λ 越大，差距减少得越快。

总之，现期投资支出取决于合意资本存量 K^* 与实际资本存量 K_{-1}。任何增加合意资本存量的因素，都将增加投资率。所以，增加预期产量，降低实际利率，或者增加投资税减免，都将增加投资率。

第三节 货币需求函数的经验性证据

货币需求的利率弹性（interest elasticity）在确定货币政策和财政政策的有效性中起到了重要的作用。货币需求理论还预言，货币需求应当取决于收入水平。以货币需求的收入弹性（income elasticity）来衡量的货币需求对收入水平的反应，从政策角度看也是十分重要的。正像我们将在下面所看到的，货币需求的收入弹性能够指导中央银行，为支持既定的 GDP 增长率，在不改变利率的情况下要以多快的速度增加货币供给。本节考察货币需求的经验证据。

一、滞后的调整

关于货币需求的实证性研究表明，货币需求的调整是滞后于收入与利率变动的。当收入水平或利率变化时，起初货币需求只发生很小的变化。随着时间的推移，货币需求的变化加大，逐渐增加到其充分的长期变化。

这种滞后有两个基本原因。第一，调整货币的持有量需要付出成本和代价；第二，货币持有者期望放慢调整。调整成本包括寻找管理货币的新的最佳方式的费用，以及在需要时设立新型账户的费用。在期望方面，如果人们相信利率的既定变动是暂时的，他们就不愿对其货币持有量进行重大调整。当随着时间的推移，人们越来越清楚这种变化显然不是暂时性的时候，他们才愿意进行较大的调整。

二、对 M1 需求的经验结论

Ball 对 2010 年美国货币数据的分析[①]，得到 M1 的需求对收入和利率变化做出反应的估计值。在短期（一个季度），货币需求对于实际收入做出反应的弹性是 0.11。这意味着实际收入每增加 1%，货币需求会提高 0.11%，这显著地小于同比例的变动。短期的利率弹性很小。国债利率增加一个百分点，只会使货币需求减少 0.8%。长期弹性比短期弹性大 5 倍，长期实际收入弹性是 0.53，这意味着在长期，由于实际收入的给定增长所引起的实际货币需求的增加，相当于收入增长的 0.53%，因此，实际货币需求增加的比例低于实际收入增加的比例。国债利率每提高一个百分点，在长期会使货币需求减少 4%。实证性研究证实了货币需求的四个基本特性。

- 实际货币余额需求与利率成反向变动。利率上升使货币需求减少。
- 货币需求随实际收入水平的增加而增加。
- 货币需求对利率和收入变动的短期反应，与长期反应相比，是相当小的，长期弹性大约是短期弹性的 5 倍。
- 名义货币余额需求同价格水平成比例地变动。不存在货币幻觉，换言之，货币需求是对实际余额的需求。

三、对 M2 的需求

金融系统的创新使得 M1 与其他资产之间的流动更加容易，比如，自动取款机通常允许从储蓄账户中支取现金。我们可以说，相对于过去，储蓄账户如今可以更好地替代 M1。例如，当货币在储蓄账户与现金之间流动时，M1 变化了，而 M2 却没有变化。因此，金

---

① 资料来源：Ball L. Short-Run Money Demand[J]. Social Science Electronic Publishing, 2012, 59(7):622-633.

融创新使得对 M2 的需求比对 M1 的需求更加稳定。

我们预计实际货币需求与持有 M2 的机会成本是反向变动的，持有 M2 的机会成本就是国债利率这类市场利率与构成 M2 的各种形式的存款所支付的加权平均利率之间的差额。我们也预计实际的 M2 货币需求与收入水平成正方向变动。

四、货币的收入流通速度

货币的收入流通速度是指每年内货币存量在融通该年收入流量时被换手的次数。它等于名义 GDP 与名义货币存量的比率。因此，2012 年美国 GDP 大约为 158290 亿美元，M2 货币存量平均为 104760 亿美元，所以，M2 的流通速度大约是 1.7。M2 货币余额平均每 1 美元融通 1.51 美元的最终商品与服务的支出，或者说，公众对每 1 美元收入持有的 M2 平均为 66 美分。

如前所述，货币的收入流通速度被定义为

$$V = \frac{P \times Y}{M} = \frac{Y}{M/P}$$

即名义收入与名义货币存量之比，或者等于实际收入与实际货币余额之比。

实证研究表明，M2 的流通速度相对稳定，而且流通速度具有随市场利率变化而一同涨跌的明显趋向。

第十五章
CHAPTER 15

总需求-总供给模型及其应用

第一节 价格水平波动与经济周期的几个关键概念

理解经济周期的关键是：第一，价格和工资并不总是迅速调整的。结果，劳动需求与供给并不总是平衡的，经济可能会偏离充分就业。第二，工资和价格最终确实会做出调整以对供求做出反应，把市场（包括劳动市场）带回均衡状态。只要有足够的时间，工资通常将做出调整以恢复充分就业，使得经济回到长期均衡。

当代西方经济学的共识是，当工资（和价格）有足够的时间调整时，供给与需求将在包括劳动市场的所有市场上平衡。一旦这些发生时，就业水平、潜在产出、实际利率和价格水平的决定就像在前述的充分就业模型解释的那样。因为工资和价格的调整需要时间，我们常说充分就业模型描述的是长期（long run）的经济，长期是可以使得工资和价格足够调整到供求均衡的时间长度。

当工资和价格调整缓慢时，导致均衡的基本价格机制不能有效作用。换言之，短期（short run）是工资或价格不能使得供求平衡的时期。在短期，就业水平可能偏离充分就业水平，工资和价格不能足够快地做出反应使得经济回到充分就业。但是，如前所述，一旦工资和价格有足够的时间调整，经济就会回到充分就业，长期均衡模型将占支配地位。

我们还将讨论关于个人、厂商和经济决策者行为的简化的假设，它们将在澄清工资和价格的缓慢调整对短期经济波动的含义上发挥重要的作用。

一、黏性工资

第一个关键概念是一个我们已经论述过的概念：周期性失业的基本解释是，当劳动需求或劳动供给曲线移动时，工资没有足够迅速地做出调整。这种不能迅速调整的工资称为黏性工资。黏性工资导致至少一段时间内，有时是很长一段时间，在市场工资水平上劳动需求可能与劳动供给不相等，这是宏观经济学中非常重要的一个假设。

名义工资调整比较缓慢有几个原因，下面简单介绍三个。

1. 工资合同

一些工资可能是由工会合同确定的，合同通常持续一个固定的时期，例如可能为3年。如果刚好在经济衰退之前签署了合同，可能在新的工资调整发生之前还有两年多时间。即使没有正式的劳动合同，类似的刚性也可能发生。这是因为雇主与雇员之间的关系是由很多长期发展起来的不成文的相互理解支配的。这些隐含的相互理解被称为隐性劳动合同（implicit labor contract）。虽然多数工人没有被成文的劳动合同所覆盖，但工资和薪金通常一年调整一次，这也对名义工资的调整迟缓产生了影响。

2. 效率工资

厂商可能会发现，通过支付高于劳动市场出清的实际工资会导致工人较高的生产率，从而可以获得更多的利润。当亨利·福特 1914 年开设汽车厂时，他每天付给工人 5 美元，为当时流行工资的 2 倍以上。高工资可以保证福特的雇员努力工作。因为他们知道，如果被解雇他们很难找到支付同样工资的另一份工作。亨利·福特知道他的新生产技术流水线一旦与被激励起来的工人相结合就会增加其利润。高工资还降低了劳动力的周转率，因为工人们不愿辞去高工资的福特工作。低周转率使得福特公司节省了每当有经验的工人离开时培训缺乏经验的新工人的费用。通过提高生产率和降低周转成本，福特支付高工资是合算的。

3. 风险与不确定性

对一个希望减少其劳动力的厂商来说，削减工资可能是一个危险的策略。事实上，该厂商可以通过直接解雇不需要的工人来减少不确定性。

二、黏性价格

与名义工资一样，许多价格也是黏性的。与工资不能调整时劳动需求曲线的移动会导致失业的波动一样，产品需求的移动也会引发生产的波动。当对一家厂商产品的需求下降时，厂商可能会通过降价或减产来做出反应。我们对经济波动的分析是根据一个基本认识——在短期，厂商会通过调整生产和就业对需求做出反应。它们最初会调整生产，而不是调整价格。这是理解经济波动的第二个关键概念。

当零售商店 12 月的需求由于假日销售旺季而上升时，商店的反应可以是提价并保持销售相对稳定。然而，商店并没有这样做，它保持价格不变并增加销售以满足增加的需求。当然，在一些市场，价格确实会对需求的移动迅速做出反应。例如，农产品市场或原油等货物那样的竞争性市场通常以价格的迅速调整为特征。而在另一些市场上，价格和生产都会做出调整。现有的研究指出了黏性价格存在两个关键原因。

1. 成本的作用

对大多数企业来说，劳动成本是其生产成本的主要组成部分。在短期，由于劳动力成本（即工资）调整缓慢，导致价格调整缓慢。

2. 风险与不确定性

风险与不完全信息可能会显著减缓价格调整的速度。在完全竞争的市场，厂商把价格作为给定的；在不完全竞争的市场，厂商对自己生产的产品价格有一定的控制。但是，对价格变动的后果，厂商面临很大的不确定性。降价对厂商销售的影响取决于行业中其他企业以及顾客如何反应。如果竞争对手也降价，厂商就不能增加市场份额，价格下降可能仅仅使其利润直线下降。如果竞争对手无反应，厂商可能会得到竞争优势。顾客的反应也是难以预测的。如果他们认为这只是一系列减价的第一次，他们可能会等到价格继续下降时再购买。于是，价格的下降可能会降低销售量。

与改变产出和就业引发的不确定性相比，改变价格的不确定性更大。由于厂商喜欢避险，它们试图避免使价格（以及工资）发生大幅度的变动。它们宁可接受产量和就业的较大变动。于是，价格是黏性的。

三、通货膨胀的调整

理解经济波动的前两个基本观点——工资和价格不能迅速调整非常重要，它们意味着，需求的变动将造成就业和生产的波动。理解宏观经济波动的第三个要素是通货膨胀，通货膨胀率是价格总水平的变动率。

要理解通货膨胀的行为，区分两个术语很重要。第一个是，价格水平与通货膨胀率的区分。价格水平是衡量相对于基年的总体价格的指数。假定2004年消费价格指数CPI等于188.9，CPI的基年为1982—1984年价格的平均值。根据定义CPI在基年等于100，那么从基年到2004年CPI中的一篮子产品和服务的价格已经上升了88.9%。2004年的价格水平高于1982—1984年的价格水平。

通货膨胀率告诉我们价格水平的上升有多快。2004年，通货膨胀率为2.7%。这意味着2004年的价格水平比2003年高2.7%。一个较高的通货膨胀率意味着价格水平上升得较快。一个负的通货膨胀率（通货紧缩）意味着价格水平在下降。

较高的价格水平并不意味着通货膨胀较高。例如，2004年的价格水平大大高于1982年，但通货膨胀率较低。通货膨胀在1982年为6.2%，而2004年仅为2.7%，因此价格的增长比1982年慢得多。

第二个需要区分的概念是黏性（sticky）和固定不变（constant）（即"刚性"）。当我们说黏性的工资和价格时，是指面对供给和需求的移动，工资和价格不能迅速做出调整，而不是说它们是固定不变的（在IS-LM模型或者说正统凯恩斯模型中使用的就是固定不变的价格假设）。工资和价格都会随着时间的推移而调整。

价格总水平的变化率，即通货膨胀率，将是我们的短期波动模型的关键宏观经济变量之一。

四、通货膨胀、货币政策与支出

当通货膨胀开始上升时，政府可能会推行降低总支出的政策。保持稳定的低通货膨胀率是多数国家的首要目标，中央银行——例如，美国的美联储或经济和货币同盟成员国的欧洲中央银行——是负责通过实行货币政策实现这一目标的政府机构。为了控制通货膨胀，发达国家和许多发展中国家的中央银行在通货膨胀上升时会降低总需求；在通货膨胀下降时会增加总需求。

通货膨胀与总支出的这一关系取决于货币政策实施的方式。当经济经历扰动时，经济的运行将依赖于政府机构采取什么政策来回应，就像依赖于厂商和家庭如何对经济状况的变化做出反应一样。

在理解经济中的短期波动方面，我们特别需要抓住央行的作用及其有关货币政策的决定所起的作用。如前所述，实际利率对家庭的储蓄决策和厂商的投资决策影响最大。实际利率是对通货膨胀做出调整以后的名义利率。在长期，在充分就业状态，实际利率可以平衡国民储蓄与投资。然而，在短期，当经济可以围绕充分就业波动时，美联储也能够通过影响名义利率来影响实际利率。

五、把四个关键概念联系起来

我们现在论述使用四个关键概念一起解释当经济不处于充分就业状态时产出和通货膨胀是如何被决定的。图15-1显示了它们是如何被决定的。我们可以从任何一个方框开始，使用关键概念在循环中游历。例如，让我们假定某种因素使得需求下降了。需求的下降会使得厂商缩减生产——产出下降了。由于生产处于较低的水平，厂商不再需要那么多工人，因此出现了解雇和周期性失业的上升，工资不能足够迅速地调整使得经济保持在充分就业的水平。高周期性失业会使得工资增长较慢，以至于通货膨胀下降。面临下降的通货膨胀，中央银行会采取行动刺激某些类型的支出，帮助抵消这一过程的初始的需求下降。

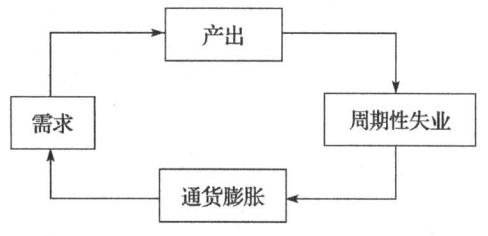

图 15-1　有关经济波动研究的关键概念

第二节　总需求曲线

一、回顾：向下倾斜的总需求曲线及其原因

总需求曲线表现的是总价格水平和来自居民、企业和政府对总产出的需求数量之间的关系。我们在第十三章中已经通过 IS-LM 模型推导了向下倾斜的总需求曲线。在这里，我们首先重述总需求曲线向下倾斜的原因。继而，为了更深刻理解总需求曲线，我们也给出其他的总需求曲线推导方法。

总需求曲线向下倾斜的原因大致如下。

1. 利率效应

因为"对于任何给定的货币供给 M，更高的价格水平 P 降低了实际货币余额的供给 M/P，更低的实际货币余额的供给使 LM 曲线向上移动，从而提高了均衡利率并降低了均衡收入水平"，由此导致向下倾斜的总需求曲线。

因为 LM 曲线的理论基础是流动性偏好理论，所以我们也可以对向下倾斜的总需求曲线给出一个经济学直觉意义上的解释：

当总价格水平提高的时候，如果其他条件不变，人们持有的给定数量的货币的购买力将降低。为了购买与以前同样数量的产品和服务，人们现在需要持有更多的货币。因此，当总价格水平提高时，人们为了增加他们持有的货币量，一方面可以通过更多的借贷，另一方面可以出售他们拥有的像债券之类的其他资产，这些都会导致利率水平的提高，从而投资支出下降。这就导致了总需求曲线向下倾斜。

2. 财富效应

总价格水平上升后，如果其他条件不变，将会降低许多资产的购买力。例如，某人在银行存款 5000 美元。如果总价格水平上涨 25%，5000 美元只能购买相当于以前 4000 美元的东西。由于购买力降低，银行存款的所有者或许会缩减他的消费计划。因为总价格水平的上升降低了银行存款的购买力，其他人也会按相同的方式反应，导致对最终产品和服务的支出下降。相应地，总价格水平的下降会提高消费者资产的购买力，从而提高他们的消费需求。总价格水平变化的财富效应是指总价格水平的变化由于影响了消费者所拥有的资产的购买力从而改变了消费支出水平的效应。正因为如此，当总价格水平上升时，引起了消费支出水平的下降，所以总需求曲线也就向下倾斜了。

二、从简单收入 – 支出模型推导总需求曲线

在第十三章中，我们使用 IS-LM 模型导出了总需求曲线。实际上通过简单收入 – 支

出模型，再加上以上介绍的"利率效应"和"财富效应"，也可以导出总需求曲线。

收入－支出均衡点是代表计划总支出的直线与45°线的交点。如图15-2所示，在计划总支出 $AE_{计划1}$ 下，收入－支出均衡点为点 E_1，相应的实际GDP为 Y_1。

然而，我们已经知道，总价格水平的变化会改变任一给定的实际GDP水平下计划总支出的水平。这意味着当总价格水平变化时，$AE_{计划}$ 曲线会发生移动。例如，假设总价格水平下降了，由于财富效应和利率效应，总价格水平的下降会导致任一给定实际GDP水平下更高的计划总支出。所以 $AE_{计划}$ 曲线会向上移动，如图15-2所示，从 $AE_{计划1}$ 移动到 $AE_{计划2}$。计划总支出的提高会产生乘数过程，使得收入－支出均衡点由点 E_1 移动到点 E_2，实际GDP从 Y_1 上升到 Y_2。

三、从货币数量论推导总需求曲线

根据货币数量论，即

$$MV = PY$$

式中，M为货币供给；V为货币流通速度；P为价格水平；Y为产出量。如果货币流通速度是不变的，那么，这个方程是说，货币供给决定产

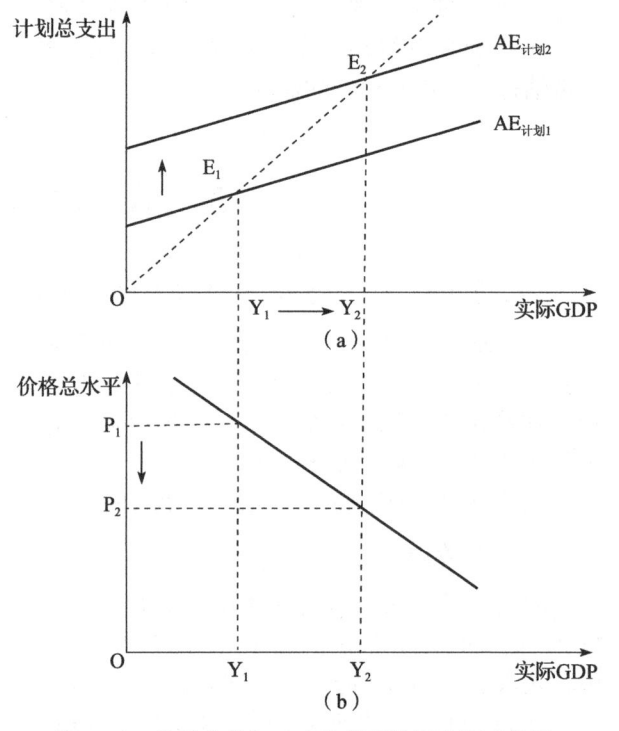

图15-2 从简单收入－支出模型推导总需求曲线

出的名义值，产出的名义值又是价格水平与产出量的乘积。M和V保持不变时，满足数量方程的P和Y的组合就是向右下方倾斜的曲线，即总需求曲线。

换言之，货币供给M和货币流通速度V决定了产出的名义值PY。一旦PY是固定的，如果P上升，Y必定下降。

四、从货币政策曲线推导总需求曲线

从本章第一节介绍的有关经济波动的核心概念中，我们已经了解，央行对通货膨胀的反应，即货币政策是理解经济波动的关键因素之一。因此，下面我们首先介绍货币政策曲线，并由此推导总需求曲线。

（一）货币政策曲线

货币政策（MP）曲线（monetary policy curve）表明了中央银行设定的实际利率与通货膨胀率之间的关系。货币政策曲线用下式表示为

$$r = \bar{r} + \lambda\pi \tag{15-1}$$

其中，$\bar{r}$ 表示实际利率中由货币政策当局所设定的自发（外生）组成部分，它与当前通货膨胀水平无关；而 λ 衡量实际利率对通货膨胀率变化所做出的反应。

为了使我们关于货币政策曲线的讨论更加具体，图15-3表示了一个货币政策曲线的

例子，其中 r=1.0，λ=0.5，表达式为
$$r = 1.0 + 0.5\pi$$

在 A 点，通货膨胀率为 1%，联储将实际利率设定在 1.5%；在 B 点，通货膨胀率为 2%，联储将实际利率设定在 2%；在 C 点，通货膨胀率为 3%，联储将实际利率设定为 2.5%。经过 A、B 和 C 点的直线是货币政策曲线，这一曲线是向上倾斜的，表明当通货膨胀率上升时货币政策提高实际利率。

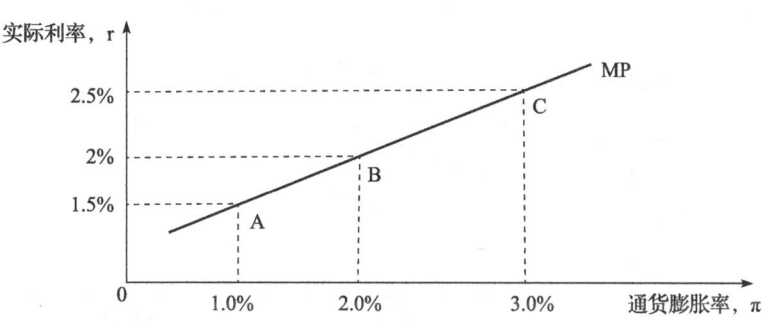

图 15-3 货币政策曲线

1. 泰勒原理：为什么货币政策曲线向上倾斜

为了明白为什么 MP 曲线向上倾斜，我们需要承认中央银行力图保持通货膨胀率稳定。为了稳定通货膨胀率，货币政策制定者遵循泰勒原理（Taylor principle），这一原理以斯坦福大学的约翰·泰勒（John Taylor）的名字命名。根据泰勒原理，货币政策制定者提高名义利率的量超过通货膨胀率的预期上升量，从而使在通货膨胀率上升时实际利率也上升，正如 MP 曲线所表示的那样①。约翰·泰勒和许多研究人员都发现，在实践中货币政策制定者倾向于遵循泰勒原理。

为了弄清为什么货币政策制定者遵循泰勒原理，考虑一下如果政策制定者不这么做时将会发生什么。在这种情况下，通货膨胀率的上升会导致实际利率的下降，实际利率的下降会导致总产出的增加，总产出的增加使得通货膨胀率进一步上升，这又会导致实际利率进一步下降，总产出进一步增加，我们可以将这一机制表示为

$$\pi\uparrow \Rightarrow r\downarrow \Rightarrow Y\uparrow \Rightarrow \pi\uparrow \Rightarrow Y\uparrow \Rightarrow \pi\uparrow$$

结果是通货膨胀率将会持续上升，最终不受控制。实际上，这正是 20 世纪 70 年代美国发生的事，当时美联储提高的实际利率的量没有通货膨胀率上升的量那么多，从而实际利率下降。通货膨胀率加速上升，超过了 10%。

2. MP 曲线的移动

区分以下两者是很重要的：一是使货币政策曲线发生移动的货币政策的变动，我们称其为自发变动；二是由泰勒原理驱动的变动，表现为沿着货币政策曲线发生的运动，我们称其为对利率的自然调整。

中央银行会因为各种各样的原因对货币政策进行自发变动。中央银行可能希望改变当前的通货膨胀率。例如，为了降低通货膨胀率，中央银行可以将 $\bar{r}$ 升高 1 个百分点，从而在任何给定通货膨胀率下实际利率都上升了，我们把这样的政策称为货币政策的自发收紧（autonomous tightening of monetary policy）。这种货币政策的自发收紧将使货币政策曲

---

① 注意，泰勒原理与泰勒规则不同：泰勒原理并没有为货币政策应该如何对经济条件做出反应提供精确的规则，而泰勒规则提供了这样的规则。

线向上移动 1 个百分点，如图 15-4 所示，从 MP$_1$ 移动到 MP$_2$，从而导致经济收缩和通货膨胀率下降。或者，如果经济即将进入衰退，为了刺激经济和防止通货膨胀率下降，货币政策制定者想在任何给定的通货膨胀率下都降低实际利率，这被称为货币政策的自发放松（autonomous easing of monetary policy）。这种货币政策的自发放松将导致货币政策曲线向下移动（如 1 个百分点），如图 15-4 所示，从 MP$_1$ 移动到 MP$_3$。

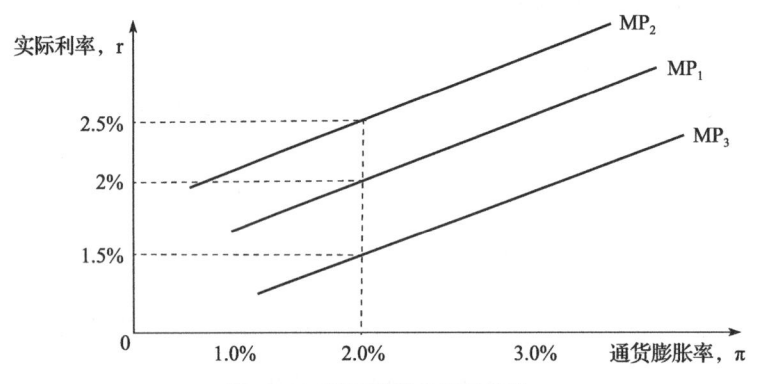

图 15-4 货币政策曲线的移动

总之，沿着 MP 曲线的运动——如图 15-2 中从 A 点到 B 点再到 C 点的运动——应被理解为是中央银行在通货膨胀率上升时提高利率的正常反应（也被称为内生反应）。所以我们可以把沿着 MP 曲线的运动看成是利率随着通货膨胀率的上升而上升，这也是中央银行面对通货膨胀率变化的自然反应。这样的反应不会使货币政策曲线发生移动。而当方程（15-1）中的 $\bar{r}$ 变大时，这就不是对高通货膨胀率的一个自然反应，而是货币政策的自发收紧。这种收紧使得 MP 曲线向上移动，如图 15-4 所示，从 MP$_1$ 移动到 MP$_3$。

（二）总需求曲线

MP 曲线显示了中央银行如何改变利率来对通货膨胀率的变化做出反应，并要遵循泰勒原理。我们在第十三章所介绍的 IS 曲线说明了利率的变化反过来会影响均衡产出。有了这两条曲线，在公众对于通货膨胀率的预期以及货币政策立场给定的条件下，我们现在可以将总产出的需求量和通货膨胀率联系起来。

根据 MP 曲线，我们知道当通货膨胀率从 1% 上升到 2% 再上升到 3% 时，实际利率从 1.5% 上升到 2% 再上升到 2.5%。我们将这些点画在图 15-5（a）中，联结起来得到 MP 曲线。在图 15-5（b）中我们画出 IS 曲线（Y=12−r），当实际利率从 1.5% 上升到 2% 再上升到 2.5% 时，均衡从点 1 移动到点 2 再移到点 3，总产出从 10.5 万亿美元下降到 10 万亿美元再下降到 9.5 万亿美元。图 15-5（a）和图 15-5（b）显示，当通货膨胀率从 1% 上升到 2% 再上升到 3% 时，均衡从点 1 移动到点 2 再移到点 3，总产出从 10.5 万亿美元下降到 10 万亿美元再下降到 9.5 万亿美元，我们把通货膨胀率和总产出的组合画在图 15-5（c）中。

在图 15-5（c）中，联结这些点的曲线就是总需求曲线 AD，对于任何给定的通货膨胀率，这一曲线表明了与这三个实际利率中每一个相对应的、与产品市场均衡一致的总产出水平。总需求曲线是向下倾斜的，这是因为，更高的通货膨胀率导致中央银行提高实际利率，从而降低计划支出，降低均衡时的总产出水平。

利用一些简单的代数计算，图 15-5 中所示的 AD 曲线可以写为

$$Y = 11 - 0.5\pi$$

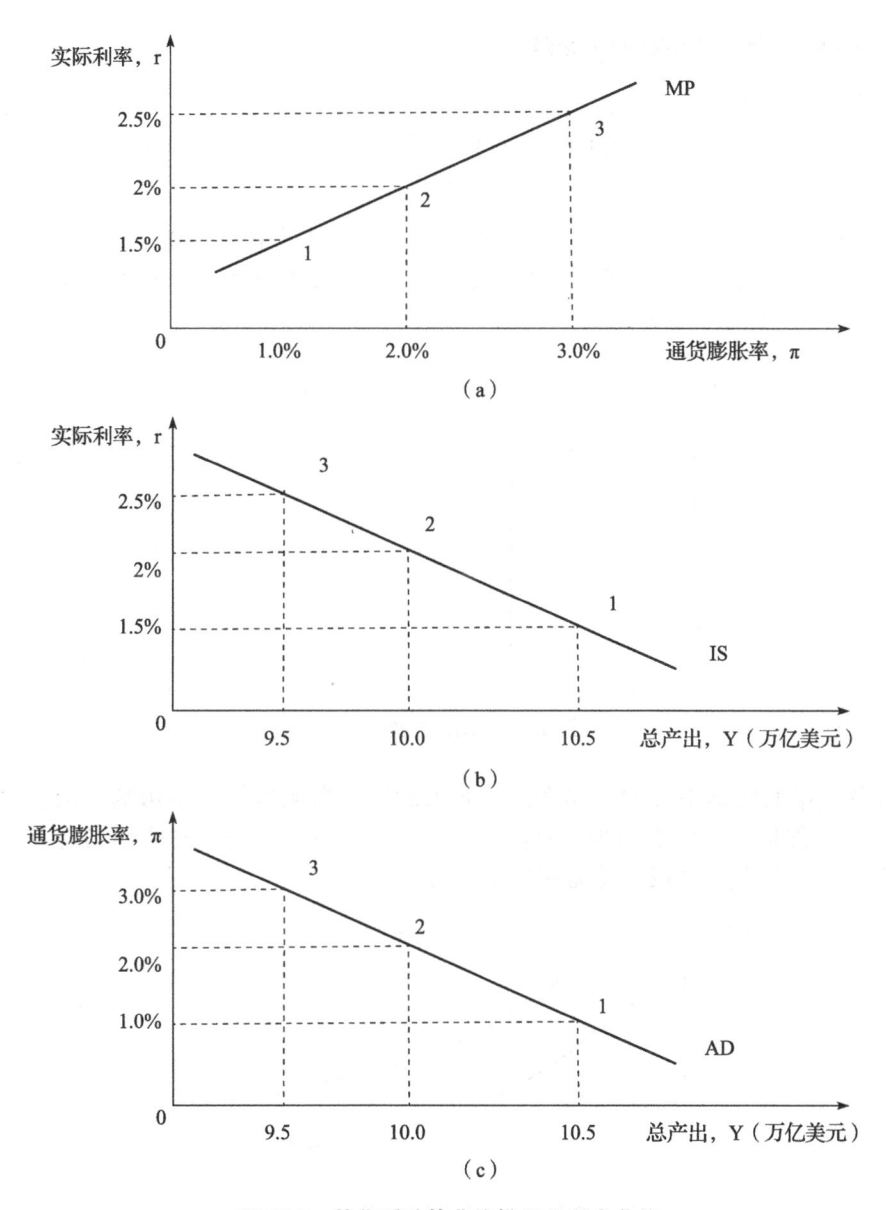

图 15-5　从货币政策曲线推导总需求曲线

第三节　总供给曲线

为了与总需求曲线相配合，我们需要与总需求曲线相交的 P 与 Y 之间的另一种关系——总供给曲线。总需求曲线与总供给曲线共同决定了经济的价格水平与产出数量。

总供给（aggregate supply，AS）是产品与服务的供给量和价格水平之间的关系。由于供给产品与服务的企业在长期中有具有弹性的价格，但在短期中价格是黏性的，总供给关系取决于时间范围。我们需要讨论两种不同的总供给曲线：长期总供给曲线（LRAS）与短期总供给曲线（SRAS）。

一、长期：垂直的总供给曲线

由于古典模型描述了经济在长期的行为，所以可以从古典模型中推导长期总供给曲线。如第十章所述，生产的产出数量取决于固定的资本与劳动量以及可获得的技术，即

$$Y = F(\overline{K}, \overline{L}) = \overline{Y}$$

根据古典模型，产出并不取决于价格水平。为了说明不管价格水平如何，产出都固定在这一水平，我们绘出一条垂直的总供给曲线，如图 15-6 所示。在长期，总需求曲线与这条垂直的总供给曲线的交点决定了价格水平。

图 15-6　长期总供给曲线

如果总供给曲线是垂直的，那么，总需求的变动影响价格但不影响产出。例如，如图 15-7 所示，如果货币供给减少，总需求曲线向下移动，经济从总供给与总需求原先的交点 A 点移动到新交点 B 点。总需求的移动只影响价格。

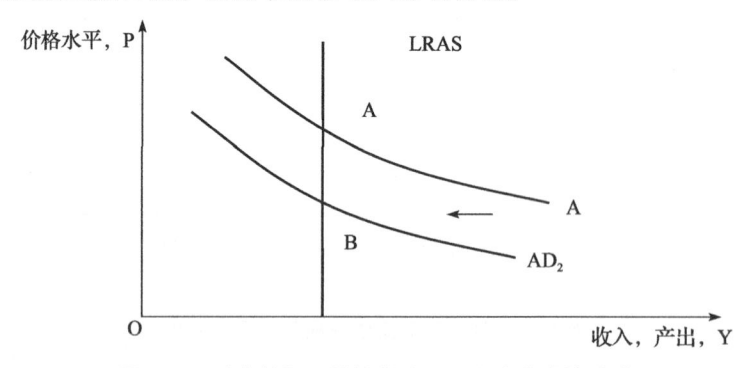

图 15-7　垂直长期总供给曲线下总需求曲线的移动

垂直的总供给曲线满足古典二分法，因为它意味着产出水平独立于货币供给。这一长期产出水平，$\overline{Y}$ 被称为产出的充分就业（full-employment）水平。它是经济的资源得到充分利用，或者更现实地说，失业为其自然率时的产出水平。

二、极短期：水平的总供给曲线

古典模型和垂直的总供给曲线只在长期中适用。在短期中，一些价格是黏性的；在极短期，一些价格是固定的，因而不能根据需求的变动做出调整。由于这种价格黏性，短期总供给曲线不是垂直的；由于极短期价格水平固定，总供给曲线就是水平的，如图 15-8 所示。

价格水平，P

极短期总供给曲线
SRAS

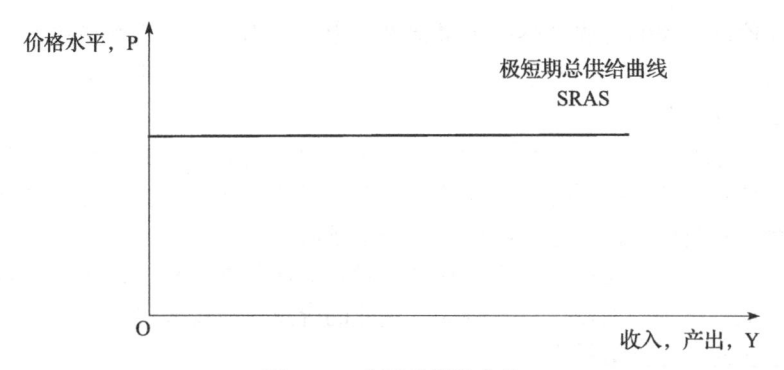

O   收入，产出，Y

图15-8   水平总供给曲线

经济的短期均衡是总需求曲线与这条水平的总供给曲线的交点。在这种情况下，总需求变动确实影响产出水平，例如，如果美联储突然减少货币供给，总需求曲线向内移动，如图15-9所示。经济从总需求曲线与总供给曲线原先的交点A点移动到新交点B点。代表了在固定价格水平上产出的减少。

因此，因为价格并不立即进行调整，短期中总需求的减少使产出下降。在总需求突然减少之后，企业被固定在太高的价格上。在需求低和价格高的情况下，企业卖出的产品减少了，因此，它们减少生产并解雇工人。经济经历着一次衰退。

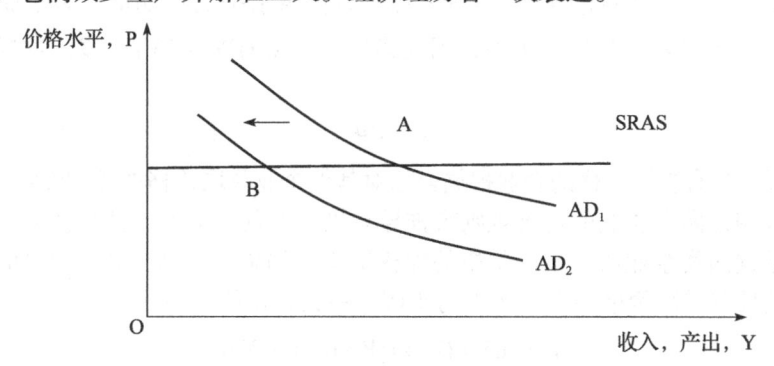

价格水平，P

A   SRAS
B
AD$_1$
AD$_2$

O   收入，产出，Y

图15-9   水平总供给曲线下总需求曲线的移动

必须指出的是，即使在极短期，现实也比上述情形复杂。虽然许多价格在短期具有固定性，但一些价格能够对变化的环境迅速做出反应。在一些价格具有固定性和另一些价格具有弹性的经济中，短期总供给曲线是向上倾斜的而不是水平的。

三、黏性价格模型

一般而言，总供给曲线既不是完全垂直的，也不是完全水平的，而是表现为向右上倾斜。对向右上方倾斜的短期总供给曲线的最广为接受的解释是黏性价格模型（sticky-price model）。该模型强调了企业不能针对需求变动即刻调整它们索取的价格。有时价格是由企业与顾客之间的长期合约决定的。甚至在没有正式协议时，企业也可能保持价格的稳定，以避免频繁的价格变动给自己的长期顾客造成困扰。一些价格有黏性是因为某些市场的组织方式：一旦企业印制和分发了它的产品目录或价格单，改变起来就成本高昂。有时黏性价格可能是黏性工资的反映：企业基于生产成本来定价，工资可能依赖于随着时间逐渐演变的社会规范和公平观念。

关于黏性价格，我们首先考察一个最常见的模型。为了完全理解该模型，必须假定市场是不完全竞争的。在不完全竞争条件下，企业具有某种程度的市场势力，因而可以是或者部分是价格的设定者。

考虑一个典型企业所面临的定价决策。企业的合意价格 p 取决于以下两个宏观经济变量。

- 价格总体水平 P。更高的价格水平意味着更高的企业成本。因此，价格总体水平越高，企业对自己的产品想要收取的价格也越高。
- 总收入水平 Y。更高的收入水平提高了对企业产品的需求。由于在更高的生产水平上边际成本增加，所以，需求越大，企业的合意价格也越高。

我们把企业的合意价格写为

$$p = P + \alpha (Y - \overline{Y})$$

该式说明，合意价格 p 取决于价格总体水平 P 和相对于自然水平的总产出水平 $Y - \overline{Y}$。参数 α（大于零）衡量企业的合意价格对总产出水平的反应有多大。

现在假设有两种类型的企业。一些企业的价格有弹性：它们总是根据上式来设定其价格。另一些企业的价格是黏性的：它们根据自己预期的经济状况事先宣布自己的价格。具有黏性价格的企业设定价格为

$$p = EP + \alpha (EY - E\overline{Y})$$

式中，E 代表一个变量的预期值：EP 就是对价格水平的预期值。为了简化起见，假设这些企业预期产出处于其自然水平，因此最后一项 $\alpha (EY - E\overline{Y})$ 为零。这样，这些企业设定的价格为

$$p = EP$$

也就是说，具有黏性价格的企业根据自己对其他企业收取价格的预期设定自己的价格。

我们可以用这两类企业的定价规则来推导总供给方程。为此，我们找到经济的价格总体水平，它是这两类企业所设定的价格的加权平均。如果 s 是具有黏性价格的企业所占的比例，1 − s 是具有弹性价格的企业所占的比例，那么，价格总体水平为

$$P = sEP + (1-s)[P + \alpha (Y - \overline{Y})]$$

第一项是具有黏性价格的企业的价格乘以这些企业在经济中的比例，第二项是具有弹性价格的企业的价格乘以这些企业的比例。现在从这个方程的两边同时减去 (1−s)P，得到：

$$sP = sEP + (1-s)[\alpha (Y - \overline{Y})]$$

两边同时除以 s，解出价格总体水平为

$$P = EP + \left[\frac{(1-s)\alpha}{s}\right](Y - \overline{Y})$$

这个方程的两项可以解释如下。

- 当企业预期高价格水平时，它们也预期高成本。事前将价格固定的企业设定高的价格。这些高价格引起其他企业也设定高价格。因此，高的预期价格水平 EP 导致高的实际价格水平 P。这种影响不取决于具有黏性价格的企业的比例。
- 当产出高时，对产品的需求也高。那些价格有弹性的企业设定高的价格，这就导致高价格水平。产出对价格水平的影响取决于具有黏性价格的企业的比例。具有黏性价格的企业越多，价格水平对经济活动水平做出的反应越小。

因此，价格总体水平取决于预期的价格水平和产出水平。经过代数整理，这个总定价

方程可以写为
$$Y = \overline{Y} + \alpha(P - EP)$$

式中，$\alpha = \dfrac{s}{(1-s)\alpha}$。价格黏性模型告诉我们，产出对自然水平的偏离与价格水平对预期价格水平的偏离呈正相关。

四、不完备信息模型

对短期总供给曲线向右上方倾斜的另一种解释被称为不完备信息模型（imperfect information model）。与前面的模型不同，这个模型假设市场出清——也就是说，所有价格自由调整，以平衡供给和需求。在这一模型中，短期与长期总供给曲线的不同是因为对价格暂时的错误认知。

不完备信息模型假设经济中的每个供给者只生产一种产品和消费许多产品。由于产品种类如此之多，供给者无法总是观察到所有价格。他们密切监控他们所生产的产品价格，但对总体价格水平的监控就没那么准确了：他们是根据预期来判断总体价格水平的变动的，这就导致价格水平与产出之间在短期存在正相关关系。

经过推导分析，我们能得到如下结论：当实际价格超过预期价格时，供给者提高他们的产出。该模型意味着总供给曲线可以写为
$$Y = \overline{Y} + \alpha(P - EP)$$
当价格水平偏离预期价格水平时，产出偏离其自然水平。

我们已经看到了两个总供给模型。第一个模型假设一些产品的价格是黏性的；第二个模型假设关于价格的信息是不完备的。这两个模型得到的结论是完全相同的，即，产出对自然水平的偏离是和价格水平对预期价格水平的偏离相关的：如果价格水平高于预期价格水平，产出超过其自然水平。如果价格水平低于预期价格水平，产出低于其自然水平。如图 15-10 所示，注意短期总供给曲线是根据一个给定的预期 EP 画出的，EP 的变动将使该曲线移动。

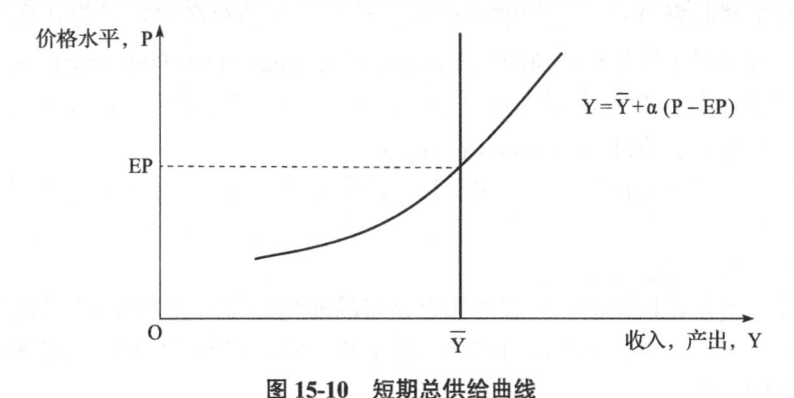

图 15-10　短期总供给曲线

第四节　菲利普斯曲线和总供给

一、菲利普斯曲线

1958 年，新西兰的经济学家威廉·菲利普斯（Willian Phillips）发现，在许多国家，失

业率与通货膨胀率之间存在负相关关系，这一关系称之为菲利普斯曲线（Phillips curve）。

菲利普斯曲线背后的思想不难通过直觉来理解：当劳动市场景气时，即失业率低时，企业可能很难雇用到符合条件的工人，甚至有可能很难留住现有的工人。由于劳动市场工人短缺，企业会提高工资以吸引需要的工人，并更快地提高产品的价格，从而导致较高的通货膨胀率。

（一）20 世纪 60 年代的菲利普斯曲线分析

由于工资的上升对综合的通货膨胀率直接起作用，在 20 世纪 60 年代，菲利普斯曲线作为通货膨胀率波动的一种解释变得极其盛行，原因是它能够与数据很好地契合。美国 1950—1969 年的通货膨胀率与失业率所显示的，失业率与通货膨胀率之间存在很清楚的负相关关系。那一时期的菲利普斯曲线似乎意味着失业率与通货膨胀率之间存在长期的权衡，也就是说，政策制定者可以选择会导致更高通货膨胀率的政策，最终失业率会持续地处于更低的水平。这一明显的权衡在 20 世纪 60 年代的政策制定中非常具有影响力。

（二）弗里德曼 – 费尔普斯的菲利普斯曲线分析

1967 年和 1968 年，米尔顿·弗里德曼和埃德蒙·费尔普斯区分了名义工资和实际工资，工人和企业关注的是实际工资（即工资可以购买的实际产品和服务的数量），而非名义工资。他们指出：当工人和企业预期价格水平将上升时，他们将向上调整名义工资以便实际工资不会下降。换句话说，工资与综合的通货膨胀率将随着预期通货膨胀率的上升一对一地上升，并对劳动市场的景气程度做出反应。

弗里德曼 – 费尔普斯的推理表明我们可以将菲利普斯曲线写为

$$\pi = \pi^e - \omega (U - U_n) \tag{15-2}$$

其中，π 表示通货膨胀率；π^e 表示预期通货膨胀率；U 表示失业率；U_n 表示自然失业率；ω 表示通货膨胀率对 $U - U_n$ 的敏感程度。π^e 这一项的存在解释了为什么方程（15-2）也被称为附加预期因素的菲利普斯曲线（expectations-augmented Phillips curve）：它表明通货膨胀率与失业率和自然失业率之差 $U - U_n$ 负相关，$U - U_n$ 是劳动市场景气程度的一个衡量指标，被称为失业缺口（unemployment gap）。

附加预期因素的菲利普斯曲线意味着长期的失业率将处于自然失业率水平，正如弗里德曼和费尔普斯从理论上证明的那样。由于在长期预期通货膨胀率必然趋向于实际通货膨胀率，因此在长期 U 必然等于 U_n。

弗里德曼 – 费尔普斯所提出的附加预期因素的菲利普斯曲线表明在长期不存在失业率与通货膨胀率之间的权衡，因此这与古典二分法相一致，古典二分法认为价格水平的变化不应该影响实际经济。

为了说明这一点，图 15-11 画出了附加预期因素的菲利普斯曲线，标记为 PC_1，图中该曲线用到的预期通货膨胀率和自然失业率分别为 2% 和 5%（PC_1 通过点 1，因为根据方程 15-2 计算可得当 $\pi = \pi^e = 2\%$ 时，$U = U_n = 5\%$）。假定经济最初处在点 1 的位置，失业率等于自然失业率 5%，但是随后政府刺激经济的政策导致失业率下降到 4%，这一水平低于自然失业率。经济沿着 PC_1 移动到点 2，通货膨胀率上升到超过 2%，比如达到 3.5%。接着，预期通货膨胀率也上升，因此附加预期因素的菲利普斯曲线将从 PC_1 向上移

动到 PC_2。持续地刺激经济和将失业率保持在 4% 这一低于自然失业率的水平的努力，将导致实际的和预期的通货膨胀率进一步上升，导致附加预期因素的菲利普斯曲线向上移动到 PC_2 处，经济移动到点 3，该点的通货膨胀率现在为 5%。

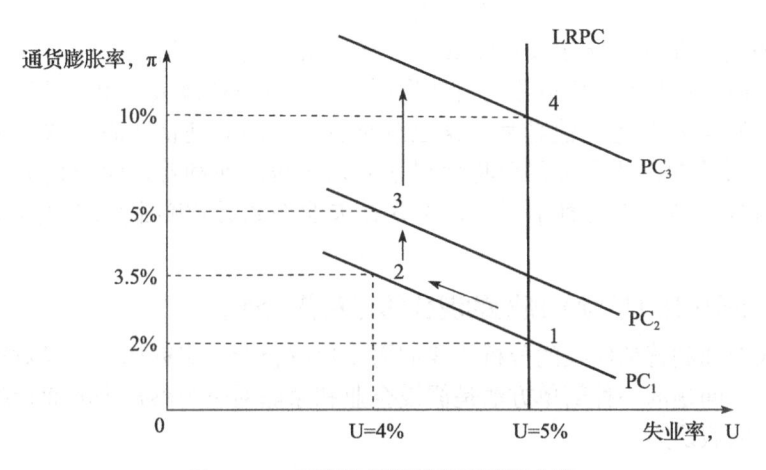

图 15-11　短期和长期的菲利普斯曲线

什么时候附加预期因素的菲利普斯曲线会停止上移呢？只有当失业率回到自然失业率水平，即 $U = U_n = 5\%$ 时。假定当通货膨胀率为 10% 时，失业率回到自然失业率水平，那么预期通货膨胀率也是 10%，因为通货膨胀率已经稳定在这一水平，附加预期因素的菲利普斯曲线到达图 15-11 中的 PC_3 处。经济现在将移动到点 4，在该点 $\pi = \pi^e = 10\%$，失业率达到自然失业率水平 $U = U_n = 5\%$。因此我们看到，在长期，当附加预期因素的菲利普斯曲线停止移动时，经济将达到点 1 或点 4 这样的点。因此，联结这些点的直线是长期菲利普斯曲线（long-run Phillips curve），我们在图 15-11 中将其标记为 LRPC。

图 15-11 可以使我们得到三个重要结论。

- 在失业率和通货膨胀率之间不存在长期的权衡，这是因为，正如垂直的长期菲利普斯曲线所表明的，更高的长期通货膨胀率不会伴随着更低水平的失业率。
- 在失业率和通货膨胀率之间存在短期的权衡，这是因为，在预期的通货膨胀率给定的条件下，政策制定者可以以稍高一些的通货膨胀率为代价达到更低的失业率，如图 15-11 中的点 2。
- 存在两种类型的菲利普斯曲线：短期的和长期的。附加预期因素的菲利普斯曲线 PC_1、PC_2 和 PC_3 实际上是短期的菲利普斯曲线：它们是在预期通货膨胀率给定的条件下画出的，如果失业率对自然失业率的偏离导致通货膨胀率与预期通货膨胀率发生改变，这些曲线会发生移动。

（三）现代的菲利普斯曲线

伴随着 1973 年和 1979 年石油价格的急剧上升，通货膨胀率急剧跳升，经济学家认识到他们不得不在附加预期因素的菲利普斯曲线中再加入另一个特征。供给冲击是指会改变使用相同数量的资本和劳动的经济所能生产的产出量对供给的冲击。这些供给冲击会转变成价格冲击（price shock），即独立于劳动市场的景气程度或预期通货膨胀率的通货膨胀率的变化。价格冲击也可能来自进口商品价格的上升或者成本推动冲击，成本推动冲击

(cost-push shock)是指工人要求的工资增加超过生产率的提高，从而推高了成本和通货膨胀率。将价格冲击（ρ）加入附加预期因素的菲利普斯曲线中就得到了现代形式的短期菲利普斯曲线，即

$$\pi = \pi^e - \omega(U - U_n) + \rho \tag{15-3}$$

现代的短期的菲利普斯曲线意味着工资和价格都是具有黏性的。工资与价格的弹性越大，它们和通货膨胀率对失业率与自然失业率之差的反应越大；也就是说，越有弹性的工资和价格意味着ω的绝对值越大，这也意味着短期的菲利普斯曲线越陡峭。如果工资和价格是完全灵活的，那么ω的值将变得很大以至短期菲利普斯曲线是垂直的，等同于长期的菲利普斯曲线。在这种情况下，不存在失业率和通货膨胀率之间短期或者长期的权衡。

（四）附加适应性（后顾）预期的现代的菲利普斯曲线

为了完成对菲利普斯曲线的分析，我们需要理解企业和家庭如何形成对通货膨胀率的预期。思考这一问题的一种简单方法是假设企业和家庭通过观察过去的通货膨胀率来形成预期。最简单的假设为

$$\pi^e = \pi_{-1}$$

其中，π_{-1}是指前一时期的通货膨胀率。这种预期的形式被称为适应性预期（adaptive expectation）。将方式（15-3）中的π^e替换成π_{-1}，就可以得到如下短期菲利普斯曲线，即

$$\pi = \pi_{-1} - \omega(U - U_n) + \rho$$

这种形式的菲利普斯曲线具有非常简单的数学表达形式，方便使用。其次，它表明通货膨胀的预期也是具有黏性的。再次，该方程假设，在一期之内，通货膨胀预期保持一定。

然而，上述这种适应性预期形式的菲利普斯曲线有一个重要的劣势：它对于通货膨胀预期如何形成采取了一种非常机械的观点。更多的关于预期形成的精妙分析对宏观经济政策的实施具有重要的启示。简便起见，我们将使用简单的附加适应性预期的菲利普斯曲线形式，使用上一期通货膨胀率π_{-1}代表预期通货膨胀率。

将附加适应性预期的菲利普斯曲线方程的两边同时减去π_{-1}，得到：

$$\Delta\pi = \pi - \pi_{-1} = -\omega(U - U_n) + \rho$$

这种形式的菲利普斯曲线表明，负的失业率缺口（景气的劳动市场）会导致通货膨胀率上升，也就是通货膨胀加速。这一方程所表示的菲利普斯曲线的形式经常被称为加速主义的菲利普斯曲线（acceleration Philips curve）的原因。在这一形式中，U_n有另外的解释。由于当失业率等于U_n时，通货膨胀率会停止加速（变化），因此将U_n称为非加速通货膨胀的失业率（non-accelerating inflation rate of unemployment）。

二、从菲利普斯曲线推导总供给曲线

（一）长期总供给曲线

决定长期产出的关键因素是可用技术、经济中的资本量和长期的劳动供给量，这三个因素都与通货膨胀率无关。如前所述，当失业率等于自然失业率时供给的总产出水平被称为自然产出水平，自然产出水平还有一个常见的说法是潜在产出。

之前的推理表明，由于长期的菲利普斯曲线是垂直的，所以长期总供给曲线也是垂直的。垂直的长期总供给曲线意味着，当工资和价格可以进行完全调整时，失业率和通货膨胀率之间的关系就会消失。这就是古典二分法所表明的——价格水平上发生的事情与实际经济中发生的事情是分离的：通过对菲利普斯曲线附加预期，弗里德曼和费尔普斯说明了古典二分法存在其合理性。

（二）短期总供给曲线

通过将失业率缺口 $(U-U_n)$ 替换成产出缺口，我们可以将现代的菲利普斯曲线转换成短期总供给曲线。产出缺口是指产出和潜在产出之差 $(Y-Y^p)$。为此，我们需要使用经济学家阿瑟·奥肯所发现的失业率与总产出之间的关系。奥肯定律描述了失业率缺口和总产出缺口之间的负相关关系。

1. 奥肯定律

奥肯定律指，产出每高于潜在产出 1 个百分点，失业率将低于自然失业率 0.5 个百分点。或者，产出增加 1 个百分点导致失业率下降 0.5 个百分点。它的代数形式为

$$U - U_n = -0.5 \times (Y - Y^p)$$

实际经济数据表明支持奥肯定律的经验证据是很强的，失业率的百分比变化和实际 GDP 增长率之间呈现明显的负相关关系。

为什么失业率下降量只有产出增加量的一半呢？当产出增长时，企业增加雇用的工人数量不会与产出增加相当，这种现象被称为劳动力积存。企业会迫使工人们更加努力地工作，延长他们的工作时间。而且，当经济扩张时，由于工作前景更好，更多的人会加入劳动力大军中，因此失业率的下降幅度会小于就业人数的上升幅度。

2. 推导短期总供给曲线

将奥肯定律代入短期菲利普斯曲线方程中，得到：

$$\pi = \pi^e + 0.5\omega(Y - Y^p) + \rho$$

将 0.5ω 替换成 γ——它描述了通货膨胀率对产出缺口的敏感程度——就得到了短期总供给曲线为

$$\pi = \pi^e + \gamma(Y - Y^p) + \rho$$

即通货膨胀率 = 预期通货膨胀率 +γ 产出缺口 + 价格冲击。

将以上方程稍微变形，就会发现它和我们之前推导的短期总供给曲线方程是一致的。为了在简单的情形下画出该曲线，我们再次假设通货膨胀预期是适应性的，即 $\pi^e = \pi_{-1}$。于是，短期总供给曲线（也就是附加预期的菲利普斯曲线）变成

$$\pi^e = \pi_{-1} + \gamma(Y - Y^p) + \rho$$

假设上一年的通货膨胀率为 2%，从而 $\pi_{-1} = 2\%$，不存在供给冲击，即 $\rho=0$，潜在产出 $Y^p=10$ 万亿美元。另外，假设描述通货膨胀率如何对产出缺口做出反应的参数 $\gamma=1.5$。因此，我们就可以将短期总供给曲线写为

$$\pi = 2 + 1.5(Y - 10) \tag{15-4}$$

如果 Y 等于潜在产出水平，$Y=Y^p=10$ 万亿美元，那么总产出缺口 $Y-10=0$。根据以上方程，在产出水平为 10 万亿美元从而产出缺口为 0 时，$\pi=2\%$。我们在图 15-12 所示的短期总供给曲线 AS 上将这一点记为点 1。注意，在短期的供给曲线与长期的供给曲线的

交点，当前的通货膨胀率等于预期的通货膨胀率，均为2%。

现在假定总产出上升到11万亿美元。因为Y=11万亿美元>Y^p=10万亿美元，此时产出缺口为正，根据方程（15-4）可知，通货膨胀率将从2%上升到3.5%，我们将这一点记为点2。联结点1和点2的曲线就是短期总供给曲线AS，它是向上倾斜的。向上倾斜背后的经济学直觉直接来自奥肯定律和菲利普斯曲线。当Y相对于Y^{p}来说上升且Y>Y^{p}时，奥肯定律表明失业率会下降。随着劳动市场变得更加景气，短期的菲利普斯曲线告诉我们，企业将会以更快的速度提高工资。因此，企业又会以更快的速度提高价格，导致通货膨胀率上升。

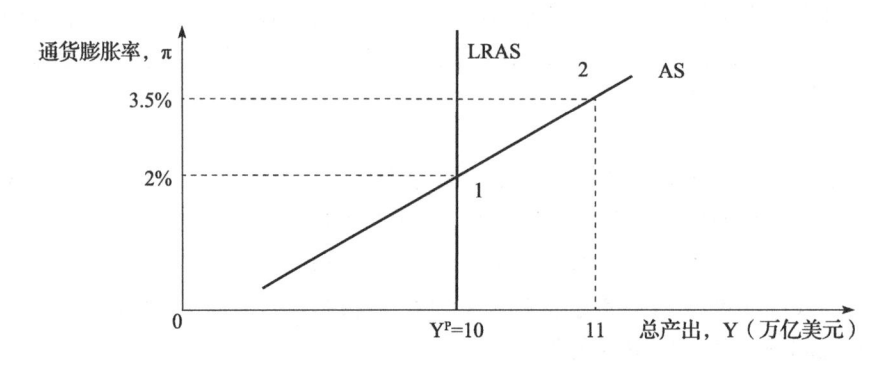

图15-12　短期和长期的总供给曲线

三、从总供给曲线推导菲利普斯曲线

我们已经意识到菲利普斯曲线与总供给曲线的一致性，实际上，从先前得到的总供给曲线也能推导出菲利普斯曲线。

注意到通货膨胀冲击的存在，从短期总供给曲线出发，得到：

$$P = EP + \left(\frac{1}{\alpha}\right)(Y - \overline{Y}) + \rho$$

为了从价格水平转向通货膨胀率，方程两边同时减去上一年价格水平P$_{-1}$，得到：

$$(P - P_{-1}) = (EP - P_{-1}) + \left(\frac{1}{\alpha}\right)(Y - \overline{Y}) + \rho$$

左边的项P-P$_{-1}$是当年价格水平与上年价格水平之差，即通货膨胀率π。右边的EP-P$_{-1}$是预期价格水平与上年价格水平之差，即预期通货膨胀率E$_\pi$。因此，我们可以用π替换P-P$_{-1}$，用E$_\pi$替换EP-P$_{-1}$，可以写为

$$\pi = E_\pi + \left(\frac{1}{\alpha}\right)(Y - \overline{Y}) + \rho$$

下一步，为了从产出转向失业率，使用奥肯定律将表达式写为

$$\left(\frac{1}{\alpha}\right)(Y - \overline{Y}) = -\beta(u - u_n)$$

运用以上关系，用$-\beta(u - u_n) + \rho$来替换前面方程中的$\left(\frac{1}{\alpha}\right)(Y - \overline{Y})$，得到：

$$\pi = E_\pi - \beta(u - u_n) + \rho$$

这就是从总供给曲线中推导出菲利普斯方程。

第五节 总需求 – 总供给模型

一、总需求曲线的移动

使 IS 曲线以及 LM 曲线移动的所有因素都能导致总需求曲线的移动。

7 个基本因素（通常被称为需求冲击，demand shocks）可以推动总需求曲线位移至新的位置：①自主性货币政策；②政府购买；③税收；④自主性净出口；⑤自主性消费支出；⑥自主性投资；⑦金融脆弱性。在考察每种情况时，我们都需要搞懂在通货膨胀率保持不变时，每种因素的变动会对总需求曲线产生什么影响。

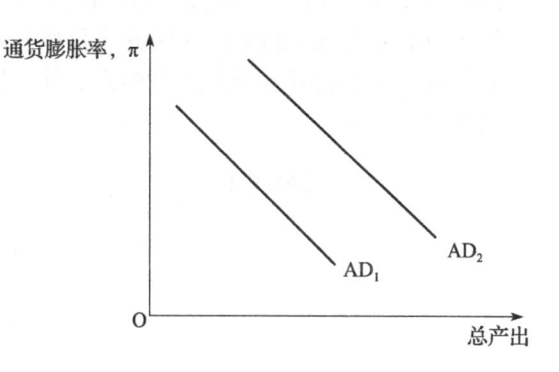

图 15-13 总需求曲线的移动

①自主性货币政策。我们已经注意到，当通货膨胀率上升时，中央银行会提高实际利率，以防止通货膨胀脱离控制。然而，有时中央银行对实际利率的调整是自主性的（以 $\bar{r}$ 表示），实际利率的这种变动与现行通货膨胀率等模型中的变量无关。当美联储决定提高实际利率中的自主性部分（$\bar{r}$）时，对应于任一通货膨胀率的实际利率升高，从而增加了投资项目的融资成本，导致投资支出和总需求水平的下降。因此，对应任一通货膨胀率水平的总需求减少，推动图 15-13 中的总需求曲线向左位移。

②政府购买。对应任一通货膨胀率水平的政府购买增加，直接提高了对总需求的支出水平，导致总需求上升。因此，对应任一通货膨胀率水平的总需求增加，推动图 15-13 中的总需求曲线向右位移。

③税收。对应任一通货膨胀率水平，税收增加意味着可支配收入减少，从而降低了消费支出和总需求，因而总需求水平下降。对应任一通货膨胀率水平的总需求减少，推动图 15-13 中的总需求曲线向左位移。

④自主性净出口。对应任一通货膨胀率水平，净出口的自主性增加可以直接增加总需求，引起总需求水平的上升。对应任一通货膨胀率水平的总需求增加，推动图 15-13 的总需求曲线向右位移。

⑤自主性消费支出。消费者变得更加乐观时，自主性消费支出增加，导致对应任一通货膨胀率水平的消费支出增加，总需求随之上升。对应任一通货膨胀率水平的总需求增加，推动图 15-13 中的总需求曲线向右位移。

⑥自主性投资，当企业变得更加乐观时，自主性投资支出增加，对应任一通货膨胀率水平下的企业支出增加，导致计划投资支出和总需求水平上升。对应任一通货膨胀率水平的总需求增加，推动图 15-13 中的总需求曲线向右位移。

⑦金融脆弱性。借款的实际成本不仅反映为无违约债务工具的实际利率 r，而且反映为金融脆弱性（以 f 表示）。随着金融脆弱性的加剧，借款实际成本上升，于是对应任一通

货膨胀率水平的计划投资支出减少，导致总需求水平下降。对应任一通货膨胀率水平的总需求减少，推动图 15-13 中的总需求曲线向左位移。

二、总供给曲线的移动

（一）长期总供给曲线的移动

在长期，产出的供给量由我们在第十章所考察的生产函数决定。生产函数表明有三个因素会导致潜在产出的变化，从而使长期总供给曲线发生移动：①经济中的资本总量；②经济中的劳动供给总量；③用劳动和资本来生产产品和服务的可用技术。当这三个因素中的任何一个增加时，潜在产出都会上升，长期总供给曲线从 $LRAS_1$ 向右移动到 $LRAS_2$，如图 15-14 所示。

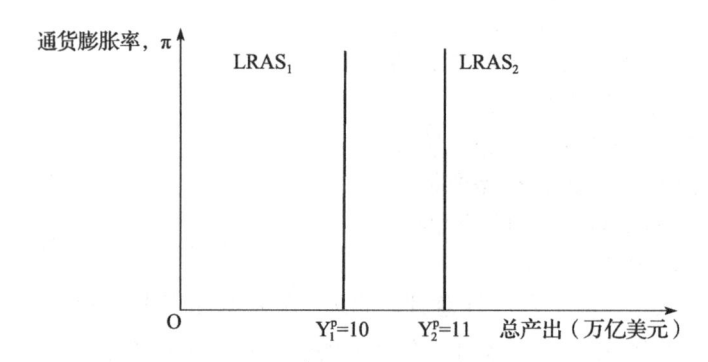

图 15-14 长期总供给曲线的移动

理论上看，由于以上三个因素通常会随着时间稳定地增长，因此 Y 和长期总供给曲线将以稳定的速率持续、缓慢向右移动。简单起见，当 Y^p 以稳定的速率增长时，我们就将 Y^p 和长期总供给曲线表示为固定的。

长期总供给曲线移动的另外一种来源是自然失业率的变化。如果自然失业率下降，劳动力被使用的程度就更充分，因此潜在产出会上升。所以，自然失业率的下降会将总供给曲线向右移动。自然失业率的上升会产生相反的影响，使长期总供给曲线向左移动。

（二）短期总供给曲线的移动

根据短期供给曲线方程，以下三个因素会推动短期总供给曲线位移。

1. 预期通货膨胀率

预期通货膨胀率上升推动短期总供给曲线向左上方位移；相反，预期通货膨胀率下降会推动短期总供给曲线向右下方位移。预期通货膨胀率变化得越多，曲线位移的幅度就越大，如图 15-15 所示。

2. 通货膨胀冲击

假定由于油田受到了破坏，导致能源价格飙升。这种供给约束（不利的供给冲击）导致短期总供给曲线方程中的通货膨胀冲击项增大，推动图 15-15 中的短期总供给曲线从 AS_1 向左上方位移至 AS_2。有利的供给冲击会导致通货膨胀率水平下降，从而产生相反的影响，即推动短期总供给曲线向右下方位移。不利的供给冲击推高通货膨胀率，导致短期总供给曲线向左上方位移；有利的供给冲击拉低通货膨胀率，导致短期总供给曲线向右下方位移。

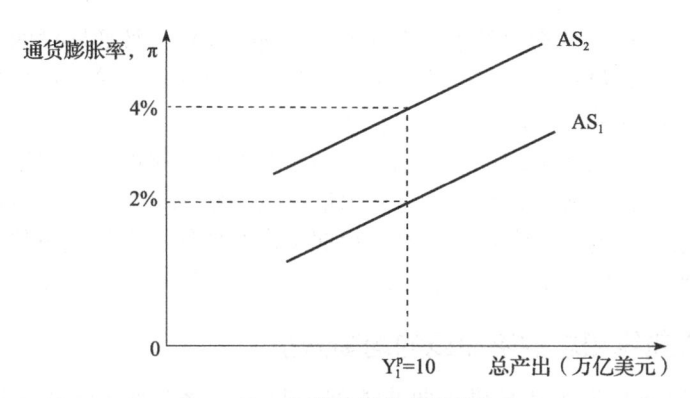

图 15-15　短期总供给曲线的移动

3. 持续的产出缺口

我们已经看到，产出缺口变大会导致通货膨胀率上升，引起沿着短期总供给曲线的移动。我们可以用图 15-16 中初始短期总供给曲线 AS_1 上从点 1 到点 2 的移动来反映这种情况。然而，持续的产出缺口会通过改变预期通货膨胀率，推动短期总供给曲线位移。要说明这一结论，考虑总产出停留在 11 万亿美元水平时的情况。这一水平高于潜在产出 $Y^P=10$ 万亿美元，因此产出缺口持续为正。在初始总供给曲线 AS_1 的点 2 处，产出已经增加到 11 万亿美元，通货膨胀率则从 2% 上升到 3.5%，通货膨胀率水平的升高导致下一阶段的预期通货膨胀率升高，因此下一阶段的短期总供给曲线会向上位移至 AS_2。如果在点 3 处，产出依然高于潜在产出的水平，通货膨胀率还会进一步上升至 5%。如垂直的箭头所示，通货膨胀率上升推动预期通货膨胀率再次升高，在下一个阶段，短期总供给曲线会继续向上位移至 AS_3。

短期总供给曲线什么时候停止上升呢？只有当产出返回到其潜在水平，产出缺口消失时，它才会停止位移。在这个时候，实际和预期通货膨胀率都没有理由上升了。假定当通货膨胀率 =10% 和 $Y=10=Y^P$ 万亿美元时，就会出现这种情况。由于现在的产出缺口为零，通货膨胀率和预期通货膨胀率都会停止上升，此时，穿过点 4 的总供给曲线 AS_4 已经没有位移的理由了。

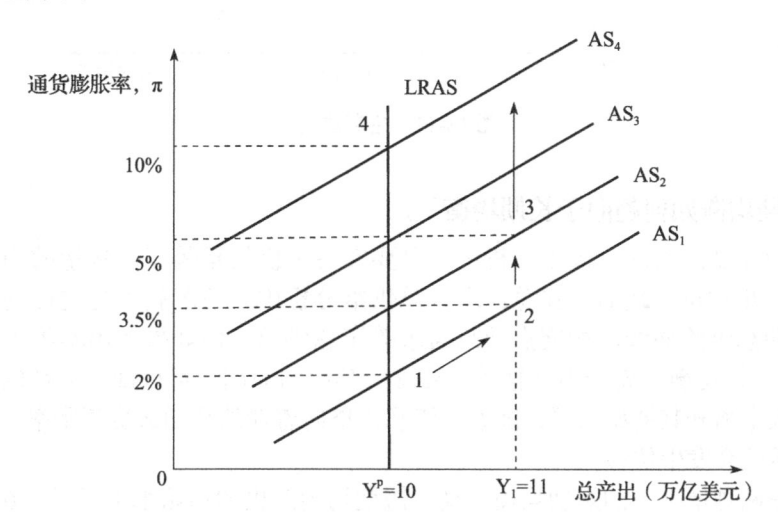

图 15-16　产出缺口为正引起的短期总供给曲线位移

如果在一段时间内，总产出低于其潜在水平，即 Y<Y^p，按照同样的推理过程，短期总供给曲线会向右下方位移。只有当总产出返回其潜在水平，经济体回到长期总供给曲线上时，短期总供给曲线的向下位移过程才会结束。

我们的分析可以得到如下结论：当总产出高于其潜在水平时，产出缺口持续为正，短期总供给曲线向左上方位移。相反，当总产出低于其潜在水平时，短期总供给曲线向右下方位移。只有当总产出返回其潜在水平时，短期总供给曲线才会停止位移。至于总产出何时返回其潜在水平，我们要结合总需求曲线来看，以下将阐述这一内容。

三、总需求曲线和总供给曲线的均衡分析

我们现在可以将总需求和总供给曲线放到一起来考察宏观经济的一般均衡点，在坐标图中，一般均衡出现在总需求曲线和总供给曲线相交的位置。在这一点上，总需求与总供给相等。然而，回顾之前的讨论，总供给曲线有两条，一条是短期总供给曲线，另一条是长期总供给曲线，因此，在总需求－总供给分析中，存在着短期均衡和长期均衡。本节将解释短期均衡和长期均衡，下一节将讨论引起均衡点变化的总需求冲击和总供给冲击。

（一）短期均衡

图 15-17 反映了实现总需求等于总供给的短期均衡。在图 15-17 中，短期总需求曲线 AD 与短期总供给曲线 AS 相交于 E 点，此时均衡产出 Y_1^p=10 万亿美元，均衡通货膨胀率 π*=2%。

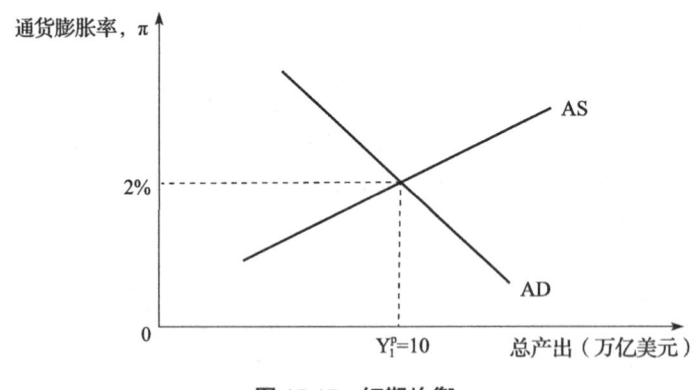

图 15-17 短期均衡

（二）短期均衡如何趋向于长期均衡

在某一种商品的需求－供给分析中，只要实现了供给量等于需求量的均衡状态，就没有必要进一步讨论。然而，在总需求－总供给分析中，情况就不是这样了，即使在总需求曲线和总供给曲线的相交点处总需求等于总供给，但如果产出不等于其潜在水平（Y* ≠ Y^p），短期均衡点就会不断移动。要理解其中的原因，可以回顾以往的讨论，如果现行通货膨胀率离开其初始水平，随着工资和价格向着新的预期通货膨胀率水平调整，短期总供给曲线就会发生位移。

我们考虑两种情况下的短期均衡变动：短期均衡产出的初始水平高于潜在产出（产出的自然率水平），以及短期均衡产出的初始水平低于潜在产出。

在图 15-18（a）中，初始均衡位置在总需求曲线 AD 与短期总供给曲线 AS_1 相交的点 1。均衡产出 $Y_1=11$ 万亿美元，高于潜在产出 $Y^P=10$ 万亿美元，劳动力市场较为紧张。因此，Y_1 处潜在的产出缺口会推动工资上调，使得企业以较快的速度提高价格。这样通货膨胀率就会上升到超出初始通货膨胀率 π_1 的水平。在这个较高的通货膨胀率水平上，企业和家庭会调整其下一阶段的预期，预期通货膨胀率上升。之后工资和物价会以更快的速度上升，总供给曲线从 AS_1 向左上方位移至 AS_2。

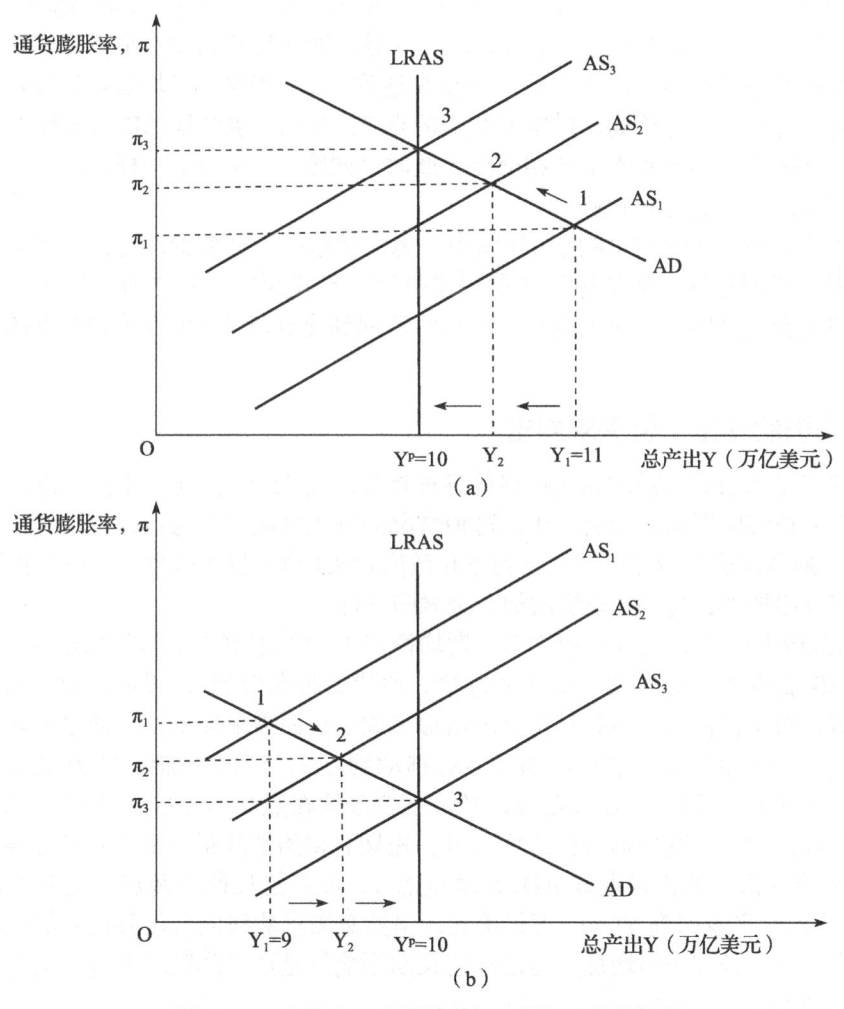

图 15-18　总需求 - 总供给分析中长期均衡的调整

沿着总需求曲线向上移动，得到了新的均衡位置，即点 2，产出降低到 Y_2。然而，由于总产出 Y_2 仍然高于潜在产出 Y^P，通货膨胀率继续上升，超过其上个阶段的水平。预期通货膨胀率进一步上升，最终使总供给曲线向左上方位移至 AS_3。经济在长期总供给曲线 LRAS 上的点 3 处即 $Y^P=10$ 万亿美元的位置实现了长期均衡。由于产出达到了其潜在水平，通货膨胀没有进一步上升的压力，因此总供给曲线就不会有再次位移的趋势。

图 15-18（a）中的移动说明，经济体不可能长期稳定在高于潜在产出 10 万亿美元的产出水平上。特别是，短期总供给曲线会向左上方位移，提高通货膨胀率，导致经济体

（均衡点）沿着总需求曲线移动，直至来到长期总供给曲线 LRAS 上的点，此时产出等于潜在产出 Y^P=10 万亿美元。

在图 15-18（b）中，起初的均衡点为点 1。此时产出 Y_1=9 万亿美元，低于潜在产出的 10 万亿美元。由于失业率高于其自然率水平，劳动力市场十分萧条。Y_1=9 万亿美元水平上的萧条状态导致通货膨胀率下降，进而降低了预期通货膨胀率，推动下一期的短期总供给曲线向右下方位移至 AS_2。

新的均衡点来到了点 2，产出增加到 Y_2。然而，由于总产出 Y_2 仍然低于潜在产出 Y^P，通货膨胀率从上一期的水平上继续下跌，导致预期通货膨胀率水平下降。预期通货膨胀率的下降推动总供给曲线向下位移，直至其达到 AS_3。经济体（均衡点）沿着总需求曲线向下移动，直至其到达长期总供给曲线上的点 3，即总需求曲线 AD 与长期总供给曲线 LRAS 在 Y^P=10 万亿美元水平上的相交点。此时，同图 15-18（a）一样，当产出再次返回其潜在水平时，经济稳定了下来。

需要注意的是，在图 15-18 的两幅图中，无论初始产出是多少，它最终都会返回其潜在产出水平。我们将这一特征称为自我纠错机制。自我纠错机制之所以发生，是因为短期总供给曲线会通过向上或向下位移，推动经济回到充分就业（潜在产出）下的长期均衡位置。

四、均衡的变化：总需求冲击

需求冲击是指引起总需求曲线位移的各种情形。图 15-19 描述了正面需求冲击导致总需求曲线向右位移的影响。如前所述，这种情况的发生可能是因为：自主性宽松货币政策（降低了任一通货膨胀率所对应的实际利率）；政府购买增加；税收减少；自主性净出口增加；自主性消费支出增加；自主性投资增加；金融脆弱性。

在图 15-19（a）中，经济最初位于长期均衡点 1，即初始的总需求曲线 AD_1 与短期总供给曲线 AS_1 的交点，此时的产出水平为 Y^P，通货膨胀率为 2%，假定消费者和企业的乐观情绪高涨，自主性消费支出和投资支出增加形成了正面需求冲击，推动总需求曲线向右位移至 AD_2，经济沿着短期总供给曲线 AS_1 移动到点 2，产出增加到 11 万亿美元，通货膨胀率上升至 3.5%。然而，在长期内，经济不会停留在点 2，因为 11 万亿美元的产出水平是高于潜在产出的。预期通货膨胀率上升，短期总供给曲线最终向上位移至 AS_3。经济（均衡点）从点 2 沿着总需求曲线 AD_2 移动至点 3，该点是长期均衡点，此时的通货膨胀率为 5%，产出水平返回到 Y^P=10 万亿美元。虽然总需求曲线向右位移最初的短期影响是导致通货膨胀率上升和产出增加，但最终的长期影响只是通货膨胀率上升，而产出会返回到其初始水平 Y^P。

图 15-19（b）反映了负面需求冲击减少了消费支出，推动总需求曲线从 AD_1 向左位移至 AD_2，产出减少，失业率上升，通货膨胀率下降。产出低于其潜在水平，产出缺口为负，且规模较大，推动短期总供给曲线下跌到了 AS_3，经济来到了点 3，此时，产出回到其潜在水平；通货膨胀率进一步下降至 π_3，失业率返回到自然失业率水平。

五、均衡的变化：总供给（通货膨胀）冲击

总供给曲线位移的原因可能是暂时性的供给（通货膨胀）冲击，此时长期总供给曲线不会位移；也可能是长期性供给冲击，此时长期总供给曲线也会发生位移。下面我们逐一考察这两种类型的供给冲击。

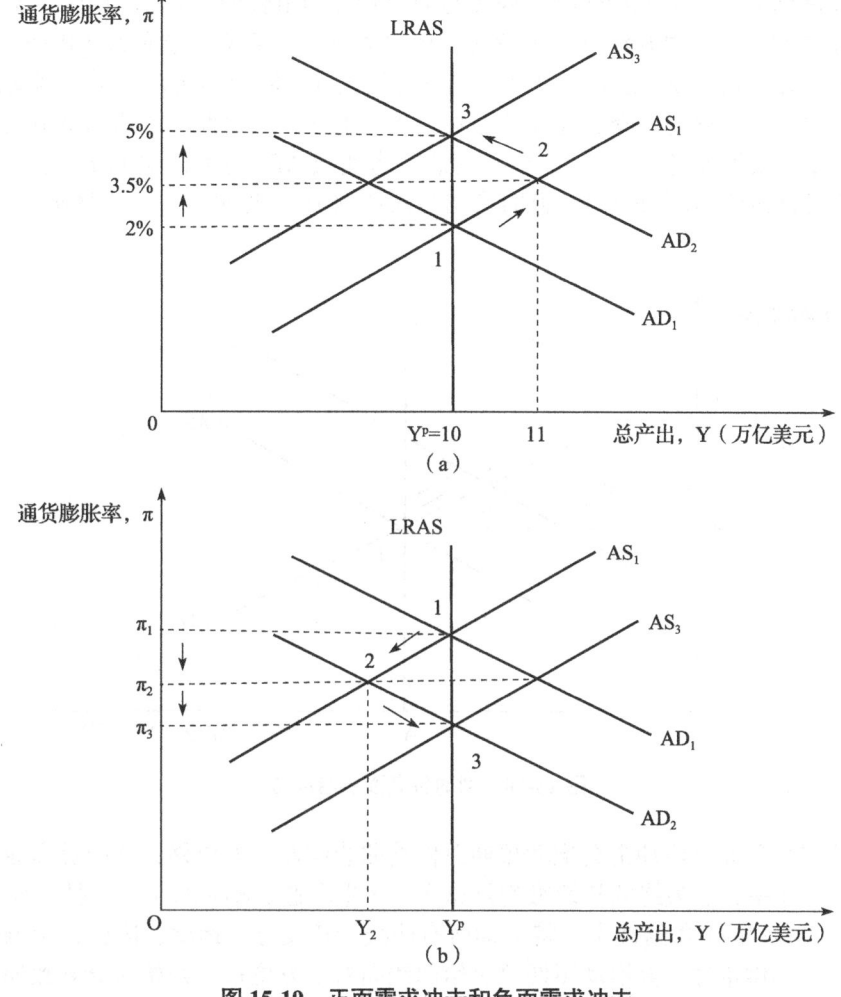

图 15-19　正面需求冲击和负面需求冲击

（一）暂时性供给冲击

当暂时性的冲击导致供给受到限制时，我们可以将这种类型的冲击称为负面（或不利的）供给冲击，它会导致商品价格上升。暂时性负面供给冲击的例子包括石油供给崩溃、货币贬值引起的进口商品价格上升，以及工人要求提高工资的幅度超过了生产力增长所带来的成本推进型冲击，这些情况都会增加成本和加剧通货膨胀。当供给冲击涉及供给增加时，就被称为正面（或有利的）供给冲击。暂时性正面供给冲击包括某种商品大丰收或者进口价格下降。

利用总需求－总供给分析，可以考察暂时性供给冲击对经济的影响。首先，我们假定产出位于其潜在水平 10 万亿美元，通货膨胀率为 2%，即图 15-20 的点 1。如果出现了暂时性负面供给冲击，当负面供给冲击影响到经济，石油价格上升时，价格冲击项 ρ 的变动意味着通货膨胀率会上升到超过 2% 的水平，短期总供给曲线从 AS_1 向左上方位移至 AS_2。

之后，经济会沿着总需求曲线从点 1 向上移动到点 2，此时的通货膨胀率为 3.5%，但总产出会下降到低于 10 万亿美元的水平。图 15-20 中这种通货膨胀率升高而总产出水平下降的情况被称为滞胀（stagnation，停滞与通货膨胀的组合词）状态。由于供给冲击是暂时性的，经济的生产能力并没有发生变化，依然为 Y^p，长期总供给曲线 LRAS 在 10 万亿美元处保持不动。在点 2，总产出水平（如 9 万亿美元）低于其潜在水平，因此通货膨胀率会下降。通货膨胀率的下降引起预期通货膨胀率下降，从而推动短期总供给曲线位移回初始位置 AS_1。结果经济（均衡点）会沿着总需求曲线 AD_1 向下移动（假定总需求曲线位置不变），回到长期均衡位置点 1。此时产出再次达到 10 万亿美元，通货膨胀率也回到 2% 的水平。

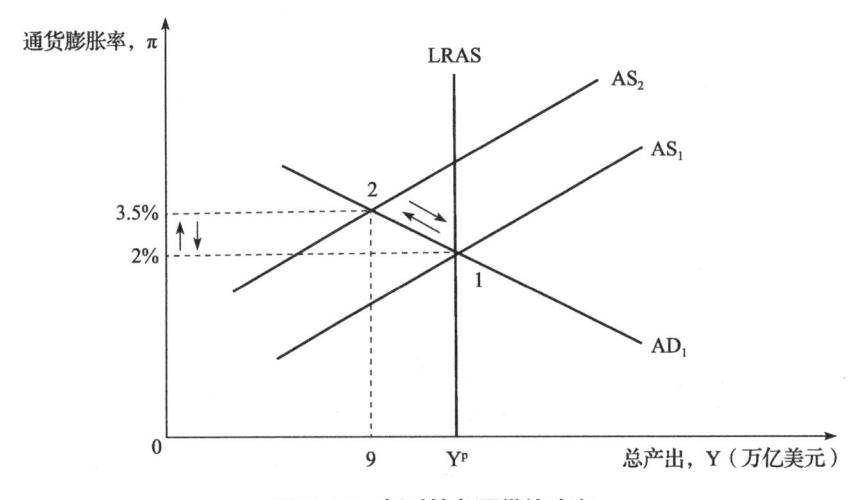

图 15-20　暂时性负面供给冲击

虽然暂时性负面供给冲击会推动短期总供给曲线向左上方位移，从而提高通货膨胀率并降低总产出水平，但最终的长期影响是总产出水平和通货膨胀水平都保持不变。

正面（或有利的）供给冲击，将推动所有曲线沿相反方向运动，因此，影响也是相反的。暂时性正面供给冲击会推动短期总供给曲线向右下方位移，开始时会导致通货膨胀率降低，总产出水平上升，但在长期内，总产出水平和通货膨胀水平都保持不变（假定总需求曲线位置不变）。

（二）持续性供给冲击与真实经济周期理论

如果供给冲击不是暂时性的，情况会怎样？例如，不明智的监管政策的增多就会形成持续性负面供给冲击，降低经济效率，进而减少供给，将潜在产出从 Y^p_1 降低到 Y^p_2，推动图 15-21 中的长期总供给曲线从 $LRAS_1$ 向左位移至 $LRAS_2$。

由于持续性供给冲击会导致价格升高，因此通货膨胀率会立即上升，例如从初始水平 2% 上升到 3%，因此短期总供给曲线就会从 AS_1 向左上方位移至 AS_2。虽然点 2 的产出已经降低到 9 万亿美元，但它依然高于 $Y^p_2=8$ 万亿美元。产出缺口为正意味着总供给曲线会向左上方位移，直至到达总需求曲线 AD 与长期总供给曲线 $LRAS_2$ 相交的 AS_3 才会停止下来。现在，由于点 3 的总产出等于 $Y^p_2=8$ 万亿美元，产出缺口为零，通货膨胀率为 5%，并且不存在推动通货膨胀率继续上升的压力。

将以上的分析推而广之，以诺贝尔经济学奖得主明尼苏达大学爱德华·普雷斯科特（Edward Prescott）为首的一批经济学家相信，只有持续性供给冲击（即排除需求冲击）可以引起经济周期性波动，他们关于总体经济波动的理论被称为真实经济周期理论（real business cycle theory）。这种理论认为，有关偏好（如工人工作的意愿）和技术水平（生产率）的冲击是在短期内经济周期性波动的驱动力量，这是因为，这些冲击会在短期内造成 Y^P 较大幅度的变化。相反，由货币政策改变等原因引起的总需求曲线的位移，对于总产出波动而言并不怎么重要。由于真实经济周期理论将大多数经济周期波动的原因归结为潜在产出水平的波动，因此旨在消除高失业的政策没有多大必要。真实经济周期理论具有极大的争议，也是经济学研究的焦点之一。

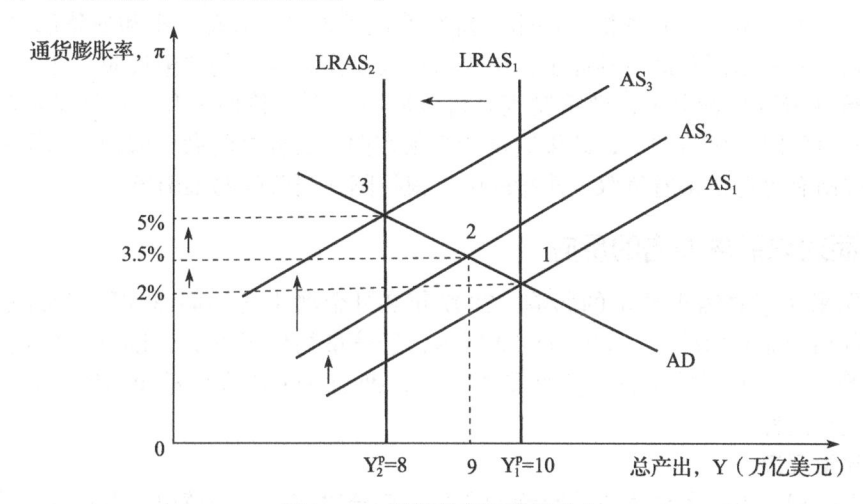

图 15-21 持续性负面供给冲击

根据图 15-21，如果总需求曲线保持不变，我们可以得到下面的结论：持续性负面供给冲击最初会导致产出减少和通货膨胀率上升，然而，与暂时性供给冲击不同的是，在长期内，持续性负面供给冲击会降低潜在产出水平，导致产出永久性降低和通货膨胀率永久性升高。

总需求－总供给分析可以得到如下结论。

①经济具有自我纠错机制，这种机制的存在会使得经济在一段时间内自发地回到潜在产出和自然失业率水平。

②总需求曲线的位移原因可能是自主性货币政策（导致任一通货膨胀率对应的实际利率发生变化）、政府购买、税收、自主性净出口、自主性消费支出、自主性投资、金融脆弱性的改变——只会在短期内影响总产出水平，而在长期内无法影响到总产出水平。并且，在总供给曲线充分调整后，长期内通货膨胀率的变化要比初始时的变化幅度大。

③暂时性供给冲击只会在短期内影响产出水平，长期内没有影响（假定总需求曲线固定不变）。

④持续性供给冲击无论在短期还是在长期内都会影响到产出水平。

第六节 产出、通货膨胀与货币政策

中央银行主要的目标之一是物价稳定。也就是说，它们希望通货膨胀率 π 能够接近指标水平 π^T，这一指标水平被称为通货膨胀指标（inflation target），它略高于零。大部分中央银行将 π^T 设定在 1%～3%，换句话说，中央银行通过实施旨在缩小通货膨胀率和通货膨胀指标之间差距（$\pi-\pi^T$）的货币政策，达到物价稳定的目标。经济学家将通货膨胀率和通货膨胀指标之间的差距称为通货膨胀缺口（inflation gap）。

中央银行在物价稳定之外，还对稳定经济活动十分关注。因为只有在潜在产出的水平上，经济活动才可以长期正常持续，我们可以将货币政策的这种目标表述为：货币政策制定者希望总产出水平尽量接近其潜在水平 Y^P。中央银行希望产出缺口（output gap）即总产出与潜在产出之差（$Y-Y^P$）最小化。在上一节的总需求－总供给分析中，我们考察了三类冲击（需求冲击、暂时性供给冲击、持续性供给冲击）对总产出和通货膨胀的影响。在本节，我们将介绍面对这三种冲击，中央银行在既定目标下的政策反应。在需求冲击和持续性供给冲击两种情况下，政策制定者可以同时实现物价稳定和经济活动的稳定。然而，如果面对暂时性供给冲击，政策制定者必须在两个目标之间做出取舍，而不能同时实现。这种权衡有可能使得肩负双重使命的中央银行陷入痛苦的两难困境。

一、面对总需求冲击的反应

我们先来考察总需求冲击的影响，2007 年 8 月金融市场的崩溃加剧了金融脆弱性，导致消费者和企业支出减少。如图 15-22 所示，经济最初位于点 1，此时产出等于 Y^P，通货膨胀率等于 π^T。负面需求冲击降低了总需求，推动 AD_1 向左位移至 AD_2。政策制定者可能的反应有两种。

1. 无政策反应

如果中央银行不准备调整货币政策的自主性部分以应对这种情况，总需求曲线依然位于 AD_2，因此经济来到了 AS_1 和 AD_2 的交点。此时，总产出降低到了 Y_2，低于潜在产出 Y^P，通货膨胀率降低到了 π_2，低于通货膨胀率指标 π^T，由于通货膨胀率下降和产出低于潜在水平，预期通货膨胀率会下降，短期总供给曲线会向右下方位移，直至到达 AS_3，经济移动到了点 3，产出返回其潜在水平，通货膨胀率来到了一个较低的水平 π_3。乍一看，结果看上去还不错，通货膨胀率得以降低，产出返回其潜在水平，但总产出在一段时间内会低于其潜在水平，而如果通货膨胀率最初处于指标水平，通货膨胀率的持续下降并不受欢迎。

2. 短期内稳定经济活动和通货膨胀的政策

政策制定者如果想在短期内消除产出缺口和通货膨胀缺口，实施的政策会将总需求增加至其最初水平，推动经济重返冲击前的状态。为此，中央银行会实施自主性宽松货币政策，降低任一通货膨胀率对应的实际利率水平，这一行动会刺激投资支出，增加任一通货膨胀率对应的总需求，从而推动 AD 曲线向右位移。结果是，图 15-23 中的总需求曲线从 AD_2 返回 AD_1，经济返回点 1。

对货币政策反应的分析说明，在总需求冲击的情况下，不需要在物价稳定和经济活动稳定这两个目标之间进行权衡。着眼于稳定通货膨胀和着眼于稳定经济活动的货币政策反应是完全一致的。稳定通货膨胀和稳定经济活动这两个目标之间没有冲突。

二、面对持续性供给冲击的反应

通过图 15-24，我们来考察持续性供给冲击的影响。经济最初依然位于点 1，此时产出等于其自然率水平 Y_1^P，通货膨胀率等于 π^T。如果由于法律法规的作用，潜在产出持续性地降低，意味着经济遭遇了持续性负面供给冲击。潜在产出从 Y_1^P 降低到 Y_2^P，长期总供给曲线从 $LRAS_1$ 向左位移至 $LRAS_2$。持续性供给冲击引发了通货膨胀冲击，推动短期总供给曲线从 AS_1 向上位移至 AS_2。面对这种持续性供给冲击，可能的政策反应有两种：

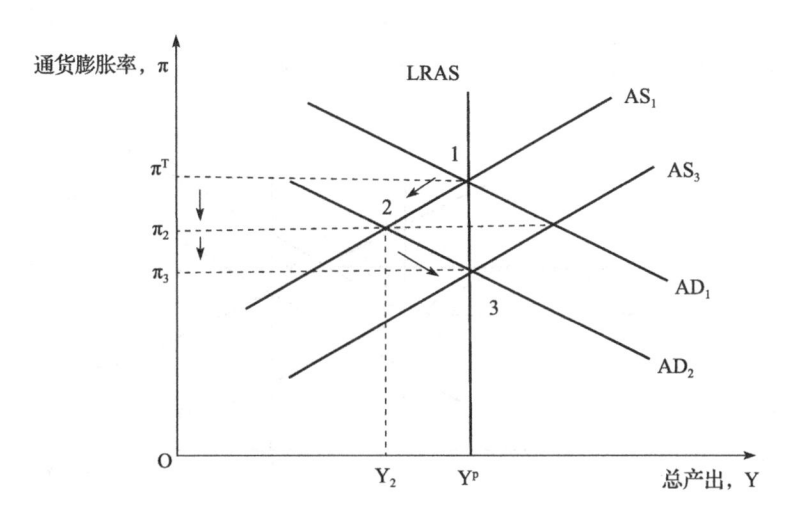

图 15-22　总需求冲击：无政策反应

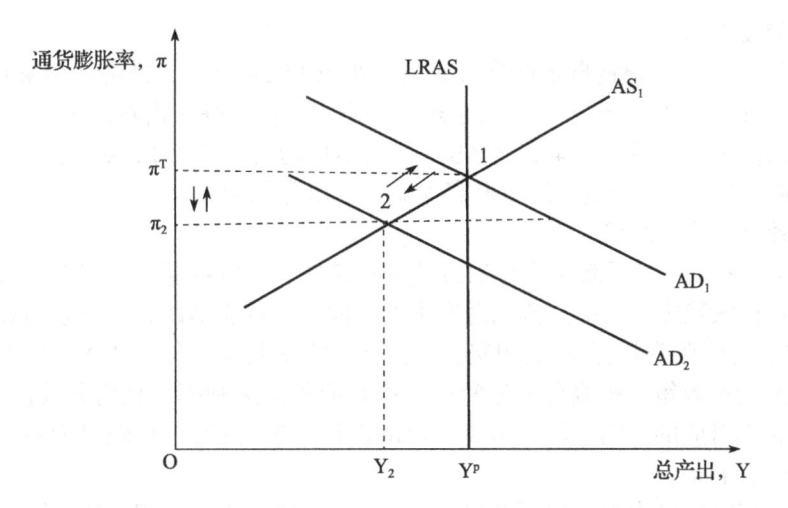

图 15-23　总需求冲击：短期内稳定产出和通货膨胀的政策

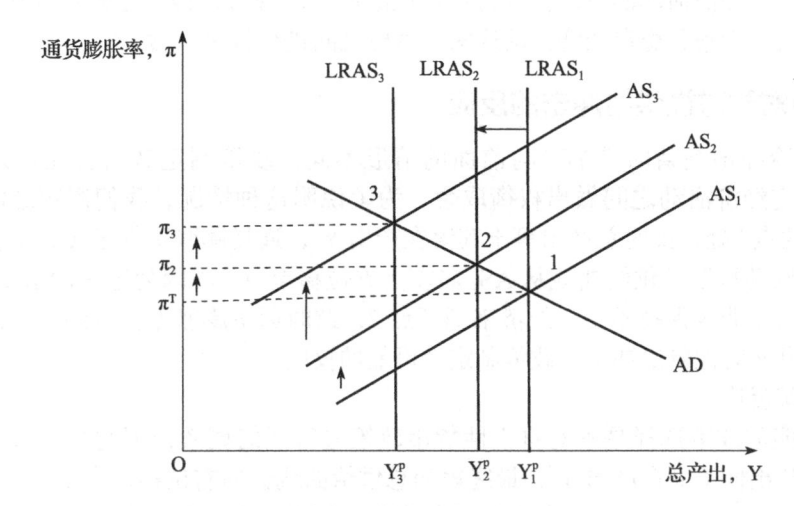

图 15-24　持续性供给冲击：无政策反应

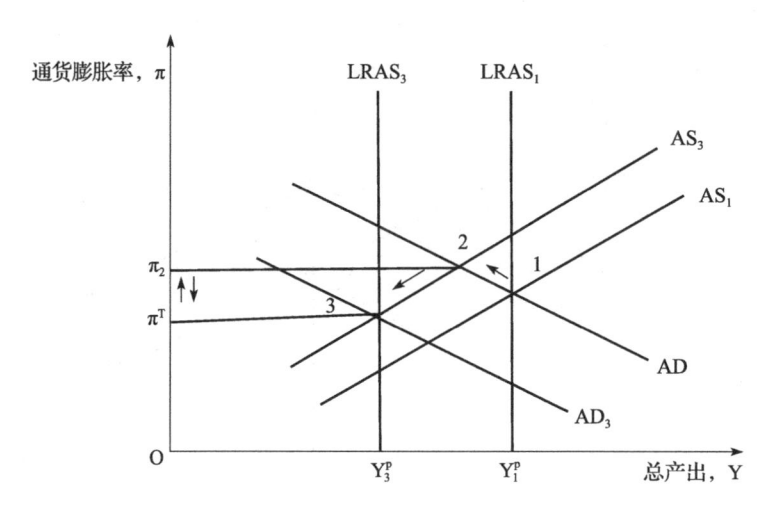

图 15-25　持续性供给冲击：稳定通货膨胀的政策

1. 无政策反应

如果政策制定者不调整自主性货币政策，如图 15-24 所示，经济就会来到点 2，通货膨胀率上升到 π_2，产出下降为 Y_2^P，由于这一产出水平依然高于潜在产出 Y_3^P，短期总供给曲线会持续向左上方位移，直至到达 AS_3，它与 AD 的交点位于 $LRAS_3$ 上。经济移动到了点 3。产出缺口消失，但通货膨胀率升高为 π_3，产出降低为 Y_3^P。

2. 稳定通货膨胀的政策

如图 15-25 所示，货币政策当局通过减少总需求，可以将通货膨胀率保持在指标水平上，实现通货膨胀稳定。目标是推动总需求曲线向左位移至 AD_3，此时它与长期总供给曲线 $LRAS_3$ 在通货膨胀率指标 π^T 上相交。要推动总需求曲线位移至 AD_3，货币当局可以实施自主性紧缩货币政策，提高任一通货膨胀率对应的实际利率，从而导致投资支出减少，任一通货膨胀率对应的总需求随之减少，经济来到点 3，此时产出缺口为零，通货膨胀率保持在其指标水平 π^T。

保持通货膨胀缺口为零，就可以实现产出缺口为零，因此稳定通货膨胀的政策反应同样可以实现稳定经济活动的目的。当持续性供给冲击出现时，神作之合依然发挥作用：不需要在稳定通货膨胀和稳定经济活动这两个目标之间进行权衡取舍。

三、面对暂时性供给冲击的反应

如果供给冲击是暂时性的，与前面的情形不同，政策制定者需要在短期内稳定通货膨胀和稳定经济活动之间做出权衡取舍。为了说明这种情况，我们假定经济最初位于图 15-26 中的点 1 处，此时总产出等于其潜在产出 Y^P，通货膨胀率等于 π^T，油价上涨等负面供给冲击推动短期总供给曲线从 AS_1 向左上方位移至 AS_2。因为这一冲击是暂时性的，因此长期总供给曲线保持不变。经济来到了点 2，此时通货膨胀率上升到 π_2，产出下降为 Y_2。面对这种暂时性供给冲击，政策制定者可能的反应有三种。

1. 无政策反应

一种可能的政策选择是不对自主性货币政策进行任何调整，因此总需求曲线不会位移。由于总产出低于潜在产出 Y^P，最终短期总供给曲线会向右位移，直至返回 AS_1，经济返回到图 15-26 中的点 1，随着产出和通货膨胀返回其最初水平 Y^P 和 π^T，产出缺口与通货膨胀缺口也会消失。随着时间的推移，通货膨胀和经济活动都会趋于稳定，但在这个较长的周期内，经济会承受低产出和高失业的痛苦。为了避免这种痛苦，政策制定者可能会在短期内实施稳定经济活动或稳定通货膨胀的政策。

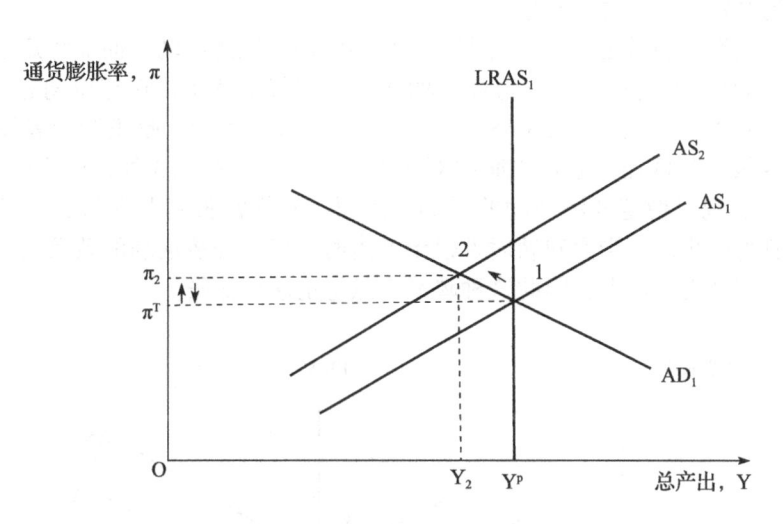

图 15-26 暂时性供给冲击：无政策反应

2. 短期内稳定通货膨胀的政策

第二种政策选择是实施自主性紧缩货币政策，提高任一通货膨胀率对应的实际利率，目的是在短期内将通货膨胀率保持在指标水平 π^T 上，这样做可以导致投资支出减少，降低任一通货膨胀率对应的总需求，推动图 15-27 中的总需求曲线向左位移至 AD_3，经济现在来到了点 3，即总需求曲线 AD_3 与短期总供给曲线 AS_2 的交点，它对应的通货膨胀率为 π^T。由于点 3 的产出水平低于潜在产出，短期总供给曲线会位移回 AS_1，要实现通货膨胀率为 π^T，货币当局需要通过对冲自主性紧缩货币政策，推动总需求曲线返回 AD_1，经济最终也返回到点 1。

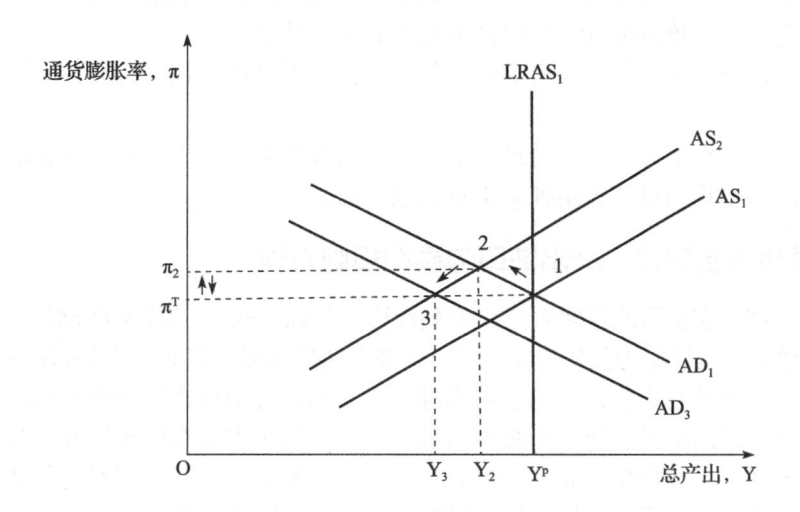

图 15-27 暂时性供给冲击：短期内稳定通货膨胀的政策

根据图 15-27 所示，稳定通货膨胀的政策会在短期内将总产出降低到 Y_3，只有随着时间的推移，产出才会返回其潜在水平 Y^P。当面对暂时性供给冲击时，稳定通货膨胀的政策会导致总产出更大幅度地偏离其潜在水平，因此这种政策不能稳定经济活动。

3. 短期内稳定经济活动的政策

第三种政策选择通常是增加总需求，在短期内稳定经济活动，而非稳定通货膨胀。根据图 15-28，这种政策选择会推动总需求曲线向右位移至 AD_3，它与短期总供给曲线 AS_2 在点 3 相交于长期总供给曲线 $LRAS_1$ 上。为了达到这一目标，政策制定者需要实施自主性宽松货币政策，降低任一通货膨胀率对应的实际利率。在点 3 处，产出缺口重新为零，因此货币政策实现了稳定经济活动的目的。然而，通货膨胀率上升为 π_3，高于 π^T，因此通货膨胀没有得以稳定。当面对暂时性供给冲击时，稳定经济活动的政策会导致通货膨胀更大幅度地偏离其指标水平，因此这种政策不能稳定通货膨胀。

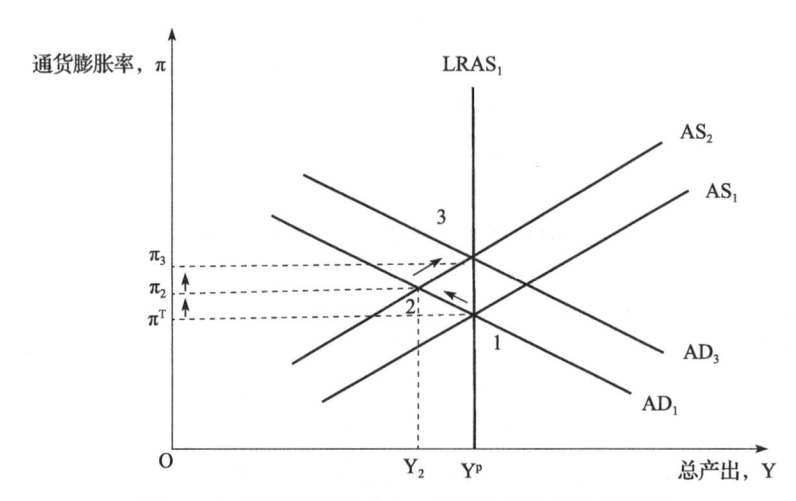

图 15-28　暂时性供给冲击：短期内稳定产出的政策

从上面的分析中，可以得到下面的结论。

①如果经济所面对的冲击大部分是总需求冲击或持续性总供给冲击，那么即使在短期内，稳定通货膨胀的政策也可以实现稳定经济活动的目的。

②如果大部分冲击的类型是暂时性总供给冲击，那么中央银行必须在短期就两个稳定目标做出选择。

③货币当局在长期内，可以通过调整自主性货币政策，以任何通货膨胀率为指标。

④潜在产出即长期总产出是独立于货币政策的。

四、通货膨胀缺口、产出缺口与泰勒规则方程

以美国为例，在货币政策实践中，泰勒规则（Taylor rule）建议美联储将实际联邦基金利率即它的政策工具设定为其历史平均值 2% 加上通货膨胀缺口和产出缺口的加权平均值。

泰勒规则很容易与之前讨论的泰勒原理混淆。泰勒规则描述货币政策当局应该如何设定实际利率以对产出水平和通货膨胀做出反应，是对货币当局在各种情况下如何制定货币政策的完整描述。与此相反，泰勒原理只描述了实际利率的设定如何对通货膨胀水平做出反应（并未涉及产出水平），只是对货币政策制定的一个部分描述。在本章前面只依赖泰勒原理的分析中，货币政策当局在如何应对冲击上是有选择余地的，是对中央银行行为的

一种更为现实的描述。相反，如果货币政策当局采用了泰勒规则，那么它们的决策就完全是自动的，没有任何相机抉择的余地。

美联储所选择的通货膨胀缺口和产出缺口（两者均用百分比来表示）的权重相等，均为 1/2。我们将泰勒规则写成如下形式，其中 r 代表实际联邦基金利率，$Y-Y^p$ 代表产出缺口（用百分比表示），即

$$r = 2.0 + \frac{1}{2}(\pi - \pi^T) + \frac{1}{2}(Y - Y^p)$$

泰勒规则通常用名义利率而非实际利率来表示。意识到名义联邦基金利率 i 等于实际联邦基金利率 r 加上通货膨胀率 π，即 i=r+π，并方程两边加上 π，我们就可以用名义联邦基金利率来表示泰勒规则，或简称联邦基金利率，其表达式为

$$联邦基金利率 = \pi + 2.0 + \frac{1}{2}(\pi - \pi^T) + \frac{1}{2}(Y - Y^p)$$

用文字表述就是：

联邦基金利率 = 通货膨胀率 + 实际联邦基金利率的历史平均值 +0.5× 通货膨胀缺口 + 0.5× 产出缺口

为了说明泰勒规则的使用，假定通货膨胀目标是 2%，而目前通货膨胀率为 3%。并假定 1%(=3%−2%) 的正通货膨胀缺口将实际 GDP 推高到比潜在水平高出 1%，产生了 1% 的正产出缺口。泰勒规则建议联储应该将联邦基金利率设定为 6%(=3%+ 2%+0.5×1%+0.5×1%)。

第七节 就业与通货膨胀

在上一节，我们考察了货币政策与通货膨胀的关系。政府也可能在追求其他某些目标的过程中，实施了过度扩张型货币政策，并造成了高通货膨胀，如高就业率目标。

高就业是大部分政府的主要目标之一，在实现高就业的过程中可能造成高通货膨胀。美国政府在法律上（1946 年的《就业法》和 1978 年的《汉弗莱－霍金斯法》）有责任采取积极干预的政策，提高就业水平。尽管以上两个法案都要求在物价稳定的前提下实现高就业，但是在实际中，政府总是单纯地追求高就业目标而不太顾及其政策可能造成通货膨胀的事实，尤其是在 20 世纪 60 年代中期和 70 年代，当时政府在稳定失业率方面表现得极为活跃。

政府为提高就业率而积极采取的稳定政策可能会造成两种类型的通货膨胀。

①成本推进型通货膨胀（cost-push inflation）：这种类型通货膨胀产生的原因可能是暂时性负面供给冲击，或者工人要求的工资增长幅度超过了产出增长率。

②需求拉动型通货膨胀（demand-pull inflation）：这种类型通货膨胀产生的原因是政府实施增加总需求的政策。

我们可以利用总需求－总供给分析来说明，高就业目标是如何导致这两种类型的通货膨胀的。

一、成本推进型通货膨胀

在图 15-28 中，经济起初处于点 1，即总需求曲线 AD_1 与短期总供给曲线 AS_1 的交

点，假设工人提高工资的要求成功了，原因可能是工人希望实际工资水平（工资所能购买到的产品和服务的数量）与产出保持同步增长，也可能是工人预期通货膨胀率将会上升，因此希望工资水平能够相应增长。这种成本推进型的冲击（相当于暂时性负面供给冲击）导致通货膨胀率上升，从而推动短期总供给曲线向左上方位移至 AS_2。如果中央银行不采取任何政策调整均衡利率水平，货币政策曲线保持不变，经济将会移动到新的短期总供给曲线 AS_2 与总需求曲线 AD_1 的交点，即点 2'。此时的总产出水平降至 Y_2，低于潜在产出水平，通货膨胀率上升至 π_2'，从而导致失业率的上升。

相反，以高就业率为目标的积极的政策制定者会采取减税、增加政府购买或者自主性宽松货币政策，以增加总需求。这些政策会推动图 15-29 中的总需求曲线位移至 AD_2，此时经济在点 2 处迅速恢复到潜在产出水平，通货膨胀率则上升至 π_2。工人如愿以偿，既提高了工资，又享受到了政府防止过度失业的政策保护。

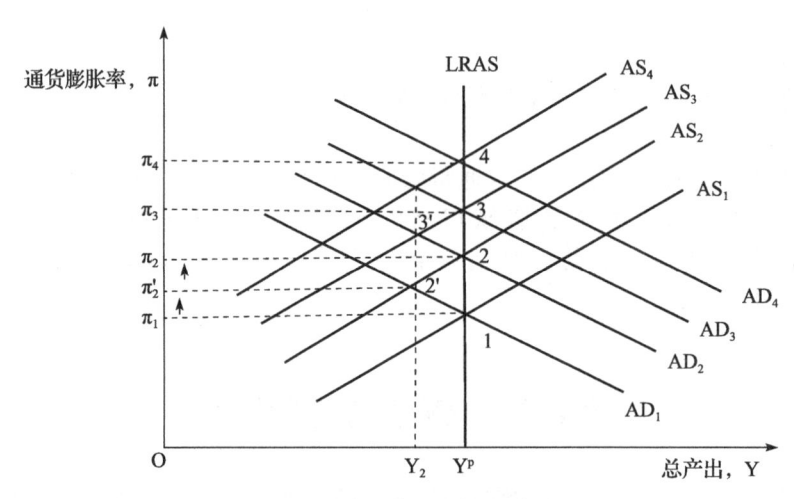

图 15-29　成本推进型通货膨胀

工人的成功可能会鼓励他们要求更高的工资。而且，其他工人可能会意识到相对于工友，自己的工资水平实际上下降了，他们也会提出增加工资的要求。这些行动可能会引发其他暂时性负面供给冲击，从而推动图 15-29 中的短期总供给曲线继续向左上方位移至 AS_3，当经济移动至点 3' 时，失业率水平再次上升，政府将会再次利用积极的政策推动总需求曲线向右位移至 AD_3，从而使得经济在更高的通货膨胀率水平 π_3 上实现充分就业。如果这个过程一直继续，结果就会造成通货膨胀率水平的持续升高，即成本推进型通货膨胀。

二、需求拉动型通货膨胀

高就业率目标也可能会通过另一种渠道导致通货膨胀型的财政和货币政策。由于劳动力市场存在着摩擦，失业工人和雇主之间很难实现完全匹配，因此，即使在充分就业（自然失业率）状态下，失业现象仍然存在，也就是说，充分就业时的失业率依然大于零。如果政策制定者错误地低估了自然失业率水平，因此设定的失业率目标过低（如低于自然失业率水平），就可能会造成过度扩张的货币政策，进而引发通货膨胀。

图 15-30 利用总供给 – 总需求分析说明了这一场景是如何发生的。如果自然失业率水平为 5%，而政策制定者的失业率目标是 4%，他们希望达到的产出目标就会高于潜在产

出。在图 15-30 中，这一产出目标用 Y^T 表示。假设经济起初位于点 1，此时经济处在潜在产出水平上，但是低于产出目标水平 Y^T。为了实现 4% 的失业率水平，政策制定者必须采取扩张性财政政策或者自主性宽松货币政策以增加总需求。图 15-30 中的总需求曲线向右位移直至到达 AD_2，经济移至点 2'，此时的总产出水平为 Y^T，而失业率水平达到了政策制定者的预期目标 4%。但事情还未结束。在 Y^T 的水平上，4% 的失业率低于自然率水平，产出高于潜在水平，因此工资水平将会升高。短期总供给曲线将会向左上方位移至 AS_2，经济也将从点 2' 移动到点 2。此时经济又回到了潜在产出水平，但是通货膨胀率将会升至 π_2。由于失业率水平再次高于目标水平，政策制定者将会再次推动总需求曲线向右到达 AD_3，从而在点 3' 处达到产出目标，整个过程将继续推动经济移动到点 3，这一过程还将持续。结果就是通货膨胀率的稳定上升。

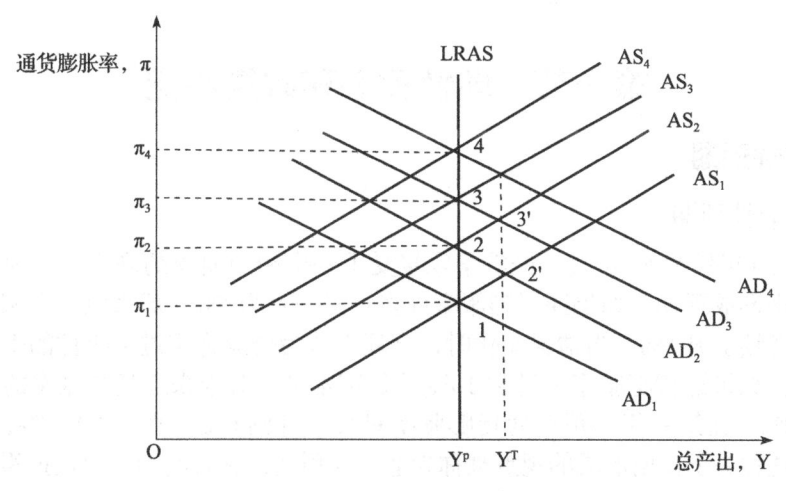

图 15-30 需求推动型通货膨胀

追求过低的失业率目标或者过高的产出目标，就会导致通货膨胀型的货币政策和财政政策。政策制定者无法如愿以偿：他们不能达成其失业率目标，而且会加剧通货膨胀。如果失业率目标低于自然率水平，那么，在政策制定者意识到自己的错误之前，图 15-30 所述的过程就会一直持续下去。

三、成本推进型或需求拉动型通货膨胀

通货膨胀发生时，我们能区分是成本推进型还是需求拉动型吗？通常情况下，当失业率低于自然失业率时，我们认为是需求拉动型通货膨胀；当失业率高于自然失业率时，我们认为是成本推进型通货膨胀。遗憾的是，经济学家和政策制定者在如何准确衡量自然失业率水平的问题上，并没有一致的看法。更复杂的是，成本推进型通货膨胀可以是由需求拉动型通货膨胀引起的，从而进一步模糊了这两种类型的通货膨胀之间的区别：需求拉动型通货膨胀造成了通货膨胀率的升高，预期通货膨胀率最终也会随之上升，工人为保证实际工资水平不下降，会提出增加工资的要求（成本推进型通货膨胀），扩张性的财政政策和货币政策会造成两种类型的通货膨胀，因此我们不能基于其根源来区分通货膨胀的两种类型。

第十六章

当代宏观经济学思想

第一节　理性预期和政策制定

一、理性预期

（一）适应性预期

20世纪50年代和60年代，经济学家接受了一个相当简单的观点，认为公众仅依据过去的经验来形成预期。如果通货膨胀率许多年来一直为5%，那么经济学家推测，公众将预期价格继续上升5%。当情况变化时，该理论认为公众将用过去事件的平均值来改变预期。例如，如果通货膨胀率上升到10%的稳定水平，对未来通货膨胀率的预期就会慢慢上升到10%。在第一年，预期通货膨胀率只会上升到6%，第二年到7%，如此等等。如前所述，这种关于预期形成的观点被称为适应性预期，它表明当历史数据累积时，预期的变动只会随时间缓慢地发生。

适应性预期理论尽管很直观，但没有牢固的微观经济基础。它假设预期只是通过机械地将历史数据平均来形成，认为人们将不会理会任何有关未来的信息。这是不现实的。例如，几乎可以肯定，公众对通货膨胀率的预期将会受到对未来货币政策的预测和现行的以及过去的货币政策的影响。另外，人们往往根据新信息很快地改变他们的预期，因此他们在形成预期时不只是依靠历史数据。

（二）理性预期

针对这些对适应性预期的批评，当时在卡内基·梅隆大学任教的约翰·穆特（John Muth）提出了另一种基于最优化行为的预期理论，被称为理性预期（rational expectation）。它可以表述为：预期与利用所有可获得的信息做出的最优预测（对未来的最佳猜测）相同。

为了说明这意味着什么，现在考虑去学校开车上下班的交通时间，在天气好时，学校与家之间这段路程平均花20分钟。取决于路况的不同，这段路可能得花15分钟，也可能要25分钟，然而，在下暴雨时，对交通时间的最佳猜测——即最优预测是25分钟。

当然，即使有理性预期，对交通时间的预期必然也是不完美的。在一个雨天，这段路可能会因为一次偶然的交通事故花上30分钟，在另一个雨天可能只需20分钟。在两种情形中，预测都偏离了5分钟。可是，预测是理性的并不需要它是完全准确的——它只需在给定所有可得信息的条件下是最佳的。这个例子告诉了我们关于理性预期的如下要点：即使理性预期等于利用所有可以获得的信息做出的最优预测，当然，基于此的预测并不见得是完全准确的。

(三) 理性预期理论背后的微观经济原理

简单一点说,人们将他们的预期定在对未来的最佳猜测上,因为如果他们不这样做的话,会额外付出时间或金钱。职员有很强的动机去尽可能准确地预期开车上班所花的时间。如果他低估了交通时间,他可能会上班迟到并被扣掉一定的薪水。如果他的预期高估了,他将会浪费掉上班之前的时间。准确的预期是合意的,人们有很强的激励让预期等于利用所有可以获得的信息做出的最优预测。

我们可以将同样的原理应用于企业。假定一家汽车制造商,如福特公司,知道利率的变化会影响汽车的销售。如果福特对利率的预测非常不准确,它生产的汽车将要么过多,要么过少,从而使利润下降。因此,在预测利率时,福特公司有很强的激励去获取和应用所有可以获得的信息。

(四) 理性预期理论和宏观经济分析

理性预期理论对宏观经济分析有几个非常重要的启示。

①理性预期利用了所有可以获得的信息,包括任何关于政府政策的信息,如货币政策或财政政策的改变。如果家庭和企业知道政府政策未来很可能会改变,其预期将会考虑到这些信息,例如,如果消费者认为个税削减即将发生,甚至在减税实施之前的今天,他们就可能开始支出更多。

②只有新的信息才会引起预期改变。如果某条信息是早已被预料到的,那么当它被宣布时,它对理性预期将不会有任何影响。这条已被预料到的信息早已被纳入这些预期,只有那些未曾预料到的信息的宣布才会引起预期的改变。如果个税削减早已被预料到了,那么它实施的这一消息就不会对预期有任何影响。然而,如果新信息表明减税的幅度可能更大,那么对可支配收入的预期就会上升。

③如果一个变量变动的方式发生了变化,那么这个变量的预期形成方式也会随之改变。为了阐述这一观点,假定联储的政策利率,即联邦基金利率,设在一个异常低的水平。我们将预期该利率在未来如何移动?如果联储所声明的政策是总会将它的政策利率恢复至"正常"水平,那么最优预测将认为这个利率最终会上升。于是,对利率的理性预期是认为它在未来会上升。但是如果联储改变它所声明的政策,从而当政策利率很低时就让它保持在低水平,又会如何呢?在这种情况下,对未来政策利率的最优预测,同时也是理性预期,是利率将保持在低位。因此,利率变量移动的路径发生的改变引起了未来政策利率预期形成方式的改变。我们可以将这里的理性预期分析推广到任何变量的预期。

(五) 理性预期革命

在20世纪70年代期间,理性预期在宏观经济模型中的广泛采用改变了宏观经济学家思考问题的方式。现在这被称为理性预期革命(rational expectations revolution),它是由罗伯特·卢卡斯(Robert Lucas)、托马斯·萨金特(Thomas Sargent)、罗伯特·巴罗(Robert Barro)以及贝内特·麦卡勒姆(Bennet McCallum)提出的。

二、政策评估的卢卡斯批判

(一) 相机抉择与政策规则

基于理性预期理论,卢卡斯指出,如果某一经济政策的制定没有考虑理性预期(那时政策制定者所使用的宏观经济计量模型确实没有考虑理性预期），那么这种方法就存在推理错误。卢卡斯提出，也许当政策实施时，公众预期也会随之改变，从而使政策实施的结果完全偏离当初的设计。

根据理性预期理论，与其"根据实际情况"来对政策进行"相机抉择"的政策制定，不如设定一种"政策规则"，以引导人们的理性预期。

与相机抉择相反，规则本质上是自动的。米尔顿·弗里德曼（Milton Friedman）等货币主义者所提倡的一种著名的规则类型是固定货币增长率规则（constant-money-growth rate rule）：无论经济情况如何，货币供给均以固定速率增长。贝内特·麦卡勒姆和艾伦·梅尔泽等另一些货币主义者则提出了这个规则的一些变形，允许货币供给的增长率随货币流动速度的改变而有所调整（货币流通速度往往被发现在短期内是不稳定的）。因为这种类型的规则并不对经济活动做出反应，所以它们也可以称为"非积极主义"的。

与"非积极主义"相反，积极主义规则具体规定货币政策应该对产出水平和通货膨胀做出反应。这种类型的最著名的规则就是我们在上一章讨论过的泰勒规则。它规定，联储应该通过一个考虑到产出缺口和通货膨胀缺口的公式来设定联邦基金目标利率。

（二）支持规则的理由

正如我们对时间不一致性问题的讨论所表明的，相机抉择的货币政策会导致差的经济结果。如果货币政策制定者相机抉择，他们就会受到诱惑去采取能够提高短期内的就业但在长期引起更高的通货膨胀率（且就业也不会增加）的过度扩张性的货币政策。对泰勒规则或固定货币增长率规则这样的政策规则的承诺解决了时间不一致性问题，因为政策制定者不得不遵守已经设定的计划，而这样的计划不允许他们相机抉择及试图利用通货膨胀和失业之间的短期权衡。通过用政策规则来约束他们的手，政策制定者可以实现合意的长期结果。

（三）支持相机抉择的理由

尽管政策规则有重要的优势，但是它们的确有一些严重的缺点。第一，规则可能会太过死板，因为规则无法预见每种可能性。例如，几乎没有人能够预测到金融体系中的一小部分次级抵押贷款的问题会导致一场70多年来最严重的金融危机，对经济产生毁灭性的影响。联储在危机期间为防止危机演变成萧条所采取的史无前例的措施不可能事前被写进政策规则中。于是，能够利用相机抉择政策灵活地采取行动可能是一项成功货币政策的关键。

政策规则的第二个问题则是它们不能容易地将判断的使用纳入进来。货币政策是一门科学，也是一门艺术。货币政策制定者需要查看大量的信息以便决定最好的货币政策方向，某些信息是不容易量化的。于是，判断成为好的货币政策中的重要因素，而它很难被写入规则中。只有有了相机抉择，货币政策才能将判断的作用体现出来。

第三，没有人真正地知道经济的真实模型是什么样子，因此任何基于特定模型的政策规则在模型本身错了时就会被证明是错的。当某政策规则的基础模型被证明错了时，相机抉择就可以避免错误政策的约束。

第四，即使模型是对的，经济的结构性变动也将引起模型系数的改变。卢卡斯批判就是一个例子，它指出政策的变化会改变宏观经济计量模型的系数。另一个例子是20世纪80年代由金融创新引起的各种货币总量，如 M_1 和 M_2，与总支出之间关系的瓦解。如果按照基于某一货币总量常数增长率的规则，那么就会造成非常严重的后果。事实上，这正是 20 世纪 80 年代后期和 90 年代早期瑞士发生的情况，当时对使用货币总量增长率的规则的坚守引起了通货膨胀率的上升。相机抉择使政策制定者在经济经历结构性变动时能够改变政策设定。

（四）受约束的相机抉择

规则和相机抉择之间的区别强烈影响了几十年来学术界对货币政策的讨论。但是这种区别可能太鲜明了。正如我们已经看到的那样，规则和相机抉择都有很多问题，因此规则和相机抉择之间的两分法可能太简单而不能捕捉到宏观经济政策制定者面临的现实。相机抉择是一个程度问题。相机抉择可以是一种相对没有约束的方法，这种方法导致政策可以随着政策制定者的个人观点而改变，或是随着政治风向而改变。或者它可以在一个表述得更加清楚的框架内运行，在这个框架中，政策制定者的总体目标和策略——尽管不是他们的具体行动——是事先做出承诺了的。联储前主席本·伯南克为这种类型的框架取了一个名字：受约束的相机抉择（constrained discretion）。受约束的相机抉择对政策制定者施加了一个概念上的结构和内在约束，但没有消除所有的灵活性。它结合了规则的部分优点和相机抉择的部分优点。

第二节　真实经济周期模型与新凯恩斯主义模型

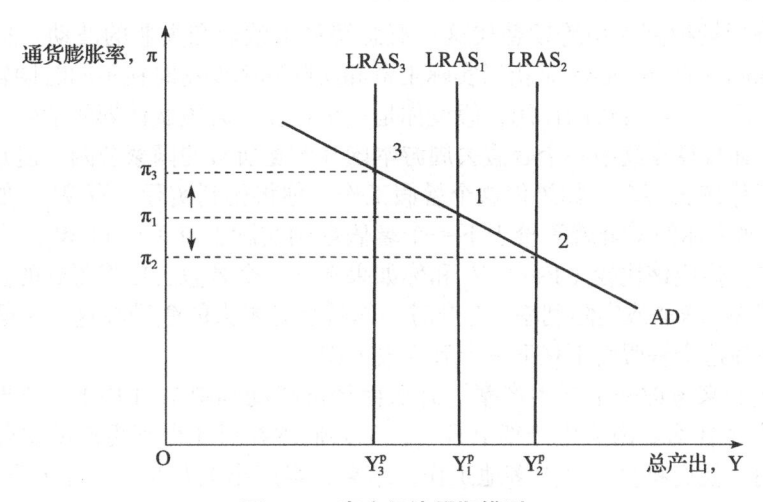

一、真实经济周期模型

真实经济周期模型（real business cycle model）最初是由诺贝尔经济学奖获得者爱德华·普雷斯科特和芬恩·基德兰德建立的。这一模型从假设所有的工资和价格都具有完全弹性开始。它认为对生产率或工人工作意愿的冲击被称为真实冲击（real shock）——引起了潜在产出和长期总供给的波动。由于个体的工资和价格具有完全弹性，所以短期总供给曲线和长期总供给曲线是同一条曲线。因此，在如图 16-1 所示的真实经济周期的总需求和总供给分析中，只存在长期总供给曲线的变动。

图 16-1　真实经济周期模型

(一) 生产率冲击和经济周期波动

真实经济周期框架中工资和价格的完全弹性意味着总产出总会等于潜在产出。另外，在这样一个模型中，经济周期波动全部来自潜在产出的波动。真实经济周期模型的关键方程是总生产函数，假定该函数为

$$Y^p = F(K,L) = AK_t^{0.3}L_t^{0.7}$$

其中，A 为全要素生产率；K 为资本存量；L 为劳动；Y^p 为潜在产出。

真实经济周期的理论家们将对生产率 A 的冲击看成潜在产出和长期总供给冲击的主要来源。正向的生产率冲击，如新的发明或能使经济更有效率的政府政策，将会提高 A，引起长期总供给曲线向右移动，从 $LRAS_1$ 移到 $LRAS_2$。如图 16-1 所示，如果总需求曲线不变，那么经济就会从点 1 移动到点 2，此时总产出从 Y_1^p 上升到 Y_2^p，而通货膨胀率从 π_1 下降到 π_2。

负向的供给冲击，如能源价格的永久性上升或会引起产量降低的政府对环境的严格管制，将降低生产率 A。长期总供给曲线向左移动，从 $LRAS_1$ 移到 $LRAS_3$。如图 16-1 所示，经济从点 1 移动到点 3，此时总产出下降到 Y_3^p，通货膨胀率上升到 π_3。

(二) 索洛残差和经济周期波动

真实经济周期理论家们的观点"生产率冲击是经济周期波动的主要来源"有多合理呢？一种评估真实经济周期模型可靠性的方式是用生产函数估计出生产率。因为在真实经济周期模型中总产出 Y 总是等于潜在产出 Y^p，所以我们就可以从方程中解出 A 的估计值 $A_{估计}$ 为

$$A_{估计} = \frac{Y^p}{K_t^{0.3}L_t^{0.7}}$$

生产率的这些估计值被称为索洛残差（Solow residual）。如前所述，索洛在他对经济增长理论的最初研究中使用了这个测度。索洛残差的增长率和产出增长之间存在一个很紧密的相关。真实经济周期理论家们认为，总产出和索洛残差的这种联动强有力地证实了他们的理论预测结果：生产率冲击是经济周期波动的主要来源。

(三) 真实经济周期模型中的就业和失业

真实经济周期模型使用跨期替代这一概念解释了就业和失业的波动。这里的跨期替代（intertemporal substitution）是指当实际工资和实际利率变动时在不同时期转移工作努力的意愿。为了阐述跨期替代的作用，假设你是一个正在为暑假做计划的学生。在接下来的两个暑假中，你打算在其中一个暑假去周游本国和游览所有的国家公园，但是你需要在另一个暑假去工作赚钱买车。如果你这个暑假工作，你将得到实际工资 W_1。如果你能赚到实际利率 r，那么你的工资就等价于下一个暑假拿到实际工资 $(1+r)W_1$。为了决定在哪一个暑假工作，你应该比较 $(1+r)W_1$ 和你如果在下一个暑假工作将得到的实际工资 W_2。当现在的工资 W_1 增加或实际利率 r 上升时，你就会有更大的激励在这个暑假用工作替代闲暇，即选择在这个暑假而不是下一个暑假去工作。

现在让我们来考虑一下当生产率上升从而经济移动到图 16-1 中的点 2 时（总产出上升到 Y_2^p）会发生什么。因为生产率上升了，工人们现在可能能得到更高的实际工资，跨期替代告诉我们，他们将会愿意更多地工作。结果，当产出上升时，就业上升、失业下降。类似地，当存在负向的生产率冲击从而经济移动到点 3 时（产出下降到 Y_3^p），则实际工资

下降，就业下降，失业上升。注意，在这两种情况下，失业率随着自然失业率变动，因此经济保持着充分就业，失业缺口为零。

在真实经济周期模型中，失业是自愿发生的。它源于工人为最大化自己的福利所做出的选择。这并不意味着衰退对工人是没有成本的。事实上是有的，他们的收入必然下降。因为实际工资下降了，他们自愿地选择了工作更少的时间。

(四) 对真实经济周期模型的反对意见

对真实经济周期分析有以下几点重要的批评。

1. 索洛残差和生产率冲击

真实经济周期分析的批评者对来自索洛残差的证据提出了质疑。他们认为，当经济放缓和企业关门时，企业根本不会关闭每个闲置的工厂和裁掉每个不需要的工人。相反，它们往往储备资本和劳动，为经营活动最终的全面恢复做准备。这些作为劳动储备（labor hoarding）的工人们中有很多人在工作时间都无所事事，但在政府调查中仍被计入"就业者"。闲置的资本仍然在账簿上。于是，经济中真正被用于生产产出的机器和工人的数量被高估了，由此算出的工人人均产出和每1美元资本的产出就下降了。即便工人和机器的生产率跟有工作可做时一样，负向生产率冲击根本就不存在，对劳动和资本的储备也会造成负向生产率冲击的表象。

2. 负向的生产率冲击

真实经济周期的批评者还质疑生产率冲击是否可能为负。互联网等新事物会引起正向冲击。但是，因为一般来说技术会随着时间不断发展，很难想象为什么技术会有退步。真实经济周期模型的支持者给出了一些负向冲击的例子，例如，那些降低了产出的糟糕的政府政策，或者暂时性地降低了资本市场效率的金融危机。

3. 顺周期的通货膨胀和就业

正如我们在图16-1中看到的，真实经济周期模型表明，在总需求曲线不变的条件下，总产出的增加伴随着通货膨胀率的下降，而总产出的减少伴随着通货膨胀率的上升，而实证数据中并没有发现这种效应。通货膨胀率往往在经济繁荣期间上升而在衰退期间下降。顺周期的通货膨胀与真实经济周期模型所表明的正好相反。真实经济周期模型的支持者则挑战了"通货膨胀是顺周期的"这一论断。爱德华·普雷斯科特和芬恩·基德兰德认为顺周期性不是第二次世界大战后时期的一个特征。例如，在20世纪70年代中期和后期的石油价格冲击之后的衰退期间，通货膨胀率急剧上升。

4. 市场出清假设

许多经济学家对真实经济周期模型中的市场出清假设也表示怀疑。他们认为，经验证据说明了工资和价格远远不是具有完全弹性的。另外，他们发现真实经济周期分析中"失业是自愿的"这一观点是非常不现实的。如果试着去问某些失业的工人他们是不是自己选择更少地工作，你很有可能会得到一些不太愉快的但是在情理之中的回应。

二、新凯恩斯主义模型

随着经济学家逐渐接受"经济周期理论应该有坚实的微观基础"这一主张，他们开始采纳这样一种观点：理性预期为预期如何形成提供了一个很好的基准。另外，许多经济学家发现真实经济周期模型的分析技巧具有吸引力。但是，大量经济学家仍然不愿接受"工资和价格具有完全弹性"和"总需求冲击在经济周期中没有任何作用"的古典观点。这种推理使经济学家开始将理性预期和真实经济周期理论家的许多分析与有很好的微观经济基础并考虑了工资和价格黏性的模型相结合。凯恩斯主义经济学家建立了新凯恩斯主义模型（new Keynesian model），它基于与真实经济周期模型相似的微观经济基础，但其分析中嵌入了黏性。这样的模型也被称为动态随机一般均衡模型［dynamics stochastic general equilibrium(DSGE)model］，这是因为它们允许经济随时间增长（动态的）和遭受冲击（随机的），同时又建立在一般均衡原理的基础之上。以下部分简要介绍新凯恩斯模型中宏观经济波动的机制①。

（一）新凯恩斯主义模型中的经济周期波动

现在我们来看看当存在总供给或总需求冲击时，在新凯恩斯主义模型中，短期产出和通货膨胀率会发生什么变化。

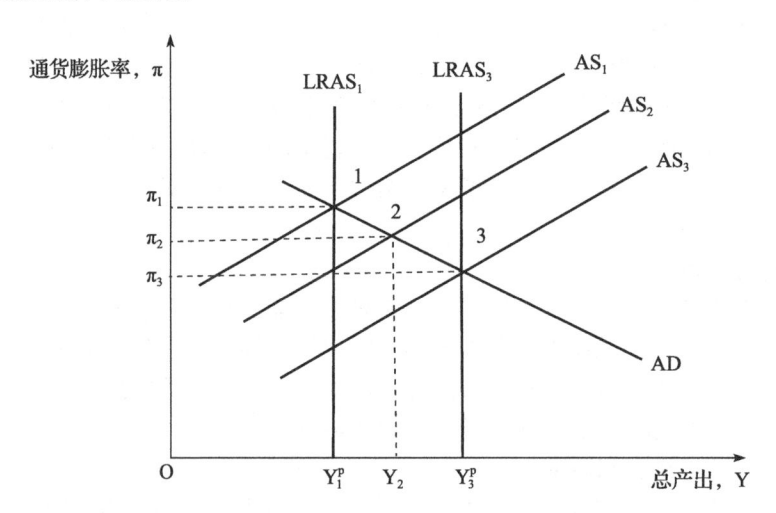

图 16-2 新凯恩斯主义模型：总供给冲击的影响

1. 总供给冲击的影响

和在真实经济周期模型里一样，对长期总供给的冲击可能是经济周期波动的一个重要来源。如图 16-2 所示，假定经济初始时位于点 1，总产出为 $Y_1=Y_1^p$，通货膨胀率为 π_1。如果生产率增长出现加速，例如因为新机器人技术使制造部门效率更高了，那么长期总供给曲线就会从 $LRAS_1$ 向右移动到 $LRAS_3$。因为初始状态点 1 处的总产出现在低于潜在产出，此时经济不景气（$Y_1<Y_3^p$），所以短期供给曲线向右下方移动，从 AS_1 移动到 AS_2，经济移动到点 2，总产出上升到 Y_2，通货膨胀率下降到 π_2。

因为在点 2 处经济仍然不景气（$Y_2<Y_3^p$），短期总供给曲线会继续向下移动，直到经济到达点 3，即新的长期总供给曲线 $LRAS_3$ 和总需求曲线 AD 的交点。这一长期均衡点与真实经济周期模型中短期就会达到的点是同一个点，在该点，产出进一步上升，通货膨胀率进一步下降。

2. 总需求冲击的影响

现在让我们来考虑一下如果消费者的自信突然增加从而开始支出更多会发生什么。这种正向的需求冲击使总需求曲线从 AD_1 向右移动到 AD_2，如图 16-3 所示，如果这一冲击

---

① 限于本书的篇幅，有关新凯恩斯宏观波动模型的具体细节请读者自行参看有关高级宏观经济学教科书。

没有被预期到,那么对未来产出和通货膨胀的预期就不会发生变化,所以短期总供给曲线仍为 AS_1。于是经济将从点 1 移动到点 2,总产出上升到 Y_2,通货膨胀率上升到 π_2。

但是如果总需求冲击是被预期到的呢?现在,企业就会预期下一期的通货膨胀率会更高,所以短期总供给曲线将向上移动。但是,因为价格是黏性的,对下一期通货膨胀率的预期还不会上升到 π_4,尽管最终经济将移动到长期均衡点 4,即总需求曲线和长期总供给曲线的交点,价格的缓慢调整意味着尽管在新凯恩斯主义模型中预期是理性的,但是短期总供给曲线不会像工资和价格具有完全弹性时那样直接向上移动到 AS_4,而是只向上移动到 AS_3,于是,经济在点 3 处达到均衡,总产出上升到 Y_3,通货膨胀率上升到 π_3。在图 16-2 中我们可以看到 Y_2 大于 Y_3,这意味着产出对未被预期到的总需求冲击的反应要大于对被预期到的总需求冲击的反应。这是因为,当总需求冲击未被预期到时,短期总供给曲线不会移动,从而使通货膨胀率更低而产出更高。新凯恩斯主义模型区分了被预期到的与未被预期到的总需求冲击的影响,发现未被预期到的冲击对产出有更大的影响。

(二) 对新凯恩斯主义模型的反对意见

对新凯恩斯主义模型的反对意见是,价格黏性的程度可能不是那么高。例如,经验证据发现企业非常频繁地改变价格。现在仍不清楚,新凯恩斯主义菲利普斯曲线中的核心因素,即价格缓慢调整的假设,是不是有依据的。然而,另外一些研究指出,即使价格非常频繁地变动,它们对总需求冲击的调整可能依然是缓慢的。企业可能会发现,相比于对它们所卖的特定产品的冲击而言,总体冲击不是那么重要。于是,它们可能会发现在定价决策中关注总需求冲击是不值得的。在这种情况下,就会有相对总需求冲击的价格黏性,因而新凯恩斯主义模型仍然成立。新凯恩斯主义模型虽然遇到了一些争议,但是它已经成为近些年政策讨论中占主导地位的模型。

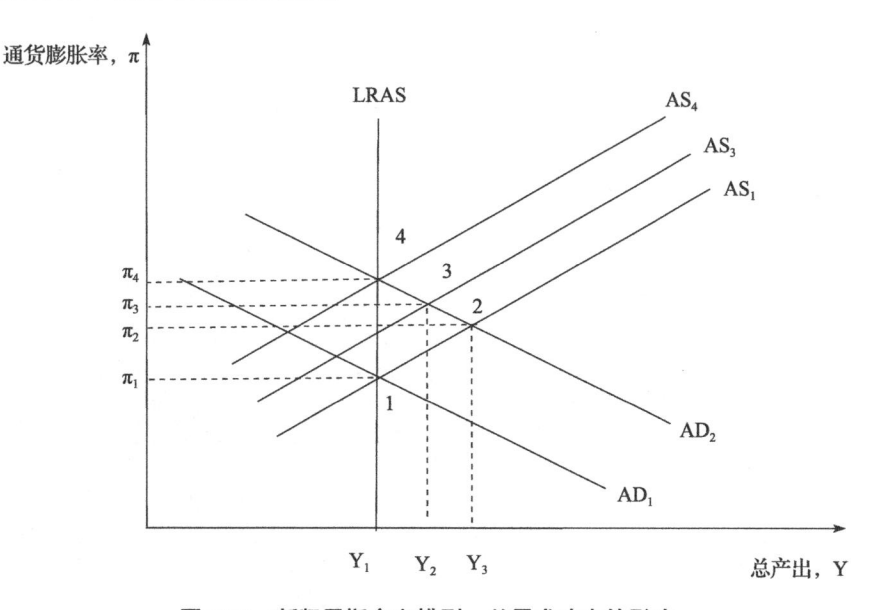

图 16-3 新凯恩斯主义模型:总需求冲击的影响

第三篇

国际联系、政策实务

第十七章 CHAPTER 17

国际贸易

第一节 现代贸易理论、比较优势与国际贸易

一、现代贸易理论

（一）重商主义贸易理论回顾

按照重商主义者的观点，如果一国能够实现贸易顺差（出口超过进口的剩余），就可以得到世界其他国家用黄金和白银衡量的净支付。这种净收入将会扩大国内消费，提高国内的产出和就业水平。为了扩大贸易顺差，重商主义学派主张政府进行贸易管制，并建议采用关税、配额和其他商业政策来实现进口的最小化，以保护本国的国际贸易地位。

但是，根据大卫·休谟的"价格-铸币-流转"学说，贸易顺差只可能是短期的，随着时间的推移会自动消除。为说明这一点，假设英国实现了贸易盈余，从而导致了大量黄金和白银的流入。由于这些贵金属是英国货币供给的一部分，它们的流入会增加流通中的货币数量，从而使得英国的物价水平相对高于其贸易伙伴的物价水平。物价水平的提高会激励英国居民购买外国生产的商品，由此英国的出口会减少，结果，英国的贸易盈余最终将自动消除。因此，休谟的"价格-铸币-流转"机制表明，重商主义的政策最多只能带来短期的经济优势。

重商主义学派只是从静态的视角来分析世界经济，因此遭到了攻击。在重商主义学派看来，世界财富是固定不变的，这意味着一国的贸易收益是以其贸易伙伴国的损失为代价的。并非所有国家都能同时从国际贸易中获益。这种观点也受到了1776年亚当·斯密出版的《国富论》的质疑。根据斯密的观点，世界财富不是固定不变的。国际贸易促进了各国之间的专业化和劳动分工，这将提高各国国内生产率的一般水平，从而增加世界产出（财富）。因此，斯密关于贸易的动态观点认为，通过自由贸易，贸易双方均能够同时享有更高的生产水平和消费水平。

重商主义的理论基础虽然遭到了攻击，在当代却仍具有极强的生命力。当代重商主义放弃了国家需要持有黄金和白银的论调，转而强调就业的重要性。新重商主义学派认为出口有利于国家经济的发展，因为出口为本国工人创造了就业机会；进口则不利于国家经济的发展，因为进口将使本国工人的就业机会被转移到国外。新重商主义学派认为国际贸易本质上是一种零和博弈，一国获益必然以另一国利益受损为代价。贸易并不能给所有国家都带来好处，以就业机会为例，随着世界贸易的繁荣发展，进口国必然会丧失某些就业机

会，贸易双方中进口国工人的利益受到了损害。

（二）贸易发生的原因：绝对优势

亚当·斯密是自由贸易（开放市场）的主要倡导者，其根据是自由贸易能够促进国际劳动分工。通过自由贸易，各个国家可以集中生产其生产成本最低的商品，从而获得国际劳动分工的好处。

在接受了商品的国际流动取决于成本差异这一观点的前提下，斯密试图解释，为什么不同国家的生产成本会存在差别。斯密认为，投入要素的生产率是决定生产成本的主要因素，这种生产率形成的基础是自然优势和通过后天学习所形成的习得优势。前者包括气候、土壤和矿产资源等相关因素；后者包括特殊的技能和技术。斯密通过严密的证明指出，如果在一种产品的生产上拥有某种自然优势或习得优势，一国将能够以较低的成本生产出这种商品，从而比其贸易伙伴更具有国际竞争力，斯密对竞争优势决定因素的分析集中在市场的供给方面。

斯密的成本概念以劳动价值论（labor theory of value）为基础。该理论假设，在每个国家中：①劳动是唯一的生产要素，并且是同质的（质量相同）；②一种商品的成本或价格只取决于生产该种商品所需的劳动数量。例如，如果美国生产1码布匹比英国所耗费的劳动量少，美国的生产成本就会较低。斯密的贸易理论是绝对优势理论（principle of absolute advantage），即在一个由两个国家、两种产品构成的世界中，如果一国在一种商品的生产上具有绝对成本优势（即生产单位产品使用的劳动较少），而另一国在另一种商品的生产上具有绝对成本优势，国际贸易和专业化将是有益的。为了使世界从国际劳动分工中获利，每个国家必须在一种商品的生产上比其贸易伙伴更有效率。一国将进口那些处于绝对成本劣势的商品，出口那些自己拥有绝对成本优势的商品。

根据斯密的理论，通过专门生产比其他国家成本低的商品，同时进口生产成本较高的商品，每个国家都能够从中获得好处。通过专业化，世界资源的使用效率得到了提高，世界产出增加了，而增加的产出又会通过贸易在两国间分配。根据斯密的观点，所有国家均能够从贸易中获利。

斯密的著作对自由贸易进行了详细阐释，时至今日仍颇具影响力。斯密认为，自由贸易将增加本土市场的竞争，削弱国内厂商的市场垄断力量，自由贸易将有利于促使国内厂商改变服务质量差、价格过高等弊病，此外，国家还能从出口高价商品、进口低价商品的贸易中获益。斯密认为国家财富源于劳动分工，而这种分工受到市场规模的限制。规模较小、较孤立的经济体因为无法进行大规模的专业化生产，它们的劳动生产率将得不到显著的提高，生产成本也无法降低。这些经济体将逐渐趋于贫穷。自由贸易则使这些规模较小的经济体可以更好地通过劳动分工获得更高的劳动生产率，提高实际国民收入。

（三）贸易发生的原因：比较优势

1800年，大卫·李嘉图这位富有的伦敦商人在度假时阅读了斯密的《国富论》，深受启发。李嘉图非常欣赏斯密有关"自由贸易"的思想，但他认为斯密的某些论证还有待完善。根据斯密的理论，互利贸易的发生要求每个国家至少在一种商品的生产上成本是最低的，由此能够向其贸易伙伴出口这种商品。但是，如果一国在所有商品的生产上都比其贸易伙伴更有效率，情况又会怎样呢？大卫·李嘉图发现了斯密理论的不严密之处，并在此基础上提出了国际贸易的另一个理论，指出即使一国在所有商品的生产上都具有绝对高效率，互利贸易也能发生。

和斯密一样，李嘉图也强调市场的供给方面，并认为两国间因自然和后天习得优势而导致的成本差异是贸易产生的直接原因。斯密的绝对优势理论强调国家之间绝对成本差异的重要性，与此不同，李嘉图强调的是比较（相对）成本的差异。因此，李嘉图的贸易理论被称为比较优势理论（principle of comparative advantage）。

根据李嘉图的比较优势理论，即使一国在两种商品的生产上都处于绝对成本劣势，互利贸易仍然能够发生。低效率国家应该专门生产并出口其效率低得相对较少（绝对劣势最小）的商品，高效率国家则应专门生产并出口其效率高得相对较多（绝对优势最大）的商品。

假定美国工人每小时能生产 40 瓶葡萄酒或 40 码布匹，而英国工人每小时只能生产 20 瓶葡萄酒或 10 码布匹。按照斯密的绝对优势理论，由于美国在两种商品生产上的效率都高于英国，因此不存在进行互利的专业化分工和贸易的基础。

然而，李嘉图的比较优势理论指出，美国生产布匹的效率是英国的 4 倍（40/10=4），而生产葡萄酒的效率仅是英国的 2 倍（40/20=2）。因此，美国在布匹的生产上比在葡萄酒的生产上的绝对优势大，英国在葡萄酒的生产上比在布匹的生产上绝对劣势小。每个国家应当专业化生产并出口具有比较优势的商品，即美国生产布匹，英国生产葡萄酒。专业化形成的产出收益将通过贸易在两个国家间分配。与斯密相似，李嘉图确信两国都可以从贸易中获利。

简而言之，李嘉图的比较优势理论认为，国与国之间劳动生产率的差异是国际贸易产生的唯一原因。李嘉图理论的基本结论是，一国应当出口劳动生产率相对较高的产品。

二、比较优势与国际贸易

（一）生产可能性与比较优势

根据李嘉图的比较优势理论，当存在比较优势时，专业化和国际贸易能够使参与贸易的双方都获得收益。李嘉图的理论依赖于劳动价值论的假设，劳动被假定为唯一的投入要素。而在实际中，劳动只是若干投入要素中的一种。

现代贸易理论提出了一种更具普遍性的比较优势理论。此理论采用生产可能性曲线来解释比较优势。如前所述，生产可能性曲线是当所有投入要素（土地、劳动、资本、企业家能力）都得到最有效的利用时，一国所能生产的两种商品的各种数量组合。因此，该曲线反映了一国可能的最大产出水平。

如图 17-1 所示，我们假定只生产和消费两种产品：虾和计算机。为了生产虾，任何一个国家都需要使用劳动力、土地、资金等资源，这些资源也可以用于生产其他产品。一国为生产 1 吨虾而必须放弃的其他潜在产品，就是 1 吨虾的机会成本。

在越南生产虾比在美国要容易得多，那里的气候环境非常适宜，而且有很多的沿海土地可以用于贝类养殖。相反，越南在其他产品的生产上却不比美国容易。例如，越南没有技术人员和技术秘诀，而这恰恰是美国在高科技产品生产上表现出色的基础。所以，相对于计算机等其他产品，1 吨虾的机会成本在越南比在美国要低得多。

为简化模型，假设生产可能性边界为图 17-1 中的直线。直线的形状说明，各国中每吨虾相对于计算机的机会成本是不变的（而弓形代表递增的机会成本），也就是说机会成本不取决于各国生产这两种产品的数量。

（a）美国的生产可能性边界

（b）越南的生产可能性边界

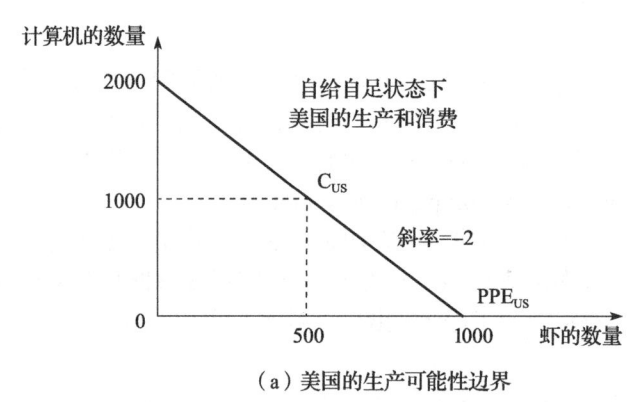

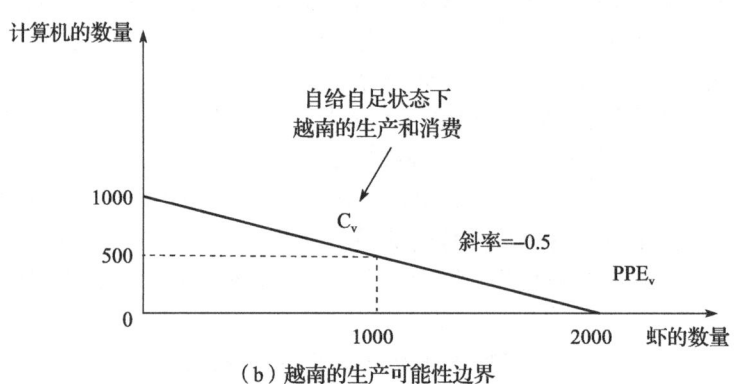

图 17-1　比较优势和生产可能性边界

我们假定，美国若不生产计算机就能生产 1000 吨虾，若不生产虾就能生产 2000 台计算机，那么图 17-1（a）中生产可能性边界的斜率就是 −2000/1000，即为 −2，也就是说，每多生产 1 吨虾，美国必须放弃生产 2 台计算机。

同样，我们假定，越南若不生产计算机就能生产 2000 吨虾，若不生产虾就能生产 1000 台计算机。那么图 17-1（b）中生产可能性边界的斜率就是 −1000/2000，即为 −0.5，也就是说，每多生产 1 吨虾，越南必须放弃生产 0.5 台计算机。

经济学家用"自给自足"一词来描述一国不与其他国家开展贸易的情形。我们假定美国在自给自足的情形下，将生产并消费 500 吨虾及 1000 台计算机。这种自给自足的生产与消费束，可用图 17-1（a）中的点 C_{us} 来表示。同样，我们假定越南在自给自足的情形下，将生产并消费 1000 吨虾及 500 台计算机，可用图 17-1（b）中的点 C_v 表示。在此基础上，世界的生产量和消费量就是美国与越南的生产量和消费量的总和。

如果国家间开展贸易，可以比自给自足的状态更好。在这个例子中，越南生产虾有比较优势，越南生产虾的机会成本比美国低：在越南每吨虾值 0.5 台计算机，而在美国每吨虾值 2 台计算机。相反，美国在计算机生产上具有比较优势：为多生产 1 台计算机，美国必须放弃 0.5 吨虾，但在越南生产 1 台计算机，就必须放弃 2 吨虾。国际贸易使各国在具有比较优势的产品生产上进行专业化的分工：美国是计算机，越南是虾。这样，各国能够以较低的机会成本得到它没有比较优势的商品，从而双方都能从贸易中获益。

（二）国际贸易带来的增益与贸易的相对价格

图 17-2 举例说明了两国如何从专业化分工和开展贸易中获得收益。图 17-2（a）表示

美国，图 17-2（b）表示越南，国际贸易的结果是：美国的生产点是 Q_{us}，生产 2000 台计算机，不生产虾；越南的生产点是 Q_v，生产 2000 吨虾，不生产计算机。

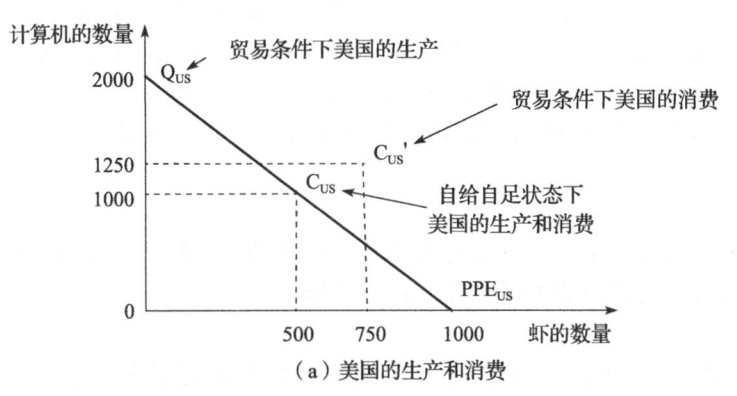

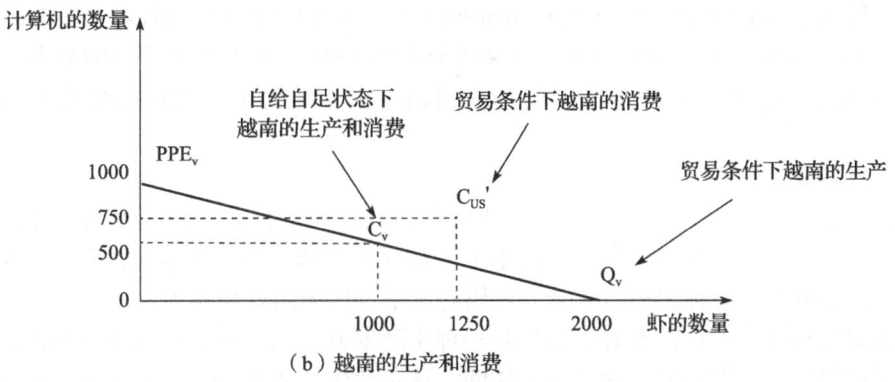

图 17-2 来自国际贸易的收益

稍加计算，可以看出专业化分工增加了全世界两种产品总的生产量。在没有专业化分工时，世界产品总的生产量是 1500 台计算机和 1500 吨虾。在专业化分工之后，世界产品总的生产量增加为 2000 台计算机和 2000 吨虾。这些产品现在可以参与国际贸易了，这样美国就可以消费由越南生产的虾，越南也可以消费由美国生产的计算机。其结果是，与自给自足的情况相比，各国都可以在两种产品上消费更多。

图 17-2 除了显示开展贸易时的生产状况，还画出了美国和越南的一种可能的消费状况。在该图中，美国从自给自足时消费 1000 台计算机和 500 吨虾，以 C_{us} 点表示，到开展贸易后消费 1250 台计算机和 750 吨虾，以 C_{us}' 点表示。同样地，越南从自给自足时消费 500 台计算机和 1000 吨虾，以 C_v 点表示，到开展贸易后消费 750 台计算机和 1250 吨虾，以 C_v' 点表示。

参与国际贸易的国家不再需要消费它们生产出的所有产品组合，这一事实使上述例子成为可能。每个国家在某一点生产（美国在 Q_{us} 点生产，越南在 Q_v 点生产），但在不同的点进行消费（美国在 C_{us}' 点消费，越南在 C_v' 点消费）。这个差异反映了进口和出口：美国消费的 750 吨虾从越南进口，越南消费的 750 台计算机从美国进口。

越南出口 750 吨虾，作为回报该国收到 750 台计算机，因此 1 吨虾换取 1 台计算机。读者应该明确的是，以上消费状况只是很多种消费状况中的一种。事实上，就像个人消费选择一样，国家的消费选择也反映出其居民的偏好，以及在国际市场上一种产品相对于另一种产品的价格。

相对价格必须满足的一个条件是：没有哪一个国家支付的相对价格会比它在自给自足情况下生产该商品的机会成本高。也就是说，美国不会为从越南进口的1吨虾支付高于2台计算机的价格，越南也不会为从美国进口的1台计算机支付高于2吨虾的价格。当满足这一条件时，国际贸易中实际支付的相对价格是由供给和需求决定的。我们将在下一节讨论国际贸易中的供给与需求。在此之前，我们先进一步研究贸易的增益的性质。

（三）比较优势的源泉

国际贸易是由比较优势推动的，但比较优势是从何而来的呢？经济学认为比较优势的三个主要源泉是气候差异、要素禀赋差异，以及技术差异。

1. 气候差异

在越南生产虾的机会成本低于美国的一个关键原因是越南有很多温水，美国却没有。一般而言，气候差异是国际贸易的重要原因。热带国家出口如咖啡、糖和香蕉这样的热带产品，温带国家出口如小麦、玉米这样的农作物。有些南北半球间的贸易甚至就是由季节差异所推动的：冬季在美国和欧洲超市里，随处可见智利的葡萄和新西兰的苹果。

2. 要素禀赋差异

加拿大是向美国出口森林类产品，如纸浆和纸张等木材以及源自木材产品的主要国家。这些出口并不能反映出加拿大的伐木工人有什么特殊技能。加拿大在森林产品上具有比较优势，是因为其森林面积与劳动力规模的比率，比美国要高得多。

像劳动力和资金一样，森林土地也是一种生产要素。由于历史和地理的原因，可获得的生产要素的组合在不同的国家里并不相同，这是产生比较优势的重要来源。具有深远影响的国际贸易赫克歇尔-俄林模型，给出了比较优势和要素可获得性之间的关系。

该模型中的一个重要概念就是要素密集度，它指的是生产商在不同产品的生产上，使用不同的生产要素组合比率。例如，石油精炼工厂的资本-劳动比率会比服装制造厂高得多，因此，石油精炼是资本密集型产业，因为其使用的资本-劳动比率较高；但服装制造是劳动密集型产业，因为其使用的资本-劳动比率较低。

赫克歇尔-俄林模型指出，一国在密集使用其丰裕要素的产品上具有比较优势。所以一个资本丰裕的国家，将在如石油精炼这样的资本密集型产业上具有比较优势，而一个劳动力丰裕的国家，将在服装制造这样的劳动密集型产业上具有比较优势。该结论背后的理论基础很简单，那就是机会成本。一国在某种要素上资源充足，则该种要素的机会成本（即该要素用作他用所能产生的价值）就比较低。所以，密集使用丰裕要素的产品，其机会成本同样也低。

验证赫克歇尔-俄林模型正确性的最生动的例子就是世界的服装贸易。服装生产是一项劳动密集型的活动：它不需要许多物质资本，也不需要大量以受过高等教育工人的形式存在的人力资本。因而可以预料到，像20世纪的中国、孟加拉国这样劳动力丰裕的国家会在服装生产上具有比较优势，事实也确实如此。

许多国际贸易是由要素禀赋的差异所导致的，这有助于解释另一个事实：国际生产的专业化分工往往是不完全的。也就是说，对于进口的产品，一个国家还常常维持一些国内的生产。一个很好的例子是：沙特阿拉伯出口石油给美国，因为相对于其他生产要素，沙特阿拉伯有丰富的石油供给；美国出口医疗器械给沙特阿拉伯，因为相对于其他生产要素，美国有丰富的医疗专业技术支持。但是美国同时也在国内生产部分石油，因为国内石油储备规模使得其进行国内生产具有经济上的可存性。在下一节供给与需求的分析中，我们将考虑一国不完全专业化分工的标准模型。然而，我们必须强调，各国通常是不完全专业化分工的事实并没有使贸易产生增益的结论发生任何改变。

3.技术差异

在二十世纪七八十年代，日本成为当时世界上最大的汽车出口国，它销售了大量汽车给美国和世界上的其他国家。日本在汽车产业上的比较优势并不是气候的结果，也不能简单地归因于要素禀赋的差异：除了土地的稀缺性，日本可得生产要素的组合与其他发达国家十分相似。日本在汽车产业上的比较优势，来自该国制造者发展起来的先进的生产技术，这种生产技术使得日本可以在给定数量的劳动力和资本下，比美国或欧洲同行生产出更多的汽车。日本在汽车产业上的比较优势，是由技术（生产中使用的技术）差异形成比较优势的一个事例。

技术差异形成的原因比较复杂。有时候似乎是由经验而形成的知识积累，例如，瑞士在钟表行业的比较优势，反映出悠久的钟表工艺传统。有时候它是一系列发明创新的结果，由于某种原因，发明创新发生在一个特定国家而不是在其他国家。技术优势有时是短暂的：美国的自动化工业已经与其竞争对手日本拉近了很大一段距离；欧洲的飞机制造业也缩短了与美国飞机制造业的差距。然而，在任何给定的时间，技术差异是产生比较优势的主要根源。

第二节　供给、需求和国际贸易

一、进口效应

图 17-3 表示的是在暂时忽略国际贸易时美国的虾市场。自给自足的情况下，没有虾的国际贸易，该市场的均衡就由国内需求曲线与国内供给曲线的交点决定，即 A 点。均衡时虾的价格是 P_A，生产量和消费量为 Q_A。通常，消费者和生产商均能从既有的国内市场获益。消费者剩余就是图 17-3 中位于上方的浅灰色三角形的面积。生产者剩余就是位于下方的深灰色三角形的面积。总剩余将等于两个阴影三角形面积之和。

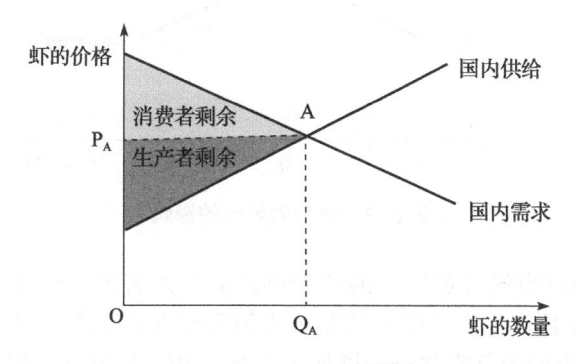

图 17-3　自给自足状态下的消费者剩余和生产者剩余

现在让我们设想开放这个市场，允许进口。采用最简单的假设：国外将以一个固定的价格即虾的世界市场价格（world price），向本国提供无数量限制的虾。图 17-4 显示了虾的世界市场价格 P_W 低于自给自足时国内市场的价格 P_A 的情形。

假定虾的世界市场价格低于国内价格，这对于进口商从海外购买虾再转卖到国内是有利可图的。进口的虾增加了国内市场虾的供应量，使国内市场的虾价格下降。虾会继续被进口直到国内价格跌到与世界市场价格相同的水平。

这一结果显示在图 17-4 中，因为进口，国内虾的价格从 P_A 跌到 P_W。国内消费者对虾的需求量从 Q_A 升到了 Q_D，同时由国内生产商供应的数量从 Q_A 下降至 Q_S。国内需求和供给的差额 (Q_D-Q_S)，由进口来填补。

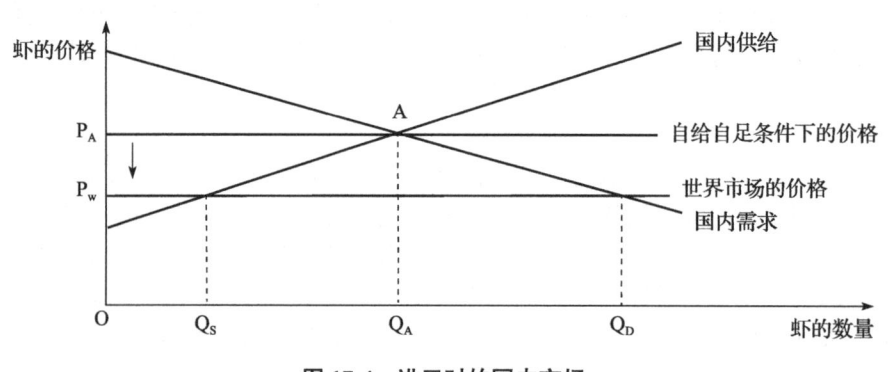

图 17-4 进口时的国内市场

现在让我们来分析进口对消费者剩余和生产者剩余的影响。因为进口虾导致了国内虾价格的下降，所以消费者剩余增加而生产者剩余减少，图 17-5 表示了这种情形是如何发生的。我们用 W、X、Y 和 Z 来表示几个区域。自给自足时的消费者剩余用 W 来表示，自给自足情况下生产者剩余等于 X 和 Y 之和。国内价格下跌至世界市场价格导致消费者剩余增加，增加额为 X 和 Z 的面积之和。所以，现在的消费者剩余便是 W、X 和 Z 的面积之和。同时，生产者失去了面积为 X 的剩余，所以现在生产者剩余只等于 Y。

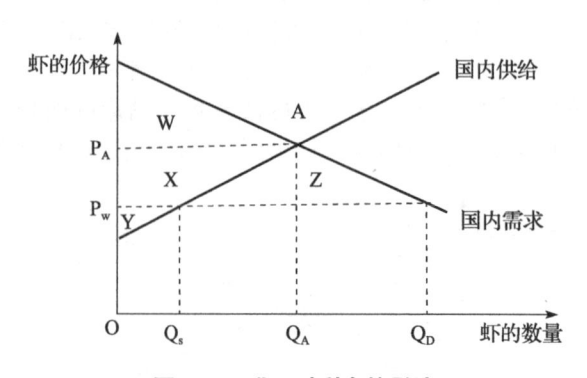

图 17-5 进口对剩余的影响

图 17-5 显示了当虾市场开放时，消费者剩余和生产者剩余的变化。消费者获得的剩余价值等于 X+Z 的面积。生产商失去的剩余价值等于 X 的面积。所以，生产者剩余和消费者剩余之和——虾市场的总收益——增加了 Z 的面积，贸易的结果是消费者获益而生产商受损，但是消费者的获益额超过生产商的损失额。

这是一个非常重要的结论。我们刚刚解释了开放市场会带来总剩余的净增加，根据国际贸易带来增益的原理可以预想到会有这种结果。但是我们也注意到，虽然国家总体上是获益的，但有一些群体——在这个例子中是国内虾的生产商因国际贸易面遭受损失。正如我们即将看到的，国际贸易会有获益者和受损者。这对于理解贸易政策是至关重要的。

二、出口效应

图 17-6 显示了当一个国家出口产品时所产生的效应，这里的产品是计算机，例如，我们假定在给定的世界市场价格 P_W 上，计算机可以无限地销售到海外，而且世界市场价格高于自给自足经济的国内通行价格 P_A。

较高的世界市场价格使得购买国内计算机转卖给海外的出口商有利可图。购买国内计算机会推动国内价格上升，直至等于世界市场价格。结果是国内消费者的需求量从 Q_A 下降至 Q_D，国内生产商的供给量从 Q_A 上升至 Q_S。国内生产量和消费量的差额，Q_S-Q_D，即为出口量。

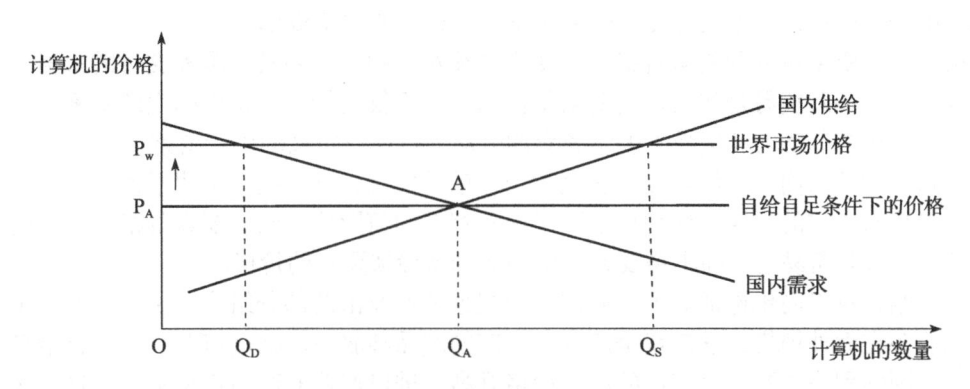

图 17-6　开展出口贸易时的本国市场

与进口类似，出口也可以导致出口国总剩余增加，但同时也会产生获益者和受损者。图 17-7 显示了计算机出口对生产者剩余和消费者剩余的影响。在没有贸易的情况下，计算机的价格为 P_A，消费者剩余在没有贸易的情况下是 W 和 X 的面积之和，生产者剩余是面积 Y。开展贸易的结果是价格从 P_A 上升至 P_W，消费者剩余下降为 W，生产者剩余上升为 Y+X+Z。所以生产商获益 X+Z，消费者损失 X。就总体经济而言，总剩余增加了 Z。

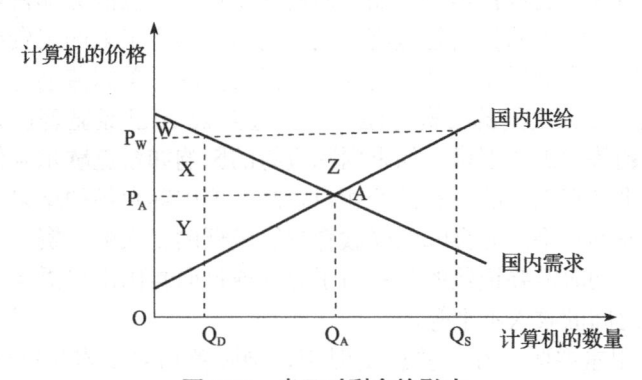

图 17-7　出口对剩余的影响

我们已经知道，进口特定的产品会损害国内生产商但有益于国内消费者，而出口特定的产品会损害国内的消费者而有益于国内的生产商。在以上两个案例中，收益都大于损失。

三、国际贸易和工资

生产者和消费者不是唯一受国际贸易影响的群体，生产要素的所有者也受到了影响。由于生产要素经常在产业间流动，所以国际贸易的影响并不局限在生产出口产品或者生产与进口产品竞争的产品的产业。因此，我们现在要将注意力转向国际贸易对收入分配的长期影响。收入分配指的是一国的总收入是如何在各种生产要素之间分配的。

仍延续本章关于计算机和虾的例子，假定玛利是在路易斯安那州一家销售虾的公司工作的会计，如果美国开放市场，进口来自越南的虾，那么国内的虾产业会萎缩，并且将只雇用少量的会计。但是会计在很多产业都是有受雇机会的职业，玛利很可能在计算机产业找到一份更好的工作，因为计算机产业因国际贸易而扩张了。因此，不能想当然地认为他为虾生产商工作，就会因为进口虾的竞争而受到损害。相反，我们应该认为进口虾对他的影响只限于这些进口在多大程度上改变了整个会计行业的工资率。

会计的工资率是一种要素价格，指雇主必须对一种生产要素的服务支付的价格。一个关键问题是，国际贸易是如何影响要素价格的——不仅仅指会计这样的生产要素，还包括资本、不熟练的劳动力和接受了大学教育的劳动力等广泛定义的生产要素。

在这一章的前面，我们曾提到赫克歇尔－俄林模型，这一模型阐明了比较优势是由国家的要素禀赋决定的。这一模型也说明了国际贸易如何影响一国的要素价格：与自给自足经济比较，国际贸易会提高丰裕要素的价格而降低稀缺要素的价格。

以上结论可以简单论证如下。假定一个国家的产业由两部分组成：出口产业，生产的产品和服务在海外销售；进口竞争产业，生产的产品和服务面临进口竞争。与自给自足经济相比，国际贸易导致出口产业的产品价格升高，进口产业的产品价格降低，这间接增加了出口产业对其所使用要素的需求量，减少了进口竞争产业对其所使用要素的需求量。另外，赫克歇尔－俄林模型认为国家一般会出口那些密集使用丰裕要素的产品，进口稀缺要素密集型的产品。所以，国际贸易会促使增加一国相对于其他国家丰裕的要素的需求量，减少一国相对于其他国家稀缺的要素的需求量。结果是丰裕要素的价格趋于上升，稀缺要素的价格趋于下降。换句话说，国际贸易往往会增加一国丰裕要素的收入，减少稀缺要素的收入。

美国趋向于出口人力资本密集型产品，而趋向于进口非技能劳动密集型产品。这表明国际贸易在美国要素市场上的作用是提高了受过高水平教育工人的工资率，而降低了非技术工人的工资率。这一影响近年来已经受到了广泛的关注。美国劳动力的工资不平等——高报酬工人和低报酬工人之间的工资差距——在过去 25 年已经显著扩大，国际贸易的增长可能是引发这一趋势的重要因素。如果国际贸易的影响如赫克歇尔－俄林模型预测的那样，尽管受过高水平教育工人的工资已经相对较高，但国际贸易的结果还将进一步提高他们的工资；国际贸易的结果同时会降低受教育程度较低的工人的工资，尽管他们的工资已经相对较低。当然，同时需要记住的是：由于穷国通过向富国出口提高了生活水平，国际贸易也减小了国家之间的收入不平等。

这些影响真的很重要吗？在一些历史时期，国际贸易对要素价格的影响非常大。在 19 世纪晚期，大西洋贸易的开放对欧洲地租产生了巨大的负面影响，损害了土地所有者的利益，但有利于工人和资本家的利益。贸易对工资的影响在最近几年引发了广泛的争论。研究这一领域的大多数经济学家认同增加从新兴工业化经济体进口的劳动密集型产品,并出口高技术产品作为回报,将会扩大受教育程度高的工人和受教育程度低的工人间的工资差距。当然,其他因素,特别是技术的变化,也可能在解释工资不平等加剧上起到重要作用。

第三节 贸易保护

自从大卫·李嘉图在 19 世纪初期提出了比较优势的基本原理后,很多经济学家就倡导自由贸易(free trade)。他们认为国家政策不应试图减少或增加出口和进口水平,而应由供给和需求自然地引发进口和出口。虽然经济学家们认同自由贸易,但是很多政府仍使用税收和其他方法来限制进口。政府为鼓励出口提供补贴;但更经常的是,出于保护国内进口竞争产业的生产商免受国外竞争的目的,推行限制进口的政策,也就是众所周知的贸易保护(trade protection)政策。

我们考察两种最普遍的保护政策:关税和进口配额,然后分析政府采用这些政策的原因。

一、关税的影响

关税(tariff)是销售税的一种,是一种向进口产品征收的税。举个例子,美国政府宣布凡从越南进口的虾,必须支付每吨 1000 美元的关税。在过去相当长的一段时间,关税是一种重要的政府收入来源,因为关税的征收相对容易。但在当今世界,除了作为政府收入的来源外,关税经常被用于阻止进口以保护国内进口竞争产业的生产商。

关税的存在不仅提高了国内生产商的出售价格,也提高了国内消费者的支付价格。假定美国进口虾,并且每吨虾在世界市场上的价格是 2000 美元,正如我们前面所看到的,在自由贸易的情况下,美国国内价格也将会是 2000 美元。但如果征收每吨 1000 美元的关税,国内价格将会涨至 3000 美元,这会使进口虾无利可图,除非国内市场价格高到足以弥补进口者支付的关税费用。

图 17-8 阐明了关税对虾的进口的影响。如上所述,我们假定 P_W 是虾的世界市场价格。在征收关税前,进口会推动国内价格降到 P_W,因而征收关税前的国内产量是 Q_S,征收关税前的国内消费量是 Q_D,征收关税前的进口量为 Q_D-Q_S。现在假定政府对每一吨进口虾征收关税。这一政策的结果是,国内价格升至 P_T,等于世界市场价格 P_W 加上关税。国内生产量升至 Q_{ST},国内消费量跌至 Q_{DT},进口量跌至 $Q_{DT}-Q_{ST}$。

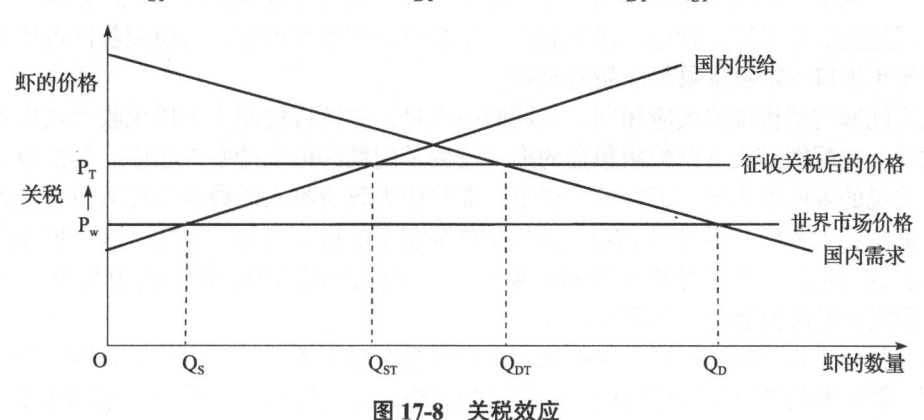

图 17-8 关税效应

相比于自由贸易而言，关税提高了国内价格，导致国内生产量增加，国内消费量减少。图 17-9 显示了关税对剩余的影响，一共有三方面的影响。第一，提高的国内价格使生产商的剩余增加，所得收益等于面积 A；第二，国内价格提高减少了消费者剩余，减少额等于 A、B、C、D 的面积之和；第三，关税增加了政府收入。有多少收入？政府对进口虾征收的关税等于进口数量 $Q_{DT}-Q_{ST}$ 与 P_T 及 P_W 之间的价差的乘积。所以，总收入是 $(P_{DT}-P_W)\times(Q_{DT}-Q_{ST})$，这等于 C 的面积。

关税对福利的影响为：生产商获益 A，消费者受损（A+B+C+D），政府获益 C。但消费者损失大于生产商和政府收益之和，导致总剩余净下降（B+D）的面积。

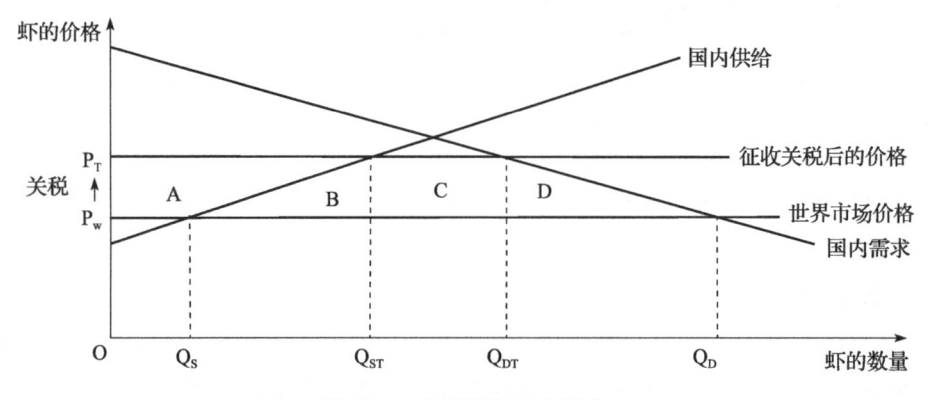

图 17-9　关税降低了总剩余

销售税会导致无效率或无谓损失，因为它阻碍了互惠贸易的发生，这同样适用于关税，对社会造成的无谓损失等于用 B+D 的面积来表示的总剩余损失。关税引起的无谓损失来自两方面的非效率。第一，一些互惠贸易无法进行：一些消费者即使愿意支付的价格高于世界市场价格 P_w，也无法购买到产品，尽管 P_w 是经济中生产每单位产品的真实成本。这种非效率的成本用图 17-9 中 D 的面积表示。第二，经济资源被浪费在非效率的产品上：一些生产商花费超过 P_w 的费用来生产产品，即使增加的产品单位数量可以在海外以 P_w 的价格买到。这一非效率成本在图 17-9 中由 B 的面积表示。

二、进口配额的影响

进口配额（import quota）是另一种形式的贸易保护，是一种合法限制进口产品数量的政策。举个例子，美国对越南虾实施进口配额，每年进口的数量限制在 300 万吨。进口配额常常通过配额许可证来管理：政府颁发一定数量的配额许可证，每份配额许可证给予其持有者每年进口一定数量限制产品的权利。

销售配额与销售税的效应相同，不同的一点是：在销售税制度下以税收形式成为政府收入的钱，在配额形式下以配额租金的形式流到了配额许可证持有人手中。类似地，进口配额与关税的效应也相同，不同的一点是：那些作为政府收入的钱变为配额租金流到了配额许可证持有人手中。再看图 17-9，进口配额限制下的进口为 $Q_{DT}-Q_{ST}$，这会提高国内的虾价格，这与前面对关税分析得到的结果一样。即它会使国内价格从 P_w 升到 P_T，但这里 C 的面积代表配额租金而不是政府收入。

谁会得到进口配额许可证？如何确定配额租金？对于美国的进口保护，回答也许会让你吃惊：最重要的进口配额许可证——主要是服装，其次是糖——授予了外国政府。

因为大多数美国进口配额的配额租金给了外国人，国家实施配额的成本大于利用类似的关税（控制相同水平进口的关税）的成本。在图 17-9 中，美国因进口配额产生的无谓损失等于面积 B+C+D，即消费者剩余损失和生产者剩余增加的差额。

三、贸易保护的原因

我们已经看到国际贸易使参与国获得了互惠利益。我们也分析了关税和进口配额，虽然从中获益者和受损者会同时产生，但导致了总剩余减少。然而，许多国家仍在继续征收关税和实施进口配额，并通过其他方式实施着贸易保护。

支持关税和进口配额有许多理由。三个最为普遍的理由是国家安全、创造就业和保护幼稚产业。

国家安全的理由是基于海外产品的来源比较脆弱且易于受到国际冲突的阻断，因而国家应保护国内重要产品的供应商，以自给自足作为这些产品的目标。

创造就业的理由指出新的就业机会的产生是贸易保护的结果。经济学家认为这些就业机会的产生抵消了其他产业的失业，如那些使用进口投入品的产业现在要面对更高的投入成本。但非经济学家还未找到有关这一观点有说服力的证据。

最后，保护幼稚产业理论常常发生在新兴的工业化国家，它们认为新兴产业需要一段短暂的贸易保护时期才能建立。例如在 20 世纪 50 年代，许多拉丁美洲国家对制造业产品征收关税和实施进口配额，为的是从传统原材料出口者的角色向工业化国家的新角色转变。理论上，保护幼稚产业理论是说得通的，特别是对能够提升一国整体技术水平的高科技产业来说很重要。但实际情况要复杂得多：往往都是那些在政治上有重要影响的产业得到了保护，此外，政府常常不能很好地预测和引领新兴的产业。到最后，当一个产业已成熟到能够立足时，保护政策往往又很难退出了。

第十八章 CHAPTER 18

国际金融

第一节 国际收支分析

一、国际收支恒等式与国际收支账户

一国的国际收支账户，记录的是该国对外国的支付和从外国获得收入的情况。任何导致从外国人那里获得收入的交易，都记入国际收支账户的贷方；任何导致对外国人进行支付的交易，都记入国际收支账户的借方。以下三种类型的国际交易记入国际收支账户。

①涉及商品和服务的进出口，并因此直接记入经常账户的交易。例如，当法国消费者进口中国的机械零件产品时，这笔交易记入中国国际收支账户经常账户的贷方。

②涉及金融资产买卖的交易。资产（asset）是指任何一种持有财富的形式，如货币、股票、工厂，以及政府债券。国际收支的金融账户（financial account）记录的是所有金融资产的国际买卖状况。当一家中国公司购买一家法国工厂时，这笔交易记入中国国际收支账户中金融账户的借方，之所以记入借方是因为该交易需要中国对外支付。相应地，中国对外出售资产则记入其金融账户的贷方。一国对外资产买卖之差被称作金融账户余额或净金融流动。

③其他导致财富在国家间进行转移的活动记入资本账户（capital account）。这些国际资产的流动通常较小。大多数情况下它们是由非市场活动带来的，或者代表非生产、非金融性质，以及对无形资产（如产权和商标）的收购或放弃。例如，如果中国政府免除某国政府所欠的 10 亿美元债务，中国的财富就减少了 10 亿美元，则在中国的资本账户中借记 10 亿美元。

根据复式记账的规则，每一笔国际交易都会自动进入国际收支账户两次，一次作为贷方，一次作为借方。现举一例来说明：假定你从美国的惠普公司购入一台激光打印机，你用 6000 元人民币的支票进行支付。由于你的购买导致对外支付，这笔交易便记入中国国际收支账户经常账户的借方。但用以抵消这笔支付的贷方是什么？这笔交易的另一方面是，惠普公司在中国的销售商持有你的支票，他必须对此支票进行处理。如果把这张支票存入中国银行，惠普公司则购入了（中国银行也同时出售了）中国财产，即价值 6000 元人民币的中国银行存款，即这笔交易记入中国国际收支账户金融账户的贷方。这笔交易在中国的国际收支账户上产生了两个互相冲抵的复式记账。

(一)国际收支恒等式

因为任何国际交易都会自动在国际收支账户上产生相互抵消贷方与借方的记录,所以经常账户余额和资本账户余额之和自动等于金融账户余额,即

$$经常账户余额 + 资本账户余额 = 金融账户余额$$

这个恒等式可以换个方式理解,即经常账户与国际借贷的联系。因为经常账户和资本账户之和反映一国净国外资产的变动,包括非市场资金通过资本账户的转移。所以,经常账户必然等于一国购买与出售对外资产的差额,即金融账户余额(也被称为净金融流动)。

(二)国际收支账户

下面我们将以美国2012年账户为例,对国际收支账户进行更详细的描述。

1. 经常账户

经常账户收支衡量的是一国商品和服务的净出口。表18-1表明,2012年美国的出口(在贷方)是29869亿美元,而进口(在借方)是32977亿美元。

国际收支账户把进出口分为了三个更细的类别:第一类是商品贸易,即商品的进出口;第二类是服务,包括对如律师费用、旅行费用和运输费用等的支付;第三类是收入,由国际利息、股息和本国在海外企业的收益构成。如果美国居民拥有1股德国公司的股票并且收到5美元股息,这笔5美元的股息收入在此账户中记作美国的投资收入。工人在国外获得的工资也记入这个收入项目。

表18-1 美国2012年国际收支账户　　　　　　　　　　　　单位:10亿美元

经常账户	
(1)出口	≈ 2986.9
其中:	
商品	1561.2
服务	649.3
收入所得(主要收入)	776.3
(2)进口	≈ 3297.7
其中:	
商品	2302.7
服务	442.5
收入所得(主要收入)	552.4
(3)净单边转移支付(次要收入)	-129.7
经常账户余额 [(1)-(2)+(3)]	-440.5
资本账户	
(4)净资本资产转移	
金融账户	7.0
(5)美国净金融资产收购(不包括金融衍生品)	97.5
其中:	
官方储备资产	4.5
其他资产	93.0
(6)美国净负债发生额(不包括金融衍生品)	543.9
其中:	
官方储备资产	393.9
其他资产	150.0
(7)金融衍生品净额	7.1
净金融流动 [(5)-(6)+(7)]	-439.3
净错误与遗漏(净金融流动减去经常账户与资本账户之和)	-6.0

资料来源:Paul R Krugman. International Economics:Theory and Policy (Tenth Edition).

我们将对外投资收入归入经常账户，是因为这部分收入是对外投资提供的服务所获的补偿。这一收入是造成 GNP 和 GDP 不同的原因。GNP 的定义是指由一国生产要素所生产的商品和服务，但是并不要求这些要素必须在本国境内发挥作用。

国家间的单边转移支付是国际赠予，即不引起任何商品、服务以及资产购买的支付。净单边转移支付是经常账户的一部分，也是国民收入的一部分。2012 年，美国的单边转移支付为 −1297 亿美元。

如表 18-1 所示，2012 年的经常账户余额（约等数）是 29869 亿美元 −32977 亿美元 −1297 亿美元 = −4405 亿美元，处于赤字状态。

负号表示支出大于收入，美国居民花掉的产出多于他们所生产的产出。我们知道，因为经常账户的交易必须以某种方式进行支付，所以经常账户的净借方 4405 亿美元必须被国际收支账户的另一部分即净贷方 4405 亿美元所抵消。

2. 资本账户

表 18-1 的资本账户条目说明，在 2012 年，美国接受的净资本资产转移大概为 70 亿美元。

3. 金融账户

正如经常账户是对外国人销售的商品和服务与向外国人购买的商品和服务的差额，金融账户是向外国购买资产与对外国人销售资产的差额。当美国人从外国人那里借入 1 美元时，美国便卖给他们 1 美元的资产：一份将在未来偿还他们 1 美元及其利息的保证。

为了弥补 2012 年经常账户的 4333 亿美元赤字，美国需要从国外借入 4333 亿美元（或者出售资产给他们）。表 18-1 分别记录了美国对外金融资产的收购（美国要因此而对外支付，所以记入国际收支借方）和对外金融资产的出售（美国要因此而收到支付，所以记入国际收支贷方）。美国持有国外资产和外国持有美国资产的增量并未包括金融衍生品持有量的变化情况。金融衍生品是一类比普通股票和债券更为复杂的资产，但其价值有赖于股票和债券的价值。

根据表 18-1，美国对外金融资产的收购（不包括衍生品）2012 年增加了（净值）975 亿美元，计算净值是因为美国居民购买外国资产的同时也对外出售其拥有的资产，美国对外资产的总购买与总出售的差额是 975 亿美元。当年，对外新发生负债净值 5439 亿美元。金融衍生品的收购与出售差额是 71 亿美元。我们这样计算出金融账户（净金融流动）余额：975 亿美元 −5439 亿美元 +71 亿美元 = −4393 亿美元，净金融流动为负意味着，2012 年美国对外净负债（负债减资产）增加 4393 亿美元。

4. 净错误与遗漏

我们发现，净金融流动赤字是 4393 亿美元，而不是我们所期望的经常账户与资本账户余额之和 4333 亿美元。根据贸易与金融流动的数据，相对于实际需要融资的经常账户与资本账户赤字，多出了 60 亿美元的外债。如果国际收支账户贷方的每一次记入，都会自动产生相同的借方记入，反过来也是一样的，为什么会出现上述不一致呢？这是因为不同来源的资料可能在范围、精确度以及计时等方面存在不同，所以，在实际操作中，国际收支账户很少能达到理论的平衡状态。通过引入净错误与遗漏的概念，账户记录人员可以使得账户人为地达到平衡。2012 年，未记录（或记录错误）的国际交易产生了借方余额 −60 亿美元——记录的净金融流动与记录的经常账户与资本账户之和的差额。

5. 官方储备交易

此类交易涉及中央银行官方储备资产的买卖。官方国际储备（official international

reserves）是中央银行持有的外国资产，可以作为国民经济出现不利情况时的缓冲器。

中央银行通常在私人外汇市场上买卖国际储备以改变经济的宏观环境。此类官方交易被称为官方外汇干预（official foreign exchange intervention）。中央银行通过这种方式可以向经济注入货币或抽回货币，因此，官方外汇干预可以改变宏观经济环境。

当中央银行购买或出售外国资产时，在金融账户中的反映与公民个人进行这样的交易是一样的。表 18-1 显示了 2012 年美国官方储备交易的规模和方向。美国的官方储备资产增加了 45 亿美元。外国中央银行新购入 3939 亿美元的储备。美国官方储备的净增加少于外国美元官方储备的净增加部分就是中央银行净金融流动水平。2012 年，此余额为 45 亿美元 -3939 亿美元 = -3894 亿美元。

我们可以把这 -3894 亿美元的余额看作对美国和外国的货币权力机构以及其他放贷者一起弥补美国经常账户赤字程度的一种度量。中央银行净金融流动水平被称为官方结算余额（official settlements balance），或者称为国际收支余额（balance of payments）。这是经常账户余额、资本账户余额、金融账户余额中的非储备部分之和，表示需要官方储备交易去弥补的收支差额。因此，美国 2012 年的国际收支余额为 -3894 亿美元。

国际收支余额作为国际支付中衡量不平衡情况的指标，在历史上扮演过重要角色。即使现在，它仍在许多国家起重要作用。负的国际收支（赤字），可能是危机出现的信号。因为这意味着，一国的国际储备资产正在不断减少，或者正陷入对外国货币机构的债务之中。

二、国际收支与贸易赤字

我们仍以美国的情形说明国际经济学中最常讨论的贸易赤字及其后果。

（一）美国的国际收支账户

在经常账户中，商品贸易差额之所以被普遍采用，在很大程度上是因为它按月公布。商品贸易数据能够很迅速地被搜集和公布出来，而服务贸易的衡量则需要耗费大量时间进行调查。

美国商品贸易赤字 2012 年达 7415 亿美元，是商品出口额（15612 亿美元）和商品进口额（-23027 亿美元）之间的差额。最近几十年，美国的商品贸易账户持续呈现赤字。

（二）贸易赤字

一般来说，国内居民和政策制定者不喜欢贸易赤字。对于美国而言，由于持续贸易赤字，美元的支出大于收入，国际货币市场上美元的价值可能会下跌，继而外币的价值可能会升高，所以对于美国居民而言，进口的成本就会增加。贸易赤字导致美元的国际价值降低，从而通过增加进口成本而加重美国居民的实际负担。

另一个经常被提及的贸易赤字的后果是，对国内某些行业就业水平的负面影响，如钢铁和汽车。贸易收支状况的恶化会损害国内工人的利益，这不仅是由于就业机会被生产进口商品的国外工人抢走，而且出口销量下降也会减少就业机会。不过要记住，虽然一国的贸易赤字可能会使国内某些行业的就业水平下降，但是同时也会使资本流入增加，从而提高另外一些行业的就业水平。贸易赤字影响的只是就业在国内行业之间的分配，而不会决定整个国家的就业水平。

对于美国的持续贸易赤字，往往还会给人留下这样的印象，即与其他工业化国家相比，美国产品的竞争力一直处在弱势地位。当然，商品贸易赤字是一个很狭义的概念，因为商品贸易只是国际贸易的一部分，另一部分则是服务贸易。描述一国国际收支状况的更好指标是商品和服务差额。例如，2012年美国的服务贸易实现了3338亿美元盈余，再减去商品贸易赤字7415亿美元，从而得出商品和服务贸易赤字4077亿美元。

用投资收入（支出）及单方转移净额对商品和服务差额进行调整，就得到经常账户差额。2012年美国的经常账户赤字为4404亿美元。这意味着商品、服务、投资收入和单方转移的进口大于出口，导致美国国外净投资的减少。不过，我们不必对经常账户的赤字过度关心，因为它忽略了资本与金融账户的交易。如前所述，在国际收支平衡表中，经常账户和资本与金融账户并不是相互独立的，而在本质上是相互反映的。由于国际收支采用的是复式记账系统，贷方总额总是等于借方总额。如果经常账户出现赤字（借方大于贷方），资本与金融账户就必定是盈余或资本净流入（贷方大于借方）。相反，如果经常账户出现盈余，资本与金融账户则必定是赤字或资本净流出。

当一个国家出现经常账户赤字的时候，扣除投资收入和国外赠予后，其购买外国商品和服务的花费大于向外国出售商品和服务而获得的收入。既然出现了这种情况，该国必定采取办法填补经常账户赤字。那么如何操作呢？答案是变卖资产和向外借款。换句话说，一国的经常账户赤字（借方大于贷方）主要是通过资本与金融账户的金融净流入（贷方大于借方）来弥补的。

然而，我们不能认为国际资本流动是经常账户做出的被动反应。有人指出，经常账户赤字通过境外借款进行"偿还"。但是，国际资本投资者并不认为他们是在"偿还"经常账户赤字，而是把购买美国资产视作合理的投资机会，这种投资机会既有回报，又十分安全。这种投资与人们普遍认为的借贷没有丝毫关系，而主要用于购买美国的土地、企业和股票。

如果外国居民在美国购买更多的美国资产（如土地、楼房以及债券），美国就能够有资金从国外进口更多的商品和服务。仅仅注意到一国国际收支状况的一个方面而忽略其他方面往往会产生误导。

三、经常账户差额与宏观经济

（一）经常账户差额与国外净投资

经常账户差额与国民收入账户中的国外净投资（net foreign investment）是同义词。经常账户盈余意味着商品、服务、投资及单方转移的出口大于进口，本国居民拥有净债权。这些资金可以被本国用来增加金融资产或减少对其他国家的外债，增加国外净投资额，由此使该国成为世界上其他国家的资金净供给国（借出者）。与之相反，经常账户赤字表示一国的商品、服务、投资及单方转移的出口小于进口，本国对外债务增加。对其他国家而言，该国是外国资金的净需求国，这种需求需要通过向别国借款或者清算国外资产来满足，最终结果是减少本国的国外净投资额。

因此，经常账户差额代表了一国收入状况。如果经常账户差额为正，一国的支出小于收入，对外债权就会增加。如果经常账户差额为负，一国的支出大于收入，就会向其他国家借钱。

一国借入款项的净额可以用其各部门的借款净额的总和来表示，即政府部门和私人部门，其中，私人部门包括企业和家庭两方面。政府借入款项的净额等于预算赤字，即政府购买（G）超过税收（T）的部分，私人借入款项的净额等于私人投资（I）超出私人储蓄（S）

的部分。一国借入款项的净额可由下面的等式表示，即

$$(G - T) + (I - S) = 经常账户赤字$$
政府赤字　　　私人投资　　私人储蓄　　　净借款

该等式的一个重要方面是，它表明经常账户赤字是一个宏观经济现象，即其反映了政府支出与税收之间以及私人投资与私人储蓄之间的不平衡关系，任何能够有效减少经常账户赤字的政策都必须最终减少这些失衡。减少经常账户赤字需要削减政府预算赤字，或者相对于私人投资增加私人储蓄，或者同时采取这两种做法。然而，这些措施很难实行。减少预算赤字需要提高税收或削减政府支出，二者都不受欢迎。投资是一国生产力和生活水平的重要决定因素，因此减少投资必然遭到反对。最后，为了增加储蓄而采取的措施，如调节税收，也会遭到反对，因为这会有利于一部分人而不利于另一部分人。

经常账户赤字的削减不完全是由一国控制的。对世界整体而言，所有国家经常账户差额的总和一定等于零。于是，削减一国的经常账户赤字必定会使世界其他国家的经常账户盈余减少。因此，其他国家采取的辅助性政策，特别是那些经常账户存在大量盈余的国家，将有助于赤字国进行成功的过渡。

（二）资本流动导致经常账户差额

在前文中，我们将一国的资本与金融流动描述成对经常账户变动的反映。然而这一过程能够反向运行，或者说其他途径引起资本和金融流动会影响经常账户余额。例如，如果外国人想要购买的美国金融工具的数量超过了美国人愿意持有的外国金融债务的数量，那么他们就必须用外国商品或服务来交换超出的部分。因此，外国资本流入美国将伴随着美国经常账户的赤字。

接下来详细说明一下资本净流入是如何导致美国经常账户赤字的。假定美国国内储蓄不能满足国内投资的需要，那么相对于国外利率，美国的利率水平就会上升。在高利率的吸引下，外国储蓄会流入美国，支持美国国内的投资，于是美国就成为外国储蓄的净进口方。当美国利用这些借来的购买力购买外国商品和服务时，就会产生相同价值量的商品及服务的净流入——经常账户赤字。但是，资本流动是如何造成美国经常账户赤字的呢？当外国居民从美国购买的资产多于美国人购买的外国资产时，美元在外汇市场上的汇率就会升高，由此使得在国际市场上，对于外国居民来说美国货物变得更昂贵，进而抑制出口。同时，对美国人而言，外国商品变得便宜，从而导致进口增加。最终结果就是经常账户赤字的增加或盈余的减少。

经济学家认为，20世纪80年代，大量的资本流入造成了美国经常账户的赤字，而资本的流入则是美国利率比国利率高的结果。高利率又主要归因于美国联邦政府预算赤字增加和私人储蓄率降低的共同作用。

总之，与其认为资本流动造成了经常账户赤字，不如说经常账户赤字也驱动了资本流动：资本流入使美元比之前更强劲，这会使进口增加，抑制出口，因此导致经常账户赤字。

（三）经常账户赤字是问题吗

赤字产生的本质是因为在本国的宏观经济条件下，满足国内对商品及服务的需求所需的进口超过了出口收入所能支付的数量。实际上，当一国国内的消费超过了自身的产出水平时，满足超额需求的国外商品及服务的净流入就导致了经常账户赤字。当经济处于衰退

期时，这一倾向被弱化，但是随着经济的复苏和扩张，收入不断增加，这种倾向可能也就随之增强。

当一国出现经常账户赤字的时候，就已经变成外国资金的净债务人。这是问题吗？不一定。经常账户赤字的好处在于它能使当前的消费摆脱当前生产力水平的限制。然而，经常账户赤字的成本是必须对从外国借入资金进行债务偿还。

一国负债是件好事还是件坏事呢？很显然，答案取决于该国如何利用这笔钱。将来的收入及生活水平将会怎样就取决于这笔赤字是更多地用于消费还是投资。如果从国外的借款只用于增加国内投资，债务负担就会轻一些。我们知道，投资会增加一国的资本存量，提高一国商品及服务的生产能力。增加的产出价值不仅可偿清国外债务，还能增加国内消费。在这种情况下，由于未来的消费不会降低，负债也就不会给经济造成真正的负担。然而，如果是另一种情况，从外国的借款被用于增加国内消费（私人部门或公共部门），未来的生产能力就不能够得到增强。因此，为了偿还债务，必须减少将来的消费，消费水平的下降就是借债的负担。这也不一定是坏事，完全取决于人们如何看待现期的消费和将来的消费。

20世纪80年代，美国经常账户发生赤字时，国内的储蓄率相对于投资率下降了。实际上，总体储蓄率的下降主要是其构成部分政府储蓄减少的结果，而政府储蓄的减少又是因为这一时期持续、大规模的联邦预算赤字——预算赤字实际上就是负储蓄，要从总储蓄中扣除。这说明美国用外国借款来增加现期的消费，而不是进行提高生产力的公共投资。20世纪80年代的经常账户赤字因此引起了许多经济学家的关注。

然而，20世纪90年代，美国经常账户赤字是由国内投资的增长引起的。投资增长有助于就业扩大和产出增加，但不能仅仅由本国的储蓄来负担。国外借款提供了扩大投资所需的额外资本。如果没有国外借款，美国利率可能会更高，由国内储蓄资金支持的投资就会不可避免地收缩。因此，如果美国在20世纪90年代不实行经常账户赤字，资本的积累、产出和就业的增长都会下降。大量的经常账户赤字没有限制生产及就业的增长，相反却促进了美国经济的长期快速增长，改善了经济福利状况。

（四）经常账户赤字减少就业机会吗

随着外国商品进入国内，巨额经常账户赤字确实会减少某些行业或企业的就业机会，但是，从整个经济层面来讲，经常账户赤字的出现意味着同等数额的资本流入国内，增加了目标行业的就业数量。美国一个种植玉米并出口的地区，其玉米出口的收益将会不少于日本汽车工厂在美国的投资。外国购买美国国债降低了长期利率，从而刺激了美国经济。外国投资美国的股票和房地产，是资金流入出售这些资产的美国人手中，他们可以更多地进行国内消费。流入美国的资金不论是购买商品还是资产，美国的经济活动都会被促进。外国购买美国资产与出口商品和服务一样，最终都会刺激美国经济。

从外国投资净流入这个角度而言，经常账户赤字反而增加了就业：既直接增加了投资导向型行业的就业，又间接增加了整体经济的就业机会。简而言之，伴随着经常账户赤字的出现，进口竞争行业（如纺织业）的产出和就业机会下降，但是，一些资本密集型行业（如房地产业）的产出和就业机会将会增加。此外，美联储也可以利用货币政策将经济总支出水平调整到充分就业状态。将经常账户赤字与资本净流入综合起来考虑，有利于消除经济全球化消极影响国内就业市场的误解。

传统经济学认为经常账户赤字不会导致整个经济体的就业机会减少，却会改变产出和就业结构。例如，有证据表明，在过去的 30 年中，持续的经常账户赤字可能导致美国制造业萎缩，而服务业的产出和就业机会却出现了增长。

（五）一国能否持续保持经常账户赤字

美国一直受益于世界许多地区的储蓄大于投资的盈余状况，这些国家的盈余为美国提供了资本。由于外国人愿意用多余的储蓄购买国库券等美国资产，美国可以获得这部分储蓄的盈余，以弥补经常账户赤字。例如，在 20 世纪 90 年代以及 21 世纪前 10 年中，美国储蓄量下降，国内投资额上升。如果没有来自中国、日本等高储蓄国的资本来进行调节，美国也不可能不断地增加经常账户赤字。

美元是世界最主要的外汇储备货币之一，作为交易媒介、会计单位和价值储存载体在全球流通。许多国家持有美元计价资产，如美国国债。世界各国外汇储备中，2/3 以上是美元；世界结算中，大多数外币交易使用美元。欧元是排在第二位的储备货币、但是与美元相比相形见绌，之后的排名是英镑和日元。美国国债的偿还期可以更长，并且政府融资的利率也较低。美国以自己的货币为单位在国际上发债，因而把外汇风险转嫁到了外国投资者身上。这意味着，如果美元贬值，外国投资者可能没有收益。

中国是对美国资本供给增长最快的国家之一。因为不能产生利息，中国人民银行没有直接持有美元现金，而是把美元换成美国证券以赚取利息。简而言之，中国的美元储备支撑了美国的债券和股票市场。这样，美国政府仍能够在利率不高的情况下增加开支，减少税收。但是，一些分析人士担心，未来中国投资者可能会认为美国债务不断增加是不可持续的，并且风险很大，会把资本迅速转移到其他国家或地区。他们还担心，美国可能在政治上会更依赖于中国，中国可能会以此为筹码影响美国的对华政策。

美国可以无限期地维持赤字吗？由于经常账户赤字的产生主要是由于外国居民愿意购买美国资产，所以从经济角度来看，没有理由认为美国的经常账户不能无限期地维持赤字状态。只要投资回报具有竞争力，外国投资者就会愿意继续为美国提供资金。简而言之，这一过程完全有可能无限期地维持下去。

从美国经济史来看，1820—1875 年，美国的经常账户几乎连年赤字，那时，美国是一个相对贫穷（按欧洲的标准来衡量）但高速增长的国家。外国投资促进了美国经济的增长。第一次世界大战后这种情况发生了变化，美国变富了，但是投资机会变得有限了。于是，1920—1970 年，经常账户几乎一直处于盈余状态。最近 40 年，情况又出现了逆转。美国的经常账户由盈余转为赤字，这是因为美国政治及货币环境相对稳定，劳动力增长迅速（相对于欧洲和日本），所有这一切都使美国成为具有吸引力的投资目标地，这也构成美国经常账户持续赤字的基础。另外，与主要贸易伙伴相比，美国的储蓄率较低。所有这些因素共同导致了美国经常账户赤字，只要这些因素存在，赤字状态就可能持续下去。简而言之，经常账户赤字一定程度上反映出当时美国拥有非常好的投资机会，而其他国家相比之下没有这么好的投资机会。

经常账户赤字的后果是外国拥有的美国资本存量越来越大，美国收入中越来越多的部分不得不以利息及红利的形式转移到外国居民手中，一旦外国居民对美国偿还海外借款的能力失去信心，就会出现严重的问题。如果由于信心的丧失，外国居民决定减少储蓄中以资本形式流到美国的数量，最初的结果是：一方面，外汇市场上美元的供给增加，美元价值瞬间大幅下跌；另一方面，由于金融市场上作为储蓄重要来源的外国资本被抽走，美国利率突然大幅上涨，继而会减少债券的市场价值，造成股票市场价格下跌，降低债务人的偿付能力，从而使美国经济出现问题。简单地说，美国能否在可预见的将来继续保持经常账户赤字，主要取决于外国居民是否愿意增加对美国资产的投资。经常账户赤字使外国投资者部分地掌握了美国经济的命运。

然而，经济体处理巨额经常账户赤字的能力取决于效率和科技的不断进步。如果经济变得更加有效率，实际增长速度会超过债务的增长速度。乐观人士认为，近些年美国效率的强劲提高可以使美国还清债务。但是，如果效率增长停滞，处理经常账户赤字的能力也会随之下降。

对于美国的经常账户赤字，虽然很难估计出一个合适的水平，但是如果要减少赤字，至少要遵循两个原则。第一，美国对刺激外国经济增长的政策很感兴趣，因为降低经常账户赤字最好是通过加速外国经济增长，而不是减缓本国的经济增长来实现。显然，用本国经济衰退来减少赤字的做法是极其不受欢迎的。第二，降低赤字最好是通过增加国内储蓄，而不是减少国内投资来实现。如果美国存在有吸引力的投资机会，用国外借款进行投资要比放弃这些机会好得多。另外，如果利用较高的国内储蓄来增加投资，将来本国的收入就会更高。国内储蓄的增加会使利率维持在较低水平，低利率又会带来较高的国内投资，而国内投资较高又会反过来刺激对设备及建筑的需求。在投资水平既定的情况下，储蓄的增加也会拉动净出口增加，从而提高这些部门的就业。

然而，美国经常账户赤字的减少是很困难的。外国的经济没有强大到足以吸收美国的额外出口商品的地步，并且美国也不愿意抑制对外国商品的偏好。此外，美国政府表现出较强的赤字支出的偏好。扭转经常账户的赤字状态将会伴随着汇率的大幅下降以及调整国家的产出的减少。

第二节　汇率决定

一、长期汇率

同自由市场上其他任何商品或资产的价格相同，供给和需求共同决定了汇率。为了简化对自由市场上的汇率分析，我们将其分为两个步骤。首先，我们考察长期汇率是如何决定的；其次，我们利用长期汇率决定的知识来理解短期汇率决定机制。

（一）一价定律

理解汇率决定机制的出发点是一个简单的概念，即一价定律（law of one price）：如果两国生产的商品是同质的，并且运输成本和交易壁垒非常低，那么，无论商品由哪国生产，其在全世界的价格都应当是一样的。假定美国钢材的价格为每吨100美元，与其同质的日本钢材的价格为1万日元。按照一价定律，日元和美元的汇率应当是100日元/美元（0.01美元/日元），这样每吨美国钢材在日本的价格为1万日元（等于日本钢材的价格），而每吨日本钢材在美国的价格为100美元（等于美国钢材的价格）。如果汇率为200日元/美元，每吨日本钢材在美国的价格为50美元，是美国钢材价格的一半；而每吨美国钢材在日本的价格为2万日元，是日本钢材价格的两倍。由于美国钢材在这两个国家都比日本钢材价格高，并且与日本钢材同质，美国钢材的需求就会减少为零。假定美国钢材的美元价格不变，只有当汇率下跌到100日元/美元的水平上，由此产生的美国钢材超额供给才会消除，此时，美国钢材和日本钢材在这两个国家的价格都是相同的。

(二) 购买力平价理论

有关汇率决定的最著名的一个理论就是购买力平价理论 (theory of purchasing power parity, theory of PPP)。该理论认为，任何两种货币的汇率变动都应当反映两国物价水平的变化。购买力平价理论是一价定律在国内物价水平而非单个商品价格上的简单应用。假定相对于美国钢材的价格（仍然为 100 美元），日本钢材的日元价格上升了 10%（1.1 万日元）。按照一价定律的观点，汇率必须上升为 110 日元/美元，即美元升值 10%。将一价定律应用于两国的物价水平，可以得到购买力平价理论。该理论认为，如果日本的物价水平相对于美国上涨了 10%，美元必须升值 10%。

我们也可以借助实际汇率 (real exchange rate，国内商品与外国商品交换的比率) 的概念来理解购买力平价理论。事实上，实际汇率就是本国商品相对于以本国货币计价的外国商品的价格。例如，如果纽约的一揽子商品的成本是 50 美元，当汇率为 100 日元/美元时，在东京，同样这一揽子商品的成本是 7500 日元，即 75 美元，那么实际汇率就为 0.66 (=50 美元/75 美元)。在这个例子中，实际汇率低于 1.0，说明在美国购买这一揽子商品要比在日本便宜。如果美元相对于其他许多货币的实际汇率都很低，就一定会有众多外国游客痴迷于到纽约购物。实际汇率反映了某货币在相对意义上是否便宜。购买力平价理论可以用实际汇率来表达，即该理论预测实际汇率应当总等于 1.0，这样美元的购买力才能与日元或者欧元等其他货币相同。

按照美国/日本的案例，购买力平价理论说明，如果一国物价水平相对于另一国上升，其货币应当贬值（另一国货币应当升值）。这一理论在长期得到了证实。从 1973 年到 2014 年，英国物价水平相对于美国上涨了 68%，按照购买力平价理论，美元应当相对于英镑升值，实际情况正是如此，尽管美元只升值了 43%，小于购买力平价理论所计算的结果。

然而，同样的数据说明，购买力平价理论在短期的预测能力相当差。例如，1985 年初至 1987 年底，英国物价水平相对于美国上升，但美元不仅没有如购买力平价理论预测的那样升值，反而相对于英镑贬值了 40%。因此，尽管购买力平价理论对于长期汇率运动具有一定的指导作用，但并不完美，而且在短期的预测能力特别差。为什么购买力平价理论无法准确预测短期汇率呢？

(三) 为什么购买力平价理论不能充分解释汇率

购买力平价理论基于两国所有商品同质与运输成本和贸易壁垒很低的假定，得出汇率完全由所有商品的相对价格（两国的相对物价水平）决定的结论。对于美国钢材和日本钢材而言，两国商品同质的假定可能不是很离谱，但对于美国汽车和日本汽车而言，这还是一个合理的假定吗？丰田与雪佛兰相同吗？

由于丰田与雪佛兰显然不同质，它们的价格也不相同。与雪佛兰相比，丰田可能更加昂贵，但无论美国人还是日本人仍然会购买丰田。由于一价定律并不适用于所有商品，丰田相对于雪佛兰的价格上升并不一定意味着日元必须贬值，且幅度相当于丰田与雪佛兰相比的价格上升。

购买力平价理论还没有考虑到，并非所有商品和服务（其价格被包括在一国的物价水平当中）都可以跨境交易。住宅、土地以及餐饮、理发和高尔夫课等服务都是不能进行交易的商品，因此，即使这些商品的价格上升，导致该国相对于其他国家物价水平上升，也不会影响汇率。

事实上，有四个主要因素会在长期影响汇率：相对物价水平、贸易壁垒、对国内和外国商品的偏好以及生产能力。

二、短期汇率：供给和需求分析

我们已经学习了汇率长期行为的理论①。然而，由于长期汇率的影响因素的变动十分缓慢，如果我们想理解为什么汇率每天会呈现如此大的变动（有时是几个百分点），必须探讨即期汇率（现汇率）是如何在短期内决定的理论。

理解汇率短期行为的关键是要认识到，汇率是以外国资产（以外国货币计价的相似资产）衡量的国内资产（以本国货币计价的银行存款、债券、股权等资产）的价格。因为汇率是以另一种资产衡量的一种资产的价格，借助资产市场方法，可以利用供求分析来了解短期汇率的决定机制。

之前的汇率决定方法强调进口和出口需求的重要性，而此处使用的资产市场方法更关注资产的存量，反而并不强调短期内进口和出口的流量，因为在给定时刻上，这些交易相对于国内和国外资产的规模而言十分小。例如，每年美国的外汇交易总值比美国的进出口规模高 25 倍以上。因此，在短期内，持有国内还是外国资产的决策在汇率决定方面较进出口需求而言更为重要。

（一）国内资产的供给曲线

我们从供给曲线开始讨论。为使分析更具全球普适性，我们假设美国为本国，因此国内资产就是以美元计价的资产；用欧元代表任何外国的货币，因此外国资产就是以欧元计价的资产。

美元资产的供给量主要是美国银行存款、债券和股权的数量，实际上，就汇率而言，可以将这个数量看作固定的。在任何汇率水平上，供给量都是不变的，因而正如图 18-1 所示，供给曲线 S 是垂直的。

（二）国内资产的需求曲线

需求曲线是在假定其他任何因素都不变的情况下，特别是预期未来汇率水平不变的情况下，对应任一即期汇率水平的需求量。我们将即期汇率（现汇率）以 E 表示，当汇率（欧元/美元）较低，意味着美元价值可能会上升，也就是说美元预期升值。此时我们更愿意持有美元，美元资产的需求量会增加。如果即期汇率继续下跌，美元预期升值幅度进一步增大，因此，美元资产需求量进一步扩张。将上述这些点连接起来而得到的需求曲线 D 是向下倾斜的，说明美元即期价值越低（假定其他因素保持不变），美元资产的需求量就越大，如图 18-1 所示。

（三）外汇市场上的均衡

与一般商品的供求分析相同，市场在美元资产供给量等于需求量时达到均衡。在图 18-1 中 S 需求曲线与供给曲线相交的 B 点即为均衡点。B 点对应的汇率水平为 E*。

假定汇率为 E_A，高于均衡汇率 E*。我们在图 18-1 中可以看到，美元资产的供给量大于需求量，出现了超额供给。既然试图卖出美元资产的人比试图买入美元资产的人多，美元的价值将会下跌。只要汇率水平高于均衡汇率，就会存在美元资产超额供给的情况，美

---

① 我们在第十章第五节还曾介绍过一个汇率决定理论。

元价值就会继续下跌,直至达到均衡汇率 E*。

同理,如果汇率为 E_c,低于均衡汇率 E*,美元资产的需求量大于供给量,出现了超额需求。既然试图买入美元资产的人比试图卖出美元资产的人多,美元的价值将会上升,直至超额需求消失,重新回到均衡汇率 E*。

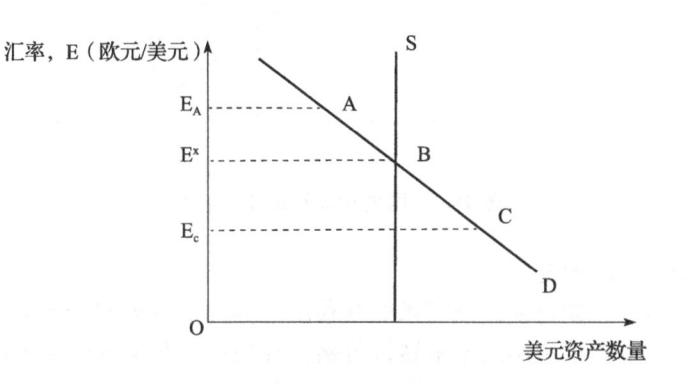

图 18-1 外汇市场上的均衡

三、汇率的变动的分析

简便起见,我们先将美元资产的数量看成固定的,所以供给曲线是垂直的,固定在某个数量上不会移动。考虑到供给曲线不会移动,我们只需分析提高或降低美元资产需求的那些因素就可以解释汇率如何随时间变化。

国内(美元)资产的需求量依赖于美元资产的相对预期收益。为理解美元资产的需求曲线如何移动,我们需要确定在汇率 E_t 保持不变的条件下,当其他因素变化时,需求量如何变动。

当一种因素改变时,投资者必须判断在任何给定的当前汇率水平且所有其他变量保持不变的条件下,投资于美元资产能够获得的收益相对于投资于国外资产的收益是更高了还是更低了。如果在当前汇率保持不变的条件下美元资产的相对预期收益上升,那么需求曲线向右移动;如果相对预期收益下降,那么美元资产的需求曲线向左移动。

1. 国内实际利率

在其他因素保持不变的条件下,当美元资产的国内实际利率上升时,美元资产的收益相对于国外资产上升,因此人们想要持有更多的美元资产。在任何汇率水平下,美元资产的需求量都上升,需求曲线从 D_1 向右移动到 D_2,如图 18-2 所示。在新的均衡点 2,即 D_2 与 S 的交点,均衡汇率从 E_1 上升到 E_2。国内实际利率的上升使国内资产的需求曲线 D 向右移动,引起本币升值。相反,如果美元资产的利率下降,美元资产的相对预期收益下降,需求曲线向左移动,汇率下降,引起本币贬值。

2. 国外实际利率

在其他因素保持不变的条件下,当国外实际利率上升时,国外资产的收益相对于美元资产上升。因此,美元资产的相对预期收益下降。于是现在人们想要持有更少的美元资产。在任何汇率水平下需求量下降,导致需求曲线向左移动。在新的均衡点,汇率下降。相反,国外实际利率的下降提高了美元资产的相对预期收益,使需求曲线向右移动,汇率上升。

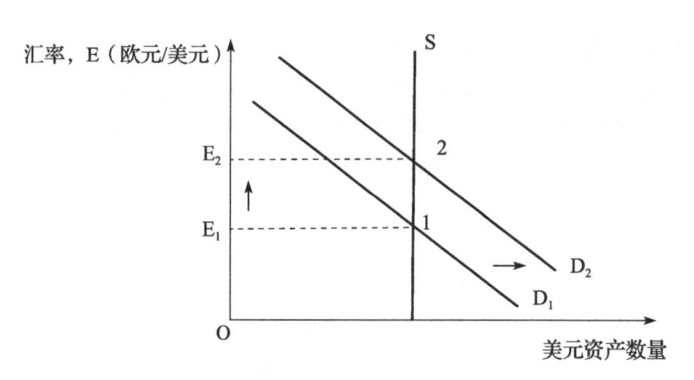

图 18-2　国内实际利率变动的影响

3. 预期的未来汇率的变化

对未来汇率值的预期将使现期需求曲线移动。因为对国内资产的需求，如对金融资产或耐用品的需求，依赖于预期的未来转售价格。任何引起预期的未来汇率上升的因素都增加了美元的升值预期。这就会使美元资产的相对预期收益上升，从而提高在任意汇率水平下的美元资产需求，使需求曲线向右移动，均衡汇率上升，引起本币升值。同理，预期的未来汇率的下降使需求曲线向左移动，引起本币贬值。

四、即期汇率和远期汇率的关系：抛补的利率平价与非抛补的利率平价

（一）抛补的利率平价

为便于说明问题，我们不妨假设自己手中握有一笔可自由支配的资金，可以自由进出本国与外国金融市场。我们假定资金在国际间移动不存在任何限制与交易成本。

假设本国金融市场上一年期投资收益率为 i_d，外国金融市场上同种投资收益率为 i_f，即期汇率为 e（直接标价法，本币/1 单位外币）。如果投资于本国金融市场，则每 1 单位本币到期可增值为 $1+i_d$。如果投资于外国金融市场，则这一投资行为可以划分为三个步骤。首先，将本币在外汇市场上兑换成外币；其次，用所获得的外币在外国金融市场上进行为期一年的投资；最后，在到期后，将以外币计的金融资产在外汇市场上兑换成本币。我们逐步分析这一投资方式的获利情况。

首先，对于每 1 单位本币，可在外汇市场上即期兑换为 1/e 单位的外币。将这 1/e 单位的外币用于一年期投资，期满时可增值为 $\frac{1}{e} \times (1+i_f)$。

在一年后期满之时，假定此时的汇率为 e^f，则这笔外币可兑换成的本币数为

$$\frac{1}{e} \times (1+i_f) \times e^f = \frac{e^f}{e}(1+i_f)$$

可以看出，由于一年后的即期汇率 e 是不确定的，因此这种投资方式的最终收益也是不确定的，或者说这笔投资的收益具有汇率风险。为了消除汇率风险，我们可以购买一年后交割的远期合约，交割的远期汇率记为 f。这样，这笔投资就不存在汇率风险，届时 1 单位本币可兑换为 $\frac{f}{e}(1+i_f)$。

在消除了汇率风险的情况下，选择在国内还是国外投资，取决于这两种投资收益率

$\left[1+i_d 和 \dfrac{f}{e}(1+i_f)\right]$ 的高低。如果 $1+i_d < \dfrac{f}{e}(1+i_f)$，即外币利率上升，则众多的投资者都会将资金投入外国金融市场，表现为在外汇市场上即期购入外币，远期卖出外币，从而使本币在即期贬值（e 增大），在远期升值（f 减小），投资于外国金融市场的收益率 $\dfrac{f}{e}(1+i_f)$ 逐步下降，直到 $1+i_d = \dfrac{f}{e}(1+i_f)$ 时，外汇市场上对本币和外币的供求才处于平衡状态，即期和远期的汇率都达到稳定。如果 $1+i_d > \dfrac{f}{e}(1+i_f)$，则情况正相反。所以，市场最终会使利率与汇率间形成下列关系，即

$$1+i_d = \dfrac{f}{e}(1+i_f)$$

即

$$\dfrac{e}{f} = \dfrac{1+i_f}{1+i_d}$$

我们记外币即期汇率与远期汇率之间的升（贴）水率为 ρ，由于 ρ 及 i_f 均是很小的数值，所以它们的积 ρi_f 可以省略，得到：

$$\rho = i_d - i_f$$

上式即为抛补的利率平价的一般形式。它的经济含义是：外币汇率的远期升（贴）水率等于两国利率之差。如果本国利率高于外国利率，则外币远期汇率必将升水，这意味着本币在远期将贬值；如果本国利率低于外国利率，则外币远期汇率将贴水而本币在远期将升值。也就是说，汇率的变动会抵消两国间的利率差异，从而使金融市场处于平衡状态。

在实证中，除了外汇市场激烈动荡的时期，抛补的利率平价基本上都能比较好地成立。实际中的汇率变动与抛补的利率平价之间存在着偏离，这一偏离常被认为反映了交易成本、外汇管制以及各种风险等因素。同时，理论上，任何偏离将向着"利率相等"的稳态回归，或者，始终有着"向稳态回归"的趋势。

（二）非抛补的利率平价

在抛补的利率平价推导过程中，我们假定投资者的投资策略是进行远期交易以规避风险。实际上，还存在着另外一种投资策略，即根据自己对未来汇率变动的预期而计算预期的收益；不进行远期交易，在承担一定的汇率风险情况下进行投资活动。

在不进行远期交易时，投资者计算国外投资的收益时不但要考虑外国的利率，还要考虑投资到期时的汇率。如果投资者对一年后的汇率的预期为 E，则投资者对投资国外所收回本币资金的预期就是 $\dfrac{1+i_f}{e}E$。如果这一预期的收入与投资本国金融市场的收入存在差异，则投资者就会选择在预期收入较高的市场投资，其投资活动会带来当前本国利率、汇率的变动，最终在市场处于平衡状态时，下式成立，即

$$1+i_d = \dfrac{E}{e}(1+i_f)$$

对之进行类似上面的整理，可得表达式为

$$E_\rho = i_d - i_f$$

上式中，E_ρ 表示预期的汇率变动率。上式即为非抛补利率平价的一般形式，它的经济含义是：预期的汇率变动率等于两国货币利率之差。在非抛补利率平价成立时，如果本国利率高于外国利率，则意味着市场预期本币在未来将贬值。或者，在非抛补利率平价已经成立时，如果本币当局提高利率，则当市场预期未来的汇率并不因之发生变动时，本币的币值在即期将升值——后一结论与前面的分析是一致的。

利用非抛补的利率平价的一般形式进行实证检验的并不多见。这是因为，预期的汇率变动率在一定程度上是一个心理变量，很难获得可信的数据进行分析，并且实际意义也不大。

第三节 汇率制度

一、对外汇市场的干预

到目前为止，我们在分析外汇市场时一直把它看作只对市场压力做出反应的完全自由的市场。然而，和许多其他市场一样，外汇市场也受到政府特别是中央银行的干预。中央银行会经常参与国际金融交易来影响汇率，试图通过买进和卖出通货来影响本国的汇率，这被称为外汇市场干预（foreign exchange intervention）。我们可以用汇率的供给和需求分析方法去分析中央银行干预对外汇市场的影响。

（一）外汇干预与货币供给

理解中央银行的外汇市场干预如何影响汇率的第一步是考察中央银行卖出一些以外币计价的资产（即前述官方国际储备）对它的资产负债表的影响。假定美联储要提高美元的价值，决定卖出10亿美元的欧元资产以换取10亿美元的美元资产。美联储购买美元资产有两个影响：第一，它减少了联储10亿美元的国际储备；第二，由于购买的货币是从公众手中转移出来的，流通中的现金减少10亿美元，如表18-2所示。

表18-2 联邦储备体系1

资产		负债	
外币资产（国际储备）	−10亿美元	流通中的现金	−10亿美元

由于基础货币由流通中的现金和准备金构成，现金的减少意味着基础货币减少10亿美元。

如果购买外币资产的人不是用现金支付，而是用本国银行账户签发的支票支付，美联储就从这些银行在美联储的准备金存款上扣减10亿美元。结果是，在美联储的存款（准备金）减少10亿美元，如表18-3所示。

表18-3 联邦储备体系2

资产		负债	
外币资产（国际储备）	−10亿美元	在美联储的存款（准备金）	−10亿美元

在这种情况下，美联储出售外币资产和购买美元存款的结果是，准备金减少10亿美

元，由于准备金也是基础货币的一个组成部分，基础货币同样会减少10亿美元。

现在，我们发现，中央银行出售外币资产，购买本国银行存款或本国货币，对基础货币的影响是完全相同的。这就是我们在提及中央银行购买本国货币时，并不区分购买的是本币还是以本币计价的银行存款的原因。于是，我们可以得到重要结论：中央银行在外汇市场上购买本国货币，同时相应地出售外币资产，会导致国际储备和基础货币的等量减少。

我们可以通过更为直接的途径得到相同的结论。中央银行出售外币资产同在公开市场上出售政府债券是完全一样的。我们在探讨货币供给的过程中得知，公开市场出售导致基础货币的等量减少；因此，出售外币资产同样引起基础货币的等量减少。同理，中央银行出售本国货币来购买外币资产，就类似公开市场购买，会引起基础货币的等量增加。于是，我们得到下列结论：中央银行在外汇市场上出售本国货币，购买外币资产，会引起国际储备和基础货币的等量增加。

我们刚刚所描述的干预，即中央银行买卖本国货币以对基础货币施加影响，称为非冲销性外汇干预（unsterilized foreign exchange intervention）。但是，如果中央银行不希望买卖本国货币的行为会影响基础货币，情况又会怎样？中央银行要做的是，在政府债券市场上实施对冲性公开市场操作，从而抵消外汇干预的影响。例如，在美联储购买10亿美元并相应出售10亿美元外币资产的情况下，我们知道，这会减少10亿美元的基础货币，美联储可以在公开市场上购买10亿美元政府债券，从而增加10亿美元的基础货币。这样外汇干预和对冲性公开市场操作不会导致基础货币的变动，如表18-4所示。

表 18-4　联邦储备体系 3

资产		负债	
外币资产（国际储备）	−10 亿美元	在美联储的存款（准备金）	−10 亿美元
政府债券	+10 亿美元		

伴随有对冲性公开市场操作的外汇干预不会影响基础货币，被称为冲销性外汇干预（sterilized foreign exchange intervention）。下面考察，每一种类型会如何影响汇率。

（二）非冲销性外汇干预

如果中央银行希望提高本国货币价值，决定在外汇市场上买入美元，出售外币资产。于是，买入美元导致货币供给的收缩，从而提高了国内利率，提高了美元资产的相对预期回报率。如图18-3所示，需求曲线从 D_1 向右位移至 D_2，汇率上升到 E_2。

我们的分析可以得到有关外汇市场上非冲销性外汇干预的重要结论：买入本国货币，出售外币资产的非冲销性干预，导致国际储备减少、货币供给收缩和本国货币升值。

出售本国货币、购买外币资产的非冲销性外汇干预可以得到相反的结论。出售本国货币以购买外币资产（增加国际储备）类似于扩张基础货币和货币供给的公开市场购买。货币供给的增加降低了美元资产的利率，由此引起的美元资产预期回报率降低，意味着人们愿意购买更少的美元资产，于是，需求曲线向左位移，汇率下跌。出售本国货币和购买外币资产的非冲销性干预会增加国际储备、扩张货币供给和导致本国货币贬值。

（三）冲销性外汇干预

理解冲销性外汇干预的关键在于，中央银行从事对冲性公开市场操作，因此对基础货币和货币供给没有影响。冲销性外汇干预不影响货币供给，因此不会直接影响利率。由于美元资产的相对预期回报率不变，图 18-3 中的需求曲线仍然位于 D_1，汇率仍然是 E_1。

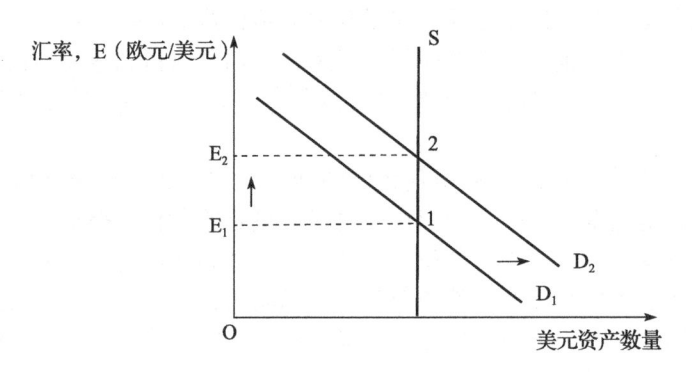

图 18-3 买进美元和出售外币资产的非冲销性外汇干预

二、固定汇率制

在国际金融体系中汇率制度分成两种基本类型：固定的和浮动的。在固定汇率制（fixed exchange rate regime）中，一种通货的价值钉住另一种通货（被称为锚货币，anchor currency）的价值从而汇率是固定的。在一些固定汇率制中，政府只是简单地宣布它致力于采取必要的措施以保持本币相对于锚货币的价值固定。一类有着更强承诺的固定汇率制是货币发行局制度（currency board）。在这种制度中，本币有 100% 的锚货币作为储备来支持，无论公众何时提出要求，政府或中央银行随时准备以固定比率把本币换成锚货币。

在浮动汇率制 [floating (flexible) exchange rate regime] 中，一种通货的价值由外汇市场上的供给和需求来决定，没有汇率干预。当国家试图通过买进和卖出通货来影响汇率时，我们称这种制度为有管理的浮动汇率制（managed float regime）[或者肮脏浮动（dirty float）]。

（一）如何固定汇率

图 18-4 表示了在实践中固定汇率制是如何运行的。图 18-4（a）描述了这样一种情形：本币与锚货币之间的汇率固定在 E_{par}。需求曲线 D_1 与供给曲线相交于汇率 E_1，它低于 E_{par}。在这种情况下，本币被高估了。为了使汇率保持在 E_{par} 的水平，中央银行必须干预外汇市场，其方式是通过卖出国外资产和买进本币，从而损失了国际储备。正如我们已经看到的那样，这种行动减少了金融体系的流动性，引起货币供给下降，并因此导致国内资产的实际利率上升。国内实际利率的上升提高了国内资产的相对预期收益，使需求曲线向右移动。中央银行继续买进本币直到需求曲线达到 D_2，均衡汇率为图 18-4（a）中点 2 处的 E_{par}。

因此，我们得到如下结论：当本币被高估时，中央银行必须买进本币以维持固定汇率，结果它损失了国际储备。

图 18-4（b）则描述了另一种情形：需求曲线 D_1 与供给曲线一开始相交于汇率 E_1，高于 E_{par}，从而本币被低估了。这时，中央银行必须卖出本币和买进国外资产，从而增加了国际储备。这种行为提高了金融体系的流动性，引起货币供给上升，从而降低了国内资产

的实际利率。中央银行不断卖出本币和降低实际利率，直到需求曲线向左移到 D_1，均衡汇率为图 18-4（b）中点 2 处的 E_{par}。因此，我们得到如下结论：当本币被低估时，中央银行必须卖出本币以维持固定汇率，结果它增加了国际储备。

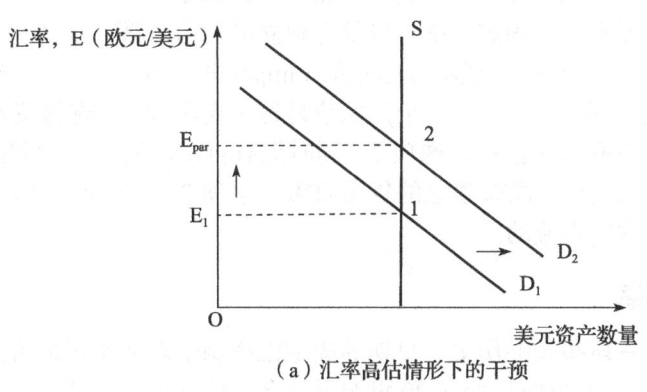

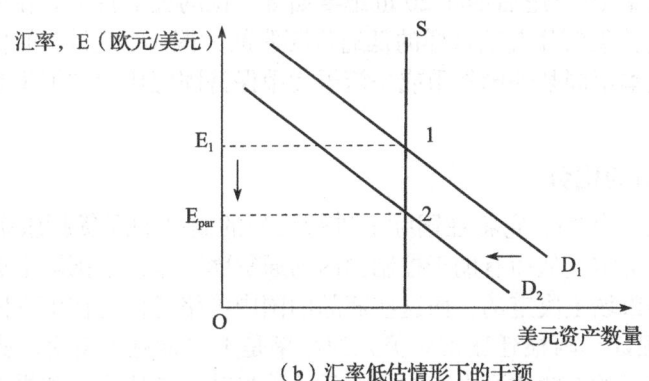

（a）汇率高估情形下的干预

（b）汇率低估情形下的干预

图 18-4 在固定汇率制下外汇市场上的干预

1. 法定贬值和法定升值

正如我们已经看到的，如果一个国家的通货被高估了，它的中央银行为了阻止通货贬值所采取的行动会降低国际储备。如果该国的中央银行最终用完了国际储备，那么它就不能阻止本币的贬值了，此时法定贬值（devaluation）就会发生，即中央银行将平价汇率重新设定在一个更低的水平。

相反，如果一个国家的通货被低估了，中央银行为了阻止通货升值所进行的干预就会增加国际储备。中央银行可能并不想要这些国际储备，因此它可能将平价汇率重新设定在一个更高的水平，这就是法定升值（revaluation）。

2. 资本完全流动

如果存在资本完全流动——国内居民购买国外资产或外国人购买国内资产不存在任何障碍——且一个国家（本段以下称其为小国）将其与一个更大的国家（本段以下称其为大国）的锚货币之间的汇率固定，这个国家将失去对货币政策的控制。如果大国实施更加紧缩性的货币政策和提高实际利率，那么大国的通货就会升值，而小国的通货则遭受贬值。现在，将自己的汇率钉住锚货币的小国将发现本币被高估了，因此不得不卖出锚货币和买进本币以阻止本币贬值。于是，这种外汇市场干预降低了小国的国际储备和银行体系的流动性，提高了实际利率。因此，在资本完全流动的情况下，小国的实际利率与大国的实际利率一起变动，小国不再能控制本国的实际利率或货币政策。

（二）政策三难

我们前面的分析表明一个国家或地区（通货区，如欧元区）无法同时采取以下三项政策：①资本的自由流动，②固定汇率，以及③独立的货币政策。经济学家们把这个结果称为政策三难（policy trilemma），或不可能三角（impossible trinity）。一个国家或地区只能选择这三项政策中的两项：选项 1，一个国家或地区（或通货区）选择资本的自由流动和独立的货币政策，而没有固定汇率。选项 2，同时拥有自由的资本流动和固定汇率，因此这个国家或地区（或通货区）没有独立的货币政策。选项 3，它们有着固定汇率和独立的货币政策但没有自由的资本流动。

三、钉住汇率

固定汇率制有一段很长的历史。早期的固定汇率制采取将本币的价值固定于黄金等大宗商品的形式，这是 19 世纪后期和 20 世纪早期金本位的关键特征。在更近的时期里，固定汇率制将本币的价值钉住美国这样的低通货膨胀的大国（锚定国）的货币，这就是钉住汇率制，指一国使本币同某外国货币或一篮子货币保持固定比价的汇率制度，它属于固定汇率制度的一种。

（一）钉住汇率的优势

钉住汇率有几个优势。它将在国际上进行贸易的商品的通货膨胀率和锚定国中这些商品的通货膨胀率绑定，从而有助于控制国内的通货膨胀率。在国际上进行贸易的商品的国外价格是在世界市场上决定的，而这些商品的国内价格是由钉住汇率固定的。例如，在 2002 年之前的阿根廷，阿根廷比索对美元的汇率是 1 比索兑 1 美元，从而在国际上进行贸易的价格为 5 美元的 1 蒲式耳大麦在阿根廷的价格就是 5 比索。如果汇率目标是可信的（也就是预期会被坚持），那么钉住汇率就有一个额外的好处：将通货膨胀预期锚定在锚定国的通货膨胀率上。

钉住汇率也意味着钉住国实际上采用了锚定国的货币政策。如果锚定国的货币政策是非通货膨胀性的，那么钉住汇率将意味着钉住国的货币政策也是非通货膨胀性的。例如，通过将通货的价值与德国马克绑定的方式，法国和英国成功地利用钉住汇率降低了通货膨胀率。1987 年，当法国首先将该国的汇率钉住马克时，它的通货膨胀率是 3%，比德国的通货膨胀率高了 2 个百分点。到 1992 年，它的通货膨胀率下降到了 2%，一个可以被认为与价格稳定相一致的水平，甚至比当时德国的通货膨胀率还低。到 1996 年，法国和德国的通货膨胀率已经趋同于一个略低于 2% 的数字。类似地，在 1990 年钉住德国马克之后，英国成功地将通货膨胀率从 10% 下降到 1992 年的 3%（在 1992 年英国被迫放弃了钉住汇率）。

钉住汇率在新兴市场国家也是一种降低通货膨胀率的有效方式。例如，在 1994 年墨西哥的货币法定贬值之前，它的钉住汇率成功地将通货膨胀率从 1988 年的 100% 以上降到了 1994 年的 10% 以下。

（二）钉住汇率的劣势

尽管钉住汇率有一些内在的优势，但是对这种战略也存在几点严重的批评。正如我们在本章前面内容中看到的，在资本流动的条件下，钉住国不再能够实行独立的货币政策以应对那些与锚定国所遭受的冲击无关的国内冲击了。而且,钉住汇率意味着对锚定国的冲击将会直接传递到钉住国,因为锚定国的利率变化会引起钉住国利率的相应变化。

这些问题的一个引人注目的例子发生在 1990 年两德统一的时候。出于对由两德统一和重建民主德国所要求的大规模财政扩张引起的通货膨胀压力的忧虑,德国采取了应对措施,长期实际利率在 1991 年 2 月前持续上升,短期实际利率在 1991 年 12 月前持续上升。德国(锚定国)实际利率的上升直接传递给了那些将通货钉住马克(德国在采用欧元之前的通货)的其他国家,它们的实际利率与德国同步上升。法国等坚持钉住汇率的国家出现了经济增长减速和失业增加。

钉住汇率也会使钉住国容易遭受对本币的投机性攻击(speculative attack)——对弱通货的大量抛售导致此种弱通货的汇率急剧下降。事实上,两德统一的一个后果是 1992 年 9 月的外汇危机。两德统一之后德国实际利率的上升意味着那些钉住马克的国家面临着一次负向需求冲击,导致经济增长放慢和失业率上升。在这样的情况下,这些国家的政府完全可以维持相对于马克的固定汇率和允许本国的实际利率上升。但是,投机者开始怀疑这些国家对钉住汇率的承诺是否会削弱。投机者的推理是,这些国家要抵挡对其通货的攻击,必须保持足够高的利率,由此所引起的失业率上升是这些国家的政府不会容忍的。在这种情况下,投机者实际上下了单向赌注,因为法国、西班牙、瑞典、意大利和英国等国家的通货只会向一个方向变动,即相对于马克贬值。在可能的贬值出现之前卖出这些通货给了投机者一个有着潜在高预期收益的诱人的获利机会,结果出现了 1992 年 9 月的投机性攻击。只有在法国,钉住汇率的承诺才足够强,从而法国的货币没有法定贬值。其他国家的政府不愿意不计成本地捍卫本国的通货,最终允许其通货贬值。

法国和英国对 1992 年 9 月汇率危机的不同反应说明了钉住汇率的潜在成本。在继续将本币钉住马克也因此无法使用货币政策应对国内经济状况的法国,1992 年后经济增长仍然缓慢,失业率上升。相反,放弃钉住汇率的英国经济表现好得多:经济增长更快,失业率下降,而且通货膨胀率也没有比法国高很多。

与工业化国家相反,新兴市场国家(包括东欧的转轨国家)在采用钉住汇率政策时放弃独立的货币政策可能没有多少损失。因为许多新兴市场国家还没有建立起能够成功运用相机抉择的货币政策的政治或货币制度,所以它们从独立的货币政策中可能得到的很少而失去的很多。因此,实际上,它们通过钉住汇率采用其他国家(如美国)的货币政策会比实行自己的独立政策更好。这是如此多新兴市场国家采用钉住汇率的原因之一。

尽管如此,钉住汇率对这些国家是相当危险的,因为它会使这些国家容易遭受投机性攻击,而且投机性攻击给这些国家带来的后果比给工业化国家带来的后果严重得多。

第四节 汇率与宏观经济运行

一、汇率和国际收支

(一)马歇尔-勒纳条件

弹性论(elasticity approach,又译作弹性分析法)是根据进出口供应和需求的弹性来分析汇率变动对国际收支影响的途径、程度和机制的理论。马歇尔(Alfred Marshall,

1842—1924）是最早提出弹性理论的经济学家。后来，他又把弹性分析推广到了国际贸易方面的研究，提出了"进出口需求弹性"的概念。勒讷（Abba Lerner，1903—1982）在此基础上进一步指出，如果进出口需求的弹性之和小于1，则货币贬值会使贸易收支恶化。英国剑桥大学的琼·罗宾逊（Joan Violet Robinson，1903—1983）对马歇尔和勒讷的观点做了系统的归纳、补充和完善，并于1937年在《外汇》一文中创立了弹性论的完整框架。琼·罗宾逊在分析过程中引入了进出口供应弹性，对其进行了具体的分析，并首次提出了著名的马歇尔－勒讷条件（Marshall-Lerner condition）。

在20世纪30年代，不同国家之间的经济关系主要表现为贸易往来，与贸易无关的资金跨国流动并不重要，所以国际收支基本等同于贸易收支。因此，国际收支的弹性论实质上就是贸易收支的弹性论。按照这种理论，与其他因素相比，汇率是影响一国贸易收支最重要的因素，因而弹性论着重探讨的是汇率变动对贸易收支的影响。

根据这种理论，如果一国进出口商品的供应具有充分的弹性，即供应弹性无穷大，于是，只要一国进出口需求的价格弹性很大，即进出口需求对价格变动相当敏感，那么货币当局如果调低本国货币汇率，使得本国商品的价格相对下降，外国商品的价格相对上升，出口需求就会大幅度增加，而进口需求却会大幅度减少，由此可以增加出口，减少进口，最终改善贸易收支。对这一原理更准确的表述是：一国通过调低本国货币汇率以改善贸易收支的前提条件是必须满足进口需求的价格弹性的绝对值与出口需求的价格弹性的绝对值相加之和大于1，这就是"马歇尔－勒讷条件"，其数学表达式为①

$$|E_m|+|E_x|>1$$

式中，$|E_m|$表示进口需求的价格弹性；$|E_x|$表示出口需求的价格弹性。

分析表明，在符合马歇尔－勒讷条件的情况下，本币贬值能导致进口数量的急剧减少和（或）出口数量的急剧增加，从而改善国际收支。而当不存在马歇尔－勒讷条件时，本币贬值并不能引发进口数量的大幅度减少和（或）出口数量的大幅度增加。与此同时，进口价格的上升却会引起进口支出的增加，贸易收支反而恶化。

（二）J曲线效应

马歇尔－勒讷条件告诉我们，只要进口和出口中至少有一个因素对汇率变动的反应较大，本币贬值就有可能改善一国的贸易差额。而需求弹性较大意味着进口和出口的数量对汇率的变化能做出比较充分的反应。在现实中，随着时间的推移，这种比较充分的反应是有可能实现的，但在短期内，这种反应由于存在时滞（time lag），因而可能很不充分，从而使马歇尔－勒讷条件不能得到满足。

贸易差额对汇率变动的反应之所以存在时滞，主要有以下原因。

首先，贸易合同从签订到履行通常需要一段时间，这意味着某一时点的进出口数量和与此相关的货币收付是由以前签订的合同决定的。在贬值发生的最初时刻，一国的进出口数量并不会因为汇率的变化而受到影响。相反，如果一国的出口合同是以本币计价的，则随着本币的贬值，外国进口商就可以用较少的外币换取同样数量的本币用于支付，以外币计价的出口收入就会减少，从而恶化贸易收支。

其次，在比较短的时间内，进出口对汇率的变化需要一段时间才能做出反应。从出口来看：第一，国内厂商需要时间组织生产；第二，国内厂商需要时间设法扩大在海外的营销网络；第三，货物发运也需要时间。从进口来看：第一，国内消费者可能对进口品产

---

① 具体数学推导，读者可以参考《国际金融》专业教材。

生一定的依赖，调整生活习惯与消费模式既是痛苦的，也是耗时的，消费者在尚未适应国内替代品的情况下，还是会一如既往地购买进口商品；第二，国内生产者可能对进口的投入品产生一定的依赖，调整生产线或改变产品结构以减少进口品的使用数量需要经历一段时间。

综上所述，在贬值发生的初始时刻，贸易收支不会立即得到改善，反而可能急剧恶化。随即将是一段时期的缓慢恶化，经过一段时间之后，进出口开始做出反应，贸易收支将逐渐得到改善。在图形上，贸易收支在货币贬值后先是恶化，继而随着时间的推移而逐步改善，其所呈现出的走势酷似英文字母"J"，因而人们形象地将本币贬值后贸易收支改善的这种时滞现象称为"J曲线效应"(J-curve effect)。

J曲线效应不仅在理论上有一定说服力，也获得了许多实证检验的有力支持。研究发现，对于多数工业化国家，J曲线效应存在的时间在半年至一年之间不等。这表明，大约在一年之后，本币贬值对贸易收支的效应才得以发挥。

（三）汇率调整的吸收分析法

根据弹性分析法，货币贬值通过价格激励减少进口，增加出口。但是，即使存在有利的弹性条件，本国贸易平衡能否真正得到改善，还要取决于经济对货币贬值的反应。吸收分析法研究的就是这一问题：它考察货币贬值对国内经济支出的冲击，以及国内支出对贸易平衡的影响。

吸收分析法源于一个观点：国内总产出的价值（Y）等于总支出。总支出由消费（C）、投资（I）、政府支出（G）和净出口（X-M）构成。这一关系可以表示为

$$Y=C+I+G+(X-M)$$

吸收分析法将C+I-G合并成一个量，用A表示，代表吸收，并将净出口（X-M）记为B。这样，国内总产出就是吸收和净出口的总和，即

$$Y=A+B$$

也可以写为

$$B=Y-A$$

此式说明，贸易差额（B）等于国内总产出（Y）与吸收（A）的差额。如果国内总产出超出了国内吸收，那么，该国的贸易差额为正。相反，如果一国的支出超出了其生产能力，贸易差额则为负。

吸收分析法预测，只有当国内总产出相对于吸收增加时，货币贬值才能改善一国的贸易平衡。这意味着，要想改善贸易平衡，一国必须增加总产出，减少吸收量，或者把这两方面结合起来。下面的例子说明了这些做法的可行性。

假设一国同时面临着失业和贸易赤字。当经济在低于最大生产能力的条件下运行时，货币贬值产生的价格激励除了使支出由进口商品转向国内替代品外，还将闲置资源引导到出口商品的生产中。因此，货币贬值会扩大国内产出水平，改善贸易平衡状况。毫不奇怪，当国家面临着失业和贸易赤字时，政策制定者往往把货币贬值视为一种有效的工具。

然而，如果一国经济已经实现了充分就业，那么就没有闲置的资源用于扩大生产，国民产出水平是固定的。对这种经济体来说，贬值能够改善贸易平衡的方法只有一个，那就是适当减少国内吸收量，将生产额外的出口商品和进口替代品所需的资源释放出来。例如，当货币贬值导致价格上涨时，国内的政策制定者可以实施紧缩性财政政策和货币政策，减少吸收量。不过，一些部门将为此做出牺牲。所以，当一种经济体在最大生产能力

下运行时，贬值是不合适的。

弹性分析法将贸易平衡与经济中的其他部分区别开来，而吸收分析法则把经济中的资源利用和产出与货币贬值联系起来，在这一方面，吸收分析法优于弹性分析法。因此，这两种方法是互补的。

(四) 汇率调整的货币分析法

货币贬值的传统分析方法存在一个严重的不足。根据弹性分析法和吸收分析法，国际收支调整与货币变动无关。由于忽略了资本运动对国际收支调整的影响，弹性分析法和吸收分析法仅适用于国际收支的贸易账户，对货币贬值进行分析的货币分析法则弥补了这一不足。

货币分析法认为，货币贬值可能会暂时改善一国的国际收支状况。但假如本国货币市场最初是平衡的，本币贬值将提高价格水平。当本国货币市场重新恢复均衡时，盈余将最终消失。因此，贬值对实际经济变量的影响是暂时性的。从长期来看，货币贬值只会提高国内的价格水平。

二、汇率和总需求－总供给

如前所述，实际汇率的上升——本币的实际升值——会使国内产品相对于国外产品变得更贵。因为价格具有黏性且随时间变化缓慢，在短期，名义汇率的上升就意味着实际汇率的上升。因此，出口产品现在变得更贵，出口需求将会下降，而进口产品变得更便宜，进口需求将会上升。于是，汇率的外生性上升会导致净出口的下降，又因为净出口是总需求的一个组成部分，这就会导致均衡产出水平下降。

因此，在任意给定通货膨胀率下，本币的外生性升值将会降低均衡产出水平；结果，总需求曲线向左移动，从 AD_1 移动到 AD_2。对短期总供给曲线而言，本币升值也起到了一种暂时性的正向供给冲击的作用，因为它使进口品更便宜了，从而降低了通货膨胀率。于是，短期总供给曲线向右下方移动，从 AS_1 移动到 AS_2。因为短期总供给曲线的移动幅度一般会小于总需求曲线的移动幅度，如图 18-5 所示，所以经济从点 1 移动到 AD_2 和 AS_2 的交点点 2：总产出下降到 Y_2，通货膨胀率下降到 π_2。

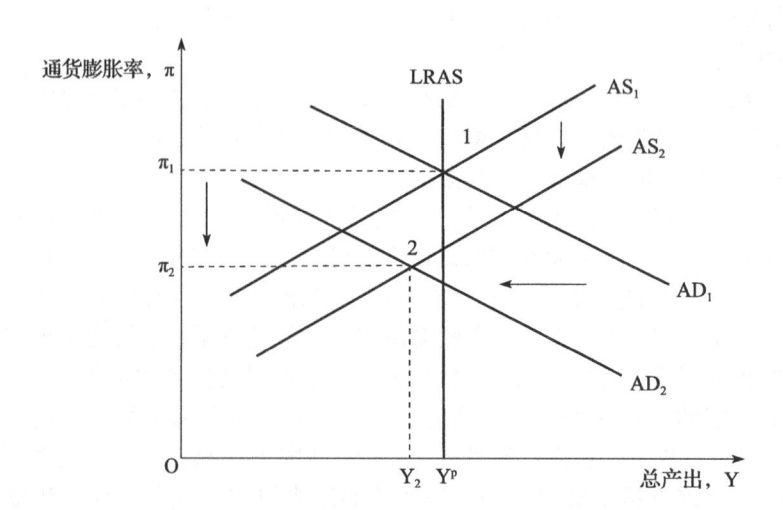

图 18-5　汇率上升对总产出和通货膨胀率的影响

如果货币当局想要同时稳定产出和通货膨胀率，那么应该采取什么样的措施来应对汇率的升值呢？中央银行应该通过降低在任何给定通货膨胀率下的实际利率来自发地放松货币政策，实际利率的下降将会降低国内资产的相对预期收益，从而使国内资产的需求曲线向左移动，引起汇率下降。然后，由此引起的进口品的价格上升会提高价格水平，使短期总供给曲线向上移动，而更多的净出口会增加总需求，使总需求曲线向右移动。另外，更低的实际利率会增加投资支出，总需求进一步增加。因此，这种货币政策措施将使经济重新回到图18-5中的点1。

从上面的分析中我们可以得到以下几点结论：汇率的外生性升值是紧缩性的，导致总产出和通货膨胀率同时下降。然而，货币政策的自发放松可以抵消由汇率升值带来的紧缩性冲击。类似地，通货的外生性贬值是扩张性的，同时提高了产出和通货膨胀率，但其影响可以被货币政策的自发收紧所抵消。

三、固定汇率制下的蒙代尔－弗莱明模型

（一）货币政策

假定一个采取固定汇率制的小国经济开始时商品市场和货币市场都处于均衡状态，且均衡利率为世界利率，如果它采取扩张性货币政策，对宏观经济有什么影响？首先，如果货币扩张，那就意味着本国利率会下降；随着利率下降，资本就会从本国流向外国；而资本从本国流向外国意味着有人会把本国货币换成外汇，然后汇出国外；把本国货币换成外汇意味着本国货币基础的下降，从而抵消刚开始时的扩张性货币政策的效果，直到利率恢复到世界利率水平。

因此，扩张性货币政策的结果是本国外汇储备下降，但对实体经济没有任何影响。同理，紧缩性货币政策对实体经济也不会有什么影响，但会导致该国外汇储备的增加。

我们可以用图形来说明这一问题。如图18-6所示，假定开始时经济在A点达到均衡，此时利率水平为世界利率水平r_f，产出为Y_1。如果中央银行采取扩张性货币政策，那么LM曲线就会右移，假定右移到LM_2。此时利率水平为r_2，产出水平为Y_2。由于此时的利率水平低于世界利率水平，有人就会企图把本国货币资产换成外汇，存到国外去，以获取更高利息。这就导致对外汇的需求量增加，于是外汇就面临升值压力。中央银行为了维持固定汇率，就不得不在所规定的固定汇率下卖出外汇，于是外汇流出中央银行，流入购买者手中，购买者把它转移到国外，存起来就可以按照世界利率获得收益。而在此交易过程中，本国货币从外汇购买者手中流入中央银行，这相当于回笼货币基础，于是货币基础下降，LM曲线相应左移。只要本国利率低于世界利率，这一过程就会持续进行，直到本国利率恢复到世界利率水平，此时LM曲线回到原来的位置LM_1。在这一过程中，先是中央银行通过某种手段增加了货币基础，然后被迫出售外汇，减少了货币基础，政策执行前后货币基础没有发生变化，但该国的外汇储备下降，紧缩性货币政策的作用过程正好相反。因此，如果资本是完全流动的，那么在固定汇率制下，货币政策对实体经济就不会有作用。

（二）财政政策

假定一个采取固定汇率制的小国经济开始时商品市场和货币市场都处于均衡状态且均衡利率为世界利率。如果政府采取扩张性财政政策，那么利率就会上升，如果本国利率高

于世界利率，那么把钱存在本国就有利可图，于是就会有人用外汇购买本国货币，其结果是对本国货币的需求增加，对外汇的需求下降，供给增加，于是本国货币就面临升值的压力。为了维持固定汇率，中央银行就不得不购买外汇，卖出本国货币（注意：在这里购买外汇和卖出本国货币是同一件事情），于是本国的外汇储备增加，货币基础也随着购买外汇而增加，从而导致本国货币供给量增加。因此，财政扩张最终导致货币扩张，二者的共同作用使得财政政策的效果达到最大。这可以从图 18-7 中看出。

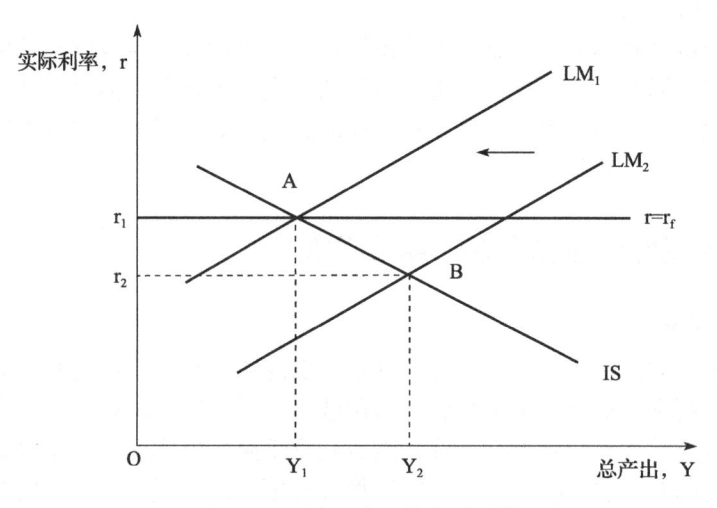

图 18-6　固定汇率下的货币政策

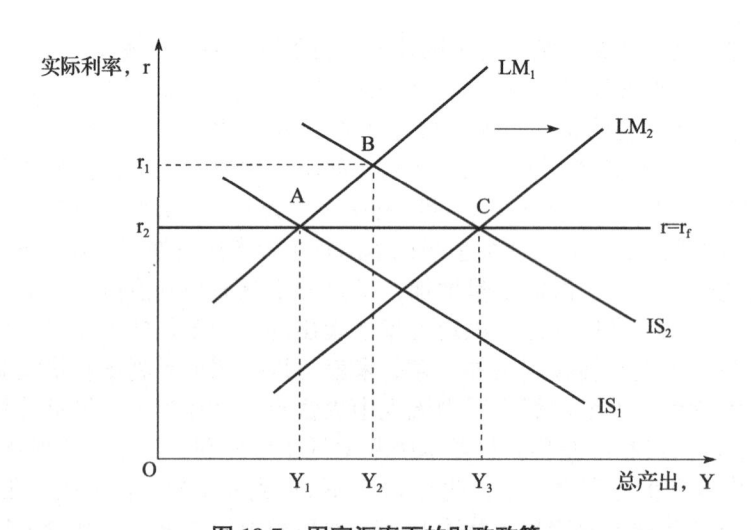

图 18-7　固定汇率下的财政政策

在图 18-7 中，假定开始时经济在 A 点达到均衡，此时利率水平为世界利率水平 r_f，产出为 Y_1。如果政府采取扩张性财政政策，那么 IS 曲线就会右移，假定右移到 IS_2。此时利率水平为 r_1，产出水平为 Y_2。由于此时的利率水平高于世界利率水平，有人就会企图把外汇换成本国货币，然后存到本国，以获取更高利息。这就导致对本国货币需求和外汇供给的增加，于是本国货币就面临升值压力。中央银行为了维持固定汇率，就不得不在所规定的固定汇率下卖出本国货币，于是本国货币流出中央银行，流入购买者手中，这就导致本国货币基础的增加,购买者把它存起来就可以得到比世界利率更高的收益。而在此交易过程中,外汇就从本国货币的购买者手中流入中央银行,导致本国外汇储备增加。本国货币基础的增加反映在图形上,就是 LM 曲线右移。只要本国利率高于世界利率,这一过程就会持续进行,直到本国利率恢复到世界利率水平,此时 LM 曲线移至 LM_2。经济在 C 点达到均衡,此时利率水平为世界利率水平 r_2,产出水平为 Y_3。在这一过程中,先是政府通过财政政策增加对商品的需求,导致利率上升,在资本完全自由流动的情况下,中央银行为了维持固定汇率被迫购买外汇,这就增加了货币基础,政策执行前后利率水平没有发生变化,但存在一个中央银行购买外汇以维持固定汇率的过程,其结果是该国的外汇储备增加。紧缩性财政政策的作用过程正好相反。因此,如果资本是完全自由流动的,那么在固定汇率制下,财政政策对实体经济的影响达到最大。

四、浮动汇率制下的蒙代尔 – 弗莱明模型

(一) 货币政策

假定一个采取浮动汇率制的小国经济开始时商品市场和货币市场都处于均衡状态且均衡利率为世界利率。如果它采取扩张性货币政策,那就意味着本国利率会下降。随着利率的下降,把钱以本国货币资产的形式存在本国的收益就小于把钱以外国货币资产的形式存在外国的收益,于是人们对外汇的需求增加,对本国货币的需求下降,就会导致外国货币升值,本国货币相对贬值,从而导致本国净出口增加。随着本国净出口的增加,本国收入也增加,因此,这种扩张性货币政策不仅有助于增加投资,还有利于扩大净出口,所以对产出和收入的影响就很大。当然,随着收入的增加,交易性货币需求也会增加,利率就随之上升,最后利率上升到世界利率水平,在此过程中本国货币又会有一定程度的升值,但这是次生过程,其效果比此前的贬值过程要小,因此总体来说本国货币会贬值。

我们可以用图形来说明这一问题。如图 18-8 所示,假定开始时经济在 A 点达到均衡,此时利率水平为世界利率水平 r_f,产出为 Y_1。如果中央银行采取扩张性货币政策,那么 LM 曲线就会右移,假定右移到 LM_2。此时利率水平为 r_2,产出水平为 Y_2。由于此时的利率水平低于世界利率水平,有人就会企图把本国货币资产换成外汇,存到国外去,以获取更高利息。这就导致对外汇的需求量增加,于是外汇就面临升值压力,相应的本国货币就面临贬值压力。由于中央银行采取浮动汇率制,因此不必维持汇率不变,所以,外汇就升值,本国货币就贬值。随着本国货币的贬值,本国产品在国际市场上竞争力提高,于是本国的净出口增加。随着净出口增加,IS 曲线向右移动。只要利率低于世界利率,这一过程就会继续进行下去,直到达到世界利率,经济最终在 C 点达到均衡。从图 18-8 中可以看出,此时货币政策的效果达到最大。在浮动汇率制下,由于中央银行不必买入或卖出外汇以稳定汇率,因此货币政策对本国的外汇储备没有影响。

(二) 财政政策

假定一个采取浮动汇率制的小国经济开始时商品市场和货币市场都处于均衡状态且均衡利率为世界利率。如果它采取扩张性财政政策,那就意味着本国利率会上升。随着利率的上升,把钱以本国货币资产的形式存在本国的收益就高于把钱以外国货币资产的形式存在外国的收益,于是人们对本国货币的需求增加,对外汇的需求下降,就导致本国货币升值,外国货币相对贬值,从而导致本国净出口的下降。随着本国净出口的下降,本国收入

也下降，这就会导致交易性货币需求的下降，利率随之下降，最后利率下降到世界利率水平。我们也可以用图18-9来说明这一问题。

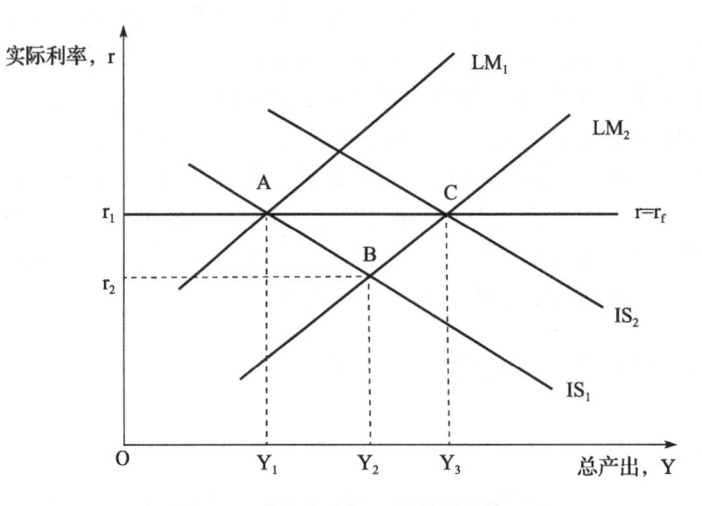

图 18-8 浮动汇率下的货币政策

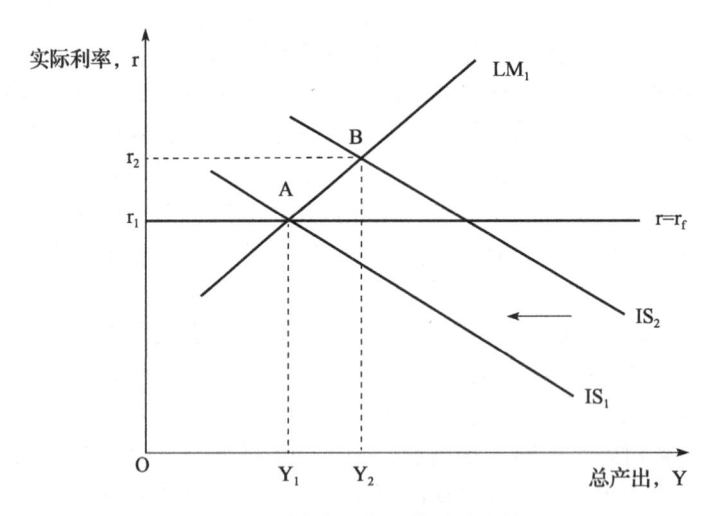

图 18-9 浮动汇率下的财政政策

假定开始时经济在 A 点达到均衡，此时利率水平为世界利率水平 r_f，产出为 Y_1。如果政府采取扩张性财政政策，那么 IS 曲线就会右移，假定右移到 IS_2。此时利率水平为 r_2，产出水平为 Y_2。由于此时的利率水平高于世界利率水平，有人就会企图把外国货币资产换成本国货币资产，存到本国，以获取更高利息。这就导致对本国货币的需求量增加，于是本国货币升值，相应的外国货币就贬值。随着本国货币的升值，本国的产品在国际市场上竞争力下降，于是本国的净出口减少。随着净出口的减少，IS 曲线就向左移动。只要利率高于世界利率，这一过程就会继续进行下去，直到达到世界利率，经济最终在 A 点达到均衡。从图 18-9 中可以看出，此时财政政策对实体经济没有影响。同样，在浮动汇率制下，由于中央银行不必买入或卖出外汇以稳定汇率，所以财政政策对本国的外汇储备没有影响。

第十九章
CHAPTER 19

经济政策：理论与实践

第一节 财政政策

一、基本概念：财政收支、财政失衡、融资与债务

(一) 财政（或预算）余额

财政（或预算）余额（fiscal or budgetary balance）是政府收入和支出的差额。核算对象可以是某一层级的政府（中央政府，州或地方政府，社保机构），也可以核算广义政府（general government），即所有政府的合并账户。计算财政收支时还可以剔除某些类型的支出。例如，基本财政余额（primary fiscal balance）剔除了公共债务的利息支出。

财政收支余额为正表示财政（或预算）盈余（fiscal or budget surplus），为负表示财政（或预算）赤字（fiscal or budget deficit）。财政盈余可以用于偿还政府债务或者投资。有些国家的政府成立了主权财富基金（sovereign wealth funds）投资海外资产，其资金来源主要是预算盈余或者中央银行外汇储备转移，如新加坡（新加坡政府投资公司，GIC），阿联酋（阿布扎比投资局，ADIA）以及挪威（石油收入投资于挪威政府养老基金）。

(二) 财政失衡及其度量

1. 中央还是广义政府

最常见的财政余额概念主要关注广义政府收支，它涵盖了中央政府、地方政府、社会保险或联邦州政府的收支余额。这是一个比较宽泛的度量尺度，因为它涵盖了所有主要收入来自纳税和法定缴款的主体。国际比较研究往往依赖于这一概念。

但是，从预算流程或者政治经济学角度看，由于不同层级政府（中央、地方、州和社保）的责任以及决策流程各不相同，仅仅关注广义政府有时不一定有针对性。诚然，只有汇总数据才能测定纳税人的纳税负担。但是，将公共部门作为一个整体使用其汇总数据时，会使各分部门层级不同情况下的差异模糊化。

2. 总（财政）赤字还是基础赤字

财政总余额是公共部门支出与收入的差额，代表了政府的融资需求，财政收支余额还包括为公共债务支付的利息。例如，20 世纪 90 年代初，比利时和意大利政府为公共债务支付的利息占 GDP 的 10% 以上。利息支付取决于债务水平和长期利率，这两个变量短期内都不是政府能够控制的。因此，衡量政府和议会主观财政政策意愿的一个更好指标是基

本收支余额，它被定义为不包括利息支付的财政余额，即

$$财政收支余额（净借款）= 基本收支余额 - 利息支付$$

新兴市场国家的公共债务的到期时间往往较短，且反映偿债能力预期的利率非常不稳定。基于此，基本收支余额通常被视为总财政政策更可行的衡量指标。

3. 实际（财政）还是周期性调整（结构性）赤字

财政余额变动的一般趋势是当经济繁荣时，财政余额会上升，而经济放缓时会下降。这是因为大多数税基与经济活动的变动一致（例如，增值税取决于最终消费），而公共支出的一些组成部分（如失业救济金）在经济繁荣时期会下降。财政收支这种自主性的变动，即自动稳定器（automatic stabilizer）使得财政政策无须调整，也可以发挥稳定家庭总收入的作用，因为在经济扩张期，家庭的上缴税收、净社会转移支付会增加，而在经济衰退期则相反。

为了刻画财政政策的变化，就有必要核算周期性调整财政余额（cyclically adjusted balance），也称结构性余额（structural balance），它衡量的是当产出处于潜在水平时的财政收支状况。通常认为，经周期性调整后的财政收支从本期到下一期的变化衡量了财政政策的自主性（discretionary）构成，因为不同于自动稳定器所引起的变化，它是由财政政策的变化所引起的。从而，财政收支的演变可以分解成周期性部分和自主性部分，前者不受政府意愿影响，后者反映了结构性收支的变化。自主性部分提供了测度财政姿态（fiscal stance）的标准，反映了财政政策取向。

$$财政余额（净借款）= 周期性余额 + 周期性调整余额 = 周期性余额 + 结构性余额$$

财政姿态的测度是经济学家借以阐释政策分歧的主要指标。然而，它引起了一系列与测度产出缺口、政府支出弹性、经济活动水平等难题相关的技术性争论。

（三）赤字融资

如果不考虑出售国有资产的选择，预算赤字问题需要通过融资来解决。赤字融资可以通过向国内的中央银行借款来实现，这相当于货币创造；或向其他公共或私人机构，包括国际组织与外国政府借款（发展中国家还包括接受捐款）。

赤字货币化指导致货币供给增加的政府透支行为和中央银行向政府的贷款。这种做法源于古代国王通过印刷钞票和在金币的实际重量上造假（铸币税）来为各项支出融资。在过去这种做法非常普遍，尤其常用于战争融资。赤字货币化如果持续存在，将成为通货膨胀的重要源头。

发达国家的公共借款（public borrowing）主要是向投资者出售债券。债券赋予了投资者在确定时期内获得合同约定的本金和利息的权利。在许多新兴市场国家，政府还从银行和多边发展银行等国际机构借款。累计借款形成了公共债务（public debt）。需要注意的是，公共债务指公共部门对私人部门的金融负债，不应将其与外债混淆。外债是指国内所有部门对世界其他地区的负债。

中央银行持有的国债通常与基础货币相对应：央行从银行买入这些证券（或者将其作为回购协议的抵押品），同时释放流动性。这个机制不同于直接的赤字货币化，因为中央银行买卖这些证券不受政府控制，交易量也由货币政策而非财政政策决定。

（四）公共债务及其效果

和私人企业一样（但不同于家庭部门），公共部门不需要偿还其全部债务，因为通常

预期政府不会消亡。但是，如果债务增长过快，购买债券的投资者可能会担心政府未来的再融资能力，进而可能会对政府的偿付能力产生怀疑。这类疑虑可能会推高政府借贷的利率，不过，同样的债务积累速度对于低增长国家和快速增长国家的意义是不同的。因为政府增加税收的能力主要取决于名义GDP，所以公共债务通常用其占GDP的比率度量，实际利率越高，GDP增长率越低，相同基础赤字所引起的债务积累越快。当经济增长率大于利率时，一国可以在维持永久性基础赤字的情况下，稳定其债务比率。相反，当利率大于经济增长率时，一国必须有基础收支盈余才能稳定债务对GDP的比率，且利率和经济增长率之间的差异越大（正），所需要的基础盈余额越大。20世纪90年代，美国和法国都经历了大规模的财政赤字，但是法国的债务与GDP比率持续上升而美国则一直稳定。赤字规模类似的法国和美国债务动态变化差异如此之大的原因是，美国的经济增长率高于法国。

和私人公司一样，相同的债务变化可能会有不同的含义，这取决于所借资金的用途。例如，新建基础设施融资可能不会导致长期财政状况恶化，原因有两个：首先，额外的基础设施建设可能会拉高GDP增长率，从而限制未来的债务比率。其次，公共基础设施是资产，未来如果有需要的话可以出售。第二点原因提出了另一种评估公共债务的方法：对公共债务与公共资产两者进行比较。有时净公共债务甚至为负，也就意味着政府资产大于负债额。但是，使用净公共债务也值得商榷，因为许多政府资产不能出售。例如，日本政府可以抛售其持有的日本邮政股份，但是很难卖出其在京都的金殿。因此，净债务比率只能反映政府财政状况的一部分情况，且往往会展现出过于令人满意的财政状况。

1. 债务的动态变动

以美国为例，直到20世纪70年代末，得益于名义增长率高于利率水平，在不增加债务负担的情况下基础收支相对稳定。到20世纪80年代，情况开始逆转，实际利率较高而经济增长放缓加速了债务积累。在欧洲，比利时和意大利的公共债务与GDP比率从50%或60%飙升至超过100%。爱尔兰的债务比率也显著增加，直到20世纪90年代经济增长加速才使债务维持在可控范围内。法国在20世纪70年代末的公共债务还很少，债务与GDP比率只有大约20%。然而，从那时起该比率持续上升。除了欧洲，日本的债务也经历了惊人的增长，从1969年（10%）到2007年（172%），债务比率增长17倍。2007—2009年危机期间，由于危机相关支出扩大、收入减少以及为问题银行注资的成本上升，所有国家公共债务比率都大幅上升。2007—2009年，美国的债务与GDP比率上升了22%，英国上升了24%，欧元区上升了11%，爱尔兰则上升至64%。

高债务比率使公共财政更易受利率上升的冲击，同时面临更大风险：重要资源将用于偿债，为支出计划融资时，除了加税别无选择，这将扭曲经济并产生高昂的政治成本和社会成本。例如，1986年，比利时公共债务的利息偿付额占GDP的比重达到了11.4%，超过20%的税收要用来支付债务利息。高负债水平还可能引起对于政府付息能力的担忧，还可能间接地损害持有最大份额公共债务的金融系统。

2. 各国政策实施的差异

①美国。

美国在使用财政政策工具方面的激进主义始于20世纪60年代。20世纪70年代，美国实施财政扩张以应对第一次石油危机（日本和几个欧洲国家也采取了类似的行动），不过，美国的凯恩斯主义扩张的实践期要比欧洲短，到20世纪70年代末期，美国就已经消除了潜在基础赤字。20世纪80年代初出现了一个重要的转折点，罗纳德·里根政府提出了大幅减税和增加军费开支的方案，虽然这一方案本是受到"供给学派"的启发，但是，其短期影响实际上属于凯恩斯主义扩张。美国结构性财政收支急剧恶化，直到20世纪90年代初仍然是赤字状态。由于同期经常账户也在恶化，因此，20世纪80年代美国受双赤字（twin deficit，财政赤字和经常账户赤字）的困扰。1993年开始，克林顿政府通过实行严格的支出控制，着手财政整固政策。1994—2000年，美国广义政府预算出现了结构性基础盈余，政府债务占GDP的比重和以美元计价的总额均出现下降，在21世纪初债务增长再次提速之前，甚至有人认为美国债务有望消失。

2001—2002年，周期性衰退和乔治·布什当选总统引发了戏剧性的政策转折，导致在两年内，结构性基础收支从盈余（GDP的3.5%）变成了赤字（GDP的2%多）。加上经济处于低迷期，2003年的总财政赤字占GDP的比重达到了近5%。财政政策在宏观经济和再分配方面的作用遭到了极大质疑。但是，相关争论并不是像欧洲那样，围绕赤字或者债务比率阈值的确定，而是关注构成政府决策和相关经济决策基础的理论范式。2007年的次贷危机是大萧条以来最严重的金融危机，为激进的财政扩张铺平了道路，并导致美国潜在基础赤字急剧恶化至创纪录水平，2009年的赤字超过了GDP的7%。

总体而言，美国财政政策一直体现出相机抉择的特征，美国经济学界一直对这种前瞻性的相机抉择财政政策表示反对。

②日本。

20世纪80年代末资产价格泡沫破灭后，日本在20世纪90年代实施了大规模的财政刺激计划，试图在通货紧缩来临之前重振经济增长。1992年8月—2002年2月，日本政府共实施了12项财政扩张性方案，主要是公共投资计划，其中一些计划的规模达到GDP的2%以上。结果是1989—2003年，日本的结构性收支占GDP比重恶化了超过8个百分点。20世纪60年代，日本政府总债务水平可以忽略不计，而到2003年，债务规模已经达到了GDP的160%，2007年高达GDP的180%，是OECD国家中最高的。有人甚至开始担忧日本的债务偿还能力，评级机构下调日本的信用评级就表明了这一点。

一个共识是这一历史上前所未有的刺激计划效果十分有限：政府支出并没有对私人行为起到明显的拉动作用，日本经济增长也没有出现持久性复苏。这使人们逐渐认识到，日本经济复苏的主要障碍在于私人部门旷日持久的去杠杆化进程和银行业的问题资产，二者均限制了银行放贷能力，进而阻碍了货币政策传导与私人支出的增加。此外，日本还面临着结构性问题，如应对全球化挑战和人口老龄化问题。

2008—2009年，日本又一次通过了一系列扩张性财政计划以应对经济危机。2008年8月至2009年春，日本连续提出了5个一揽子财政计划，以抑制经济衰退和应对日本经济的急剧紧缩（2008年第4季度年同比增长率为-12.1%）。进而，潜在基础赤字经历了2004—2007年的显著改善后再次恶化，总公共债务占GDP比重上升至近200%。

二、基本理论视角：财政政策的效果

（一）凯恩斯分析框架

标准凯恩斯研究方法从物价稳定，或者至少是短期内价格黏性的假设着手开始研究。这意味着价格并不会迅速调整至宏观经济均衡水平。换言之，商品和服务的供给是有弹性的，宏观经济均衡的产出和就业由总需求水平决定。总需求不足将导致经济体生产要素非充分就业。宏观政策（财政或货币政策）的基本作用是保证总需求水平能使经济保持或接近充分就业水平。

凯恩斯模型中，名义变量黏性的原因已在本书前述。例如，合约的原因、个体代理人的最优行为、家庭的短视性使其消费只取决于当期收入（或者他们没有机会到金融市场融资，因此他们无法平滑长期消费水平）。

价格黏性假设意味着总供给（AS）曲线向上倾斜但在短期内不是垂直的。在早期的凯恩斯模型中，AS 的斜率很低，因此供给水平与价格变动高度相关，从而在价格没有大的变化时，生产也可以增加或减少。总需求曲线向下倾斜，这是由于通货膨胀通过财富效应或者利率内生提高的途径，对商品和服务的需求产生了负面影响。财政扩张（公共支出增加或减税）会使需求曲线向右移动：在任何给定的价格水平上，生产都增加了，如果供给曲线斜率较低，则不会对价格水平产生重大影响，而产出水平将会有大的改变[①]。

在这些前提下，宏观经济均衡不再由价格变动决定；相反，它是由总需求水平决定的。外因引起总需求变化（总需求冲击），导致产出水平成比例变化。产出的变化量与最初的总需求的变化量之比称为凯恩斯乘数。

如前所述，我们也可以使用 IS-LM 模型描述凯恩斯理论。该模型一直被广泛用于描绘价格固定的凯恩斯模型，它由两条研究产出和利率关系的曲线组成。IS 曲线描述的是产品市场均衡，LM 曲线描述的是货币市场均衡，两者都以价格给定为前提。

- IS 曲线描述了能够使产品市场达到均衡的产出和利率的各组合。它是向下倾斜的，因为高利率会导致对产品的需求下降。
- LM 曲线描述的是能够使货币市场达到均衡的产出和利率的各组合，在给定货币供给的条件下，产出和利率的正相关关系由货币需求决定，货币需求函数是产出的增函数（产出增加要求更多货币参与交换），是利率的减函数（当利率提高时，人们更偏向于持有生息资产而不是现金）。

IS-LM 模型解释了在既定价格下产出和利率的均衡关系。当价格上涨时，产品需求下降（因为此时名义均衡的实际价值降低，消费者变得更贫穷了），IS 曲线向下移动，均衡产量也会降低（这也解释了为何 AD 曲线是向下倾斜的）。

财政扩张会使模型中的 IS 曲线向右移动。在任一给定价格水平下，财政扩张会导致产出和利率提高。由于货币和财政政策往往同时使用，凯恩斯的研究方法自然会使人们考虑政策搭配（policy mix），即两者的组合：特别是应如何使用货币政策，使得财政政策会更加有效。研究结论是，适度宽松的货币政策将阻止财政扩张带来的利率上升，从而使乘数效应最大。然而，如果中央银行是独立机构，它考虑到价格的问题，即当它预期经济有潜在通货膨胀时，就不会采取这一迎合财政政策的宽松货币政策。

凯恩斯理论很容易推广至开放经济，这就是本书上一章介绍的蒙代尔－弗莱明模型。这一模型是 IS-LM 模型在开放经济中的拓展，它将汇率机制作为凯恩斯乘数的重要决定因素。在浮动汇率体制下，财政政策的乘数效应降低——当资本能在各国间充分流动时财政政策甚至失效，这是由于财政扩张将导致汇率升值。相反，在固定汇率制度下，乘数效应提高，因为挤出效应很小。由于蒙代尔－弗莱明模型非常简化，其一直为国际经济专家所广泛使用。

（二）新古典的批判

新古典经济学对传统凯恩斯理论的批判主要依据以下几点。

---

① 以上结论读者可自行翻阅本书前面章节查阅。

①完全的财政政策挤出效应：财政扩张后，财政收支恶化导致利率上升，从而降低私人需求（挤出效应）。在 AS-AD 模型中，财政政策并不会使需求曲线移动（或只是微小移动）；总需求不会随公共需求的增加而增加，公共需求只是取代了私人需求，从而仅仅改变了总需求结构。

②在 AS-AD 模型中，需求曲线向右移动但供给曲线非常陡甚至近于垂直，因此，总需求的增加只会使价格上涨。

③李嘉图等价定理：如果使用减税的办法试图增加消费、刺激经济，理性消费者预期到现在的赤字意味着未来更多的税收，所以他们需要增加储蓄来做准备。如果贴现率等于国债利率，未来预期税收的现值实际上就等于现在税收的减少值。因此，消费者的财富并不会改变，减税并不会影响消费者行为，总需求不会改变。此外，这里挤出效应完全是由消费者预期造成的，利率并没有改变。

关于第一点批判，利率上升无疑会降低私人投资，从而影响需求，进而在长期妨碍资本积累。当然，国际资本流动可能会大大降低了财政政策的挤出效应，这是因为长期来看国内利率不会与世界利率有太大差异。

第二点提出了一个实证问题：供给曲线的斜率是什么？可得的估计值表明短期内供给曲线向上倾斜，这为财政政策的有效性留出了空间。事实上，财政政策的有效性依赖于关注的时间长短：在几个月或几个季度里，价格具有黏性；在几年内，价格则会调整。因此，财政政策的有效性是受限于时间的。有研究表明一年后财政乘数接近于零。

第三点不能与第一点同时发挥作用，因为两者是矛盾的：第一点认为财政赤字会使储蓄不足，从而使利率提高，而第三点认为居民会增加私人储蓄以应对财政赤字。

罗伯特·巴罗重新研究了李嘉图等价定理。他指出，无限寿命的个体（或者将自己的财富作为遗产流传的有限寿命的个体）会在他们当前的储蓄决策中考虑到来来政府为了偿还公共债务必定会增加税收，这一论点经常用来推翻财政政策的有效性。毫无疑问，当今工业化国家的家庭可以充分利用复杂的金融市场工具，并且更关注他们未来的养老金，而 20 世纪 60 年代的人很难筹资，他们不得不将现在的消费建立在现有收入的基础之上。相比之下，当今的人们显得更"李嘉图式"了。然而，完整的李嘉图等价定理是以下面这些很强的假设条件为前提的。

- 理性预期：家庭需要"看穿"财政扩张的短期效应并预估未来税收。
- 非生产性公共支出：模型假定财政扩张对供给没有促进作用，这是不可能的，一些公共支出，特别是对研究、教育或公共基础设施的支出，很有可能会使个人未来收入增加，因为它们的社会收益比利率要高。
- 运作完善的信贷市场：为了让消费者不受当期税收变化的影响（以未来税收作交换），他们必须能够在预期未来税收下调时在当期借入资金，而在预期未来税收上涨时在当期储蓄更多资金。
- 个体以关心自己或自己孩子的程度来关心未来几代人。这就是财政政策有效的原因。

世代交叠模型（overlapping-generation models）将以上描述公式化，有兴趣的读者可自行参考。对上述模型的一种简单且基本的检验方法是比较各国在一段时期内的私人和公共储蓄变化。如果李嘉图等价定理成立，那么我们会发现公共储蓄和私人储蓄将呈现完全负相关关系，但事实并非如此。实证检验结果表明，似乎只有在日本等少数几个国家，日益增长的公共负债或许使得居民更"李嘉图式"了。事实上，实证研究并不支持李嘉图等价定理，但证明了李嘉图等价确实降低财政政策有效性。

（三）财政乘数的实证估计

由于上述大量的争论，因此使用实证测量财政政策乘数就非常关键了，但是由于方法问题，财政乘数的估计有较大不确定性，将相机抉择的财政政策效果从其他同时起作用的因素中识别出来是一大难题，而对其动态效果的分析更是一大挑战，因为估测动态效果需要对其他政策工具（利率）和经济变量进行假设。由于上述难题，现有研究得出的财政乘数千差万别也就不足为奇了：依据不同假设，财政乘数在小于 10 至大于 4 的范围内变动。

实证估计主要采用以下三个不同模型：
- 宏观经济模型；
- 动态随机一般均衡模型（DSGE）；
- 结构向量自回归（VAR）模型。

前两种模型一般在短期（一个或两个季度）会得出正的但相对较小（小于 1）的乘数，在长期则会得出不显著甚至是负的乘数。结构向量自回归模型常会得出更显著的乘数。

根据传统凯恩斯理论，以扩大公共消费或投资为目标的积极财政政策比以减少税收或增加个人转移支付的政策更有效。这是因为当给消费者 1 美元时，由于消费者的储蓄倾向，该收入并不一定转变成需求的增加。据此，经济模型一般会得出比财政支出乘数低的净税收乘数。然而，当涉及供给面影响时，这一论断有可能被推翻，特别是现在的消费者能更好地进行跨期消费平滑。如果减税增加了潜在产出，则这种收入的持久增加将使短期消费增加，从而增大短期财政乘数。此外，潜在产出增加能抑制通货膨胀，避免利率上升带来挤出效应。

提供一种通用的估计财政政策效果的方法仍然是困难的，因为这取决于税收或支出的类型；取决于经济体在经济周期中所处的阶段（即供给与流动性条件是否受到约束）；取决于贸易开放程度；取决于汇率制度，取决于财政状况。然而，从中我们仍可以得到几点经验：首先，政府投资乘数不会显著大于政府消费乘数；其次，在中期，税收乘数并不一定小于支出乘数或投资乘数；再次，不同国家间乘数千差万别，较大国家一般有较大乘数；最后，自动稳定器越强大，也即国家的社会保障体系越健全，特定的财政政策的乘数就越大。

三、公共债务的可持续性

到目前为止，我们的分析主要关注流量——收入、支出和赤字，但是流量会导致存量的积累，也就是说，赤字会使债务增加。反过来，债务的偿还也会对赤字产生影响。因此，我们需要关注公共债务积累问题。

（一）偿付能力

李嘉图等价定理强调了政府的跨期预算约束，当政府增加支出时，税收或早或晚都要随之增加，借贷仅仅是将代价推迟到未来而已。然而，和家庭不同的是，政府认为自己可以永远存续，所以它们的债务从来不需要清偿。更准确地说，到期的债务将会通过新债务来偿付，因为我们不难想象，未来世世代代的人仍然会愿意购买新的政府债券。那么，政府的借贷能力是无限的吗？对这个问题的回答涉及政府的偿付能力。

相对来说，要判断一个家庭或者私人企业是否资不抵债是很容易的，但要判断政府的偿付能力十分困难。表面看来，政府维持自身债务的能力似乎是无限的，因为它可以选择提高税收，或者在中央银行并不独立的情况下，选择将债务货币化。然而，即便政府有充足的偿付能力，政治因素的阻挠也可能使政府债务难以为继。

政府和私人借款者的另一个不同之处在于，政府债务是没有抵押品的。如果政府出现违约，不管是国内还是国外的债权人都无法得到任何资产补偿。如果是国际债务，负债国对其债权人的态度则取决于违约的收益和成本。收益主要来自摆脱债务及其相关的利息负担，而成本则主要是声誉上的损失：违约国可能会被踢出国际金融市场或者在未来支付较高的风险溢价。历史上违约是十分频繁的，特别是近些年来，这种趋势更加明显。但是，这些违约国家总能很快回归金融市场，继续进行融资。因此，评估一国对国际债务的偿付能力需要分析其偿债意愿。

如果拥有资源但是缺乏流动性（例如未来的财政收入或者由于缺少买家而无法出售的国有企业），或者资源仅能维持极短的时间（例如由国外银行提供的短期信用额度），那么，即便一国政府有偿付债务的能力，它也有可能出现违约：这是流动性危机（liquidity crisis）。

（二）从偿付能力到可持续性

偿付能力决定了某一特定时点上公共财政的状况，但是，从公共支出和收入的惯性来看（例如，任何国家都不可能承受得起支出占 GDP 的比重突然削减 10%），避免在未来任何时间点上可能出现难以清偿的债务十分重要。这就是可持续性概念所要处理的问题。

如果在给定当前经济政策及可得信息有效预测的基础上，公共债务的预期变化将不可避免地导致政府陷入破产的困境，我们就说公共财政是不可持续的（unsustainable）。因此，即便破产问题没有立即出现，财政政策也可能是不可持续的，需要对这一政策进行矫正。相关例子有很多：2003—2004 年，没有人会质疑美国联邦政府的偿付能力，但是很多观察人士都认为布什政府的财政政策是不可持续的。

公共财政的可持续性对于类似欧元区这样的货币联盟来说尤为重要，如果一个成员国无法继续偿还债务（利息和本金），因为其中央银行是独立的，它无法借助央行对债务进行货币化，所以它有三种选择：①大规模调整，同时削减基本支出和增税；②请求其他成员国或者国际货币基金组织进行临时援助；③部分违约，政府与债权人协商进行债务减免。第二种做法只能解决短期偿付能力的问题，却无法解决可持续性问题，因为紧急援助本质上是暂时性的，而且需要偿还。至于最后一种做法，由于银行资产（银行持有很多政府债券）贬值，可能导致银行业危机，最终结果可能是由外国银行接管这些陷入危机的银行，或者最糟糕的情况下，由中央银行进行事后的货币化。实际上，危机通常需要同时结合以上三种做法来解决。政府从国际金融组织请求援助，其中主要是国际货币基金组织。但是，国际货币基金组织在实施援助时，一般要求该国政府制定并落实相关的调整计划，以恢复债务的可持续性。

四、较新的分析框架

学者在 20 世纪 90 年代提出了一系列超越了传统争议的经济模型，并试图调和前述的各种观点之争。这些模型的目的不在于分析财政政策的效果，而在于构建一个分析框架，在此框架下凯恩斯、非凯恩斯（财政扩张无效）、反凯恩斯的行为（乘数为负）都能得到解释。这些模型表明，在正常情况下，经济运行符合凯恩斯效应，但在特定的预算情形下，经济运行可以产生非凯恩斯效应或反凯恩斯效应。尤其是在进行大规模的财政调整时期，通常会产生非凯恩斯效应，因为这些行为通常发生在经济主体预期发生改变的时期。

第一类模型（考虑合成效应的新古典模型）基于新古典分析框架，同时引入了其他两个要素。一是引入了财政扭曲，表明增加税收（或者增加开支，因为支出水平的永久性提高将使经济主体产生未来税收上调的预期）将通过供给效应减少产出。在此假设条件下，该模型的核心变量是永久财政支出水平。大规模的财政政策变化会对支出水平产生永久影响，进而影响产出。第二个要素是假设在正常时期，政府将税收作为主要的政策工具（意味着政府提前设定好支出水平，但是不会对该水平造成影响），而在财政困难时期，政府将会永久性地减少公共开支，进而更可能对供给产生积极影响。

但是，这些收入和支出间的合成效应模型比较极端，它们能产生非凯恩斯效应和反凯恩斯效应，但凯恩斯效应在现实中无法被观测到。

第二类模型（考虑了阈值效应的凯恩斯模型）在其分析框架中引入了非线性。在这类模型中，只要经济主体对公共债务的可持续性仍然保有信心，他们就会认为债务可以由后代负担，从而忽视负债可能带来的后果，此时，他们的行为就是典型的非李嘉图行为。但是，如果债务规模达到某一临界水平，而债务货币化或债务违约不可行，经济主体会预期到政府即将实施债务稳定计划。如果预期政府将上调税收，他们会相应地增加储蓄；如果预期政府支出永久性下调，他们的跨时财富配置会得到改善，从而会相应地增加消费。对某些特定的债务水平，公共储蓄和私人储蓄之间存在负相关（反凯恩斯效应），而对于其他某些债务水平，公共储蓄和私人储蓄之间存在正相关（伪凯恩斯效应）。

进一步的，还可以将代际税赋配置的不确定性引入债务问题分析框架。在世代交叠模型中，消费者的生命周期是有限的；如果债务负担较轻，则可以轻易地转嫁给后代，这种情形下经济主体行为方式产生的影响符合凯恩斯效应；如果由他们自己负担债务的概率增加，则经济主体行为方式产生的效果将越发接近反凯恩斯效应。这样，相同的财政政策会导致截然相反的结果。由于在财政危机中，预期将发挥决定性的作用，用这类模型描述出现财政危机的情形似乎更合适。

关于以上模型的详细情况，已经属于典型的高级宏观经济学的内容，读者有兴趣可自行参考有关书籍或文章。

第二节 货币政策

一、货币政策的中心：流动性

货币政策由官方机构中央银行来实施，它们具有创造基础货币（base money）的特权，基础货币有时也被称为高能货币（high-powered money）。中央银行的职能是：向金融系统发行纸币和提供流动性。其中，第一项职责是众所周知的发行纸币，但是它在现代经济中的作用是次要的。在货币的相关定义中，纸币占比不到10%。第二项职责"提供流动性"并没有那么人所共知，但其实是更为重要的。对此进行理解的最好办法就是从了解中央银行的日常业务开始。

信贷机构（通常是银行）每天向家庭和企业发放贷款、进行支付操作、吸收客户存款。这些银行从事的业务不一定平衡,通过货币市场(money market)或者银行间同业市场(inter-bank market),上述银行之间互相提供非常短期的贷款。这时候,这些银行互相提供了流动性。然而,供给与需求之间的总体平衡过程并不完全由市场参与者来实现:中央银行会向商业银行提供基础货币,从而干预市场,比如,如果从其他银行借款出现困难,那么商业银行会根据固定的利率从中央银行借款,以满足它与其他银行之间进行清算支付(clear payments)的需要。通过这些制度安排,中央银行保证了支付体系的安全和流动性价格的稳定。

需要注意的是,通过对相关银行在中央银行的账户发放贷款,中央银行向银行提供基础货币。而基础货币具有法定的清偿能力,它可以用来偿还债务或者发放新贷款。中央银行大笔一挥就可以随意创造基础货币。因为中央银行有这个特权,在信贷供给方面,它不会面临任何外部约束。所以,中央银行可以提供充足的基础货币,以确保金融体系平稳运行。

大部分时候,银行之间相互拆借,而中央银行只需要对此进行监督,以及通过提供数量有限的流动性来影响利率,从而发挥其有限的作用。但是,有时银行之间不愿相互提供贷款,因为贷款银行不确定借款银行的偿债能力,又或者是预期未来流动性不足而更倾向于储存货币。2001年9月11日就出现了这样的情况:世界贸易中心受到袭击,这使得一些市场参与者的IT系统遭到破坏;其他的市场参与者并不清楚其交易对手的IT系统受破坏的程度;在高度不确定的环境中,一些市场参与者希望持有大量现金头寸。美国联邦储备委员会担心流动性危机会危及整体经济,因此在数小时之内就发布了一条简短声明,"美国联邦储备系统仍然在运转,而且运转良好,贴现窗口可以满足流动性需要"。2001年9月12日,其向商业银行提供的直接贷款高达450亿美元(相比之下,上周同日仅为1.9亿美元),接下来的几天,美国联邦储备委员会通过公开市场操作,购买创纪录的证券数量,向市场注入了洪水般的流动性。

严重的金融冲击也会导致流动性危机。2007年夏,当美国次贷危机开始成为现实的时候,由于担心银行持有的金融资产价格贬值,市场开始担心大银行将会面临融资问题,甚至可能破产,这种担心很快在市场参与者中蔓延开来。由于损失没有被公开披露,每家银行都开始评估交易对手风险,银行同业市场上的流动性也就此基本处于冻结状态。这个事件有助于理解流动性的含义。在此需要强调,以下两个概念是不同的。

- 市场流动性(market liquidity)是在不改变价格的情况下,资产可以变现的容易程度。如果交易规模是正常的,但其还是需要较高的溢价或者贴现才能实现变现,这时,市场流动性的风险开始显现。这一概念具有资产属性。
- 融资流动性(funding liquidity)则是指,具有偿付能力的金融机构,其偿还其到期债务的容易程度。如果连具有偿付能力的交易对手在借入资金、偿还到期债务的过程中都遇到困难,就表明出现了流动性不足。这一概念具有机构属性。

尽管这两类流动性不足的性质不尽相同,但是会相互影响。

二、货币政策目标

1. 价格稳定

追求价格稳定相当于维持货币的实际价值——购买力(purchasing power),即一单位货币能够购买的商品、服务或资产数量。更准确地说,这相当于维持货币的对内价值(基于国内消费品篮子的购买力)①。

---

① 这里要注意,对内价值与对外价值(以外国货币为单位的购买力)是有区别的。

因为通货膨胀将通过以下两种方式扭曲经济决策：对现金余额的隐性征税，以及模糊了相对价格的信号。这就是大多数中央银行要将通货膨胀率（也就是每年总体物价的上涨水平）控制在较低水平的原因。至于这个低水平究竟应该低到什么程度，则是一个微妙的问题。

2. 汇率稳定

维持汇率稳定是央行极其重要的任务。直到20世纪90年代，很多国家依靠固定汇率作为一种控制通货膨胀的工具。1995年，欧洲的很多国家（法国、西班牙、比利时和荷兰），或其他地方（阿根廷、巴西），这些国家的货币政策目标就是保持本国货币对较大国家货币的外部价值。这个较大国家货币，在欧洲通常是德国，在美洲则是美国。

其他一些国家，虽然并不正式地把货币的对外价值作为目标，但是它们也限制汇率的波动。这就意味着货币政策维持价格稳定的能力受到约束，同时还涉及对内目标与汇率目标之间的权衡。

3. 产出稳定

与财政政策类似，货币政策对总需求会产生短期影响：因为价格刚性的存在，低利率通常会鼓励投资（通过实际利率下降）与净出口（通过实际汇率贬值）。因此，货币政策可以用来稳定总需求。比如，在需求疲软时，采用扩张性的货币政策来稳定需求；在需求旺盛时，则采用紧缩性的货币政策。

逆周期（counter-cyclical）货币政策的基本原理，可以追溯到20世纪30年代的大萧条时期，但是，与财政政策相比，逆周期货币政策的合意性、有效性都是有争论的。货币政策传导中的长期性以及时滞的可变性，使得本来可以自由决定的稳定政策变得复杂化，甚至可能把逆周期的货币政策变成了顺周期的政策。这也是为何围绕中央银行的干预程度展开讨论的原因。除此以外，市场预期也可能阻碍逆周期的货币政策，其机制是通过长期利率调整发生作用。例如，在经济衰退时，如果短期利率出现显著下降，并引发了未来的通货膨胀预期，那么长期利率有可能上升。

在实践中，中央银行似乎是以泰勒规则（Taylor rule）作为指导，虽然每个国家遵循的泰勒规则各不相同，但是，泰勒规则已经成为比较不同时间、不同国家货币政策态度的标准。

4. 金融稳定

20世纪60年代的金融体系是大萧条后诞生的，金融市场高度分割、监管严厉，在此背景下，银行与金融市场的正常运转，即金融稳定并不是主要问题。但是，自由化再度解放了市场力量之后，在20世纪80年代和90年代，金融稳定问题再次凸显。

金融稳定的责任需要监管机构、中央银行、财政部来共同分担。其中，监管机构通常管理一个或者几个具体市场（如证券、银行、保险等），对不同国家或同一国家的不同时期，各部门的职责安排不尽相同。

对银行的监管向来是金融稳定的基石。但是，在20世纪90年代，随着证券化（把贷款转化为可流通的证券，然后银行将其出售给其他市场参与者）的扩张和金融衍生品（financial derivative，该金融工具的价值往往是非线性的，具体由基础资产的价格变化来决定）规模的增长，对银行监管的范围也在扩大。

在市场面临压力的时候，中央银行之所以愿意向市场提供流动性，是因为某些借款人的偿付能力受到某件事件的影响，可能会恶化并导致连锁反应——这就是所谓的系统性危机。在"9·11"事件中，市场的恐慌是担心一些市场参与者无法进行交易。类似的风险来自规模大或牵涉面广的借款者违约；某些机构对其有严重的风险暴露，如果这样的借款者违约，这些机构的偿付能力就会处于危险之中。当然，向市场或机构提供流动性也需要考虑到道德风险。

因为货币政策是通过改变当期消费、未来消费的相对价格，以及通过改变投资动机发挥作用的，所以货币政策就非常依赖于银行和金融部门，靠它们把货币政策的变化传导、反映到信贷、市场利率上来。因此，安全的银行、金融部门，在货币政策传导中至关重要。中央银行非常关注金融稳定，也是出于对这种顺畅传导的考虑，当所有的银行同时都在寻求流动性而无法相互拆借时，中央银行就会向它们提供大量的短期流动性。

三、货币政策的理论回顾

（一）传统凯恩斯主义视角下的货币政策与理论解释

根据凯恩斯的《就业、利息和货币通论》，货币供给增加导致短期内利率的下跌。这是因为如果价格不能向上调整，利率下跌是增加货币需求的唯一方式。更低的名义利率和实际利率鼓励私人持有货币余额，尽管其不会或很少产生收益；同时，刺激了对商品和服务的需求（这反过来也会增加货币需求）。如果有过剩的生产能力，那么国内生产总值就会增加。但是，从较长的时期来看，价格上涨把利率和国内生产总值拉回到初始水平，这说明了：在长期中，名义变量对实际变量的冲击是中性的，即两者在长期中没什么联系。因此，在凯恩斯的框架中，在短期内，货币市场的均衡是通过名义利率与实际利率的调整而不是通过价格的调整来实现。基于同样的判断，储蓄与投资的自动平衡是通过产出调整实现的：如果在事前储蓄大于投资，即总需求（消费和投资）小于总供给，那么产出将会下降，以实现与总需求水平相等。

（二）古典经济学视角下的货币政策与理论解释：货币的长期中性

从长期来看，货币供给的变化不会影响实际变量，这就是所谓的货币的长期中性（long-term neutrality of money）。休谟在1742年最早正式提出货币与实际变量的两分法：从长期来看，流通中的货币增加一倍，这对诸如国内生产总值、实际工资、实际利率或者实际汇率之类的实际变量不会产生影响，只有名义变量，如名义国内生产总值、名义工资、名义利率和名义汇率会受到影响。

如前所述，货币数量论（quantity theory of money）是与此思路一致的最简单模型。根据传统货币数量论模型，产出是由供给决定的，单位货币在一定时期内实现的交易价值——货币流通速度是外生的。在这一设定下，货币增长与通货膨胀是一对一的关系。中央银行只要能够控制货币增长，就能控制通货膨胀，还不用承担任何实际成本。

（三）基于黏性价格的当代模型

本书已在第十五章详细讨论过该问题。

四、货币政策工具的操作原理

我们以美联储为例说明货币政策工具的操作原理。

（一）准备金市场的供给与需求

1. 准备金市场需求曲线

要推导准备金的需求曲线，我们有必要考察，如果其他所有变量不变，当联邦基金利率变动时，银行对准备金需求数量的变化。准备金总额可以分为两个部分：①法定准备金，等于法定准备金率乘以需要缴纳准备金的存款；②超额准备金，银行自愿持有的额外的准备金。因此，银行对准备金的需求量就等于法定准备金加上需要的超额准备金。超额准备金是为了预防存款外流，持有超额准备金的成本是机会成本，即将这些准备金贷放出去所赚取的利率减去这些准备金的利率。

2008年秋天之前，美联储不对准备金支付任何利息，但自此之后，美联储开始对准备金付息，其利率低于联邦基金利率目标，且差距是固定的，并且会随着联邦基金利率目标的变动而变动。当联邦基金利率高于对这些准备金支付的利率 i_{or} 时，如果联邦基金利率下跌，意味着持有超额准备金的机会成本减少。如果包括法定准备金规模在内的所有其他变量都不变，则准备金需求量会增加。因此，如图19-1所示，当联邦基金利率高于 i_{or} 时，准备金的需求曲线 R^d 是向下倾斜的。然而，如果联邦基金利率下跌到低于超额准备金利率 i_{or} 的水平，银行就不愿意按照较低的利率水平在隔夜市场上放款，而是无限增加其持有的超额准备金。结果就是，在图19-1中，在 i_{or} 的水平上，准备金需求曲线 R^d 变为水平的（具有无限弹性）。

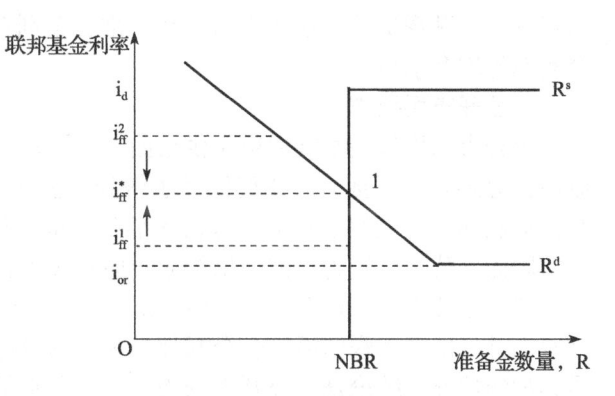

图 19-1　准备金市场的均衡

2. 准备金市场供给曲线

准备金的供给 R^s 可以分为两个部分：美联储公开市场操作所供给的准备金，被称为非借入准备金（NBR）；向美联储借款所形成的准备金，被称为借入准备金（BR）。向美联储借款的主要成本是美联储就这些贷款所收取的利率，即贴现率（i_d），它往往被设定为高于联邦基金利率目标的一个固定水平，随着联邦基金利率的变动而变动。由于借入联邦基金同向美联储借款（向美联储申请贴现贷款）可以相互替代，如果联邦基金利率 i_{ff} 低于贴现率 i_d，由于在联邦基金市场上筹资成本更低，银行不会向美联储借款，借入准备金的规模为零。因此，只要 i_{ff} 低于 i_d，准备金的供给量就等于美联储提供的非借入准备金的数量 NBR，如图19-1所示，此时的供给曲线是垂直的。然而，如果联邦基金利率开始上升并超过贴现率，银行就乐意在 i_d 的水平上增加借款，之后在联邦基金市场上以较高的利率 i_{ff} 将这些资金贷放出去。结果是，如图19-1所示，供给曲线在 i_d 的利率上变为水平的（具有无限弹性）。

3. 市场均衡

当准备金的需求量等于供给量，即 $R^d = R^s$ 时，就实现了市场均衡。因此，均衡出现在 R^d 与 R^s 相交的点1上，均衡的联邦基金利率为 i_{ff}^*。如果联邦基金利率为 i_{ff}^2，高于均衡利率，准备金的供给量就会大于需求量（超额供给），联邦基金利率就会下跌到 i_{ff}^*，如图19-1中向下的箭头所示。另一方面，如果联邦基金利率为 i_{ff}^1，低于均衡利率，准备金的需求超过供给（超额需求），联邦基金利率就会上升，如向上的箭头所示。（注意，在图19-1中 i_d 高于 i_{ff}^*，这是因为联邦储备体系现在将贴现率置于远远高于联邦基金利率目标的水平上）。

4. 中央银行不能同时控制准备金与利率

如图 19-1 所示，如果中央银行给定准备金 NBR，由于准备需求曲线（R^d）会上下波动，将导致联邦基金利率的波动。如果中央银行希望确定某一固定的联邦利率，同样由于准备金需求的上下波动，中央银行将不得不调整准备金供给，以保证联邦利率位于某一确定值上。换言之，一段时间内，中央银行可以在利率和货币总量指标上实现其中一个，但不可能两者同时实现。

（二）货币政策工具的变动如何影响联邦基金利率

既然我们已经了解了联邦基金利率的决定机制，就可以考察几种货币政策工具（公开市场操作、贴现贷款、法定准备金率、准备金利息）的变动如何影响准备金市场和联邦基金利率的均衡水平。

1. 公开市场操作

公开市场操作的影响取决于供给曲线与需求曲线最初相交的位置是在需求曲线的向下倾斜部分还是水平部分。我们已经了解到，公开市场购买可以增加准备金供给量，于是，在任何联邦基金利率水平上，非借入准备金都会从 NBR_1 增加到 NBR_2，如图 19-2（a）所示。因此，公开市场购买推动供给曲线向右移动，联邦基金利率下跌。同样的推理过程可以说明，公开市场出售会减少非借入准备金的供给量，推动供给曲线向左位移和联邦基金利率上升。由于美联储通常会令联邦基金利率目标高于准备金利率水平，因此上面所述的是典型的情况，结论是，公开市场购买导致联邦基金利率下跌，而公开市场出售导致联邦基金利率上升。

然而，如果供给曲线最初与需求曲线相交于后者的水平部分，公开市场操作就不会对联邦基金利率产生任何影响，如图 19-2（b）所示。

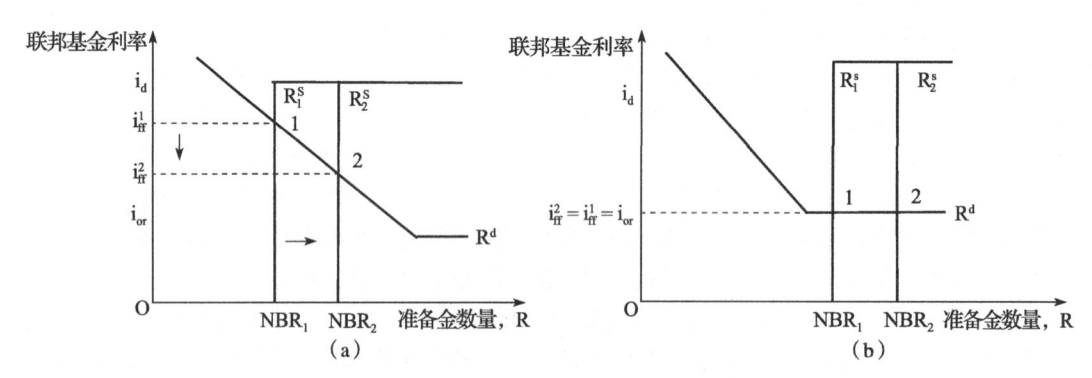

图 19-2 公开市场操作的影响

2. 贴现贷款

贴现率变动的影响取决于需求曲线与供给曲线在供给曲线的垂直部分还是水平部分相交。图 19-3（a）反映了相交点位于供给曲线的垂直部分，即没有贴现贷款、借入准备金 BR 为零的情况。在这种情况下，如果美联储将贴现率从 i_d^1 调低到 i_d^2，供给曲线的水平部分会下降到 R_2^s 的位置，而供给曲线和需求曲线的相交点依然为点 1。因此，在这种情况下，联邦基金利率的均衡水平不变，仍然为 i_{ff}^1。由于美联储目前制定的贴现率高于联邦基金利率目标，因此这属于典型的情况。结论是，大部分贴现率的变动不会影响联邦基金利率。

然而，如图19-3（b）所示，如果需求曲线与供给曲线在供给曲线的水平部分相交，即存在一定的贴现贷款（BR>0），则贴现率的变动的确会影响联邦基金利率。在这种情况下，最初的贴现贷款为正，均衡的联邦基金利率等于贴现率，即 $i_{ff}^1=i_d^1$。如果美联储调低贴现率，比如从 i_d^1 到 i_d^2，供给曲线的水平部分下降到 R_2^s，推动均衡点从点1移动到点2，联邦基金利率的均衡水平从 i_{ff}^1 下跌到 $i_{ff}^2(=i_d^2)$。

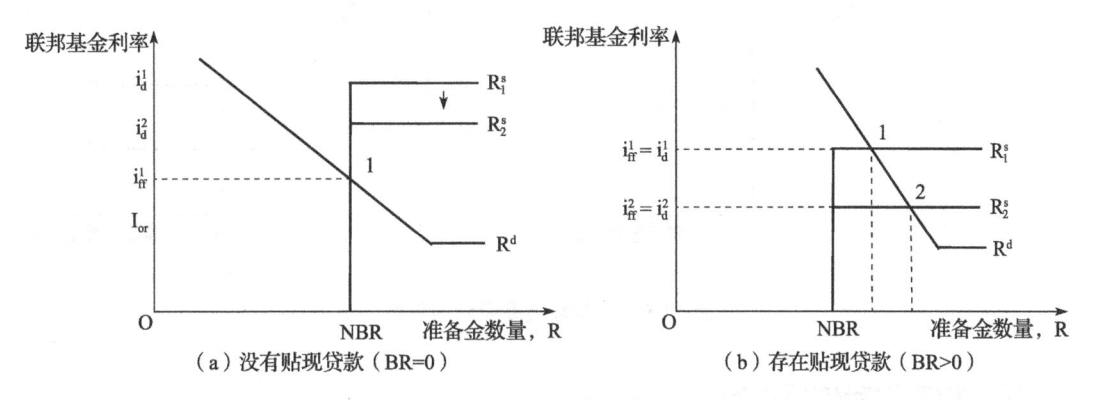

图 19-3 贴现率变动的影响

3. 法定准备金率

如果法定准备金率提高，那么，在任何给定的利率水平上，法定准备金和准备金需求量都会扩大。因此在图19-4中，法定准备金率的提高推动需求曲线从 R_1^d 向右位移至 R_2^d，均衡点由点1移动到点2，从而将联邦基金利率从 i_{ff}^1 提高到 i_{ff}^2。结论是，如果美联储提高法定准备金率，联邦基金利率上升。

同理，降低法定准备金率会减少准备金的需求量，推动需求曲线向左位移，导致联邦基金利率下跌。

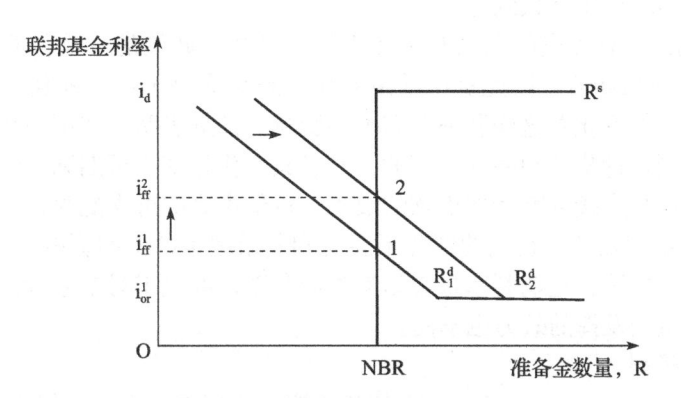

图 19-4 法定准备金率变动的影响

4. 准备金利息

美联储对准备金所支付的利息的变动所产生的影响取决于供求曲线的相交点位于需求曲线的向下倾斜部分还是水平部分。在图19-5（a）中，相交点位于需求曲线向下倾斜的部分，此时联邦基金利率的均衡水平高于准备金利率。在这种情况下，如果准备金利率从 i_{or}^1 提高至 i_{or}^2，需求曲线的水平部分上移至 R_2^d，但供求曲线的相交点依然为点1。在图19-5（b）中，供求曲线相交于需求曲线的水平部分，此时联邦基金利率的均衡水平等于准备金利率，此时，准备金利率从 i_{or}^1 提高至 i_{or}^2，会将均衡点推动至点 2，联邦基金利率的均衡水平也会从 $i_{ff}^1=i_{or}^1$ 上升至 $i_{ff}^2=i_{or}^2$。当联邦基金利率等于准备金利率时，联邦基金利率水平会随着准备金利率的上升而上升。

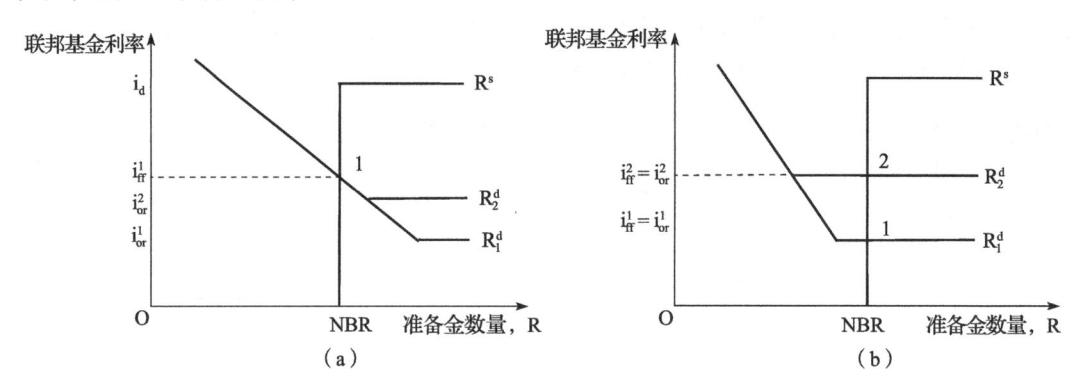

图 19-5 准备金利率变动的影响

五、货币政策传导机制

在这部分，我们将讨论货币政策如何影响总需求，这个讨论从封闭经济体开始。一般而言，货币政策有三个主要的传导机制：利率机制、资产价格机制和信贷机制。这三个机制同时发挥作用，共同促成一般均衡的结果。但是，把它们区分开来有助于理解货币政策如何发挥作用，也有助于看清其影响程度大小的决定因素。

1. 利率机制

利率机制（interest-rate channel）是传统的凯恩斯主义机制：如果存在名义刚性，货币扩张会导致利率（名义和实际）下降，从而刺激投资和耐用消费品的需求，从短期来看，对商品和服务的需求产生乘数效应。

但严格来说，只有隔夜的名义利率才直接受到货币政策的影响，而总需求则取决于对长期实际利率的预期值。因此货币政策变化的影响取决于：哪种利率最能影响经济主体，以及隔夜利率的变化对这些利率有多大的影响。证据表明，在第一个维度上各国大相径庭：例如，英国抵押贷款利率是可变的，并且其变化是基于短期利率的指数化，在这种情况下，货币政策会直接影响新增借款的成本、负债家庭的可支配收入；与之相反，德国家庭的借款是固定期限的，它们的债务不会受到货币政策冲击的影响。在第二个维度上，同样有差别：如前所述，短期利率是否影响长期利率，取决于对未来货币政策的预期。因此，各国的利率机制发挥的效力也不同。

2. 资产价格机制

资产价格机制（asset-price channel）依赖于资产价格与利率的负相关关系：利率降低，通常致使金融资产价值升值[1]，家庭会部分地将这部分新增财富用于消费；反之，金融资产贬值则会对消费产生负面冲击。20 世纪 90 年代早期，这种财富效应在日本发挥着重要作用，资产价格泡沫破裂对当时的消费产生了负面冲击；2001 年，美国股票价格的暴跌也对消费产生了负面冲击，但是房地产价格的上涨维持了 21 世纪初的美国消费。资产价格机制也会对企业产生影响：股票价格上涨会增加新增资本支出的盈利能力（托宾 q），并促使投资的进一步增加。

---

[1] 例如，债券的价格与利率负相关。上述结论证明可以参看微观金融的教材。

随着财富－收入比的普遍提高，以及金融市场成熟度的上升（这使得家庭不需要真正出售资产，就可以退出股权），资产价格机制变得越来越重要。21世纪早期，在盎格鲁－撒克逊经济体中，所谓的资产增值抵押贷款在支持家庭消费方面发挥重要作用。例如，在2002—2006年，英国平均每年这类贷款的数量达到家庭税后收入的6%，同时也显示出了较大的波动性。

3. 信贷机制

最后，信贷机制（credit channel）来源于利率对信贷供给（而不是信贷需求）的影响：因为再融资的条件得到了改善，银行就会倾向于增加信贷供给。

当短期利率下降时，作为追求利润最大化的银行而言，它的理性反应就是放松信贷约束。利率下降的结果是对信贷供给产生影响，而不是以信贷价格变动的形式体现，是因为逆向选择的结果（有兴趣的读者参看相关的模型）。此外，利率下调导致担保资产的价值上涨，这时企业也会更容易获得信贷。信贷配给对中小企业的影响特别大，因为它们无法进入资本市场，只能依靠银行融资。

对信贷机制这一传导机制来说，银行财务的稳健至关重要：当银行的资产负债表受到不良贷款的拖累，那么银行发放新贷款的意愿就会下降。不良货款的类型有：大概率可能违约的贷款，或者是受损的资产（也就是不能再进行交易的金融资产，或者市场价值比银行购入时的历史价格大大下跌）。在20世纪90年代末到21世纪初，日本货币政策效果一直不理想，商业银行的财务问题是一个重要原因。1995年，日本银行将其借款利率几乎降到了零，但是收效甚微。即使在2001年3月，日本银行进行了货币供应量目标的扩张，但对于信贷和经济活动仍然无济于事，直到最后通过资本重组修复了银行财务状况之后，效果才开始显现。瑞典与芬兰也出现过类似的情况，它们在20世纪90年代初期也经历了银行危机。

4. 各种传导机制的效力比较

各种传导机制的效力在各个国家不尽相同。短期贷款或者可变利率贷款比重越高，利率机制的效力就越强。在欧洲，利率机制在英国或西班牙更显著，而在法国或德国相对较弱。资产价格机制取决于国内消费者持有资产的规模。在美国，因为家庭主要以可变利率的形式负债，并且持有大量金融与房地产财富，因此，它们对资产价格机制的反应尤甚。最后，信贷机制的重要性还取决于中小企业占产出的比重，及其对银行信贷的依赖程度。

六、非传统货币政策和量化宽松

如果在货币政策实践中，利率已经达到了零利率的下限，中央银行就无法进一步调低利率。利率零下限的问题之所以发生，是因为在通常情况下，持有债券的收益总是会高于持有现金的收益，因此名义利率不能为负：这就是利率零下限的问题（zero-lower-bound problem）。2008年末美国就出现了这样的情况。出于以上两个方面的原因，中央银行需要非常规货币政策工具（nonconventional monetary policy tools）即利率之外的工具来刺激经济。非常规货币政策工具具有四种形式：提供流动性、购买资产、量化宽松对未来货币政策行动的承诺。

（一）提供流动性

在金融危机中，由于常规的货币政策行动不足以治愈金融市场，美联储为了向金融市场提供流动性，前所未有地扩大其贷款便利。

①扩张贴现窗口：2007年8月中旬危机刚爆发时，美联储调低了贴现率（它发放给银行的贷款的利率），贴现率从正常情况下高于联邦基金利率目标100个基点降低到只高出50个基点（0.5个百分点）。2008年3月，美联储进一步调低贴现率，贴现率仅高出联邦基金利率目标25个基点。但是，由于通过贴现窗口借款会留下"污点"（因为贴现贷款意味着借款银行无处寻求资金，陷入了困难），因此危机期间贴现窗口的作用有限。

②短期资金标售工具（term auction facility，TAF）：为了鼓励银行借款，2007年12月，美联储设立了短期资金标售工具，通过竞争性拍卖的方式来确定贷款的利率。TAF的应用较贴现窗口更为广泛，原因是，由于利率不是惩罚性利率，而是通过竞争的方式确定的，因此利率水平要低于贴现率，银行更愿意借款。TAF的拍卖规模最初是200亿美元，但随着危机的恶化，这一规模迅速扩张，目前的未偿余额已经超过4000亿美元。（欧洲中央银行已经建立了相似的工具，2008年6月拍卖了超过4000亿欧元。）

③新的贷款项目：美联储在向银行提供贷款的常规手段之外，增加了向金融体系提供的流动性。这些行动包括向投资银行贷款，向商业票据、抵押支持证券和其他资产支持证券的购买活动提供贷款。此外，美联储向J.P. 摩根贷款帮助其收购贝尔斯登，向AIG贷款避免其倒闭。在2007—2009年金融危机期间，美联储的贷款项目大大扩张，到2008年末，美联储的资产负债表增加了超过1万亿美元，甚至2008年之后，美联储的资产负债表依然在扩张。危机期间引入新项目形成了一套缩写组合，包括TAF、TSL F、PDC F、AM LF、MM IFF、CPFF 和 TAL F。

（二）大规模购买资产

通常情况下，美联储的公开市场操作只是买入政府国债，特别是短期国债。然而，危机期间，美联储发起了两个新的、大规模资产购买项目（通常被称为LSAP），以降低特定类型信贷工具的利率。

①2008年12月，美联储设立了政府发起机构购买项目（government sponsored entities purchase program）。依托这个项目，美联储购买了由房利美和房地美担保的总计1.25万亿美元的抵押支持证券。美联储希望通过购买行动，刺激抵押支持证券市场，降低住房抵押贷款的利率，推动房地产市场发展。

②2010年12月，美联储宣布将购买6000亿美元的长期国债，每月的利息约为750亿美元。这一大规模的购买项目被称为QE2（量化宽松的升级版），目的是降低长期利率。全球金融危机期间，虽然短期利率达到了零利率的下限，长期利率并没有达到下限。由于投资项目的生命周期比较长，因此相较于短期利率，长期利率与投资决策的相关性更高。美联储购买长期国债可以通过降低长期利率，增加投资支出，刺激经济的增长。

③2012年9月，美联储公布了第三个大规模资产购买项目，即结合了QE1和QE2的QE3。通过QE3，美联储购买了400亿美元的抵押支持证券和450亿美元的长期国债。然而，QE3与之前的量化宽松项目有一个显著的差异，它不是购买既定金额的资产，而是开放性的，"只要劳动力市场没有显著改善"，购买计划就将持续下去。

这些提供流动性和大规模购买资产的项目导致美联储资产负债表出现前所未有的四倍扩张。

（三）量化宽松与信贷宽松

如前所述，美联储为对抗金融危机而引入的项目使得其资产负债表出现了前所未有的扩张。从2007年9月金融危机开始前到2014年，美联储的资产规模从8000亿美元增长至超过4万亿美元。资产负债表的这种扩张被称为量化宽松（quantitative easing），这会引起基础货币的大幅增加。

一般情况下，基础货币如此大规模的增加通常情况下会导致货币供给的扩张，从而在较短的时间内就可对经济形成巨大的推动力，当然也可能引发通货膨胀。

然而，在经济极其低迷的情形下，美联储资产负债表和基础货币的大幅扩张并不一定会引起货币供给的大幅扩张，这是因为增加的大部分基础货币都转化为持有的超额准备金。其次，因为联邦基金利率已经下降到了零利率的下限，基础货币和资产负债表的扩张无法进一步降低短期利率和刺激经济。最后，基础货币增加，银行可以增加其超额准备金，因此并一定意味着银行会扩大放款。事实上，在金融危机期间，情况的确如此，基础货币的大幅扩张引起超额准备金的迅速增加，银行贷款没有增加。20世纪90年代日本股票市场和房地产市场泡沫破灭后，日本银行实施的量化宽松政策也出现了相似的结果；而且日本经济不仅没能复苏，通货膨胀率甚至变为负数。

对量化宽松的质疑是否意味着美联储金融危机期间用来刺激经济的非常规货币政策举措是失效的呢？美联储前主席本·伯南克认为答案是否定的。因为美联储的政策不是为了扩张其资产负债表，而是要实现信贷宽松（credit easing），即调整资产负债表的组成部分，促进某些特定的信贷市场正常运转。事实上，伯南克坚称美联储的政策不应被称为量化宽松。

调整美联储资产负债表的构成可以通过以下几个途径刺激经济：首先，美联储向陷入停滞的某个信贷市场提供流动性，该市场可以迅速恢复运转，将资本分配到生产性用途上，从而刺激高经济。其次，当美联储购买某类证券时，该证券的需求增加可以降低其相对于其他证券的利率，因此，即使短期利率已经达到了零利率的下限，资产购买也可降低特定信贷市场的利率水平，从而刺激支出。例如，购买政府机构发起的抵押支持证券，就可以降低这类证券的利率，从而大幅拉低住房抵押贷款利率。购买长期政府国债也可以降低其相对于短期利率的利率水平，由于长期利率与投资决策的相关性更强，在这些资产市场上的购买行为可以增加投资支出。近来的研究支持了这一观点，美联储的资产购买项目使得长期利率降低了100个基点（1个百分点）左右。

（四）前瞻性指引和对未来货币政策行动的承诺

虽然金融危机后短期利率无法降到低于零的水平，但就像我们之前介绍的，美联储可以选择用其他的方式降低长期利率，从而达到刺激经济的目的。这一方式可以是，美联储承诺在较长时间段内保持联邦基金利率的零水平。通过承诺未来一定期间内的货币政策将保持短期利率的零水平，美联储可以降低市场对未来短期利率的预期值，从而拉动长期利率下降。哥伦比亚大学的迈克尔·伍德福特将这种策略称为预期管理（management of expectations），但更通俗的称谓是前瞻性指引（forward guidance）。

美联储开始采取这种前瞻性指引策略是在2008年12月16日联邦公开市场委员会会议后，公开宣布不仅要将联邦基金利率目标调低至0～0.25%，而且"联邦公开市场委员会预计经济的疲软状况可能使得联邦基金利率在一定时期内保持超低的水平"。之后的几年，美联储在联邦公开市场委员会公报中继续使用这种类型的语言。

参考文献

[1] 格里高利·曼昆.经济学原理[M].7版.梁小民,译.北京:北京大学出版社,2015.

[2] 格里高利·曼昆.宏观经济学[M].9版.卢远瞩,译.北京:北京大学出版社,2016.

[3] 保罗·克鲁格曼,罗宾·韦尔斯.微观经济学[M].2版.黄卫平,译.北京:中国人民大学出版社,2016.

[4] 保罗·克鲁格曼,罗宾·韦尔斯.宏观经济学[M].2版.赵英军,译.北京:中国人民大学出版社,2016.

[5] 保罗·克鲁格曼,茅瑞斯·奥伯斯法尔德,马克·梅里兹.国际金融[M].10版.丁凯,译.北京:中国人民大学出版社,2016.

[6] 罗伯特·凯伯.国际经济学[M].段锦慎,译.北京:中国人民大学出版社,2017.

[7] 保罗·萨缪尔森,威廉·诺德豪斯.经济学[M].19版.萧琛,译.北京:商务印书馆,2013.

[8] 约瑟夫·斯蒂格利茨,卡尔·沃尔什.经济学[M].4版.黄险峰,译.北京:中国人民大学出版社,2010.

[9] 高鸿业.西方经济学(微观部分)[M].5版.北京:中国人民大学出版社,2011.

[10] 弗雷德里克·米什金.宏观经济学:政策与实践[M].2版.卢远瞩,译.北京:中国人民大学出版社,2019.

[11] 弗雷德里克·米什金.货币金融学[M].11版.郑艳文,译.北京:中国人民大学出版社,2016.

[12] 鲁迪格·多恩布什,斯坦利·费希尔,理查德·斯塔兹.宏观经济学[M].12版.王志伟,译.北京:中国人民大学出版社,2017.

[13] 安德鲁·亚伯,本·伯南克.宏观经济学[M].4版.章艳红,译.北京:北京大学出版社,2007.

[14] 哈维·罗森,特德·盖亚.财政学[M].10版.郭庆旺,译.北京:中国人民大学出版社,2015.

[15] 罗伯特·平狄克,丹尼尔·鲁宾费尔德.微观经济学[M].9版.李彬,译.北京:中国人民大学出版社,2020.

[16] 阿格尼丝·贝纳西-奎里,贝努瓦·科尔,皮埃尔·雅克,等.经济政策:理论与实践[M].徐建炜,译.北京:中国人民大学出版社,2015.

[17] 达龙·阿西莫格鲁,戴维·莱布森,约翰·李斯特.经济学(宏观部分)[M].卢远瞩,译.北京:中国人民大学出版社,2016.